譯註 思政殿訓義

資治通鑑綱目 19

齊 明帝 建武 4년~梁 武帝 普通 6년

編著 朱熹

책임번역 李忠九

공동번역 金奎璇 黃鳳德 李承容

전통문화연구회

國譯委員

責任飜譯　李忠九
共同飜譯　金奎璇 黃鳳德 李承容
常任原文校閱　吳圭根
潤　　文　吳圭根 南賢熙 金裕鳳
校　　訂　李孝宰 南賢熙
出　　版　金主賢
管　　理　咸明淑
普　　及　徐源英

思政殿訓義 資治通鑑綱目을 발간하며

본회가 東洋古典의 飜譯과 敎育, 情報化 등 古典現代化 사업을 시작한 지 어느덧 25년이 지났다. 그간 많은 어려움이 있었으나 1988년 본회가 발족한 뒤 동양고전 번역사업에 착수하여 四書三經을 註까지 懸吐完譯함으로써 東洋學과 韓國學 전공자들의 필독서가 되어 敎育界와 文化界까지 많은 영향을 주었다.

본회에서는 四書三經, 十三經 등 儒家의 핵심 경전을 번역하는 동시에 동양고전의 한 축인 歷史 고전에도 눈을 돌려 《通鑑節要》, 《國語》, 《戰國策》뿐만 아니라, 동양 역사철학의 정수가 담긴 《春秋左氏傳》을 완역함으로써 東洋學과 韓國學 연구에 礎石과 架橋를 마련하였다. 이러한 성과를 바탕으로 經史一體의 모범인 《資治通鑑綱目》 완역을 기획하여 번역에 착수하였다.

'經史一體'란 經典과 歷史가 하나라는 동양의 독특한 관념인데, 이는 기록을 통해 인물과 사건을 도덕적으로 평가하는 풍토를 낳았다. 이러한 기록문화의 중시는 다른 문화권에서는 엄두도 못 낼 막대한 역사 기록을 남기게 하는 배경이 되었다. 굳이 중국 역사서를 언급할 것 없이 《朝鮮王朝實錄》, 《承政院日記》, 《日省錄》 같은 방대한 우리의 역사문헌은 이를 잘 보여준다. 이러한 우리 선조들의 역사 서술에 큰 영향을 미친 책이 바로 朱熹의 《資治通鑑綱目》이다.

《資治通鑑綱目》은 조선시대 經筵에서 가장 많이 읽은 역사서이자 우리나라 역사 서술에 가장 큰 영향을 미쳤다는 점에서 현재 韓國學 硏究에 필수적인 동양 역사 고전이라 할 수 있다. 비록 중국의 역사서이지만, 우리 先學들이 중국의 性理學을 독자적으로 계승 발전시킨 것처럼 《資治通鑑綱目》 역시 우리의 입장에서 보다 정밀하고 종합적으로 읽고자 하였다. 그 결실이 바로 世宗朝 때 간행된 思政殿訓義本 《資治通鑑綱目》이다.

동양의 대표적 역사서는 紀傳體의 《史記》, 編年體의 《資治通鑑》, 綱目體의 《資治通鑑綱目》으로 대변된다. 北宋 때의 司馬光은 帝王이 여가에 친람하여 정치에 도움이 되게 할 목적으로 《資治通鑑》을 편찬하였고, 朱熹는 《資治通鑑》을 바탕으로 이를 압축적으로 정리하여 보다 읽기 쉽게 하면서 유교적 褒貶을 엄정히 내렸다는 점에서, 이 책들은 제왕의 정치교과서 역할을 하였다. 이런 《資治通鑑》과 《資治通鑑綱目》에 대해 조선조 문화군주였던 세종의 주도하에 연구가 진행되었으며, 그 결과물이 바로 思政殿訓義本 《資治通鑑》과 《資治通鑑綱目》이다.

思政殿은 景福宮의 便殿으로, 세종이 이곳에서 당대 뛰어난 문신들을 참여시켜 《資治通鑑》과 《資治通鑑綱目》에 대한 訓義의 편찬을 주도하였다. 訓義는 의미를 해석한다는 뜻으로, 思政殿訓義는 기존 중국에서 이루어진 《資治通鑑》과 《資治通鑑綱目》의 주석을 集大成하고 군주와 신하들이 읽기 쉽도록 우리만의 주석서를 만든 것이다. 중국 이외 나라에서 《資治通鑑》과 《資治通鑑綱目》 전체에 주석을 단 것은 조선이 처음일 것이다.

현재까지도 《資治通鑑》과 《資治通鑑綱目》을 원전으로 읽기 위해서는 중국의 연구 성과에 의지하여야 했다. 비록 《資治通鑑》은 중국, 일본, 한국에서 번역되었으나 주석까지 완역되지 못하였고, 《資治通鑑綱目》도 중국에서 본문만 번역된 상황이다. 이번 우리나라의 독자적인 주석서인 思政殿訓義本 《資治通鑑綱目》의 완역을 통해 기존에 잊혔던 세종 시기의 《資治通鑑綱目》에 대한 연구 성과를 알리는 동시에, 이를 동양학과 한국학 연구에 활용할 수 있는 기반을 마련하고자 한다. 아울러 이를 통해 古典現代化의 水準을 높이고 融合的이고 自生的인 학문연구가 이루어질 수 있기를 바라는 바이다.

끝으로 이번 思政殿訓義本 《資治通鑑綱目》의 번역에 참여하여 헌신하시는 모든 분들께 무한한 감사를 드린다. 또한 고전현대화에 대한 政府의 지대한 關心과 支援에 감사를 드리며, 그간 직간접으로 지도편달하여 주신 학계와 교육계 및 문화계 인사 여러분께 심심한 謝意를 표하며, 앞으로도 따뜻한 관심과 엄정한 叱正을 부탁드리며 내내 평강과 행복을 기원한다.

社團法人 傳統文化硏究會 會長 李啓晃

凡 例

1. 본서는 南宋 때 朱熹가 編著하고, 朝鮮 世宗 때 思政殿에서 訓義한 ≪資治通鑑綱目≫을 번역한 것으로 ≪譯註 思政殿訓義 資治通鑑綱目≫ 제19책이다.
2. 본서의 底本은 서울대학교 규장각 소장본(奎7500, 藍書 口訣)이며, 규장각(奎7512, 朱書 口訣)과 국립중앙도서관(한古朝50-5, 墨書 口訣) 소장본을 참조하였다. 이들은 모두 木版本으로, 大字(綱)는 晉陽大君(世祖)이 써서 鑄造한 丙辰字, 中小字(目, 訓義 등)는 甲寅字로 되어 있다.
   이 밖에도 嚴文儒와 顧宏義가 校點한 ≪資治通鑑綱目≫(≪朱子全書≫ 8~11, 上海古籍出版社・安徽教育出版社, 2002), 文淵閣四庫全書 ≪御批資治通鑑綱目≫, 朝鮮 世宗 때 간행된 思政殿訓義 ≪資治通鑑≫(국립중앙도서관 일산古221-43), 標點資治通鑑小組에서 標點한 ≪資治通鑑≫(中華書局, 1992(제5판)) 등을 참고하였다.
3. 綱과 目의 원문에는 규장각(奎7500, 奎7512)과 국립중앙도서관(한古朝50-5)의 口訣本을 참조하여 懸吐하였고, 訓義는 한국에서 재래로 사용해오던 표점방식을 보완하여 文理의 이해를 돕는 수준에서 간략히 標點하였다.
4. '綱'과 '目'을 구분하기 위해 각각 번역문 앞에 【綱】과 【目】을 표기하였다. 目은 내용이 길 경우 의미 단락별로 分節하였다. 訓義는 저본의 해당 위치에 ①, ②, ③ 등으로 표기하고 綱이나 目 아래에 번역문과 원문을 배치하였다.

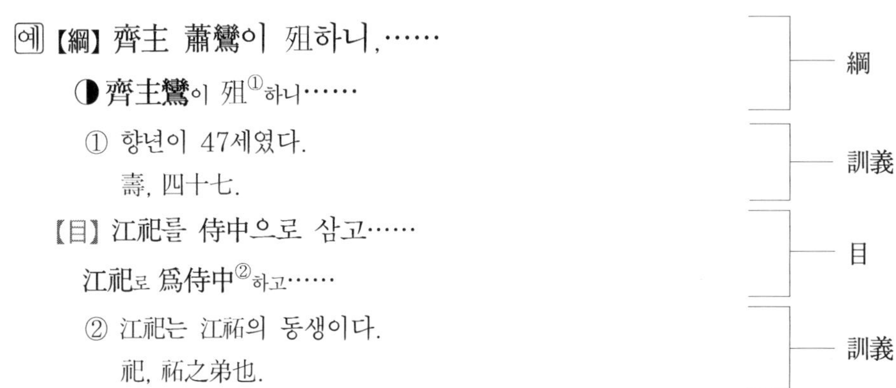

5. 번역문은 한글과 한자를 혼용하였으며, 맞춤법과 띄어쓰기는 한글 맞춤법과 표준어 규정을 따랐다.
6. 원문이나 번역문의 한자 중에 僻字나 讀音이 특수한 글자는 한글로 音을 달아주었다.
7. 譯註는 校勘, 人物, 制度, 官職, 역사적 사건, 인용문의 出典, 異說, 故事, 전문용어, 難解語 등에 관한 사항을 밝혔다.
8. 校勘은 원문의 誤字, 脫字, 衍文, 倒文 등을 대상으로 하였다.
9. 附錄에 실린 年表는 綱을 중심으로 ① 君王의 즉위와 사망, 年號, 改元 ② 정치, 경제, 사회, 문화의 주요 사건 ③ 주요 인물의 행적과 사망 등을 서술하되, 東洋史 학술 연표들을 참고하였다(參考書目 年表 관련 자료 참조).
10. 본서의 校勘에 사용된 符號는 다음과 같다.
   ( )〔 〕: (저본의 誤字)〔교감한 正字〕
   〔 〕: 저본의 脫字 보충
   ( ) : 저본의 衍字 표시
11. 본서에 사용한 주요 부호는 다음과 같다.
   " " : 인용
   ' ' : " " 안의 재인용
   「 」: ' ' 안의 재인용
   『 』: 「 」 안의 재인용
   ( ) : 원문의 讀音 및 번역문의 間註
   〔 〕: 번역문에서 뜻은 같으나 音이 다른 漢字, 원문의 漢字나 句節 표기
   譯註에서 인용한 원문표기
   ≪ ≫ : 書名
   〈 〉: 篇章名, 作品名, 補充譯
   【 】: 綱과 目의 표시
   ◑, ○ : 저본에 사용된 부호 遵用
12. 본서 訓義에 사용한 標點은 다음과 같다.
   . : 문장의 종결
   , : 한 문장 안에서 句나 節의 구분이 필요한 곳
   · : 대등한 명사나 구절의 병렬
   " " : 인용
   ' ' : " " 안의 재인용
   「 」: ' ' 안의 재인용

參考書目

◇ 底本

- ≪資治通鑑綱目≫, 朱熹(宋) 撰, 思政殿 訓義, 규장각 소장본.(奎7500)

◇ 底本 관련자료

- ≪資治通鑑綱目≫, 朱熹(宋) 撰, 思政殿 訓義, 규장각 소장본.(奎7512)
- ≪資治通鑑綱目≫, 朱熹(宋) 撰, 思政殿 訓義, 국립중앙도서관 소장본.(한古朝50-5)
- ≪資治通鑑綱目≫(≪朱子全書≫ 8~11), 朱熹(宋) 撰, 嚴文儒・顧宏義 校點, 上海古籍出版社・安徽教育出版社, 2002.
- ≪御批資治通鑑綱目≫, 朱熹(宋) 撰, 聖祖(淸) 批, 文淵閣四庫全書 제689~692책 史部447~450, 臺灣商務印書館, 1983~1986.
- ≪資治通鑑≫, 司馬光(北宋) 撰, 思政殿 訓義, 국립중앙도서관 소장본.(일산古221-43)
- ≪資治通鑑≫, 司馬光(北宋) 撰, 胡三省(元) 音註, 中華書局, 1992.(제5판)

◇ 經部

- ≪論語集註大全≫, 朱熹(宋) 集註, 胡廣(明) 等 編, 朝鮮 內閣本, 影印本, 學民文化社.
- ≪大學章句大全≫, 朱熹(宋) 集註, 胡廣(明) 等 編, 朝鮮 內閣本, 影印本, 學民文化社.
- ≪書傳大全≫, 蔡沈(宋) 集傳, 胡廣(明) 等 編, 朝鮮 內閣本, 影印本, 學民文化社.
- ≪釋名≫, 劉熙(後漢) 撰, 文淵閣四庫全書 제221책 經部215, 臺灣商務印書館, 1983~1986.
- ≪說文解字≫, 許愼(後漢) 撰, 文淵閣四庫全書 제223책 經部217, 臺灣商務印書館, 1983~1986.
- ≪詩傳大全≫, 朱熹(宋) 集傳, 胡廣(明) 等 編, 朝鮮 內閣本, 影印本, 學民文化社.
- ≪禮記集說大全≫, 陳澔(元) 集說, 胡廣(明) 等 編, 朝鮮 內閣本, 影印本, 學民文化社.

- 《儀禮注疏》, 鄭玄(漢) 注, 賈公彦 疏, 北京大學出版社, 2000.
- 《周禮注疏》, 鄭玄(漢) 注, 賈公彦(唐) 疏, 北京大學出版社, 2000.
- 《周易傳義大全》, 程頤(宋) 傳, 朱熹(宋) 本義, 胡廣(明) 等 編, 朝鮮 內閣本, 影印本, 學民文化社.
- 《中庸章句大全》, 朱熹(宋) 集註, 胡廣(明) 等 編, 朝鮮 內閣本, 影印本, 學民文化社.
- 《春秋經傳集解》, 左丘明(周) 傳, 杜預(晉) 註, 林堯叟(宋)・朱申(宋・元) 附註, 朝鮮 金屬活字本(戊申字), 影印本, 保景文化社.
- 《爾雅注疏》, 郭璞(晉) 注, 邢昺(北宋) 疏, 北京大學出版社, 2000.
- 《孝經大義》, 朱熹(宋) 刊誤, 董鼎(元) 註, 朝鮮 內閣本, 影印本, 學民文化社.

◇ 史部

- 《綱目訂誤》, 陳景雲(淸) 撰, 文淵閣四庫全書 제323책 史部81, 臺灣商務印書館, 1983~1986.
- 《舊唐書》, 劉昫(後晉) 等 撰, 中華書局, 1996.
- 《國語》, 左丘明(周) 撰, 文淵閣四庫全書 제406책 史部164, 臺灣商務印書館, 1983~1986.
- 《南史》, 李延壽(唐) 撰, 中華書局, 1975.
- 《南齊書》, 蕭子顯(梁) 撰, 中華書局, 1987.
- 《北史》, 李延壽(唐) 撰, 中華書局, 1996.
- 《史記》, 司馬遷(漢) 撰, 中華書局, 1974.
- 《史記索隱》, 司馬貞(唐) 編, 文淵閣四庫全書 제246책 史部4, 臺灣商務印書館, 1983~1986.
- 《史記正義》, 張守節(唐) 編, 文淵閣四庫全書 제247~248책 史部5~6, 臺灣商務印書館, 1983~1986.
- 《史記集解》, 裴駰(南朝 宋) 編, 文淵閣四庫全書 제245~246책 史部3~4, 臺灣商務印書館, 1983~1986.
- 《宋史》, 脫脫(元) 等 撰, 中華書局, 1999.
- 《宋書》, 沈約(南朝 梁) 撰, 中華書局, 1997.
- 《水經注》, 酈道元(北魏) 撰, 文淵閣四庫全書 제573책 史部331, 臺灣商務印書館, 1983~1986.
- 《新唐書》, 歐陽脩(北宋)・宋祁(北宋) 等 撰, 中華書局, 1975.

• ≪魏書≫, 魏收(北齊) 撰, 中華書局, 1974.
• ≪資治通鑑釋文≫, 史炤(宋) 撰, 臺灣商務印書館, 1980.
• ≪晉書≫, 房玄齡(唐) 等 撰, 中華書局, 1997.
• ≪通鑑釋文辯誤≫, 胡三省(元) 撰, 文淵閣四庫全書 제312책 史部70, 臺灣商務印書館, 1983~1986.
• ≪通鑑五十卷詳節要解≫, 九淵禪師(朝鮮) 著, 국립중앙도서관 소장본.(한古朝50-61-55)
• ≪通鑑地理通釋≫, 王應麟(宋) 撰, 文淵閣四庫全書 제312책 史部70, 臺灣商務印書館, 1983~1986.
• ≪通典≫, 杜佑(唐) 撰, 文淵閣四庫全書 제603~605책 史部361~363, 臺灣商務印書館, 1983~1986.
• ≪漢書≫, 班固(後漢) 撰, 中華書局, 2002.
• ≪漢書補註≫, 王先謙(淸) 補注, 王雲五 主編, 臺灣商務印書館, 1968.
• ≪後漢書≫, 范曄(南朝 宋) 撰, 中華書局, 1996.
• ≪後漢書集解≫, 王先謙(淸) 集解, 臺灣商務印書館, 1968.

◇ 子部

• ≪孔子家語≫, 王肅(魏) 注, 文淵閣四庫全書 제695책 子部1, 臺灣商務印書館, 1983~1986.
• ≪莊子≫, 莊周(周) 撰, 文淵閣四庫全書 제1058책 子部362, 臺灣商務印書館, 1983~1986.

◇ 研究論著 및 飜譯書

• 加藤繁·公田連太 共譯, ≪國譯 資治通鑑≫, 景仁文化社, 1996.
• 權重達 譯, ≪資治通鑑≫ 1~32, 삼화, 2007~2010.
• 宮崎市定, ≪九品官人法の研究≫, 岩波書店, 1956.
• 김유철·하원수 主編, ≪南齊書·梁書·南史 外國傳 譯註≫, 東北亞歷史財團, 2010.
• ――――――――――, ≪北史 外國傳 譯註≫ 上·下, 東北亞歷史財團, 2010.
• ――――――――――, ≪宋書 外國傳 譯註≫, 東北亞歷史財團, 2010.
• ――――――――――, ≪魏書 外國傳 譯註≫, 東北亞歷史財團, 2010.
• 馬建石 主編, ≪文白對照 資治通鑑輯覽≫ 1~36, 國際文化出版公司, 2002.

- 柏楊 編譯, ≪柏楊白話版 資治通鑑≫, 北岳文藝出版社, 2006.
- 成百曉 譯註, ≪譯註 通鑑節要≫ 1~9, 傳統文化硏究會, 2005~2011.
- 孫通海・李巨泰 主編, ≪文白對照 資治通鑑綱目≫ 1~5, 長征出版社, 1996.
- 李國祥 等 共譯, ≪資治通鑑全譯≫, 貴州人民出版社, 1994.
- 李宗侗・夏德儀 等 校註, ≪資治通鑑今註≫ 1~15, 臺灣商務印書館, 1985.
- 資治通鑑新注編纂委員會 編, ≪資治通鑑新注≫ 1~10, 陝西人民出版社, 1998.
- 張宏儒・沈志華 主編, ≪文白對照全譯 資治通鑑≫ 1~3, 改革出版社, 1991.
- 張大可・韓兆琦 注譯, ≪新譯 資治通鑑≫ 1~40, 三民書局, 2017.
- 池松旭 注解, ≪詳密註釋 通鑑諺解≫, 學民文化社, 1992.
- 許嘉璐 主編, ≪南史全譯≫(二十四史全譯) 1~2, 漢語大詞典出版社, 2004.
- ―――――, ≪南齊書全譯≫(二十四史全譯), 漢語大詞典出版社, 2004.
- ―――――, ≪晉書全譯≫(二十四史全譯) 1~4, 漢語大詞典出版社, 2004.
- ―――――, ≪宋書全譯≫(二十四史全譯) 1~3, 漢語大詞典出版社, 2004.
- ―――――, ≪魏書全譯≫(二十四史全譯) 1~4, 漢語大詞典出版社, 2004.
- 黃惠賢, ≪中國政治制度通史4 魏晉南北朝≫, 人民出版社, 1996.

◇ 사전 및 공구서

- 戴逸 主編, ≪二十六史大辭典≫, 吉林人民出版社, 1993.
- 山腰敏寬, ≪中國歷史公文書讀解辭典≫, 汲古書院, 2004.
- 施丁・沈志華 共譯, ≪資治通鑑大辭典≫ 上・下, 吉林人民出版社, 1994.
- 呂宗力 主編, ≪中國歷代官制大辭典≫, 北京出版社, 1994.
- 永瑢 等 撰, ≪四庫全書總目提要≫, 臺灣商務印書館, 1983.
- 日中民族科學硏究所 編, ≪中國歷代職官辭典≫, 國書刊行會, 1980.
- 中國大百科全書總編輯委員會 編, ≪中國大百科全書≫, 中國大百科全書出版社, 2009.
- 中國歷史大辭典編纂委員會 編, ≪中國歷史大辭典≫, 上海辭書出版社, 2000.
- 陳振江, ≪二十六史典故辭典≫ 上・下, 天津人民出版社, 1994.
- 倉修良 主編, ≪史記辭典≫, 山東敎育出版社, 1991.
- ―――――, ≪漢書辭典≫, 山東敎育出版社, 1996.
- 貝塚茂樹 等 編, ≪アジア歷史事典≫, 平凡社, 1952~1962.

◇ 데이터베이스(DB) 자료

- 한국고전종합DB(http://db.itkc.or.kr)
- 동양고전종합DB(http://db.cyberseodang.or.kr)
- 상우천고(http://www.s-sangwoo.kr)
- 電子版 文淵閣四庫全書, 上海古籍出版社.

◇ 年表 관련 자료

- 柏楊, ≪中國歷史年表 上・下≫, 南海出版社, 2006.
- 松丸道雄 等 編, ≪中國史 2≫, 山川出版社, 1996.
- 沈起煒, ≪中國歷史大事年表≫, 上海辭書出版社, 2001.
- 川本芳昭, ≪中國の歷史 中華の崩壞と擴大(魏晉南北朝)≫, 講談社, 2005.

目 次

思政殿訓義 資治通鑑綱目 제29권 상

-齊 明帝 建武 4년(497)~齊 東昏侯 永元 2년(500)-

≪資治通鑑綱目≫ 제29권은 丁丑年(497) 齊나라 明帝 建武 4년과 北魏 孝文帝 太和 21년부터 甲申年(504) 梁나라 武帝 天監 3년과 北魏 宣武帝 正始 원년까지이니, 모두 8년이다.

起丁丑齊明帝建武四年과 魏孝文帝太和二十一年하여 盡甲申梁武帝天監三年과 魏宣武帝正始元年하니 凡八年이라

丁丑年(497)

齊나라 高宗 明帝 蕭鸞 建武 4년이고, 北魏 高祖 孝文帝 元宏 太和 21년이다.

齊建武四年이요 魏太和二十一年[1]이라

【綱】 봄 정월에 北魏가 아들 元恪을 세워 太子로 삼았다.

春正月에 **魏**가 **立子恪**하여 **爲太子**하다

【綱】 齊主(明帝)가 尙書令 王晏을 죽이고 徐孝嗣를 尙書令으로 삼았다.

◑**齊主**가 **殺其尙書令王晏**하고 **以徐孝嗣爲尙書令**하다

【目】 예전에 王晏이 世祖(齊 武帝 蕭賾)에게 총애와 신임을 받았는데, 齊主(蕭鸞)가 鬱林

1) 齊建武四年 魏太和二十一年 : ≪資治通鑑綱目≫에서는 421년부터 588년까지는 無統이다. 朱熹의 凡例를 보면 正統인 경우 歲年(干支) 다음에 國號, 謚號, 姓名, 年號, 年度 등을 大字로 쓰는 데 반해, 無統일 경우 위처럼 小字로 쓴다. 본서의 내용은 無統에 해당하므로 이 부분을 모두 小字로 표기하였다. 隋나라 文帝가 천하를 통일한 589년 이후로는 隋나라를 정통으로 삼아서 大字로 표시하였다.

王(蕭昭業)을 폐할 것을 모의하자 왕안이 바로 흔쾌히 〈소란을〉 받들어 추대하였다가 齊主가 즉위하자 왕안이 스스로 새로운 조정에 佐命의 공이 있다고 생각하여 일을 제멋대로 처결하는 경우가 많으니, 齊主가 그를 미워하였다. 始安王 蕭遙光이 齊主에게 왕안을 죽일 것을 권하였는데, 齊主가 말하기를 "왕안은 나에게 功이 있고 또 罪가 없다."라고 하였다. 소요광이 말하기를 "왕안이 武帝도 위하지 못하였는데, 어찌 陛下를 위할 수 있겠습니까."라고 하니, 齊主가 잠자코 있었다.

왕안은 내심 開府儀同三司의 지위를 기대하여 자주 相工(관상쟁이)을 불러 자신의 관상을 보게 하니, 〈相工이〉 "크게 귀하게 될 것입니다."라고 하였다. 또 왕안이 賓客과 함께 있을 적에 다른 사람을 물리치고 말하기를 좋아하였다. 齊主가 그 소식을 듣고 왕안이 반역을 하려고 한다고 의심을 하여 마침내 왕안을 華林省으로 불러서 죽이고 아울러 北中郎司馬 蕭毅도 죽였다. 소의는 호사스럽고 활쏘기와 말타기를 좋아하였다. 그러므로 齊主가 이 일로 인하여 그를 무함하였던 것이다.

初에 晏이 爲世祖所寵任이러니 及齊主가 謀廢鬱林王에 晏이 卽欣然推奉이라가 及齊主가 卽位에 晏이 自謂佐命新朝라하여 事多專決하니 齊主가 惡之러니 始安王遙光이 勸齊主誅晏한대 齊主曰 晏이 於我有功하고 且未有罪라 遙光曰 晏이 尙不能爲武帝하니 安能爲陛下乎아 齊主默然이러라 晏이 意望開府하여 數呼相工하여 自視하니 云 當大貴라하다 又好與賓客으로 屛人語하니 齊主가 聞之하고 疑晏欲反하여 遂召晏於華林省하여 誅之하고 幷北中郎司馬蕭毅①하다 毅가 奢豪하고 好弓馬라 故 齊主가 因事陷之하다

① 省이 華林園에 있었기 때문에 華林省이라고 불렀다. 蕭毅는 太祖(蕭道成)의 조카인 新吳侯 蕭景先의 아들이다.
省在華林園, 因名華林省. 毅, 太祖從子新吳侯景先之子也.

【目】鬱林王이 폐위될 적에 王晏의 從弟 王思遠이 왕안에게 말하기를 "형께서 世祖의 후한 은혜를 받았다가 지금 하루아침에 다른 사람을 도와 이와 같은 일을 하시니, 저들은 임시방편으로 형을 필요로 한 것입니다. 장래에 어떻게 세상에 자립하실지 모르겠습니다. 만약 이때에 〈울림왕을 위해〉 자살을 하신다면 오히려 집안을 보존하여 죽은 뒤에 명예를 잃지 않을 것입니다."라고 하니, 왕안이 말하기를 "내가 막 죽을 먹어야 하니, 이 일을 돌아볼 겨를이 없다."라고 하였다.

왕안이 驃騎大將軍으로 임명되자 子弟들에게 말하기를 "隆昌[2]의 말년에 阿戎(왕사

원)이 나에게 자결하라고 권하였는데 만약 그의 말을 따랐다면 어찌 오늘이 있었겠는가."라고 하니, 왕사원이 바로 답하기를 "제 소견으로는 지금도 늦지 않습니다."라고 하였다.

왕사원은 齊主(蕭鸞)가 마음에 〈왕안을〉 이미 의심하고 있는 것을 알아차리고 틈을 타서 왕안에게 말하기를 "時局이 다소 변화하였는데, 형께서 또한 알아차리지 못하였습니까. 일반 사람들이 대부분 자신을 위한 계책에는 서투르면서 남을 위하여 계책을 세우는 데에는 정교합니다."라고 하였으나, 왕안이 응답하지 않으니, 왕사원이 물러나왔다. 왕안이 바로 탄식하기를 "세상 사람 중에 마침내 남에게 죽기를 권하는 자가 있구나."라고 하였는데, 열흘 만에 왕안이 죽임을 당하였다.

鬱林王之將廢也에 晏從弟思遠이 謂晏曰 兄이 荷世祖厚恩이라가 今一旦에 贊人如此事하니 彼以權計相須라 未知將來에 何以自立이리오 若及此引決이면 猶可保全門戶하여 不失後名이리라 晏曰 方啖粥하니 未暇此事라하더니 及拜驃騎에 謂子弟曰 隆昌之末에 阿戎이 勸吾自裁러니 若從其語인댄 豈有今日①이리오 思遠이 遽應曰 如阿戎所見은 今猶未晚也라 思遠이 知齊主意已疑異하고 乘間謂曰 時事稍異하니 兄亦覺不②아 凡人이 多拙於自謀而巧於謀人이라 晏이 不應하니 思遠이 退어늘 晏이 方歎曰 世乃有勸人死者라하더니 旬日而敗하다

① 齊主(蕭鸞)가 처음 卽位했을 때에 왕안을 진급시켜 驃騎大將軍으로 삼았다. 晉나라와 宋나라 무렵의 사람들이 대부분 從弟를 阿戎이라고 말하였는데, 唐나라에 이르러서도 여전히 그러하였다. 一說에 "阿戎은 王思遠의 小字이다." 하였다.
齊主初卽位, 進晏爲驃騎大將軍. 晉宋間人, 多謂從弟爲阿戎, 至唐猶然. 一說 "阿戎, 思遠小字."

② 不는 否로 읽는다.
不, 讀曰否.

【目】王晏의 外弟 阮孝緒는 또한 왕안이 반드시 실패할 것을 알고서 달아나 숨어서 그와 만나지 않았다. 그가 한번 醬을 맛보니 맛이 있었는데, 물어서 왕안의 집에서 얻었다는 것을 알고는 먹었던 것을 토하고 남은 것을 쏟아버렸다. 왕안의 일이 실패하고 나자 사람들이 완효서를 위해 염려하였는데, 완효서가 말하기를 "친척이지만 같은 당여가 아니니, 어찌 두려워할 것이 있겠는가."라고 하니, 마침내 죄를 면하였다.

晏의 外弟阮孝緒가 亦知晏必敗하고 逃匿不見①이러니 嘗食醬美러니 問知得於晏家하고 吐而覆

2) 隆昌 : 494년에 齊나라 鬱林王이 황제로 있을 때 사용한 연호이다.

之[②]러니 及晏敗에 人爲之懼한대 孝緒曰 親而不黨하니 何懼之有리오하니 卒免於罪하다

① 外弟는 妻의 동생이다. 一說에 "고모의 아들이다."라고 하였다.
外弟, 妻弟也. 一說 "姑之子也."

② 〈"吐而覆之"는〉 먹었던 것을 토하고 나서 또 남은 것을 쏟아버린 것이다.
旣吐其所食者, 又覆其所餘者.

【綱】 2월에 魏主(元宏)가 平城에 갔다. 穆泰와 陸叡는 伏誅되고 新興公 元丕는 죄가 있으나 죽음을 면하고 庶民이 되었다.

二月에 魏主가 如平城하다 穆泰陸叡는 伏誅하고 新興公丕는 以罪免死爲民하다

【目】 魏主(元宏)가 平城에 도착하여 穆泰와 陸叡의 당여를 引見하여 심문하였는데, 한 사람도 억울하다고 말하는 사람이 없었으니, 당시 사람들은 모두 任城王 元澄의 명찰함에 승복하였다.[3)] 목태가 복주되고 육예는 감옥에서 죽었는데, 그의 처자식을 용서하여 遼西로 옮기게 하였다.

예전에 魏主가 낙양으로 遷都하여 옛날 풍속을 바꾸니, 新興公 元丕가 즐거워하지 않았는데, 조신들의 衣冠을 〈漢服으로〉 바꾸었을 적에 원비만 혼자 그 사이에서 胡服을 입었다.

太子 元恂이 洛陽으로 옮기려 할 때에 〈원비의 아들〉 元隆이 목태 등과 함께 몰래 모의하여 원순을 평성에 머물게 하고, 이어서 병사를 일으켜 관문(鴈門關)을 차단하고 陘嶺 이북 지역을 막아 지킬 것을 도모하였다. 元丕가 幷州에 있었기 때문에 원륭 등이 자기들이 도모한 것을 원비에게 고하자 원비가 말로는 비록 비난했지만 마음속으로는 매우 옳다고 여겼다.

이때에 이르러 有司는 원륭과 元超가 모두 목태의 당여로 죄가 멸족에 해당된다고 아뢰니 원비가 죄에 따라 연좌되었다. 魏主는 "원비가 일찍이 죽이지 않을 것을 허락한 조서를 받았다."고 하여 죽임을 면하여 서민이 되는 것을 허락하고, 원륭과 원초를 죽였다.

魏主가 至平城하여 引見穆泰陸叡之黨하여 問之하니 無一人稱枉者라 時人이 皆服任城王澄之

3) 한 사람도……승복하였다 : 496년 北魏 穆泰와 陸叡의 모반이 일어나자 조정에서 元澄을 보내어 토벌하게 하였는데, 원징이 平城으로 들어가서 목태와 육예의 徒黨을 다스리자 백성들이 안정되었다. 여기서는 원징이 이 모반을 잘 처리하여 억울한 사람이 없음을 말한 것이다.

明이러라 泰가 伏誅하고 叡가 死於獄이어늘 宥其妻子하여 徙遼西하다 初에 魏主遷都하여 變易舊俗하니 新興公丕가 不樂이러니 及變衣冠에 而丕가 獨胡服於其間이러라 太子恂이 將遷洛陽에 元隆이 與穆泰等으로 密謀留恂하고 因擧兵斷關하여 規據陘北[①]하다 丕在并州라 隆等이 以其謀告之한대 丕가 口雖折難이나 心頗然之러니 至是하여 有司는 奏隆超가 皆泰黨罪當族이라하니 丕가 應從坐[②]러니 魏主는 以丕가 嘗受詔許以不死라하여 聽免死爲民하고 殺隆超하다

① 規는 圖謀함과 같다. 據는 막아 지킨다는 뜻이다. "陘北"은 바로 恒州와 朔州 2州의 땅이다. 關은 바로 鴈門의 東陘과 西陘의 두 關門이다.
規, 猶圖謀也. 據, 拒守也. 陘北, 卽恒・朔二州之地. 關, 卽鴈門之東陘・西陘二關也.

② 元隆과 元超는 모두 元丕의 아들이다.
隆・超, 皆丕之子也.

【目】 예전에 元丕와 陸叡는 僕射 李沖과 領軍 于烈과 함께 모두 '죽이지 않는다[不死]'라고 쓴 조서를 받았는데, 육예가 죽고 나서 魏主(元宏)는 이충과 우렬에게 다음과 같이 조서를 내렸다.

"육예의 반역은 이미 다른 범죄와는 다르니, 비록 불쌍히 여겨 용서해주려고 하지만 어떻게 그렇게 할 수 있겠는가. 그래도 그가 자살하는 것을 허락하고 그의 처자식의 죽음을 사면하였으며, 원비는 죄에 연좌되어 응당 죽어야 하지만 특별히 용서하여 서민으로 삼도록 하였다. 朕은 본래 그들이 처음과 끝이 똑같기를 기대했으나 저들이 스스로 〈짐의 바람을〉 버리고 끊은 것이다. 그러므로 이를 특별히 그대들에게 諭示하노니, 그대들이 매우 이상하게 여기지 않을 것이라 생각한다. 謀反한 일을 제외하고는 〈免死의 조서가〉 태양처럼 분명할 것이다."

또 魏主는 북방의 酋長과 侍子들이 더위를 염려한다고 하여 가을에는 洛陽에서 조회를 하고 다음해 봄에는 部落으로 돌아갈 것을 허락하니, 당시 사람들이 그들을 '鴈臣'이라고 하였다.

初에 丕及陸叡가 與僕射李沖領軍于烈로 俱受不死之詔러니 叡가 旣誅에 魏主는 賜沖烈詔曰 叡之反逆이 旣異餘犯하니 雖欲矜恕나 如何可得이리오 然猶聽自死하고 免其孥戮하며 丕는 連坐應死러니 特恕爲民[①]하라 朕이 本期始終而彼自棄絶이라 故此別示하노니 想無致怪로다 謀反之外는 皎如白日耳라 又以北方酋長及侍子가 畏暑라하여 聽秋朝洛陽하고 春還部落하니 時人이 謂之鴈臣[②]이라하다

① 拏는 자식이다. "免其拏戮"은 陸叡의 처자식이 죽음을 면하고 遼西로 옮긴 것을 말한다.
拏, 子也. 免其拏戮, 謂叡妻子免死徙遼西也.

② 〈鴈臣은〉 기러기가 추위를 피하여 남쪽으로 왔다가 따뜻한 날이 가까워져서 북쪽으로 돌아가는 것을 이른 것이다.
以鴈避寒而南來, 望煖而北還也.

【目】 司馬溫公(司馬光)이 다음과 같이 평하였다.

"봉작과 녹봉의 廢置, 生死與奪은 人君이 신하를 부리는 큰 권한이다. 先王의 제도에 비록 議親·議故·議賢·議能·議功·議貴·議勤·議賓[4)]이 있었지만 진실로 신하가 죄가 있으면 바로 사면하지 않고 반드시 槐棘의 아래에서 의논하여 사면할 만하면 사면하고 용서할 만하면 용서하고 형벌을 내릴 만하면 형벌을 내리고 죽일 만하면 죽여서 징벌의 輕重은 실정을 살펴서 정하고 처리의 관대함과 엄격함은 시세에 따라서 하였다. 이 때문에 임금은 사면하는 은혜를 베풀었으나 그 위엄을 잃지 않았고 신하는 죄를 면하였지만 스스로 자부하지 못하였다.

北魏에 이르러서는 그렇지 않아서 공훈이 있거나 존귀한 신하들에게 이따금 미리 죽이지 않을 것으로 허락하여 저들로 하여금 교만하여 죄에 저촉하게 하였고 또 죄에 따라서 저들을 죽였다. 이것은 믿지 못할 명령으로 그들을 유혹하여 죽을 곳으로 빠지게 하였으니, 刑政의 잘못이 이보다 더 큰 것이 없다."

司馬公曰 夫爵祿廢置하고 殺生予奪은 人君所以馭臣之大柄也①라 先王之制에 雖有親故賢能功貴勤賓이나 苟有其罪면 不直赦也하고 必議於槐棘之下②하여 可赦則赦하고 可宥則宥하며 可刑則刑하고 可殺則殺하여 輕重視情하고 寬猛隨時라 故君得以施恩而不失其威하고 臣得以免罪而不敢自恃러니 及魏不然하여 勳貴之臣을 往往豫許之以不死하여 使彼驕而觸罪하고 又從而殺之하니 是는 以不信之令으로 誘之하여 使陷於死地하니 刑政之失이 無此爲大焉이로다

① 이것은 ≪周禮≫ 〈天官冢宰〉의 이른바 八柄[5)]으로 신하들을 제어하는 것을 말한다.
此周禮所謂八柄馭群臣者也.

---

4) 先王의……議賓 : 八議를 말한 것이니, 周나라의 八辟에서 유래한 제도로, 특별 심의를 거쳐 형벌을 감면할 수 있도록 규정한 여덟 가지 조건이다. 팔의는 議親(왕의 친족의 죄를 논하여 형벌을 감면하는 것)·議故(왕의 친구의 죄를 논하여 형벌을 감면하는 것)·議賢(훌륭한 덕행을 지닌 자의 죄를 논하여 형벌을 감면하는 것)·議能(뛰어난 재능을 가진 자의 죄를 논하여 형벌을 감면하는 것)·議功(공로가 있는 자의 죄를 논하여 형벌을 감면하는 것)·議貴(지위가 높은 자의 죄를 논하여 형벌을 감면하는 것)·議勤(국사에 노력한 자의 죄를 논하여 형벌을 감면하는 것)·議賓(國賓의 죄를 논하여 형벌을 감면하는 것)이다.

5) 八柄 : 임금이 신하를 통솔하는 8가지 수단으로, 爵·祿·予·置·生·奪·廢·誅이다.

② 이것은 ≪周禮≫ 〈秋官 小司寇〉의 이른바 八議이다. 槐棘은 公卿의 지위이다. ≪禮記≫ 〈王制〉에 "獄事가 이루어지면 大司寇가 棘木의 아래에서 다스렸다." 하였다.
此周禮所謂八議也. 槐棘, 公卿之位. 王制 "獄成, 大司寇聽之於棘木之下."

【綱】 3월에 魏主(元宏)가 前 太子 元恂을 죽였다.

三月에 魏主가 殺其故太子恂[6]하다

【目】 元恂은 폐위되고 나서 자기의 잘못을 꽤 후회하였다. 中尉 李彪는 표문을 올려 원순이 다시 자신의 측근들과 반역을 도모한다고 하자 魏主가 원순에게 죽음을 내렸다.

恂이 旣廢에 頗自悔過러니 中尉李彪는 表恂復與左右謀逆이라한대 魏主가 賜恂死하다

【綱】 北魏의 宋王 劉昶이 卒하였다.

魏宋王劉昶이 卒하다

【綱】 魏主가 洛陽으로 돌아왔다.

◑魏主가 還洛陽하다

【目】 魏主(元宏)가 龍門에 도착하여 사신을 파견하여 夏禹에게 제사를 지내고 蒲阪에 도착하여 虞舜에게 제사를 지냈다. 長安에 도착하여 사신을 파견하여 周 文王과 武王의

---

6) 魏主殺其故太子恂 : "앞에서 '죄가 있어 폐위하여 庶人으로 만들었다.〔有罪廢爲庶人矣〕'라고 기록하고 여기서 '前 太子〔故太子〕'라고 기록한 것은 어째서인가. 魏主를 심하게 여긴 것이다. 元恂이 폐위를 당한 뒤로 꽤 잘못을 후회하였는데 中尉 李彪가 그가 반역을 도모한다고 표문을 올리자 대번에 죽음을 내렸으니 그를 죽인 것이 지나쳤으므로 지척하여 '主'라고 기록한 것이다. 그러므로 폐위한 것이 죄로써 하지 않고 주벌한 것이 그 죄로써 하였으면 戰國時代 趙나라 太子 章의 경우 앞에서 '태자를 폐위했다.〔廢太子〕'라고 기록한 뒤에 '주벌했다.〔誅〕'라고 기록하였고, 폐위한 것이 그 죄로써 하고 죽인 것이 죄로써 하지 않았으면 北魏 太子 元恂의 경우 앞에서 '죄가 있어 폐위했다.〔有罪廢〕'고 기록하고 뒤에 '죽였다〔殺〕'고 기록하였으니, ≪資治通鑑綱目≫의 판단 기준이 공정하다. ≪자치통감강목≫이 끝날 때까지 '태자를 죽였다.〔殺大子〕'고 기록한 것은 3번이다(趙나라 太子 邃, 北魏 太子 恂, 蜀나라 太子 元膺이다.).〔前書有罪廢爲庶人矣 此其書故太子何 甚魏主也 恂自被廢 頗知悔過 中尉李彪 表其謀逆 遽賜之死 則殺之爲過矣 故斥書主 是故廢不以罪 誅以其罪 則趙太子章 前書廢太子 而後書誅 廢以其罪 殺不以罪 則魏太子恂 前書有罪廢 而後書殺 綱目之權衡公矣 終綱目書殺大子三(趙太子邃 魏太子恂 蜀太子元膺)〕" ≪書法≫

제사를 豐과 鎬에서 제사 지내고 마침내 洛陽으로 돌아왔다.

魏主가 **至龍門**하여 **遣使祀夏禹**하고 **至蒲阪**하여 **祀虞舜**하다 **至長安**하여 **遣使祀周文王武王于豐鎬**하고 **遂還洛陽**①하다

① ≪水經註≫에 "龍門上口는 漢나라 河東郡 北屈縣 서쪽에 있는데 이른바 孟門이다. 龍門下口는 河東郡 皮氏縣 서북쪽에 있는데 大禹가 굴착한 곳이다. 그러므로 여기에서 제사를 지낸 것이다." 하였다. 阪은 音이 反이다. 皇甫謐이 말하기를 "舜임금이 蒲坂에 도읍을 하였기 때문에 또 여기에 제사를 지낸 것이다." 하였다.
水經註 "龍門上口在漢河東北屈縣西, 所謂孟門也. 龍門下口在河東皮氏縣西北, 大禹所鑿, 故於此祠焉." 阪, 音反. 皇甫謐云 "舜都蒲阪, 故又於此祀焉."

【綱】 가을 7월에 北魏는 昭儀 馮氏(馮潤)를 세워 황후로 삼았다.

秋七月에 **魏**가 **立昭儀馮氏爲后**하다

【目】 馮后가 친어미처럼 太子 元恪을 양육하려고 하였는데, 원각의 生母 高氏가 갑자기 卒하였다.

后가 欲母養太子恪한대 恪母高氏가 暴卒하다

【綱】 8월에 魏主(元宏)가 직접 군사를 거느리고 齊나라를 정벌하였다.

八月에 **魏主**가 **自將伐齊**[7]하다

【目】 北魏가 황하 북쪽 지역 5州의 병사 20만 명을 출동하여 齊나라를 정벌할 적에 彭城王 元勰(원협)에게 中軍大將軍을 내렸는데, 사양하며 말하기를 "옛날에 陳思王이 〈출정할 것을〉 청하였으나 윤허하지 않았는데, 어리석은 臣은 요청하지 않았는데 이 임무를 얻었으니, 어찌 통하고 막힌 운수가 서로 크게 차이가 납니까."라고 하니, 魏主(元宏)가 웃으면서 말하기를 "曹丕와 曹植은 재주와 명성을 서로 시기하였지만, 나는 너와 道德으로 서로 가까이하고 있다."라고 하였다. 齊主(蕭鸞)는 북위의 군대가 온다는 것을 듣고 軍主 胡松을 파견하여 赭陽(자양)을 도와 지키게 하고 鮑擧를 파견하여 舞陰을 도

7) 魏主自將伐齊 : "'정벌하였다〔伐〕'라고 기록한 것은 어째서인가. 蕭鸞을 미워한 것이다.〔書伐 何 惡鸞也〕" ≪書法≫

와 지키게 하였다.

魏가 發河北五州兵二十萬하여 以伐齊①할새 假彭城王勰中軍大將軍한대 辭曰 昔에 陳思가 求而不允이어늘 愚臣은 不請而得하니 何否泰之相遠也②오 魏主가 笑曰 二曹는 以才名相忌어늘 吾與汝以道德相親③이니라 齊主가 聞有魏師하고 遣軍主胡松하여 助戍赭陽하고 鮑擧로 助戍舞陰④하다

① 5州는 冀州, 定州, 瀛州, 相州, 齊州이다.
五州, 冀・定・瀛・相・齊也.

② 曹魏 文帝(曹丕) 때에 陳思王 曹植이 表文을 올려 자신이 한번 吳・蜀을 공격한 것을 청하였는데 문제가 허락하지 않았다. 하늘과 땅이 교감하여 〈만물이 통하는 것을〉 '泰'라고 하고, 하늘과 땅이 교감하지 못하여 〈만물이 통하지 않는 것을〉 '否'라고 한다. 진사왕 조식이 위 문제에게 상하의 情이 통하지 않았으므로 '否'라고 한 것이고, 元勰은 君臣과 兄弟의 정에 틈이 없으므로 '泰'라고 한 것이다.
曹魏文帝時, 陳思王植上表求自試以攻吳蜀, 帝不許. 天地交曰泰, 天地不交曰否. 陳思於魏文, 上下之情不通, 故曰否. 勰則君臣兄弟之情無間, 故曰泰.

③ "二曹"는 魏 文帝와 陳思王을 말한다.
二曹, 謂魏文帝・陳思王也.

④ 胡松은 北襄城 太守 成公期를 도와서 赭陽을 수비하였고 鮑擧는 西汝南과 北義陽 2郡 太守 黃瑤起를 도와 舞陰을 수비하였다. 赭陽은 곧 漢・晉 시기의 堵陽縣이니, 宋나라 때에 이르러 여전히 南陽郡에 소속되었다. 堵도 음이 者이다. 舞陰縣은 漢나라 이래로 南陽郡에 소속되었고, 西汝南・北義陽 2郡의 치소가 되었다.
胡松, 助北襄城太守成公期戍赭陽. 鮑擧, 助西汝南北義陽二郡太守黃瑤起戍舞陰. 赭陽, 卽漢・晉之堵陽縣, 至宋時猶屬南陽郡. 堵, 亦音者. 舞陰縣, 自漢以來屬南陽郡, 爲西汝南・北義陽二郡治所.

【綱】 氐族의 수령 楊靈珍이 北魏를 배반하였다.

氐帥楊靈珍이 叛魏하다

【目】 北魏가 氐族의 수령 楊靈珍을 南梁州刺史로 삼았는데, 양영진이 南梁州 지역을 들어서 齊나라에 항복하고서 北魏의 武興王 楊集始를 습격하였다. 양집시는 형세가 궁박하고 위급하여 또한 齊나라에 항복하였는데, 북위가 李崇을 파견하여 그를 토벌하게 하였다.

魏가 以氐帥楊靈珍으로 爲南梁州刺史①하니 靈珍이 擧州降齊하여 襲魏武興王楊集始한대 集

始가 窖急亦降于齊어늘 魏가 遣李崇討之하다

① 北魏는 仇池에 梁州를 설치하였고, 武興에 南梁州를 설치하였다.
魏置梁州於仇池, 置南梁州於武興.

【綱】 9월에 魏主(元宏)가 齊나라의 南陽을 공격하였는데 이기지 못하였다.

九月에 魏主가 攻齊南陽不克하다

【目】 예전에 北魏 荊州刺史 薛眞度가 齊나라 南陽을 공격하였는데, 南陽太守 房伯玉이 북위의 군대를 공격하여 격파하였다. 魏主(元宏)가 노하고 남양은 작은 郡이라고 하여 반드시 남양을 멸망시킬 것을 결심하였다.

이때에 이르러 魏主가 군사를 이끌고 남양을 공격하면서 군사 수를 백만이라고 칭하고 宛城의 外城을 습격하여 함락시켰다. 방백옥이 內城의 성벽에 올라 지키며 적을 막았는데, 魏主가 中書舍人 孫延景을 파견하여 방백옥의 죄를 하나하나 따지며 말하기를 "卿은 武帝(蕭賾)를 섬기면서 특별한 총애를 받고서도 충절을 세워 목숨을 바치지 않고 그의 원수(蕭鸞)에게 절개를 다하였으니, 첫 번째 죄이다. 지난해에 설진도가 〈군대를 이끌고〉 이곳에 왔을 때에도 卿이 나의 한 군대를 손상시켰으니, 두 번째 죄이다. 지금 鑾輅[8]가 친히 나왔는데도 얼굴을 앞으로 하고 손을 뒤로 묶고서 나의 깃발 아래에 항복을 하지 않으니, 세 번째 죄이다."라고 하였다.

완성의 동남쪽에 다리가 있었는데, 魏主가 그곳을 지나갈 적에 방백옥이 용감한 병사 몇 사람에게 斑衣(색동옷)를 입고 虎頭帽를 쓰게 하고서 다리 밑에 매복해 있다가 갑자기 나와 그들을 공격하게 하였다. 魏主의 군사와 말이 모두 놀랐기 때문에 활을 잘 쏘는 사람을 불러서 화살을 쏘아서 색동옷 입은 자들을 맞추어 죽이게 하니, 비로소 면할 수 있었다.

初에 魏荊州刺史薛眞度가 攻齊南陽이어늘 太守房伯玉이 擊敗之①하니 魏主怒하고 以南陽小郡이라하여 志必滅之러니 至是引兵攻之하여 衆號百萬하고 襲宛克之하다 伯玉이 嬰內城拒守어늘 魏主가 遣中書舍人孫延景하여 數之曰 卿이 事武帝蒙殊常之寵하여 不能建忠致命而盡節於其讐하니 罪가 一也②요 頃年薛眞度來에 卿이 傷我偏師하니 罪가 二也요 今鑾輅親臨에 不面縛麾下하니 罪가 三也니라 宛城東南에 有橋라 魏主가 過之할새 伯玉이 使勇士數人으로 衣斑衣하고 戴虎

8) 鑾輅 : 천자가 타는 수레로, 鑾駕라고도 한다. 여기서는 북위의 주군 원굉을 가리킨다.

頭帽하여 伏於竇下[9)]라가 突出擊之[③]하니 魏主人馬가 俱驚이라 召善射者하여 射(석)殺之하니 乃得免하다

① 薛眞度는 薛安都의 從祖弟(6촌 형제)이다. 房伯玉은 房法壽의 從弟(4촌 형제)이다.
眞度, 安都之從祖弟. 伯玉, 法壽之從弟也.
② 齊主가 武帝(蕭賾)의 子孫을 죽였기 때문에 원수라고 말한 것이다.
齊主夷滅武帝子孫, 故謂之讐.
③ 虎頭帽는 모자를 호랑이 머리 모양으로 만든 것이다.
虎頭帽者, 帽爲虎頭形.

【綱】 北魏가 氐族을 정벌하여 武興을 함락시키니, 楊靈珍이 齊나라로 망명하였다.

魏가 伐氐하여 克武興하니 楊靈珍이 犇齊하다

【目】 李崇이 〈楊靈珍을 정벌할 적에〉 산에 나무를 베어 길을 내어서 氐族들이 생각하지 못한 때에 안팎으로 습격을 하니, 여러 저족들이 흩어져 돌아갔다. 양영진이 싸움에 패하자 〈북위 군대가〉 드디어 武興을 함락시키니, 양영진이 도망하여 漢中으로 돌아갔는데 제나라가 그를 武都王으로 삼았다.

魏主(元宏)는 이숭이 승리했다는 소식을 듣고 기뻐하며 말하기를 "朕에게 서쪽을 돌아보게 하는 근심이 없게 한 사람은 이숭이다."라고 하고, 이숭을 梁州刺史로 삼아서 그 지역을 안무하게 하였다.

李崇이 槎山分道하여 出氐不意하여 表裏襲之[①]하니 群氐가 散歸하고 靈珍이 戰敗어늘 遂克武興하니 靈珍이 犇還漢中이어늘 齊가 以爲武都王이러라 魏主가 聞之하고 喜曰 使朕無西顧之憂者는 李崇也라하고 以崇爲梁州刺史하여 安集其地하다

① 槎는 士雅의 切이니, 나무를 없애는 것을 槎라고 한다.
槎, 士雅切,[10)] 除木曰槎.

【綱】 겨울 11월에 魏主(元宏)가 新野를 포위하여 드디어 齊나라 병사를 沔水

9) 竇下 : 橋洞으로 다리 밑에 아치형으로 된 구멍을 말한다.
10) 切 : 反切音을 표시한 것이다. '反(번)'은 뒤집는다(되치다)는 뜻으로 번역을 의미하고, '切'은 자른다는 의미이다. 앞 글자의 初聲을 따고 뒷글자의 中聲과 終聲을 따서 읽는다.

북쪽에서 패배시켰다.

冬十一月에 **魏主**가 **圍新野**하여 **遂敗齊兵于沔北**[11]하다

【目】 魏主(元宏)가 新野에 도착하니, 齊나라 新野太守 劉思忌가 방어하자, 北魏가 신야를 공격하였으나 함락시키지 못하여, 길게 포위망을 둘러싸 지키게 하였다. 韓顯宗이 赭陽에 주둔하였는데, 胡松이 蠻族의 병사를 이끌고 한현종의 군영을 공격하니, 한현종이 힘껏 싸워 그를 격파하고 호송의 裨將의 목을 베었다.

한현종이 신야에 도착하였는데, 魏主가 말하기를 "卿이 적들을 격파하고 비장의 목을 베었으니, 우리 군대의 사기를 매우 고양하였소. 朕이 바로 견고한 성을 공격할 것인데 어찌하여 露布[12]를 작성하여 알리지 않았는가?"라고 하니, 대답하기를 "지난번에 들으니, 王肅이 적군 두세 사람과 나귀와 말 몇 필을 노획하고 모두 露布를 작성하였는데, 臣은 항상 그것을 비웃었습니다. 근래에 비록 오랑캐를 꺾었지만 참수하거나 사로잡은 자가 많지 않으니, 왕숙의 행위를 허물로 여기면서 그 허물을 본받는다면 죄가 더욱 클 것입니다."라고 하였다. 魏主가 그를 더욱 현명하게 여겼다.

齊主(蕭鸞)가 徐州刺史 裴叔業에게 조서를 내려서 雍州를 구원하게 하자 배숙업이 아뢰기를 "北方 사람들은 멀리 출정하는 것을 즐거워하지 않고 오직 약탈만을 즐거워하니, 만약 오랑캐의 경내를 침략하면 司州·雍州의 도적들은 자연히 분산될 것입니다."라고 하였다. 齊主가 따랐다.

배숙업이 병사를 이끌고 虹城을 공격하여 男女 4,000여 명을 노획하였다. 齊主가 다시 中庶子 蕭衍과 尙書 崔慧景을 보내서 雍州를 구원하였는데, 제나라 將軍 韓秀方

11) 魏主圍新野 遂敗齊兵于沔北 : "魏主가 이에 앞서 齊나라를 정벌할 적에 齊主(蕭鸞)의 죄를 하나하나 꾸짖었으니 군사의 출동에 진실로 명분이 있음을 말한 것이다. 이윽고 깃발을 돌려 북으로 돌아와서 마침내 무력을 남용하지 않았으니 또한 아름다워할 만하다. 지금 또 까닭 없이 군대를 일으켰으니 전일에 비할 것이 못 된다. 하물며 당시에 文治를 한창 일으키면서 侵伐을 그치지 않으니 어찌 戎虜의 속성이 본래 殺伐을 숭상해서 그러한 것이 아니겠는가. 그렇지 않다면 어찌하여 戎車를 누차 타고 전쟁에 나가기를 그칠 줄 모르는가. ≪資治通鑑綱目≫에서는 '자신이 지휘하여 제나라를 정벌했다.〔自將伐齊〕', '남양을 공격했다.〔攻南陽〕', '신야를 포위했다.〔圍新野〕'에 모두 해당 문장 위에 '魏主'라고 기록하였으니, 나무란 것이다. 어찌 帝王으로 자처하면서 성을 공격하며 땅을 약탈하는 짓을 할 것인가.〔魏主前此伐齊 數齊主之罪 師出固曰有名 旣而返旆北旋 不遂黷武 亦可嘉矣 今又無故稱兵 則非前日之比 況時方興起文治 而乃侵伐不已 豈其戎虜之性 固以殺伐爲尙乎 不然 何爲戎車屢駕 而不知止也 綱目於自將伐齊 攻南陽 圍新野 皆書魏主于上 蓋譏之爾 烏有以帝王自處 而爲侵城略地之擧哉〕" ≪發明≫

12) 露布 : 露板이라고도 한다. 戰勝을 알리기 위해 布帛에 써서 장대 위에 걸어 누구나 볼 수 있게 한 것을 말한다. 후대 捷報를 알리는 문서 양식을 말한다.

등 15명의 장군이 모두 북위에 항복하니, 북위가 제나라 병사를 沔水 북쪽에서 격파하였다.

魏主가 至新野하니 齊太守劉思忌가 拒守어늘 攻之不克하여 築長圍以守之하다 韓顯宗이 屯赭陽이어늘 胡松이 引蠻兵攻其營하니 顯宗이 力戰破之하고 斬其裨將하다 顯宗이 至新野어늘 魏主가 謂曰 卿이 破賊斬將하니 殊益軍勢로다 朕이 方攻堅城이어늘 何爲不作露布요 對曰 頃聞王肅이 獲賊二三人과 驢馬數匹하고 皆爲露布하니 臣常哂之라 近雖得摧醜虜나 擒斬不多하니 尤而效之면 其罪彌大니이다 魏主가 益賢之[①]하더라 齊主가 詔徐州刺史裴叔業하여 救雍州한대 叔業이 啓稱 北人이 不樂遠行하고 惟樂鈔掠하니 若侵虜境하면 則司雍之寇가 自然分矣리이다하니 從之어늘 叔業이 引兵攻虹城하여 獲男女四千餘人[②]하다 齊主가 復遣中庶子蕭衍과 尙書崔慧景하여 救雍州러니 齊將軍韓秀方等十五將이 皆降於魏하니 魏가 敗齊兵於沔北하다

① 尤는 꾸짖음이며 잘못함이다. ≪春秋左氏傳≫ 襄公 21년에 "저들의 행위를 허물로 여기면서 그 허물을 본받는다면 죄가 더욱 심하다." 하였다.
尤, 責也, 過也. 左傳曰"尤而效之, 罪又甚焉."

② 胡三省이 말하기를 "이 虹城은 곧 漢나라 때의 虹縣이다. 지금 泗州에 여전히 虹縣이 있다." 하였다. ≪漢書音義≫에 "虹은 音이 貢이다. 지금 사람은 絳과 같이 읽는다." 하였다.
胡三省曰 "此虹城卽漢虹縣也. 今泗州猶有虹縣." 漢書音義 "虹, 音貢. 今人讀如絳."

【綱】12월에 齊나라가 北魏 太倉口를 침략하니, 北魏 豫州刺史 王肅이 제나라를 패배시켰다.

十二月에 齊가 侵魏太倉口하니 魏豫州刺史王肅이 敗之[13)]하다

【目】齊나라 將軍 魯康祚가 北魏의 太倉口를 침략하자, 북위 豫州刺史 王肅이 長史 傅永을 시켜 甲士 3,000명을 거느리고 제나라 군대를 공격할 적에 제나라와 북위의 군대가 淮水를 끼고 주둔하였는데, 서로 거리가 10여 리였다.

부영이 말하기를 "남방 사람들은 밤중에 군영을 공격하기를 좋아하니, 반드시 회수 가운데에 등불을 두어서 물이 얕은 곳을 표시할 것이다."라고 하였다. 이에 밤중에 병사들을 나누어 2부대로 만들어 군영 밖에 매복시키고, 또 표주박에 불씨를 넣어서 은밀

13) 齊侵魏太倉口 魏豫州刺史王肅敗之 : "北魏가 齊나라에게 가한 것을 '伐'이라고 기록하고 제나라가 북위에게 가한 것은 어찌하여 '侵'이라고 기록하였는가. 蕭鸞을 미워한 것이다.〔魏加齊 書伐 齊加魏 則曷爲書侵 惡鸞也〕" ≪書法≫

하게 사람을 시켜 물이 깊은 곳에 두게 하고 경계하기를 "〈적군이 표시한〉 불이 일어나는 것을 보면 또한 표주박에 불을 붙여라."라고 하였다.

이날 밤에 노강조 등이 과연 병사를 이끌고 부영의 군영을 공격하였는데, 매복한 병사들이 挾擊하였다. 노강조 등이 회수로 달려가니 불이 이미 〈강가의 여러 곳에서〉 다투어 일어났기 때문에 갈 곳을 알지 못하였는데, 물에 빠져 죽은 자와 참수한 수급이 수천이었다.

齊將軍魯康祚가 侵魏太倉口[①]어늘 魏豫州刺史王肅가 使長史傅永으로 將甲士三千擊之할새 齊魏가 夾淮而軍하니 相去十餘里라 永이 曰 南人好夜斫營하리니 必於淮中에 置火以記淺處라하고 乃夜分兵爲二部하여 伏於營外하고 又以瓢貯火하여 密使人으로 於深處置之하고 戒曰 見火起하면 則亦然之[②]하라 是夜에 康祚等이 果引兵斫永營이어늘 伏兵이 夾擊之하니 康祚等이 走趣淮水러니 火旣競起라 不知所從이어늘 溺死及斬首數千級이러라

① ≪北史≫〈傅永傳〉에 의거하면 太倉口는 北魏 豫州의 경계에 있다. 이때에 北魏가 豫州를 汝南 新息縣 廣陵城에 설치하여, 齊나라 義陽과 淮水를 사이에 두고 城壘를 쌓아 대치하였으니, 太倉口는 회수 북쪽 언덕에 있어야 한다. 북위 사람이 여기에 창고의 곡식을 쌓아두었으므로 이런 이름이 있었던 것이다.
據傅永傳, 太倉口在魏豫州界. 是時魏置豫州於汝南新息縣廣陵城, 與齊義陽隔淮對壘, 則太倉口當在淮北岸, 以魏人積倉粟於此而有是名也.

② 然(불타다)은 燃과 같다.
然, 與燃同.

【目】裴叔業이 北魏의 楚王戍를 침략하였는데 王肅이 다시 傅永에게 명령하여 그를 공격하게 하였다. 부영이 心腹 한 사람을 데리고 초왕수로 달려가서 초왕수 밖의 해자를 메우게 하고 밤중에 戰士 1,000명을 성 밖에 매복하게 하였다. 날이 밝자 배숙업 등이 城의 동쪽에 도착하여 부대를 나누고 장차 길게 포위망을 설치하려 하였는데, 부영이 매복시킨 병사들이 북위의 後軍을 공격하여 격파하였다. 배숙업이 친히 精兵 수천 명을 거느리고 그 후군을 구원하였다. 부영은 城門의 樓臺에 올라가서 배숙업이 남쪽으로 몇 리를 행군하는 것을 바라보고, 바로 문을 열고 그의 군영을 공격하여 크게 격파하였다.

배숙업이 진퇴하는 데 의거할 것을 잃어 마침내 달아났는데, 좌우 사람들이 그를 추격하려고 하자 부영이 말하기를 "우리의 약한 병졸들이 3,000명도 되지 않고 저들은 精兵 甲士가 여전히 많으니, 힘으로 굴복시켜 물리칠 것이 아니라 스스로 우리가 세운

계획에 떨어졌을 뿐이다. 그들이 이미 우리의 虛實을 예측하지 못하였으니, 저들의 간담을 서늘하게 하기에 충분하고 사로잡은 것이 충분하다."라고 하였다.

魏主(元宏)가 謁者를 보내서 현장에서 부영을 汝南太守에 임명하였다. 부영은 용기와 힘이 있었고 배우기를 좋아하고 문장에 능통하였다. 魏主가 일찍이 감탄하여 말하기를 "말에 오르면 적을 공격할 수 있고 말에서 내리면 露板(勝捷文)을 지을 수 있는 사람은 오직 傅脩期뿐이다."라고 하였다.

裴叔業이 侵魏楚王戍[①]어늘 肅이 復令永擊之한대 永이 將心腹一人하여 馳詣楚王戍하여 令塡外塹하고 夜伏戰士千人於城外러니 曉而叔業等이 至城東하여 部分將置長圍어늘 永伏兵이 擊其後軍하여 破之한대 叔業이 自將精兵數千救之어늘 永이 登門樓하여 望叔業이 南行數里하고 卽開門擊其營하여 大破之하니 叔業이 進退失據하여 遂走어늘 左右가 欲追之한대 永曰 吾弱卒이 不滿三千이요 彼精甲猶盛하니 非力屈而敗라 自墮吾計中耳니 旣不測我之虛實하니 足使喪膽이라 俘此足矣니라 魏主라 遣謁者하여 就拜永汝南太守하니 永이 有勇力하고 好學能文이라 魏主가 常歎曰 上馬能擊賊하고 下馬作露板은 惟傅脩期耳[②]라하니라

① ≪水經注≫에 "鮦陽縣에는 葛陵城이 있고, 갈릉성의 동북쪽에는 楚 武王의 무덤이 있어서 백성들이 이곳을 楚王琴城이라고 말한다." 하였다. 北魏는 대개 여기에 수비병을 두어 지켰으므로 그 때문에 '楚王戍'라고 말한 것이다. 鮦은 徒東의 切이다.
水經注, 鮦陽縣有葛陵城, 城東北有楚武王冢, 民謂之楚王琴城. 魏蓋於此置戍, 因謂之楚王戍. 鮦, 徒東切.

② 傅脩期는 傅永의 字이다.
脩期, 永字.

【綱】齊나라가 劉季連을 益州刺史로 삼았다.

齊가 以劉季連爲益州刺史하다

【目】曲江公 蕭遙欣이 군사와 관계된 일을 좋아하니, 齊主(蕭鸞)는 여러 아들들이 아직 어리다고 하여 內親으로는 소요흔에게 의지하고 外親으로는 皇后의 동생 劉暄과 內弟 江祏(강석)에게 의지하였다. 그러므로 始安王 蕭遙光을 揚州刺史로 삼고 소요흔을 荊州刺史로 삼았다. 소요흔이 江陵에 있을 적에 재주와 용기가 있는 자들을 많이 불러 모으고 매우 자신의 세력을 기르니, 齊主(元宏)가 그를 미워하였다. 南郡太守 劉季連이 은밀

히 표문을 올려 소요흔이 이상한 행동을 한다고 아뢰자 齊主가 마침내 유계련을 益州刺史를 삼아서 소요흔이 있는 곳의 上流 지역을 점거하여 그를 제어하게 하였다.

曲江公遙欣이 好武事하니 齊主가 以諸子尙幼라하여 內仗遙欣하고 外倚后弟劉暄內弟江祏①이라 故以始安王遙光으로 爲揚州하고 遙欣으로 爲荊州하여 而遙欣이 在江陵에 多招材勇하고 厚自封殖하니 齊主가 惡之러니 南郡太守劉季連이 密表遙欣이 有異迹②이라한대 齊主가 乃以季連으로 爲益州刺史하여 使據遙欣上流하여 以制之하다

① 內弟는 외삼촌의 아들이다. 齊主(蕭鸞)의 어머니가 景皇后이며, 江祏의 고모이므로 內弟라고 한 것이다.
內弟, 舅之子也. 齊主母景皇后, 祏之姑也, 故曰內弟.

② 劉季連은 劉遵考의 동생이며 劉思考의 아들이다. 재앙을 조성할 마음을 품고 있는 것을 "異志"라고 한다. 정황이 일에 드러나는 것을 "異迹"이라고 한다.
季連, 遵考之弟, 思考之子也. 包藏禍心者, 謂之異志. 形見於事爲, 謂之異迹.

【綱】高昌 사람이 그의 임금 馬儒를 시해하였다.

高昌이 弑其君馬儒[14]하다

【目】이해에 高昌王 馬儒가 사신을 보내 北魏에 들어가 조공을 바쳐서 內地로 옮길 것을 요청하였다. 魏主(元宏)가 韓安保를 보내 그를 영접하게 하고, 伊吾의 지역 500리를 나누어 주어 마유를 살게 하였다. 高昌 사람들이 고향 땅에 연연하여 동쪽으로 옮기는 것을 원하지 않아서, 마유를 죽이고 麴嘉를 세워 왕으로 삼고, 다시 柔然에 신종하였다.

是歲에 高昌王馬儒가 遣使入貢于魏하여 求內徙어늘 魏主가 遣韓安保迎之하고 割伊吾之地五百里하여 以居儒한대 高昌人이 戀土하여 不願東遷하여 殺儒하고 立麴嘉爲王하고 復臣於柔然①하다

① 麴氏가 高昌을 얻은 것은 여기에서 시작되었다.
麴氏得高昌始此.

---

14) 高昌弑其君馬儒 : "夷狄에게는 '죽였다〔殺〕'라고 기록하는데 高昌은 순수한 이적이 아니기 때문에 특별히 '시해했다〔弑〕'라고 기록한 것이다. ≪資治通鑑綱目≫에서 夷狄에게 '弑'라고 기록한 것은 6번이다.(이해(497) 高昌, 隋나라 開皇 17년(597) 吐谷渾, 19년(599) 突厥, 唐나라 貞觀 16년(642) 高句麗, 開成 4년(839) 回紇, 辛亥年(951) 契丹이다.)〔夷狄書殺 高昌非純夷也 故特書弑 綱目夷狄書弑六(是年 高昌 隋開皇十七年 吐谷渾 十九年 突厥 唐貞觀十六年 高麗 開成四年 回紇 辛亥年 契丹)〕" ≪書法≫

戊寅年(498)

齊나라 高宗 明帝 蕭鸞 永泰 원년이고, 北魏 高祖 孝文帝 元宏 太和 22년이다.

齊永泰元年이요 魏太和二十二年이라

【綱】 봄 정월에 北魏가 新野를 함락하니, 齊나라의 沔水 이북을 지키는 장수들이 모두 城을 버리고 도망하였다.

春正月에 魏가 拔新野하니 齊沔北守將이 皆棄城走[15]하다

【目】 北魏가 新野를 공격하여 함락시키고 劉思忌를 포박하여 묻기를 "지금 항복하려고 하지 않느냐?"라고 하니, 유사기가 말하기를 "차라리 남방의 귀신이 될지언정 북방의 신하는 되지 않겠다."라고 하자, 결국 유사기를 죽였다.

이에 沔水 이북이 크게 떨게 되었다. 湖陽의 戍主[16]와 赭陽의 戍主, 南鄉太守가 서로 이어서 남쪽으로 달아났는데, 舞陰의 戍主 黃瑤起가 北魏에게 붙잡혔다. 魏主(元宏)가 황요기를 王肅에게 내려주니, 왕숙이 살을 저며서 먹었다.

魏攻新野拔之하고 縛劉思忌하여 問之曰 今欲降未아 思忌曰 寧爲南鬼언정 不爲北臣이라한대 乃殺之하니 於是에 沔北大震하니 湖陽赭陽戍主와 及南鄉太守가 相繼南遁①이어늘 舞陰戍主黃瑤起가 爲魏所獲이어늘 魏主가 以賜王肅하니 肅이 臠而食之②하다

① 湖陽縣은 옛날 蓼國이며 漢나라 때에는 南陽郡에 속하였고, 晉나라와 宋나라 때에는 없앴는데, 齊나라가 여기에 戍를 설치하였다.
湖陽縣, 故蓼國, 漢屬南陽郡, 晉·宋省, 齊於此置戍.

---

15) 魏拔新野……皆棄城走 : "이때에 齊나라 太守 劉思忌를 붙잡았는데, 유사기가 말하기를 '차라리 제 나라의 귀신이 될지언정 北魏의 신하가 되지 않겠다.'라고 하고 마침내 죽였는데 절개를 지켜 죽은 것이다. 그것을 기록하지 않은 것은 어째서인가. 蕭鸞을 미워한 것이다. 임금을 弑逆한 조정을 위해 목숨을 잃으면 비록 절개를 지켜 죽은 것이 유사기와 같더라도 기록하지 않았으니 ≪資治通鑑綱目≫에서 蕭鸞을 미워함이 극심하다.〔於是執齊太守劉思忌 思忌曰 寧爲南鬼 不爲北臣 乃殺之 則死節也 其不書 何 惡鸞也 失身於弑逆之朝 雖死節如思忌不書 綱目之惡鸞甚矣〕" ≪書法≫

16) 戍主 : 戍將이라고도 하는데 남북조시대에 설치되어 隋唐 시기에도 두었다. 戍는 지방 군사행정 구역의 하나로 남북시대에 변경 지역 중 군사 요지에 설치되었으며 州에 소속되었는데, 그 장관이 戍主이고 그 아래 戍副, 掾, 隊主, 隊副 등을 두었으며, 관할 지역의 군무와 방위를 담당하면서 민정과 재정에도 관여하였다. 戍主는 그 지위가 縣令에 상응하였으며 郡守를 겸하는 경우도 있었다.

② 黃瑤起가 王肅의 아버지 王奐을 죽였다.
瑤起殺肅父奐.

【綱】 齊主(蕭鸞)가 河東王 蕭鉉 등 10인을 죽였다.

齊主가 **殺其河東王鉉等十人**하다

【目】 齊主(蕭鸞)가 병이 있기 때문에 '자기 가까운 친속이 적고 나약하나 高帝(蕭道成)와 武帝(蕭賾)의 子孫은 오히려 10명의 왕이 있다.'고 하여, 齊主가 그들을 다 제거하려 하여 太尉 陳顯達에게 묻자 대답하기를 "이들이 어찌 마음에 두고 걱정할 것이 있겠습니까."라고 하였다. 齊主가 또 始安王 蕭遙光에게 물으니, 소요광은 마땅히 차례차례로 제거해야 한다고 하였다.

소요광이 매번 齊主와 함께 사람을 물리치고 오랫동안 이야기를 하고서 마친 후에 齊主가 향을 찾아서 피우고 오열하며 눈물을 흘렸고, 다음 날엔 반드시 죽임을 당한 자가 있었다. 마침 齊主가 병이 심해져서 갑자기 기절하였기 때문에 소요광이 마침내 河東王 蕭鉉, 南康王 蕭子琳 등 10인을 죽였다. 이에 太祖(蕭道成)・世祖(蕭賾)와 世宗(蕭長懋)의 여러 아들들이 모두 죽었다.

소현 등이 이미 죽은 후에 마침내 公卿들을 시켜서 그들의 죄를 상주하여 그들을 죽일 것을 청하게 하였는데, 조서를 내려 허락하지 않고 다시 상주한 후에 허락하였다. 南康王의 侍讀 江泌(강비)[17]가 소자림의 죽음을 통곡하였는데 눈물이 다하니, 이어서 피가 나왔고 직접 殯葬을 살피고 마친 뒤에 떠나갔다.

齊主가 **有疾**이라 **以近親寡弱**하나 **而高武子孫**이 **猶有十王**이라하여 **欲盡除之**하여 **以問太尉陳顯達**한대 **對曰 此等**이 **何足介慮**리오 **以問始安王遙光**한대 **遙光**이 **以爲當以次施行**이니이다 **遙光**이 **每與齊主**로 **屛人久語畢**에 **齊主**가 **索香火**하여 **嗚咽流涕**하고 **明日必有所誅**러니 **會齊主**가 **疾甚暴絶**①이라 **遙光**이 **遂殺河東王鉉**과 **南康王子琳等十人**하니 **於是**에 **太祖世祖及世宗諸子**가 **皆盡矣**②러라 **鉉等已死**에 **乃使公卿**으로 **奏其罪**하여 **請誅之**어늘 **下詔不許**하고 **再奏然後許之**하다 **南康侍讀江泌**가 **哭子琳**에 **淚盡**하니 **繼之以血**하고 **親視殯葬畢**에 **乃去**하다

① ≪資治通鑑≫에 "마침 齊主의 병이 갑자기 심해져서 숨이 끊어졌다가 다시 살아났다."

17) 江泌(강비) : ≪資治通鑑≫ 胡三省의 音注에 泌은 '薄必翻' 또는 '兵媚翻'이라 하였는데, 여기서는 '강비'로 음을 달았다.

하였다.
通鑑"會上疾暴甚, 絶而復蘇."

② 10인은 河東王 蕭鉉, 臨賀王 蕭子岳, 西陽王 蕭子文, 永陽王 蕭子峻, 南康王 蕭子琳, 衡陽王 蕭子珉, 湘東王 蕭子建, 南郡王 蕭子夏, 桂陽王 蕭昭粲, 巴陵王 蕭昭秀이다. 소현은 太祖의 아들이다. 소자악에서 소자하에 이르기까지는 모두 世祖의 아들이다. 소소찬·소소수는 世宗의 아들이다.
十人, 河東王鉉·臨賀王子岳·西陽王子文·永陽王子峻·南康王子琳·衡陽王子珉·湘東王子建·南郡王子夏·桂陽王昭粲·巴陵王昭秀. 鉉, 太祖子. 子岳至子夏, 皆世祖子. 昭粲·昭秀, 世宗子.

【綱】2월에 北魏 사람들이 宛城을 함락시키고, 3월에 齊나라 병사를 鄧城에서 물리쳤다.

二月에 魏人이 克宛하고 三月에 敗齊兵于鄧城하다

【目】北魏 사람들이 宛城의 北城을 빼앗으니, 房伯玉이 얼굴을 앞으로 하고 손을 뒤로 묶고 나와 항복하였다. 3월에 崔慧景이 襄陽에 도착하니, 沔水 북쪽 지역의 5郡이 이미 함락되었다. 최혜경이 蕭衍과 軍主 劉山陽·傅法憲 등과 함께 5,000여 명을 거느리고 鄧城으로 진군하였다.

北魏의 수만 기병이 갑자기 도착하자, 齊나라의 諸軍들이 城에 올라가 막아 지킬 적에 당시 제나라 將士들이 새벽밥을 먹고 경무장으로 행군하여 모두 굶주리고 두려운 기색이 있었다. 최혜경이 南門에서 군사를 거두고서 달아나니, 諸軍들이 서로 〈누구를 따라야 할지〉 알지 못하고 서로 이어서 모두 도망하였는데, 劉山陽이 후방을 차단하고 죽을힘을 다하여 싸워서 한편으로는 싸우면서 한편으로는 퇴각하였다.

〈최혜경이 도망가는 중에〉 북위 병사들이 도로 양쪽에서 그들을 쏘아 맞추니, 제나라 士卒들이 도랑에 몸을 던져 죽은 자들이 서로 이어졌다. 유산양이 죽기 살기로 싸워서 北魏 병사들이 마침내 물러나니, 제나라 諸軍들이 모두 襄陽으로 돌아올 수 있었다. 魏主(元宏)가 10만 군대를 가지고 樊城을 포위하였는데 曹虎가 문을 닫고 스스로 지키니, 魏主가 떠나서 懸瓠로 갔다.

魏人이 拔宛北城하니 房伯玉이 面縛出降하고 三月에 崔慧景이 至襄陽하니 沔北五郡이 已沒[①]이라 慧景이 與蕭衍及軍主劉山陽傅法憲等으로 帥五千餘人하여 進行鄧城[②]이러니 魏數萬騎가 奄至어늘

諸軍이 登城拒守할새 時將士가 蓐食輕行하여 皆有飢懼之色이라 慧景이 於南門에 拔軍去하니 諸軍이 不相知[18]하고 相繼皆遁이어늘 山陽이 斷後死戰하여 且戰且却이러니 魏兵이 夾路射(석)之[19]하니 士卒赴溝死者가 相枕이라 山陽이 苦戰하여 魏兵이 乃退하니 諸軍이 皆還襄陽하다 魏主가 以十萬衆으로 圍樊城이러니 曹虎가 閉門自守하니 魏主去하여 如懸瓠③하다

① 5郡은 南陽, 新野, 南鄕, 北襄城과 아울러 西汝南과 北義陽 2郡의 太守를 말한다.
五郡, 謂南陽・新野・南鄕・北襄城幷西汝南・北義陽二郡太守也.

② 行(항렬)은 去聲이다. 鄧縣은 漢나라 때에는 南陽郡에 속하고, 宋나라 大明 말기에는 襄陽 서쪽 경계를 분할하여 京兆郡으로 삼고 거기에 鄧縣을 소속시켰다. 그 땅은 隋나라의 襄陽郡 安養縣 경계에 있다.
行, 去聲. 鄧縣, 漢屬南陽郡, 宋大明末, 割襄陽西界爲京兆郡, 鄧縣屬焉. 其地在隋襄陽郡安養縣界.

③ 沔水 북쪽에 樊城이 있는데, 지난해에 曹虎가 樊城에 군대를 주둔시켰다.
沔北有樊城, 上年虎頓軍樊城.

【綱】北魏가 齊나라의 義陽을 공격하였는데, 제나라가 북위의 渦陽(과양)을 포위하여 의양을 구원하니, 의양의 포위가 풀렸다. 그러나 〈과양의〉 제나라 군사 또한 무너졌다.

魏가 攻齊義陽이어늘 齊가 圍魏渦陽以救之하니 義陽이 圍解로되 齊師가 亦潰하다

【目】北魏 鎭南將軍 王肅이 義陽을 공격하였는데, 齊나라 裵叔業이 〈북위의〉 渦陽(과양)을 포위하여 〈의양을〉 구원하였다. 북위 南兗州刺史 孟表가 과양을 지키고 있었는데, 양식이 떨어져서 草木의 껍질과 잎을 먹고 있었다.

그러자 魏主(元宏)가 將軍 傅永・劉藻・高聰 등과 함께 과양을 구원하자, 배숙업이 進擊하여 크게 격파하여, 수급 수만을 베고 3,000여 명을 사로잡았으며 器械・雜畜・財物을 노획한 것이 천이나 만으로 헤아렸다.

---

18) 諸軍不相知 : ≪新譯資治通鑑≫(張大可 等 注釋, 三民書局, 2017)에 이를 "기타 각 방면의 군대들이 누구도 누구를 관할하지 못하였다.〔其他各路軍隊誰也不管誰〕"로 해석하였는데, 이를 참조하여 번역하였다.

19) 魏兵 夾路射(석)之 : ≪資治通鑑≫에는 이 앞에 '崔慧景이 鬧溝를 지나갈 적에 군사들이 서로 짓밟고 지나가자 교량이 무너졌다.'고 하였다. 군사들이 鬧溝에 빠져 죽었기 때문에 여기서도 '赴溝死者'라 한 것이다.

왕숙이 다시 군사를 보내서 과양을 구원하기를 청하자, 魏主가 말하기를 "병사를 적게 나누어 주면 적을 제압하기 어렵고 병사를 많이 나누어 주면 禁衛의 병사가 부족하니, 卿이 잘 알아서 도모하시오. 의양을 공격하는 것은 중지해야 할 것 같으면 중지하고 공격해야 할 것 같으면 공격해야 하지만 만약 과양을 잃게 된다면 卿의 과실이 될 것이오."라고 하였다. 왕숙은 결국 의양의 포위를 풀고 統軍 楊大眼·奚康生 등과 함께 과양을 구원하였다.

배숙업은 북위 병사들이 많은 것을 보고 밤중에 병사를 이끌고 퇴각하니, 다음 날에 제나라 군사들이 도망하여 무너졌다. 북위 사람들이 그들을 추격하니, 부상당하고 죽은 병사들이 이루 다 헤아릴 수 없었다.

魏鎭南將軍王肅이 攻義陽이어늘 齊裴叔業이 圍渦陽以救之①하다 魏南兗州刺史孟表가 守渦陽이러니 糧盡하여 食草木皮葉이어늘 魏主가 使將軍傅永劉藻高聰等으로 救渦陽하니 叔業이 進擊하여 大破之하여 斬首萬級이요 俘三千餘人이며 獲器械雜畜財物이 以千萬計러라 王肅이 請更遣軍救渦陽한대 魏主가 曰 少分兵則不足制敵이요 多分兵則禁旅有闕이니 卿審圖之하라 義陽은 當止則止하고 當下則下어니와 若失渦陽이면 卿之過也리라 肅이 乃解義陽之圍하고 與統軍楊大眼奚康生等으로 救渦陽한대 叔業이 見魏兵盛하고 夜引兵退하니 明日에 士衆犇潰라 魏人이 追之하니 殺傷이 不可勝數러라

① 渦는 音이 戈이다. 渦陽城은 漢나라 때에 沛郡 山桑縣 동남쪽에 있고, 渦水가 그 남쪽을 경유하는데, 당시에 北魏 南兗州의 治所가 되었다.
渦, 音戈. 渦陽城在漢沛郡山桑縣東南, 渦水逕其南, 時爲魏南兗州治所.

【綱】 北魏 中尉 李彪가 파면당하고, 僕射 李沖이 卒하였다.

魏中尉李彪가 免하고 僕射李沖이 卒하다

【目】 李彪는 집안이 대대로 한미하여 처음으로 代都에 갔을 때에 李沖이 선비를 좋아한다고 하여 마음을 기울여 이충을 따랐다. 이충이 또한 그의 재주와 학문을 귀중하게 여겨서 예우를 매우 후하게 하고 공적으로 조정에 추천하고 사적으로 인도하여 관직에 나가게 하였다.

이표는 中尉가 되자 貴戚들을 피하지 않고 탄핵을 하니, 魏主(元宏)는 그를 현명하게 여겨서 汲黯[20]에 비교하였다. 이표는 스스로 임금과 친분을 맺고 인정을 받게 되자, 다

시는 이충에게 의지하지 않았다. 점점 그와 소원해져 오직 공식석상에서만 소매를 여미며 경의를 표할 뿐, 다시 尊敬의 뜻이 없으니, 이충이 점점 그에게 앙심을 품었다.

彪는 家世孤微하여 初遊代都에 以李沖이 好士라하여 傾心附之하니 沖이 亦重其才學하여 禮遇甚厚하고 公私汲引[①]이러니 及爲中尉에 彈劾不避貴戚한대 魏主가 賢之하여 以比汲黯이러라 彪가 自以結知人主하니 不復藉沖하고 稍稍疎之하여 唯公坐에 斂袂而已요 無復宗敬之意하니 沖이 浸銜之러다

① 공적으로 조정에 말하여 그를 위에 추천하고 나서 또 사적으로 같은 반열에서 말하면서 이끌어 진취시킨 것이다. 물을 끌어 올리는 것을 汲이라고 하니, 이 뜻을 취한 것이다.
既公言之於朝而薦之於上, 又私語同列, 引而進之. 引水而上曰汲, 取此義也.

【目】魏主(元宏)가 남쪽을 정벌하자 李彪는 李沖과 任城王 元澄과 함께 〈낙양에서〉 留守의 업무를 관장할 적에 이표는 성품이 강직하고 호방하여 어긋난 점이 많았다. 자주 이충과 함께 논쟁을 할 때 말소리나 낯빛에 나타났고, 자신이 法官이므로 다른 사람이 규찰하여 탄핵할 수 없다고 여기고 전횡하는 일이 많았다.

이충이 분함을 이기지 못하여 마침내 그의 전후에 범한 허물과 악행을 수집하여 탄핵하는 表文를 올려 廷尉에게 회부하여 다스릴 것을 청하였다. 魏主가 表文를 보고 오랫동안 탄식하다가 말하기를 "道固(이표)는 넘친다고 말할 수 있고, 僕射(이충)도 또한 가득 찼구나."라고 하였다. 有司가 이표를 사형으로 판결하자 魏主가 그를 사면하고 그의 이름을 官籍에서 삭제할 뿐이었다.

及魏主南伐에 彪는 與沖과 及任城王澄으로 共掌留務할새 彪性剛豪하여 多所乖異라 數與沖으로 爭辨에 形於聲色하고 自以身爲法官하니 他人은 莫能糾劾이라하여 事多專恣하니 沖이 不勝忿하여 乃積其前後過惡하여 上表劾之하여 請付廷尉한대 魏主가 覽表하고 歎悵久之라가 曰 道固가 可謂溢矣요 而僕射도 亦爲滿也[①]로다 有司가 處彪大辟한대 魏主가 宥之하고 除名而已러라

① 道固는 李彪의 字이다.
道固, 彪字.

【目】李沖은 평소 성품이 溫厚하였으나 李彪를 잡아들일 때에는 눈을 부릅뜨고 크게 소

20) 汲黯 : 漢나라 武帝 때의 강직한 신하로, 황제의 잘못을 면전에서 사정없이 공박하였으므로 무제가 그를 꺼리면서도 옛날의 社稷之臣에 가깝다고 인정하였다.(≪史記≫ 〈汲黯列傳〉)

리치며 안석을 던져서 부수고 〈이표를 대할 적에〉 입에서 나오는 대로 꾸짖고 욕을 하였다. 마침내 병이 나서 심장이 놀라 말에 착오가 나니, 의약으로 치료하지 못하였다. 혹자는 이충의 간이 〈노기로 인해〉 손상되었다 여겼는데, 10여 일이 지나서 卒하니, 魏主(元宏)가 그의 죽음에 통곡하고 슬픔을 스스로 가누지 못하였다.

이충은 부지런하고 영민하며 정력이 강대하여 오랫동안 요직에 있으면서 종일 일을 보았지만 싫증을 내거나 피곤해한 적이 없었는데, 겨우 40살에 머리가 백발이 되었다. 형제는 4명의 어머니가 낳았기 때문에 어려서는 성내고 다투는 일이 많았다.

이충이 귀하게 되자 녹봉과 賞賜를 모두 형제들과 함께하니, 다시 돈독하고 화목함을 이루게 되었다. 그러나 親戚과 姻戚을 많이 끌어들여 사사로이 官爵을 주니, 한 집안의 1년 녹봉이 1만 匹이었기 때문에 사람들이 이것으로 그를 輕視하였다.

沖이 雅性溫厚한대 及收彪之際에 瞋目大呼하여 投折几案하고 詈辱肆口러니 遂發病荒悸하여 言語錯謬하니 醫不能療라 或以爲肝裂이라하더니 旬餘而卒①하니 魏主가 哭之하고 悲不自勝이러라 沖이 勤敏彊力하야 久處要(處)〔劇〕[21]하여 終日視事호되 未嘗厭倦이어늘 纔四十而髮白이러라 兄弟가 四母라 少多忿競②이러니 及沖貴에 祿賜를 皆與共之하니 更成敦睦이나 然多援引族姻하여 私以官爵하니 一家歲祿이 萬匹이라 人以此少之하더라

① 悸는 심장이 요동치는 것이다. 〈"或以爲肝裂"은〉 怒氣가 肝을 상하게 한 것이니, 노기가 심하여 병이 발생하여 의약으로도 치료하지 못하므로 간이 파열되었다 한 것이다.
悸, 心動也. 怒氣傷肝, 怒甚發病而醫不能療, 故以爲肝裂.

② ≪資治通鑑≫에 "兄弟 6명에 어머니는 모두 4명이었다." 하였다.
通鑑 "兄弟六人, 凡四母."

【綱】 北魏가 彭城王 元勰을 宗師로 삼았다.

魏가 以彭城王勰爲宗師하다

【目】 北魏는 元勰을 宗師로 삼아서 宗室을 감독하고 살피게 하고 가르침을 따르지 않는 자는 보고하도록 하였다.

魏以勰爲宗師하여 使督察宗室하고 有不率敎者以聞하다

21) (處)〔劇〕 : 저본에는 '處'로 되어 있으나, ≪資治通鑑≫에 의거하여 '劇'으로 바로잡았다.

【綱】 여름 4월에 齊나라 大司馬 王敬則이 會稽에서 반란을 했다가 군대가 曲阿에 도착하여 패하여 죽었다.

夏四月에 齊大司馬王敬則이 反會稽라가 至曲阿敗死[22]하다

【目】 齊나라 大司馬 會稽太守 王敬則이 스스로 高帝(蕭道成)와 武帝(蕭賾)의 옛 장수로서 마음이 스스로 편안하지 못하였다. 齊主(蕭鸞)가 겉으로는 비록 예우하였지만 마음속으로는 왕경칙을 의심하였는데 그가 노쇠하였다는 소식을 듣고 또 內地에 살고 있었기 때문에 조금 너그럽게 하였다.

왕경칙의 적장자인 王仲雄이 琴을 잘 탔는데, 齊主가 蔡邕의 焦尾琴을 그에게 빌려주어 연주하게 하니, 왕중웅이 懊儂歌(오뇌가)를 지어 읊기를 "항상 나의 情을 저버리는 것을 탄식하였는데, 그대가 지금 이렇게 하였구나."라고 하고, 또 읊기를 "그대가 깨끗하지 않은 마음으로 행동하거늘 어찌 남들의 의론을 싫어할 수 있는가."라고 하였다. 齊主가 더욱 시기하고 부끄러워하였다.

마침 병이 들었는데 이에 張瓌를 平東將軍 吳郡太守로 삼아서 왕경칙을 방비하게 하니, 왕경칙이 듣고 말하기를 "동쪽에 지금 누가 있는가. 이것은 나를 평정하려는 것일 뿐이다. 동쪽을 또한 어찌 쉽게 평정할 수 있겠는가. 나는 끝까지 金罌을 받지 않을 것이다."라고 하였다. 金罌은 鴆酒를 말한다.

齊大司馬會稽太守王敬則이 自以高武舊將으로 心不自安하니 齊主가 外雖禮之而內實相疑호되 聞其衰老하고 且居內地라 故得少寬이러라 敬則世子仲雄이 善琴이라 齊主가 以蔡邕焦尾琴으로 借之①하니 仲雄이 作懊儂歌②曰 常歎負情儂이러니 郎今果行許③라 又曰 君行不淨心이어늘 那得惡(오)人題④아 齊主가 愈猜愧러니 會疾病이어늘 乃以張瓌로 爲平東將軍吳郡太守하여 以防敬則⑤하니 敬則이 聞之曰 東今有誰오 只是欲平我耳라 東亦何易可平이리오 吾終不受金罌이라하니

---

22) 齊大司馬……至曲阿敗死 : "≪資治通鑑綱目≫에서 蕭鸞을 미워하였다면 王敬則은 어찌하여 '반란했다.〔反〕'고 기록하였는가. 蕭道成이 弑逆하였을 때 왕경칙이 힘을 썼으니 이와 같은데도 인정해준다면 옳겠는가. 그러므로 齊나라 소란은 미워할 만하지만 왕경칙은 인정해줄 수 없는 것이다. 그렇다면 왕경칙은 실제로 참수되었는데 '伏誅'라고 기록하지 않은 것은 어째서인가. 은미하게 소란을 미워하는 뜻을 보인 것이다.〔綱目惡鸞 則敬則曷爲以反書 道成弑逆 敬則有力焉 若是而予之 可乎 故齊鸞可惡 敬則則不可予也 然則敬則實斬 其不書伏誅何 所以微示惡鸞之意也〕" ≪書法≫

"王敬則은 高帝(蕭道成)와 武帝(蕭賾)의 老將으로서 蕭鸞이 弑逆할 때에 토벌하지 못하고 마침내 머리를 굽혀 역적을 섬겨서 그를 大司馬에 제수한 命을 이미 받고는 또다시 반란을 일으킨 것은 무엇인가. '反'으로 기록하였으니 패하여 죽은 것이 마땅하다.〔敬則高武舊將 當蕭鸞弑逆之時 不能討之 乃俛首事賊 既受其大司馬之命矣 又復擧兵 何哉 以反書之 敗死宜矣〕" ≪發明≫

金罌은 謂鴆也⑥라

① 蔡邕이 吳에 있을 적에, 吳人 중에 오동나무로 불을 피워서 밥을 짓는 이가 있었다. 채옹이 〈오동나무가〉 불타는 소리를 듣고 좋은 재목인 것을 알았다. 이어서 채옹이 오동나무를 달라고 해서 거문고를 만들었는데, 과연 소리가 아름다웠다. 거문고 끝에 불탄 흔적이 있어 당시 사람들이 그것으로 인하여 '焦尾琴'이라고 불렀다.
邕在吳, 吳人有燒桐以爨者. 邕聞火烈之聲, 知其良木, 因請而裁爲琴, 果有美音, 而其尾猶焦, 時人因名焦尾琴.

② ≪晉書≫ 〈五行志〉에 "安帝 隆安 연간에 百姓이 홀연히 懊憹歌(오뇌가)[23]를 지었는데 그 노랫말에 '봄풀은 뜯어다 엮을 만하고 계집애는 잡아다 가질 만하네.' 하였는데, 얼마 되지 않아 〈東晉 말기에〉 桓玄[24]이 제위를 찬탈하니, 義旗(정의의 깃발)를 들고 3월 2일에 京都를 소탕하여 평정하고 환현을 죽였다. 환현의 宮女와 逆黨의 집안 子女와 妓妾을 모두 군사들에게 상으로 주었다. 동쪽으로 甌·越에 미치고 북쪽으로 淮水와 泗水에 이르기까지 사람들 모두 상을 얻음이 있었다. 그러므로 절기에 있어서는 풀은 엮을 만하고 事情에 있어서는 여자는 가질 만한 것을 말한 것이다. 杜佑가 말하기를 "懊憹歌는 石崇의 妾인 綠珠가 지은 것인데 〈絲布澁難縫〉[25] 하나의 악곡일 뿐이다. 懊는 於報의 切이다. 憹는 如冬의 切이다. 王仲雄이 그 곡을 모방하여 노래를 지은 것이다." 하였다.
晉志 "安帝隆安中百姓忽作懊憹之歌, 其曲曰 '(草生)〔春草〕[26]可攬結, 女兒可攬擷.' 尋而桓玄簒位, 義旗以三月二日掃定京都, 誅之. 玄之宮女及逆黨之家子女妓妾悉爲軍賞. 東及甌越, 北流淮泗, 皆人有所獲, 故言時則草可結, 事則女可擷也." 杜佑曰 "懊憹歌石崇妾綠珠所作, 絲布澁難縫一曲而已, 懊, 於報切. 憹, 如冬切. 仲雄(放)〔倣〕[27]其曲而作歌."

③ 儂은 音이 農이니, '나'라는 뜻이다. 吳人의 말이다.
儂音農, 我也, 吳人語.

④ 惡(싫어하다)는 烏路의 切이다.
惡, 烏路切.

⑤ 張瓌는 張永의 아들이다.
瓌, 永之子也.

⑥ 賜死할 때에는 金罌(황금 장식 술단지)에 鴆酒를 가득 채웠으므로 이렇게 말한 것이다.
賜死者, 以金罌盛鴆酒, 故云然.

---

23) 懊憹歌(오뇌가) : 東晉의 隆安 연간에 吳 지방에서 불린 노래로서, 남녀 간의 사랑과 갈등을 읊었다. 이 노래가 불린 지 얼마 되지 않아 桓玄이 帝位를 찬탈하였다.

24) 桓玄 : 東晉 말기에 建康을 함락시키고 楚나라를 세웠다.

25) 絲布澁難縫 : 악곡의 이름으로 비단이나 베가 껄끄러워 꿰매기 어렵다는 뜻이다.

26) (草生)〔春草〕: 저본에는 '草生'으로 되어 있으나, ≪資治通鑑≫ 註에 의거하여 '春草'로 바로잡았다.

27) (放)〔倣〕: 저본에는 '放'으로 되어 있으나, ≪資治通鑑≫ 註에 의거하여 '倣'으로 바로잡았다.

【目】徐州行事 謝朓는 王敬則의 사위이다. 왕경칙의 아들 王幼隆이 〈사조에게〉 사람을 보내 이 정황을 보고하였는데 사조가 그의 사자를 체포하고 이를 齊主(蕭鸞)에게 아뢰었다. 왕경칙의 五官掾[28]인 王公林이 왕경칙에게 권하기를 〈齊主에게〉 급히 서신을 보내서 아들(왕유융)에게 죽음을 내리게 하고 홀로 배를 타고 밤에 도성으로 돌아가라고 하였다.

왕경칙이 응답하지 않고 山陰縣令 王詢을 불러서 民丁을 징발하여 병사를 얼마나 얻을 수 있느냐 묻자, 왕순이 말하기를 "縣 안에 民丁을 갑자기 모집할 수 없습니다."라고 하였는데, 왕경칙이 화가 나서 왕순을 끌어내어 참수하려고 하였다. 왕공림이 또 간언하기를 "무릇 일은 모두 후회할 수 있지만 오직 이 일만은 후회할 수 없게 될 것입니다. 官人(왕경칙)께서는 어찌 다시 생각하지 않습니까."라고 하니, 왕경칙이 왕공림의 얼굴에 침을 뱉으며 말하기를 "내가 하는 일에 너 같은 조무래기가 무슨 상관이냐."라고 하고, 마침내 군사를 일으켜 반란하였다.

徐州行事謝朓는 敬則子壻也①라 敬則子幼隆이 遣人告之어늘 朓가 執其使以聞하니 敬則의 五官王公林이 勸敬則하여 急送啓하여 賜兒死하고 單舟星夜還都②라하다 敬則이 不應하고 召山陰令王詢하여 問發丁可得幾人하니 詢이 稱縣丁을 猝不可集이라한대 敬則이 怒將出斬之③러니 公林이 又諫曰 凡事는 皆可悔어니와 惟此事는 不可悔이니 官은 詎不更思④요 敬則이 唾其面曰 我作事에 何關汝小子리오 遂擧兵反하다

① 朓는 土了의 切이다.
朓, 土了切.
② 晉나라 이래로 여러 郡에 五官掾이 있었다. 王公林은 王敬則의 族子이다.
自晉以來, 諸郡有五官掾. 公林, 敬則族子也.
③ 將은 끌어낸다는 뜻이다.
將, 引也.
④ 官은 官人이라고 말한 것과 같다.
官, 猶稱官人.

【目】前 中書令 何胤이 관직을 버리고 若邪山에 은거하고 있었는데, 王敬則이 위협하여 尙書令으로 삼으려고 하였다. 長史 王弄璋 등이 간언하기를 "何令[29]은 은둔하여 고고하

28) 五官掾 : 관명으로 漢나라 때 郡에 설치한 屬吏로 功曹 및 諸曹의 사무를 안배하고 제사를 주관하니 郡守의 보좌 중에 으뜸이었다. 晉나라와 南北朝에서도 설치되었는데, 중앙과 지방의 주요 관직의 僚屬이 되었다.

게 지내니 반드시 따르지 않을 것입니다. 따르지 않으면 바로 그를 죽여야 할 것이지만, 큰일을 일으킬 때에 이름난 賢人을 먼저 죽이면 일이 반드시 성공하지 못할 것입니다."라고 하니, 마침내 중지하였다. 하윤은 何尙之의 손자이다. 왕경칙이 南康侯 蕭子恪을 받드는 것으로 명분을 삼으니, 소자각이 도주하였는데 있는 곳을 알지 못하였다.

始安王 蕭遙光이 마침내 齊主(蕭鸞)에게 高帝(蕭道成)와 武帝(蕭賾)의 자손들을 다 죽일 것을 권하자, 이에 그들을 다 불러 궁중에 들어오게 할 적에 幼兒인 자는 乳母와 함께 들어오게 하여 3更(밤 11시~새벽 1시)을 기다려 그들을 다 죽이려고 하였는데, 소자각이 맨발로 직접 걸어와서 2更에 建陽門에 도착하였다. 〈그러고 나서 자신의 이름을 밝혀서 쓴 글을 齊主에게 올렸는데 3경이 지나도록〉 齊主가 잠자리에서 일어나지 않았다.[30] 中書舍人 沈徽孚가 측근인 單景雋과 함께 모의하여 그 일을 조금 유보하였다.

잠시 후에 齊主가 잠에서 깨어났는데, 선경준이 소자각이 이미 도착했다고 아뢰자 齊主가 놀라며 묻기를 "아직 손을 쓰지 않았는가? 아직 손을 쓰지 않았는가?"라고 하니,[31] 선경준이 상세히 대답하였다. 齊主가 침상을 어루만지며 말하기를 "소요광이 남(소란)의 일을 거의 그르칠 뻔했구나."라고 하고, 이에 王侯들에게 음식을 하사하고, 다음 날에 모두 집으로 돌려보냈다.

前中書令何胤이 隱居若邪(야)山이러니 敬則이 欲劫以爲尙書令①하다 長史王弄璋等이 諫曰 何令이 高蹈하니 必不從이라 不從이면 便應殺之나 擧大事에 先殺名賢이면 事必不濟리라 乃止하니 胤은 尙之之孫也라 敬則이 以奉南康侯子恪爲名하니 子恪이 亡走어늘 未知所在②라 始安王遙光이 遂勸齊主하여 盡誅高武子孫한대 於是에 悉召入宮할새 孩幼者는 與乳母俱入하여 須三更當盡殺之③러니 子恪이 徒跣自歸하여 二更에 達建陽門하니 而齊主가 眠不起④라 中書舍人沈徽孚가 與左右單景雋으로 謀少留其事러니 須臾에 齊主覺(교)⑤이어늘 景雋이 啓子恪已至한대 齊主가 驚問曰 未邪아 未邪아 景雋이 具對하니 齊主가 撫牀曰 遙光이 幾誤人事⑥라하고 乃賜王侯供饌하고 明日에 悉遣還第하다

---

29) 何令 : 何胤이 中書令이었음으로 何令이라 한 것이다.

30) 소자각이 맨발로……않았다 : 이 부분은 《資治通鑑》의 "子恪 徒跣自歸 二更達建陽門 刺啓 時刻已至 而上眠不起"로 되어 있는데, 《資治通鑑綱目》에서는 이를 요약하면서 내용이 빠져 있다. 이를 보충하여 번역하였다. 또한 '徒跣自歸'에 대해 《資治通鑑新注》(陝西人民出版社, 1998)에서는 맨발로 걸어서 조정에 와서 죄를 청하는 행위로 보았다. 《자치통감》에 있는 '刺啓'에 대해서는 胡三省의 注에 아뢰는 글에 성명을 밝히는 것을 '刺'라 하였다.

31) 잠시……하니 : 齊主가 蕭子恪이 용서를 빈 상황을 알고 3경이 지났으므로 그를 죽인 줄 알고 놀란 것을 말한 것이다.

① 邪는 耶로 읽는다. 若邪山은 會稽 동남쪽 40리에 있다.
邪讀曰耶. 若邪山在會稽東南四十里.
② 蕭子恪은 蕭嶷의 아들이다.
子恪, 嶷之子也.
③ 須는 기다린다는 뜻이다.
須, 待也.
④ "自歸"는 스스로 와서 죄를 자수하는 것을 말한다.
自歸, 謂自來首罪也.
⑤ 單은 音이 善이니 姓이다. 景雋은 그의 이름이다. 覺(깨다)는 古孝의 切이다.
單, 音善, 姓也. 景雋, 其名. 覺, 古孝切.
⑥ 單景雋이 갖추어 蕭子恪이 아뢴 일로 대답하였다. 齊主(蕭鸞)가 마침내 소요광에게 잘못 이끌리게 되어 함부로 죽일 뻔했음을 말한 것이다.
景雋具以子恪所啓之事對. 上乃謂幾爲遙光所誤而濫殺.

【目】王敬則이 甲士 1만 명을 거느리고 浙江을 지나가는데 張瓌가 병사를 보내어 왕경칙을 막았으나 〈왕경칙 군대의〉 북소리를 듣고 모두 흩어져 달아나니, 장괴는 민간으로 도망하였다. 왕경칙이 〈齊나라의〉 老將으로 큰일을 일으키니 백성들 중에 상앗대를 들고 삽을 메고 따르는 자가 10여만 명이었다.

〈왕경칙이〉 武進의 高祖의 능원 입구에 이르러서는 통곡하며 지나갔다. 曲阿縣令 丘仲孚가 관리와 백성들에게 말하기를 "역적이 승세를 타서 비록 그 기세가 날카롭지만 오합지졸이라 흩어지기가 쉽다. 지금 만약 艦船을 거두고 長岡埭를 뚫어서 瀆水(강물)를 흐르게 하고 그 길을 막아서 며칠을 지체하게 하면 臺軍(조정의 군대)이 반드시 도착할 것이니, 이와 같이하면 큰일을 성공할 수 있다."라고 하였다. 이 때문에 왕경칙의 군대가 나가지 못하였다.

敬則이 帥實甲萬人過浙江①이어늘 張瓌가 遣兵拒之러니 聞鼓聲하고 皆散走하니 瓌逃民間하다 敬則이 以舊將으로 擧事하니 百姓이 擔篙荷鍤하고 隨之者 十餘萬이러라 至武進陵口하여 慟哭而過②하다 曲阿令丘仲孚가 謂吏民曰 賊이 乘勝雖銳하나 而烏合易離니 今若收船艦하고 鑿長岡埭하여 瀉瀆水하고 以阻其路하여 得留數日이면 臺軍必至니 如此하면 則大事가 濟矣리라 以是敬則軍이 不得進③하다

① 胡三省이 말하기를 "浙江은 지금의 錢唐江이다." 하였다.
胡三省曰 "浙江, 今之錢唐江也."

② 篙(상앗대)는 古勞의 切이며 대나무 장대이니, 배를 저어 가는 데 사용한다. 蕭氏의 선조는 모두 武進에 장사 지냈다. 高帝가 殂하자 그 조상의 무덤을 따라서 역시 무진에 장사 지냈고, 泰安陵이라고 불렀다. 王敬則은 고제의 은혜를 생각했기 때문에 慟哭을 하고 지나간 것이다. 宋白[32]이 말하기를 "吳나라 大帝(孫權)가 丹陽을 改名하여 武進縣이라고 하였다. 吳나라 말기에 아울러 晉陵縣에 들어갔다."
篙, 古勞切, 竹竿也, 用以撐船. 蕭氏之先〔俱〕[33]葬武進. 高帝之殂也, 從其先兆, 亦葬武進, 號泰安陵. 敬則懷高帝恩, 故慟哭而過. 宋白曰"吳大帝改丹陽爲武進縣, 吳末併入晉陵縣."

③ 長岡은 曲阿縣의 경계에 있다.
長岡, 在曲阿縣界.

【目】5월에 齊主(蕭鸞)가 前軍司馬 左興盛과 將軍 胡松 등에게 조서를 내려서 曲阿縣 長岡에 보루를 쌓게 하였는데, 王敬則이 급히 그들을 공격하니, 臺軍이 대적하지 못하여 퇴각하려고 하였으나 포위망을 뚫지 못하였기 때문에 각각 죽을힘을 다해 싸웠다. 호송이 騎兵을 이끌고 왕경칙의 후미를 돌격하자 왕경칙의 군대가 크게 패하니 臺軍이 왕경칙을 참수하였다.

이때에 齊主는 병이 이미 위독하였다. 그런데 왕경칙이 갑자기 동쪽에서 군사를 일으키니, 朝廷이 두려움에 벌벌 떨었다. 太子 蕭寶卷이 행전을 차고 달아나려고 하였는데, 왕경칙이 그 소식을 듣고 기뻐하며 말하기를 "檀公 36策[34]에 달아나는 것이 상책이다. 생각건대 너희 부자는 오직 달아나는 것만 있을 뿐이다."라고 하였다.

蕭寶卷

五月에 齊主가 詔前軍司馬左興盛將軍胡松等하여 築壘於曲阿長岡이러니 敬則이 急攻之하니 臺軍이 不能敵하여 欲退而圍不開라 各死戰하다 松이 引騎兵하고 突其後하니 敬則軍이 大敗하니 斬之하다 是時에 齊主가 疾已篤이라 敬則이 倉猝東起하니 朝廷이 震懼한대 太子寶卷이 急裝欲

32) 宋白 : 唐 太宗 때 문장가이다. 당시에 이름을 날렸던 宋白・賈黃中・李至・呂蒙正・蘇易簡 등 다섯 명의 翰林學士 중 한 사람이다.

33) 〔俱〕: 저본에는 '俱'가 없으나, ≪資治通鑑≫ 註에 의거하여 보충하였다.

34) 檀公 : 南朝 宋나라 名將 檀道濟로 三十六策을 만들었다. 서른여섯 계책 중 마지막 계책인 三十六計, 즉 달아나는 것이 가장 상책이라 한다.(≪南齊書≫ 〈王敬則列傳〉)

走①어늘 敬則이 聞之喜曰 檀公三十六策에 走爲上策②이라 計汝父子가 惟有走耳로다

① '急裝'은 縛袴(행전)을 말한다. 군장을 착용하는 것을 急裝이라 한다.
急裝, 謂縛袴也. 戎裝, 謂之急裝.
② 이는 檀道濟가 〈전쟁터에서〉 北魏의 군대를 피한 것을 기롱한 말이다.
此譏檀道濟避魏之語.

【目】 晉陵의 백성이 王敬則에게 귀부하여 죽음을 받아야 할 자가 매우 많았다. 晉陵太守 王瞻이 齊主(蕭鸞)에게 말하기를 "어리석은 백성들은 선동되기 쉬우니, 법으로 끝까지 다스릴 것까지는 없습니다."라고 하자, 그것을 허락하니, 온전히 살아난 자가 1만 명으로 추산되었다.

謝朓가 功으로 인하여 吏部郞으로 승진하자 그가 3번 사양하였는데 齊主가 허락하지 않았다. 中書省의 관원이 사조의 이부랑의 관품이 사양할 만큼 높지 않다고 의심하자 祭酒 沈約이 말하기를 "근세에 작은 관직은 사양하지 않는 것이 마침내 풍속을 이루었는데 사조가 지금 사양한 것에는 또 다른 뜻이 있구나. 그가 사양함이 人情에서 나왔으니 어찌 관직의 크고 작음에 관계가 있겠는가."라고 하였다. 사조의 妻가 〈아버지 왕경칙을 고발한 원수를 갚으려고〉 항상 가슴에 칼을 품고 사조를 찔러 죽이려 하니, 사조가 감히 처를 만나지 못하였다.

晉陵民이 以附敬則하여 應死者가 甚衆이라 太守王瞻①이 言愚民易動하니 不足窮法이라한대 許之하니 所全活이 以萬數②러라 謝朓가 以功으로 遷吏部郞하니 三讓不許③하다 中書가 疑朓官未及讓한대 祭酒沈約이 曰 近世小官不讓이 遂成恒俗이어늘 謝今所讓이 又別有意④로다 夫讓出人情하니 豈關官之大小邪아하다 朓妻常懷刃欲刺朓하니 朓不敢相見이러라

① 王瞻은 王弘의 從孫이다.
瞻, 弘之從孫也.
② "窮法"은 법으로 끝까지 다스리는 것을 말한다.
窮法, 謂盡法繩之.
③ ≪唐六典≫에 "吏部郞은 選擧를 담당하는 관직이다. 魏나라(曹魏)와 晉나라에서 사람을 등용할 적에 당시 선발을 정밀하게 하여 여러 曹의 郞官 중에 功이 높은 자를 吏部郞으로 승진시켰으니, 歷代에 品秩이 모두 여러 曹의 郞官보다 높았다. 魏·晉·宋·齊에서는 吏部郞을 第5品으로 하고, 諸曹郞을 第6品으로 하였다." 하였다.
唐六典曰 "吏部郞, 職在選擧. 魏·晉用人, 妙於時選, 其諸曹郞功高者, 遷吏部郞, 歷代品秩皆高於諸曹郞. 魏·晉·宋·齊吏部郞品第五, 諸曹郞品第六.

④ 謝朓가 처의 아버지를 고발하여 관직을 얻었기 때문에 다른 뜻이 있다고 말한 것이다.
朓恥以告妻父得官, 故曰別有意.

【綱】가을 7월에 北魏가 황궁의 費用을 줄여서 軍中에 내리는 포상에 지급하였다.

秋七月에 魏省宮掖費用하여 以給軍賞[35)]하다

【目】北魏 彭城王 元勰이 표문을 올려 1년의 國秩, 職俸, 親恤[36)]로 軍國의 비용에 보태겠다고 하자 魏主(元宏)가 마침내 조서를 내려 皇后 私府에 보관한 재물의 반으로 줄이고, 六宮의 妃嬪과 궁녀, 황족 중 五服의 친족에 속하는 남녀에게 보살핀다는 명목으로 지급한 비용을 또한 반으로 줄이고, 〈황제의 친속 중에〉 軍中에 있는 자 3분의 1을 줄여 군중에 내리는 포상에 지급하게 하였다.

魏彭城王勰이 表以一歲國秩職俸親恤로 裨軍國之用①한대 魏主가 乃詔損皇后私府之半하고 六宮嬪御五服男女供恤을 亦減半하고 在軍者는 三分省一하여 以給軍賞②하다

① 國秩은 彭城國王으로서의 俸祿이다. 職俸은 元勰이 맡은 관직에 따라 마땅히 받아야 할 봉록이다. 親恤은 또한 北魏 조정에서 恤親(친족을 보살핌)의 명목으로 원협에게 지급한 비용이다.
國秩, 彭城國秩也. 職俸, 勰所居職合受之俸也. 親恤, 亦魏朝給勰以恤親者.

② "供恤"은 ≪北史≫ 〈魏本紀〉에 "恒恤恒供(항시 구휼하여 항상 제공한다.)"으로 썼고, "在軍者"는 〈魏本紀〉에 "在戎之親(군대에 있는 황제의 친족)"이라고 썼다.
供恤, 本紀作恒恤恒供. 在軍者, 本紀作在戎之親.

【綱】齊나라가 蕭衍을 雍州刺史로 삼았다.

齊가 以蕭衍爲雍州刺史하다

【綱】齊主 蕭鸞이 殂하니, 太子 蕭寶卷이 즉위하였다.

35) 魏省宮掖費用 以給軍賞 : "특별히 기록한 것이다.〔特筆也〕" ≪書法≫

36) 親恤 : ≪新譯資治通鑑≫(張大可 等 注釋, 三民書局, 2017)에는 '親恤'이 조정에서 황실의 가족에 대하여 지급하는 특수한 우대 비용이며, 元勰이 孝文帝의 형제이므로 이를 지급한 것으로 보았다.

◑ 齊主鸞이 殂①하니 太子寶卷이 立하다

① 향년이 47세였다.
壽, 四十七.

【目】 齊主(蕭鸞)는 성품이 시기하고 걱정이 많아서 출입을 줄이더니 〈등극한 후에〉 마침내 南郊에서 상제에게 지내는 제사를 행하지 않았다. 또 무당을 매우 믿어서 나갈 때마다 먼저 이로움과 해로움을 점치게 하여, 동쪽으로 나갈 경우에는 서쪽으로 가겠다고 말하고 남쪽으로 나갈 경우에는 북쪽으로 가겠다고 말하였다. 예전에 병이 있었는데 병을 깊이 숨겼다가 이때에 이르러 殂하였다.

遺詔로 내려서 徐孝嗣를 尙書令으로 삼고, 沈文季·江祏을 尙書僕射로 삼고, 江祀를 侍中으로 삼고 劉暄을 衛尉로 삼고, 軍政의 일은 陳太尉(陳顯達)에게 맡기고, 조정에 여러 일은 徐孝嗣·蕭遙光·蕭坦之·江祏에게 맡기고, 조정의 중대한 일은 沈文季·江祀·劉暄과 함께 상의하게 하고, 조정의 中樞的인 임무는 劉悛·蕭惠休·崔慧景에게 맡도록 하였다.

有鶖在梁

太子 蕭寶卷이 황제에 卽位하여 明帝(蕭鸞)의 靈柩가 太極殿에 있는 것을 싫어하여 빨리 장사를 지내려고 하였다. 서효사가 굳게 간쟁하여 踰月(1개월을 넘김)의 장례로 하게 되었는데, 곡을 할 때마다 번번이 목이 아프다고 말하였다. 太中大夫 羊闡이 궁중에 들어와 臨哭하는데, 그가 머리털이 없고 영전에서 〈곡을 하며〉 고개를 숙이고 들다가 幘이 벗겨지니, 소보권이 곡을 그치고 크게 웃으며 측근들에게 말하기를 "무수리[37]가 울며 왔구나."라고 하였다.

齊主가 性猜多慮하여 簡於出入하여 竟不郊天①하고 又深信巫覡하여 每出에 先占利害하여 東出云西하고 南出云北하다 初有疾이어늘 甚秘之러니 至是하여 殂하다 遺詔以徐孝嗣로 爲尙書令하고 沈文季江祏으로 爲僕射하고 江祀로 爲侍中하고 劉暄으로 爲衛尉②하고 軍政事는 委陳太尉하고 衆事는 委孝嗣遙光坦之江祏하고 大事는 與文季祀暄參懷하고 心膂之任은 可委劉悛蕭惠休崔慧景③하다

37) 무수리 : 새의 일종인데 대머리이다.

太子寶卷이 卽位하여 惡靈在太極殿하여 欲速葬이러니 徐孝嗣가 固爭得踰月이어늘 每當哭에 輒云喉痛이라하고 太中大夫羊闡이 入臨이어늘 無髮하고 俯仰幘脫하니 寶卷이 輟哭大笑하고 謂左右曰 禿鶖(독추)啼來乎[④]아하다

① 天子가 즉위하면 珪幣를 받들어 南郊에서 상제를 알현해야 한다.
天子卽立, 當奉珪幣, 以見上帝於南郊.

② 江祀는 江祏의 동생이다.
祀, 祏之弟也.

③ 陳太尉는 陳顯達을 말한다.
陳太尉, 謂顯達.

④ 鶖는 음이 秋이다. 陸佃의 ≪埤雅≫에 "鶖는 성품이 貪惡하여, 지금 세속에서 '禿鶖'라고 부르며, 一名 '扶老'라고도 부른다. 모양이 마치 학과 같으면서 크고, 목이 길고, 눈이 붉으며, 그 털이 水毒을 물리치며, 머리까지의 높이가 8尺이고, 사람과 싸우기를 잘하고 뱀을 먹기를 좋아한다." 하였다. 陳濟가 말하기를 "지금 살펴보면 齊主 蕭寶卷은 羊闡이 궁중에 들어와 臨哭할 적에 모자가 벗겨져 머리털이 없는 것을 보았다. 그러므로 웃으며 말하기를 '무수리〔禿鶖〕가 울며 왔구나.' 하니, 〈무수리는〉 머리가 내머리〔禿〕이고 목이 길기 때문이다." 하였다.
鶖, 音秋. 陸佃埤雅曰 "鶖性貪惡, 今俗呼禿鶖, 一名扶老. 狀如鶴而大, 長頸赤目, 其毛辟水毒, 頭高八尺, 善與人鬪, 好啗蛇." 陳濟曰 "今按齊主寶卷見羊闡入臨, 幘脫無髮, 故笑曰 '禿鶖啼來乎.' 以其頭禿而頸長也."

【綱】 8월에 高車가 北魏에 반란하였는데, 9월에 魏主(元宏)가 병사를 이끌고 돌아와 정벌하자 항복하였다.

八月에 高車가 叛魏어늘 九月에 魏主가 引兵還討降之하다

【目】 北魏가 高車의 병사를 징발하여 남방을 정벌하게 하니, 고차가 멀리 군역을 가는 것을 꺼려서 袁紇樹者를 받들어 주인으로 삼아서 서로 군사를 거느리고 반란을 일으켜 북방으로 돌아갔다. 魏主(元宏)가 將軍 宇文福을 파견하여 고차를 정벌하게 하였는데 크게 패하여 돌아오자 다시 將軍 江陽王 元繼에게 명령하여 정벌하게 하였다. 얼마 되지 않아 齊나라 高宗(蕭鸞)이 殂했다는 소식을 듣고 조서를 내려 말하기를 "禮法에는 喪을 당한 나라는 정벌하지 않는다."라고 하고, 병사를 이끌고 돌아와서 북쪽으로 高車를 정벌하였다.

마침 魏主가 병을 얻어 매우 위독하니, 彭城王 元勰이 안으로는 醫藥을 받들어 모시고, 밖으로는 軍國의 일을 총괄하여 다스리니, 원근이 숙연해져서 사람들 중에 異議를 제기하는 자가 없었다. 또 은밀히 汝水의 물가에 壇을 만들어서 天地와 顯祖[38]에게 고하여 자신으로 魏主의 병을 대신하게 해달라고 빌었다.

魏發高車兵南伐하니 高車가 憚遠役하여 奉袁紇樹者爲主하여 相帥北叛커늘 魏主가 遣將軍宇文福하여 討之한대 大敗而還이어늘 更命將軍江陽王繼하여 討之①러니 尋聞齊高宗殂하고 下詔稱호되 禮에 不伐喪이라하고 引兵還하여 北伐高車러니 會得疾甚篤하니 彭城王勰이 內侍醫藥하고 外摠軍國之務하니 遠近肅然하여 人無異議하고 又密爲壇於汝水之濱하여 告天地及顯祖하여 乞以身代러라

① 元繼는 道武子 陽平王 元熙의 曾孫이다. 후에 옮겨서 京兆王에 봉하였고 다시 江陽王에 봉하였다.
繼, 道武子陽平王熙之曾孫也. 後徒封京兆王, 復封江陽.

【目】魏主(元宏)가 병이 조금 차도가 있어서 11월에 鄴城에 도착하였다. 江陽王 元繼가 글을 올리기를 "高車가 완고하고 우매하여 군역을 도피하였으니, 만약 모두 추격하여 죽이면 요란한 일이 될까 염려됩니다. 청컨대 사자를 파견하여 조사하여 魁首 한 사람만 참수하고 나머지는 위로해주시기 바랍니다. 만약 그들이 뉘우치고 군역에 따른다면 즉시 〈南伐하는〉 군대에 따르게 하십시오."라고 하자, 그 말을 따랐다.

이에 반란한 자들이 이따금 스스로 돌아왔는데 원계가 먼저 사람을 파견하여 袁紇樹者를 위로하고 타이르니, 원흘수자가 柔然으로 도망갔다가 얼마 되지 않아 스스로 후회하여 군사를 인솔하여 나와서 항복하였다. 魏主가 원계를 훌륭하게 여기고 말하기를 "강양왕은 큰 임무를 맡을 만하다."라고 하고, 마침내 회군하였다.

魏主가 疾有間하여 十一月에 至鄴하니 江陽王繼가 上言호되 高車가 頑昧하여 避役逃遁하니 若悉追戮이면 恐遂擾亂이라 請遣使推檢하여 斬魁首一人하고 餘加慰撫하여 若悔悟從役이어든 卽令赴軍이라한대 從之①하니 於是에 叛者가 往往自歸어늘 繼가 先遣人慰諭樹者하니 樹者가 亡入柔然이라가 尋自悔하여 相帥出降하니 魏主가 善之하며 曰 江陽은 可大任也로다 遂班師하다

① "赴軍"은 南伐하는 군대에 달려가는 것이다.
赴軍, 謂赴南伐之軍也.

---

38) 顯祖 : 北魏의 孝文帝와 彭城王 元勰의 아버지인 獻文帝 拓跋弘을 말한다.

己卯年(499)

齊主 蕭寶卷[39] 永元 원년이고 北魏 高祖 孝文帝 元宏 太和 23년이다.

齊主寶卷永元元年이요 魏太和二十三年이라

【綱】 봄 정월에 齊나라가 太尉 陳顯達을 파견하여 군사를 거느리고 北魏를 침략하였다.

春正月에 齊遣太尉陳顯達하여 帥師侵魏[40]하다

【目】 陳顯達이 將軍 崔慧景 등의 군사 4만 명을 감독해 거느리고 北魏를 공격하여 雍州의 여러 郡을 收復하려고 하였는데 北魏가 將軍 元英을 파견하여 막았다.

顯達이 督將軍崔慧景等軍四萬擊魏하여 欲復雍州諸郡이어늘 魏가 遣將軍元英하여 拒之하다

【綱】 魏主(元宏)가 洛陽으로 돌아왔다.

魏主가 還洛陽하다

【目】 魏主(元宏)가 任城王 元澄에게 말하기를 "朕이 京師를 떠난 이래로 옛날의 풍속이 다소 변하였는가?"라고 하니, 원징이 대답하기를 "聖上의 교화가 나날이 새로워지고 있습니다."라고 하였다. 魏主가 말하기를 "朕이 城에 들어올 적에 수레 위에 앉아 있는 婦人이 여전히 머리에 帽를 쓰고 몸에 小襖를 입은 것을 보았는데, 어찌 나날이 새로워진다고 말하느냐?"라고 하니, 원징이 대답하기를 "小襖를 입은 자는 적고 小襖를 입지 않은 자가 많습니다."라고 하였다. 황제가 말하기를 "임성왕아, 이것이 무슨 말이냐. 반드시 온 성안 사람들에게 전부 〈華服을〉 입도록 해야 할 것이다."라고 하니, 원징이 留守

39) 蕭寶卷 : 明帝 蕭鸞의 둘째 아들이다. 명제의 장자 蕭寶義에게는 불치의 병이 있었으므로 소보권이 태자가 되었다. 명제가 죽은 후에 황제에 즉위하였지만 蕭衍과 蕭穎이 荊州와 雍州에서 군사를 일으켜 그를 폐위시키고 東昏侯로 삼았다. 형주와 옹주는 서쪽 변방에 있었고, 소보권은 어둡고 용렬하며 포학하여 동쪽 변방에 살게 하였는데, 이런 까닭으로 '동혼후'라고 하였다.

40) 齊遣太尉陳顯達 帥師侵魏 : "이때에 齊主 蕭鸞이 殂하였는데, 또한 '侵'이라고 기록한 것은 어째서인가. 蕭寶卷은 진실로 '伐'이라고 말하기에 부족한 것이다.〔於是齊主鸞殂矣 亦書侵何 寶卷固不足以言伐也〕" ≪書法≫

하는 官員과 함께 모두 冠을 벗고 사죄하였다.

魏主가 **謂任城王澄曰 朕**이 **離京以來**로 **舊俗**이 **少變不**①아 **對曰 聖化**가 **日新**이니이다 **魏主曰 朕**이 **入城**에 **見車上婦人**이 **猶戴帽著**(착)**小襖**하니 **何謂日新**②고 **對曰 著者**가 **少**하고 **不著者**가 **多**하니이다 **帝曰 任城**아 **此何言也**요 **必欲使滿城盡著邪**인저하니 **澄**이 **與留守官**으로 **皆免冠謝**하다

① 不는 否로 읽는다.
不, 讀曰否.
② 수레를 탄 婦人은 모두 貴臣의 집안 사람이다. 머리에 帽를 쓰고 몸에 小襖를 입은 것은 代北[41] 지역 婦人의 복장이다.
乘車婦人, 皆貴臣之家也. 戴帽著小襖, 代北婦人之服也.

【綱】 北魏 皇后 馮氏가 죄가 있어서 물러나 後宮에 거처하였다.

魏后馮氏가 **有罪**하여 **退處後宮**하다

【目】 魏主(元宏)는 여러 해 동안 外地에 있었다. 馮后가 宦官 高菩薩과 몰래 정을 통했는데 魏主가 洛陽에 돌아와서 고보살 등을 체포하여 審問을 하니, 모두 죄를 인정하였다. 풍후가 文明太后의 질녀이기 때문에 차마 폐출시킬 수 없어서 황후에게 고별 인사하는 것을 허락하고 後宮에 들어가 살게 하니, 여러 妃嬪들이 황후를 받들기를 여전히 황후의 예와 같이 하였다. 오직 太子에게는 명령하여 다시는 황후를 朝謁하지 못하게 하였다.

예전에 馮熙가 문명태후의 오빠로서 북위 博陵長公主에게 장가들어 세 딸을 낳아서 그중에 둘은 皇后가 되었고 하나는 左昭儀가 되니, 풍씨의 귀함과 총애를 받음이 신하들 가운데 으뜸이었고 상을 내려 준 것이 몇 억이었다. 풍희가 太保가 되고 아들 馮誕이 司徒가 되고 馮脩가 侍中이 되고 馮聿이 黃門郎이 되었는데, 黃門侍郎 崔光이 풍율에게 일찍이 말하기를 "그대의 집안이 富貴가 너무 성대하니 끝내 반드시 쇠해 패하게 될 것이다."라고 하니, 풍율이 말하기를 "그대가 아무런 이유 없이 나를 저주하는 것은 무엇 때문인가?"라고 하였다. 최광이 말하기를 "그렇지 않다. 만물이 성하면 반드시 쇠퇴하는 것은 天地의 당연한 이치이니, 만약 옛날 일을 가지고 미루어본다면 신중하게 하지 않을 수 없다."라고 하였다.

---

41) 代北 : 北魏가 처음에 平城에 도읍하고 代國으로 불리었으므로 그 일대를 代北이라 한 것이다.

이후 1년여 만에 풍수가 죄를 얻어 쫓겨났고 풍탄과 풍희가 卒하고[42] 幽后가 폐위되고 풍율이 또한 배척되어 버림받았으니, 馮氏가 마침내 쇠퇴하였다.

魏主가 連年在外하니 馮后가 私於宦官高菩薩①이어늘 魏主가 還洛하여 收菩薩等案問하니 具伏호되 以文明太后로 故不忍廢하여 賜后辭訣하여 入居後宮하니 諸嬪御가 奉之를 猶如后禮하다 惟命太子하여 不復朝謁而已②러라 初에 馮熙가 以太后兄으로 尙公主하여 生三女하여 二爲皇后하고 一爲昭儀하니 貴寵이 冠群臣하고 賞賜累巨萬③이요 熙爲太保하고 子誕爲司徒하고 脩爲侍中하고 聿爲黃門郞④이어늘 侍郞崔光嘗謂聿曰 君家富貴太盛하니 終必衰敗⑤리라 聿曰 君無故詛我는 何也요 光曰 不然하다 物盛必衰는 此天地之常理니 若以古事로 推之면 不可不愼이니라 後歲餘에 脩以罪黜하고 誕熙卒하고 幽后가 廢하고 聿이 亦擯棄하니 馮氏遂衰하다

① 菩는 蓬晡의 切이다. 薩은 桑葛의 切이다.
菩, 蓬晡切. 薩, 桑葛切.

② 〈"不復朝謁而已"는〉 모자의 관계를 끊은 것이니, 태자에게 어머니의 예로 섬기지 않게 한 것이다.
絶之, 不使以母禮事之.

③ 公主는 景穆太子(拓跋晃)의 딸 博陵長公主이다. 두 后는 廢后와 幽后이다. 左昭儀는 일찍 卒하였다.[43]
公主, 景穆女(傅)〔博〕[44]陵長公主也. 二后, 廢后及幽后也. 昭儀早卒.

④ 馮聿은 馮熙의 庶子이다.
聿, 熙庶子也.

⑤ 崔光은 崔道固의 從孫이다.
光, 道固之從孫也.

【綱】北魏가 彭城王 元勰을 司徒로 삼았다.

魏가 以彭城王勰爲司徒하다

---

42) 풍탄과……卒하고 : 齊 明帝 建武 3년(495) 2월 22일에 풍탄이 먼저 죽고, 3월 19일에 풍희도 죽었다.

43) 두 后……卒하였다 : 馮熙의 세 딸 중에 장녀인 馮淸과 차녀가 같이 입궁하여 풍청이 황후가 되고 차녀가 左昭儀가 되었는데, 좌소의는 일찍 죽었다. 이후 황후가 병환으로 집으로 돌아가고 셋째인 馮潤이 황후가 되었다. 풍청이 완쾌되어 다시 궁에 들어와 좌소의가 되었다가 풍윤을 몰아내고 황후가 되었다. 여기서 廢后는 풍윤이고 풍청은 유폐되었기 때문에 幽后라고 한 것이다.

44) (傅)〔博〕: 저본에는 '傅'로 되어 있으나, ≪資治通鑑≫ 註에 의거하여 '博'으로 바로잡았다.

【綱】 2월에 齊나라 군사가 北魏의 馬圈城・南鄕을 빼앗았는데, 3월에 魏主(元宏)가 스스로 군대를 거느리고 막으니, 齊나라 군사가 패배하였다.

○二月에 齊師가 取魏馬圈南鄕이어늘 三月에 魏主가 自將禦之하니 齊師가 敗績하다

【目】 齊나라 陳顯達이 北魏 元英과 싸워서 누차 원영의 군대를 격파하였다. 〈진현달이〉 馬圈城을 공격한 지 40일이 되자 마권성 안에서는 양식이 다 떨어졌기 때문에 〈북위 군대가〉 포위망을 돌파하여 도주하였다. 진현달이 성안에 들어가자 將士들이 성안의 비단을 다투어 가지느라고 결국 〈북위 군대를〉 끝까지 추격하지 못하였다. 〈진현달이〉 또 군대를 파견하여 南鄕으로 진격하게 하여 남향을 빼앗았다.

魏主(元宏)가 任城王 元澄에게 말하기를 "진현달이 침입하여 소란을 일으키니, 짐이 직접 가지 않으면 그를 제압할 수 없을 것이다."라고 하고, 마침내 洛陽을 출발할 적에 崔慧景이 北魏의 順陽을 공격하였는데, 魏主가 將軍 慕容平城을 파견하여 구원하게 하였다.

당시에 魏主가 병이 오래되었기 때문에 彭城王 元勰이 항상 궁중에 있으면서 醫藥을 시중들어 밤낮으로 곁을 떠나지 않고 飮食을 반드시 먼저 맛본 뒤에 魏主에게 올리고 흐트러진 머리와 때 묻은 얼굴에 의복은 띠를 풀지 않았다.

魏主가 원협을 都督中外諸軍事로 삼으니, 원협이 사양하며 말하기를 "臣은 폐하의 병 수발을 드는 데 여가가 없으니, 어찌 군대를 다스릴 수 있겠습니까. 바라건대 다시 한 명의 왕에게 軍權을 총괄하게 하고, 신은 醫藥에 오로지 마음을 쓰게 해주시기를 바랍니다."라고 하였다. 魏主가 말하기를 "나의 병이 이와 같으니, 치유되지 않을까 매우 염려가 된다. 六軍을 안정시키고 社稷을 보존하는 것이 모두 너에게 달려 있는데, 어찌 다시 다른 사람에게 부탁하도록 청할 수 있느냐."라고 하였다.

廣陽王 元嘉에게 명령하여 均口를 차단하고 제나라 병사들의 歸路를 막게 하였다. 제나라 군대가 크게 패배하자 烏布幔(검은 베 만든 장막)으로 진현달을 담아서 몇 사람이 그를 짊어지고서 사잇길을 따라 남쪽으로 도망갔다. 북위 군사들이 거두어들인 군수물자가 億으로 헤아렸기 때문에 將士들에게 나누어 주고, 제나라의 패잔병을 추격하여 漢水에 이르렀다가 돌아오니, 죽은 제나라 士卒이 3만여 명이었다.

齊陳顯達이 與魏元英戰屢破之하니 攻馬圈城四十日에 城中食盡이라 突圍走①어늘 顯達이 入城에 將士가 競取城中絹하여 遂不窮追러니 又遣軍進擊南鄕하여 拔之②하다 魏主가 謂任城王澄曰 顯

達이 侵擾하니 不親行이면 無以制之라하고 遂發洛陽할새 崔慧景이 攻魏順陽이러늘 魏主가 遣將軍慕容平城하여 救之하다 時에 魏主가 久疾이라 彭城王勰이 常居中侍醫藥하여 晝夜不離左右하고 飮食을 必先嘗而後進하고 蓬首垢面에 衣不解帶러라 魏主가 以勰으로 爲都督中外諸軍事라하니 勰이 辭曰 臣이 侍疾無暇하니 安能治軍이리오 願更請一王하여 使摠軍要하고 臣得專心醫藥③하니이다 魏主曰 吾病如此하니 深慮不濟라 安六軍保社稷者를 皆憑於汝하니 何容更請人乎리오 命廣陽王嘉하여 斷均口하고 邀齊兵歸路④하다 齊兵大敗한대 以烏布幔으로 盛顯達하여 數人擔之하여 間道南走⑤하다 魏收軍資億計라 班賜將士하고 追奔至漢水而還하니 士卒死者가 三萬餘人이러라

① ≪南齊書≫ 〈陳顯達傳〉을 살펴보면, "馬圈城은 南鄕의 경계에 있다." 하였다.
按陳顯達傳 "馬圈在南鄕界."
② 蕭子顯이 말하기를 "南鄕城은 順陽의 옛날 治所이다." 하였다.
蕭子顯曰 "南鄕城, 順陽舊治也."
③ "軍要"는 軍權이라는 말과 같다.
軍要, 猶言軍權也.
④ 元嘉는 元建의 아들이다. ≪水經≫에 "均水는 淅縣 北山에서 나와서 남쪽으로 흘러 그 현의 동쪽을 지나고, 또 남쪽으로 가서 涉都縣 邑의 북쪽에 해당하여 남쪽으로 가서 沔水로 들어간다." 하였고, 注에 "곧 〈郡國志〉의 筑陽縣의 涉都鄕이니, 均水가 여기에서 沔水로 들어가므로 이곳을 '均口'라고 한다." 하였다.
嘉, 建之子也. 水經 "均水出淅縣北山, 南流過其縣之東, 又南, 當涉都縣邑北, 南入于沔." 注云 "卽郡國志筑陽縣之涉都鄕, 均水於此入沔, 謂之均口."
⑤ 幔은 장막이다. 盛(담다)은 음이 成이다. 擔은 짊어짐이다.
幔, 幕也. 盛, 音成. 擔, 負也.

【目】陳顯達이 北伐을 할 때에 군대가 汋均口에 들어가자 馮道根이 말하기를 "汋均의 물이 매우 급하게 흘러서 앞으로 나가기는 쉽고 후퇴하기는 어려우니, 北魏가 만약 좁은 곳을 지킨다면 우리 부대의 앞뒤가 모두 위급하게 됩니다. 鄴城에다 배를 다 버려두고 陸路를 따라 도보로 진군하여 군영을 나열하여 북을 치며 전진하면 반드시 그들을 격파할 수 있는 것만 못합니다."라고 하였으나, 진현달이 따르지 않았다.

풍도근은 진현달의 私屬으로 군무에 종사하였는데, 진현달이 밤에 도망가게 되자 풍도근이 험요한 지역에 도착할 때마다 번번이 말을 정지시키고 길을 가리켜주니, 많은 사람들이 그에게 의지하여 온전하게 되었다. 진현달은 평소에 威名이 있었는데 이에 이르러 크게 잃었다.

御史가 진현달의 관직을 파면할 것을 상주하자 허락하지 않고, 다시 江州刺史를 삼았다. 崔慧景이 또한 順陽을 버리고 도망하여 돌아왔다.

顯達之北伐也에 軍入汋均口[①]한대 馮道根曰 汋均이 迅急하여 易進難退하니 魏若守隘면 則首尾俱急이라 不如悉棄船於酇城[②]하고 陸道步進하여 列營相次하고 鼓行而前이면 破之必矣리라한대 不從하다 道根이 以私屬從軍[③]이러니 及顯達이 夜走에 道根이 每及險要에 輒停馬指示之하니 衆賴以全하니라 顯達이 素有威名이러니 至是大損이라 御史가 奏免顯達官한대 不許하고 更以爲江州刺史하다 崔慧景이 亦棄順陽走還하다

① 汋은 實若의 切이다. ≪水經注≫에 "順陽縣 서쪽에 石山이 있고, 남쪽에 汋水가 닿아 있다. 汋水는 또 남쪽으로 흘러 沔水로 유입하니, 이곳을 '汋口'라고 한다." 하였다. ≪水經≫과 注를 자세히 살펴보면 汋水와 均水는 실제로 하나의 물이다. 그러므로 '汋均口'라고 한 것이다.
汋, 實若切. 水經注 "順陽縣西有石山, 南臨汋水. 汋水又南流, 注于沔水, 謂之汋口." 詳考經及注, 汋水・均水, 實一水也, 故謂之汋均口.

② 酇縣은 곧 漢나라 때 蕭何를 봉한 邑이니, 南陽郡에 속하였고, 晉나라 때에는 順陽郡에 속하였다. 江左 때에는 僑置하여 廣平郡을 세우고 酇縣을 여기에 소속하였다. ≪水經≫에 "沔水가 均口에서 동남쪽으로 흘러 酇縣의 서남쪽으로 지나간다." 하였다.
酇縣, 卽漢蕭何所封之邑, 屬南陽郡, 晉屬順陽郡, 江左僑立廣平郡, 酇縣屬焉. 水經 "沔水自均口東南過酇縣之西南."

③ 私屬은 집안의 노비와 그의 親黨이며 관청에서 징발한 자가 아니다.
私屬者, 家之奴客及其親黨, 非官之所調發者.

【綱】 여름 4월에 魏主 元宏이 穀塘原에서 殂하니, 황후 馮氏가 伏誅되고 太子 元恪이 즉위하였다.

夏四月에 魏主宏이 殂于穀塘原[①]하니 后馮氏가 伏誅하고 太子恪立[45)]하다

---

45) 魏主宏殂于穀塘原……太子恪立 : "이때에 太子가 發喪하고 卽位하여 처음으로 遺詔를 따라 馮氏에게 죽음을 내렸는데 여기서 '伏誅'를 먼저 기록한 것은 어째서인가. 魏主의 뜻을 드러내기 위한 것이다. '伏誅'를 먼저 기록하지 않으면 太子가 죽이는 것이다. 그러므로 魏主의 뜻을 드러내는 경우에는 '황후 馮氏가 죽임을 당했다.〔后馮氏伏誅〕'를 먼저 기록하고 '太子 元恪이 즉위하였다.〔太子恪立〕'를 뒤에 기록한 것이다. 後漢主의 뜻을 드러내는 경우에는 '杜重威가 伏誅되었다.〔杜重威伏誅〕'를 먼저 기록하고, '後漢主 劉承祐가 즉위하였다.〔漢主承祐立〕'를 뒤에 기록하였다. ≪資治通鑑綱目≫이 끝날 때까지 황후에게 '伏誅'라고 기록한 것은 2번이다(北魏 馮氏, 唐나라 韋氏).〔於是太子發喪卽位 始以遺詔賜馮氏死 此其先書伏誅 何 所以著魏主之意也 不先書伏誅 則是太子殺之矣 是故著魏主之意 則先書后馮氏伏誅 而後書太子恪立 著漢主之意 則先書杜重威伏誅 而後書漢主承祐立 終綱目后書伏誅二(魏馮氏 唐韋氏)" ≪書法≫ 杜重

① 향년이 33세였다.
壽, 三十三.

【目】魏主(元宏)의 병세가 위독하여 북쪽에서 돌아와 穀塘原에 이르러서 司徒 元勰에게 말하기를 "나의 병이 위태로워서 반드시 일어나지 못할 것이다. 天下가 아직 평정되지 못하였고 태자가 幼弱하니, 社稷의 의지할 바가 오직 너에게 달려 있다. 霍子孟[46]과 諸葛孔明은 異姓이었는데도 오히려 託孤의 명령을 받았는데, 하물며 너는 친족이고 현명하니 노력하지 않을 수 있겠느냐?"라고 하니, 원협이 울면서 말하기를 "신은 至親으로서 오랫동안 중요한 정사에 참여하여 총애가 혁혁하니, 천하에 미칠 자가 없습니다. 지금 다시 元宰(宰相)로 임명을 받아 중요한 정사를 총괄하게 되면 임금을 두렵게 하는 위세가 반드시 죄를 초래할 것입니다. 폐하께서 신을 아끼시지만 다시 처음과 끝을 똑같이 하는 아름다움을 다하지 못하게 될 것입니다."라고 하였다.

魏主가 묵묵히 오랫동안 있다가 이에 직접 조서를 써서 太子에게 말하기를 "너의 叔父 원협은 깨끗한 규범과 훌륭한 덕행이 있어서 松竹과 같은 변함없는 절개로 마음을 삼았으니, 내가 죽은 후에 원협이 蟬冕의 관직[47]을 사양하는 것을 들어주어, 겸손한 성품을 이루어주도록 하라."라고 하였다.

또 원협에게 말하기를 "後宮(馮后)이 오랫동안 陰德(부인의 도)을 어겼으니, 내가 죽은 후에는 自盡하라는 명령을 내리고, 황후의 禮로 장사 지내도록 하라."라고 하였다.

마침내 北海王 元詳을 司空으로 삼고, 王肅을 尙書令으로 삼고, 廣陽王 元嘉를 左僕射로 삼고, 宋弁을 吏部尙書로 삼아서, 太尉 元禧와 僕射 元澄과 더불어 여섯 명에게 정사를 보좌하게 하였다. 4월에 穀塘原에서 殂하였다.

魏主가 疾甚이라 北還하여 至穀塘原하여 謂司徒勰曰 吾病이 殆하여 必不起라 天下가 未平하고 嗣子가 幼弱하니 社稷所倚가 唯在於汝하니 霍子孟諸葛孔明은 以異姓이라도 猶受顧託이어든 況汝親

威를 伏誅한 기사는 ≪자치통감강목≫ 69권 漢 乾祐 원년(948)에 "漢主(五代 後漢 황제) 劉暠이 殂하고 杜重威가 伏誅되고, 周王 劉承祐가 즉위하였다.〔漢主暠殂 杜重威伏誅 周王承祐立〕"라고 기록되었다.
"孝文帝는 北魏의 현명한 군주인데 결점은 전쟁을 그치지 않은 것이다. 馬圈城의 함락은 어찌 보낼 만한 장수가 없어서 굳이 직접 가야 했는가. 正寢에서 제대로 죽지 못하고 穀塘原에서 죽어 책에 기록되었으니 또한 애석하다.〔孝文魏之賢主 所失者 用兵不息爾 馬圈之陷 豈無將臣可遣 而必親行耶 不終於正寢 而終于穀塘原 書之于冊 亦可惜也〕" ≪發明≫

46) 霍子孟 : 漢나라 때 霍光으로, 자맹은 그의 字이다. 漢 武帝가 곽광에게 昭帝를 부탁하였다.
47) 蟬冕의 관직 : 매미의 날개와 같은 모양의 면류관으로, 侍從臣이 쓰는 관이다.

賢하니 可不勉之아 勰이 泣曰 臣以至親으로 久參機要하여 寵靈이 輝赫하니 海內莫及이라 今復任以元宰하여 總握機政이면 震主之聲이 取罪必矣리니 陛下愛臣이로되 更爲未盡始終之美로소이다 魏主가 默然久之에 乃手詔太子曰 汝叔父勰이 淸規懋德하여 松竹爲心[1]하니 吾百年後에 其聽勰辭蟬冕하여 遂其沖挹之性[2]하라 又謂勰曰 後宮이 久乖陰德하니 吾死後에 可賜自盡하고 葬以后禮[3]하라 遂以北海王詳爲司空하고 王肅爲尙書令하고 廣陽王嘉爲左僕射하고 宋弁爲吏部尙書하여 與太尉禧僕射澄六人으로 輔政하다 四月에 殂于穀塘原하다

① 懋는 아름다움이다.
懋, 美也.
② "沖挹"은 겸손하고 양보함이다.
沖挹, 謂謙沖退挹也.
③ ≪禮記≫ 〈昏義〉에 "천자는 陽의 도를 다스리고 后는 陰의 덕을 다스린다." 하였다. 鄭玄의 注에 "陰德은 陰事(妃嬪들이 황제를 뵙는 일)와 陰令(비빈들에게 발표하는 명령)을 주관함을 말한다." 하였다.
禮記 "天子理陽道, 后治陰德." 注 "陰德, 謂主陰事陰令也."

【目】 高祖(元宏)는 여러 형제들과 우애하여 처음부터 끝까지 틈이 없었다. 일찍이 조용하게 咸陽王 元禧 등에게 말하기를 "내 후대의 子孫이 뜻밖에 못난 자이면 너희들이 관찰하여 보좌할 수 있으면 보좌하고, 보좌할 수 없으면 황위를 대신 차지하여 다른 사람의 소유가 되지 않게 하라."라고 하였다.

고조는 현능한 자들을 가까이하고 신임하여 선행을 따르기를 물이 흐르는 것과 같이 하고, 여러 정무에 정성을 다하여 힘써서 아침부터 저녁까지 게으르지 않고 항상 말하기를 "君主는 마음 쓰기를 公平하게 하고 남에게 정성을 미루어 나가지 못하는 것을 근심해야 하니, 이 두 가지를 할 수 있는 사람이면 胡・越의 사람이라도 모두 형제와 같이 되게 할 수 있다."라고 하였다. 법을 엄격하게 집행하여 大臣에게도 너그러이 용서한 것이 없었다. 그러나 사람들이 작은 과실이 있을 적에는 항상 용서해줌이 많았고, 郊祭와 종묘의 제사에 그 제례를 직접 행하지 않은 적이 없었다.

매번 巡遊를 나갈 때 有司가 道路를 보수할 것을 상주하면 번번이 말하기를 "橋梁을 대충 보수하여 말과 수레가 통과하게 할 뿐이고, 잡초를 제거하거나 도로를 평평하게 하지 말라."라고 하였다. 淮南에 있을 적에 행군하는 것을 마치 본국의 경내에 있는 것과 같게 하여 士卒들에게 곡식을 손상하고 밟지 않도록 금지하고 혹은 백성의 나무를

베게 되면 모두 비단을 내어서 그들에게 보상하였다.

宮室은 부득이한 경우가 아니면 수리하지 않았고 옷과 冠을 세탁해서 착용하고 말의 안장과 굴레는 철제와 목재를 사용할 뿐이었다. 어릴 때는 힘이 세서 활을 잘 쏘았는데 나이가 15세가 되자 마침내 다시는 사냥하지 않고 항상 史官에게 말하기를 "당시의 일을 정직하게 기록하지 않으면 안 된다. 임금이 상과 벌을 내리는 것이 자기 마음에 달려 있어서 제지할 수 있는 것이 없으니, 만약 史書에 다시 그의 惡行을 기록하지 않는다면 장차 어찌 두려워하고 꺼릴 것이 있겠는가."라고 하였다.

高祖友愛諸弟하여 始終無間이라 嘗從容謂咸陽王禧等曰 我後子孫이 邂逅不肖①면 汝等이 觀望하여 可輔則輔之하고 不可輔則取之하여 勿爲他人有也하라 親任賢能하여 從善如流하고 精勤庶務하여 朝夕不倦하고 常曰 人主가 患不能處心公平하고 推誠於物이니 能是二者면 則胡越之人이라도 皆可使如兄弟矣라하더라 用法嚴하여 於大臣에 無所容貸니 然人有小過에 常多闊略하다 郊廟之祭에 未嘗不親其禮하다 每出巡遊에 有司가 奏修道路하면 輒曰 粗修橋梁하여 通車馬而已요 勿去草剗令平也②라하다 在淮南에 行兵은 如在境內하여 禁士卒無得踐傷粟稻하고 或伐民樹하면 皆留絹償之하다 宮室非不得已면 不修하고 衣冠를 浣濯而服之하고 鞍勒은 鐵木而已러라 幼多力善射러니 及年十五에 遂不復畋獵하고 常謂史官曰 時事를 不可以不直書니 人君威福이 在己하여 無能制之者니 若史策에 復不書其惡이면 將何所畏忌邪아

① 肖는 닮음이다. 그의 선조와 닮지 않음을 '不肖'라고 한다.
肖, 似也. 不似其先曰不肖.

② 粗(대충)는 坐五의 切이다. 剗은 楚限의 切이니, 깎음이다. 令(하게 하다)은 平聲이다.
粗, 坐五切. 剗, 楚限切, 削也. 令, 平聲.

【目】彭城王 元勰은 任城王 元澄과 함께 모의하여 陳顯達이 도망간 것이 아직 멀지 않았다고 하여 喪을 숨겨 발표하지 않고 임금의 시신을 臥輿에 옮겨놓고, 원협은 出入하는 데에 정신과 안색이 다름없이 하였다. 사신을 파견하여 조서를 받들어 太子(元恪)를 부르고 은밀하게 임금이 붕어한 소식을 洛陽留守 于烈에게 알리니, 우렬이 출발할 사람과 남아 있을 사람의 일을 처리하면서 행동거지에 변함이 없었다.

太子가 魯陽에 이르러 梓宮을 만나자 마침내 황제의 죽음을 발표하고서 卽位하고 遺詔로 馮后에게 죽음을 내렸다. 東宮 官屬들이 대부분 원협에게 다른 뜻이 있다고 의심하여 은밀하게 그를 방비하였으나, 원협이 동궁 관속들에게 성의를 미루어나가고 嗣君

에게 예를 다하여 끝내 틈이 없었다.

咸陽王 元禧가 〈魯陽에〉 도착하여 원협에게 말하기를 "너의 이런 행동이 힘껏 수고로웠을 뿐만 아니라 또한 실제로 위험한 일이었다."라고 하니, 원협이 말하기를 "형은 나이가 많고 식견도 높기 때문에 편안한 일과 위험한 일이 있음을 아는 것입니다. 저 彦和(元勰)는 뱀을 손으로 잡고 호랑이를 타고 달리느라 어려움을 깨닫지 못하였습니다."라고 하였다. 원희 등은 馮后가 죽었다는 소식을 듣고 서로 말하기를 "설령 遺詔가 없었더라도 또한 마땅히 그녀를 제거해야 하니, 어찌 행실을 잃은 부인에게 천하를 다스리게 하여 우리들을 죽이게 할 것인가."라고 하였다.

彭城王勰이 與任城王澄으로 謀하여 以陳顯達이 去尙未遠이라하여 秘不發喪하여 (徒)〔徙〕[48]御臥輿①하고 勰이 出入에 神色無異러니 遣使奉詔하여 徵太子하고 密以凶問으로 告留守于烈하니 烈이 處分行(臺)〔留〕[49]에 擧止無變이러라 太子가 至魯陽하여 遇梓宮에 乃發喪卽位하고 以遺詔로 賜馮后死②하다 東宮官屬이 多疑勰有異志하여 密防之호되 而勰이 推誠盡禮하고 卒無間隙③이러라 咸陽王禧가 至하여 謂勰曰 汝此行이 不唯勤勞라 亦實危險이로다 勰曰 兄이 年長識高라 故知有夷險이어니와 彦和는 握蛇騎虎하니 不覺艱難④이라하더라 禧等이 聞馮后死하고 相謂曰 設無遺詔라도 亦當去之니 豈可令失行婦人으로 宰制天下하여 殺我輩也리오하더라

① ≪魏書≫ 〈禮志〉에 "臥輦은 장식함이 乾象輦(天象의 무늬를 꾸민 皇家의 수레)과 같으며 붉은 칠을 하고 6마리 말로 끈다." 하였다.
魏書禮志 "臥輦, 飾如乾象輦, 丹漆, 駕六馬."

② 魯陽縣은 漢·晉 때에는 南陽郡에 소속되었다. 北魏 太和 11년(487)에 魯陽鎭을 설치하였고, 18년(494)에 고쳐서 荊州가 되었고, 20년(496)에 형주를 없애고 魯陽郡을 설치하였다.
魯陽縣, 漢晉屬南陽郡. 魏太和十一年, 置魯陽鎭, 十八年, 改爲荊州, 二十(二)[50]年, 罷州, 置魯陽郡.

③ "推誠"은 東宮의 官屬에게 성의를 미루어나감을 말한 것이다. "盡禮"는 嗣君(황태자)을 섬기는데 예를 다한 것을 말한다.
推誠, 謂推誠於東宮官屬也. 盡禮, 謂事嗣君盡禮也.

④ 彦和는 元勰의 字이다.
彦和, 勰字.

48) (徒)〔徙〕: 저본에는 '徒'로 되어 있으나, ≪資治通鑑≫에 의거하여 '徙'로 바로잡았다.
49) (臺)〔留〕: 저본에는 '臺'로 되어 있으나, ≪資治通鑑≫에 의거하여 '留'로 바로잡았다.
50) (二) : 저본에는 '二'가 있으나, ≪資治通鑑≫ 註에 의거하여 衍字로 처리하였다.

【綱】 北魏가 彭城王 元勰을 驃騎大將軍 都督冀·定七州軍事로 삼았다.

魏가 以彭城王勰으로 爲驃騎大將軍都督冀定七州軍事①하다

① 7州는 冀州·定州·相州·瀛州·幽州·平州·營州이다.
七州, 冀·定·相·瀛·幽·平·營也.

【目】 魏主 元恪이 彭城王 元勰을 재상으로 삼으려고 하였는데 원협이 여러 차례 孝文帝의 遺旨를 진술하여 평소에 품은 생각을 이루기를 청하자 魏主가 그를 만나보고 슬프게 통곡하였다. 원협이 간절하게 청하기를 그치지 않자 마침내 定州刺史로 삼으니, 원협이 여전히 굳게 사양하였으나 魏主가 허락하지 않았다. 마침내 定州에 부임하였다.

魏主恪이 欲以彭城王勰으로 爲相이어늘 勰이 屢陳遺旨하여 請遂素懷한대 魏主가 對之悲慟호되 勰가 懇請不已한대 乃以爲定州刺史하니 猶固辭나 不許라 乃之官하다

【綱】 北魏 僕射 任城王 元澄이 파면되었다.

魏僕射任城王澄이 免하다

【目】 元澄은 王肅이 강남에서 북위로 망명해 왔으나 지위가 자기보다 위에 있다고 하여 왕숙이 반란을 모의하였다고 무고하였다. 그러다가 조사하여 사실이 아니었기 때문에 원징이 죄에 걸려 파면당하였다.

澄以王肅羇旅而位加己上이라하여 誣以謀叛이라가 案驗不實이라 坐免①하다

① 王肅은 본래 江南 사람인데 北魏로 망명하였으므로, "羇旅(객지에 머무는 나그네)"라고 말하였다. 王肅은 尙書令이 되었고 元澄은 右僕射가 되었으므로, 지위가 자기 위에 있다고 한 것이다.
肅本江南人而犇魏, 故以爲羇旅. 肅爲尙書令, 而澄爲右僕射, 故以爲位加己上.

【綱】 魏主(元恪)가 그의 어머니 高氏를 追尊하여 皇后로 삼았다.

魏主가 追尊其母高氏하여 爲后하다

【目】 魏主(元恪)가 어머니 皇妣 高氏를 追尊하여 文昭皇后로 삼아서 高祖(元宏)에게 配享

하고, 皇后의 형 高肇를 平原公으로 봉하고 高顯을 澄城公으로 봉하니, 고씨가 며칠 사이에 富貴함이 매우 성대하게 되었다.

魏主가 追尊皇妣高氏하여 爲文昭皇后하여 配享高祖하고 封后兄肇爲平原公하고 顯爲澄城公하니 數日之間에 富貴赫奕①하더라

① 澄城은 漢나라 때 馮翊의 徵縣이며, 北魏 太平眞君 7년(446)에 澄城郡을 설치하였다. 赫은 밝음이며, 奕은 왕성함이다.
澄城, 漢馮翊之徵縣, 魏眞君七年置澄城郡. 赫, 明也. 奕, 盛也.

【綱】 가을 8월에 齊主(蕭寶卷)가 僕射 江祏과 侍中 江祀를 살해하자 始安王 蕭遙光이 東城에서 군사를 일으켰는데 右將軍 蕭坦之가 소요광을 토벌하여 평정하였다.

秋八月에 齊主가 殺其僕射江祏侍中江祀한대 始安王遙光이 起兵東城이어늘 右將軍蕭坦之가 討平之[51)]하다

【目】 齊主(蕭寶卷)가 東宮으로 있을 때부터 학문을 좋아하지 않고 절도 없이 오직 놀기만 하였다. 즉위한 후에 조정의 관리들과 서로 만나지 않고 오로지 宦官과 좌우에서 御刀를 잡은 자나 칙명을 전달하는 자들을 신임하였다.

이때에 揚州刺史 始安王 蕭遙光, 尙書令 徐孝嗣, 右僕射 江祏, 右將軍 蕭坦之, 侍中

---

51) 齊主殺……討平之 : "江祏·江祀·蕭遙光이 황제를 폐위하기를 도모한 것은 반역인데, '죽였다〔殺〕'라고 기록하고 '군사를 일으켰다.〔起兵〕'라고 기록한 것은 어째서인가. 蕭寶卷을 미워한 것이다. 그렇다면 소요광에게 '起兵'이라고 기록해주고 어째서 다시 '토벌했다〔討〕'라고 기록하였는가. 蕭遙光은 황제가 될 차례가 아닌데 제위에 뜻을 두어 자신이 즉위하려고 하였다. 그것을 인정해준다면 이런 혼란함이 그치지 않을 것이다. 그러므로 '起兵'이라고 기록한 것은 임금 된 자들이 경계해야 할 바를 보여준 것이고, '討'라고 기록한 것은 신하 된 자들의 본분을 바로잡은 것이다.〔祏祀遙光謀廢主 則反也 書殺書起兵 何 惡寶卷也 然則遙光書起兵矣 曷爲復書討 遙光非次 志欲自立 予之 是亂未已也 是故書起兵 所以示爲人主者之戒 書討 所以正爲人臣者之分〕" ≪書法≫

"위에서 '僕射 江祏과 侍中 江祀를 살해하였다.〔僕射江祏侍中江祀〕'고 기록하였으니, 齊主가 德을 그르친 것을 나타낸 것이다. 그러므로 아래에서 '蕭遙光이 군사를 일으켰다.〔遙光起兵〕'고 기록하고 '반란했다〔反〕'고 기록하지 않았다. 그러나 '토벌했다〔討〕'고 기록된 것을 면하지 못한 것은 임금과 신하의 본분을 바로잡기 위한 것이다. 소요광은 桀王과 같은 임금을 도와 포학한 짓을 하였으니, 무릇 蕭鸞이 시기하며 잔인하여 여러 王들을 함부로 죽이는 데에 모두 소요광이 도와서 이루어주었는데, 마침내 또한 그 몸을 보전하지 못하였다. 이것이 어찌 天道가 과연 없는 것이겠는가.〔上書殺僕射江祏侍中江祀 則見齊主之失德 故下書遙光起兵 不書其反 然而不免書討者 所以正君臣之分也 遙光助桀爲虐 凡蕭鸞猜忌忍虐 濫殺諸王 皆遙光贊成之 卒亦不保其身 是豈果無天道邪〕" ≪發明≫

江祀, 衛尉 劉暄 등이 번갈아 內省에서 당직을 서면서 날짜를 나누어 칙령에 서명을 하였다.

雍州刺史 蕭衍이 이 소식을 듣고 從舅인 張弘策에게 말하기를 "여섯 명의 權臣이 조정에 함께 있으면서 〈정무를 처리하는〉 형세로 보아 반드시 서로 도모할 것이니 變亂이 장차 일어날 것입니다."라고 하고, 마침내 은밀하게 군비를 갖추고 날쌔고 용맹한 사람을 불러 모은 것이 만 명으로 추산되었고, 많은 대나무를 베어 그것을 檀溪의 물밑에 가라앉히고 띠풀을 쌓아놓은 것이 언덕과 같았다.

이때에 蕭衍의 형 蕭懿가 益州[52]에서 파직되어 돌아와 行郢州事[53]로 있었기 때문에 소연이 장홍책을 시켜 소의에게 유세하기를 "여섯 명의 권신이 어깨를 나란히 하고 권력을 다투어 서로 도모하고 主上이 좌우의 사람들을 친압하고 표독하고 잔인하여 〈권신들을〉 의심하고 시기함이 오래되었으니, 반드시 크게 誅戮이 행해질 것입니다. 그리고 시안왕(소요광)이 〈晉나라 때의〉 趙王 司馬倫처럼 반란하려고 하여 形迹이 이미 드러났습니다 그러나 성품이 시기심이 많고 도량이 좁아서 한갓 재앙의 階梯를 만들 뿐입니다. 소탄지는 남을 시기하며 이기려 하여 능멸하고, 서효사는 코뚜레를 씌운 듯이 남에게 순종하고, 강석은 결단력이 없고, 유훤은 어리석고 나약하니, 갑자기 재앙이 발생하면 중앙과 지방이 흙더미가 무너지는 것처럼 수습할 수 없는 지경이 될 것입니다. 郢州는 荊州・湘州를 둘러싸고 雍州의 군사와 말은 날쌔며 강하니, 세상이 다스려지면 本朝에 정성을 다하고, 세상이 어지러워지면 바로잡아 구제하기에 충분합니다. 만약 일찍 도모하지 않으면 후회하여도 미치지 못할 것입니다."라고 하였다.

장홍책이 또 직접 소의를 설득하기를 "卿의 형제가 영민하고 용맹스러우므로 천하에 대적할 자가 없으니, 郢州・雍州 2州를 점거하고 百姓을 위하여 명령을 내려주기를 청하면 昏君을 폐하고 明君을 세우는 일은 손바닥을 뒤집는 것보다 쉽습니다. 이것은 齊 桓公・晉 文公의 大業이니, 소인배에게 속임을 당하여 몸이 죽은 후에 비웃음거리가 되지 말아야 합니다."라고 하였다. 소의가 따르지 않았다.

齊主가 自在東宮으로 不好學하고 唯嬉戲無度러니 及卽位에 不與朝士相接하고 專親信宦官과 及左右御刀應敕等①하더라 是時에 揚州刺史始安王遙光과 尙書令徐孝嗣와 右僕射江祏과 右將軍

52) 蕭懿가 益州 : 당시 蕭衍의 형 蕭懿는 益州刺史였다.

53) 行郢州事 : 南北朝 시대에 行某州, 行某府事, 行某州事로 다른 관직을 대행하는 것을 말한다. 특히 長史, 司馬 등이 刺史나 將軍의 직무를 대행하였다. 이는 어린 皇子들을 州刺史나 장군으로 임명하였기 때문에 실제 정무를 장사나 사마가 대신하였던 것이다.

蕭坦之와 侍中江祀와 衛尉劉暄이 更直內省하여 分日帖敕[②]이라 雍州刺史蕭衍이 聞之하고 謂從舅張弘策曰[③] 六貴同朝하여 勢必相圖니 亂將作矣라하고 乃密修武備하여 招聚驍勇이 以萬數요 多伐竹木하여 沈之檀溪하고 積茅如岡阜[④]하더라 時에 衍兄懿가 罷益州還하여 行郢州事라 衍이 使弘策으로 說懿曰 六貴比肩하여 爭權相圖하고 主上이 媟近左右하고 慓輕忍虐하여 嫌忌積久하니 必大行誅戮이라 始安이 欲爲趙王倫하여 形迹已見이라 然性猜量狹하여 徒爲禍階[⑤]요 蕭坦之는 忌克陵人하고 徐孝嗣는 聽人穿鼻하고 江祏은 無斷하고 劉暄은 闇弱하니 一朝禍發이면 中外土崩[⑥]이라 郢州控帶荊湘하고 雍州士馬精彊하니 世治則竭誠本朝요 世亂則足以匡濟니 若不早圖면 後悔無及[⑦]이리라 弘策이 又自說懿曰 以卿兄弟英武로 天下無敵이요 據郢雍二州하고 爲百姓請命이면 廢昏立明이 易於反(번)掌이라 此가 桓文之業也니 勿爲豎子所欺하여 取笑身後라 懿가 不從하다

① "御刀"는 어도를 잡고 좌우에 있는 사람이며, "應敕"은 좌우에서 단지 칙명에 응대하는 사람을 뜻한다.
御刀, 捉御刀在左右者. 應敕, 在左右祇應敕命者.

② 內省은 禁中에 있으며, 華林省과 이하의 省과 구별되었다. "帖敕"은 勅書의 뒷면에 이어 붙여서 인가한 내용을 쓰는 것이니, 이른바 畫敕(칙령에 서명하는 畫押)이다.
內省在禁中, 以別華林省及下省. 帖敕者, 於敕後聯紙書行, 所謂畫(화)敕也.

③ 蕭衍의 어머니 張氏는 張弘策의 從父弟(사촌 아우)이다.
衍母張氏, 弘策之從父弟.

④ 물속에 던져 잠기게 하는 것이니, 明年에 꺼내서 함선을 만드는 것이다. ≪水經註≫에 "檀溪水는 襄陽縣 서쪽 柳子山 아래에서 나오는데 시내가 城과의 거리가 몇 리이며 북쪽으로 흘러가서 沔水로 흘러든다." 하였다.
沈投之水中也, 明年取出以裝艦. 水經注 "檀溪水出襄陽縣西柳子山下, 溪去城里餘, 北流注于沔."

⑤ 趙王 司馬倫의 일은 晉나라 惠帝 永寧 원년(301)에 보인다.[54)]
趙王倫事, 見晉惠帝永寧元年.

⑥ "聽人穿鼻"는 소처럼 코뚜레를 하듯이 남에게 제제를 받음을 말한다.
聽人穿鼻, 言如牛然, 聽人穿鼻而受制於人.

⑦ 郢州는 荊州·湘州의 下流에 해당하여, 2州가 달려와 집결하는 곳이다.

---

54) 趙王……보인다 : 司馬倫은 惠帝를 핍박하여 印璽와 印綬를 빼앗고 法駕를 갖춰 타고서 궁궐로 들어와서 황제에 즉위하고, 혜제를 쫓아내어 金墉城에 살게 하고, 높여 太上皇이라고 하였으며, 皇太孫을 폐위하여 濮陽王으로 삼았다가 죽였다. 관원 임명에 노복과 사졸까지도 작위를 더해주어 조회 때마다 貂蟬冠을 쓴 자들이 자리에 가득하니, 당시 사람들이 그 때문에 속담을 지어 말하기를, "담비 꼬리가 부족하여, 개 꼬리를 이어 붙였다.〔貂不足 狗尾續〕"라고 하였다. 4월에 혜제를 지지하는 군인들이 혜제를 맞이하여 반정(反正 제왕이 지위를 회복함)하게 하였다. 사마륜 등을 압송하여 금용성에 付處하고, 사마륜에게 죽음을 내리고, 사마륜과 함께 반역한 사람들도 모두 주살되었다.

郢州當荊・湘下流, 二州之所赴集也.

【目】 齊主(蕭寶卷)가 점점 자기의 뜻을 행사하려고 하자 江祏이 확고하게 제한하니, 황제의 곁에 있는 茹法珍 등이 또한 억제를 받았기 때문에 이를 갈지 않는 자가 없었다. 강석은 齊主가 덕을 그르침이 점차 드러나자 황제를 폐위하고 江夏王 蕭寶玄을 세울 것을 의논하였다. 劉暄이 일찍이 소보현의 郢州行事가 되어 일을 처리하였는데, 일을 행함이 지나치게 각박하니, 소보현이 화를 내며 말하기를 "외삼촌은 매우 渭陽의 情이 없습니다."라고 하였다. 유훤은 이것 때문에 소보현을 꺼려서 강석의 의논에 찬동하지 않았다. 강석이 始安王 蕭遙光에게 모의하니, 소요광이 스스로 나이가 제일 많기 때문에 마음속으로 자신이 황제 자리를 차지하려고 하여 이런 뜻을 암시하여 강석을 움직였다. 江祀도 少主를 지켜내기 어렵다고 하여, 강석에게 소요광을 세울 것을 권하였다.

강석의 마음에 의혹이 있어서 蕭坦之에게 물으니, 소탄지는 이때 喪中에 기용되어 벼슬을 하고 있었다. 강석에게 말하기를 "明帝(蕭鸞)가 즉위한 것이 이미 帝位의 차례를 따른 것이 아니기 때문에 天下 사람들이 지금까지 복종하지 않고 있다. 만약 다시 이런 일을 하신다면 천하가 와해될까 두렵다."라고 하고, 마침내 집으로 돌아가 〈모친의〉 상례를 치렀다.

齊主가 稍欲行意어늘 而江祏이 執制堅確하니 左右茹法珍等이 亦每爲所裁折이라 無不切齒하더라 祏이 齊主가 失德寖彰하니 議廢之하고 而立江夏王寶玄①이러라 劉暄이 嘗爲寶玄郢州行事한대 執事過刻하니 寶玄이 恚曰 舅殊無渭陽情②이로다 暄이 (內)〔由〕55)是忌寶玄하여 不同祏議하다 〔祏〕56)謀於始安王遙光하니 遙光이 自以年長이라 意欲自取하여 以微旨動祏하고 祀亦以少主難保라하여 勸祏立遙光③하니 祏意回惑하여 以問蕭坦之하니 坦之가 時居喪起復④이라 謂祏曰 明帝立이 已非次라 天下가 至今不服하나니 若復爲此면 恐四方이 瓦解也라하고 遂還宅行喪하다

① 蕭寶玄은 齊主(蕭寶卷)의 동생이다.
寶玄, 齊主弟也.

② 劉暄은 高宗(蕭鸞) 劉皇后의 동생이다. 그러므로 蕭寶玄이 그를 부르기를 외삼촌이라고 하였다. 《詩經》〈秦風 渭陽〉小序의 渭陽의 일을 살펴보면 생질이 외삼촌에게 정을 베푼 것인데, 후세에 대부분 외삼촌이 생질에게 정을 베풀지 않는 것을 渭陽의 情이 없다고 하는 것은 잘못이다.

55) (內)〔由〕: 저본에는 '內'로 되어 있으나, 《資治通鑑》에 의거하여 '由'로 바로잡았다.

56) 〔祏〕: 저본에는 '祏'이 없으나, 《資治通鑑》에 의거하여 보충하였다.

暄, 高宗劉皇后之弟, 故寶玄呼之爲舅, 按詩小序渭陽之事, 乃甥用情於舅, 後世率以舅不能用情於甥者, 爲無渭陽情, 誤矣.

③ 少主는 江夏王의 나이가 어림을 말한다.
少主, 謂江夏年少.

④ "起復"은 거상하는 기간 중에 기용하여 그의 지위를 회복하게 하는 것이다.
起復者, 起之於苫塊[57]之中, 使復其位也.

【目】蕭遙光이 자신과 친한 劉渢을 파견하여 謝朓에게 뜻을 전하고 그를 끌어들여서 자기의 黨으로 삼으려고 하자 사조가 대답하지 않았다. 얼마 후에 소요광이 사조로 衛尉를 겸하게 하였는데, 사조가 두려워하여 바로 〈소요광을 세우려는〉 강석의 모의를 左興盛에게 보고하고, 또 劉暄에게 말하기를 "始安王(소요광)이 갑자기 南面하게 되면 劉渢・劉晏이 卿의 지금 지위에 있게 되어서 다만 卿을 反覆無常한 사람이라고 여길 뿐이다."라고 하였다. 유훤이 달려가서 소요광과 강석에게 보고하니, 〈소요광 등이〉 사조를 잡아 廷尉에게 회부하여 獄中에서 죽였다.

유훤은 또 소요광이 만약 황제가 되면 자기가 황제의 외숙의 존귀함을 잃게 된다고 하여 강석의 논의에 찬동하려 하지 않았다. 그러므로 강석이 주저하며 오랫동안 결정하지 못하자, 소요광이 크게 화를 내서 측근을 보내서 유훤을 찔러 죽이게 하였는데, 유훤이 그것을 알아차리고 마침내 강석의 모의를 폭로하니, 齊主(蕭寶卷)가 江祏과 江祀를 체포하여 죽였다.

〈齊主는〉 이로부터 꺼리는 것이 없게 되자 더욱 스스로 방자하여 밤낮으로 近習들과 後堂에서 북을 치고 소리를 지르고 말을 타고 놀면서 항상 5更(오전 3시~오전 5시)이 되어서야 취침하고 해가 晡時(오후 3시~오전 5시)가 되어야 일어났다. 臺閣(尙書)의 文案과 奏章을 한 달 또는 수십 일이 지나야 마침내 회답하였고, 혹은 황제의 소재를 알지 못하였으며, 尙書 五省의 黃案이 모두 환관이 魚肉을 싸서 집으로 돌아가는 데에 쓰였다.

遙光이 遣所親劉渢하여 致意於謝朓하고 欲引以爲黨①한대 朓가 不答이러니 頃之에 遙光이 以朓로 兼衛尉한대 朓가 懼하여 卽以其謀로 告左興盛②하고 又說劉暄曰 始安이 一旦南面하면 則劉渢劉晏이 居卿今地하여 但以卿으로 爲反覆人耳리라 暄이 馳告遙光及祏하니 收朓付廷尉死獄中하다

57) 苫塊 : 寢苫枕塊의 준말이다. 거적으로 자리를 깔고 흙덩이로 베개를 삼는다는 뜻으로, 居喪하는 예를 말한다.(≪儀禮≫ 〈喪服〉)

暄이 又以遙光이 若立하면 則己失元舅之尊이라하여 不肯同祏議라 故祏이 遲疑久不決한대 遙光이 大怒하여 遣左右刺暄이러니 暄이 覺之하고 遂發祏謀하니 齊主가 收祏祀殺之하다 自是無所忌憚이라 益自恣하여 日夜與近習으로 於後堂에 鼓叫戱馬하고 常以五更就寢하고 日晡乃起라 臺閣案奏를 月數十日乃報하고 或不知所在하며 五省黃案이 皆爲宦者裹魚肉還家③하더라

① 淜은 음이 馮이다.
淜, 音馮.

② 郎으로 卿을 겸하였으니, 일이 본래 두려워할 것이 없는데 두려워한 것은 蕭遙光에게 등용되어 장차 재난에 걸리게 될 것이라고 생각한 것이다.
以郎兼卿, 事本無足懼, 其所懼者, 以爲爲遙光所引用, 將罹其難也.

③ 魏・晉 이래로 6曹尙書가 있었는데, 江左 때에는 吏部・祠部・五兵・左民・度支의 5尙書가 있고, 각각 한 省이 되었으므로 尙書五省이라고 말한 것이다. 案은 文案인데 문안을 보관하여 案據(증빙서류)로 삼는다. 尙書에서 黃札(황색 종이)을 사용하였으므로 黃案이라고 한 것이다.
魏・晉以來, 有六曹尙書, 江左有吏部・祠部・五兵・左民・度支五尙書, 各爲一省, 謂之尙書五省. 案, 文案也, 藏之以爲案據. 尙書用黃札, 故曰黃案.

【目】蕭遙光이 평소에 반역의 뜻을 품고 있어서 그의 동생인 荊州刺史 蕭遙欣과 함께 군사를 일으킬 것을 은밀히 도모하였다. 장차 군대를 출동하려고 하는데 소요흔이 卒하였고, 江祏이 죽임을 당하였다.

소요광이 두려워하여 거짓으로 미친 척하며 병을 핑계 대고서 다시 臺城으로 들어가지 않았고, 군사를 일으킬 것을 모의할 적에 劉暄을 토벌하는 것을 名分으로 삼았다. 밤에 수백 명을 파견하여 東冶를 격파하여 죄수를 풀어주고 尙方[58]에서 兵仗器를 탈취하였다. 將軍 垣歷生이 소요광을 설득하여 밤에 臺城을 공격하고 城門을 불태우자고 하였는데, 소요광이 의심하여 감히 군대를 출동하지 못하였다.

새벽 무렵에 황제가 조서로 徐孝嗣를 불러서 宮城에 주둔하여 호위하게 하고 蕭坦之는 臺軍(조정의 군대)을 인솔하여 소요광을 토벌하였다. 소요광이 원역생을 파견하여 나가 싸우게 하니, 臺軍이 누차 패배하였다.

소요광의 諮議參軍 蕭暢이 몰래 나가 臺軍에게 가서 스스로 귀부하니, 소요광의 群心이 크게 꺾였다. 원역생이 나가 싸우다가 이어서 창을 버리고 항복하니, 밤이 되자 〈소요광이 점거한〉 東府城이 무너졌다. 소요광이 침상 아래로 기어들어갔는데 臺軍의 군인

58) 尙方 : 軍械製造廠으로, 무기제조공장을 말한다.

들이 그를 끌어내어 참수하였다. 〈齊主는〉 서효사를 司空으로 삼고 沈文季와 蕭坦之를 僕射로 삼았다.

遙光이 素有異志하여 與其弟荊州刺史遙欣으로 密謀擧兵이러니 將發而遙欣이 卒하고 江祏이 誅라 遙光이 懼하여 陽狂稱疾하여 不復入臺①하고 謀擧兵할새 以討劉暄爲名하다 夜遣數百人破東冶하여 出囚하고 於尙方取仗②이러니 將軍垣歷生이 說遙光하여 夜攻臺하고 燒城門한대 遙光이 狐疑不敢出이러라 向曉에 有詔召徐孝嗣하여 屯衛宮城하고 蕭坦之가 率臺軍討遙光이라 遙光이 遣歷生出戰이러니 臺軍이 屢敗하다 遙光諮議蕭暢이 潛出하여 詣臺自歸하니 衆情이 大沮③라 垣歷生이 出戰이라가 因棄矟降하니 至夜에 城潰라 遙光이 扶匐牀下어늘 軍人이 牽出하여 斬之④하다 以孝嗣로 爲司空하고 文季坦之로 爲僕射하다

① 東府城으로 돌아와서 다시 臺城으로 돌아가지 않은 것을 말한다.
謂還東府, 不復入臺城.
② 建康에는 東冶와 西冶가 있다. 仗은 兵仗器이다.
建康有東西二冶. 仗, 兵仗也.
③ 蕭暢은 蕭衍의 동생이다. "衆情"은 東府城의 무리들의 마음이다.
暢, 衍之弟也. 衆情, 東府之衆情也.
④ 扶(엎드리다)는 본래 匍로 쓴다.
扶, 本作匍.

【綱】北魏 南徐州刺史 沈陵이 齊나라로 망명하였다.

魏南徐州刺史沈陵이 **犇齊**하다

【目】北魏 徐州刺史 京兆王 元愉가 나이가 어려서 軍府의 일이 모두 長史 盧淵에게서 결정되었다. 노연이 南徐州刺史 沈陵이 장차 배반할 것을 알아차리고 휘하의 여러 성에 몰래 대비하라고 경계하였다. 자주 北魏 조정에 보고를 하였는데 들어주지 않았다.

심릉이 마침내 장수와 보좌를 죽이고 宿豫의 군대를 거느리고서 齊나라로 망명하였다. 북위의 淮水 가에 설치한 여러 戍에서 대비함이 있었기 때문에 온전할 수 있었다. 郡縣들이 심릉의 徒黨들을 잡아서 보냈는데 노연이 어루만지고 사면해주니, 사람들의 마음이 마침내 편안해졌다.

魏徐州刺史京兆王愉가 年이 少하여 軍府事가 皆決於長史盧淵①이러니 淵이 知南徐州刺史

沈陵이 將叛하고 敕諸城潛爲之備하고 屢以聞於魏朝호되 不聽②이러라 陵이 遂殺將佐하고 帥宿豫之衆하여 犇齊하니 濱淮諸戍가 以有備得全이라 郡縣이 捕送陵黨이어늘 淵이 撫而赦之하니 衆心乃安하다

① 元愉는 孝文帝의 아들이다.
愉, 孝文之子也.

② 北魏 高祖(元宏)가 宿豫에 南徐州를 설치하였다. 沈陵은 沈文季의 族子이다.
魏高祖置南徐州於宿豫. 陵, 文季之族子也.

【綱】 윤8월에 齊主(蕭寶卷)가 尙書僕射 蕭坦之와 領軍將軍 劉暄을 죽였다.

閏月에 齊主가 殺其僕射蕭坦之領軍劉暄하다

【目】 江祏 등이 패망한 이후에 齊主(蕭寶卷)의 좌우에서 御刀를 잡거나 칙명을 전달하는 무리들이 모두 멋대로 횡행하며 권세를 부리니, 당시 사람들이 '刀敕'이라고 불렀다. 蕭坦之가 강하고 고집스러워 정사를 독단하니, 嬖倖들이 그를 두려워하면서 미워하였다.

이때에 이르러 齊主가 병사를 파견하여 소탄지의 집을 포위하여 죽이고, 茹法珍 등이 劉暄이 반역의 뜻이 있다고 참소하자, 齊主가 말하기를 "유훤은 나의 외삼촌인데 어찌 이런 일이 있겠는가?"라고 하였다. 直閣 徐世檦가 말하기를 "明帝(蕭鸞)께서 武帝(蕭賾)의 후사까지도 멸망시켰으니, 외삼촌을 어찌 믿을 수 있겠습니까."라고 하니, 마침내 또한 그를 죽였다.

예전에 高宗(소란)이 殂할 적에 隆昌 年間의 일로 齊主를 경계하며 말하기를 "일을 할 때에는 남보다 뒤에 해서는 안 된다."라고 하였다. 그러므로 齊主가 자주 近習들과 함께 大臣을 죽일 것을 도모하였는데 모두 창졸간에 발동하여 뜻을 결정하고 의심하지 않았다. 이에 대신들은 사람마다 감히 자신을 보존할 수 없었다.

江祏等이 旣敗에 齊主左右捉刀應敕之徒가 皆恣橫用事하니 時人이 謂之刀敕이라 蕭坦之가 剛狠而專하니 嬖倖이 畏而憎之러니 至是하여 齊主遣兵圍其宅而殺之하고 茹法珍等이 譖劉暄有異志라한대 齊主曰 暄은 是我舅니 豈應有此리오 直閣徐世檦曰 明帝猶滅武帝之後하니 舅를 焉可信邪아 遂亦殺之하다 初에 高宗이 臨殂에 以隆昌事로 戒齊主曰 作事에 不可在人後①라하니 故齊主가 數(삭)與近習으로 謀誅大臣을 皆發於倉卒하여 決意不疑하니 於是에 大臣人人이 莫敢自保하더라

① 齊主 蕭昭業이 卽位하여 연호를 隆昌(494)으로 고치고 何胤과 함께 蕭鸞을 죽이기로 도모하였는데 何胤이 주저하다가 간언을 올리자 齊主가 뜻을 다시 거두었다가 이해 7월에 마침

내 소란에게 시해를 당하였다. 그러므로 소란이 그의 아들 蕭寶卷에게 경계하여 "일을 할 때에는 남보다 뒤에 해서는 안 된다."라고 말한 것이다.
齊主昭業卽位, 改元隆昌, 與何胤謀誅蕭鸞, 胤依違諫說, 齊主意復止. 是年七月, 遂爲鸞所弑, 故鸞戒其子寶卷, 言作事不可在人後.

【綱】 9월에 魏主(元恪)가 長陵을 배알하였다.

九月에 **魏主**가 **謁長陵**①하다

① 長陵은 孝文帝(元宏)의 陵으로, 瀍水 서쪽에 있다.
長陵, 孝文陵也, 在瀍西.

【目】〈魏主(元恪)가 長陵을 배알하러 갈 적에〉 白衣(평민 신분)이 吳 지역 사람 茹皓를 데리고 함께 수레를 타고 가려고 하였는데 여호가 옷을 털고 막 수레에 오르려 하였다. 給事黃門侍郞 元匡이 나아가 간언하자 魏主가 여호를 밀어서 내려가게 하니, 여호가 얼굴색이 변하여 물러갔다.

欲引白衣吳人茹皓하여 **同車**한대 **皓**가 **奮衣將登**이어늘 **給事黃門侍郞元匡**이 **進諫**한대 **魏主**가 **推之使下**하니 **皓**가 **失色而退**①하다

① 元匡은 元新城의 아들이다.
匡, 新城之子也.

【綱】 겨울 10월에 齊主(蕭寶卷)가 司空 徐孝嗣와 將軍 沈文季를 죽였다.

冬十月에 **齊主**가 **殺其司空徐孝嗣將軍沈文季**하다

【目】 徐孝嗣는 文士로서 異同을 잘 드러내지 않았다. 그러므로 그의 명망과 지위가 비록 무거웠으나 오히려 오래 보존할 수 있었다. 中郞將 許準이 서효사를 위하여 일의 관건을 진술하고, 그에게 황제(蕭寶卷)를 폐위시키고 새로운 황제를 세울 것을 권하자, 서효사가 주저하다가 齊主(蕭寶卷)가 유람하러 나가기를 기다려서 城門을 닫고 모든 관료들을 불러 모아서 그를 폐출할 것을 의논하였다. 沈文季는 스스로 늙고 병들었다고 핑계를 대고 조정의 대권에 참여하지 않았다. 侍中 沈昭略이 그에게 말하기를 "叔父께서는 연세가 60에 員外僕射[59]가 되어서 스스로 재앙을 면하기를 바라니, 어찌 될 수 있겠습

니까."라고 하였다. 심문계가는 웃으며 응답하지 않았다.

이때에 이르러 齊主가 〈廢立의 논의를 듣고서〉 서효사·심문계·심소략을 불러서 華林省에 들어오게 하고 茹法珍으로 하여금 이들에게 毒酒를 내리게 하자 심소략이 성내어 서효사에게 욕하기를 "어두운 군주를 폐위하고 밝은 군주를 세우는 것은 예나 지금이나 훌륭한 법도인데, 宰相이 재주가 없어 오늘에 이르렀구나."라고 하였다.

孝嗣가 以文士로 不顯同異라 故名位가 雖重이나 猶得久存①이러니 中郎將許準이 爲孝嗣陳說事機하고 勸行廢立한대 孝嗣가 遲疑라가 須齊主出遊하여 閉城門하고 召百僚하여 集議廢之러니 沈文季가 自託老疾하고 不預朝權이라 侍中沈昭略이 謂之曰 叔父行年六十에 爲員外僕射(야)하여 欲求自免하니 豈可得乎아 文季가 笑而不應②이러니 至是하여 齊主가 召孝嗣文季昭略하여 入華林省하고 使茹法珍으로 賜以藥酒한대 昭略이 怒하여 罵孝嗣曰 廢昏立明은 古今令典이어늘 宰相이 無才하여 致有今日이라하더라

① "不顯同異"은 주저하며 혼탁하고 포학한 조정에서 용납되기를 취함을 말한다.
不顯同異, 言依違取容於昏暴之朝.

② 沈文季가 비록 僕射가 되었으나 조정의 일에 참여하지 않았으므로 沈昭略이 員外僕射라고 말한 것이다.
文季雖爲僕射而不預事, 故昭略謂之員外僕射.

【綱】 12월에 齊나라 太尉 陳顯達이 군사를 일으켜 建康을 습격하였다가 패하여 죽었다.

十二月에 齊太尉陳顯達이 擧兵襲建康이라가 敗死[60)]하다

【目】 陳顯達이 스스로 高帝(蕭道成)와 武帝(蕭頤)의 옛 장군으로서 高宗(蕭鸞)의 시대를 맞이하여 마음속으로 위태로움과 두려움을 품고 자기를 매우 겸손하게 낮춘 채, 낡은

59) 員外僕射 : 員外란 정원 외의 관원에게 붙이는 것이다. 그러나 沈文季는 실제로 복야가 되었는데도 정사에 참여하지 않자, 沈昭略이 그를 員外僕射라고 말한 것이다.

60) 齊太尉陳顯達……敗死 : "蕭坦之가 蕭遙光을 토벌하여 평정한 공이 있고, 劉暄은 元舅이고, 徐孝嗣·沈文季는 大臣인데, 〈4명이〉 모두 죄 없이 죽임을 당했으므로 陳顯達에게 '군사를 일으켰다.〔擧兵〕'라고 기록하고 '반란〔反〕'이라고 기록하지 않았으니, 이는 모두 경중을 저울질한 것이다. 오직 蕭寶卷의 부도덕함을 미워하여 바로잡으려 하였으므로, 書法이 이와 같은 것이다.〔蕭坦之有討平遙光之功 劉暄元舅 徐孝嗣沈文季大臣 皆無罪見殺 故顯達書擧兵 而不書反 是皆權其輕重者也 惟惡寶卷之不道而欲正之也 是以書法如此〕" ≪發明≫

수레를 항상 타고, 행차 때는 인도하는 사람과 鹵簿(儀仗)은 다만 약소한 사람 10여 명을 썼다.

齊主(蕭寶卷)가 황제에 즉위하자 진현달은 더욱 建康에 머물러 있는 것을 좋아하지 않다가 江州에 임명을 받고서는 매우 기뻐하였다. 그는 이전에 병이 있어 치료하지 않았는데, 이윽고 저절로 병이 나았다.

진현달은 齊主가 여러 차례 大臣을 죽였다는 소식을 듣고 전해오는 말에 '마땅히 군사를 파견하여 江州를 습격할 것'이라고 하니, 마침내 군사를 일으킬 적에 長史 庾弘遠 등을 시켜서 조정의 높은 사람들에게 편지를 써서 보내 齊主의 罪惡을 열거하여 꾸짖고, 이르기를 "建安王(蕭寶寅)을 받들어 主君으로 삼고자 합니다."라고 하였다.

齊主가 崔慧景을 平南將軍으로 삼아 여러 군사를 감독하여 진현달을 공격할 때에 將軍 胡松은 梁山을 점거하고 左興盛은 杜姥宅에 주둔하였다.

顯達이 自以高武舊將으로 當高宗之世하여 內懷危懼하고 深自貶損하여 常乘朽弊車하고 導從鹵簿止用羸小者十數人이러니 及齊主立에 顯達이 彌不樂在建康이라가 得江州하여는 甚喜하다 有疾不治러니 旣而自愈라 聞齊主屢誅大臣하고 傳云 當遣兵襲江州라하니 乃擧兵할새 令長史庾弘遠等으로 與朝貴書하여 數齊主罪惡하고 云 欲奉建安王爲主①한대 齊主가 以崔慧景으로 爲平南將軍하여 督諸軍擊顯達할새 將軍胡松은 據梁山하고 左興盛은 屯杜姥宅②이러라

① 庾弘遠은 庾炳之의 아들이다. 齊主(蕭寶卷)의 동생 蕭寶寅이 建安王에 봉해졌는데, 당시에 郢州刺史가 되었다.
弘遠, 炳之之子也. 齊主弟寶寅封建安王, 時爲郢州刺史.

② 姥는 莫補의 切이다. 杜姥宅은 地名이다. 晉 成帝 杜皇后의 어머니 裵氏가 南掖門 밖에 집을 지었는데 세상에서 杜姥宅이라고 한 것이다.
姥, 莫補切. 杜姥宅, 地名. 晉成帝杜皇后母裵氏立第南掖門外, 世謂之杜姥宅.

【目】12월에 陳顯達이 尋陽에서 군대를 출동하여 采石에서 胡松을 격파하니, 建康 사람들이 두려워 떨었다. 左興盛이 諸軍을 거느리고 진현달의 군대를 막았다. 진현달은 은밀하게 군대를 거느리고 밤에 강을 건너서 宮城을 습격하였으나 이기지 못하고 퇴각하여 달아났는데, 臺軍이 추격하여 진현달을 참수하였다.

庾弘遠이 잡혀서 형벌을 당하게 될 때에 모자를 찾아서 쓰고 말하기를 "子路가 갓끈을 매고 죽었으니, 내가 冠를 쓰지 않고 죽을 수는 없다."라고 하고, 보고 있던 사람들에게 말하기를 "나는 逆賊이 아니고 바로 義兵이니, 그대들을 위하여 명을 청했을 뿐이

다. 陳公이 일을 매우 가볍게 처리하였으니, 만약 나의 말을 사용했다면 천하가 장차 塗炭에 빠지는 것을 면할 수 있었을 것이다."라고 하였다. 그의 아들 庾子曜가 아버지를 안고 아버지 대신 죽기를 빌었는데, 그도 함께 죽임을 당하였다.

十二月에 顯達이 發尋陽하여 敗胡松於采石하니 建康이 震恐이라 興盛이 帥諸軍拒之①러니 顯達이 潛軍夜渡하여 襲宮城하되 不克하고 退走어늘 臺軍이 追斬之하다 庾弘遠이 被執하여 臨刑에 索帽著之曰 子路가 結纓하니 吾不可以不冠而死②라하고 謂觀者曰 吾非賊이요 乃是義兵이라 爲諸君請命耳③러니 陳公이 太輕事하니 若用吾言이면 天下將免塗炭이러니라 其子子曜가 抱父乞代어늘 幷殺之하다

① 胡三省이 말하기를 "采石山은 지금 太平州 當塗縣 북쪽 80里에 있으며, 산 아래에 采石磯가 있다." 하였다.
胡三省曰 "采石山, 在今太平州(常)〔當〕[61]塗縣北八十里, 山下有采石磯.

② ≪春秋左氏傳≫ 〈哀公 15년에〉 "衛侯 蒯輒이 즉위한 후에 그의 아버지 蒯聵가 들어와 나라를 다투었는데, 衛나라 卿 孔悝를 겁박하여 그와 함께 누대에 올라갔다. 子路가 말하기를 '太子(괴외)는 용맹이 없어 만약 누대를 불살라 반쯤 타면 반드시 孔叔(孔悝)을 놓아줄 것이다.' 하였다. 태자가 두려워하여 石乞·孟黶을 내려보내서 자로를 대적하게 하였는데, 〈두 사람이〉 창으로 자로를 치자 갓끈이 끊어졌다. 자로가 말하기를 '군자는 죽을 때에도 관을 벗지 않는다.' 하고는 갓끈을 매고 죽었다." 하였다.
左傳 "衛侯輒旣立, 其父蒯聵入爭國, 劫衛卿孔悝與之登臺. 子路曰 '太子無勇, 若燔臺, 半, 必舍孔叔.' 太子懼, 下石乞·孟黶(암)以敵子路, 以戈擊之, 斷纓. 子路曰 '君子死, 冠不免.' 結纓而死."

③ 爲(위하다)는 去聲이다.
爲, 去聲.

【目】 齊主(蕭寶卷)가 陳顯達을 죽인 후에 더욱 스스로 교만하고 방자하여 점점 황궁을 나가 유람하며 돌아다니고, 또 사람들이 보지 않게 하려고 밖으로 나갈 때마다 지나가는 곳에 民家의 사람들을 먼저 몰아내고 쫓아내어서 오직 빈집으로 두게 하였는데, 어긴 자들은 손에 닥치는 대로 쳐서 죽였다. 한 달에 무릇 20여 번이나 밖으로 나갔는데, 나갈 때마다 번번이 거처하는 곳을 말하지 않고, 항상 밤 3, 4更(밤 11시~새벽 3시) 무렵에 출행하여 북소리가 사방으로 울리고 불빛이 하늘을 밝히며 깃발과 戟을 들고 도로를 가로질러 가니 士人과 백성들이 놀라서 울부짖는 소리가 길을 가득 메웠다.

61) (常)〔當〕 : 저본에는 '常'으로 되어 있으나, ≪資治通鑑≫ 註에 의거하여 '當'으로 바로잡았다.

士·農·工·商의 백성들이 생업을 폐하고, 길에서 나무하고 풀을 베는 사람의 인적이 끊겼고, 冠禮·婚禮와 喪禮·葬禮가 모두 제때에 행해지지 못하였고, 임산부가 밖에서 남의 집에 의지하여 자식을 낳았으며, 혹은 병자를 수레에 싣고 다니다가 죽어 시신을 버려서 殯葬을 할 수 없었다. 일찍이 齊主가 沈公城에 이르렀는데, 한 婦人이 분만할 무렵이 되어 떠나가지 못하자 이어서 부인의 배를 갈라 아이가 남자인지 여자인지를 보았다.

또 幢을 메기를 좋아하였고, 시중드는 자들이 곁에 가득한데도 여러 가지 변태적 행태를 드러내면서 부끄러운 기색이 없었다. 항상 짜서 만든 袴褶을 입고 金薄을 한 모자를 쓰고 七寶로 장식한 稍을 잡고 행전을 차고 바짓가랑이를 단단히 묶고 말을 타고 달려서 조금도 쉴 겨를이 없었다.

齊主가 既誅顯達에 益自驕恣하여 漸出遊走하고 又不欲人見之하여 每出에 先驅斥所過人家하여 唯置空宅하고 犯者는 應手格殺[①]하더라 一月에 凡二十餘出호되 出輒不言定所하고 常以三四更中에 鼓聲四出하고 火光照天하며 幡戟橫路하니 士民이 驚震하여 啼號塞道라 四民廢業하고 樵蘇路斷하고 吉凶失時하고 乳婦寄産하며 或輿病棄尸하여 不得殯葬[②]이러라 嘗至沈公城하야 有一婦人이 臨産不能去라 因剖其腹하여 視其男女[③]하다 又好擔幢하고 侍御滿側호되 逞諸變態하여 曾無愧色[④]하다 常著織成袴褶하고 金薄帽하고 執七寶稍하고 急裝縛袴하고 乘馬驅馳하여 略不暇息[⑤]하더라

① 斥은 내쫓는다는 뜻이다. 格은 친다는 뜻이다.
斥, 逐也. 格, 擊也.
② 吉은 冠禮·婚禮를 말하며, 凶은 喪禮·葬禮를 말하니, 모두 제때에 일을 행하지 못한 것이다. 乳는 낳음이다.
吉, 謂冠·婚. 凶, 謂喪·葬. 皆不得以時而行事. 乳, 育也.
③ 沈公城은 臺城 서북쪽 白石里에 있으며, 일명 宣武城이라고 한다.
沈公城, 在臺城西北白石里, 一名宣武城.
④ 擔은 멤이다. 幢은 기이다.
擔, 荷. 幢, 旛也.
⑤ 褶는 음이 習이다. "袴褶"은 말을 탈 때 입는 옷이다.
褶, 音習. 袴褶, 騎服也.

【綱】 北魏가 郭祚를 吏部尙書로 삼았다.

魏가 以郭祚로 爲吏部尙書하다

【目】王肅이 北魏를 위하여 官品과 百官을 제정하는 것을 모두 江南의 제도와 같이 하였다. 모두 九品에 각 品마다 각각 正·從 2品을 두었다.

侍中 郭祚가 吏部尙書를 겸하였는데, 청렴 근신하였고 국가의 官位를 중시하고 아꼈다. 늘 관원을 선발하여 임명할 적에 비록 적합한 사람을 얻더라도 꼭 망설이기를 오랫동안 한 후에 임명하는 글을 쓰기를 "이 사람은 이제 신분이 귀해졌다."라고 하니, 사람들이 이 때문에 대부분 그를 원망하였으나 등용된 사람은 그 관직에 적합하지 않은 사람이 없었다.

王肅이 爲魏制官品百司를 皆如江南之制하니 凡九品에 品各有二①하니 侍中郭祚가 兼吏部尙書호되 淸謹重惜官位라 每有銓授에 雖得其人이나 必徘徊久之하고 然後下筆曰 此人이 便已貴矣라하니 人以是多怨之나 然所用者는 無不稱職하더라

① 品마다 각각 正·從 2品을 두었다.
每品各有正·從二品.

庚辰年(500)

齊主 蕭寶卷 永元 2년이고 北魏 世宗 宣武帝 元恪 景明 원년이다.

齊永元二年이요 魏世宗宣武帝恪景明元年이라

【綱】봄 정월에 齊 豫州刺史 裴叔業이 壽陽을 가지고 배반하여 北魏에 투항하였는데, 北魏가 司徒 彭城王 元勰을 보내 鎭守하게 하였다.

春正月에 齊豫州刺史裴叔業이 以壽陽叛降于魏어늘 魏가 遣司徒彭城王勰하여 鎭之[62)]하다

【目】裴叔業은 齊主(蕭寶卷)가 자주 大臣을 죽인다는 소문을 듣고 마음이 스스로 편안하지 않아서 사람을 보내 襄陽에 이르러서 蕭衍에게 묻기를 "天下의 大勢를 알 만하니, 다시 자신을 보존할 도리가 없을 듯합니다. 北魏에 전향하여 귀순하는 것만 못하니, 河南

62) 齊豫州刺史裴叔業……鎭之 : "蕭寶卷의 시대에는 '반란〔反〕'을 '反'이라고 기록하지 않았는데(蕭遙光·陳顯達·崔慧景에 의거한 것이다.) 여기서 '배반〔叛〕'이라고 기록한 것은 어째서인가. 국가를 바로잡을 생각이 없이 땅을 가지고 남(北魏)에게 주었으니 배반일 뿐이다.〔寶卷之世 反不書反(據遙光陳顯達崔慧景) 此其書叛何 無匡國之心 而挈地以與人 則叛而已矣〕" ≪書法≫

公이 되는 것을 잃지 않을 것입니다."라고 하였다. 소연이 회답하기를 "〈현재 조정에〉 소인배들이 권력을 휘두르니 어찌 오래갈 수 있겠습니까. 오직 家屬들을 서울로 돌려보내서 그들을 안심시켜야 합니다. 만약 뜻밖에 핍박을 받게 되면 응당 기병과 보병을 거느려서 곧장 橫江으로 나가서 그들 부대의 후미를 끊으면 천하의 일을 일거에 평정할 수 있습니다. 만약 북위에 전향하고자 한다면 저들이 반드시 다른 사람을 보내 당신의 직무를 대체하고 河北의 한 州에 머물게 할 것이니 河南公을 어찌 다시 얻을 수 있겠습니까."라고 하였다.

배숙업이 머뭇거리며 의심하여 결정을 못하고 마침내 아들 裵芬之를 파견하여 建康에 인질로 들여보내고 또한 편지를 북위 豫州刺史 薛眞度에게 보내서 북위에 투항하는 것이 응당 옳은지 아닌지를 묻자 설진도가 일찍 항복하기를 권하였다. 배숙업은 마침내 사신을 보내 표문을 받들어 보내 북위에 항복을 하였다. 북위가 驃騎大將軍 彭城王 元勰과 將軍 王肅을 보내서 步兵과 騎兵 10만 명을 거느리고 달려가게 하였다. 다시 팽성왕 원협을 司徒 領揚州刺史를 삼아서 壽陽에 鎭守하게 하였는데, 배숙업이 얼마 뒤에 卒하였다.

叔業이 聞齊主數誅大臣하고 心不自安하여 遣人至襄陽하여 問蕭衍曰 天下大勢可知라 恐無復自存之理니 不若回面向北이니 不失作河南公①이리라 衍報曰 群小用事하니 豈能及遠이리오 唯應送家還都하여 以安慰之요 若意外相逼이어든 當勒馬步하여 直出橫江하여 以斷其後면 則天下之事를 一擧可定②이니 若欲北向이면 彼必遣人相代하고 以河北一州相處하니 河南公寧可復得邪아 叔業이 沈疑未決③하고 乃遣子芬之하여 入建康爲質하고 亦遣信詣魏豫州刺史薛眞度하여 問以入魏可不之宜④한대 眞度가 勸其早降이라 叔業이 遂遣使奉表降魏하니 魏가 遣驃騎大將軍彭城王勰과 將軍王肅하여 帥步騎十萬赴之하다 復以彭城王勰爲司徒領揚州刺史하여 鎭壽陽이러니 叔業이 尋卒⑤하다

① 만약 북위에 항복하더라도 관작과 상을 잃지 않을 것이라고 말한 것이다.
言若降魏, 不失爵賞也.
② 壽陽 남쪽에서부터 歷陽에 이르러 橫江으로 나간다.
自壽陽南至歷陽, 出橫江.
③ "沈疑"는 머뭇거리며 의심함이다.
沈疑, 沈吟疑慮也.
④ 北魏의 豫州는 懸瓠城에 治所를 두고, 汝南郡·新蔡郡·弋陽郡 등을 통솔하였다. 不는 否로 읽는다.

魏豫州治懸瓠城, 領汝南·新蔡·弋陽等郡. 不, 讀曰否.

⑤ 壽陽은 東漢부터 이래로 揚州의 治所가 되었고, 宋나라 때에는 처음으로 豫州의 治所가 되었으니, 지금 그 옛날을 회복한 것이다.
壽陽自東漢以來爲揚州治所, 宋始爲豫州治所, 今復其舊.

【綱】 3월에 齊나라 巴西에서 반란이 일어났는데 토벌하여 평정하였다.

三月에 齊巴西亂이어늘 討平之하다

【綱】 北魏가 壽陽에서 齊나라의 군사를 물리치고 마침내 合肥와 建安을 빼앗았다.

◑魏敗齊師于壽陽하고 遂取合肥建安하다

【目】 齊나라 豫州刺史 蕭懿가 司馬 陳伯之 등을 보내서 淮水를 거슬러 올라가서 壽陽을 압박하였는데, 北魏 彭城王 元勰과 王肅이 공격하여 크게 격파하고, 合肥를 공격하여 제나라 장군 李叔獻을 사로잡았다. 〈북위의〉 統軍 宇文福이 원협에게 말하기를 "建安은 淮南의 중요한 鎭이고 쌍방의 要衝地입니다. 건안을 얻으면 義陽을 도모하기 쉽고 건안을 얻지 못하면 수양을 보존하기 어렵습니다."라고 하자, 원협이 옳다고 여겨서 우문복에게 건안을 공격하게 하니, 건안이 항복하였다.

齊豫州刺史蕭懿가 遣司馬陳伯之等하여 泝淮而上하여 以逼壽陽이어늘 魏彭城王勰王肅이 擊大破之하고 進攻合肥하여 擒齊將李叔獻한대 統軍宇文福이 言於勰曰 建安은 淮南重鎭이요 彼此要衝이니 得之則義陽易圖요 不得則壽陽難保①라한대 勰이 然之하여 使福攻建安하니 建安이 降하다

① 北魏가 建安을 얻으면 서남쪽으로 義陽을 도모할 수 있다. 齊나라의 司州가 의양에 치소를 두었는데, 만약 건안의 병사들을 증강시켜서 북쪽으로 북위의 구원을 단절시키고, 동쪽으로 壽陽에 임하면 수양은 보존하기 어렵다.
魏得建安, 則西南可圖義陽. 齊司州治義陽, 若增建安之兵, 北斷魏援, 東臨壽陽, 則壽陽難保.

【綱】 여름 4월에 齊나라가 將軍 崔慧景을 보내서 군대를 이끌고 壽陽을 공격하게 하였다. 최혜경이 군사를 되돌려 江夏王 蕭寶玄을 받들어 建康을 압박

하다가 군사들이 패하여 모두 죽었다.

夏四月에 **齊**가 **遣將軍崔慧景**하여 **將兵討壽陽**이러니 **慧景**이 **還兵**하여 **奉江夏王寶玄**하여 **逼建康**이라가 **兵敗皆死**[63]하다

【目】齊主(蕭寶卷)가 平西將軍 崔慧景을 보내서 水軍을 이끌고 壽陽을 공격할 적에 직접 도성을 나가서 〈琅邪城에 이르러〉 최혜경을 전송하였는데, 최혜경을 불러 單騎로 나오도록 하여 겨우 몇 마디 말을 나누고 나서 최혜경이 절하고 하직하고서 떠났다. 〈최혜경이 낭야성을〉 나와서 〈齊主의 손아귀에서 벗어나자〉 매우 기뻐하였다.

〈최혜경이〉 廣陵을 지나 수십 리 지점에서 여러 軍主들을 집합시키고 말하기를 "내가 세 황제의 두터운 은혜를 입어서 託孤의 중임을 맡았다. 幼主가 아둔하며 경망하여 朝廷이 무너져 혼란하니 나라가 위태로운데도 돕지 않으면 책임이 오늘에 있을 것이다. 그대들과 함께 大功을 세워서 사직을 편안하게 하고자 하니 어떠한가."라고 하니, 여러 軍主들이 모두 호응하였다. 이에 군대를 돌려 광릉으로 향하니, 司馬 崔恭祖가 그들을 광릉성으로 받아들였다.

齊主가 左興盛을 보내서 여러 군대를 감독하여 나가 토벌하게 하였다. 최혜경이 長江을 건너가서 使者를 보내 江夏王 蕭寶玄을 받들어 君主로 삼고자 하였는데, 소보현이 그 사자를 참수하였다. 그러나 몰래 최혜경과 서로 호응하고 군대를 나누어 배치하고 거느리고서 崔慧景을 따라 建康으로 향하여 竹里를 공격하여 함락하였다.

萬副兒가 최혜경을 설득하기를 "지금 평탄한 길이 모두 臺軍에게 차단을 당하였으니, 진군을 의논해서는 안 됩니다. 마땅히 蔣山의 龍尾를 따라 올라가서 뜻하지 않았을 적에 출동해야 합니다."라고 하니, 최혜경이 그의 말을 따라 1,000여 명을 나누어 보내어, 물고기 꿰듯 한 줄로 산을 오르게 하여 서쪽 바위에서 밤중에 내려가면서 북을 치고 함성을 지르며 城에 도달하였다. 臺軍이 놀라 흩어지고 宮門이 닫혔는데 최혜경이

63) 齊遣將軍崔慧景……兵敗皆死 : "'반란〔反〕'인데 '군사를 되돌렸다.〔還兵〕'라고 기록한 것은 어째서인가. 蕭寶卷을 미워한 것이다. 이때에 蕭懿가 난리가 났음을 듣자마자 〈밥 먹다가〉 젓가락을 내던지고 일어나서 군대를 거느리고 江을 건너가서 마침내 崔覺을 패배시켰으니 狗國한 것인데 어찌하여 기록하지 않았는가. 소보권을 미워한 것이다. 그러므로 蕭鸞을 미워하는 경우에는 劉思忌가 난리에 죽은 것을 기록하지 않고, 소보권을 미워하는 경우에는 蕭懿가 〈최각을〉 狗國시킨 것을 기록하지 않았다. ≪資治通鑑綱目≫에서는 소보권의 시대에 특별히 쓴 것이 많으니 임금이 된 이들이 거울로 삼을 수 있을 것이다.〔反也 書還兵 何 惡寶卷也 於是蕭懿聞難 投箸而起 將兵濟江 遂敗崔覺 則狗國也 曷爲不書 惡寶卷也 是故惡鸞 則劉思忌之死難不書 惡寶卷則蕭懿之狗國不書 綱目於寶卷之世 多特筆 爲人君者 可以鑑矣〕" ≪書法≫

군대를 이끌고 宮城을 포위하니, 左興盛이 淮渚로 도망갔는데 최혜경이 잡아서 죽였다.

齊主가 遣平西將軍崔慧景하여 將水軍討壽陽할새 自出送之러니 召慧景單騎而進하여 裁交數言하고 拜辭而去한대 既出喜甚하다 過廣陵數十里에 會諸軍主曰 吾가 荷三帝厚恩하여 當顧託之重[①]이라 幼主가 昏狂하여 朝廷이 壞亂하니 危而不扶면 責在今日이니 欲與諸君共建大功하여 以安社稷하니 何如오 衆皆響應이라 於是에 還軍向廣陵하니 司馬崔恭祖가 納之[②]하다 齊主가 遣左興盛하여 督諸軍以討之하다 慧景이 濟江하여 遣使奉江夏王寶玄爲主한대 寶玄이 斬其使而密與相應하고 分部軍衆하여 隨慧景向建康하여 攻竹里拔之하다 萬副兒가 說慧景曰[③] 今平路皆爲臺軍所斷하니 不可議進이라 惟宜從蔣山龍尾上하여 出其不意耳[④]니라 慧景이 從之하여 分遣千餘人하여 魚貫緣山하여 自西巖夜下하여 鼓叫臨城[⑤]하니 臺軍驚散하고 宮門閉어늘 慧景이 引衆圍之하니 左興盛이 走逃淮渚어늘 慧景이 擒殺之[⑥]하다

① 세 황제는 高帝(蕭道成)·武帝(蕭賾)·明帝(蕭鸞)이다. 明帝는 遺詔를 내려 崔慧景에게 劉悛·蕭惠休와 함께 중추적 임무를 맡도록 하였다.
三帝, 高帝·武帝·明帝也. 明帝遺詔, 慧景與劉悛·蕭惠休同任心膂.

② 崔恭祖는 崔慧景의 종족이다. 최혜경의 平西司馬가 되어 廣陵城을 지켰다.
恭祖, 慧景之族也. 爲慧景平西司馬守廣陵城.

③ 萬副兒는 사냥을 잘하고, 오랑캐를 잘 사로잡았는데, 崔慧景에게 투항해왔다.
萬副兒善射獵, 能捕虜, 來投慧景.

④ 비탈진 곳에 길을 축조하여 蔣山에 도달하니, 길이 마치 용의 꼬리가 땅에 드리워져 있는 것과 같아서 그 때문에 龍尾라고 말한 것이다. 上(도달하다)은 時掌의 切이다.
築道陂陀以上蔣山, 若龍尾之垂地, 因曰龍尾. 上, 時掌切.

⑤ "鼓叫"는 곧 북을 치며 함성을 지르는 것이다.
鼓叫, 卽鼓譟也.

⑥ 淮渚는 秦淮河 안의 모래섬이다.
淮渚, 秦淮渚也.

【目】이때에 豫州刺史 蕭懿가 군사를 거느리고 小峴에 있었기 때문에 齊主(蕭寶卷)가 몰래 사람을 보내 이 사실을 고해주었다. 소의가 막 밥을 먹다가 젓가락을 던지고 일어나 〈군사를 거느리고〉 采石에서 長江을 건너갔다.

崔恭祖가 먼저 崔慧景에게 권하여 2천 명을 보내 西岸의 군사들을 차단하여 강을 건너지 못하게 하자고 하였으나 최혜경은 따르지 않았다. 이때에 이르러 소의의 군대를 공격할 것을 최혜경에게 요청하였으나 또 허락하지 않고, 다만 崔覺을 보내 수천 명을

거느리고 南岸으로 건너가게 하였다가 전투에 패하였다.

최공조가 東宮의 女伎를 사로잡았는데 최각이 핍박하여 빼앗아 가니, 최공조가 분노와 원한이 쌓여서 宮城에 가서 항복하니 최혜경의 軍心이 이반되어 무너졌다. 최혜경이 심복 몇 사람을 데리고 몰래 떠나갔는데, 따르는 사람들이 도중에 차츰 흩어졌다. 최혜경은 어떤 사람에게 죽임을 당하였다. 蕭寶玄이 며칠 동안 도망갔다가 마침내 나타나니, 齊主가 그를 죽였다.

예전에 최혜경이 處士 何點과 교류하려 하였는데, 하점이 돌아보지 않았다. 建康을 포위하였을 때 하점을 핍박하여 불렀는데 하점이 최혜경에게 달려가서 날마다 佛經의 義理를 담론하고 군대의 일을 언급하지 않았다. 최혜경이 패망한 후에 齊主가 하점을 죽이려고 하였는데 蕭暢이 말하기를 "하점이 만약 역적(최혜경)을 유인하여 함께 불경을 강론하지 않았다면 조정의 안위를 헤아리기 쉽지 않습니다. 이것을 가지고 말하자면 응당 봉작을 받아야 합니다."라고 하니, 齊主가 마침내 그만두었다.

하점은 何胤의 형이다.

時에 豫州刺史蕭懿가 將兵在小峴이라 齊主가 遣密使告之하다 懿가 方食이라가 投箸而起하여 自采石濟江하다 恭祖가 先勸慧景하여 遣二千人斷西岸兵令不得度한대 不從[①]하다 至是에 請擊懿軍호되 又不許하고 獨遣崔覺하여 將數千人渡南岸이라가 戰敗[②]하다 恭祖가 掠得東宮女伎러니 覺이 逼奪之하다 恭祖가 積忿恨하여 詣城降하니 衆心離壞라 慧景이 將腹心數人하고 潛去러니 從者於道稍散이라 爲人所殺하다 寶玄이 逃亡數日이라가 乃出하니 齊主가 殺之하다 初에 慧景이 欲交處士何點한대 點이 不顧러니 及圍建康에 逼召點한대 點이 往赴之하여 日談佛義하고 不及軍事러니 慧景이 敗에 齊主가 欲殺點이어늘 蕭暢이 曰 點若不誘賊共講이면 未易(이)可量[③]이니 以此言之한대 乃應得封이니이다 齊主가 乃止하니 點은 胤之兄也러라

① "西岸兵"은 蕭懿의 병사들이 들어와 구원하고자 江의 서쪽에서 오는 것을 말한다.
西岸兵, 謂蕭懿兵入援自江西來也.

② 崔覺은 崔慧景의 아들이다. 南岸은 秦淮河 南岸이다.
覺, 慧景之子也. 南岸, 秦淮南岸也.

③ 〈"點若不誘賊共講 未易可量"은〉 何點이 만약 崔慧景에게 佛經의 의리를 강론해주지 않았다면 최혜경이 날마다 城을 공격하는 것을 일삼았을 것이니, 〈조정의〉 安危를 헤아릴 수 없다고 말한 것이다.
言點若不與慧景講義, 則慧景日以攻城爲事, 安危未可量也.

【綱】 齊나라가 蕭懿를 尙書令으로 삼았다.

齊가 以蕭懿爲尙書令하다

【綱】 齊나라가 建康·徐州·兗州를 曲赦(특별 사면)하였다.

◑齊가 曲赦建康徐兗[①]하다

① 崔慧景이 南兗州에서 병사를 되돌려 남쪽으로 가자 徐州 사람들이 그를 따랐고 전진하여 建康을 포위하자 건강 사람들이 또다시 그를 많이 따랐다. 이미 크게 사면하였으나 이들을 멋대로 주벌하여 실상을 그르쳤으므로 또다시 세 곳을 曲赦한 것이다.
崔慧景自南兗州還兵而南, 徐州之人從之, 進圍建康, 而建康之人又多從之. 旣大赦, 而誅縱失實, 故又曲赦三處.

【目】 이보다 앞서 崔慧景이 평정된 후에 齊主(蕭寶卷)가 조서를 내려 그의 黨與들을 사면하였다. 그러나 嬖倖이 권세를 휘둘러 부유한 집안을 誣陷해서 賊黨이라 하여 죽여서 그들의 재산을 몰수하였다. 혹자가 中書舍人 王咺之에게 말하기를 "사면 조서를 믿을 수 없으니, 인심이 크게 나빠질 것입니다."라고 하였는데, 왕훤지가 말하기를 "바로 다시 사면이 있을 것이다."라고 하였다. 이로 말미암아 두 번째 사면을 하였는데 嬖倖들이 貪虐하기가 처음과 같았다.

이때에 齊主가 총애하는 측근은 모두 31명이었는데 그중 黃門이 10명이었다. 直閣 徐世檦가 평소에 齊主에게 委任을 받았는데, 그의 黨羽 茹法珍과 梅蟲兒 등이 그와 함께 권력을 다투다가 서세표를 참소하여 죽였다. 이로부터 두 사람이 정권을 잡아 아울러 外監이 되고 口頭로 詔令과 勑命을 칭하였다. 왕훤지가 文翰을 전담하여 서로 함께 입술과 이의 관계가 되었다.

先是에 崔慧景이 旣平에 詔赦其黨이로되 而嬖倖用事하여 誣富家爲賊黨이라하여 殺而籍其貲러니 或이 謂中書舍人王咺之曰 赦書無信하니 人情大惡[①]이라한대 咺之曰 正當復有赦耳라 由是再赦호되 而嬖倖貪虐은 如初하더라 是時에 齊主所寵左右凡三十一人에 黃門十人이라 直閣徐世檦가 素被委任이러니 其黨茹法珍梅蟲兒等이 與之爭權하여 譖殺之하니 自是二人用事하여 竝爲外監하고 口稱詔勑하니 王咺之專掌文翰하여 與相脣齒하다

① 惡(나쁘다)은 본음대로 읽는다.
惡, 如字.64)

【目】 齊主(蕭寶卷)는 총애하는 潘貴妃의 아버지 潘寶慶과 茹法珍을 阿丈이라고 불렀고, 梅蟲兒와 營兵 兪靈韻을 阿兄이라고 불렀고, 여러 차례 황제의 좌우에서 御刀를 잡는 자〔捉刀〕와 칙명을 전달하는 자〔應勅〕의 집에 가서 연회를 벌이며 놀았다. 반보경이 권세를 믿고 간사한 짓을 하여 부자들을 다 죄가 있다고 誣陷하여 그 재앙이 친척과 이웃에게까지 미쳐서 그 집안 남자들을 다 죽였다.

환관 王寶孫은 나이가 겨우 13, 14살이었는데 倀子라고 불렀고 齊主에게 가장 총애를 받아서 항상 조정의 정사에 참여하니, 王咺之와 梅蟲兒의 무리들도 역시 그에게 몸을 낮추었다. 〈왕보손이〉 大臣을 제압하고 詔敕을 마음대로 바꾸고 심지어 말을 타고서 전각 안에 진입하여 天子를 꾸짖으니 公卿들이 그를 볼 적에 겁내며 숨을 죽이지 않는 자가 없었다.

齊主가 呼所幸潘貴妃父寶慶及法珍爲阿丈이라하고 蟲兒及營兵兪靈韻爲阿兄이라하고 數往諸刀敕家遊宴①하더라 寶慶이 恃勢作姦하여 富人悉誣以罪하여 延及親隣히 皆盡殺其男口하다 奄人王寶孫은 年十三四에 號倀子②하고 最有寵하여 參預朝政하니 咺之蟲兒之徒亦下之라 控制大臣하고 移易詔敕하고 乃至騎馬入殿하여 詆訶天子하니 公卿見之에 莫不懾息焉③하더라

① 阿(칭호 앞에 쓰이는 글자)는 烏葛의 切이다. ≪漢書≫ 〈匈奴列傳〉에 "漢나라 天子는 나의 丈人 항렬이다." 하였다. 顔師古의 註에 "丈人은 지위가 높고 연로한 자의 칭호이다." 하였다.
阿, 烏葛切. 前漢書匈奴傳曰 "漢天子, 我丈人行也." 註 "丈人, 尊老之稱."

② 倀은 抽良의 切이니, 미치광이이다.
倀, 抽良切, 狂也.

③ "懾息"은 愓息(두려워하여 숨이 가쁨)과 같음을 말한다. 懾은 두려워함이다.
懾息, 猶言愓息也. 懾, 懼也. 屛氣而息.

【綱】 가을 8월에 齊나라가 北魏 壽陽을 공격하였는데 北魏 사람들이 격퇴하고 마침내 淮南 지역을 차지하였다.

秋八月에 齊가 攻魏壽陽이어늘 魏人이 擊敗之하고 遂取淮南地[65]하다

---

64) 如字 : 한 글자에 여러 독음이 있는 경우 本音대로 읽으라는 것이다.

65) 書法 : "'北魏 壽陽〔魏壽陽〕'이라고 기록한 것은 어째서인가. 수양을 북위의 땅으로 인정해준 것이다. 북위가 齊나라의 반란한 자를 받아들였으니, 그렇다면 어찌하여 그것을 인정해준 것인가. 蕭寶卷이 어리석고 경망하여 자신이 그 땅을 소유하지 못하여 북위가 진실로 소유할 수 있었던 것이다. 그렇다면 裴叔業에게는 어찌하여 '배반〔叛〕'이라고 기록하였는가. '叛'이라고 기록하지 않으면 땅을 가지고 남에게 주는 자가 천하에 잇달아 나오는 것이다. 그러므로 앞에서는 '토벌〔討〕'이라고 기록

【目】 예전에 齊나라 將軍 陳伯之가 재차 壽陽을 공격하였는데 北魏 彭城王 元勰이 그를 막을 적에 汝陰太守 傅永이 郡의 군사를 거느리고 수양을 구원하였다. 진백지가 淮口를 매우 견고하게 방어하였는데 부영이 淮口에서 20여 리 떨어진 곳에서 배를 끌고서 汝水 南岸으로 올라가서 〈육지에서 물소로 배를 끌어〉 곧바로 남쪽으로 淮水를 향해 나아가서 〈배를 타고 회수를 건너〉 밤에 수양성에 진입하였다.[66] 원협이 매우 기뻐하며 말하기를 "내가 북쪽을 바라본 것이 이미 오래되었다. 洛陽을 볼 수 없을까 염려하였는데, 뜻하지 않게 경이 능히 이곳에 도착하였다."라고 하고, 부영에게 군사를 이끌고 수양성으로 들어올 것을 명령하자, 부영이 말하기를 "제가 온 것은 적을 물리치려고 한 것입니다. 만약 教旨와 같이 한다면 오히려 殿下와 함께 적에게 포위 공격을 당할 것이니, 어찌 구원하러 온 뜻이겠습니까."라고 하였다. 마침내 수양성 밖에 주둔시켰다.

이때에 와서 원협이 부영과 합세하여 진백지를 肥口에서 공격하여 크게 격파하였다. 진백지가 도망하여 돌아갔으므로, 淮南이 마침내 北魏의 수중에 들어갔다. 魏主(元恪)가 원협을 불러서 돌아오게 하고, 王肅을 揚州刺史로 삼았다.

初에 齊將軍陳伯之가 再攻壽陽이어늘 魏彭城王勰이 拒之할새 汝陰太守傅永이 將郡兵救壽陽하니 伯之防淮口甚固①어늘 永去淮口二十餘里하여 牽船上汝水南岸하여 直南趣淮하여 夜進入城②하다 勰이 喜甚曰 吾가 北望已久라 恐洛陽難可得見이러니 不意卿能至也③라하고 令永引兵入城한대 永이 曰 永來는 欲以却敵이니 若如教旨면 乃是與殿下同受攻圍하니 豈救援之意리오 遂軍於城外④하다 至是하여 勰이 與永幷勢하여 擊伯之於肥口大破之⑤하니 伯之遁還이라 淮南이 遂入于魏하다 魏主가 召勰還하고 以王肅爲揚州刺史하다

① 淮口는 汝水가 淮水에 유입하는 입구이다. ≪水經≫에 "汝水가 동쪽으로 가서 汝陰 原鹿縣에 이르러 淮水에 유입한다." 하였다.
此汝水入淮之口也. 水經 "汝水東至汝陰原鹿縣 入于淮."
② 趣는 향함이다.
趣, 嚮也.
③ 壽陽을 지키는데 구원병이 이르지 않아서 그의 마음이 외로우며 위태하였으므로 이렇게 말

하여 반란한 신하의 죄를 바로잡은 것이고 지금은 '공격〔攻〕'이라고 기록하여 어리석은 임금을 폄하함을 보인 것이다.〔書魏壽陽 何 以壽陽予魏也 魏納齊叛 則曷爲予之 寶卷昏狂 不能自有其地 魏固可得而有之也 然則裴叔業何以書叛 不書叛 則挈地以與人者 接跡於天下矣 是故前書討 所以正叛臣之罪 今書攻 所以示昏君之貶〕" ≪書法≫

66) 배를……진입하였다 : ≪資治通鑑≫의 "牽船上汝水南岸 以水牛挽之 直南趣淮 下船卽渡"에 의거하여 번역하였다.

한 것이다.

守壽陽而援兵不至, 其心孤危, 故云然.

④ 諸王과 방면의 州를 專任한 이들은 모두 그의 관속들에게 教를 내리므로 教旨라고 한 것이다.

諸王與任專方州者, 皆得下教於其屬, 故云教旨.

⑤ 弁(아우르다)은 音이 併이다. ≪水經≫에 "淮水는 동쪽으로 흘러 壽春縣의 북쪽을 지나고, 肥水는 黎漿에서 북쪽으로 흘러 壽春城 동쪽을 지나고, 또다시 북쪽으로 흘러 淮水에 들어가니, 그곳을 肥口라고 한다." 하였다. 당시에 陳伯之가 肥口에 군대를 주둔하여 壽陽을 핍박한 것이다.

弁, 音併. 水經"淮水東過壽春縣北, 肥水自黎漿北過壽春城東, 又北流而入于淮, 謂之肥口." 時伯之蓋軍於肥口以逼壽陽也.

【綱】 齊나라 後宮에 불이 났다.

齊後宮에 **火**하다

【目】 齊나라 後宮에 불이 났다. 당시 嬖倖의 무리들을 모두 鬼라고 말하였다. 趙鬼라는 자가 〈西京賦〉를 읽고 齊主(蕭寶卷)에게 말하기를 "柏梁臺에 불이 난 후에 建章宮을 지었습니다."라고 하였다. 그러자 齊主가 마침내 芳樂殿과 玉壽殿 등 여러 궁전을 크게 지었는데, 麝香(사향)을 벽에 바르고, 조각과 그림으로 장식하였는데 화려함을 다하였다. 부역하는 자가 한밤중부터 새벽까지 일을 하였으나 오히려 재촉하는 뜻에 부응하지 못하였다.

後宮의 服飾과 물건은 珍奇한 것을 엄선하고 황금을 뚫어 蓮花를 만들어서 땅에 깔아 놓고 潘妃에게 밟고 가게 하면서 "반비가 걸어가는 곳마다 연꽃이 피

金蓮布地

어나는구나."라고 하였다. 嬖倖이 이를 이용하여 간사하게 이익을 취하여, 〈국가에서〉 하나를 징수하면 〈嬖倖들이〉 10배를 더 거두어가니, 百姓들은 매우 곤궁하여 길가에서 울부짖었다.

齊後宮이 火라 時嬖倖之徒를 皆號爲鬼라 有趙鬼者가 能讀西京賦하고 言於齊主曰 柏梁旣災에 建章是營①이라한대 齊主가 乃大起芳樂玉壽等諸殿할새 以麝塗壁하고 刻畫裝飾에 窮極綺麗하니라 役者가 自夜達曉호되 猶不副速②하더라 後宮服御가 極選珍奇하고 鑿金爲蓮華하여 以帖地하고 令潘妃行其上曰 此步步生蓮花也③라하더라 嬖倖이 因緣爲姦利하여 課一輸十하니 百姓이 困盡하여 號泣道路하더라

① 後漢 張衡이 〈東京賦〉·〈西京賦〉를 지었다. 漢 武帝 太初 원년(B.C. 97)에 柏梁臺에 불이 나서 마침내 建章宮을 지었다.
後漢張衡作東京·西京賦. 漢武太初元年, 柏梁臺災, 遂作建章宮.

② 樂은 音이 洛이다. 麝는 神夜의 切이다. 사향노루의 모양이 마치 작은 사슴과 같고, 그 배꼽에 향이 있는데 華山의 북쪽에 많이 있다. 畫(그림)는 去聲이다. 副는 걸맞음이니, "不副速"은 빨리 하려는 뜻에 부합하지 못함을 말한 것이다.
樂, 音洛. 麝, 神夜切. 麝狀如小麋, 其臍有香, 華山之陰多有之. 畫, 去聲. 副, 稱也. 不副速, 言不能稱其欲速之意也.

③ 華(꽃)는 花로 읽는다.
華, 讀曰花.

【綱】 겨울 10월에 齊主(蕭寶卷)가 尙書令 蕭懿를 죽였다.

冬十月에 齊主가 殺其尙書令蕭懿[67]하다

【目】 蕭懿가 서울로 들어와 〈崔慧景의 반란을〉 구원하였을 적에 蕭衍이 친한 사람을 시켜서 소의에게 달려가 설득하기를 "도적을 주벌한 후에는 보상할 수 없는 큰 공이 있게 되니 明君과 賢主를 만나더라도 오히려 세상에 서기 어려운데, 더구나 어지러운 조정에서 어찌 스스로 재앙을 벗어날 수 있겠습니까. 만약 도적을 멸한 후에 군대를 정비하여

67) 書法 : "蕭寶卷이 사람을 죽였을 적에 ≪資治通鑑綱目≫에서 '임금〔主〕'라고 지척하여 기록하지 않음이 없는 것은 매우 미워한 것이다. ≪자치통감강목≫은 刑殺에 대해 오로지 '主'라고 지척하여 기록한 것은 다섯 임금이니(宋나라 劉子業, 南齊 蕭寶卷, 北齊 高洋·高緯, 陳나라 陳叔寶이다.), 모두 음탕하고 잔학한 임금이다.〔寶卷殺人 綱目無不斥書主者 所以深惡之也 綱目於刑殺 專斥書主者 五君焉(宋子業 齊寶卷 北齊高洋 高緯 陳叔寶) 皆淫虐之主也〕" ≪書法≫

궁중에 들어가서 伊尹과 霍光의 故事[68]를 〈본받아 昏君인 齊主를 폐하고 明君을 세우는 일을〉 행하신다면 이는 萬世에 한 번 만날 수 있는 좋은 시기입니다. 그러나 만약 그렇게 하지 못한다면 바로 외적을 방어하겠다고 핑계 대고 마침내 歷陽으로 돌아가야 할 것입니다. 만약 병권만 버리고 그 융숭한 爵位를 받아서 높은 지위에 있지만 아래에 따르는 백성이 없게 된다면 반드시 후회가 생길 것입니다."라고 하였다. 長史 徐曜甫가 역시 힘써 권했으나 소의가 모두 따르지 않았다.

蕭懿之入援也에 蕭衍이 使所親馳說懿曰 誅賊之後엔 則有不賞之功이니 當明君賢主라도 尙或難立이어든 況於亂朝에 何以自免이리오 若賊滅之後에 勒兵入宮하여 行伊霍故事면 此萬世一時也어니와 如其不爾면 便託外拒하고 遂還歷陽이니 若但放兵하고 受其厚爵하여 高而無民이면 必生後悔①리라 長史徐曜甫가 亦苦勸之호되 懿가 竝不從이러라

① 〈"高而無民 必生後悔"는〉 官爵이 비록 높지만 兵權이 자기를 떠나면 반드시 장차 속수무책으로 죽을 곳으로 나가야 함을 말한 것이다.
謂官爵雖高而兵權去己, 必將束手就死.

【目】崔慧景이 죽자 蕭懿가 尙書令이 되었고 그의 동생 蕭暢이 衛尉가 되어서 궁문의 열쇠를 관장하였다. 이때에 齊主(蕭寶卷)가 황궁을 出入하는 데 절제가 없었다. 어떤 이가 소의에게 권하여 齊主가 宮門을 나갔을 때를 이용하여 병사를 일으켜 齊主를 폐위시키라고 하였는데, 소의가 따르지 않았다. 嬖臣 茹法珍 등이 소의를 꺼려서 齊主를 설득하기를 "소의가 장차 隆昌 연간의 古事[69]를 시행하려 한다."라고 하자, 齊主가 그렇게 생각하였다.

徐曜甫가 그 사실을 알고 은밀히 강가에 배를 마련해놓고 소의에게 襄陽으로 달아날 것을 권하였는데, 소의가 말하기를 "예부터 사람은 모두 죽으니, 어찌 반란하여 도망간 尙書令이 있겠는가."라고 하였다.

이에 이르러 齊主가 尙書省에서 소의에게 사약을 내렸다. 소의가 장차 죽을 적에 말하기를 "家弟 蕭衍이 雍州에 있으니, 조정에서 그를 근심함이 크겠구나."라고 하였다.

---

68) 伊尹과……故事 : 伊尹은 商나라의 탕왕의 적장손인 太甲이 포학하게 굴자 桐宮으로 축출했다가 그가 개과천선하자 3년 뒤에 다시 영입하여 복위시켰다.(≪史記≫ 〈殷本紀〉) 霍光은 漢 昭帝 때 재상으로, 소제가 죽자 昌邑王을 세웠다. 그런데 창읍왕이 음란하고 무도하여 폐위시키고 다시 宣帝를 세웠다.(≪漢書≫ 〈霍光傳〉)

69) 隆昌……古事 : 鬱林王 蕭昭業이 隆昌 원년(494)에 蕭鸞에게 죽임을 당한 사건이다. 소소업은 당시 나이가 21살이고 재위시기가 1년이었다.

소의의 동생과 조카들이 모두 마을로 도망하여 숨었는데, 그들을 고발하는 이가 없었고, 蕭融만이 잡혀서 죽임을 당하였다.

崔慧景이 死에 懿가 爲尙書令하고 弟暢이 爲衛尉하여 掌管籥이라 時에 齊主가 出入無度하니 或이 勸懿因其出門하여 擧兵廢之한대 懿가 不聽①이러니 嬖臣茹法珍等이 憚懿하여 說齊主曰 懿가 將行隆昌故事라한대 齊主가 然之라 曜甫가 知之하고 密具舟江渚하여 勸懿奔襄陽한대 懿가 曰 自古皆有死니 豈有叛走尙書令邪아 至是하여 齊主가 賜懿藥於省中이라 懿가 且死에 曰 家弟가 在雍하니 深爲朝廷憂之②하노라 懿弟姪이 皆亡匿於里巷하니 無人發之者요 唯融이 捕得被誅③하다

① "出門"은 臺城의 문을 나와서 놀러 다니는 것을 말한다.
出門, 謂出臺城門而遊走也.

② 당시에 襄陽을 雍州의 治所로 삼았으니, 蕭衍이 반드시 장차 擧兵할 것임을 말한 것이다.
時以襄陽爲雍州治所, 言衍必將擧兵也.

③ 蕭融은 蕭懿의 동생이다.
融, 懿之弟也.

【綱】北魏가 彭城王 元勰을 司徒와 錄尙書事로 삼았다.

魏가 以彭城王勰爲司徒錄尙書事하다

【目】元勰은 평소 고요하며 담박함을 좋아하여 권세와 이익을 즐기지 않았다. 高祖(元宏)는 그의 才幹을 중시하였기 때문에 그에게 권한이 큰 직임을 맡겼다. 비록 〈은퇴를 허락하는〉 고조의 遺詔가 있었으나 다시 魏主(元恪)에게 만류를 당하였고 굳이 사양해도 벗어나지 못하니, 항상 슬프게 탄식하였다.

원협의 사람됨은 풍채가 아름다우며 文史를 좋아하고 늘 조심성이 있고 신중하여 과실이 있은 적이 없었다. 비록 한가로이 홀로 거처하더라도 또한 용모를 나태하게 함이 없었으며, 고상한 선비를 공경하고 아껴서 마음을 다하여 예우하였다. 그는 청렴하고 정직하며 검소하고 소박하여 그의 문 앞에는 사사로이 청탁하는 사람이 없었다.

勰이 雅好恬素하여 不樂勢利①호되 高祖가 重其事幹이라 故委以權任②하다 雖有遺詔나 復爲魏主所留하고 固辭不免하니 常悽然歎息하더라 勰이 爲人美風儀好文史하고 小心謹愼하여 未嘗有過하다 雖閑居獨處나 亦無惰容하며 愛敬儒雅하여 傾心禮待하고 淸正儉素하여 門無私謁이러라

① 恬은 고요함이다. 素는 담박함이다.

恬, 靖也. 素, 淡也.

② 幹은 쓰임〔用〕이니, 일에 임해서 재간〔幹用〕이 있음을 말한다.

幹, 用也, 謂臨事有幹用也.

【綱】 11월에 齊나라 雍州刺史 蕭衍이 襄陽에서 군사를 일으켰고, 行荊州事 蕭穎冑가 또한 南康王 蕭寶融을 받들어 江陵에서 군사를 일으켰다.

十一月에 **齊雍州刺史蕭衍**이 **起兵襄陽**하고 **行荊州事蕭穎冑**가 **亦以南康王寶融起兵江陵**[70)]하다

---

70) 齊雍州刺史蕭衍……亦以南康王寶融起兵江陵 : "이때에 蕭寶融이 蕭衍을 都督前鋒을 삼았다면 소연을 소보융보다 특수하게 기록한 것은 어째서인가. 소연이 의거에 앞장섰으므로 蕭穎冑는 '역시〔亦〕'라고 기록하였으니, '亦'은 일을 이어서 했다는 말이다.〔於是寶融以衍都督前鋒 則殊衍於寶融 何 衍首義也 故穎冑書亦 亦者 繼事之辭也〕" ≪書法≫

"君臣의 정해진 분수가 있고, 古今의 일정한 도리가 있다. 아랫사람이 윗사람에게 침범하지 않고 낮은 사람이 높은 사람에게 대들지 않는 것이 君臣의 정해진 분수이다. 어루만져주면 임금이지만 학대하면 원수이고 인자에게 귀부하며 포악한 자에게서 떠나가는 것은 古今의 일정한 도리이다. 殷나라 紂王 때에 文王이 羑里에 갇혔고 箕子는 노예가 되었으며 比干이 간언하다가 죽었으니 君臣의 정해진 분수를 지켜서 감히 넘지 않았다. 湯王・武王의 일어남은 병에 음료수를 담아 기다리는 사람들의 마음을 위로하고 우리 임금을 기다리는 사람들의 마음을 펴게 하여 백성들을 도탄에서 구제한 것이니 古今의 일정한 도리를 따라서 감히 어기지 않은 것이다. ≪春秋≫의 명분을 바로잡으며 분수를 정하는 일은 시해하면 '弑'라고 기록하고 반란하면 '叛'이라고 기록하여 조금도 용서한 적이 없었다. 임금이 신하에게 쫓겨남을 당한 데에 있어서는 반드시 '스스로 도주했다.〔自奔〕'라고 글을 만든 것은 어째서인가. 하늘이 백성을 내고서 司牧(목민관)을 세운 것은 바로 그들에게 안무하여 안정시키며 보호하고 길러서 백성들의 삶을 이루게 할 뿐이었으니 어찌 그들에게 백성들의 위에 있으면서 포악한 짓을 하게 한 것이겠는가. 샘물을 맑게 하며 뿌리를 바르게 하는 것은 반드시 그 시작에 신중하게 하고 백성은 일정하게 그리워하는 사람이 없어 어진 사람을 그리워하니 이것은 진실로 古今의 일정한 도리이다. ≪資治通鑑綱目≫에서 이름을 바로잡으며 분수를 정한 것은 ≪春秋≫에서 법을 취한 것이니 그 書法에 더욱 신중하게 한 것이다. 그러므로 임금의 측근을 주륙하기를 청하는 데에는 晉나라의 王處仲・王恭의 무리처럼 하여 말에 내세울 것이 없는 경우가 아니면 모두 '반란〔反〕'으로 기록하고, 秦나라의 陳勝・吳廣의 무리에 있어서는 반드시 '군사를 일으켰다.〔起兵〕'라고 기록하였으니, ≪자치통감강목≫에서 어찌 일부러 진승・오광 등에게는 후하게 하고 왕처중・왕공의 무리에게는 박하게 하였겠는가. 황음무도하여 백성에게 포학함을 끼치면 '〈백성들이〉 이 해(임금)는 언제나 없어질 것인가, 그와 함께 망하리.'라고 마음을 먹는 경우 임금이 이에 이르러서는 하나의 외로운 사나이에 불과할 뿐이다. 蕭寶卷의 일과 같은 경우는 어찌 사람의 도리로 논할 수 있겠는가. ≪자치통감강목≫에서 蕭衍・蕭穎冑에게는 첫 번째도 말하기를 '군사를 일으켰다.〔起兵〕'라고 하고, 두 번째도 말하기를 '군사를 일으켰다.〔起兵〕'라고 하여 書法이 이와 같으니 어찌 임금을 억누르고 신하를 도운 것이겠는가. 또한 '古今의 일정한 도리를 따른다.'고 하는 것은 天地를 자신의 마음으로 삼고 生民을 염두해두는 것이다. 造化翁은 사사로움이 없어 선행에 복을 주며 淫行에 재앙을 내리고, 王法도 사사로움이 없어 선행을 권장하며 악행을 징계한다. 사람의 위에 있는 이들은 다만 '내가 태어난 것은 명이 하늘에 있지 않은가.'라고 말하지 말아야 한다.〔有君臣之定分 有古今之常理 下不犯上 卑不抗尊 此君臣之定分也 撫后虐讐 歸仁去暴 此古今之常理也 殷紂之時 文王囚於羑里 箕子爲之奴 比

【目】 예전에 齊主(蕭寶卷)가 蕭衍이 逆心을 품고 있는 것을 의심하여 直後 鄭植에게 가서 소연을 찔러 죽이게 하였다. 소연이 그 사실을 알고 그의 동생 寧蠻長史 鄭紹叔의 집에서 술자리를 마련하여 말하기를 "朝廷에서 卿을 보내서 나를 살피다 도모하게 하였으니 오늘은 바로 좋은 기회를 잡게 되었구나."라고 하였다.

소연은 蕭懿가 죽었다는 소식을 듣고 밤에 張弘策 등을 소집하여 관사에 들어가 대책을 謀議하여 정하였다. 다음 날에 소연이 휘하 僚佐들을 소집하여 말하기를 "昏主(蕭寶卷)가 暴虐하니, 응당 卿들과 함께 그를 제거하고자 한다."라고 하였다. 이날에 牙旗(대장기)를 세우고 군사들을 모아서 甲士 1만여 명, 戰馬 1천여 필, 배 3천 척을 얻었는데, 檀溪의 물속에 있던 대나무와 나무를 꺼내서 艦船을 만들고 〈언덕처럼 쌓아두었던〉 띠풀로 배의 지붕을 이니,[71] 일이 금세 갖추어졌다.

初에 齊主가 疑衍有異志하여 使直後鄭植往刺之①러니 衍知之하고 置酒於其弟寧蠻長史紹叔家하여 謂曰 朝廷이 遣卿見圖하니 今日은 乃可取良會也②라하더라 及聞懿死하고 夜召張弘策等하여 入宅定議③하다 明日에 集僚佐謂曰 昏主가 暴虐하니 當與卿等共除之라 是日에 建牙集衆하여 得甲士萬餘人과 馬千餘匹과 船三千艘하다 出檀溪竹木裝艦하고 葺之以茅하니 事皆立辦이러라

① 直後는 또한 宿衛하는 관원으로, 乘輿의 뒤에서 侍衛하는 자이다.
直後, 亦宿衛之官, 侍衛於乘(與)〔輿〕[72]之後者也.

② 鄭植의 동생 鄭紹叔은 당시에 蕭衍의 寧蠻長史이다.
植弟紹叔, 時爲衍寧蠻長史.

③ 宅은 雍州의 관사를 말한다.
宅, 謂州宅也.

【目】 당시에 南康王 蕭寶融이 荊州刺史가 되었고 長史 蕭穎胄가 行府州事가 되었다. 齊

干諫而死 守君臣之定分 不敢踰也 湯武之興 慰壺漿之望 伸徯后之心 救民於水火之中 順古今之常理 不敢悖也 春秋正名定分之典 弑則書弑 叛則書叛 未嘗有一毫少貸 至於國君見逐於其臣 則必以自奔爲文者 何哉 天生烝民 立之司牧 政將使之撫綏保養 以遂斯民之生而已 豈固使之肆虐於民上哉 澄源正本 必謹其端 而民罔常懷 懷于有仁 是固古今之常理也 綱目正名定分 取法春秋 其於書法 尤所加謹 故夫請誅君側 如晉之王處仲王恭之徒 非無詞可執 乃皆以反書之 至於秦之陳勝吳廣之類 則必書其起兵 綱目豈故厚於勝廣輩 而薄於處仲王恭之徒耶 荒淫不道 流虐于民 則有時日曷喪 欲與偕亡之心 爲君至是 固不止一獨夫而已 有如寶卷之事 豈可復以人理論之 綱目於蕭衍穎胄 一則曰起兵 二則曰起兵 書法若此 夫豈抑君而臣是助哉 亦曰順古今之常理 以天地爲心 以生民爲念者也 造化無私 福善而禍淫 王法無私 勸善而懲惡 居人上者 毋徒曰 我生不有命在天〕" ≪發明≫

71) 檀溪의……이니 : 檀溪에 대나무를 저장하고 띠풀을 언덕처럼 쌓아둔 것은 永元 원년(499) 8월 조에 보인다.

72) (與)〔輿〕: 저본에는 '與'로 되어 있으나, ≪資治通鑑≫ 註에 의거하여 '輿'로 바로잡았다.

主(蕭寶卷)가 장군 劉山陽을 보내어 소영주의 군사를 진군시켜 襄陽을 습격하게 하였는데, 蕭衍이 그 도모를 알아차리고 將軍 王天虎를 보내 江陵에 가서 州와 府에 두루 편지를 보냈는데, 그 말에 이르기를 "유산양이 서쪽으로 올라가서 荊州와 雍州를 아울러 습격할 것이다."라고 하자, 소영주는 의심하여 결정하지 못하였다.

유산양이 巴陵에 이르자 소연이 다시 왕천호를 시켜서 소영주와 그의 동생 蕭穎達에게 편지를 가지고 가게 하고, 장홍책에게 말하기를 "用兵의 방법은 마음을 공격하는 것이 상책이니, 최근에 왕천호가 강릉에 갈 때에 사람들마다 모두 편지를 받았다. 지금 단계에서는 파발마로 편지를 보낼 적에 다만 두 통의 편지를 만들어서 行事(소영주) 형제에게 주도록 하고, 편지에 쓰기를 '왕천호가 口頭로 말할 것이다.'라고 하면, 저쪽(형주) 사람들이 왕천호에게 물은 것이지만 그도 답할 말이 없기 때문에 〈저쪽 사람들이〉 반드시 行事가 왕천호와 함께 일을 은밀히 의논한다고 의심할 것이니, 行事가 자신의 進退를 명백히 할 수 없기 때문에 반드시 나의 계략 안으로 들어오게 될 것이다. 이는 두 통의 空函(빈 편지)을 보내서 한 州를 평정하는 것이다."라고 하였다.

時에 南康王寶融이 爲荊州刺史하고 長史蕭穎胄가 行府州事①라 齊主가 遣將軍劉山陽하여 就穎胄兵하여 襲襄陽이어늘 衍이 知其謀하고 遣將軍王天虎詣江陵하여 徧與州府書②한대 聲云 山陽이 西上하여 幷襲荊雍이라한대 穎胄가 疑未決이러니 山陽이 至巴陵③하니 衍이 復令天虎로 齎書與穎胄及其弟穎達하고 謂張弘策曰 用兵之道는 攻心爲上이니 近天虎往에 人皆有書러니 今段乘驛에 止有兩函하여 與行事兄弟하고 云 天虎口具④라하면 彼間人이 問天虎而無所說⑤이라 必謂行事가 與天虎共隱其事라하리니 則行事가 進退에 無以自明이라 必入吾謀內니 是는 馳兩空函하여 定一州矣라하더라

① 蕭寶融은 齊主의 동생이다. 長史는 ≪資治通鑑≫에 "西中郎長史"라고 되어 있다. 南康王이 西中郎將으로 荊州를 진무하였고, 蕭穎胄를 長史行事로 삼았다.
寶融, 齊主弟也. 長史, 通鑑"作西中郎長史." 南康王以西中郎將鎭荊州, 穎胄爲長史行事."

② 州는 荊州의 官屬을 말하고, 府는 西中郎府의 官屬을 말한다.
州, 謂荊州官屬, 府, 謂西中郎府官屬.

③ 晉 武帝가 太康 원년(280)에 巴陵縣을 설립하고, 長沙郡에 소속시켰다. 宋 武帝가 元嘉 16년(441)에 나누어 巴陵郡을 설립하고, 당시에 郢州에 소속시켰다.
晉武帝太康元年立巴陵縣, 屬長沙郡. 宋武帝元嘉十六年分立巴陵郡, 時屬郢州.

④ "今段"은 지금 한 단계의 일이라고 말하는 것과 같다. "行事兄弟"는 蕭穎胄와 蕭穎達을 말한다. 편지 속에서 일을 말하지 않고 다만 "王天虎가 구두로 말한다."고 하니, 그 때문에 의심하는 것이었다.

今段, 猶云今來一段事也. 行事兄弟, 謂穎胄·穎達也. 書中不言事, 但云'天虎口具.' 所以疑之.

⑤ 王天虎가 갈 때 蕭衍은 또한 한마디 말도 그에게 부탁한 적이 없었다.
蓋天虎之行, 衍亦未嘗以一語屬(촉)之.

【目】劉山陽이 과연 머뭇거리며 올라가지 않으니, 蕭穎胄가 크게 두려워하여 밤에 參軍 席闡文과 柳忱을 불러서 서재 문을 닫고 의논을 정하였는데, 석천문이 말하기를 "雍州刺史 蕭衍이 군사를 양성하고 말을 기른 것이 하루가 아니니, 반드시 그를 제압할 수 없고 그를 제압한다 하더라도 終極에는 다시 조정에 용납되지 못할 것입니다. 지금 만약 유산양을 죽이고 雍州와 함께 擧事하여 天子를 세워서 諸侯를 호령하면 霸業이 이루어질 것입니다. 유산양이 이미 우리를 믿지 않으니, 지금 王天虎를 참수해 보내면 유산양의 의심이 풀릴 것입니다. 유산양이 도착할 때에 도모하면 성공하지 않을 수 없을 것입니다."라고 하였다.

유침이 말하기를 "朝廷(황제)이 횡포함이 날로 심해지니, 옹주를 토벌하는 일은 또 이를 구실로 삼아 우리 두 州를 서로 죽게 하려는 것일 뿐입니다. 다만 蕭令君(蕭懿)의 일을 보지 못하였습니까. 이전의 일을 잊지 않는 것은 뒷일의 스승이 되는 것입니다."라고 하고, 蕭穎達이 또한 소영주에게 석천문 등의 계책을 따르도록 권하였다.

다음 날 아침에 소영주가 왕천호에게 말하기를 "卿이 劉輔國(유산양)과 서로 잘 알고 있으니, 지금 卿의 머리를 빌리지 않을 수 없습니다."라고 하였다.

山陽이 果遲回不上하니 穎胄가 大懼하여 夜呼參軍席闡文柳忱하여 閉齋定議[①]한대 闡文이 曰 蕭雍州蓄養士馬가 非復一日이니 必不可制요 就能制之라도 歲寒에 復不爲朝廷所容[②]이니 今若殺山陽하고 與雍州擧事하여 立天子以令諸侯면 則霸業이 成矣리라 山陽이 旣不信我하니 今斬送天虎면 則彼疑可釋이니 至而圖之면 罔不濟矣리라 忱이 曰 朝廷이 狂悖日滋하니 雍州之事는 且藉以相斃耳[③]라 獨不見蕭令君乎아 前事之不忘은 後事之師也[④]라하고 穎達이 亦勸穎胄從闡文等計러라 詰旦에 穎胄가 謂天虎曰 卿이 與劉輔國相識하니 今不得不借卿頭라하다

① 柳忱은 柳世隆의 아들이다.
忱, 世隆之子也.

② 四時가 운행하여 해를 이루니, 해가 지극히 추운 때에 이르면 끝마치는 것이다. "歲寒"은 세상일이 극단의 지점에 이른 것을 비유한다. 朝廷은 천자를 가리킨다.
四時運而成歲, 歲至極寒而終矣. 歲寒, 以喩世事終極處. 朝廷, 指天子也.

③ 藉는 慈夜의 切이니, 빌림이다.
藉, 慈夜切, 借也.
④ 蕭懿가 尙書令이 되었으므로 令君이라고 부른 것이다.
蕭懿爲尙書令, 故呼爲令君.

【目】이에 王天虎를 참수하여 劉山陽에게 보내니, 유산양이 크게 기뻐하여 單車로 蕭穎胄에게 갔는데, 소영주가 伏兵을 두어 그를 참수하였다. 이에 南康王 蕭寶融의 教令으로 군사들을 무장하여 모이게 하고, 蕭衍을 都督前鋒으로 삼고, 소영주를 都督行留諸軍事로 삼았다. 소영주가 度量이 있었기 때문에 大事를 거행한 후에 마음을 비우고 私心을 버리니, 대중들의 인심이 그에게 귀부하였다.

乃斬天虎送山陽[①]하니 山陽大喜하여 單車詣穎胄어늘 穎胄가 伏兵斬之하다 乃以南康王寶融教로 纂嚴[②]하고 以蕭衍都督前鋒하고 穎胄都督行留諸軍事[③]하다 穎胄가 有器局이라 旣擧大事에 虛心委己하니 衆情歸之하더라

① 劉山陽은 당시에 輔國將軍이었다.
山陽, 時爲輔國將軍.
② 〈"以南康王寶融教 纂嚴"은〉 蕭寶融의 教令을 써서 군사들이 무장을 하고 모이게 한 것이다.
用寶融之教令纂集兵嚴也.
③ 行은 동쪽으로 가는 군대를 말하고, 留는 留守하는 군대를 말한다.
行, 謂東下之軍. 留, 謂留守之軍.

【目】蕭穎胄가 劉山陽의 머리를 蕭衍에게 보내고, 소연에게 또한 시일이 이롭지 않으니, 명년 2월까지 기다렸다가 출병해야 한다고 말하였다. 소연이 말하기를 "병사를 일으킨 초기에 의지할 것은 한때의 용맹스러운 마음이다. 모든 일이 계속 연속되더라도 오히려 의심과 태만이 일어나는 것을 두려워해야 하는데, 만약 병력을 100일 동안 주둔시키면 양식이 다 떨어질 것이고, 만약 童子(蕭寶卷)[73)]가 다른 의논을 세우면 大事를 이루지 못할 것이다. 하물며 處分이 이미 정해졌으니, 어찌 중도에 폐할 수 있겠는가. 옛날에 周나라 武王이 商나라 紂王을 토벌할 적에 출병하는 때가 太歲星(木星)과 어긋났으니, 어찌 다시 시일을 기다리겠는가."라고 하였다.

〈소연이〉 表文을 올려 마침내 蕭寶融에게 尊號를 칭하기를 권하였는데, 허락하지 않

73) 童子(蕭寶卷) : 소보권은 이때 18세였다.(≪資治通鑑新注≫, 陝西人民出版社, 1998)

았다.

12월에 소영주와 司馬 夏侯詳이 建康의 각 州郡에 격문을 보내서 齊主(蕭寶卷)와 梅蟲兒·茹法珍의 罪惡을 열거하여 성토하였다. 將軍 楊公則을 파견하여 湘州로 향하게 하고, 參軍 鄧元起는 夏口로 향하게 하였다. 夏侯詳의 아들 夏侯亶이 殿中主帥로 있었는데, 建康에서 도망하여 돌아와 宣德太后의 詔令을 받들어 稱하기를 "南康王(소보융)이 皇位를 계승할 것이니, 皇宮이 깨끗하게 정리되기를 기다리라.74) 바로 황제 칭호를 쓰지 못하니, 10郡을 봉해주어 宣城王 相國 荊州牧으로 삼아 百官을 선임하도록 하라."라고 하였다.

太后는 海陵王(蕭昭文)의 어머니이다. 폐함을 당하여 宣德宮에 살았으므로 夏侯亶이 그녀를 의탁하여 稱한 것이다.

送劉山陽首於蕭衍하고 且言年月未利니 當須明年二月進兵이라한대 衍이曰 擧兵之初에 所藉者一時驍銳之心이라 事事相接이라도 猶恐疑怠어든 若頓兵十旬하면 糧用自竭하고 若童子立異면 則大事不成이니 況處分已定이리 安可中息哉리오 昔에 武王이 伐紂에 行逆太歲하니 豈復待年月乎아 遂表勸寶融稱尊號한대 不許하다 十二月에 穎胄及司馬夏侯詳이 移檄建康州郡하여 數齊主及梅蟲兒茹法珍罪惡하다 遣將軍楊公則하여 向湘州①하고 參軍鄧元起는 向夏口②하다 夏侯詳之子亶이 爲殿中主帥러니 自建康亡歸하여 稱奉宣德太后令호되 南康王纂承皇祚하니 方俟淸宮하고 未卽大號라 可封十郡하여 爲宣城王相國荊州牧하여 選百官③하라하다 太后는 海陵王之母也라 廢居宣德宮이라 故亶이 假而稱之하다

① 〈"遣將軍楊公則 向湘州"는〉 張寶積을 공격하게 한 것이다. 장보적은 당시에 湘州行事였다.
使攻張寶積也. 寶積, 時爲相州行事.

② 〈"參軍鄧元起 向夏口"는〉 蕭衍을 도와 張沖을 공격하게 하였다.
使助蕭衍攻張沖也.

③ 당시에 宣城·南琅邪·南東海·東陽·臨海·新安·尋陽·南郡·竟陵·宜都 10郡을 宣城王國으로 삼았다. 明帝(蕭鸞)는 宣城王으로서 들어와 大統을 계승하게 하였기 때문에 宣德太后의 명령을 빌려서 이로써 비로소 봉한 것이다.
時以宣城·南琅邪·南東海·東陽·臨海·新安·尋陽·南郡·竟陵·宜都十郡爲宣城王國. 蓋以明帝自宣城王入纂大統, 故假宣德太后令以是肇封.

---

74) 皇宮이……기다리라 : 궁궐이 정리되기를 기다리라는 말로, 현재 황제인 蕭寶卷을 바꿀 것을 비유한 말이다.(≪資治通鑑新注≫, 陝西人民出版社, 1998)

【目】 竟陵太守 曹景宗이 사람을 보내 蕭衍을 설득하기를 蕭寶融을 맞이하여 황제의 尊號를 바로잡고 난 뒤에 進軍하라고 하였는데, 소연이 따르지 않았다. 王茂가 張弘策에게 말하기를 "지금 南康王(소보융)을 타인(蕭穎冑)의 손안에 두었으니, 소영주가 天子를 끼고서 諸侯를 호령하면 節下(蕭衍)께서 전진하는 데에 타인에게 부림을 받게 될 것입니다. 이것이 어찌 뒷날의 장구한 계책이겠습니까."라고 하니, 장홍책이 소연에게 고하기를 "만약 建康으로 전진하여 大事가 성공하지 못하면 저절로 난초와 쑥이 똑같이 태워지는 꼴이지만, 만약 승리한다면 위엄이 四海에 떨칠 것입니다.

韋叡

누가 감히 따르지 않겠습니까. 어찌 못난 사람 꼴로 타인의 處分을 받을 것입니까."라고 하였다.

예전에 陳顯達과 崔慧景의 난에 上庸太守 韋叡가 말하기를 "진현달이 비록 舊將이지만 세상에 이름을 날린 인재는 아니고, 최혜경은 꽤 세상일을 겪었지만 나약하여 용감하지 않으니, 멸족된 것이 마땅하다. 天下를 평정할 사람은 아마 반드시 우리 州將(蕭衍)일 것이다."라고 하였다. 이에 두 아들을 보내서 스스로 소연과 결탁하였다.

소연이 병사를 일으킬 적에 위예는 上庸郡의 병사 2천 명을 거느리고 빠른 속도로 달려갔다. 馮道根은 집에서 어머니 상을 지키다가 또한 고향 사람의 子弟들을 거느리고 소연에게 달려갔다.

竟陵太守曹景宗이 遣人說(세)衍호되 迎寶融正尊號하고 然後進軍하라한대 衍이 不從이어늘 王茂가 謂張弘策曰 今以南康置人手中하니 彼挾天子以令諸侯면 節下前進에 爲人所使니 此豈他日之長計乎아 弘策이 以告衍曰 若前途大事가 不捷이면 故自蘭艾同焚이어니와 若其克捷則威振四海라 誰敢不從이리오 豈碌碌受人處分者邪①아 初에 陳顯達崔慧景之亂에 上庸太守韋叡가 曰 陳雖舊將이나 非命世才요 崔頗更事호되 懦而不武하니 其赤族이 宜矣라 定天下者는 殆在吾州將乎②인저 乃遣二子하여 自結於蕭衍이러니 及衍起兵에 叡는 帥郡兵二千하여 倍道赴之하다 馮道根은 居母喪이라가 亦帥鄉人子弟來赴③하다

① 난초에는 國香(최고 향기)이 있기 때문에, 사람들이 난초를 귀하게 여긴다. 艾는 쑥이니, 사

람들이 쑥을 천하게 여긴다. 〈"若前塗大事 不捷 故自蘭艾同焚"은〉 만약 일을 성공하지 못하면 귀한 자나 천한 자나 할 것이 없이 죽음을 같이하는 것을 말한다. "碌碌"은 錄錄과 같으니, 못난 사람은 대중과 다르지 않음을 말한다.
蘭有國香, 人貴之. 艾, 蕭艾也, 人賤之. 言若事不捷, 則無貴無賤同於死也. 碌碌, 猶錄錄, 謂庸人不異於衆也.

② 州刺史가 方面을 담당하고, 兵權을 총괄함으로 州將이라고 말한 것이다.
州刺史當方面, 摠兵權, 故曰州將.

③ 馮道根은 酇縣 사람이다. 酇縣은 당시에 廣平僑郡에 소속되었다.
道根, 酇人. 酇縣時屬廣平僑郡.

【目】 齊主(蕭寶卷)는 劉山陽이 죽었다는 소식을 듣고 將軍 薛元嗣 등을 보내 병사들을 거느리고서 군량을 140여 척의 배로 수송하여 郢州刺史 張沖에게 보내서 서쪽(荊州·雍州)의 군대를 막게 하였다. 또 將軍 房僧寄에게 魯山을 지키게 하였다.

齊主가 聞劉山陽이 死하고 遣將軍薛元嗣等하여 將兵運糧百四十餘船하여 送郢州刺史張沖하여 使拒西師[①]하다 又使將軍房僧寄守魯山[②]하다

① 荊州·雍州가 서쪽에 있으므로 西師라고 말한 것이다.
荊·雍在西, 故謂之西師.

② ≪漢陽志≫에 "大別山이 沔陽縣 동쪽에 있으니, 일명 魯山이다." 하였다.
漢陽志 "大別山在沔陽縣東, 一名魯山."

思政殿訓義 資治通鑑綱目 제29권 하

-齊 和帝 中興 원년(501)~梁 武帝 天監 3년(504)-

辛巳年(501)

齊나라 和帝 蕭寶融 中興 원년이고 北魏 世宗 宣武帝 元恪 景明 2년이다.

齊和帝寶融中興元年이요 魏景明二年이라

【綱】 봄 정월에 齊나라 南康王 蕭寶融이 相國을 칭하고 蕭衍이 襄陽에서 출발하였다.

春正月에 **齊南康王寶融**이 **稱相國**하고 **蕭衍**이 **發襄陽**[1)]하다

【目】 齊나라 南康王이 相國을 칭하고서 蕭穎胄를 左長史로 삼고, 소연을 征東將軍으로 삼았다. 소연이 襄陽을 출발하고서 아우 蕭偉에게 남아서 府와 州의 사무를 총괄하게 하고, 蕭儋에게 壘城을 지키도록 하였다.

齊南康王이 稱相國하여 以蕭穎胄爲左長史하고 蕭衍爲征東將軍하다 蕭衍이 發襄陽하고 留弟偉總府州事하고 儋守壘城①하다

① 儋은 徒敢과 徒濫 두 개의 切이다. 壘城이란 큰 성 부근에 성채를 축조하는 것이니, 堡寨와 비슷하다.
儋, 徒敢·徒濫二切. 壘城者, 築壘附近大城, 猶堡寨也.

【綱】 **北魏 彭城王 元勰**이 〈사임하고〉 집으로 돌아가자 **咸陽王 元禧**를 **太保**로

1) 齊南康王……蕭衍發襄陽 : "相國은 蕭寶融의 自稱한 것인데, '自稱'이라고 기록하지 않은 것은 어째서인가. 소보융을 인정해준 것이다. 어째서 인정해주었는가. 蕭寶卷이 어리석고 광포하여 마땅히 대신할 자가 소보융뿐이기 때문이다.〔相國 寶融自稱也 不書自稱 何 予寶融也 曷爲予之 寶卷昏狂 宜代之者寶融而已〕" ≪書法≫

삼고, 北海王 元詳을 大將軍 錄尙書事로 삼고, 于烈을 領軍으로 삼았다.

魏彭城王勰이 歸第어늘 以咸陽王禧爲太保하고 北海王詳爲大將軍錄尙書事하고 于烈爲領軍하다

【目】 北魏 太尉 咸陽王 元禧가 정무를 직접 처리하지 않고 교만하고 사치하고 탐욕하고 음탕하자, 魏主(元恪)가 싫어하였다. 원희가 집안 노복을 보내 領軍 于烈에게 가서 羽林軍과 虎賁軍의 병사를 달라고 하자, 우렬이 詔勅이 없다며 거절하였다. 원희가 다시 사람을 보내 이르기를 "나는 천자의 숙부이고 정승〔元輔〕의 신분이니 요구하는 것이 있으면 조칙과 무슨 차이가 있겠는가."라고 하자, 우렬이 정색하며 말하기를 "왕이 귀한 존재임을 내가 모르진 않으나, 어떻게 私奴를 시켜서 천자의 우림군을 요구할 수 있단 말인가. 내 머리는 얻을 수 있어도 우림군은 얻을 수 없다."라고 하였다.

원희가 노하여 우렬을 恒州刺史로 좌천시키자, 우렬이 병을 핑계로 들며 결국 나가지 않았다. 北海王 元詳이 몰래 원희의 과오를 황제에게 보고하고, 또 彭城王 元勰이 민심을 크게 얻고 있으므로 輔政하는 자리에 오랫동안 있는 것이 마땅치 않다고 하자, 황제가 이를 받아들여 원협에게 조칙을 내려 王爵을 가진 채 사저에 돌아가게 하고, 원희는 太保로 진급시키고, 원상은 大將軍 錄尙書事로 삼고, 우렬은 다시 領軍으로 삼아 軍國의 주요 업무를 모두 관여하게 하였다.

魏主는 이때 열여섯 살이어서 여러 정무를 직접 결정하지 못하고 좌우 신하들에게 맡겼는데, 이를 틈타 측근인 茹皓와 趙脩, 외척 高肇 등이 권력을 행사하기 시작하여 북위의 정사가 점차 쇠락하였다. 조수가 임금에게 더욱 총애를 받아서 한 달 사이에 승진을 거듭해 光祿卿에 이르렀다. 승진이 있을 때마다 魏主가 직접 그의 집에 가서 연회를 베풀었는데 이때에 王과 公이 모두 황제를 따라 참석하였다.

魏太尉咸陽王禧가 不親政務하고 驕奢貪淫커늘 魏主惡之하니 禧遣奴就領軍于烈하여 求羽林虎賁한대 烈이 以無詔拒之러니 禧가 復遣謂曰 我는 天子叔父요 身爲元輔니 有所求須면 與詔何異리요 烈이 厲色曰 烈非不知王之貴也나 奈何使私奴索天子羽林가 烈頭는 可得이나 羽林은 不可得이로다 禧가 怒하여 以烈爲恒州刺史하니 烈이 遂稱疾不出①하다 北海王詳이 密以禧過惡白帝하고 且言彭城王勰이 大得人情하니 不宜久輔政이라한대 帝然之하여 詔勰以王歸第하고 禧는 進位太保②하고 詳은 爲大將軍錄尙書事하고 復以于烈爲領軍하여 軍國大事를 皆得參焉하다 魏主時年十六이라 不能親決庶務하고 委之左右러니 於是에 倖臣茹皓・趙脩와 及外戚高肇等이 始用事하여 魏

政浸衰러라 **脩尤親幸**하여 **旬月間**에 **累遷至光祿卿**하고 **每遷官**에 **魏主**가 **親至其宅設宴**하고 **王公**이 **皆從**하다

① 〈"稱疾不出"은〉 사저에 머물며 나가지 않은 것이다.
臥私第不出也.
② 〈"進位太保"는〉 작위만 올려주고 권한은 빼앗은 것이다.
進其位而奪之權.

【綱】 2월에 齊나라 蕭衍이 郢城을 포위하였다.

二月에 **齊蕭衍**이 **圍郢城**하다

【目】 齊나라 蕭衍이 竟陵에 도착해 王茂와 曹景宗을 前軍으로 삼아 漢口에 도착하였다. 諸將들이 군사를 합쳐서 郢城을 포위하고 병사를 나누어 西陽과 武昌을 습격하는 것을 논의하였는데, 소연이 말하기를 "한구는 水面의 폭이 채 1리도 안 돼서, 화살을 쏘면 가는 배에 이르고 房僧寄가 강한 병력을 거느리고 굳게 지켜서 영성과 掎角之勢를 이루고 있다. 만약 모든 군사를 이끌고 전진하게 되면 방승기가 반드시 우리 군의 후미를 끊을 것이다. 따라서 왕무와 조경종에게 江水를 건너 荊州軍과 합쳐 영성을 압박하고, 나는 직접 魯山을 포위해 沔水·漢水의 운송로를 통하게 하여 鄖城과 竟陵의 곡식을 뱃길로 내려오게 하고 江陵과 湘中의 병사들이 연이어 이르게 해서, 병사가 많고 군량이 충분하게 하는 것만 못하니, 그렇게 하면 두 성을 함락시키지 않은 것을 어찌 걱정할 필요가 있겠는가. 천하의 일을 쉽게 취할 수 있을 것이다."라고 하였다.

그리하여 왕무 등에게 강수를 건너가게 하였는데 張沖이 병사를 보내 맞아 싸우자 왕무 등이 격파하니, 장충이 직접 성에 올라 지켰다. 조경종이 마침내 石橋浦를 점거하자 군사들이 연합하여 이어져 加湖까지 이르렀다. 소연이 한구에 城을 축조하여 魯山을 막고, 楊公則이 湘州의 군대를 이끌고 夏口에서 모이자, 蕭穎胄가 荊州의 諸軍에게 명하여 모두 양공칙의 지휘를 받도록 하고, 劉坦을 行湘州事로 삼았다.

유탄이 일찍이 상주에 머문 적이 있었는데, 그때 은혜를 입은 사람이 많아, 그를 맞이하는 사람들이 길가에 이어졌다. 임지에 도착한 뒤에 관리를 선발해 관할 10개의 郡으로 보내서 백성을 징발하여 30여만 斛의 租米를 운송해 荊州와 雍州의 군대를 도우니, 이로 인해 군량이 부족하지 않았다.

3월에 장충이 병으로 卒하자 장군 薛元嗣가 장충의 아들 張孜, 內史 程茂 등과 함께 영성을 지켰다.

齊蕭衍이 至竟陵하여 命王茂曹景宗爲前軍하여 至漢口러니 諸將이 議併兵圍郢하고 分兵襲西陽武昌한대 衍이 曰 漢口는 不闊一里하여 箭道交至하고 房僧寄가 以重兵固守하여 與郢城爲掎角[①]하니 若悉衆前進하면 僧寄가 必絶我軍後이라 不若遣王曹諸軍濟江하여 與荊州軍合以逼郢城하고 吾自圍魯山하여 以通沔漢하여 使鄖城竟陵之粟으로 方舟而下하고 江陵湘中之兵이 相繼而至하여 兵多食足하면 何憂兩城之不拔이리오 天下之事를 可以臥取之耳[②]리라 乃使茂等濟江한대 張沖이 遣兵迎戰커늘 茂等擊破之하니 沖嬰城自守하다 景宗이 遂據石橋浦한대 連軍相續하여 下至加湖[③]러라 衍이 築漢口城하여 以守魯山하고 楊公則이 擧湘州之衆하여 會于夏口하니 蕭穎胄가 命荊州諸軍하여 皆受公則節度하고 以劉坦行湘州事하다 坦이 先嘗在湘州에 多舊恩하여 迎者屬(촉)路[④]러라 下車하여 選吏詣十郡하여 發民運租米三十餘萬斛하여 以助荊雍之軍하니 由是資糧不乏[⑤]이러라 三月에 張沖病卒커늘 將軍薛元嗣가 與沖子孜內史程茂等으로 共守郢城하다

① "箭道交至"는 배가 강 가운데서 물결을 타고 내려갈 때 적들이 강안의 양쪽에서 화살을 쏴 화살이 빗발치듯 닿는다는 말이다.
箭道交至, 謂船自中流而下, 敵人夾岸射之, 其箭交至也.

② 沔水는 곧 漢水로, 하나의 물이 두 개의 이름을 갖고 있는 것이다. 鄖의 음은 云이다. 杜預가 말하기를 "江夏 雲杜縣 동남쪽에 鄖城이 있다."라고 하였다. 方은 뗏목[泭]이고, 舟는 배이니 ≪詩經≫ 〈邶風 谷風〉에 "깊은 곳으로 나갈 때, 뗏목도 타고 배도 탄다."라고 하였다. 泭는 음이 桴이다. 일설에 "方舟란 두 척의 배를 나란히 하여 가는 것이다." 하였다.
沔, 卽漢也, 一水二名. 鄖, 音云. 杜預曰 江夏雲杜縣東南, 有鄖城. 方, 泭也, 舟, 船也. 詩云 就其深矣, 方之舟之. 泭, 音桴. 一說 "方舟者, 併兩舟而行."

③ 加湖는 江夏 灄陽縣 경계에 있으며, 湖水 북남으로 江水에 흘러든다. 郢城과의 거리가 30리이다.
加湖, 在江夏灄陽縣界. 湖水自北南注江, 去郢城三十里.

④ ≪梁書≫ 〈劉坦傳〉에 의거하건대 일찍이 湘州에 있었다고 한 것은 객으로 지냈던 것이다.
按劉坦傳, 先嘗在湘州, 蓋客遊也.

⑤ 湘州는 長沙, 桂陽, 零陵, 衡陽, 營陽, 湘東, 邵陵, 始興, 臨賀, 始安 10개 군을 관할하였다.
湘州, 領長沙·桂陽·零陵·衡陽·營陽·湘東·邵陵·始興·臨賀·始安十郡.

【綱】 3월에 齊나라 相國 南康王 蕭寶融이 임금 蕭寶卷을 폐위시켜 涪陵王으로 삼고 자신이 황제로 등극하였다.

三月에 **齊相國南康王寶融**이 **廢其君寶卷**하여 **爲涪陵王**하고 **而自立**[2)]하다

【目】齊나라 南康王 蕭寶融이 江陵에서 즉위하여 연호를 바꾸고, 蕭穎胄를 尙書令 荊州刺史로 삼고, 蕭衍을 左僕射 征東大將軍 都督征討諸軍事로 삼아 黃鉞[3)]을 내주고, 夏侯詳을 中領軍으로 삼고, 庶人 蕭寶卷을 涪陵王에 봉하였다. 소보권이 陳伯之를 江州刺史로 삼아서 서쪽으로 荊州와 雍州를 공격하게 하였다.

4월에 소연이 沔水로 나가 왕무 등에게 명하여 郢城을 압박하도록 하니, 설원사가 감히 나오지 못하였다. 제장이 공격하려 했으나 소연이 허락하지 않았다.

齊南康王寶融이 **卽位於江陵**하여 **改元**하고 **以蕭穎胄爲尙書令荊州刺史**하고 **蕭衍爲左僕射征東大將軍都督征討諸軍**하여 **假黃鉞**하고 **夏侯詳爲中領軍**하고 **封庶人寶卷**하여 **爲涪陵王**하니 **寶卷**이 **以陳伯之爲江州刺史**하여 **西擊荊雍**하다 **四月**에 **蕭衍**이 **出沔**하여 **命王茂等**하여 **逼郢城**하니 **薛元嗣**가 **不敢出**이러라 **諸將**이 **欲攻之**어늘 **衍不許**①하다

① 소연이 지구전을 펼치며 전력을 다해 郢城・魯城 두 성을 피폐시키려 하였다.
衍欲持久, 以全力弊郢・魯二城.

【綱】 여름 5월에 北魏 咸陽王 元禧가 모반을 일으켰다가 伏誅되었다.

夏五月에 **魏咸陽王禧**가 **謀反**이라가 **伏誅**하다

【目】魏主(元恪)가 정사를 직접 관장하고 나서 측근들이 권력을 전횡하자, 元禧가 내심

2) 齊相國……爲涪陵王而自立 : "이때에 蕭寶融이 江陵에서 스스로 즉위하고 멀리서 蕭寶卷을 폐위시킨 것인데, 어찌하여 일상적인 말로 기록한 것인가. 〈소보권을〉 마땅히 폐위해야 하기 때문이다. 그러므로 이로부터 '寶卷'에 모두 '齊涪陵王'이라고 기록하였으니 이것은 ≪資治通鑑綱目≫의 새로운 예이다. ≪자치통감강목≫을 마칠 때까지 1번 보일 뿐이다.〔於是寶融自立於江陵 遙廢寶卷耳 曷爲書之如恒辭 宜廢也 故自是寶卷皆書齊涪陵王 此綱目之新例也 終綱目一見而已矣〕" ≪書法≫
"이때 蕭寶融은 江陵에 있었고 蕭寶卷은 여전히 황제의 지위를 유지하고 있었다. 비록 황제를 폐위하고 새로운 임금을 세우는 글로 썼으나 실상 소보권은 소보융에게 폐위된 적이 없는 것이다. 그런데 ≪資治通鑑綱目≫에서 이와 같이 기록한 것은 소보권이 함부로 사람을 죽여서 죄가 폐출당해야 했기 때문에 따라서 인정해주어 마치 정말 임금을 폐하고 새로운 임금을 세운 것처럼 했을 뿐이다. 소보융을 인정해준 것은 바로 소보권을 미워한 것이니 그 뜻이 엄격하다.〔是時寶融在江陵 寶卷猶據尊位 雖有廢立之詞 其實寶卷初未嘗爲寶融所廢也 而綱目已如此書之者 寶卷肆虐 罪當廢黜 故從而予之 若眞廢立然者爾 蓋予寶融 正所以惡寶卷也 其旨嚴矣〕" ≪發明≫

3) 黃鉞 : 황금빛 도끼로 天子의 儀仗이다. 魏晉南北朝 때 大臣이 출정할 때 주던 것으로, 황제를 대신해 직접 정벌한다는 뜻을 갖는다.

불안해하여 왕비의 오라버니 李伯尙, 氐王 楊集始 등과 반란을 모의하였다. 마침 魏主가 성을 나가 北邙山에서 사냥을 하고 있었는데, 원희가 병사를 출동시키려 하다가, 의견이 일치하지 않아 晡時(오후 3시~5시) 무렵에 결국 해산하였다.

양집시가 나오고 나서 즉시 북망산으로 달려가 이를 고발하니, 魏主가 창졸간에 어찌할 바를 몰라 하자, 左中郎將 于忠이 말하기를 "신의 부친이 서울에서 지키고 있으니 굳이 염려할 것이 없습니다."라고 하였다. 魏主가 우충을 보내 서둘러 살펴보게 하였는데, 于烈이 이미 병사를 나누어 빈틈없이 대비하고 있었고, 우충에게 돌아가 아뢰게 하기를 "이들 무리가 미쳐 날뛴다 한들 염려할 것이 못 되니, 폐하께서는 辟除하시며 서서히 돌아오셔서 민심을 안정시키소서."라고 하니, 魏主가 마침내 돌아왔다. 우렬이 直閤將軍 叔孫侯를 보내 원희를 체포한 뒤 집에서 자살하도록 하고, 모든 가산을 高肇·趙脩의 집안과 중외의 백관들에게 나누어 주었다. 魏主는 원희가 까닭 없이 모반을 일으킨 것을 계기로 宗室들을 더욱 멀리하고 꺼렸다.

魏主가 既親政事에 嬖倖이 擅權커늘 禧意不自安하여 與妃兄李伯尙氐王楊集始等謀反이러니 會에 魏主出獵北邙이어늘 禧欲發兵이라가 衆情不壹하여 至晡遂散하다 集始가 既出에 即馳至北邙告之하니 魏主가 倉猝不知所爲어늘 左中郎將于忠이 曰 臣父留守하니 必無所慮니이다 魏主가 遣忠馳觀之하니 于烈이 已分兵嚴備하고 使忠還奏曰 此屬猖狂이나 不足爲慮니 願陛下清蹕徐還하사 以安物望하소서하다 魏主가 遂還①하다 烈이 遣直閤叔孫侯하여 收禧하여 賜死於第하고 以其家財로 分賜高肇趙脩之家及中外百官하다 魏主가 以禧無故而反이라 由是로 益疎忌宗室하다

① 천자가 길을 나설 때면 '警'이라 일컫는데, 조심하고 엄숙히 할 것을 알리는 것이고, 들어올 때면 '蹕'이라 말하는데 행인들을 멈추게 하고 길을 정리하는 것이다.
天子, 出則稱警, 示戒肅也. 入則言蹕, 所以止行人淸道也.

【綱】齊나라의 巴東郡과 巴西郡이 병사를 파견해 荊州를 공격하였다.

齊巴東巴西郡이 遣兵擊荊州[4]하다

4) 齊巴東巴西郡 遣兵擊荊州 : "蕭寶融이 임금을 폐위하고 스스로 황제에 등극하자 魯休烈과 蕭惠訓이 병사를 보내 토벌하였으니 의로운 것이다. 이름을 쓰지 않고 '공격〔擊〕'이라고 기록한 것은 어째서인가. 蕭寶卷을 미워한 것이다. 蕭寶卷은 마땅히 폐위되어야 했으므로 비록 正道를 지킴이 두 사람처럼 했을지라도 생략하고 기록하지 않았으니 無道함을 경계한 것이다.〔寶融廢君自立 休烈惠訓遣兵討之 則義也 不名之而書擊 何 惡寶卷也 寶卷宜廢 故雖守正如二子者 略而不書 所以戒無道也〕" ≪書法≫

【目】 巴西太守 魯休烈과 巴東太守 蕭惠訓이 蕭穎胄의 명을 듣지 않고, 소혜훈이 아들 蕭璝를 보내서 병사를 이끌고 소영주를 공격하게 하니, 소영주가 劉孝慶을 보내서 협곡의 입구에 주둔하여 이들을 막게 하였다.

巴西太守魯休烈과 巴東太守蕭惠訓이 不從蕭穎胄之命하고 惠訓이 遣子璝하여 將兵擊穎胄하니 穎胄遣劉孝慶하여 屯峽口拒之①하다

① 이곳은 西陵峽口이며 宜都 夷陵 경계에 있다.
此西陵峽口也, 在宜都夷陵界.

【綱】 齊나라 涪陵王(蕭寶卷)이 군사를 파견하여 郢州를 구원하였다. 〈제나라 군대가〉 加湖에 주둔하였다.

齊涪陵王이 遣軍救郢州하여 屯加湖[5)]하다

【目】 齊나라 涪陵王 蕭寶卷이 郢州를 구원하기 위해 軍主 吳子陽과 陳虎牙 등을 파견하였는데, 巴口에 주둔하였다. 6월에 西臺(蕭寶融)가 席闡文을 보내 蕭衍의 군사를 위로하고, 蕭穎胄 등의 의견을 전하여 소연에게 말하기를 "지금 長江의 양쪽 연안에 병사를 주둔하고, 군대를 합쳐 郢城을 포위하여 西陽과 武昌을 평정시켜 江州를 탈취하지 않고 있으니, 이는 기회를 잃는 것이다. 차라리 北魏에게 구원병을 요청하느니만 못하다."라고 하였다.

소연이 말하기를 "漢口는 荊州·雍州와 길이 통하여 秦州·梁州를 제압할 수 있는 지역이어서 군량을 운반하고 물자를 저장하는 것이 마치 여기에 의지해 숨을 쉬는 것과 같으니, 병사를 동원해 漢口를 제압해서 여러 州와 연결시키려는 이유가 여기에 있다. 지금 병사를 합쳐서 영성을 포위하고 다시 병사를 나누어 전진하게 되면 魯山의 적군이

5) 齊涪陵王……屯加湖 : "구원할 적에 머무름〔次〕을 기록한 것은 나무란 것이다. 여기서는 머무르는 것인데 주둔함〔屯〕이라고 기록한 것은 어째서인가. 임금의 일을 시급해하지 않은 吳子陽을 책망하지 않은 것이다. 오자양의 경우에게 어찌하여 임금의 일을 시급해하지 않은 것을 책망하지 않은 것인가. 蕭寶卷을 미워한 것이다. 소보권은 마땅히 폐위되어야 하였으므로 비록 임금의 일을 시급해하지 않은 오자양과 같은 사람일지라도 이름을 기록하지 않고 '軍'이라고 기록하였으며, '次'라고 기록하지 않고 '屯'이라고 기록하였으니 그 뜻이 깊다. ≪資治通鑑綱目≫이 마칠 때까지 구원할 적에 머무름〔次〕을 기록한 것은 5번이고, 屯을 기록한 것은 1번뿐이다(周 赧王 57년(B.C. 258)에 자세하다.).〔救書次 譏也 此次也 書屯 何 不以不急君病子陽也 子陽則曷爲不以不急君病之 惡寶卷也 寶卷宜廢 故雖不急君如子陽 不書名 書軍 不書次 書屯 其旨深矣 終綱目救書次五 書屯者一而已(詳周赧王五十七年)〕" ≪書法≫

반드시 沔水의 길을 끊어 우리의 목을 억누를 것이니, 이로 인해 양식을 운반하는 길이 막히면 군사들이 자연히 흩어질 터인데 어떻게 오래 버틸 수 있겠는가. 鄧元起가 3천의 병사를 이끌고 尋陽으로 쳐들어가려 하는데, 적들이 사세의 추이를 안다면 설득을 잘하는 선비 한 사람만 보내도 충분하겠지만, 만약 저들이 王師(西臺의 군사)에 저항한다면 3천 명의 병사가 함락시킬 수 있는 것이 아니다. 전진하고 후퇴하는 데 모두 근거를 잃게 될 것이니, 그것이 옳은 일인지 잘 모르겠다.

西陽과 武昌은 공격해서 바로 취할 수 있지만 취하고 나서 그곳을 지키려면 최소 1만 명 이상의 병사가 필요하고, 양식과 물자 또한 이에 걸맞아야 하는데 이것은 갑자기 마련할 수가 없다. 만약 東軍(蕭寶卷의 군사)이 서쪽으로 올라가서 만 명 정도로 성 하나를 공격하게 되면 두 성이 형세로 보아 서로 구원할 수가 없게 된다. 그리고 만약 우리가 군사를 나누어 구원하게 되면 머리와 꼬리가 모두 허약해질 것이고, 그렇다고 군사를 파견하지 않으면 고립무원의 성은 반드시 함락될 것이다. 한 성이 함락되면 흙이 무너지듯 차례로 무너져 대사를 그르칠 것이다.

만약 우리가 郢州를 함락시키고 강물을 따라 석권해 나가면 서양과 무창은 자연스레 무너질 것이다. 장부가 대사를 일으키는 것은 國運을 정돈하려 함이니, 몇 州의 병사를 가지고 하찮은 무리를 주벌하는 일은 강물을 쏟아 불을 끄는 격이니, 어찌 저들을 멸하지 못할 리가 있겠는가. 어찌 北面하여 오랑캐(北魏)에게 구원병을 요청하여 천하에 나약한 모습을 보이려 하는가. 경은 우리를 위해 鎭軍將軍(소영주)께 보고하기를 '전진하여 공격하는 일은 오로지 우리에게 맡기고, 오로지 진군장군의 명성만 빌려 국면을 진정하게 해주십시오.'라고 하라."라고 하였다.

오자양 등이 加湖에 진군하여 성으로부터 30리 떨어진 지점에 성루를 쌓아 견고하게 지켰다. 房僧寄가 병으로 죽자 무리들이 軍主 孫樂祖(손악조)를 추대하여 魯山을 대신 지키게 하였다.

齊涪陵王寶卷이 遣軍主吳子陽陳虎牙等하여 救郢州屯巴口①하다 六月에 西臺가 遣席闡文하여 勞蕭衍軍하고 齎蕭穎胄等議하여 謂衍曰 今頓兵兩岸하고 不併軍圍郢하여 定西陽武昌하여 取江州하니 此機已失이라 莫若請救於魏②이로다 衍曰 漢口는 路通荊雍하고 控引秦梁하여 糧運資儲가 仰此氣息이니 所以兵壓漢口하여 連結數州③라 今若併軍圍郢하고 又分兵前進하면 魯山이 必阻沔路하여 搤吾咽喉리니 糧運不通하면 自然離散이어늘 何以持久리오 鄧元起가 欲以三千兵往取尋陽하니 彼若知機면 一說(세)士足矣④나 脫距王師하면 固非三千兵所能下也니 進退無據라 未見其可⑤케라

西陽武昌은 取之卽得이나 然旣得之後에 卽應鎭守인댄 不減萬人이요 糧儲稱是로되 卒無所出[⑥]이라 脫東軍有上者하여 以萬人攻一城하면 兩城이 勢不得相救라 若我分軍應援하면 則首尾俱弱이요 如其不遣이면 孤城必陷이리니 一城旣沒하면 相次土崩하여 大事去矣라 若郢州旣拔하여 席卷沿流하면 西陽武昌은 自然風靡라 丈夫擧事는 欲淸天步[⑦]니 擁數州之兵하여 以誅群小는 懸河注火니 奚有不滅이리오 豈容北面請救戎狄하여 以示弱於天下리오 卿爲我輩白鎭軍하여 前途攻取는 但以見付하고 但借鎭軍靖鎭之耳[⑧]라 子陽等이 進軍加湖하여 去郢三十里하여 築壘自固하다 房僧寄가 病卒커늘 衆推軍主孫樂祖하여 代守魯山하다

① 陳虎牙는 陳伯之의 아들이다. ≪水經注≫에 "巴水는 廬江 雩婁縣 下靈山에서 발원하니, 또는 巴山이라 한다. 남쪽으로 흘러 江水로 유입되는데 이곳을 巴口라 한다." 하였다.
虎牙, 伯之之子也, 水經注 "巴水出廬江雩婁縣之下靈山, 亦曰巴山, 南流注于江, 謂之巴口."
② 강릉이 서쪽에 있으므로 西臺라 말한 것이다.
江陵在西, 故曰西臺.
③ 漢水를 거슬러 올라가 漢中에 이르니, 秦州와 梁州 두 州의 刺史가 관할하는 곳이므로 제압할 수 있는 것이다.
泝漢水而上至漢中, 秦・梁二州刺史所治也, 故可以控引.
④ 說(설득하다)는 음이 稅이다
說, 音稅.
⑤ 脫은 '혹시'이니, 脫이란 단언할 수 없다는 말이다. 距는 拒와 통용하여 쓰니, 저지한다는 뜻이다.
脫, 或也. 脫者, 未可必之辭. 距, 通作拒, 抵也.
⑥ 稱(걸맞다)은 尺證의 切이다. 卒(갑자기)은 猝로 읽는다.
稱, 尺證切. 卒, 讀曰猝.
⑦ "天步"는 天路(國運)이니, ≪詩經≫ 〈小雅 白華〉에서 "천운이 몹시 어렵구나."라고 하였다.
天步, 天路也, 詩曰 "天步艱難."
⑧ 蕭穎胄가 당시에 西臺의 尙書令이었는데 거기에 鎭軍將軍의 호칭을 더한 것이다.
穎胄, 時爲西臺尙書令, 蓋加號鎭軍將軍.

【綱】 가을 7월에 齊나라 雍州刺史 張欣泰가 建康王 蕭寶寅을 황제로 옹립할 것을 모의하다 성공하지 못하고 죽었다.

秋七月에 齊雍州刺史張欣泰가 謀立建康王寶寅이라가 不克而死[6)]하다

6) 齊雍州刺史……不克而死 : "蕭寶融이 황제에 즉위하고 나서도 蕭寶卷이 여전히 존재하였는데, 張欣泰가 또 蕭寶寅을 황제에 옹립시키려고 도모하였으니, 어찌 한 나라에 3명의 천자가 있을 수 있겠는

【目】齊나라 涪陵王 蕭寶卷이 芳樂苑을 만들면서 산과 돌에 다섯 가지 채색을 모두 바르고, 민가에 좋은 나무나 대나무가 있는 것을 보면 담장을 허물거나 집을 무너뜨려서 방악원 안으로 옮겨 심었다. 방락원 안에 시장을 만들어 궁녀나 환관을 裨販(판매인)으로 삼았다. 潘貴妃를 市令[7]으로 삼고 자신은 錄事[8]가 되어 자신이 조금이라도 잘못을 범하면 반귀비가 매질하게 하였다. 그리고 무당을 좋아했는데, 측근들이 그를 속여, "돌아가신 先帝를 뵈었는데 크게 노하시며 외유를 자주 하지 못하게 하셨습니다."라고 하자, 소보권이 크게 노하여 칼을 뽑아들고 선제의 혼령을 찾아 나섰고, 찾지 못하자 꼴을 묶어 高宗(蕭鸞)의 형상을 만들고서 북쪽을 향하게 한 뒤에 참수하고 그 머리를 방락원의 문에 걸었다.

雍州刺史 張欣泰가 아우 張欣時와 함께 은밀하게 모략을 꾸며 胡松, 王靈秀, 鴻選 등과 결탁해 간악한 무리들을 죽이고 소보권을 폐위시키려 하였다. 그런데 마침 소보권이 郢城을 구원하기 위해 中書舍人 馮元嗣를 파견할 적에 茹法珍, 梅蟲兒, 李居士, 楊明泰가 中興堂에서 그를 전송하였는데, 장흔태 등이 사람을 시켜 모여 있는 자리에서 풍원사와 양명태를 살해하고 매충아에게 상해를 입히니, 이거사와 여법진 등은 흩어져 달아났다.

왕영수가 石頭城으로 가서 建康王 蕭寶寅을 맞이하여 臺城(宮城)으로 향했는데, 수천 명의 백성들이 모두 빈손으로 뒤따랐다. 장흔태가 사건이 일어났다는 소식을 듣고 서둘러 궁으로 들어가려 하였는데, 마침 여법진이 궁으로 되돌아와 궁문을 걸어 잠그고 禁兵을 성벽으로 올라가게 하니, 〈성안에 있던〉 홍선 또한 감히 움직이지 못하였다. 소보인이 杜姥宅에 이를 무렵에 날이 저물자 사람들이 모두 뿔뿔이 흩어졌고, 소보인 역시 도망갔다가 3일 만에 나타나니 소보권이 그의 작위를 복원시켜주었고, 장흔태와 호송은 모두 죽임을 당하였다.

齊涪陵王寶卷이 作芳樂(락)苑하여 山石皆塗以五采하고 望民家有好樹美竹이어든 則毁墻撤屋而徙之①하고 於苑中立市하여 使宮人宦者로 共爲裨販②하다 以潘貴妃爲市令하고 自爲錄事하여 小有得失이어든 妃則與杖③하다 又好巫覡이러니 左右詐云 見先帝러니 大嗔하여 不許數(삭)出이라하니

가. 그러나 ≪資治通鑑綱目≫에서는 또한 반란〔反〕이라고 기록하지 않았으니 소보권을 미워한 것이 더욱 심한 것이다.〔寶融既立 而寶卷猶在 張欣泰又謀立寶寅 烏有一國三天子哉 然而綱目亦不以反書 則其惡寶卷也 益甚矣〕" ≪發明≫

7) 市令 : 관직명으로, 시장을 총 관리한다.

8) 錄事 : 관직명으로, 문건 작성의 임무를 맡는다.

寶卷이 大怒하여 拔刀尋之하고 既不見에 乃縛菰爲高宗形하여 北向斬之하고 懸首苑門④하다 雍州刺史張欣泰가 與弟欣時密謀하여 結胡松及王靈秀鴻選等하여 誅諸姦倖하고 廢寶卷⑤이러니 會에 寶卷이 遣中書舍人馮元嗣하여 救郢할새 茹法珍梅蟲兒李居士楊明泰가 送之於中興堂⑥이어늘 欣泰等이 使人於坐에 殺元嗣明泰하고 傷蟲兒⑦하니 居士法珍等이 散走하다 靈秀가 詣石頭하여 迎建康王寶寅하여 向臺城할새 百姓數千人이 皆空手隨之⑧로라 欣泰가 聞事作하고 馳入宮⑨하니 會에 法珍得返하여 閉門上仗하니 鴻選도 亦不敢發⑩이라 寶寅이 至杜姥宅할새 日已暝에 人皆潰去하고 寶寅도 亦逃라가 三日乃出하니 寶卷이 復其爵位하고 欣泰與胡松은 皆被誅라

① 여기서 句를 뗀다.
句.

② 裨는 보탬이다. 싸게 사서 비싸게 팔아 스스로 이익을 취하므로 '裨販'이라 한 것이다.
裨, 益也. 買賤賣貴, 以自裨益, 故曰裨販.

③ ≪南史≫ 〈齊本紀〉에는 小字 위에 帝字가 있다. "輿杖"은 매질하도록 하는 것이다.
本紀, 小字上有帝字. 輿杖, 使笞也.

④ 菰는 음이 孤이며 雕胡이고, 일명 蔣이라고도 한다. 강남 사람들은 茭草라 부른다.9)
菰, 音孤, 雕胡也, 一名蔣. 江南人呼爲茭草.

⑤ 鴻은 성이다.
鴻, 姓也.

⑥ 宋 孝武帝(劉駿)가 新亭에서 즉위하며 신정을 中興堂이라 개칭하였다.
宋孝武帝卽位於新亭, 改新亭曰中興堂.

⑦ 여기서 句를 뗀다.
句.

⑧ 建康王은 建安王으로 써야 한다.
建康王, 當作建安王.

⑨ ≪資治通鑑≫에서는 이 아래에 말하기를 "茹法珍 등이 밖에 있었는데 東昏侯(蕭寶卷)가 성곽 내의 권한을 그(張欣泰)에게 일임하여 안팎이 서로 호응하기를 바란 것이다." 하였다.
通鑑, 此下云 "冀法珍等在外, 東昏盡以城中處分見委, 表裏相應."

⑩ 上(오르다)은 時掌의 切이다. ≪資治通鑑≫에 "궁문을 걸어 잠그고 禁兵을 성벽으로 올려보내고 張欣泰의 군대를 배치하지 않으니, 鴻選이 궁 안에 있으면서도 감히 발동하지 못하였다." 하였다.
上, 時掌切. 通鑑 "閉門上仗, 不配欣泰兵, 鴻選在殿內, 亦不敢發."

---

9) 菰는……부른다 : 菰는 볏과의 풀인 줄을 가리킨 것으로 雕胡·蔣·茭草는 모두 줄을 의미한다.

【綱】齊나라 蕭衍이 加湖에서 승리하니 魯山과 郢城이 항복하였다.

齊蕭衍이 克加湖하니 魯山郢城이 降하다

【目】齊나라 蕭衍이 王茂와 曹仲宗 등에게 물이 불어난 틈을 타서 加湖를 습격하게 하니, 가호에 있던 적군이 궤멸되었다. 그리하여 이를 바라보고 있던 郢城과 魯山 두 성의 기세가 꺾였다. 노산에 양식이 떨어져 夏口로 달아나려 할 때 소연이 그 도주로를 차단하자, 孫樂祖가 성을 가지고 항복하고, 程茂와 薛元嗣도 영성을 가지고 항복하였다.

영성이 처음 포위됐을 때에 士民 男女가 십만에 가까웠는데, 2백여 일 동안 성문을 닫고 지내느라 전염병이 유행하고 浮腫에 걸려 죽은 자가 열에 일고여덟에 달하였다. 정무와 설원사가 항복에 대해 논하며 張孜에게 글을 지어 소연에게 전하도록 하자, 張沖의 故吏인 房長瑜가 말하기를 "前任 使君(장충)의 충성이 하늘을 꿰뚫었으니 郎君(張孜)은 의당 한결같은 마음으로 굳게 지켜 아버지가 이룬 일을 이어야 하고, 天運이 도와주지 않는다면 〈관복을 벗어〉 백성의 의복을 입고 천명을 기다렸다가 使君의 뒤를 따라 죽어야 합니다. 지금 여러 사람들의 계책을 따라 항복하게 되면 높은 산처럼 바라보는 郢州 백성들의 기대를 저버릴 뿐만 아니라 저들(蕭衍)도 받아들이지 않을까 우려됩니다."라고 했지만 장자가 받아들이지 않았다.

소연이 韋叡를 行郢府事로 삼아 죽은 자를 수습하고 살아 있는 자를 어루만져주자 영주 사람들이 마침내 안정을 되찾았다. 諸將들이 夏口에 주둔하려 하자, 소연이 승세를 타서 곧장 建康으로 가야 한다고 주장하였고, 張弘策과 庾域 역시 그에 동의하였다. 소연이 군사들에게 곧장 출발할 것을 명령해서, 장강을 따라 건강을 향해 갔는데, 장홍책이 연도의 磯,[10] 포구, 촌락과 행군 중에 야영을 할 곳과 잠시 머물 곳을 미리 그려놓았는데 마치 눈앞에 있는 것처럼 자세하였다.

齊蕭衍이 使王茂曹仲宗等으로 乘水漲하여 襲加湖하니 加湖潰라 於是에 郢魯二城이 相視奪氣라 魯山乏糧하여 將奔夏口어늘 蕭衍이 斷其走路하니 孫樂祖가 以城降하고 程茂薛元嗣도 亦以郢城降하다 郢城之初圍也에 士民男女近十萬口러니 閉門二百餘日하여 疾疫流腫하여 死者什七八①이라 茂元嗣議降하여 使張孜爲書與衍한대 張沖故吏房長瑜曰 前使君이 忠貫昊天하니 郎君은 但當坐守畫一하여 以荷析薪②이요 若天運不與면 當幅巾待命하여 下從使君③이라 今從諸人之計하면

10) 磯 : 물가에 돌출된 바위나 돌여울이다.

非惟郢州士女가 失高山之望이라 亦恐彼所不取也라호되 孜不能用④이러라 蕭衍이 以韋叡로 行郢府事하여 收瘞死者하고 而撫其生者하니 郢人遂安하다 諸將이 欲頓軍夏口어늘 衍이 以爲宜乘勝直指建康이라하고 張弘策庾域도 亦以爲然하니 衍이 命衆軍卽日上道하여 緣江至建康할새 凡磯浦村落과 軍行宿次와 立頓處所를 弘策이 逆爲圖畫하여 如在目中이러라

① "流腫"은 독기가 퍼져 부어오른 것을 말한다.
流腫, 言毒氣流注而浮腫也.

② 前 使君은 張沖을 말한다. "畫一"은 ≪漢書≫의 내용을 인용한 것이니, 蕭何가 法을 시행할 때 마치 하나의 획을 그은 듯 명확하였는데, 曹參이 그의 뒤를 잇고서 그대로 지켜 실추시키지 않으니, 여기서는 그대로 지켜서 실추시키지 않은 의미를 취한 것이다. ≪春秋左氏傳≫ 昭公 7년에 "그의 아버지가 장작을 쪼개놓았는데, 그 아들이 능히 짐 지지 못한다."라고 했으니 房長瑜의 뜻은, 張孜가 마땅히 아버지가 이루어놓은 일을 지켜, 쪼개 놓은 장작을 짊어져야 한다는 것이다.
前使君, 謂沖也. 畫一, 用漢書語. 蕭何爲法, 講若畫一, 曹參代之, 守而勿失, 此取守而勿失之義. 左傳"其父析薪, 其子弗克負荷." 長瑜意, 謂張孜當守其父成業, 以荷所析之(新)〔薪〕[11]也.

③ "下從"은 죽음을 말한다.
下從, 謂死也.

④ ≪詩經≫ 〈小雅 車舝〉에 "높은 산을 우러러본다." 하고, 그 주석에 "고상한 덕이 있으면 사모하여 우러러본다." 하였다. 彼는 蕭衍을 말한다.
詩曰"高山仰止." 注云"有高德, 則慕而仰之." 彼, 謂蕭衍.

【綱】 北魏 揚州刺史 安國侯 王肅이 卒하였다.

魏揚州刺史安國侯王肅이 卒①하다

① 安國縣은 漢나라 때에는 中山國에 속하였고, 晉나라와 北魏 때에는 搏陵郡에 속하였다.
安國縣, 漢屬中山國, 晉・魏屬搏陵郡.

【目】 예전에 王肅이 부친이 비명에 죽었다 하여 4년 동안 상복을 벗지 않자, 高祖(元宏)가 "삼년상은 현자도 감히 기간을 초과하지 않았다."라고 하고, 왕숙에게 祥禫[12]의 예로 상복을 벗으라고 명했으나, 왕숙은 여전히 소복을 입고 종신토록 음악을 듣지 않았

11) (新)〔薪〕: 저본에는 '新'으로 되어 있으나, ≪春秋左氏傳≫에 의거하여 '薪'으로 바로잡았다.
12) 祥禫 : 大祥과 禫祭이다. 대상은 죽은 지 두 해 만에 지내는 제사이고, 담제는 상복을 벗는 제사로, 대상을 지낸 다음다음 달에 지낸다.

다. 이때에 와서 壽陽에서 卒하니 시호를 宣簡이라 하였다.

初에 肅이 以父死非命이라하여 四年不除喪이어늘 高祖曰 三年之喪은 賢者不敢過라하고 命肅以祥禫之禮除喪이나 然肅이 猶素服不聽樂終身이러니 至是하여 卒於壽陽하니 謚曰宣簡이라하다

【綱】 齊나라가 寧朔將軍 崔偃을 죽였다.

齊殺其寧朔將軍崔偃하다

【目】 崔慧景이 죽을 적에 그의 어린 아들 崔偃이 달아나 숨어서 죽음을 모면했는데, 西臺[13]의 정권이 세워지자 최언을 寧朔將軍으로 삼았다. 최언이 글을 올리기를 "신은 생각건대 高宗의 효자 충신이면서 昏主(蕭寶卷)의 亂臣 賊子는 江夏王(蕭寶玄)과 폐하, 그리고 先君(崔慧景)과 鎭軍將軍(蕭穎胄)입니다. 비록 성패의 결과는 달랐지만 추구한 목적은 같았습니다. 폐하께서 처음 지존의 자리에 오르셔서 하늘의 뜻에 부합하실 적에 천하 백성들의 억울함을 폐하께서 풀어주시리라 기대했습니다. 더구나 〈강하왕은〉 先帝의 아드님이고 폐하의 형이며, 그분이 지났던 길이 바로 폐하께서 그 길을 따름에 있어서이겠습니까. 이런데도 〈강하왕의 억울함을〉 보살펴주지 않으신다면 나머지 사람들이 어찌 바랄 수 있겠습니까.[14] 어찌 백성들이 무식한 것을 다행으로 여겨 그들을 속일 수 있겠습니까. 그들이 만일 그 정황을 소상히 알게 되어 서로 이끌고 도망간다면 폐하께서 어떻게 대응하시겠습니까."라고 했지만 이 일을 덮어두고 답이 없었다.

최언이 또다시 상소하기를 "근래에 어리석음을 무릅쓰고 강하왕의 억울함을 말씀드린 것은 감히 아버지와 자식의 친함으로 지극히 공평한 대의를 손상하려는 것이 아니라, 정말로 성스러운 조정에서 그렇게 한 뜻을 이해하지 못했기 때문입니다. 미치광이 군주(蕭寶卷)가 아무리 미쳤다 해도 실제는 천자이고 강하왕이 아무리 어질다 해도 실제는 신하입니다. 先臣(최혜경)이 신하(강하왕)를 받들어 임금(소보권)을 거역한 것이 옳지 않다고 한다면 지금 정예 병사와 강한 군사들이 象魏[15]로 향하는 것은 무슨 이유인지 모르겠습니다.

13) 西臺 : 蕭寶融이 江陵에서 정권을 설립했으며, 江陵이 서쪽에 있어 西臺라 부른 것이다.

14) 이런데도……있겠습니까 : 永元 2년(500)에 崔慧景이 江夏王 蕭寶玄을 황제로 받들어 황제인 蕭寶卷에게 반란을 일으켰으나 패하여 둘 다 죽임을 당하였다. 崔偃은 이 상소를 통해 최혜경과 소보현의 신원을 회복시키고 나아가 소보현이 황제에 등극했던 일을 인정해달라고 요구한 것으로 보인다.

15) 象魏 : 天子나 諸侯의 성문의 높은 건축물을 지칭하며, 전하여 궁궐이나 조정을 가리킨다.

신이 삼가 살펴보건대, 鎭軍將軍 臣 蕭穎胄와 中領軍 臣 夏侯詳은 모두 사직을 지키는 신하들로서, 그들 모두 先臣이 강하왕의 최측근이 되고서 왕실을 바로잡으려다 천명이 호응하지 않아 임금이 죽자 함께 죽은 것을 알고 있습니다만 폐하를 위해 잠시의 틈을 내어 말하지 않고 있었습니다. 알고도 말하지 않은 것은 충성하지 않은 것이고 몰라서 말하지 못하는 것은 지혜롭지 못한 것입니다. 신의 말은 여기까지이니, 끓는 솥에 나아가 죽게 되기를 청합니다. 하지만 先臣의 충성은 식자들이 다 알고 있고 南史와 董狐 같은 史官의 직필은 천년을 기약할 수 있으니 어찌 폐하의 뜻을 기다려서 이들을 포폄할 것이 있겠습니까. 다만 소신의 간절한 마음은 폐하를 위해 고려한 것일 뿐입니다." 라고 하자, 齊主(蕭寶融)가 예우하는 조서로 답하였는데, 얼마 후 잡아들여 옥에 가둬 그를 죽였다.

崔慧景之死也에 其少子偃이 逃潛得免이러니 及西臺建하여 以偃爲寧朔將軍하니 偃이 上書曰 臣은 惟高宗之孝子忠臣이요 而昏主之賊臣亂子者는 江夏王與陛下와 先臣與鎭軍是也[①]니 雖成敗異術이나 而所由同方이니이다 陛下初登至尊하여 與天合符할새 天下纖芥之屈을 尙望陛下申之어든 況先帝之子요 陛下之兄이며 所行之道가 卽陛下所由哉잇가 此尙弗恤이면 其餘何冀리잇가 豈可幸小民之無識而罔之[②]리오 若使曉然知其情節하여 相帥而逃하면 陛下將何以應之哉잇가 事寢不報하다 偃又上疏曰 近冒陳江夏之寃은 非敢以父子之親으로 而傷至公之義라 誠不曉聖朝所以然之意니이다 若以狂主雖狂이나 而實是天子요 江夏雖賢이나 而實是人臣이니 先臣이 奉臣逆君을 爲不可라하면 未審今之嚴兵勁卒이 方指象魏者는 其故何哉오 臣謹按鎭軍將軍臣穎胄와 中領軍臣詳은 皆社稷之臣也라 同知先臣이 股肱江夏하고 匡濟王室이라가 天命未遂하여 主亡與亡이나 而不爲陛下瞥然一言[③]이니이다 知而不言은 不忠이요 不知而不言은 不智니 臣言畢矣라 乞就湯鑊이니이다 然先臣之忠은 有識所知요 南董之筆은 千載可期니 亦何待陛下屈申하여 而爲褒貶이리잇가 顧小臣惓惓之愚가 爲陛下計耳[④]니이다 齊主優詔報之러니 尋收下獄殺之하다

① 先臣은 崔偃의 아버지 崔慧景을 말한다. 鎭軍은 蕭穎胄를 가리킨다.
先臣, 謂其父慧景. 鎭軍, 指蕭穎胄.

② 옳지 않은 방법으로 남을 속이는 것을 罔이라 이른다.
以非道欺人謂之罔.

③ 爲(위하다)는 去聲이다. 瞥(잠시)은 普滅의 切이니, "瞥然"은 잠시 보는 것이다.
爲, 去聲. 瞥, 普滅切. 瞥然, 暫見也.

④ 南・董은 齊나라 南史와 晉나라 董狐를 말한다. 崔杼가 齊 莊公을 시해한 것을 두고 太史가 기술하기를 "崔杼가 자신의 군주를 시해하였다."라고 기록하자 최저가 그를 죽였다. 그의

동생들이 이어서 기술하였다가 죽은 자가 2명이 되었고, 다른 동생이 또다시 기술하자 그제야 내버려두었다. 南史氏는 태사가 모두 죽었다는 말을 듣고 기술할 竹簡을 가지고 갔다가 사관이 이미 기술했다는 말을 듣고 이내 돌아갔다. 晉나라 趙盾(조돈)의 아우 趙穿이 晉나라 靈公을 시해했는데, 董狐는 조돈이 역적을 성토하지 않은 이유를 들어, "조돈이 임금을 시해하였다."라고 적어 조정에 알렸다. 孔子가 말하기를 "동호는 옛날의 훌륭한 사관이며 그의 書法은 사실을 숨기는 법이 없었다." 하였다.

南・董, 謂齊南史・晉董狐也. 崔杼弑齊莊公, 太史書曰 "崔杼弑其君." 崔子殺之. 其弟嗣書, 而死者二人, 其弟又書, 乃舍之. 南史氏聞太史盡死, 執簡以往, 聞旣書矣, 乃還. 晉趙盾弟穿弑靈公, 董狐以盾不討賊, 書曰 "趙盾弑其君." 以示於朝. 孔子曰 "董狐古之良史也, 書法不隱."

【綱】8월에 齊나라 蕭衍이 尋陽을 무찔렀다.

八月에 齊蕭衍이 克尋陽하다

【目】예전에 齊나라 涪陵王 蕭寶卷이 陳伯之를 파견하여 江州에 진주하게 해서 吳子陽 등의 응원으로 삼았는데, 오자양 등이 패한 뒤에 蕭衍이 말하기를 "用兵은 반드시 실력에만 의지할 것은 없고 따라야 할 것은 위세와 명성이다. 지금 陳虎牙가 낭패를 당한 채 尋陽으로 도망가서 심양 사람들이 정리상 두려움에 처해 있을 것이므로 檄文을 전하는 것으로도 평정할 수 있을 것이다."라고 하고, 이에 명하여 구속한 포로들을 수색해서 진백지의 幢主[16] 蘇隆之를 찾아 그에게 후한 상을 주고, 그에게 진백지를 설득하게 하였는데, 그가 말을 들으면 사신을 보내 현지에서 江州刺史에 등용하겠다고 하였다. 소융지가 돌아와 復命하였는데, 그가 비록 歸附를 허락하였으나 "대군이 갑자기 동쪽으로 내려와선 안 된다."라고 하였다 하니, 소연이 말하기를 "진백지가 갈팡질팡하고 있으니 그가 미적거리는 틈을 타서 급히 진격해 압박하면 형세상 항복하지 않을 수 없을 것이다."라고 하고 마침내 병사를 이끌고 심양에 이르니, 진백지가 갑옷을 묶고[17] 죄를 청하였다.

예전에 巴東에서 반란이 발생할 때 司馬 席恭祖가 동참하지 않음으로써 죽임을 당했는데, 이때에 와서 그의 아들 席謙이 新蔡太守가 돼서 진백지를 따라 심양을 지키고 있

16) 幢主 : 南北朝時代의 무관으로 宿衛나 군사 통솔을 맡았다. 幢은 깃털이나 여러 가지 채색으로 장식한 깃발이다.

17) 갑옷을 묶고 : 원문은 '束甲'으로 갑옷을 묶어서 항복함을 나타낸 것이다.

다가 소연이 동쪽으로 내려온다는 소식을 듣고 이르기를 "우리 집안은 대대로 충정을 지켰으니, 죽음을 당할지언정 배반하지 않을 것이다."라고 하자, 진백지가 그를 죽였다. 소연이 진백지를 江州刺史로 삼고 진호아를 徐州刺史로 삼았다.

初에 齊涪陵王寶卷이 遣陳伯之하여 鎭江州하여 以爲吳子陽等聲援이러니 子陽等이 旣敗에 蕭衍이 曰 用兵은 未必須實力이며 所聽은 威聲耳라 今陳虎牙가 狼狽犇歸하니 尋陽人情理當忷懼라 可傳檄而定也라하고 乃命搜囚俘하여 得伯之幢主蘇隆之하여 厚加賜與하고 使說(세)伯之호되 許하면 卽用爲江州①리라하니 隆之가 返命호되 雖許歸附나 而云大軍이 未須遽下라하니 衍이 曰 伯之意가 首鼠니 及其猶豫하여 急往逼之하면 勢不得不降이라하고 乃引兵下至尋陽하니 伯之束甲請罪하다 初에 巴東之亂에 司馬席恭祖가 不從見殺②이러니 至是하여 其子謙이 爲新蔡太守하여 從伯之鎭尋陽이라가 聞衍東下하고 曰 我家世忠貞하니 有隕不二라한대 伯之殺之③하다 衍이 以伯之로 爲江州刺史하고 虎牙로 爲徐州刺史하다

① 卽은 나아감이다.
卽, 就也.[18]
② 席恭祖는 앞의 28권 齊나라 永明 8년(490)에서 席恭穆으로 썼다.
席恭祖, 上二十八卷齊永明八年作席恭穆.
③ 蕭子顯의 ≪南齊書≫ 〈州群志〉에 "江州에는 南新蔡郡이 있고 豫州에는 北新蔡郡이 있다." 하였다.
蕭子顯齊志 "江州有南新蔡郡, 豫州有北新蔡郡."

【綱】 齊나라 巴東과 巴西의 군사가 上明에 도착하였다.

齊巴東西軍이 至上明하다

【目】 齊나라 魯休烈과 蕭璝가 峽口를 격파한 뒤 上明까지 진격하자 江陵이 공포에 떨었다. 蕭穎胄가 두려워서 서둘러 蕭衍에게 고하고 명을 내려 楊公則을 보내서 〈군대를 거느리고〉 돌아와 근본(강릉)을 구원하게 하였는데, 소연이 말하기를 "양공칙이 장강을 거슬러 올라가야 하니 어떻게 사태에 미칠 수 있겠는가. 노휴열 등은 烏合之衆이어서 얼마 후 저절로 흩어질 것이니, 바로 잠시 동안 신중하게 대처할 필요가 있을 뿐이다.

18) 卽 就也 : '卽用'이 '就用'과 같다는 말이다. '卽拜'는 사람을 보내 현지에서 그 관직에 임명한다는 뜻인데 '就拜'도 같은 말이다. ≪漢書≫ 顔師古의 注에 "卽은 就의 뜻인, 그 郡에 나아가 임명하는 것이다.〔卽 就也 就其郡而拜之〕"라 하였다.

정말 병력이 필요하다면 두 아우가 雍州에 있으니 위에서 지시하여 사람을 보내 군사를 징발하여 오게 하면 제때에 오는 것이 어렵지 않을 것이다."라고 하니, 소영주가 蔡道恭을 보내 소괴를 막았다.

齊魯休烈蕭璝가 破峽口하고 進至上明하니 江陵大震①이러라 蕭穎胄가 恐하여 馳告蕭衍하여 令遣楊公則하여 還援根本한대 衍이 曰 公則이 泝流上江하니 何能及事리오 休烈等은 烏合之衆이라 尋自退散하니 政須少時持重耳라 良須兵力인댄 兩弟在雍하니 指遣往徵하면 不爲難至②라하니 穎胄가 乃遣蔡道恭하여 拒璝하다

① 上明은 縣의 이름이다.
上明, 縣名.

② 良은 진실로의 뜻이다. "兩弟在雍"은 蕭偉가 雍州의 일을 총괄하고 蕭憺이 壘城을 지키고 있는 것을 말한다. 指는 위에서 지시하는 것이다. 徵은 병사를 징발하는 것이다.
良, 信也. 兩弟在雍, 謂偉總雍州事, 憺守壘城也. 指, 謂上指. 徵, 徵兵也.

【綱】 9월에 齊나라 蕭衍이 병사를 이끌고 동쪽으로 내려갔다.

九月에 齊蕭衍이 引兵東下하다

【目】 齊主 蕭寶融이 蕭衍에게 조칙을 내리되 만약 京邑을 평정하고 나면 편의에 따라 의사를 결정하라고 하였다. 소연이 鄭紹叔을 尋陽에 남아 지키게 하고, 병사를 이끌고 동쪽으로 내려가며 이르기를 "경은 나의 蕭何이고 寇恂이다."라고 하였는데, 建康을 함락시킬 즈음에 정소숙이 江州와 湘州에서 양식을 운반하는 것을 감독하여 단절된 적이 없었다.

齊主寶融이 詔蕭衍하되 若定京邑하면 得以便宜從事하라하다 衍이 留鄭紹叔하여 守尋陽하고 引兵東下할새 謂曰 卿은 吾之蕭何寇恂也①라하더니 比克建康에 紹叔이 督江湘糧運하여 未嘗乏絶하다

① 漢나라 高祖가 蕭何에게 關中을 맡기고, 光武帝가 寇恂에게 河內를 맡겨 보급품을 공급하게 하였다.
漢高祖委蕭何以關中, 光武任寇恂以河內, 使給餽餉.

【綱】 北魏가 洛陽에 坊[19]들을 축조하였다.

---

19) 坊 : 주택 구역〔住宅區〕을 말한다.(≪資治通鑑新注≫, 陝西人民出版社, 1998)

魏가 築洛陽諸坊하다

【目】北魏 司州牧 廣陽王 元嘉가 洛陽에 가로세로 3백 보인 坊 325개를 축조할 것을 요청하며 말하기를 "잠시의 수고로움이 있으나 간악한 도적들이 영원히 사라질 것입니다."라고 하였는데, 조칙을 내려 畿內의 백성 5만 명을 징발하여 축조하게 하여 40여 일 만에 끝마쳤다.

魏司州牧廣陽王嘉가 請築洛陽三百二十五坊과 各坊三百步하여 曰 雖有暫勞나 姦盜永息이라한대 詔發畿內夫五萬人築之하여 四旬而罷하다

【綱】北魏가 于氏를 황후로 세웠다.

魏立后于氏하다

【目】〈于氏는〉 于烈의 아우 于勁의 딸이다.

烈弟勁之女也라

【綱】겨울 10월에 齊나라 蕭衍이 建康을 포위하였다.

冬十月에 齊蕭衍圍建康하다

【目】蕭衍이 江州와 郢州를 함락시킨 뒤에도 涪陵王 蕭寶卷이 예전처럼 말달리며 유희를 즐기고 있었는데, 소연의 군사가 가까이 다가왔다는 소식을 듣고 병사들을 모아 견고하게 지킬 계책을 세웠다. 소연이 曹景宗 등을 보내 江寧으로 나아가 주둔하게 하니, 李居士가 新亭에서 정예 기병을 선발해 압박해왔다. 조경종이 힘껏 싸워 격파하고서 그대로 승세를 타고 전진하니 新亭城主 江道林이 병사를 이끌고 나와 싸우다가 생포당하였다.

소연이 新林에 도착하고서 呂僧珍을 보내 白板橋를 점거하였는데, 이거사가 정예병 만 명을 이끌고 곧장 쳐들어와서 陣壘를 압박하였다. 그러자 여승진이 말하기를 "우리는 숫자가 적어 맞이해 싸울 수 없으니 활을 멀리 쏘지 말고 참호 안으로 들어올 때까지 기다렸다가 힘을 합쳐 격파하자."라고 하였다. 얼마 있다가 이거사의 군사들이 모두 참호를 뛰어넘고 목책을 뽑으며 쳐들어오자 여승진이 병사를 나누어 성 위로 올라가 화

살과 돌을 함께 발사하게 하고 자신은 기마병과 보병 3백 명을 이끌고 적의 배후로 출격하였다. 이때 성 위의 병사들도 또한 성벽을 넘어 내려와 안팎에서 협공하자 이거사가 패하여 도망갔다. 소연의 아우들은 모두 建康에서 몸을 빼서 도망 나와 소연의 군대에 나아갔다.

衍이 既克江郢에 涪陵王寶卷이 遊騁如故러니 聞至近道하고 乃聚兵爲固守之計라 衍이 遣曹景宗等하여 進頓江寧[①]하니 李居士가 自新亭選精騎薄之[②]어늘 景宗이 奮擊破之하고 因乘勝而前하니 新亭城主江道林이 引兵出戰이라가 被擒하다 衍이 至新林하여 遣呂僧珍하여 據白板橋[③]러니 李居士가 帥銳卒萬人하여 直來薄壘어늘 僧珍이 曰 吾衆이 少하여 不可逆戰이니 可勿遙射하고 須至塹裏하여 當併力破之라호라 俄而皆越塹拔柵커늘 僧珍이 分人上城하여 矢石俱發하고 自帥馬步三百人하여 出其後하고 城上人이 復踰城而下하여 內外奮擊하니 居士敗走러라 衍諸弟가 皆自建康自拔赴軍이러라

① 沈約이 말하기를 "晉나라 武帝 太康 원년(280)에 秣陵을 나누어 臨江縣을 설치하고, 2년(281)에 江寧으로 이름을 바꾸었으니 治所가 강가에 임한 것이다." 하였다.
沈約曰 "晉武帝太康元年, 分秣陵立臨江縣. 二年, 更名江寧, 其治所蓋臨江濱."

② 이해(501) 8월에 東昏侯가 太子 左率 李居士에게 摠督西討諸軍事로 삼아 新亭에 주둔하게 하였다. ≪金陵覽古≫에 "新亭은 江寧으로부터 10리 거리에 있다." 하였다.
是年八月, 東昏侯以太子左率李居士摠督西討諸軍事, 屯新亭. 金陵覽古云 "新亭, 去江寧十里."

③ 陶弘景의 글에 의하면, 板橋는 당시 江寧縣의 경계에 속하였다.
據陶弘景書, 板橋, 時屬江寧縣界.

【目】10월에 蕭寶卷이 장군 王珍國과 胡虎牙를 보내 정병 10만을 이끌고 朱雀航[20] 남쪽에 포진하고, 王寶孫이 白虎幡을 들고 전쟁을 독려하여 주작항을 열고 물을 등진 채 포진해서 歸路를 차단하고 싸우니, 소연의 군사가 다소 퇴각하였는데, 王茂가 말에서 내려 칼 하나만 들고 곧장 전진하고 그의 사위 韋欣慶이 鐵纆矟를 들고 그를 호위하여 東軍(東昏侯의 군대)을 공격해 순식간에 무너뜨렸다. 조경종이 그 틈을 타서 군대를 풀어 진격하고 여승진이 불을 질러 군영을 태워서 장수와 군사들이 모두 죽을힘을 다해 싸워 북소리와 함성이 천지에 진동하였다. 왕진국 등이 막아내지 못하고, 왕보손이 장수들을

20) 朱雀航 : 建康城 남쪽 秦淮河에 설치한 배다리이다. 배다리를 열어 배를 지나가게 할 수 있게 하였다.

통렬하게 꾸짖자 장군 席豪가 분발해 적진을 향해 돌격하다 죽으니 군대가 결국 크게 궤멸되었다. 소연의 군사가 여세를 몰아 宣陽門에 이르러 諸將들이 군영을 옮겨 점차 앞으로 나아가니, 소보권의 장군 徐元瑜가 東府城을 가지고 항복하고 이거사가 신정을 가지고 항복하였다. 소연이 石頭城에 鎭守할 적에 소보권이 성문을 굳게 닫고 지키자, 소연이 제군에게 명하여 포위망을 넓게 쌓아 지키고, 아우인 蕭秀를 보내 京口에 진수하게 하고 蕭恢를 보내 破墩에 진수하게 하고 從弟 蕭景을 보내 廣陵에 진수하게 하였다.

十月에 寶卷이 遣將軍王珍國胡虎牙하여 將精兵十萬하여 陳於朱雀航南[①]하고 王寶孫이 持白虎幡督戰하여 開航背水하여 以絶歸路[②]하니 衍軍이 小却이러라 王茂가 下馬하여 單刀直前하고 其甥韋欣慶이 執鐵纏矟以翼之하여 衝擊東軍하여 應時而陷[③]하니 曹景宗縱兵乘之하고 呂僧珍이 縱火焚營하여 將士皆殊死戰하여 鼓譟震天地[④]라 珍國等이 不能抗커늘 寶孫이 切罵諸將한대 將軍席豪가 發憤하여 突陳而死하니 軍遂大潰라 衍軍이 長驅至宣陽門하여 諸將이 移營稍前하니 寶卷將軍徐元瑜가 以東府城降하고 李居士가 以新亭降이러라 衍이 鎭石頭할새 寶卷閉門自守어늘 衍이 命諸軍築長圍守之하고 遣弟秀鎭京口하고 恢鎭破墩하고 從弟景鎭廣陵[⑤]하다

① 王珍國은 王廣之의 아들이다.
珍國, 廣之之子也.
② 王寶孫은 환관이다.
寶孫, 宦官.
③ 鐵纏矟는 철선으로 창의 자루를 두른 것이다.
鐵纏矟, 以鐵線纏矟把.
④ "焚營"은 《資治通鑑》에서 "焚其營(東軍의 군영을 태웠다.)"으로 썼다.
焚營, 通鑑作焚其營.
⑤ 破墩은 곧 破岡이다. 蕭景의 본명은 昺인데 李延壽가 《南史》를 쓸 때, 唐나라 高祖 李淵의 아버지 李昺의 諱를 피해 昺을 景으로 고쳤으며, 《資治通鑑》에서 이를 따른 것이다.
破墩, 卽破岡. 景本名昺, 李延壽作南史, 避唐廟諱改昺爲景, 通鑑因之.

【綱】 11월에 北魏가 北海王 元詳을 司徒로 삼았다.

十一月에 魏以北海王詳爲司徒하다

【目】 예전에 元詳이 彭城王 元勰의 司徒 자리를 빼앗으려고 하였기 때문에 그를 참소하

여 축출하였고, 또 司空長史 于忠이 성격이 강직하다고 하며 분개하였는데, 우충이 말하기를 "사람은 저마다의 정해진 분수가 있으니 만일 팽성왕의 손에 죽어야 한다면 회피한다 해도 모면하지 못하겠지만 그렇지 않다면 팽성왕이 죽일 수 없을 것이다."라고 하였다. 우충이 咸陽王 元禧를 토벌한 공로로 魏郡公에 봉해지고 武衛將軍으로 승진했는데, 원상이 우충의 표문을 올려 봉작을 사양하는 기회를 틈타 魏主(元恪)에게 권하여 그 봉작을 멈추게 하고 그 뜻을 우대하여 太府卿으로 승진하게 하였다.[21)]

初에 詳이 欲奪彭城王勰司徒라 故譖而黜之하고 又以司空長史于忠이 鯁直이라하여 忿之한대 忠曰 人生이 自有定分하니 若應死於王手면 避亦不免이요 若其不爾면 王不能殺이니이다 忠이 以討咸陽王禧功으로 封魏郡公하여 遷武衛將軍이러니 詳이 因忠表讓하여 勸魏主詔停其封하고 優進太府卿하다

【綱】齊나라 尙書令 巴東公 蕭穎胄가 卒하였다.

齊尙書令巴東公蕭穎胄卒[22)]하다

【目】蕭穎胄는 蕭璝와 蔡道恭이 서로 대치한 채 결판나지 않는다고 하여 걱정과 울분 속에 卒하였다. 夏侯詳이 이 사실을 비밀로 하고 雍州에서 병사를 징발하자 蕭憺이 병사를 이끌고 갔다. 蕭璝 등도 建康이 이미 위기에 처했다는 소식을 듣고 무리들이 두려워 뿔뿔이 흩어지자 魯休烈과 함께 모두 투항하였다. 하우상이 소영주의 죽음을 공표한 뒤 丞相으로 追贈하고 獻武라는 시호를 내렸다. 이에 뭇사람들의 기대가 모두 蕭衍에게 모아졌다. 하우상이 소담과 함께 국가의 주요 업무에 참여하게 해달라고 하자, 조칙을 내려 하우상을 尙書僕射 荊州刺史로, 소담을 行府州事로 삼았다.

穎胄以蕭璝與蔡道恭으로 相持不決이라하여 憂憤而卒[①]커늘 夏侯詳祕之하고 徵兵雍州한대 蕭憺이 將兵赴之라 璝等도 亦聞建康已危하고 衆懼而潰어늘 及魯休烈皆降이라 詳이 乃發穎胄喪하고 贈丞相諡獻武하다 於是에 衆望이 盡歸於衍이라 詳이 請與憺共參軍國하니 詔以詳爲僕射荊州刺

21) 원상이……하였다 : ≪資治通鑑≫에 보면 于忠이 元禧를 토벌한 공로로 散騎常侍로 진급하여 황제의 近臣이 되자 元詳이 이를 꺼려 그를 列卿의 자리로 승진시켜 황제의 좌우에서 떨어지게 한 것이다.

22) 齊尙書令巴東公蕭穎胄卒 : "蕭穎胄의 官爵은 蕭寶融이 준 것이다. 소보융을 인정해주었기 때문에 소영주가 卒할 적에 일반적인 칭호처럼 관직을 갖추어 기록한 것이다.〔穎胄官爵 寶融所命也 予寶融 故穎胄卒 具官如恒稱〕" ≪書法≫

史하고 慘行府州事하다

① 蕭穎胄는 蕭衍이 동쪽을 정벌하여 가는 곳마다 승리를 거두는데, 자신은 南康王(蕭寶融)을 도와 江陵에 머물며 가까이는 蕭璝를 제어하지 못한 채, 밖으로는 姦雄(소연)에게 굴복할 마음이 없고 안으로는 가까이 외적을 두고 있으니, 이것이 걱정과 울분을 낳아 병으로 발전한 이유이다.
穎胄以蕭衍東伐, 所向戰克, 而已輔南康居江陵, 近不能制蕭璝, 外無以服姦雄之心, 而內有肘腋之寇, 此其所以憂憤成疾也.

【綱】 北魏가 任城王 元澄을 都督淮南軍事로 삼았다.

魏以任城王澄都督淮南軍事하다

【目】 北魏 鎭南將軍 元英이 글을 올리기를 "蕭寶卷은 교만과 방종이 갈수록 심하여 무고한 사람들을 학대하거나 해치고, 그의 雍州刺史 蕭衍은 雍州의 모든 군사를 동원하여 물길을 따라 동쪽으로 내려갔으니, 오직 텅 빈 襄陽城만 남아 있고 다시 많은 병사로 지킬 수 없습니다. 이것은 바로 하늘이 우리에게 준 시기이자 천년에 한 번 올 기회이니 이 기회를 틈타지 않으면 장차 어느 때를 기다려야 하겠습니까. 신이 바라건대, 몸소 기병과 보병 3만을 이끌고 沔水 남쪽으로 곧장 쳐들어가 양양성을 점거하고 黑水의 길을 차단한 뒤 여세를 몰아 남쪽으로 가서 江陵을 공격해 함락시킨다면 三楚를 손에 넣을 수 있고 岷과 蜀의 길이 단절될 것입니다. 또 揚州와 徐州에서 함께 거병할 것을 표명하면 建業이 궁지에 몰려 움츠러들어 천하가 통일될 수 있을 것이니 이 기회를 놓치면 倂呑의 기회가 없을 것입니다."라고 했지만 답하지 않았다.

車騎大將軍 源懷 역시 말하기를 "廣陵과 淮陰이 〈소연과 소보권의〉 성패를 관망하고 있으니 의당 동쪽과 서쪽에서 함께 군사를 일으켜 席卷의 형세를 만들어야 합니다. 만약 소연이 성공하여 상하가 한마음이 되면 어찌 훗날을 도모하는 일만 어려워지겠습니까. 또한 揚州가 위태롭고 절박해질까 우려되니, 왜냐하면 壽春은 建康과의 거리가 겨우 700리에 지나지 않으니, 만약 저들이 내우외환이 없고 임금과 신하의 분수가 안정되어서 물길 따라 배를 타고 갑자기 쳐들어오면 감당하기 쉽지 않을 것입니다."라고 하였다. 이에 魏主(元恪)는 任城王 元澄을 都督淮南諸軍事 揚州刺史로 삼아 〈江南 지역을〉 경략하게 하였는데, 얼마 뒤에 시행하지 못하였다. 원회는 源賀의 아들이다.

魏鎭南將軍元英이 上書曰 蕭寶卷이 驕縱日甚하여 虐害無辜하고 其雍州刺史蕭衍이 掃土興兵하여 順流東下하니 唯有孤城이요 更無重衛①라 乃皇天授我之日이요 曠載一逢之秋니 此而不乘이면 將欲何待리오 臣乞躬帥步騎三萬하여 直指沔陰하여 據襄陽之城하고 斷黑水之路하고 長驅南出하여 進拔江陵이면 則三楚可收요 岷蜀斷絶②이리이다 又命揚徐하여 聲言俱擧하면 建業이 窮蹙하여 文軌可齊리니 一爽此期하면 則幷呑無日矣리이다호되 不報③하다 車騎大將軍源懷가 亦言廣陵淮陰이 觀望得失하니 宜東西齊擧하여 以成席卷之勢니 若使蕭衍克濟하여 上下同心하면 豈惟後圖之難이리오 亦恐揚州危逼이니 何則고 壽春之去建康이 纔七百里④니 彼若內外無虞하고 君臣分定하여 乘舟藉水하여 倏忽而至하면 未易當也니이다 魏主가 乃以任城王澄으로 爲都督淮南諸軍事揚州刺史하여 使爲經略이러니 旣而不果하다 懷는 賀之子也라

① 이것은 襄陽이 텅 빈 것을 말한 것이다.
此謂襄陽空虛也.

② 襄陽은 沔水 남쪽에 있으니 물의 남쪽이 陰地가 된다. ≪水經注≫에서 "黑水는 南鄭의 北山에서 발원하여 남쪽으로 흘러 漢水에 유입한다." 하였다. 元英의 말은, 襄陽을 얻으면 梁州의 길이 단절된다는 것이다. 太史公(司馬遷)이 이르기를 "楚는 세 곳이 있으니, 세속에서 淮·沛·陳·汝南·南郡은 西楚이고, 彭城 동쪽으로 東海·吳·廣陵은 東楚이며, 衡山·九江·江南·豫章·長沙는 南楚이다." 하였다. 만약 荊州와 湘州를 탈취하면 岷과 蜀에서 建康으로 가는 길도 또한 단절된다.
襄陽, 在沔南, 水南爲陰. 水經註"黑水出南鄭北山, 南流入漢." 英蓋謂得襄(沛)〔陽〕,[23] 則梁州之路斷也. 太史公曰"楚有三, 俗自淮·(陽)〔沛〕[24]·陳·汝南·南郡, 此西楚也. 彭城以東, 東海·吳·廣陵, 此東楚也. 衡山·九江·江南·豫章·長沙, 此南楚也." 胡三省曰 若取荊·湘, 則岷·蜀趣建康之道, 亦絶矣.

③ 北魏 揚州는 壽陽을 치소로 삼았고 徐州는 彭城을 치소로 삼았다. "文軌可齊"는 천하를 통일할 수 있다는 말이니, ≪中庸≫에 이르기를 "지금 천하는 수레바퀴의 간격이 같고 글씨의 형태가 같다." 하였다. 爽은 어긋남이다.
魏揚州治壽陽, 徐州治彭城. 文軌可齊, 謂可混一區宇也, 中庸曰"今天下車同軌書同文." 爽, 差也.

④ 北魏가 壽春에 揚州를 설치하였다.
魏置揚州於壽春.

【綱】 北魏 東豫州刺史 田益宗이 齊나라를 침공하여 赤亭에서 싸웠는데, 齊나라

23) (沛)〔陽〕: 저본에는 '沛'로 되어 있으나, ≪資治通鑑≫ 註에 의거하여 '陽'으로 바로잡았다.
24) (陽)〔沛〕: 저본에는 '陽'으로 되어 있으나, ≪資治通鑑≫ 註에 의거하여 '沛'로 바로잡았다.

사람들이 대패하였다.

魏東豫州刺史田益宗侵齊하여 **戰于赤亭**이러니 **齊人敗績**①[25]하다

① 宋 文帝 元嘉 25년(448)에 豫部의 蠻民을 28개 縣에 배치했는데 赤亭이 그 가운데 하나이다. ≪水經注≫에 "擧水는 湖陂城에서 남쪽으로 흘러 赤亭 아래를 경유하는데 이를 赤亭水라 한다."하였다. 西陽에 五水蠻이 있는데 赤亭蠻도 그 가운데 하나이다.
宋文帝元嘉二十五年以豫部蠻民置二十八縣, 赤亭其一也. 水經注"擧水, 自湖陂城南流逕赤亭下, 謂之赤亭水." 西陽(王)〔五〕[26]水蠻, 赤亭, 其一也.

【目】北魏 東豫州刺史 田益宗이 表文을 올리기를 "蕭氏의 임금과 신하가 서로 다투느라 변경의 州와 鎭을 돌볼 겨를이 없으니 荊州와 東荊州의 군사들로 하여금 서쪽으로 가서 隨郡과 雍(襄陽)을 공격하게 하고 揚州의 병사들로 하여금 建安에 주둔하게 하고 豫州와 東豫州의 군사로 하여금 곧장 진격해 南關을 점거하게 하면 백 일이 안 돼서 반드시 승리할 것입니다."라고 하였다. 元英 또한 상주하기를 "義陽이 고립되어 있고 또 우리의 국토와 가까이 있으니 만일 이 기회를 놓치고 탈취하지 않으면 큰 우환이 될까 두렵습니다."라고 하였는데, 魏主(元恪)가 그 말을 따랐다. 전익종이 마침내 齊나라를 침략하니 제나라 建寧太守 黃天賜가 맞서 싸우다가 대패하였다.

魏東豫州刺史田益宗이 **上表曰 蕭氏君臣**이 **交爭**하여 **無暇外維州鎭**하니 **請使兩荊之衆**으로 **西擬隨雍**하고 **揚州之卒**로 **頓于建安**하고 **二豫之軍**으로 **直據南關**하면 **不過十旬**하여 **克之必矣**①라하고 **元英**이 **又奏義陽孤絶**하고 **密邇王土**하니 **若失此不取**하면 **恐爲深患**이라하니 **魏主**가 **從之**라 **益宗**이 **遂侵齊**하니 **齊建寧太守黃天賜**가 **與戰**이라가 **敗績**②하다

① "兩荊"은 北魏가 穰城에 설치한 荊州와 沘陽에 설치한 東荊州를 이른다. 隨와 雍은 隨郡과 襄陽을 말한다. "二豫"는 北魏가 汝南에 설치한 豫州와 新息에 설치한 東豫州를 말한다. 南關은 陰山關을 말한다.
兩荊, 謂魏置荊州於穰城·東荊州於沘陽也. 隨·雍, 謂隨郡·襄陽也. 二豫, 謂魏置豫州於汝南·東豫州於新息也. 南關, 謂陰山關

② 宋나라에 建寧左郡이 있었는데 宋 孝武帝 大明 8년(464)에 건녕좌군을 없애고 建寧縣으로 삼은 뒤에 西陽郡에 소속시켰다가 뒤에 다시 郡으로 만들었다. ≪隋書≫ 〈地理志〉에 의하

25) 魏東豫州刺史……齊人敗績 : "北魏가 齊나라를 정벌한 것을 3번 기록했는데 여기서 '侵'이라고 기록한 것은 어째서인가. 蕭寶融의 지위가 올바르기 때문이니, 梁나라 초기에 이르러서는 '伐'이라고 기록하였다.〔魏三書伐齊矣 此其書侵 何 寶融正也 至梁初則書伐矣〕" ≪書法≫

26) (王)〔五〕: 저본에는 '王'으로 되어 있으나, ≪資治通鑑≫ 註에 의거하여 '五'로 바로잡았다.

면, "黃州 麻城縣에 지난날 建寧郡을 설치하였다." 하였다.

宋有建寧左郡, 孝武大明八年, 省建寧左郡爲建寧縣, 屬西陽郡, 後復爲郡. 隋志 "黃州麻城縣, 舊置建寧郡."

【綱】12월에 齊나라 사람이 涪陵王 蕭寶卷을 시해하였다. 蕭衍이 建康에 들어가 太后의 명으로 소보권을 追廢하여 東昏侯로 삼고 자신은 大司馬가 되어 承制[27]하였다.

十二月에 齊人이 弑涪陵王寶卷①하다 蕭衍이 入建康하여 以太后令으로 追廢寶卷하여 爲東昏侯하고 自爲大司馬承制[28]하다

---

27) 承制 : 制詔를 받들어 행한다는 뜻인데 후대에, 황제의 명령을 받들어 편의대로 일을 시행하는 것을 말한다.

28) 齊人弑涪陵王寶卷……自爲大司馬承制 : "시해한 사람은 王珍國 등인데 그들을 기록하지 않고 齊나라라고 기록한 것은 어째서인가. 임금이 無道하였기 때문이다. 蕭寶卷을 追廢하였는데도 어찌하여 太后의 令을 받들었다고 기록하지 않았는가. 태후가 宣德宮에 있었으므로 '以'라고 기록하였다. '以'는 의탁한 것이다. ≪資治通鑑綱目≫이 끝날 때까지 시해에 國이라고 일컬은 것은 8번이다(周安王 6년(B.C. 396)에 자세하다.).〔弑者 王珍國等也 不書 書國 何 君無道也 追廢寶卷 曷爲不書奉太后令 太后在宣德也 故書以 以也者 託也 終綱目弑稱國者八(詳周安王六年)〕" ≪書法≫

"세상에서 선행을 쌓는 것을 논의하는 자들이 혹 '堯를 아버지로 삼아도 丹朱 같은 못난 아들이 있고 舜을 아버지로 삼아도 商均 같은 못난 아들이 있으니 마침내 天道는 기필할 수가 없고 善惡의 보응도 옳지 않은 때도 있다.'고 한다. 이러한 말을 하는 사람은 天道의 변화만을 논한 것이지 天道의 항상됨을 논하지 않은 것이다. 그런데 唐虞(堯舜)가 비록 착하지 않은 아들을 두었어도 두 임금은 그것을 알아차리고 현명한 이에게 자리를 물려주었으므로 그 제사를 전한 것이 마침내 百代가 내려가도록 끊어지지 않았으니, 天道가 또 어찌 조금이나마 어긴 적이 있었던가. 江左의 여러 나라들은 계승자들이 어리석고 광포하였으니 예컨대 劉宋의 劉義符·劉子業·劉昱과 齊나라의 蕭昭業·蕭寶卷은 그 죄악이 다시 사람의 도리가 없으니 어찌 萬物의 영장이 되어 五常의 性을 갖추었는데도 그 광패한 짓이 한결같이 이 지경에 이르렀단 말인가. 비록 皐陶·夔·稷·契·伊尹·傅說·周公·召公과 같은 이가 수십 백 명 그 옆에 늘어서 있더라도 또한 보좌하여 오래도록 보존하게 할 수 없었을 것이니, 이 어찌 변변치 못하고 미련한 자들이 모두 나라를 소유한 집안에 태어난 것이 이와 같단 말인가. 아, 어찌 그 처음으로 돌아가서 구하지 않는 것인가. 劉裕가 晉나라 왕실의 사람을 모두 죽이고 武陵王(劉駿)은 욕심을 부려 살육을 자행하였고 湘東王(劉彧)은 자신 형제들을 절멸시켜서 蕭道成 父子가 劉氏(劉宋)를 도륙하고 宣城王(蕭鸞)이 高帝(蕭道成)·武帝(蕭賾)의 후손을 남김없이 죽이는 지경에 이르렀으니, 그 不善한 적폐가 앞뒤로 마치 동일한 궤도에서 나온 듯이 하였으므로 天理의 보응이 저와 같이 분명했던 것이다. 어찌 조금이라도 어긋남이 있겠는가. ≪資治通鑑綱目≫에서 蕭寶卷을 시해한 이를 齊人이라고 기록한 것은 齊나라 사람들이 그 暴虐에 괴로워하여 모두 그를 해치려 했음을 밝힌 것이다. 主라고 기록하거나 君이라고 기록하지 않고 涪陵王이라고 기록한 것은 齊人이 廢黜한 것을 인정하여 그를 임금으로 여기지 않은 것이다. 이미 시해되고 나서도 여전히 追廢라고 기록한 것은 그 부도덕함을 미워한 것이다. 그러므로 그 폐출을 인정해주어 그 죄를 무겁게 한 것이다. 소보권은 바로 소란의 아들인데 소란이 소보권을 위해 고려한 것이 자세하여 향불을 구해 울면서 눈물을 흘릴 때에는 고제·무제의 자손이 다 죽이지 못하고 한 명이라도 남아

① 〈蕭寶卷은〉 향년이 19세였다.
壽, 十九.

【目】 齊나라 崔慧景이 建康을 압박했을 때 涪陵王 蕭寶卷이 蔣子文神을 鍾山王으로 삼았었는데, 소연이 도착할 무렵에 다시 靈帝로 높인 뒤에 後堂으로 맞아들여 무당을 시켜서 기도하고 제사 지내게 하고 군사와 관련된 일을 모두 王珍國에게 맡겼다.

당시 성안의 무장한 병사들이 여전히 7만 명 정도였는데, 소보권이 언제나 궁전 안에서 말을 타고 출입하고, 금과 은으로 갑옷과 투구를 만들어 孔雀과 翡翠의 깃털로 장식하였으며, 낮에 자고 밤에 일어나기를 일상처럼 하였다. 적군의 포위망이 완성된 뒤, 여러 번 전투에서 승리를 거두지 못한 상황이었는데, 금전을 더욱 아껴 상을 주려 하지 않고 궁 안의 조각한 금은 장식과 갖가지 보물들을 일상보다 갑절이나 더 마련토록 재촉하니, 민심이 원망하고 나태해져 모두 빨리 도망가기를 바랐지만 누구도 감히 먼저 행하지 못하였다.

茹法珍과 梅蟲兒가 소보권에게 권유하기를 "대신들이 마음을 쓰지 않아 포위를 풀지 않게 하고 있으니 모두 처단하는 것이 마땅합니다."라고 하였다. 왕진국과 그의 부장 張稷이 화가 미칠까 두려워하여 소보권을 시해할 것을 모의하였는데, 後閤舍人 錢彊에게 밤에 雲龍門을 열게 하고서 왕진국과 장직이 병사를 이끌고 전각 안으로 들어가니, 御刀를 맡는 시종인 豐勇之가 안에서 호응하였다. 이때 소보권이 含德殿에 머물면서 생황으로 연주하는 노래를 짓고 있었는데 병사가 들어와 참수하였고, 장직이 尙書僕射 王亮 등을 불러 백관들에게 문서에 서명하게 하고 黃油布로 소보권의 머리를 감싼 뒤 國

후환이 될까 두려워하였으나 후환이 된 것은 고제·무제의 자손이 아닌 것을 알지 못하였다. 또 남의 자손을 멸망시키고서 자기 자손을 편안케 하려는 것은 너에게서 나온 것이 반드시 너에게로 되돌아가는 법이니 天道가 어찌 용서하려 하겠는가. 臣이 그러므로 蕭寶卷의 일로 인하여 자세하게 논의하여 天下와 後世의 거울로 삼는 것이다.〔世之論積善者 或謂以堯爲父而有丹朱 以舜爲父而有商均 遂以爲天道不可必 而善惡之報 亦有時不然 爲是說者 是特論天道之變 而未論天道之常也 然唐虞雖有不令之子 二帝能知而與賢 故其傳祀 遂至百世不絶 天道又曷嘗少僭哉 江左列國 嗣子昏狂 如宋之義符子業及昱 齊之昭業寶卷 其罪其惡 無復人理 烏有爲萬物之靈 具五常之性 而其所爲狂悖 一至於此 雖有皐夔稷契伊傅周召 數十百輩環列於其側 亦不能輔之使久存 是何不肖頑蠢之物 率生於有國之家如此哉 嗚呼 曷不反諸其初而求之乎 劉裕戕滅晉室 武陵縱慾殺戮 湘東絶滅支庶 至於道成父子之屠戮劉氏 而宣城之所以剿滅高武無遺育者 其不善之積 先後如出一轍 故天理之報 昭昭如彼 夫豈有毫釐之爽哉 綱目於寶卷之弑 以齊人書者 明齊國之人 苦其暴虐 皆欲賊之爾 其不書主書君 而書涪陵王者 予齊人之廢黜 不以之爲君也 旣已弑矣 而猶書追廢之者 惡其不道 故予其廢放以重其罪也 夫寶卷乃蕭鸞之子 鸞之所以爲寶卷慮者悉矣 當其索香火嗚咽流涕之時 惟恐高武子孫 有一之不盡以爲後患 而不知爲後患者 非高武之子孫也 且夫滅人之子孫 而欲安吾之子孫 出乎爾者 必反乎爾 天道其肯容之哉 臣故因寶卷之事 詳而論之 以爲天下後世之鑑云〕"《發明》

子博士 范雲 등을 시켜 石頭城으로 보냈다. 右衛將軍 王志가 탄식하며 말하기를 "冠이 비록 망가졌다 해도 어떻게 발에 얹힐 수 있겠는가."[29]라고 하고 마당의 나뭇잎을 따서 손으로 비벼 먹은 뒤 혼미함을 가장하여 서명하지 않으니 소연이 서명한 종이에 왕지의 이름이 없는 것을 보고 마음속으로 가상하게 여겼다. 왕지는 王僧虔의 아들이다.

齊崔慧景之逼建康也에 涪陵王寶卷이 拜蔣子文神[30]爲鍾山王이러니 及衍至에 又尊爲靈帝하여 迎入後堂하여 使巫禱祀하고 悉以軍事委王珍國이러라 時에 城中實甲이 猶七萬人이라 寶卷이 常於殿中에 騎馬出入하고 以金銀爲鎧冑하여 飾以孔翠하고 晝眠夜起를 一如平常①이러라 及長圍旣立에 屢戰不勝호되 尤惜金錢하여 不肯賞賜하고 雕鏤雜物을 倍急於常하니 衆情이 怨怠하여 皆思早亡호되 莫敢先發이러라 法珍蟲兒가 說寶卷曰 大臣이 不留意하여 使圍不解하니 宜悉誅之니이다 珍國과 及其副張稷이 懼禍하여 謀弑寶卷할새 使後閤舍人錢彊으로 夜開雲龍門②하고 珍國稷이 引兵入殿하니 御刀豐勇之가 爲內應③하다 寶卷이 方在含德殿하여 作笙歌어늘 兵入斬之하고 稷이 召僕射王亮等하여 令百僚署牋하고 以黃油裹寶卷首하여 遣博士范雲等하여 送詣石頭④하니 右衛將軍王志가 歎曰 冠雖弊나 何可加足이리오 取庭中樹葉하여 挼服之하고 僞悶不署名⑤하니 衍이 覽牋無志名하고 心嘉之러라 志는 僧虔之子也라

① 孔·翠는 孔雀과 翡翠이다.
孔·翠, 孔雀·翡翠也.

② 張稷은 張瓌의 아우이다. 後閤舍人은 江左에서 설치한 관직으로, 宮殿의 後閤을 관장하도록 하였다.
稷, 瓌之弟也. 後閤舍人, 蓋江左所置, 使主殿後閤者也.

③ 豊은 姓이다.
豊, 姓也.

④ 王亮은 王瑩의 從弟이다. 黃絹에 기름을 칠하면 빗물을 막을 수 있으니 이를 黃油라 한다. 황유로 물건을 감싸면 겉에서 속을 볼 수 있으니 이는 소연이 쉽게 살펴볼 수 있도록 하려는 것이다.
亮, 瑩之從弟也. 黃絹施油, 可以禦雨, 謂之黃油. 以黃油裹物, 表可見裏, 蓋欲蕭衍易於審視也.

---

29) 冠이……있겠는가 : 冠은 蕭寶卷을 비유하니, 비록 소보권이 혼암한 군주이나 그의 신하였으므로 이렇게 대할 수 없다는 말이다.

30) 蔣子文神 : 三國時代 蔣歆을 말한다. 子文은 字이다. 漢나라 말기에 秣陵尉를 지냈다. 强盜를 추격하여 鍾山(紫金山) 기슭에 이르렀고, 戰死한 뒤에 鍾山 기슭 아래에 장사 지냈다. 民間 傳說에 陰間 十殿閻羅의 第一殿 秦廣王이 되었다고 하고, 南朝 齊나라 永明 연간에 皇帝로 봉하고 南唐에서는 莊武帝로 追謚하였다.

⑤ 挼는 奴禾의 切이니 두 손으로 비비는 것이다.
挼, 奴禾切, 兩手相切摩也.

【目】蕭衍이 范雲과 친분이 있으므로 바로 그를 머물려두어 막료로 삼았다. 王亮이 조정에 있을 때 애매모호함으로 〈蕭寶卷의〉 용납을 받았는데, 소연이 新林에 이르자 백관들이 사잇길로 사람을 보내 환영의 뜻을 보냈으나 왕량만 홀로 사람을 보내지 않았다. 성안에서 나오는 이들이 대부분 겁박을 당하였는데, 楊公則이 직접 부하들을 이끌고 나와 〈관료와 백성들을〉 친히 호송하였다.

소연이 張弘策을 시켜서 먼저 들어가 궁중을 정돈하고 府庫와 圖籍들을 봉인하게 하였다. 당시 성안에 갖가지 보물들이 쌓여 있었지만 장홍책이 부하들을 엄격히 다스려 털끝만큼도 침범하는 일이 없게 하고 潘妃와 茹法珍·梅蟲兒·王咺之 등 41명을 체포하여 모두 관리에게 넘겼다. 그리고 宣德太后의 조칙으로 소보권을 追廢하여 東昏侯로 삼고 소연을 大司馬 錄尙書事로 삼고 晉나라 武陵王 司馬遵이 承制한 故事를 따라서, 백관들이 경하를 표했고 왕량을 長史로 삼았다. 소연이 閱武堂으로 들어와 주둔하고서 대사면령을 내리고 〈소보권이 제정한〉 혼란을 야기하는 제도와 어긋난 세금과 지나친 형벌과 과도한 徭役을 모두 폐지하도록 하였다. 반비는 國色이어서 소연이 그를 남겨두려 하여 領軍將軍 王茂에게 자문을 구하자, 왕무가 말하기를 "齊나라를 멸망시킬 자는 이 사람이니 그대로 두면 바깥에서 말이 날까 우려됩니다."라고 하니 여법진과 함께 죽이고 궁녀 2,000명은 장사들에게 나눠 주었다.

潘妃玉兒

衍이 與雲有舊라 卽留參帷幄하고 亮은 在朝에 以依違取容이러니 衍이 至新林에 百僚가 皆間道送款호되 亮은 獨不遣이러라 城中出者가 多被劫剝하니 楊公則이 獨帥麾下하여 親衛送之러라 衍이 使張弘策으로 先入淸宮하여 封府庫圖籍하니 時에 城內珍寶가 委積호되 弘策이 禁勒部曲하여 秋毫無犯하고 收潘妃及法珍蟲兒咺之等四十一人하여 皆以屬吏하고 以宣德太后令으로 追廢寶卷하여

爲東昏侯하고 以衍爲大司馬錄尙書事하고 依晉武陵王遵承制故事하여 百僚가 致敬하고 以王亮爲長史①하다 衍이 入屯閱武堂하여 下令大赦하고 凡昏制謬賦淫刑濫役을 悉皆除盪②하다 潘妃有國色하여 衍欲留之하여 以問領軍王茂한대 茂曰 亡齊者此物이니 留之하면 恐貽外議라커늘 乃幷法珍等誅之하고 以宮女二千으로 分賚將士하다

① 晉나라 安帝 元興 3년(404)에 桓玄이 패하자, 황제를 핍박해 서쪽으로 올라가게 한 뒤에 劉裕가 密詔를 받았다고 칭하고 武陵王 司馬遵의 예에 따라 承制하고 백관을 거느리고 일을 처리하였다.
晉安帝元興三年, 桓玄敗, 逼帝西上, 劉裕稱受密詔, 以武陵王遵承制, 總百官行事.
② 閱武堂은 建康子城 북쪽에 있다.
閱武堂, 在建康子城北.

【綱】齊나라 大司馬 蕭衍이 豫州刺史 馬仙琕(마선변)과 吳興太守 袁昂을 구속했다가 이윽고 석방하였다.

齊大司馬衍이 執豫州刺史馬仙琕와 吳興太守袁昂이라가 既而釋之[31]하다

【目】齊나라 蕭衍이 동쪽으로 내려갈 때 豫州刺史 馬仙琕이 병사들을 거느리고 귀의하지 않자 소연이 그의 친구 姚仲賓을 시켜서 그를 설득하게 하였다. 마선변은 먼저 주연을 베풀고서 그를 군문에서 참수하여 조리돌렸다.

소연이 宮城을 포위하자 州와 郡들이 모두 항복해왔지만 吳興太守 袁昂만 홀로 경내를 지키며 명을 받들어 귀순하지 않았다. 원앙은 袁顗의 아들이다. 소연이 江革에게 글을 짓게 하여 원앙에게 보내어 말하기를 "혼미한 임금에게 힘을 다하는 것은 충성이 될 수 없고 가문이 도륙되는 것은 이른바 효도가 아니니 어찌 빨리 생각을 바꿔 많은 복을

31) 齊大司馬衍……既而釋之 : "잡았다[執]는 말은 잘했다는 말이다. 執이라고 기록한 것은 두 사람(마선비·원앙)의 지킴을 가상하게 여긴 것이고, '이윽고 석방했다[既而釋之]'고 기록한 것은 蕭衍의 도량을 가상히 여긴 것이다.[執 善辭也 書執 以嘉二子之守 書既而釋之 以嘉蕭衍之量]" 《書法》
"蕭寶卷은 음탕하며 부도덕하였으나 馬僊琕·袁昂이 그를 위해 죽을힘으로 지켰으니 이는 또한 天理를 알지 못하는 자이다. 마선병·원앙은 자신들이 외방에 있었으니 또한 직무를 지킬 줄만 알았을 뿐이니 다른 것이 어찌 관여하겠는가. 죽음을 바쳐 떠나지 않는 것이 그들의 책무이다. 《資治通鑑綱目》에서 '執'이라고 기록하고 관직을 기록해준 것은 두 사람이 항복하지 않은 뜻을 보인 것이고 '既而釋之'라고 기록한 것은 蕭衍이 義士를 죽이지 않은 뜻을 보인 것이니 이는 모두 인정해준 말이다. 書法이 이와 같으니 이 세상을 위하여 권면하는 것이 많다.[寶卷荒淫不道 而僊琕昂爲之死守 是亦不知天理者也 然僊琕昂身居外服 則亦惟知守職而已 他何預焉 効死勿去 乃其責也 綱目書執書官 則見二人不降之意 書既而釋之 則見蕭衍不殺義士之意 是皆予之之詞也 書法如此 其爲斯世勸多矣]" 《發明》

불러들이는 것만 하겠는가."라고 하였다. 원앙이 답서를 보내기를 "한 끼 음식의 작은 베풂도 목숨으로 보답할 일인데 하물며 다른 사람의 祿을 얻어먹으면서 하루아침에 그 은혜를 내팽개친다면 뭇사람들이 옳지 않다고 여길 뿐만 아니라 또한 明公께서도 비루하게 볼까 염려되니, 이 때문에 주저하며 璧玉을 바쳐 항복할 겨를이 없는 것입니다."라고 하였다.

武康縣令 傅暎이 원앙에게 이르기를 "옛날 太尉(袁淑)가 元嘉의 재앙을 당한 일은 세상에 없던 것이었기 때문에 자신의 목숨을 바쳐 결의를 밝혔고, 司徒(袁粲)가 〈少帝(유욱)를〉 부탁받은 중임을 맡아서 의리상 목숨을 구차하게 온전할 수 없었기에 위험을 무릅쓰고 명분과 대의 앞에 목숨을 바쳤습니다. 지금 帝位를 계승한 임금이 혼미하고 포악하며 자신의 잘못을 바로잡지 않고, 荊州와 雍州가 협력하여 병사를 일으켰으니 하늘과 사람의 뜻을 또한 알 만합니다. 明府(원앙)께서는 부디 깊이 생각하여 후회하는 일이 없었으면 합니다."라고 하였다.

齊蕭衍之東下也에 豫州刺史馬仙琕이 擁兵不附[①]어늘 衍이 使其故人姚仲賓說之한대 仙琕이 先爲設酒하고 乃斬於軍門以徇하다 衍이 圍宮城하니 州郡이 皆請降호되 吳興太守袁昂이 獨拒境不受命하니 昂은 覬之子也[②]라 衍이 使江革으로 爲書與昂曰 竭力昏主는 未足爲忠이요 家門屠滅은 非所謂孝니 豈若翻然改圖하여 自招多福이리오 昂復書曰 一餐微施도 尙復投隕커든 況食人之祿하여 而頓忘一旦이면 非惟物議不可라 亦恐明公鄙之니 所以躊躇하여 未遑薦璧[③]이로다 武康令傅暎이 謂昂曰[④] 昔에 太尉는 遭元嘉之禍가 開闢未有라 故殺身以明節[⑤]하고 司徒는 當寄託之重하여 理無苟全이라 故不顧夷險하여 以徇名義[⑥]라 今에 嗣主가 昏虐不悛하고 荊雍이 協擧하니 天人之意를 亦可知矣라 願明府深慮하여 無取後悔하라

① 琕은 浦眠의 切이다.
琕, 浦眠切.

② 覬는 《資治通鑑》에서는 顗로 썼다.
覬, 通鑑作顗.

③ 餐은 물만밥이다. 施(은혜, 은혜를 베풂)는 去聲이다. "投隕"은 목숨을 내던지고 몸을 죽임을 말한다. 薦은 올림이니 "薦璧"은 璧玉을 물고 항복하는 것을 말한다.
餐, 水澆飯也. 施, 去聲. 投隕, 言投命隕身也. 薦, 進也, 薦璧, 謂銜璧而降也.

④ 吳나라가 烏程과 餘杭을 분리해서 永安縣을 설치하였는데 晉 武帝 太康 원년(280)에 武康으로 개명해서 吳興郡에 소속시켰다.
吳分烏程・餘杭, 立永安縣, 晉武帝太康元年, 更名武康, 屬吳興郡.

⑤ 太尉는 袁昂의 叔祖 袁淑을 말한다. 원숙의 죽음은 宋 文帝 元嘉 30년(452)에 보인다.

太尉, 謂昻叔祖淑也. 淑死, 見宋文帝元嘉三十年.

⑥ 司徒는 袁昻의 숙부 袁粲을 말한다. 일설에 "司徒는 원앙의 아버지 袁顗를 말한다."고 하였다. 원의의 죽음은 宋 明帝 泰始 2년(465)에 보인다.
司徒, 謂昻叔父粲也. 一說 "司徒, 謂昻父顗也." 顗死, 見宋明帝泰始二年.

【目】建康이 평정된 뒤 蕭衍이 豫州刺史 李元履에게 동쪽 지역을 순시하고 위로하게 하고서 분부하기를 "袁昻은 도덕과 청렴을 갖춘 집안으로 대대로 충절한 사람이 배출되었다. 천하 사람들이 반드시 모두 그를 용납해야 할 것이니 군대의 위세로 능욕하지 말라."라고 하였다. 이원리가 도착하여 소연의 뜻을 알렸으나 원앙이 또한 항복을 청하지 않고 문을 연 채 수비군을 철수시켰다.

馬仙琕이 臺城을 지키지 못했다는 소식을 듣고 울면서 장수와 군사들에게 이르기를 "나는 다른 사람의 부탁을 받았기에 의리상 항복할 수 없지만 그대들은 모두 부모가 있으니 나는 충신이 되고 그대들은 효자가 되는 것이 또한 좋지 않겠는가."라고 하고 병사들을 모두 보내 항복하게 했지만 나머지 군사 수십 명이 남아 문을 걸어 잠근 채 굳게 지켰다. 이윽고 적병이 쳐들어오자 마선변이 사졸들에게 활시위를 가득 당겨 대응하게 하니 적병들이 감히 가까이 오지 못하였다. 해가 저물 무렵에 마선변이 활을 내던지며 말하기를 "여러 군사들은 다만 와서 나를 체포해가라. 난 의리상 항복할 수 없다."라고 하였다. 마침내 〈군사들이 그를 체포한 뒤〉 檻車에 태워 石頭城으로 보내니 소연이 그를 풀어주고, 원앙이 도착하기를 기다려서 함께 들어오게 한 뒤 이르기를 "세상 사람들에게 두 義士를 보인다."라고 하고서 그들을 후하게 대접하였다.

及建康平에 衍이 使豫州刺史李元履로 巡撫東土하여 勅曰 袁昻은 道素之門이요 世有忠節이라 天下須共容之니 勿以兵威陵辱[①]하라 元履가 至하여 宣衍旨호되 昻이 亦不請降하고 開門撤備而已러라 仙琕이 聞臺城不守하고 號泣謂將士曰 我受人任寄어든 義不容降이나 君等은 皆有父母하니 我爲忠臣하고 君爲孝子가 不亦可乎아하고 乃悉遣兵出降이나 餘壯士數十이 閉門獨守러니 俄而兵入에 仙琕이 令士皆持滿하니 兵不敢近이러라 日暮에 仙琕이 乃投弓曰 諸軍은 但來見取하라 我義不降이로다 乃檻送石頭하니 衍이 釋之하고 使待袁昻至하여 俱入에 曰 令天下로 見二義士라하고 皆厚遇之하다

① "道素"는 道義가 있으면서 결백한 것이다.
道素, 有道義而潔白也.

【綱】 齊나라 大司馬 蕭衍이 궁중에 들어와 鎭守하였다.

齊大司馬衍이 入鎭殿中[32)]하다

【綱】 齊나라 始興內史 王僧粲이 湘州를 습격했으나 이기지 못하였다.

○齊始興內史王僧粲하여 襲湘州나 不克하다

【目】 王僧粲이 湘州刺史라 자칭하고 병사들을 이끌고 長沙를 습격하여 長沙城으로부터 1백여 리쯤 떨어진 곳에 이르렀을 때 長沙 사람들이 모두 도망가려 하자 行事 劉坦이 배들을 모두 모아 불사르고 군사들을 보내 왕승찬을 막았으나 여러 번의 싸움에서 불리함에 처하였다. 前 湘州鎭軍 鍾玄紹가 날짜를 정해 성곽을 넘어 왕승찬에게 호응하려 하였는데, 유탄이 그 계책을 미리 듣고 일부러 모른 채 하며 밤늦게까지 송사 일을 보고 성문도 닫지 않음으로써 의혹하게 만들자 종현소가 움직이지 못하였다. 이튿날 새벽 종현소가 찾아오자 유탄이 그 까닭을 물었다. 유탄이 오랫동안 머물게 하면서 그와 이야기를 나누고 비밀리에 친위병사를 보내 그의 집 안에 있는 서신을 압수하여 일의 전말을 밝혀낸 뒤 그 자리에서 참수하고 문서를 불태웠다. 나머지 사람들에 대해서는 추궁하지 않으니 州와 郡들이 마침내 안정을 찾았다.

建康이 평정되고 楊公則이 湘州로 돌아오자 왕승찬 등이 흩어져 달아났다. 양공칙이 몸가짐을 반듯하게 하고 청렴하고 신중하며 형벌을 가볍게 하고 세금을 적게 부과하자 얼마 뒤에 상주의 인구가 거의 그 예전으로 회복되었다.

僧粲이 自稱湘州刺史하고 引兵襲長沙하여 去城百餘里할새 長沙人이 皆欲走어늘 行事劉坦이 悉聚其舟焚之하고 遣軍拒僧粲이나 數戰不利러라 前鎭軍鍾玄紹가 刻日翻城應僧粲이러니 坦聞其謀하고 陽爲不知하여 因理訟至夜하고 而城門遂不閉以疑之하니 玄紹未發하다 明旦에 詣어늘 坦問其故하다 坦久留與語하고 密遣親兵하여 收其家書하여 具得本末하고 於坐斬之하고 焚其文書라 餘黨無所問하니 州郡이 遂安하다 建康平이어늘 楊公則이 還州하니 僧粲等散走하다 公則이 克己廉愼하고 輕刑薄賦하니 頃之에 湘州戶口가 幾復其舊러라

---

32) 齊大司馬衍 入鎭殿中 : "특별히 기록한 것이다. 궁중에 들어와 鎭守하였으니, 그러고서 그 황제가 되지 않은 경우는 거의 드물다.〔特筆也 入鎭殿中 其不爲帝也幾希矣〕" ≪書法≫

壬午年(502)

齊나라 和帝 蕭寶融 中興 2년이고, 梁나라 高祖 武帝 蕭衍 天監 원년이며, 北魏 世宗 宣武帝 元恪 景明 3년이다. 이해에 제나라가 망하고, 양나라가 대신하였다.

齊中興二年이요 梁高祖武帝蕭衍天監元年이요 魏景明三年이라 ○是歲에 齊亡梁代하다

【綱】 봄 정월에 齊나라 大司馬 蕭衍이 宣德太后를 맞이하여 궁궐에 들어오게 하여 稱制[33]하도록 하고, 2월에 소연이 스스로 相國이 되고 梁公을 봉하고, 九錫을 더하였다.

春正月에 齊大司馬衍이 迎宣德太后하여 入宮稱制하고 二月에 衍이 自爲相國封梁公하고 加九錫[34]하다

任昉

【目】 예전에 蕭衍이 范雲, 沈約, 任昉과 함께 竟陵王의 서쪽 저택에 있었는데, 이때에 이르러 범운을 데려다 諮議參軍으로 삼고, 심약을 司馬로 삼고, 임방을 記室參軍으로 삼아 함께 모의에 참여하게 하였다. 謝朏와 何胤은 모두 이전의 관직을 버리고 집에 머물러 있었는데, 소연이 주청을 올려 그들을 불러다 軍諮祭酒로 삼게 하였지만, 사비와 하윤이 모두 나아가지 않았다.

---

33) 稱制 : 황제의 명령을 황제가 아닌 사람이 대신하여 내리는 것을 말하는 것으로, 황제의 권한을 대행하는 것을 말한다.

34) 衍自爲相國封梁公 加九錫 : "≪資治通鑑綱目≫에 기입된 '太后가 稱制하다.'를 기록한 것이 많으나 '맞이하였다〔迎〕'는 것을 기록한 적이 없었는데 여기서 '迎'이라고 기록한 것은 어째서인가. 蕭衍의 뜻이기 때문이다. 무릇 國事를 다스리는 데에 조정에 나서서 稱制하였다고 기록하는 것은 모두 나무라는 것이다. 그것을 벗어난 이는 오직 晉나라 褚氏이고 宣德太后는 그 다음일 것이다. ≪자치통감강목≫이 마칠 때까지 '국사를 다스렸다〔治國事〕'고 기록한 것은 2번이고, '조정에 나서서 御殿에서 稱制하였다.〔臨朝御殿稱制〕'고 기록한 것은 22번이다(周나라 赧王 8년(B.C. 307)에 자세하다.).〔入綱目書太后稱制多矣 未有書迎者 此其書迎何 衍志也 凡書治國事臨朝稱制 皆譏也 免者惟晉褚氏 宣德其次乎 終綱目書治國事二 書臨朝御殿稱制者 凡二十有二(詳周赧王八年)〕" ≪書法≫

소연이 내심 선양을 받으려는 뜻이 있었는데, 심약이 소연에게 나아가 말하기를 "齊나라의 운명은 이미 끝났으니, 明公(소연)께서 그 운세를 이어야 합니다. 비록 겸양하려고 해도 그렇게 될 수 없을 것입니다."라고 하니, 소연이 말하기를 "내가 지금 그 일을 생각하고 있다."라고 하였다. 심약이 말하기를 "공께서 처음에 樊城과 沔水에서 牙旗를 세웠을 적에 이때를 생각했어야 합니다. 지금 제왕의 대업이 이미 이루어졌으니, 무엇을 다시 생각하십니까. 만약 천자(蕭寶融)가 도읍으로 돌아와서 공경들이 자리를 갖추게 되면 군주와 신하의 분수가 정해져 더 이상 다른 마음을 갖지 못하게 될 것이니, 어찌 다시 공과 반역을 일으킬 사람이 있겠습니까."라고 하였다. 소연이 옳다고 여겨 범운 등을 불러서 이야기하니, 범운도 심약의 뜻과 대략 같았다. 소연이 말하기를 "경이 내일 아침에 沈休文을 데리고 다시 오시오."라고 하였다.

범운이 나가서 심약에게 말하니, 심약이 말하기를 "경은 반드시 나를 기다려야 하오."라고 하였다. 범운이 허락을 하고, 심약이 먼저 들어가기로 기약하였다. 소연이 명을 내려 그 일의 초안을 갖추도록 하니, 심약은 마침내 품속에 준비한 조서와 조정 관원을 인선하고 배치한 명단을 〈소연에게〉 주었다. 범운이 궁전의 문에 도착하여 들어가지 못하다가 심약이 나오자, "어느 직책에 처하게 되었는가?"라고 물었다. 심약이 손을 들어서 왼쪽을 향하였는데, 범운이 웃으며 말하기를 "내 바람을 어기지 않았구려."라고 하였다. 얼마 후에 大司馬가 범운을 불러들여서 말하기를 "내가 군사를 일으킨 지가 3년인데, 諸將들의 노고가 없지 않으나 제왕의 대업을 이룬 것은 경 두 사람 때문이오."라고 하였다. 이어 조서를 내려서 소연의 지위를 올려서 相國 揚州牧으로 삼고 10개의 郡을 봉하여 梁公으로 삼았으며, 九錫의 예를 갖추고 백관을 두었다.

初에 衍與范雲沈約任昉으로 同在竟陵王西邸[①]러니 至是하여 引雲爲諮議하고 約爲司馬하고 昉爲記室하여 參謀議하다 謝朏何胤은 先棄官居家러니 衍奏徵爲軍諮祭酒하되 朏胤이 皆不至하다 衍內有受禪之志라 沈約進曰 齊祚已終하니 明公當承其運하니 雖欲謙光이나 不可得已라하니 衍曰 吾方思之로라 約曰 公初建牙樊沔에 此時應思라 今王業已成하니 何所復思리오 若天子還都하여 公卿在位면 則君臣分定하여 無復異心하니 豈復有人이 方更同公作賊이리오 衍然之하여 召雲等告之하니 雲對略同約旨라 衍曰 卿이 明早에 將休文更來[②]하라 雲出語約한대 約曰 卿必待我하라하니 雲許諾하고 而約先期入이라 衍命草具其事어늘 約乃出懷中詔書幷諸選置하다 雲至殿門不得入이라가 約出에 問曰 何以見處오하니 約擧手向左한대 雲笑曰 不乖所望[③]이로다 有頃에 大司馬召雲入曰 我起兵三年矣라 諸將不爲無功이나 然成帝業者는 卿二人也라하더라 乃詔進衍位相國揚

州牧封十郡爲梁公하고 備九錫置百司④하다

① 竟陵王의 이름은 子良이다.
竟陵王, 名子良.
② 將은 끎이고, 낌이며, 거느림이다. 休文은 沈約의 字이다.
將, 携也, 挾也, 領也. 休文, 沈約字也.
③ 向左는 左僕射를 말하니, 역시 范雲을 속인 것이다.[35)]
向左, 蓋謂左僕射, 亦欺雲也.
④ 당시에 豫州의 梁郡과 歷陽, 南徐州의 義興, 揚州의 淮南, 宣城, 吳, 吳興, 會稽, 新安, 東陽 등 도합 10개의 군으로 梁公의 封國을 삼은 것이다.
時以豫州之梁郡・歷陽, 南徐州之義興, 揚州之淮南・宣城・吳・吳興・會稽・新安・東陽, 凡十郡爲梁公國.

【綱】 梁公 蕭衍이 齊나라 湘東王 蕭寶晊을 죽였다.

梁公衍이 殺齊湘東王寶晊[36)]하다

【目】 蕭寶晊이 자못 文學을 좋아하였는데, 蕭衍이 싫어하여 그가 모반을 꾀한다고 일컬어 그의 아우인 蕭寶覽, 蕭寶宏과 함께 모두 죽였다.

寶晊이 頗好文學①하니 衍忌之하여 稱其謀反하여 幷其弟寶覽寶宏皆殺之하다

① 蕭寶晊은 蕭緬의 아들이다. 晊(크다)은 음이 質이다.
寶晊, 緬之子也. 晊, 音質.

【綱】 梁나라가 沈約을 僕射로 삼고, 范雲을 侍中으로 삼았다.

○梁以沈約爲僕射하고 范雲爲侍中하다

【目】 梁公 蕭衍이 東昏侯(蕭寶卷)의 余妃를 받아들여 정사에 몹시 방해가 되었다. 범운이 그에 대해 말하였으나 양공은 따르지 않았다. 범운이 장군 王茂와 함께 들어가 알현할

35) 역시……것이다 : 아래에 보면 范雲을 侍中으로 삼았다.

36) 梁公衍 殺齊湘東王寶晊 : "여기에서 梁國의 권세가 너무 극심하여 위세가 마친 하나의 대등한 나라와 같았다. ≪資治通鑑綱目≫에서 梁國을 齊나라에 속하게 하지 않은 것은 그 권세가 극심함을 드러내기 위한 것이니, 마치 '梁國 사람이 제나라 사람을 죽였다.'고 말한 것과 같게 한 것이다.〔於是梁伉已甚 隱若一敵國矣 綱目不繫梁於齊 所以著其伉也 若曰 梁人殺齊人云耳〕" ≪書法≫

적에 범운이 말하기를 "예전에 沛公이 關中에 들어가서는 부녀자를 총애하는 일이 없었으니, 이것이 范增이 패공이 큰 뜻을 품고 있음을 두려워하였던 까닭입니다.[37] 지금 명공께서는 처음으로 建康을 평정하여 천하 사람들이 풍문과 명성을 생각하고 바라보는데, 어찌하여 어지럽고 망했던 과거의 자취를 답습하여 女色으로 인해 누가 되게 하십니까."라고 하였다. 왕무가 일어나 절하며 말하기를 "범운의 말이 옳습니다. 공께서 반드시 천하를 염두에 두신다면 여기에 머물러서는 안 됩니다."라고 하니, 양공이 아무 말이 없었다. 범운이 즉시 余氏를 왕무에게 줄 것을 청하니, 양공이 이를 허락하고 범운과 왕무에게 각각 백만 전을 하사하였다.

梁公衍이 納東昏余妃하여 頗妨政事라 范雲以爲言호되 未從이러니 雲與將軍王茂로 同入見할새 雲曰 昔沛公入關에 婦女無所幸하니 此范增所以畏其志大也라 今明公이 始定建康하니 海內想望風聲이어늘 奈何襲亂亡之迹하여 以女德爲累乎아 茂起拜曰 雲言是也니 公必以天下爲念인댄 不宜留此라하니 梁公默然이어늘 雲卽請以余氏로 賚茂한대 梁公許之하고 賜雲茂錢各百萬하다

【綱】梁公 蕭衍이 爵位를 올려 왕이 되었다.

梁公衍이 進爵爲王하다

【綱】3월에 梁王 蕭衍이 齊나라 邵陵王 蕭寶攸 등 3명을 죽이자, 鄱陽王 蕭寶寅이 北魏로 도망쳤다.

◑三月에 梁王衍이 殺齊邵陵王寶攸等三人하니 鄱陽王寶寅出奔魏[38]하다

【目】蕭衍이 齊나라의 邵陵王 蕭寶攸, 晉熙王 蕭寶嵩, 桂陽王 蕭寶貞을 죽이자, 鄱陽王 蕭寶寅이 담장을 뚫고 밤에 도망쳐 산골짜기에 은신해 있다가 낮에는 숨어 있고 밤에는 길을 나서 壽陽의 東城에 이르렀다. 北魏의 戍主 杜元倫이 말을 달려서 任城王 元澄에

---

37) 예전에……까닭입니다 : 沛公은 漢 高祖 劉邦을 가리킨다. 유방이 山東에 있을 때에는 재물을 탐내고 여색을 즐겼는데, 關中에 들어가서는 張良의 건의를 받아들여 부녀자와 재물을 약탈하지 않고 군대를 霸上에 주둔시켰는데, 范增은 이로 인해 유방이 큰 뜻을 품었음을 알고 項羽에게 유방을 치도록 건의한 일을 말한다.(≪漢書≫ 〈高帝紀 上〉)

38) 梁王衍……出奔魏 : "'蕭衍 자신이 相國이 되었다.'는 구절로부터 그 이하에 기록한 것은 書法이 또한 蕭道成과 같다. 反復되는 이치를 두려워할 만하다.〔自書蕭衍自爲相國以下 書法亦如蕭道成 反復之理可畏也哉〕" ≪書法≫

게 알리자, 원징이 수레와 말, 侍衛를 거느리고 맞이하고서 빈객으로 예우하였다. 소보인이 군주를 잃었을 때 입는 斬衰의 喪服을 청하니, 원징이 형이 죽었을 때 입는 齊衰의 喪服을 그에게 주고는 관료들을 이끌고 가서 조문하였는데, 소보인이 처소에 머물면서 의례를 갖추니, 원징이 그를 큰 인물이라 생각하여 중하게 여겼다.

衍이 殺齊邵陵王寶攸晉熙王寶嵩桂陽王寶貞①하니 鄱陽王寶寅이 穿墻夜出하여 遁匿山澗하여 晝伏宵行하여 抵壽陽之東城②하니 魏戍主杜元倫이 馳告任城王澄한대 澄以車馬侍衛迎之하여 待以客禮하니 寶寅이 請喪君斬衰之服이어늘 澄以喪兄齊(자)衰之服給之하고 仍帥官僚赴弔하니 寶寅居處有禮라 澄深器重之하더라

① 세 왕은 모두 明帝(蕭鸞)의 아들이다.
三王皆明帝之子.
② 지난해에 다시 建安王 蕭寶寅을 봉하여 鄱陽王으로 삼았다.
上年更封建安王寶寅爲鄱陽王.

【綱】 齊主(蕭寶融)가 江陵에서 출발하고, 蕭憺을 都督荊·湘六州軍事로 삼았다.

齊主發江陵하고 以蕭憺都督荊湘六州軍事하다

【目】 齊主(蕭寶融)가 동쪽으로 돌아갈 적에[39] 蕭憺을 荊州刺史로 삼았다. 荊州는 전쟁을 겪은 뒤라 공적으로나 사적으로나 궁핍하였는데, 소담이 부지런히 다스려 둔전을 넓히고 노역을 줄였으며, 전사한 병사의 집을 위문하여 곤궁한 생활을 도와주었다. 스스로 어린 나이에 중요한 직무를 맡았다고 생각하여 보좌하는 관리에게 말하기를 "정치가 좋지 않은 것은 士君子가 모두 애석하게 여겨야 하는 일이다. 나는 지금 속마음을 터놓을 테니, 경들도 감추는 일이 없도록 하라."라고 하였다. 그러자 사람마다 생각을 남김없이 말하였고, 백성 중에 訟事를 제기하는 자가 있으면 모두 앞에 서서 符나 教[40]를 기다렸는데, 잠깐 사이에 결정하니 해당 부서에는 지체되는 일이 없었다. 그래서 荊州 사람들이 크게 기뻐하였다.

---

39) 齊主가……적에 : 蕭寶融이 東昏侯 蕭寶卷에 반대하여 江陵에서 즉위하였다가 원래 齊나라의 도읍인 동쪽에 있는 建康으로 천도했다는 뜻이다.

40) 符나 教 : 符는 공문의 일종이고 教는 教令을 말한 것으로 蕭憺이 판결한 내용을 말한다.

齊主東歸에 以蕭憺爲荊州刺史①하다 荊州軍旅之後에 公私空乏이러니 憺厲精爲治하여 廣屯田省力役하고 存問兵死之家하여 供其乏困하다 自以少年居重任이라하여 謂佐吏曰 政之不臧은 士君子所宜共惜이라 吾今開懷하노니 卿其無隱하라하니 於是에 人人得盡意하고 民有訟者면 皆立前待符教한대 決於俄頃하니 曹無留事라 荊人大悅하더라

① "東歸"는 장차 동쪽으로 建康을 향해 돌아가는 것을 말한다.
東歸, 將東歸建康也.

梁武帝半身像

【綱】 여름 4월에 梁王 蕭衍이 皇帝라 칭하고, 齊主(蕭寶融)를 폐위하여 巴陵王으로 삼았으며, 宣德太后의 처소를 별궁으로 옮겼고, 공신들에게 차등을 두어 封爵과 官職을 내렸다.

夏四月에 梁王衍이 稱皇帝하고 廢齊主爲巴陵王하고 遷太后于別宮하고 封拜其功臣有差하다

【目】 齊主(蕭寶融)가 姑孰에 도착하여 조서를 내려서 梁王(蕭衍)에게 황제의 자리를 선양하였다. 4월에 宣德太后가 尙書令 王亮 등을 보내어 황제의 옥새와 인끈을 받들고 梁王의 궁으로 가도록 하였다. 양왕이 南郊에서 황제의 지위에 오르고서, 자신의 형 蕭懿를 추증하여 丞相으로 삼고 長沙王에 봉하였으며, 시호를 宣武라 하였다. 和帝를 받들어 巴陵王으로 삼고 고숙에 궁을 두었으며, 선덕태후를 받들어 齊 文帝(蕭長懋)의 妃로 삼고, 문무공신인 車騎將軍 夏侯詳 등 15인에게 봉작을 내려 公과 侯로 삼았다. 王亮을 尙書令으로 삼고, 王瑩을 中書監으로 삼았으며, 沈約을 僕射로 삼고, 范雲을 吏部尙書로 삼았다.

齊主至姑孰하여 下詔禪位于梁하고 四月에 宣德太后遣尙書令亮等하여 奉璽綬詣梁宮이어늘 梁王卽位于南郊하고 贈兄懿爲丞相封長沙王하고 謚曰宣武라하고 奉和帝爲巴陵王하여 宮于姑孰하고 奉宣德太后하여 爲齊文帝妃하고 封文武功臣車騎將軍夏侯詳等十五人하여 爲公侯하고 以

王亮爲尙書令하고 王瑩爲中書監하고 沈約爲僕射하고 范雲爲吏部尙書①하다

① 王瑩은 王誕의 從曾孫이다.
瑩, 誕之從曾孫也.

【綱】梁主 蕭衍이 姑孰에서 巴陵王(蕭寶融)을 시해하자, 齊나라 御史中丞 顔見遠이 파릉왕을 위해 죽었다.

梁主衍이 弑巴陵王于姑孰①하니 齊御史中丞顔見遠이 死之[41]하다

① 〈蕭寶融은〉 향년이 15세였다.
壽, 十五.

【目】梁主(蕭衍)가 南海郡을 巴陵國으로 만들고, 巴陵王을 그곳에 옮겨 살게 하려고 하였는데, 沈約이 말하기를 "헛된 명예를 사모하여 실제 재앙을 받아서는 안 됩니다."라고 하였다. 梁主가 고개를 끄덕이고 마침내 측근인 鄭伯禽을 파견하여 姑孰에 가서 生金[42]을 파릉왕에게 올리도록 하였는데, 왕이 말하기를 "내가 죽는데 金까지는 필요 없고, 醇酒면 충분하다."라고 하고, 마침내 술을 마시고 깊이 취하자 정백금이 다가가 그를 꺾

---

41) 梁主衍……死之 : "절개를 인정해준 것이다. ≪資治通鑑綱目≫이 마칠 때까지 '死之'라고 기록한 것이 54번인데 선위할 때에 절개를 지켜 죽은 이의 경우는 顔見遠 한 사람일 뿐이다.〔予節也 終綱目書死之五十四 若其禪代之際 能死節者 顔見遠一人而已矣〕" ≪書法≫
"湯王이 桀王을 내치고, 武王이 紂王을 정벌하였으나 두 임금은 聖人의 행위를 그르치지 않았다. 蕭寶卷은 罪惡이 밝게 드러났는데, 蕭衍이 진실로 자신이 황제가 되려고 하였다면 병사를 동원하여 남쪽으로 내려와서 그 죄악을 꾸짖고 주살하기를 마치 탕왕・무왕이 처리한 것처럼 한 뒤에 齊나라의 후손을 뽑아서 하나의 나라를 봉해주어 그 제사를 끊어지지 않게 하였다면 또한 충분할 것인데, 어찌 蕭寶融의 이름을 가탁하여 찬탈하는 처지를 만들 필요가 있었겠는가. 또 자기가 즉위시키고, 자기가 폐위시키고, 또 이어서 시해하였으니, 누구를 속일 것인가. 어찌 처음에 그 명분을 바로잡은 것만 하겠는가. 書法이 이와 같으니, 그 죄악은 진실로 숨길 수가 없다. 아! 슬프다. ○≪資治通鑑綱目≫의 書法은 매우 구차스럽지 않다. 예컨대 顔見遠에 대해 이미 임금을 위해 죽었다고 기록하여 그 인정해준 뜻이 매우 명확한데도 또 굳이 齊나라 사람이라고 표현한 것은 제나라의 신하로서 제나라 신하의 절개를 그르치지 않은 것을 보인 것이니, 이 때문에 기록한 것이 이와 같았다. 무릇 이와 같은 부류에는 보는 이들이 마땅히 깊이 음미하여 자세히 살핀 뒤에야 ≪자치통감강목≫의 뜻을 거의 밝힐 수 있을 것이다.〔湯放桀 武王伐紂 二君不失爲聖人 寶卷罪惡昭著 蕭衍苟欲自爲 則擧兵南下 數其罪而誅之 若湯武之所爲 然後擧齊氏之後 封以一國 使不泯其祀 是亦足矣 奚必假寶融之名 以爲簒取之地哉 且夫已立之 已廢之 又從而弑之 將誰欺哉 曷若於初而正其名乎 書法如此 其罪其惡 固不可得而諱也 吁 ○綱目書法極不苟 如顔見遠旣書死之 其予之之意 固已甚明 然且必繫之齊者 則見爲齊之臣子 不失齊之臣節 是以所書如此 凡若此類 觀者要當深味而熟察之 然後綱目之意 庶幾可得而明之矣〕" ≪發明≫

42) 生金 : 정련하지 않은 황금을 말한다.

어서 죽였다.

파릉왕이 형주를 鎭守하였을 적에 琅邪 사람 顔見遠을 錄事參軍으로 삼았는데, 황제로 즉위하고 나서는 御史中丞으로 삼았다. 파릉왕이 황제의 자리를 선양한 뒤에 안견원이 며칠 동안 음식을 먹지 않다가 卒하였다. 梁主가 이 소식을 듣고서 말하기를 "나는 스스로 천명에 부응하여 인심을 따랐는데, 천하 사대부의 일에 무슨 상관이 있다고 안견원이 마침내 이러한 지경에 이르렀는가."라고 하였다.

梁主欲以南海郡으로 爲巴陵國하고 徙王居之한대 沈約曰 不可慕虛名而受實禍라하니 梁主頷之하고 乃遣所親鄭伯禽詣姑孰하여 以生金進王한대 王曰 我死不須金이라 醇酒足矣라하고 乃飮沈醉어늘 伯禽이 就摺殺之①하다 王之鎭荊州也에 琅邪顔見遠이 爲錄事參軍이러니 及卽位에 爲御史中丞이라 旣禪位에 見遠이 不食數日而卒하니 梁主聞之曰 我自應天從人하니 何預天下士大夫事而顔見遠乃至於此리오하더라

① 摺은 盧合의 切이니, 꺾음이다.
摺, 盧合切, 折也.

【綱】 梁나라가 贖刑과 관련된 법규를 제정하였다.

梁立贖刑條格[43]하다

【綱】 梁나라가 蕭寶義를 巴陵王으로 삼았다.

◑ 梁以蕭寶義爲巴陵王[44]하다

43) 梁立贖刑條格 : "《資治通鑑綱目》에 수록된 이래로 백성들에게 贖罪하도록 조서를 내린 것을 기록하였고(漢나라 元朔 6년(B.C. 123)), 또 죽을죄를 지은 자들로 하여금 贖罪金을 바치게 한 것을 기록하였고(漢나라 天漢 4년(B.C. 97)), 또 죄를 지어 망명한 자에게 贖罪하도록 조서를 내린 것을 기록하였는데(後漢 永平 8년(65)), 모두 한때의 政事였지 법규〔條格〕를 제정한 것은 아니었다. 법규를 제정한 것은 梁나라에서 시작되었으니, 《자치통감강목》이 마칠 때까지 贖刑을 기록한 것이 3번인데, 모두 梁나라이다(이해(502), 甲申年(504), 己丑年(509)).〔入綱目以來 書詔民得贖罪矣(漢元朔六年) 又書令死罪入贖矣(漢天漢四年) 又書詔聽有罪亡命者贖矣(漢永平八年) 皆一時之政 未立條格也 立爲條格 自梁始 終綱目書贖刑三 皆梁也(是年 甲申年 己丑年)〕" 《書法》

44) 梁以蕭寶義爲巴陵王 : "앞에서 巴陵王(蕭寶融)을 시해함을 기록하였는데 여기서 蕭寶義를 巴陵王으로 삼은 것을 기록하였으니 梁나라를 인정해준 것인가. 한 사람의 巴陵王(蕭寶融)을 시해하고, 다른 한 사람의 巴陵王(蕭寶義)을 세웠는데 또한 불구가 아니었다면 오래 전에 蕭寶攸처럼 〈죽었을 것이니〉 어찌 어찌 인정해준 것이겠는가. 汝陰王을 시해하고 그 종족을 멸족했던 것에 비하면 가볍다고 할 뿐이다.〔前書弑巴陵王矣 此書以寶義爲巴陵王 其予梁乎 弑一巴陵 立一巴陵 且非廢疾 則久矣其爲寶攸矣 何予焉 其視汝陰滅其族者 薄乎云爾而已〕" 《書法》 蕭寶攸가 살해된 것은 502년에 보인다. '汝陰滅其族'

【目】 蕭寶義가 어렸을 때에 불치병이 있어 말을 할 수 없었기 때문에 홀로 생명을 보전할 수 있어서 齊나라의 제사를 받들게 하였다.

齊나라의 南康侯 蕭子恪과 동생인 祁陽侯 蕭子範이 일찍이 일 때문에 들어가 알현하였는데, 梁主(蕭衍)가 조용히 말하기를 "천하는 공적인 기물이어서 힘으로 빼앗을 수가 없으니, 진실로 운수가 없다면 결국에는 필시 패망한다. 宋나라 孝武帝(劉駿)는 시샘과 질투가 많아서 조금이라도 좋은 명성이 있는 형제들을 모두 독살하였고, 억울한 죽음을 당했다고 의심이 되는 조정의 신하들이 줄지어 나왔다. 그러나 의심을 당하였지만 제거할 수 없었던 경우가 있었고, 의심을 당하지 않았지만 끝내 우환을 당한 경우가 있었다.

내가 처음 建康을 평정했을 때, 사람들이 모두 나에게 경들을 제거하여 인심을 한 곳으로 모으라고 권하였으니, 내가 그때 그 말대로 행했다면 누가 안 된다고 하였겠는가. 이는 바로 江左(東晉) 이래로 왕조가 교체되는 시기에 반드시 서로 도륙하고 화목한 분위기를 해쳤으니 그로 인해 國運이 길지 않았던 것이다. 또 나는 경들과 宗親으로 寸數가 멀지 않아 情理가 한집안 사람과 같으니, 어찌 갑자기 길 가는 사람처럼 대할 수 있겠는가. 또 建武 연간에 경의 가문이 도탄에 빠졌을 때 내가 의병을 일으켰으니, 스스로 가문의 수치를 설욕한 것뿐만 아니라, 또한 경의 형제를 위하여 복수를 한 것이니, 스스로 천하를 明帝의 집안에서 탈취한 것일 뿐 경의 집안에서 탈취한 것이 아니다. 曹志는 魏 武帝(曹操)의 손자이지만 晉나라의 충신이 되었는데, 하물며 경은 지금 오히려 宗室이고, 나는 마음을 툭 털어놓고 기대할 것이니, 경은 더 이상 자신을 外人처럼 생각하지 말라."라고 하였다.

소자각의 형제는 모두 16명인데, 모두 梁나라에서 벼슬하여 淸官과 顯職을 두루 거치고 마침내 천수를 다하고 생을 마쳤다.

寶義幼有廢疾하여 不能言이라 故獨得全하여 使奉齊祀①하다 齊南康侯子恪及弟祁陽侯子範이 嘗因事入見②이러니 梁主從容謂曰 天下公器는 非可力取니 苟無期運이면 終必敗亡이라 宋孝武性猜忌하여 兄弟粗有令名者를 皆酖之하고 朝臣以疑似枉死者相繼나 然或疑而不能去하고 或不疑而卒爲患이라 我初平建康에 人皆勸我除卿輩하여 以壹物心하니 於時行之면 誰謂不可리오 正以江左以來로 代謝之際에 必相屠滅하여 感傷和氣하니 所以國祚不長이라 又我與卿宗屬未遠하여 情同

은 齊나라 建元 원년(479)의 "齊主 蕭道成이 汝陰王을 시해하고 그 종족을 멸족하였다.〔齊主道成弑汝陰王 滅其族〕"를 말한 것이다.

一家하니 豈可遽如路人이리오 且建武塗炭卿門이어늘 我起義兵하니 非惟自雪門恥라 亦爲卿兄弟報仇하니 自取天下於明帝家요 非取之於卿家也③니라 曹志는 魏武之孫이로되 爲晉忠臣④하니 況卿은 今日猶是宗室이요 我方坦然相期하니 卿無復懷自外之意하라 子恪兄弟凡十六人이 皆仕梁淸顯하여 竟以壽終⑤하다

① 蕭寶義는 明帝(蕭鸞)의 아들이다.
寶義, 明帝之子也.
② 祁陽縣은 吳나라 때에 설치되었으며, 宋나라 때에는 零陵郡에 속하였다.
祁陽縣, 吳立, 宋屬零陵郡.
③ "塗炭卿門"은 齊 明帝 建武 연간(494~498)에 高帝와 武帝의 자손을 죽인 일을 말한다. "自雪門恥"는 형인 蕭懿의 원수를 갚은 것을 말한다. 爲(위하다)는 去聲이다.
塗炭卿門, 謂齊明帝建武中誅高・武子孫. 自雪門恥, 謂報兄懿之讐. 爲, 去聲.
④ 이 일은 晉 武帝 太康 4년(283)에 보인다.
事見晉武帝太康四年.
⑤ 梁主(蕭衍)가 도륙을 한 자들은 齊 明帝의 후손이고, 高帝(蕭道成)의 후손은 진실로 아무 탈이 없음을 말한 것이다.
言梁主所誅夷者齊明帝之後, 高帝之後固無恙也.

【綱】 梁나라가 謝朏, 何胤, 何點을 불렀으니 나아가지 않았다.

梁徵謝朏何胤何點不至[45)]하다

【目】 梁나라가 謝朏와 何胤을 불러 光祿大夫로 삼고 何點을 侍中으로 삼았는데, 하윤과 하점은 끝내 나아가지 않았다.

梁徵謝朏何胤하여 爲光祿大夫하고 何點爲侍中하니 胤點이 終不就하다

【綱】 梁나라가 謗木函과 肺石函을 설치하였다.

梁置謗木肺石函하다

---

45) 梁徵謝朏何胤何點不至 : "'나아가지 않았다[不至]'고 기록한 것은 어째서인가. 절개를 지킨 것을 가상하게 여긴 것이다. 梁나라가 革命하여 모든 일이 새로운데 유독 절개를 지켜 굽히지 않았으니 평소에 '선비를 불렀으나 나아가지 않았다.[徵士不至]'고 기록한 것과는 더욱 다르다.[書不至 何 嘉節守也 梁室革命 萬物維新 而獨能守節不屈 與常書徵士不至者又異矣]" ≪書法≫

【目】 梁主(蕭衍)가 公車府에 조서를 내려 "謗木과 肺石에 각각 상자 하나씩을 설치하고 만약 높은 관직에 있는 사람이 말을 하지 않아 橫議를 하고 싶은 백성이 있다면 謗木函에 투서를 하고, 만약 공로와 才器가 있는 사람 중에 억울한 일을 당하거나 매몰되어 상달할 수 없는 사람이 있다면 肺石函에 투서하도록 하라."라고 하였다.

梁主는 몸소 세탁한 옷을 입었고 평소 음식에 채소 반찬만 먹었으며, 長吏를 선발할 때마다 청렴하고 공평한 사람을 뽑는 데 힘써서 모두 앞에다 불러 접견하고는 정치의 도리로 권면하였다. 작은 고을의 현령이 유능하면 큰 고을 현령으로 승진시키고, 큰 고을의 현령이 유능하면 二千石의 관리로 승진시켰으니, 이로 말미암아 청렴하고 능력이 있는 사람은 모두 권면을 받는 것을 알았다.

梁主詔公車府하여 謗木肺石各置一函하여 若肉食莫言欲有橫議어든 投謗木函하고 若有功勞才器冤沈莫達者어든 投肺石函[①]하라 梁主身服浣濯之衣하고 常膳에 惟以菜蔬하고 每簡長吏에 務選廉平하여 皆召見於前하고 勖以政道하다 小縣令有能하면 遷大縣하고 大縣有能하면 遷二千石하니 由是로 廉能莫不知勸하더라

① 肺石은 붉은 돌이다. ≪周禮≫ 〈大司寇〉에 "폐석으로 힘없는 백성들이 호소할 수 있게 하였다."라고 하였다. "肉食"은 卿大夫를 말한다. 橫(제멋대로 하다)은 去聲이니, 布衣와 處士 신분으로 조정의 政事를 논하는 것을 '橫議'라고 한다.
肺石, 赤石也. ≪周禮≫ 〈大司寇〉 "以肺石達窮民." 肉食, 謂卿大夫也. 橫, 去聲. 布衣處士而議朝政, 謂之橫議.

【綱】 北魏가 魯陽의 蠻族을 전멸시켰다.

魏滅魯陽蠻하다

【目】 魯陽의 蠻族이 北魏의 湖陽을 포위하자 將軍 李崇이 그들을 격파하고서 1만여 戶를 幽州와 幷州에 있는 六鎭으로 옮겼다. 얼마 뒤에 반란을 일으켜 남쪽으로 달아나자, 있는 곳마다 뒤쫓아가서 토벌하여 황하에 다다를 즈음에는 모두 다 죽었다.

魯陽蠻이 圍魏湖陽[①]이어늘 將軍李崇擊破之하고 徙萬餘戶於幽幷六鎭이러니 尋叛南走어늘 所在追討하여 比及河殺之皆盡하다

① 湖陽縣은 漢나라 때에는 南陽郡에 속하였고, 晉나라 때에는 없앴으며, 元魏(北魏) 이후에 이곳에 西淮安郡과 南襄州를 두었다.

湖陽縣, 漢屬南陽郡, 晉省, 元魏後於此置西淮安郡及南襄州.

【綱】 5월에 도적이 梁나라 궁궐에 침입하였는데 사로잡혀 伏誅되었다.

五月에 **盜入梁宮**이어늘 **捕得伏誅**[46]하다

---

46) 盜入梁宮 捕得伏誅 : "'盜'는 누구인가. 孫文明이다. 張良이 復讐할 적에 ≪資治通鑑綱目≫에서는 韓나라 사람이라고 기록하였는데, 여기도 復讐하는 것인데, '盜'라고 기록한 것은 어째서인가. 손문명은 총애 받는 자로서 임금을 혼란에 빠뜨려서 심지어 나라를 망하게 하였으니 진짜 도적이다. ≪자치통감강목≫에서는 임금을 악행으로 끌어들이는 것을 미워하였으므로 기록하기를 '盜'라고 하였으니, 이 때문에 亡國의 신하이기는 매일반인데 자기 때문에 망하지 않았으면 張良이 복수할 때에 韓나라 사람이라고 기록하였고, 진실로 자기 때문에 망하였으면 손문명이 복수할 때에 '盜'라고 기록한 것이다.〔盜者 何 孫文明也 張良復讐 綱目以韓人書之 此亦復讐也 其書盜 何 文明嬖倖 陷君於昏 以至亡國 乃眞盜也 綱目惡逢君 故書曰盜 是故亡國之臣一也 不爲己亡 則張良以復讐而書韓人 苟爲己亡 則文明以復讐而書盜〕" ≪書法≫

"예전에 ≪春秋≫ 襄公 25년에 '齊나라 崔杼가 그 임금 光을 시해하였다.'라고 기록하였는데 ≪春秋左氏傳≫을 살펴보면 그 신하에 賈擧・州綽 등 10명이 죽었으나 모두 절개를 위해 죽은 것으로 기록되지 못하였다. 胡安國公께서 傳을 지어 이르기를 '이른바 절개를 위해 죽었다는 것은 의리로 임금을 섬기고 어려운 일을 하도록 요구하며 선행을 진술하고 따를 것과 어길 것에 구차하게 하지 않는 것이 이것이다.'라고 하였는데, 이 10명은 모두 임금을 악행으로 끌어들이는 짓을 하고 임금에게 혼란을 따르도록 하였으며, 莊公(光)이 총애한 자들은 사사로이 친밀하여서 비록 몸을 죽였더라도 죄책을 보상하지 못하니 어찌 절개를 위해 죽은 것으로 인정할 수 있겠는가. 지금 蕭寶卷의 죽음은 그 신하 孫文明 등이 비록 난리를 부렸다고 하더라도 요컨대 역시 임금의 원수를 갚는데 절개를 그 임금에게 바친 것에 대해 ≪資治通鑑綱目≫에서 곧바로 기록하기를 盜라고 한 것은 어째서인가. 이들은 모두 東昏侯의 총애받던 신하로서 桀王을 도와 포학한 짓을 하듯이 하였으니 바로 이른바 임금을 혼란에 따르도록 한 자들이다. '盜'라고 쓰지 않으면 무엇이라고 쓰겠는가. 혹자가 또 말하기를 '≪자치통감강목≫에서는 그들이 미천했기 때문에 기록한 것이 이와 같았다.'고 하는데 ≪자치통감강목≫에서는 도리를 돌아보고 권세를 돌아보지 않으며 도덕을 펴고 사악함을 펴지 않는다는 것을 아주 모르는 것이다. 예컨대 王莽 시대에 鉅鹿의 男子인 馬適求 등이 왕망을 주살하려고 도모하다가 이기지 못하였는데 미천하며 미천하다고 말할 수 있으나 ≪자치통감강목≫에서는 '盜'라고 기록하지 않았다. 만일 孫文明 등이 과연 임금을 위하여 賊을 토벌할 의리가 있었다고 하였다면 ≪자치통감강목≫에서는 본래 正色하고 기록할 것인데, 지금 '盜'라고 기록했을 뿐만 아니라 더욱 기록하기를 '사로잡혀 복주되었다.〔捕得伏誅〕'라고 하였으니 그 악행을 징계하는 의리가 더욱 환하게 분명하다. ≪자치통감강목≫에서 비록 찬탈하고 시해한 자들을 다스리기에 시급해하였으나 총애를 받고서 임금을 혼란에 빠뜨린 무리의 경우에는 또한 ≪자치통감강목≫에서 인정해주지 않았거늘 하물며 蕭寶卷의 악행이 기타 혼란한 자들에게 견줄 것이 아님에야 말할 것이 있으랴. 이들은 본래 飛廉(紂王을 섬긴 간신)・惡來(비렴의 아들)처럼 주벌을 받아야 하는데 다행히 법망에서 벗어났고 다시 거듭하여 악행을 저질러서 기록하기를 '盜'라고 하였으니 다시 무엇을 말할 것인가. 君子가 진실로 깊이 사색하여 가만히 살펴보면 이를 알 수 있을 것이다.〔昔春秋襄二十五年 書齊崔杼弑其君光 考之左氏 其臣有賈擧州綽等十人 死之 然皆不得以死節書 胡公安國傳之曰 所謂死節者 以義事君 責難陳善 有所從違而不苟者 是也 此十人者 皆逢君之惡 從君於昏亂 而莊公嬖之者 乃其私暱 雖殺身不償責 安得以死節許之 今寶卷之死 其臣孫文明等 雖曰作亂 要亦報君之仇 效節於其君者 而綱目直書曰盜 何哉 此曹皆東昏嬖倖之臣 助桀爲虐 正所謂從君於昏者爾 不書曰盜 尙奚書哉 或者又謂 綱目以其微賤之故 所書如此 殊不知綱目顧理不顧勢 伸道不伸邪 有如王莽時 鉅鹿男子馬適求等 謀誅莽 不克 可謂微乎微矣 而綱目不以盜書也 使孫文明等 果有爲君

【目】 齊나라 東昏侯의 총애를 받던 신하 孫文明 등이 밤에 자신의 무리를 이끌고 난을 일으켜서 神虎門과 總章觀을 불태우고 衛尉 張弘策을 죽였는데, 軍司馬 呂僧珍이 궁궐에서 숙위병을 데리고 이들을 막았으나 물리칠 수 없었다. 장군 王茂와 張惠紹가 군사를 이끌고 구원하러 달려와 이들을 토벌하여 사로잡아 모두 죽였다.

齊東昏侯嬖臣孫文明等이 夜帥其徒作亂하여 燒神虎門總章觀하고 殺衛尉張弘策이어늘 軍司馬呂僧珍이 以宿衛兵으로 拒之不能却하니 將軍王茂張惠紹가 引兵赴救하여 討捕悉誅之하다

【綱】 梁나라 江州刺史 陳伯之가 반란을 일으켰다가 군대가 패배하자 北魏로 도망쳤다.

梁江州刺史陳伯之反이라가 兵敗奔魏[47]하다

【目】 陳伯之는 눈으로 글자를 읽지 못하여 일의 여부를 주관하는 사람에 의해 결정되었다. 鄧繕이 예전에 진백지에게 베푼 은혜가 있었는데, 진백지가 등선을 別駕로 삼았다. 河南 사람 褚緭는 建康에 살았는데, 평소에 행실이 가벼웠다. 벼슬에 뜻을 얻지 못하자 자주 尙書 范雲을 찾아갔는데, 범운이 그를 예우하지 않았다. 저위는 화가 나서 진백지에게 의탁하여 몹시 친근하게 지냈다. 진백지가 또 朱龍符를 參軍으로 삼았는데, 이들이 함께 진백지의 우매함을 틈타 제멋대로 간사한 이익을 취하였다.

梁主(蕭衍)가 사람을 파견하여 등선을 대신하도록 하였는데, 진백지가 명령을 모두 받지 않았다. 그리하여 이때에 등선이 밤낮으로 진백지에게 반란을 일으키도록 설득하였고, 저위 등이 모두 찬성을 하니, 진백지가 府와 州의 보좌하는 관리들을 소집하여 말하기를 "齊나라 建安王(蕭寶寅)의 教令을 받들어 보니, 장강 북쪽에 있는 의용군 10만 명을 통솔하여 이미 六合山에 이르렀다고 한다. 나는 明帝(蕭鸞)의 두터운 은혜를 입었

討賊之義 綱目自當正色書之 今不惟書盜 而又書曰捕得伏誅 則其懲惡之義 尤更彰彰明矣 夫綱目雖急於治簒弑之人 若其嬖倖昏亂之徒 則亦綱目之所不予者 況寶卷之惡 又非其他昏亂者之比 此曹自當受飛廉惡來之誅 幸而漏網 而又覆出爲惡 書之曰盜 夫復何說 君子固當深考而默察之 則得之矣〕" ≪發明≫

47) 梁江州刺史……兵敗奔魏 : "陳伯之가 반란할 때에 스스로 말하기를 '자신이 明帝의 두터운 은혜를 입었으니 죽음으로 맹세하여 보답할 것이다.'라고 하였으니 의로운 거사인데 어찌하여 '反'이라고 기록하였는가. 진백지의 보답은 당연히 蕭衍이 尋陽에서 함락하였을 때에 해당한다. 가령 갑옷을 묶어 죄를 청하지는 못했으나 진실로 죽기를 席恭祖처럼 하였더라도 오히려 절개를 위하여 죽었다고 기록하지 못하는데, 지금 이미 명을 받아 江州刺史가 되었으니 반란이 아니고 무엇이겠는가.〔伯之當反 自謂身受明帝厚恩 誓死以報 則義擧也 曷爲以反書 伯之之報 當在蕭衍克尋陽時也 使不束甲請罪 誠死如席恭祖 猶不得以死節書 今旣受命爲江州矣 非反何哉〕" ≪書法≫

으니 죽음으로 맹세하여 보답할 것이다."라고 하였다.

즉시 계엄령을 내리고 저위를 시켜 거짓으로 소보인의 편지를 만들어 보좌하는 관리에게 보이고는 臨川內史 王觀을 불러 長史로 삼았는데, 왕관이 명령에 응하지 않았다. 豫章太守 鄭伯倫이 병력을 일으켜서 방비하자, 조서를 내려 王茂를 江州刺史로 삼아 병력을 통솔하여 진백지를 토벌하도록 하였다. 그러자 진백지가 저위 등에게 말하기를 "지금 먼저 豫章을 평정한 뒤에 빠른 기세로 북쪽(建康)으로 향하여 굶주리고 지친 군대를 공격하면 성공하지 못할 것을 근심할 것이 없다."라고 하였다.

6월에 군사를 이끌고 예장으로 달려가서 공격하였으나 함락시키지 못하였다. 왕무의 군대가 이르자, 진백지는 안팎으로 적의 공격을 받아 마침내 패주하여 샛길로 장강을 건너 陳虎牙, 저위 등과 함께 北魏로 달아났다.

伯之目不識書하여 與奪을 決於主者러라 鄧繕有舊恩於伯之러니 伯之以爲別駕하고 河南褚緭居建康하여 素薄行이라 仕宦不得志[①]하여 頻造尙書范雲한대 雲不之禮하니 緭怒하여 投伯之하여 大見親狎하고 伯之又以朱龍符로 爲參軍하니 竝乘伯之愚闇하여 恣爲姦利어늘 梁主遣人代繕한대 伯之不受命[②]이라 繕이 於是에 日夜說伯之反하고 緭等이 共贊成之하니 伯之乃集府州僚佐하여 謂曰 奉齊建安王敎하여 帥江北義勇十萬하여 已次六合이요 我荷明帝厚恩하니 誓死以報[③]호리라 卽命纂嚴하여 使緭詐爲蕭寶寅書하여 以示僚佐하고 召臨川內史王觀하여 爲長史하니 觀不應命[④]하다 豫章太守鄭伯倫이 起兵拒守어늘 詔以王茂로 爲江州刺史하여 帥衆討之한대 伯之謂緭等曰 今先平豫章然後에 席卷北向하여 以撲飢疲之衆하면 不憂不濟[⑤]라하고 六月에 引兵趣豫章하여 攻不能下러니 王茂軍至하니 伯之表裏受敵이라 遂敗走하여 間道渡江하여 與虎牙及緭等으로 俱犇魏하다

① 緭는 于貴의 切이다.
緭, 于貴切.

② ≪資治通鑑≫에는 "황제(蕭衍)가 듣고는 陳虎牙를 보내어 개인적으로 陳伯之를 경계하고, 또 사람을 보내어 鄧繕을 대신하여 別駕로 삼았는데, 진백지가 모두 명을 받지 않았다." 하였다.
通鑑 "上聞之, 使陳虎牙私戒伯之, 又遣人代鄧繕爲別駕, 伯之竝不受命."

③ 建安王은 鄱陽王일 때에 北魏에 달아나 다시 처음 封號로 칭하였다. ≪宋史≫에 의거하면 六合山은 烏江縣 경계에 있다. ≪五代志≫에는 "江都郡 六合縣은 宋나라와 齊나라의 秦郡尉氏縣이다." 하였다.
建安王卽鄱陽王時, 奔在魏, 復稱初封之號. 據宋史, 六合山在烏江縣界, 五代志 "江都郡六合縣, 宋·齊之秦郡尉氏縣也."

④ 王觀은 王僧虔의 손자이다. 觀은 古玩의 切이다.

觀, 僧虔之孫也. 觀, 古玩切.

⑤ "北向"은 북쪽으로 〈장강을 타고〉 내려가 建康을 공격하는 것을 말한다.48)

北向, 謂北下攻建康也.

【綱】 6월에 梁나라 益州刺史 劉季連이 반란을 일으켰다.

六月에 梁益州刺史劉季連反하다

【目】 梁主(蕭衍)가 鄧元起를 益州刺史로 삼고, 측근을 파견하여 劉季連의 자제 세 명을 호송하여 蜀으로 들어가서 황제의 뜻을 알리도록 하였다. 유계련이 명령을 받들고 돌아갈 행장을 꾸리니, 익주자사 등원기가 비로소 관부로 갈 수 있었다. 예전에 유계련이 南郡太守로 있을 때에 등원기를 예우하지 않았고, 都錄 宋道琛이 죄를 짓거늘 유계련이 그를 죽이려고 하자 달아나 숨어서 죽음을 모면한 일이 있었다.

이때에 이르러 송도침이 등원기의 典籤이 되어 우선 먼저 가서 물자와 식량을 조사하고 길을 따라 받들어 맞이하게 해달라고 청하였는데 등원기가 허락하였다. 송도침이 도착해서는 언어가 공손하지 않았으며 남의 기물을 보면 번번이 이를 빼앗았고 얻지 못한 것이 있으면 말하기를 "장차 다른 사람에게 귀속될 것이니, 어찌 수고롭게 아낄 필요가 있겠는가."라고 하였다. 그리하여 軍府에서는 크게 두려워하여 등원기가 오면 반드시 유계련을 죽이고 재앙이 같은 무리에게 미칠 것이라고 생각하였다.

유계련도 두려워하여 마침내 군사를 소집하여 헤아려보니, 정예병 10만이었다. 그러고는 탄식하며 말하기를 "천연의 요새를 점거하고서 이렇게 강력한 군사를 가지고 있으니, 나아가면 사직을 바로잡을 수 있고 물러나더라도 劉備처럼 될 수 있는 것을 놓치지 않을 것이다. 이곳을 버리고 어디로 가겠는가."라고 하였다. 마침내 佐史를 불러 宣德太后의 명령이라고 사칭하고 군사를 모아서 다시 반란을 일으켜 송도침을 체포하여 죽였다.

등원기가 巴西에 도착하니 太守 朱士略이 그를 맞아들였고, 蜀 땅의 백성들이 의탁하니, 병력은 新舊를 합하여 3만여 명이어서 군량이 모자라자, 어떤 사람이 그를 설득하기를 "蜀 지역은 정치가 태만하고 백성들은 대부분 병에 걸렸다고 핑계 대니, 만약 파서에 있는 한 郡의 호적 명부를 검사하여 이로 인해 그들에게 벌을 주면 필시 큰 소득

48) 북쪽으로……말한다 : 建康은 陳伯之가 있는 江州의 동북쪽 장강 하류에 있으므로 이렇게 말한 것이다.

이 있을 것입니다."라고 하니, 등원기가 옳다고 생각하였다. 涪縣令 李膺이 간언하기를 "使君께는 앞에는 강적이 있고 뒤에는 계속되는 지원이 없습니다. 산간에 살던 백성이 비로소 귀의하여 우리에게 德을 베풀어주기만 바라고 있습니다. 그런데 만약 각박하게 독책한다면 백성들이 반드시 감당하지 못할 것이니, 백성들의 마음이 한 번 떠나면 비록 후회해도 소용이 없습니다. 청컨대 저 李膺이 나가서 처리하겠으니 물자와 양식이 부족할까 걱정하지 않아도 될 것입니다."라고 하였다. 등원기가 좋다고 하니, 이응이 물러나 부유한 백성을 인솔하여 군량미를 올려 보냈는데 3만 곡에 달하였다.

梁主以鄧元起로 爲益州刺史하고 遣左右送劉季連子弟三人하여 入蜀諭旨한대 季連受命飭還裝하니 元起始得之官하다 初에 季連爲南郡에 不禮於元起하고 都錄宋道琛有罪어늘 季連欲殺之한대 逃匿得免①이러니 至是하여 道琛爲元起典籤하여 請先使檢校資糧하여 緣路奉迎이어늘 元起許之②한대 道琛既至에 言語不恭하고 見人器物이면 輒奪之하고 有不獲者면 語曰 會當屬人이니 何須苦惜이리오하다 於是에 軍府大懼하여 謂元起至면 必誅季連하고 禍及黨與라하니 季連亦懼하여 乃召兵筭之하니 有精甲十萬이라 歎曰 據天險之地하여 握此彊兵하니 進可以匡社稷이요 退不失作劉備하니 捨此安之리오 遂召佐史하여 矯稱齊宣德太后令하여 聚兵復反하여 收道琛殺之하다 元起至巴西하니 太守朱士略納之하고 蜀民投附하니 新故三萬餘人③이라 糧食乏이어늘 或說之曰 蜀土政慢하고 民多詐疾하니 若檢巴西一郡籍注하여 因而罰之면 所獲必厚④리라 元起然之러니 涪令李膺諫曰 使君前有嚴敵하고 後無繼援이라 山民始附하여 於我觀德이어늘 若糾以刻薄하면 民必不堪이니 衆心一離면 雖悔無及이라 膺請出圖之호리니 不患資糧不足也니라 元起曰 善이라하고 膺退帥富民하여 上軍資米하니 得三萬斛하다

① 鄧元起는 南郡 當陽 사람이다. 都錄은 郡의 우두머리 관리로 모든 관리들을 총괄하는 사람이다.
元起, 南郡當陽人. 都錄, 蓋郡之首吏, 總錄諸吏者也.
② 使(사신 보낸다)는 疏吏의 切이니, 아래 글자도 같다.
使, 疏吏切, 下同.
③ 新은 蜀民으로서 새로 귀의한 사람이고, 故는 鄧元起를 따라온 자들을 말한다.
新謂蜀民新附者, 故謂元起從行者.
④ 백성들이 대부분 병이 들었다고 속이고 장부에 기록되어 征役을 피하는 것을 말한다.
謂民多詐疾, 注之於籍, 以避征役.

【綱】 가을 8월에 梁나라가 雅樂을 개정하였다.

秋八月에 梁定正雅樂하다

【目】梁主(蕭衍)는 평소 鍾律에 정통하였기 때문에 雅樂을 개정하려고 하여 마침내 스스로 네 개의 악기를 만들고는 '通'이라고 이름 지었다. 通마다 세 개씩의 絃을 설치하였는데, 黃鍾絃은 270가닥의 실을 사용하니 길이가 9척이며, 應鍾絃은 142가닥의 실을 사용하니 길이가 4척 7촌 4푼에서 조금 더 길고, 중간에 있는 10律은 이것으로 차이를 두어 만들었다. 이어서 通의 소리를 가지고 매달의 절기를 추측하였는데, 모두 차이 남이 없었고 서로 조화를 이루었다.

또 12笛을 만들었는데 黃鍾笛은 길이가 3척 8촌이고, 應鍾笛은 길이가 2척 3촌이며, 중간에 있는 10율은 이것으로 차이를 두어서 通聲(通絃의 음률)에 옮겨보고서 옛 종의 玉律에 가늠해보니 모두 차이가 없었다. 여기에 8音을 입혀서 7聲을 내니 韻이 조화를 이루지 않는 것이 없었다.

이에 앞서 궁궐에 매단 악기가 단지 네 개의 鎛鐘뿐이어서 編鍾·編磬·衡鍾(형종)을 섞어 모두 16簴(쇠북을 거는 틀)였다. 이때에 이르러 梁主가 비로소 12개의 鎛鍾을 설치하였으니, 각각 편종과 편경이 있어 모두 36簴였는데, 형종을 제거하고 사방의 모퉁이에 建鼓를 세웠다.

梁主素善鍾律이라 欲釐正雅樂하여 乃自制四器하여 名之爲通하고 每通에 施三絃[①]하여 黃鍾絃은 用二百七十絲하니 長九尺이요 應鍾絃은 用一百四十二絲하니 長四尺七寸四分差彊이요 中間十律은 以是爲差하여 因以通聲으로 轉推月氣하니 悉無差違而還得相中[②]이러라 又制十二笛하니 黃鍾

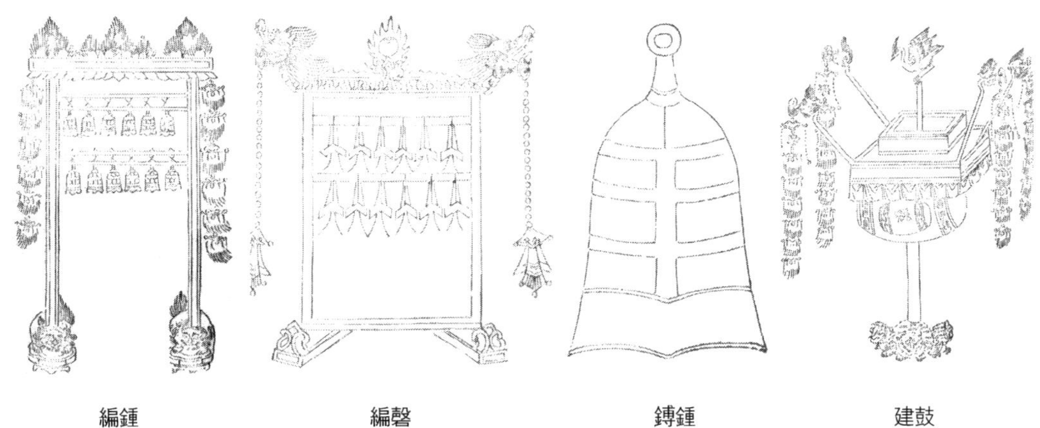

編鍾　編磬　鎛鍾　建鼓

笛은 長三尺八寸이요 應鍾笛은 長二尺三寸이요 中間十律이 以是爲差하여 以寫通聲하여 飮古鍾玉律하니 竝皆不差③라 於是에 被以八音하여 施以七聲하니 莫不和韻④이러라 先是에 宮懸이 止有四鎛鍾하여 雜以編鍾編磬衡鍾하여 凡十六虡⑤러니 至是하여 始設十二鎛鍾하니 各有編鍾編磬하여 凡三十六虡而去衡鍾하고 四隅에 植建鼓⑥하다

① 制는 만듦이다. ≪五代史志≫에 "通은 受聲이 넓이가 9촌이고, 宣聲은 길이가 9척이며, 臨岳은 높이가 1촌 3푼이다. 通마다 모두 3개의 줄이 있는데, 첫 번째는 玄英通이고, 두 번째는 靑陽通이며, 세 번째는 朱明通이며, 네 번째는 白藏通이다." 하였다.
制, 造也. 五代史志 "通, 受聲廣九寸, 宣聲長九尺, 臨岳高一寸三分. 每通皆施三絃, 一曰玄英通, 二曰靑陽通, 三曰朱明通, 四曰白藏通.

② 11월의 律은 黃鍾에 해당하는데 黃은 중화의 색이고, 鍾은 움직인다는 뜻이니, 양의 기운이 깊은 땅속에서 움직여 만물을 배양한다는 의미이다. 10월의 율은 應鍾에 해당하는데, 만물이 陽의 기운에 응하여 아래에 감춰진 기운을 움직이게 된다는 의미이다. 黃鍾律은 길이가 9촌인데, 당겨서 펴면 9척이 된다. 應鍾律은 길이가 $4\frac{20}{27}$촌이며, 당겨서 펴면 4척 7촌 4푼에서 조금 더 길다. 중간의 10律은 이것으로 차이를 두었는데 바로 길이를 上生과 下生 방법으로 하여, 3분의 1로 늘려가고 3분의 1로 줄여가는 수를 사용한다.
十一月律中黃鍾. 黃, 中和之色. 鍾者, 動也, 言陽氣動於黃泉之下, 動養萬物也. 十月律中應鍾, 言萬物應陽而動下藏也. 黃鍾律長九寸, 引而伸之爲九尺. 應鍾律長四寸二十七分寸之二十, 引而伸之爲四尺七寸四分差强. 中間十律以是爲差者, 卽上生下生, 三分益一三分去一之數也.[49)]

③ 음악에는 飮聲이 있는데, 飮은 聲에 따라 맑은 소리와 혼탁한 소리, 고음과 저음을 가늠하는 것이다. 古律에 의거하면 竹을 사용하거나 玉을 사용하고, 漢나라 말기에는 銅으로 만들었다.
樂有飮聲, 飮者隨其聲而酌其淸濁高下也. 按古律, 用竹又用玉, 漢末以(銁)〔銅〕[50)]爲之.

④ 八音은 金, 石, 絲, 竹, 匏, 土, 革, 木으로 만든 악기의 소리이다. 七聲은 宮, 商, 角, 徵(치), 羽와 變宮, 變徵(변치)이다.
八音, 金·石·絲·竹·匏·土·革·木也. 七聲, 宮·商·角·徵·羽及變宮·變徵也.

⑤ 鍾 16개가 虡(악기 틀)에 함께 걸려 있는 것을 編鍾이라 하고, 하나만 걸어놓은 것을 鎛鍾

49) 卽上生下生……三分去一之數也 : 律管의 길이가 三分損益의 법칙에 따라 양률이 음률을 낳을 때는 下生이라 하여 3분의 1을 줄이고, 음률이 양률을 낳을 때는 上生이라 하여 3분의 1을 늘리는데, 예를 들면 黃鐘의 길이가 9촌인 경우, 황종이 음률 林鐘을 낳는 것은 하생이 되어 임종의 길이가 6촌이 되고, 임종이 양률 太簇를 낳는 것은 상생이 되어 태주의 길이가 8촌이 되는 것이다. 이렇게 三分損益을 하여 가장 짧은 음률인 應鍾律은 길이가 4촌 20/27촌이 되는 것이다. 三分損益에서 損은 어느 律官을 2/3의 길이로 줄이는 것이고, 益은 4/3의 길이로 늘리는 것이다.

50) (銁)〔銅〕: 저본에는 '銁'로 되어 있으나, ≪史記索隱≫ 〈律書〉에 의거하여 '銅'으로 바로잡았다.

이라 한다. ≪爾雅≫에 이르기를 "큰 종을 '鎛'이라 한다." 하였다. 編磬도 16개를 虡에 함께 거는데, ≪隋書≫ 〈音樂志〉에 이르기를 "衡은 鎛보다 크다." 하였다.
凡鍾十六枚同在于虡, 謂之編鍾, 特懸者謂之鎛鍾. 爾雅曰 "大鍾謂之鎛." 編磬亦十六枚而同虡, 案隋音樂志曰 "衡大於鎛也."

⑥ 建鼓는 큰 북이니, 少昊氏가 建鼓의 節調를 만들었다.
建鼓, 大鼓也, 少昊氏作之爲建鼓之節.

蕭統

【綱】 겨울 11월에 梁나라가 황제의 아들 蕭統을 세워서 태자로 삼았다.

冬十一月에 **梁立子統**하여 **爲太子**하다

【目】 蕭統은 5세에 五經을 두루 암송하였다.

統生五歲에 能徧誦五經러라

【綱】 梁나라에 큰 가뭄이 들어 기근을 겪었다.

梁大旱饑하다

【目】 이해에 江東에 큰 가뭄이 들어 쌀 한 말에 5천 錢이 되니, 백성들이 대부분 굶어 죽었다.

是歲에 江東大旱하여 米斗五千하니 民多饑死러라

癸未年(503)

梁나라 高祖 武帝 蕭衍 天監 2년이며, 北魏 世宗 宣武帝 元恪 景明 4년이다.

梁天監二年이요 魏景明四年이라

【綱】 봄 정월에 梁나라가 沈約을 左僕射로 삼고 范雲을 右僕射로 삼았으며, 尙

書令 王亮이 폐출되어 서인이 되었다.

春正月에 梁以沈約范雲爲左右僕射하고 尙書令王亮이 廢爲庶人①[51]하다

① 〈王亮은〉 정월 초하루 아침에 병이라고 속여 궁궐에 들어가지 않은 일에 연루되었다. 坐正旦詐疾不登殿.

【綱】 劉季連이 梁나라에 투항하였다.

◑ 劉季連이 降梁하다

【目】 成都城 안에는 식량이 다 떨어져 사람들이 서로 잡아먹었는데, 劉季連에게 다른 계책이 없었다. 梁主(蕭衍)가 主書를 파견하여 詔書를 전하여 유계련의 항복을 받아내었는데, 유계련이 웃옷을 벗어서 몸통을 드러내고 죄를 청하였다. 鄧元起가 유계련을 성 밖으로 옮기게 하고 얼마 뒤에 그곳으로 가서 그를 예우하니, 유계련이 사죄하기를 "이렇게 될 줄 진작 알았더라면 어찌 이전과 같은 일이 있었겠는가."라고 하였다.

등원기가 유계련을 호송하여 建康에 이르렀는데, 東掖門에 들어가서는 몇 걸음에 한 번씩 이마를 땅에 대고 절을 하자 梁主가 웃으면서 말하기를 "卿은 劉備를 흠모하려고 하였으나, 일찍이 公孫述에도 미치지 못하였으니, 臥龍과 같은 신하가 어찌 없어서였겠는가."라고 하고는 사면하여 평민으로 강등하였다.

成都城中食盡하여 人相食하니 劉季連이 計無所出이러니 梁主遣主書宣詔하여 受季連降한대 季連肉袒請罪라 鄧元起遷季連于城外러니 俄而造焉하여 待之以禮하니 季連謝曰 早知如此런들 豈有前日之事리오하다 元起送季連詣建康하니 入東掖門에 數步一稽顙한대 梁主笑曰 卿欲慕劉備로되 而曾不及公孫述하니 豈無臥龍之臣邪아하고 赦爲庶人①하다

① 後漢 光武帝 초기에 公孫述이 蜀을 차지하여 황제라고 자칭하였다. 어떤 이가 투항하라고 권하자, 공손술이 말하기를 "예부터 어찌 투항한 천자가 있단 말인가." 하였다. 臥龍은 諸葛亮을 말한다.

---

51) 尙書令王亮 廢爲庶人 : "'廢'라는 말에는 두 가지가 있는데, '누구를 폐출하여 庶人으로 하였다.'는 것은 罪가 없다는 말이고, '누가 폐출되어 庶人이 되었다.'는 것은 罪가 있다는 말이다. 王亮은 어찌하여 죄를 주었는가. 왕량은 이전 조정에서 애매모호함으로 용납을 받았고 〈建康이 함락될 때에〉 문서에 이름을 서명하고 〈蕭寶卷의〉 머리를 바칠 때에는 몸소 이를 선창하였다. 그리하여 璽綬를 받들어 梁宮에 나아갔으니 이것은 큰 죄이다.〔廢辭有二 廢某爲庶人者 無罪之辭也 某廢爲庶人者 有罪之辭也 亮則曷爲罪之 亮在前朝依違取容 署牋獻首 則身爲之倡 旣乃奉璽綬詣梁宮 是則罪之大者也〕" ≪書法≫

漢光武初, 公孫述據蜀稱帝, 或勸之降, 述曰"自古豈有降天子邪." 臥龍, 謂諸葛亮也.

【綱】 여름 4월에 北魏가 蕭寶寅을 齊王으로 삼았다.

夏四月에 魏以蕭寶寅爲齊王하다

【目】 蕭寶寅이 北魏의 대궐 아래에 엎드려 출병하여 梁나라를 정벌하게 해달라고 청하면서 폭풍과 폭우가 내려도 끝내 조금도 움직이지 않았다. 마침 陳伯之가 북위에 항복하여 역시 출병하여 스스로 보답하겠다고 청하니, 北魏가 소보인을 揚州刺史 丹陽公 齊王으로 삼아 많은 예물을 하사하고 군사 1만을 배속시켜 東城에 주둔하게 하였으며, 진백지를 江州刺史로 삼아 陽石에 주둔하여 가을과 겨울이 될 때까지 기다렸다가 크게 출동하게 하였다. 소보인은 다음 날 아침에 임명을 받도록 되어 있었는데, 밤새 통곡하여 새벽에 이르렀다. 1년이 지나도록 술과 고기를 끊고, 파리한 얼굴에 거친 옷차림이었으며, 즐겁게 웃은 적이 없었다.

寶寅伏於魏闕之下①하여 請兵伐梁할새 雖暴風大雨나 終不暫移러라 會陳伯之降魏하여 亦請兵自效어늘 魏以寶寅으로 爲揚州刺史丹陽公齊王하여 禮賜甚厚하고 配兵一萬하여 令屯東城②하고 以伯之로 爲江州刺史하여 屯陽石③하여 俟秋冬大擧라 寶寅明當拜命하니 慟哭至晨④이라 過朞猶絶酒肉하고 悴色麤衣로 未嘗嬉笑⑤하더라

① 이는 北魏 조정의 궐문이다. '闕'은 옛날의 '象魏'[52]이다.
此魏朝之闕門也. 闕卽古之象魏.

② 이는 漢나라와 晉나라 때의 東城縣 지역이다.
此蓋漢・晉之東城縣地.

③ 〈"陽石"은〉 羊石城이니, 廬江의 서북쪽과 霍丘의 동남쪽에 있다.
卽羊石城也, 在廬江西北・霍丘東南.

④ 明은 다음 날 아침을 말한다.
明, 謂明旦也.

⑤ 禮로 형제를 위해 1년 동안 상복을 입은 것이다.
禮, 爲兄弟服朞喪.

【綱】 梁나라에서 새로운 법령을 반포하였다.

52) 象魏 : 궁궐 문 밖에 마주 보게 세운 한 쌍의 건축물로 여기에 국가의 敎令을 내걸었다.

梁頒新律하다

【目】 예전에 梁主(蕭衍)가 刪定郎 蔡法度에게 명을 내려 옛날의 법령을 정리하도록 하였는데, 이때에 이르러 책이 완성되자 조서를 내려 반포하여 시행하도록 명하였다.

初에 梁主命刪定郎蔡法度하여 損益舊律이러니 至是書成이라 詔班行之하다

【綱】 5월에 梁나라의 右僕射 范雲이 卒하니, 左丞 徐勉과 將軍 周捨가 함께 국정에 참여하였다.

五月에 梁僕射范雲卒하니 以左丞徐勉將軍周捨同參國政하다

【目】 范雲은 마음을 다하여 군주(蕭衍)를 섬겨서 아는 것은 시행하지 않은 일이 없었고, 번잡하고 어려운 일을 만나도 다른 사람들보다 더욱 노력하였다. 그가 卒하자 신료들은 沈約이 樞管을 담당해야 한다고 하였는데, 上(蕭衍)은 심약이 경솔하여 尙書左丞 徐勉만 못하다고 여겨 마침내 서면과 右衛將軍 周捨를 함께 국정에 참여하도록 하였다. 주사는 아량이 서면에게 미치지 못하였으나 깨끗하고 간결함이 그보다 뛰어났으니, 두 사람은 모두 어진 재상으로 칭송받았다. 서면은 늘 表文을 올려 아뢸 때마다 초고를 불태웠고, 주사는 20여 년 동안 機密에 참여하여 國史·詔誥·儀禮·法律 및 軍事에 관한 전략을 모두 관장하면서 사람들과 하루 종일 농담을 하면서도 끝내 기밀 사항을 누설하지 않았으니, 관리들이 더욱 승복하였다.

雲盡心事上하여 知無不爲하고 臨繁處劇에 精力過人이러니 及卒에 衆謂沈約宜當樞管①이라하더니 上以約輕易하니 不如尙書左丞徐勉이라하여 乃以勉及右衛將軍周捨로 同參國政이라 捨는 雅量不及勉이나 而淸簡過之라 兩人俱稱賢相이러라 勉은 每有表奏에 輒焚其藁하고 捨는 豫機密二十餘年에 國史詔誥儀禮法律軍旅謀謨를 皆掌之호되 與人言謔終日而竟不泄機事하니 衆尤服之하더라

① "樞管"은 중요한 政務를 담당한다는 뜻이다.
樞管, 謂管樞機也.

【綱】 梁나라가 郡과 縣에서 〈두 宮에〉 공물을 바치는 것을 금지하였다.

梁斷郡縣獻奉[53]하다

【目】 여러 郡과 縣에서 두 宮에 공물을 바치는 것을 금지하고 여러 州와 會稽에만 토산물을 바치는 것을 허용하였는데, 만일 토산물이 아니면 역시 바칠 수가 없었다.

斷諸郡縣獻奉二宮하고 惟諸州及會稽에 許貢任土호되 若非地產이면 亦不得貢①하다

① 두 궁은 上宮(皇宮)과 東宮이다. 會稽는 동쪽의 큰 郡이기 때문에 여러 州와 동등하게 취급한 것이다.
二宮, 上宮及東宮也. 會稽, 東土大郡也, 故使之同於諸州.

【綱】 6월에 北魏가 병력을 징발하여 梁나라를 정벌하였다.

六月에 魏發兵伐梁[54]하다

【目】 北魏의 任城王 元澄이 表文을 올리기를 "蕭衍이 자주 東關을 차단하여 濼湖를 범람하게 만들어 우리 淮水 이남의 여러 수비 지역으로 흘려보내려고 합니다. 壽陽에서 長江까지의 거리가 500여 리여서 백성들이 놀라 모두 水害를 입을까 두려워하니, 청컨대 미리 여러 州에 명을 내려 병력과 말을 모으도록 하고, 首秋(7월)에 대거 집결하여 기회를 틈타 경략한다면 비록 〈천하의〉 통일을 반드시 이룰 수는 없겠지만, 江西 지역은 이후로 걱정하지 않아도 될 것입니다."라고 하였다. 北魏에서는 6州에서 군사 2만을 징발하고, 仲秋(8월)에 모두 집결시켜 먼저 壽陽에 주둔해 있던 군사 3만과 합세하여 元澄에게 맡겨서 경략하도록 하였다.

魏任城王澄이 表稱蕭衍이 頻斷東關하여 欲令濼湖泛溢하여 以灌淮南諸戍①하니 壽陽去江五百餘里라 衆庶惶惶하여 竝懼水害하니 請豫勒諸州하여 纂集士馬하고 首秋大集하여 應機經略하면 雖混壹을 不能必果나 江西自是無虞矣리이다하다 魏發六州二萬人하여 仲秋畢會하여 幷壽陽先兵三萬하여 委澄經略②하다

① 濼는 巢와 통용한다.
濼, 通作巢.

53) 梁斷郡縣獻奉 : "梁나라가 정치를 새롭게 함에 이때에 일컬을 만한 것이 있었다. 이 까닭에 謗木函과 肺石函을 설치함이 기록되고, 郡과 縣에서 공물을 바치는 것을 금지함이 기록되었다.〔梁之新政於是有可稱者 是故置謗木肺石書 斷郡縣獻奉書〕" ≪書法≫

54) 魏發兵伐梁 : "伐이라고 기록한 것은 어째서인가. 梁나라가 찬탈했기 때문이다. 이에 蕭寶寅이 출병을 청하였고 魏主(元恪)가 따랐으므로 伐이라고 기록하였다.〔書伐 何 梁簒也 於是寶寅請兵 魏主從之 故書伐〕" ≪書法≫

② 6州는 冀州, 定州, 瀛州, 相州, 幷州, 濟州이다. "先兵"은 먼저 壽陽에 주둔해 있던 병력이다.
六州, 冀·定·瀛·相·幷·濟也. 先兵, 先屯壽陽之兵.

【綱】梁나라가 謝朏를 司徒로 삼았다.

梁以謝朏爲司徒[55)]하다

【目】謝朏가 일 년 남짓 도망쳐 숨어 살다가 하루아침에 가벼운 배를 타고 스스로 대궐로 나아가자, 〈梁主(蕭衍)가〉 그를 司徒 尙書令으로 삼았다. 사비가 다리에 병이 있어 배알할 수 없다고 말하고는 角巾 차림에 흰 수레를 타고 雲龍門으로 가서 謝恩하였는데, 〈梁主가 사비에게〉 조서를 내려 작은 수레를 타고서 자리로 나아가게 하였다. 다음 날 아침에 梁主가 사비의 집으로 행차하여 잔치를 열고 담소를 나누며 무척 기뻐하니, 사비가 자신의 본래 마음을 굳게 아뢰었으나 〈梁主가〉 허락하지 않았다. 사비는 평소 번잡한 일을 싫어하여 직무를 살피지 않았으므로, 사람들이 무척 실망하였다.

朏逃竄年餘러니 一旦에 輕舟自出詣闕이어늘 以爲司徒尙書令한대 朏辭脚疾하여 不堪拜謁하고 角巾白輿로 詣雲龍門謝어늘 詔乘小車就席①하고 明日에 梁主幸其宅하여 宴語盡懽하니 朏固陳本志호되 不許하다 朏素憚煩하여 不省職事라 衆頗失望하더라

① "白輿"는 ≪資治通鑑≫에 '自輿'로 되어 있다.
白輿, 通鑑作自輿.

【綱】가을 7월에 北魏가 鹽池의 禁令을 복구시켰다.

55) 梁以謝朏爲司徒 : "謝朏는 宋나라·齊나라·梁나라의 교체할 시기에 깨끗했다고 말할 수 있다. 齊나라 초기에 집에 한가로이 지내다가 뒤에 다시 제나라에 벼슬하여 侍中이 되었다. 지금 일 년 남짓 도망쳐 숨어 살다가 하루아침에 스스로 나아와서 새로운 임명을 받고 나서는 다시 직무를 살피지 않으니 이 謝朏는 또한 무엇을 하는 것인가. 비록 何點·何胤과 함께 '〈초빙에〉 나오지 않았다[不至]'고 기록해주었으나 끝내 차이가 있다. 그러면 謝朏는 자신이 빠져나오는 데에 교묘하지만 신하 노릇 하는 방도에는 지극하지 못한 것이다. ≪資治通鑑綱目≫에서 앞에서는 '초빙에 나오지 않았다[徵不至]'고 기록하고 여기서는 '司徒가 되었다[爲司徒]'고 기록하였으니 크게 나무란 것이다.[朏於宋齊梁代謝之際 可謂淸矣 齊初嘗廢于家 後復仕齊爲侍中焉 今也逃竄年餘 一旦自詣 旣拜新命 乃復不省職事 則此朏亦何爲哉 雖與點胤同書不至 終有間矣 然則朏蓋巧於自脫者 而爲臣之道 則未爲盡也 綱目前書徵不至 此書爲司徒 蓋深譏之]" ≪書法≫

秋七月에 魏復鹽池之禁하다

【目】北魏가 이미 鹽池의 禁令[56]을 철폐하였으나 그 이익을 모두 부강한 사람들이 독점하자, 다시 거두어들였다.

魏既罷鹽池之禁이로되 而其利皆爲富彊所專하니 乃復收之하다

【綱】北魏가 彭城王 元勰을 太師로 삼았다.

魏以彭城王勰爲太師하다

【目】魏主(元恪)가 元勰을 太師로 삼았는데, 원협이 굳게 사양하였다. 魏主가 조서를 내려서 돈독하게 타이르고, 또 일가친척의 입장에서 편지를 써서 몹시 간절히 원하고 요청하자, 원협이 부득이하여 명을 받아들였다.

魏主以勰爲太師한대 勰固辭어늘 魏主賜詔敦諭①하고 又爲家人書하여 祈請懇至②하니 勰不得已受命하다

① 〈"敦諭"는〉 간곡히 면려하고 깨우친다는 뜻이다.
敦勉諭曉也.
② "爲家人書"는 한집안 사람으로 숙부와 조카의 禮를 쓴다는 말이다.
爲家人書, 用家人叔姪之禮也.

【綱】겨울 10월에 北魏의 都督 元英이 梁나라 義陽을 공격하여 몇 개의 성을 함락하고 阜陵을 공격하였으나 승리하지 못하였다.

冬十月에 魏都督元英이 攻梁義陽하여 拔數城하고 攻阜陵不克하다

【目】梁나라 司州刺史 蔡道恭이 北魏의 군대가 공격해올 것이라는 소식을 듣고는 장군 楊由를 파견하여 성 밖에 거주하던 백성들을 인솔하여 賢首山을 지키게 하고, 세 개의 木柵을 만들도록 하였다. 元英이 군대를 이끌고 목책을 포위하니, 목책 안에 있

56) 鹽池의 禁令 : 鹽池에서의 사적인 소금 채취를 금지하는 법령을 말한다. 鹽池는 소금을 생산하기 위해 만든 연못이다.

던 백성들이 양유의 목을 베어 북위에 항복하였다. 任城王 元澄이 統軍 党法宗에게 명령하여 군사를 나누어 東關을 공격하게 하여 關要·潁川·大峴의 세 성을 함락하니, 白塔·牽城·淸溪가 모두 무너졌다. 당법종 등이 진격하여 焦城을 함락하고 淮陵을 격파하였다.

이보다 앞서 양나라가 馮道根을 파견하여 阜陵을 수비하도록 하였는데, 처음에 도착하여 성과 해자를 보수하고 척후를 멀리 보내어 마치 적이 쳐들어올 것처럼 대비하니, 사람들이 크게 비웃었다. 풍도근이 말하기를 "방어할 때는 겁을 내는 듯하지만, 전투에 임해서는 용감히 싸운다는 것은 이를 두고 하는 말이다."라고 하였다. 성이 완전히 방비 태세를 갖추기 전에 당법종 등이 갑자기 쳐들어오자, 사람들이 모두 놀라 얼굴빛이 변하였다. 풍도근은 명을 내려 성문을 활짝 열게 하고는 옷을 느슨히 풀고 성에 올라 정예병을 내보내어 전투를 치러 그들을 격파하였다. 북위의 군대가 풍도근의 여유로운 모습을 보고, 전투를 치렀으나 또 패배하자 마침내 군대를 이끌고 물러갔다. 양나라가 이에 풍도근을 豫州刺史로 삼았다.

梁司州刺史蔡道恭이 聞魏軍將至하고 遣將軍楊由하여 帥城外居民하여 保賢首山爲三柵이러니 英勒軍圍之하니 柵民斬由降魏어늘 任城王澄이 命統軍党法宗하여 分兵擊(束)〔東〕[57)]關하여 拔關要潁川大峴三城하니 白塔牽城淸溪皆潰①어늘 法宗等이 進拔焦城하여 破淮陵②하다 先是에 梁遣馮道根하여 戍阜陵할새 初到에 修城隍하고 遠斥候하여 如敵將至③한대 衆頗笑之어늘 道根曰 怯防勇戰이 此之謂也④라하다 城未畢에 法宗等이 奄至하니 衆皆失色이러니 道根命大開門하고 緩服登城하여 遣精銳出戰破之하니 魏人見其意思閑暇하고 戰又不利하여 遂引去한대 梁乃以道根으로 爲豫州刺史⑤하다

① 党은 底朗의 切이니, 姓이다. 魏收의 ≪魏書≫ 〈地形志〉에 "霍州에 北潁川郡이 있는데, 潁川 등 세 곳의 縣을 관할한다." 하였다.
   党, 底朗切, 姓也. 魏收志 "霍州有北潁川郡, 領潁川等三縣."
② 淮陵은 마땅히 睢陵이 되어야 한다. 齊나라는 鍾離에 徐州를 두었고, 또 鍾離郡의 경계에 濟陰郡 睢陵縣을 僑置하였다. ≪五代志≫에 "鍾離郡 化明縣은 옛날에 睢陵이라 하였는데, 濟陰郡을 설치하였다. 化明은 唐나라 濠州의 招義縣이다." 하였다. 혹자는 말하기를 "≪宋志≫에 '南徐州는 淮陵郡을 관할하는데, 睢陵과 淮陵은 모두 漢徐部에 속한다.'고 하였다. 이때에 이미 鍾離에 徐州를 두었으니, 그렇다면 역시 鍾離의 경계에 淮陵을 둔 것이다." 하였는데, 어느 것이 옳은지 알 수가 없다.

---

57) (束)〔東〕: 저본에는 '束'으로 되어 있으나, ≪資治通鑑≫에 의거하여 '東'으로 바로잡았다.

淮陵, 恐當作睢陵. 齊置徐州於鍾離, 又僑置濟陰郡睢陵縣於郡界. 五代志"鍾離郡化明縣, 舊曰睢陵, 置濟陰郡. 化明, 唐濠州之招義縣也." 或曰"宋志'南徐州領淮陵郡, 睢陵·淮陵皆屬漢徐部.' 是時旣置徐州於鍾離, 則亦置淮陵於鍾離界", 未可知也.

③ ≪梁書≫ 〈馮道根傳〉에 "南梁太守로 阜陵의 수비를 관할하였다." 하였다.
馮道根傳"以南梁太守領阜陵戍."

④ 방어할 때는 겁을 내는 듯하지만, 전투에 임해서는 용감히 싸운다는 것이다.
其周防若怯, 而臨戰則勇.

⑤ 이때에 梁나라의 豫州는 晉熙에 治所를 두었으니, 馮道根이 여전히 阜陵을 방비하였기에 특별히 刺史의 직함을 준 것일 뿐이다.
此時梁豫州治晉熙, 道根蓋猶戍阜陵, 特帶刺史耳.

【綱】北魏가 僕射 源懷를 行臺로 삼아 北邊을 순행하게 하였다.

魏以僕射源懷爲行臺하여 巡北邊하다

【目】北魏가 洛陽으로 천도하고 나서 북쪽의 변경은 황량하며 거리가 멀고 이어서 기근까지 들자, 백성들은 곤궁하여 피폐해졌다. 이에 僕射 源懷에게 行臺[58]의 직임을 더하여 符節을 가지고 북방 변경을 순행하여 가난하고 궁핍한 사람들을 구휼하고 관리들의 고과를 살펴 일의 득실을 살펴 먼저 처결하고 나중에 보고하도록 하였다. 원회가 백성들에게 있고 없는 것을 서로 유통하여 구제하도록 하니, 굶주린 백성들이 도움을 받았다. 沃野鎭將 于祚는 황후의 世父인데 원회와는 혼인으로 맺어진 인척관계였다. 당시에 于勁이 정권을 잡아 세력이 朝野에 권세를 떨쳐 우조는 제법 많은 뇌물을 받았다. 원회가 鎭으로 들어갈 적에 우조가 교외의 길가에서 맞이하였으나 원회는 그와 대화를 하지 않고 즉시 탄핵하는 상소를 올려서 그를 면직시켰다.

懷朔鎭將 元尼須는 원회와 오랜 친구 사이였으나, 뇌물을 탐하는 소문이 자자했는데, 술자리를 마련하여 원회에게 말하기를 "내 목숨의 길고 짧음은 卿의 말 한마디에 달려 있네."라고 하니, 원회가 말하기를 "오늘은 내가 옛 친구와 술을 마시는 자리이지 국문하는 곳이 아니네. 내일 法庭이 비로소 使者가 鎭將의 죄상을 조사하는 곳이 될 것이네."라 하고, 결국 그의 죄상을 조사하여 처벌하였다. 원회가 또 상주하기를 "변방의 鎭에는 일이 적은데, 관원의 정원이 너무 많습니다. 沃野는 하나의 鎭인데, 장수 이하 관

58) 行臺 : 魏晉南北朝時代에 중앙 조정의 관부인 尙書省의 分司 기관으로서 지방에 설치하여 한 방면의 軍政이나 民政을 관장한 임시기구이다.

원이 800여 명이니, 전체 관원의 5분의 2를 덜어내십시오."라고 하니, 魏主(元恪)가 그의 말을 따랐다.

魏既遷洛陽에 北邊荒遠하고 因以饑饉하니 百姓困弊라 乃加僕射源懷行臺하여 使持節巡行北邊①하여 賑貧乏하고 考殿最하여 事之得失을 先決後聞한대 懷通濟有無하니 飢民賴之러라 沃野鎭將于祚는 后之世父라 與懷通婚②이러니 時에 于勁方用事하여 勢傾朝野라 祚頗有受納이러니 懷將入鎭에 祚郊迎道左호되 懷不與語하고 即劾奏免官하다 懷朔鎭將元尼須는 與懷舊交어늘 貪穢狼籍러니 置酒謂懷曰 命之長短이 繫卿之口니라 懷曰 今日源懷與故人飲酒之坐는 非鞫獄之所也요 明日公庭이 始爲使者檢鎭將罪狀之處耳라하고 竟案抵罪하다 懷又奏邊鎭事少나 而置官猥多하여 沃野一鎭에 自將以下가 八百餘人이니 請一切五分損二하노이다하니 魏主從之하다

① 北魏의 道武帝(拓跋珪)가 行臺를 鄴城과 中山에 두었는데, 지금에는 北邊에 둔 것이다.
魏道武置行臺之官於鄴・中山, 今置於北邊.

② 沃野는 漢나라 朔方郡에 소속된 縣이다. 北魏가 赫連을 평정하고 統萬과 동일하게 鎭을 설치하였으나 六鎭의 수에는 들어가지 않는다. 世父는 대대로 적통을 이은 伯父이다. 〈于烈傳〉을 살펴보면, 황후는 바로 于勁의 딸로, 于勁의 맏형 우렬은 바로 于祚의 부친이다. 이 사실로 미루어 보자면 우조는 바로 황후의 오빠이다. 〈于烈傳〉에 앞서 우렬이 황후의 世父가 된다는 문장이 있었기 때문에 잘못 알았던 것이다.
沃野, 漢朔方郡之屬縣也. 魏平赫連, 與統萬同置鎭, 不在六鎭之數. 世父, 伯父承世嫡者. 按本傳, 后乃于勁之女, 勁嫡兄烈, 乃祚之父. 推此而言, 祚乃后之兄也. 以于烈傳前有烈爲后世父之文故誤也.

【綱】 梁나라 吉翂(길분)이 아버지 대신 죽기를 청하였는데, 梁主(蕭衍)가 사면해주었다.

梁吉翂請代父死한대 梁主赦之[59]하다

59) 梁吉翂請代父死 梁主赦之 : "〈漢나라 효녀〉 緹縈이 아버지의 肉刑을 속죄해달라고 청한 것은 기록하지 않고서 이것은 어찌하여 기록했는가. 肉刑을 속죄하는 것과 죽음을 대신하는 것은 다르므로 특별히 肉刑을 제거했음을 기록하여 〈한나라〉 孝文帝의 어짊을 드러냈던 것이다. 吉翂의 효도와 梁主의 어짊과 같은 것은 모두 기록하지 않을 수 없으므로 양쪽을 인정해준 것이다.〔緹縈請贖父刑 不書 此何以書 贖刑之與代死異矣 故特書除肉刑 以著孝文之仁 若吉翂之孝 梁主之仁 皆不可以不書也 故交予之〕" ≪書法≫

"吉翂이 아버지의 죽음을 대신하겠다고 청하자 梁主가 그 일로 해서 사면을 해주었으니 간사함을 조장하는 것이 아닌가. 길분이 감옥에서 대답한 말을 살펴보면 진실로 거짓으로 한 것이 아니다. 그러나 길분의 아버지가 간사한 관리에게 모함을 받았으니 길분은 마땅히 먼저 그 죄를 해명하여 소문이 조정에 억울함을 성토하고, 만일 그 뜻을 펼치지 못하는 경우 죽더라도 늦을 것이 아닌데,

【目】 馮翊 사람 吉翂의 아버지가 原鄕의 현령이 되었는데, 간악한 관리에게 무고를 당하여 체포되어 廷尉에게 보내져 사형 판결을 받게 되었다. 〈당시에〉 길분의 나이가 열다섯이었는데, 登聞鼓를 두드려 아버지 대신 자신을 죽여달라고 청하였다. 梁主(蕭衍)는 길분이 어렸기 때문에 다른 사람이 그에게 교사한 것이라고 의심하여 廷尉卿 蔡法度를 시켜 신문하도록 하였다. 길분이 말하기를 "죄수인 제가 비록 우매하고 어리지만 어찌 죽음이 두려운 줄 모르겠습니까. 다만 아버지가 극형을 당하는 것을 차마 볼 수가 없기에 대신 죽기를 바란 것입니다. 이는 작은 일이 아니니, 어찌 다른 사람의 교사를 받겠습니까."라고 하였다. 채법도가 다시 온화한 얼굴

吉翂代父

빛으로 그를 꾀어보았으나 끝내 다른 말이 없었다. 채법도가 이 사실을 아뢰자 上이 마침내 그 아비의 죄를 사면하였다.

丹陽尹 王志가 연초에 純孝로 〈길분을〉 천거하려고 하였는데, 길분이 말하기를 "기이합니다, 王尹이시여. 얼마나 저를 천박하게 여기시는 것입니까. 아버지가 욕을 당하면 자식이 죽는 것은 도리상 본래 마땅한 일이니, 만약 저 길분이 이 천거를 받아들인다면 이는 바로 아버지로 인해 명예를 취하는 것이니, 이런 치욕이 어디에 있단 말입니까."라고 하고, 굳게 거절하자 그만두었다.

馮翊吉翂父가 爲原鄕令에 爲姦吏所誣하여 逮詣廷尉하여 罪當死[①]러니 翂年十五라 撾登聞鼓하여

길분은 아버지의 죽음을 대신하기에 시급하여 다른 것을 미처 살필 겨를이 없었던 것이다. ≪資治通鑑綱目≫에서 또한 드러내서 세상을 권면한 것이다.〔吉翂請代父死 而梁主因而赦之 毋乃長姦僞乎 觀翂對獄之詞 固非僞爲之者 然翂父爲姦吏所誣 翂合先辨明其罪 聲枉於朝 苟不能伸 則死未爲晩 而翂急於代父 不暇他及 綱目亦表而出之 爲世勸也〕" ≪發明≫

乞代父命이어늘 梁主以其幼로 疑人教之하여 使廷尉卿蔡法度로 訊之[②]한대 玢曰 囚雖愚幼나 豈不知死之可憚이리오마는 顧不忍見父極刑이라 故로 求代之하니 此非細故니 奈何受人教邪아하다 法度乃更和顏誘之호되 終無異辭어늘 法度以聞한대 上乃宥其父罪하다 丹陽尹王志欲於歲首에 擧充純孝한대 玢曰 異哉라 王尹이여 何量玢之薄乎아 父辱子死가 道固當然하니 若玢當此擧면 乃是因父取名이니 何辱如之오하고 固拒而止하다

① 玢의 음은 紛이니, 吉玢은 성과 이름이다. 漢 靈帝 中平 2년(185)에 故鄣縣을 나누어 原鄕縣을 설치하고 吳興郡에 배속하였다.
玢音紛. 吉玢, 姓名. 漢靈帝中平二年, 分故鄣立原鄕縣, 屬吳興郡.

② 漢나라 이후로 九卿의 직명에는 '卿'이라는 글자가 붙지 않았는데, 梁나라에 이르러 12寺로 나누고 나서 비로소 각각 '卿'이라는 글자를 붙였다.
自漢以來, 九卿職名, 未帶卿字, 至梁, 分十二寺, 始各帶卿字.

【綱】 北魏의 散騎常侍 趙脩가 죄를 지어 伏誅되었다.

魏散騎常侍趙脩有罪伏誅[60)]하다

【目】 趙脩는 총애를 믿고 교만 방자하여 사람들에게 미움을 받았다. 高肇가 그에 따라 그의 죄를 날조하여 엮자, 中尉 甄琛, 黃門郞 李憑, 廷尉 王顯은 평소에 아첨하여 조수에게 빌붙었던 사람들인데, 연좌되어 자신들에게 화가 미칠까 두려워 고조를 도와 그를 공격하였다. 魏主(元恪)가 尙書 元紹에게 명을 내려 신문하도록 하면서 조서를 내려 그의 간악함을 드러내고 사형에서 면제시켜 채찍으로 100대를 쳐서 敦煌으로 귀양 보내어 병졸로 삼도록 하였다. 견침과 왕현이 형벌의 집행을 감독하였는데, 반드시 죽이고자 하여 몰래 채찍질을 더하여 300대를 치고, 즉시 역말을 불러 말안장에 묶어서 급히 내달리게 하니, 80리를 가서는 마침내 죽었다.

魏主가 그 소식을 듣고 원소에게 재차 아뢰지 않은 일을 질책하니, 원소가 말하기를 "조수가 아첨으로 총애를 받아 몹시 나라를 좀먹게 하였으니, 신이 틈을 타서 그를 제

60) 魏散騎常侍趙修有罪伏誅 : "명령으로 죽음을 사면하여 귀양을 보냈는데 형벌의 집행을 감독하는 자가 채찍질을 하고서 역말에 태워 급히 내달리게 하여 죽음에 이르렀거늘 '伏誅되었다.'라고 기록한 것은 어째서인가. 죄가 마땅히 주살해야 하기 때문이다. 그러므로 진실로 주살해야 하면 趙脩는 감독하는 자가 채찍질하여 역말을 내달리게 하여 죽음에 이르자 '伏誅되었다.'라고 기록하였고, 鄭儼은 부하에게 살해된 것으로 '伏誅되었다'라고 기록하였으니 ≪資治通鑑綱目≫에서 악행을 미워하는 뜻이 크다.〔勅免死徙矣 監罰者 加鞭急馬驅之 至死 其書伏誅 何 罪宜誅也 是故苟宜誅也 則趙修以監者鞭驅至死 書伏誅 鄭儼以部下所殺 書伏誅 綱目惡惡之意深矣〕" ≪書法≫

거하지 않으면 폐하께서 만세 동안 비방을 받을까 두렵습니다."라고 하였다. 魏主가 그의 말이 옳았기 때문에 죄를 주지 못하였다. 다음 날 견침과 이빙은 조수의 黨與로 연좌되어 면직되었고, 散騎常侍 高聰은 조수와 평소에 더욱 친하게 지냈으나 아첨으로 高肇를 섬겼기에 홀로 화를 면하였다.

脩恃寵驕恣하여 **爲衆所嫉**이라 **高肇從而構之**하니 **中尉甄琛黃門郎李憑廷尉王顯**이 **素諂附脩**라가 **懼連及**하여 **助肇攻之**[①]한대 **魏主命尙書元紹**하여 **檢訊**할새 **下詔暴其姦惡**하여 **免死鞭一百**하고 **徙敦煌爲兵**[②]한대 **甄琛王顯**이 **監罰**할새 **欲令必死**하여 **密加鞭至三百**하고 **卽召驛馬**하여 **縛置鞍中急驅之**하니 **行八十里乃死**라 **魏主聞之**하고 **責元紹不重聞**[③]한대 **紹曰 脩之佞幸**하여 **爲國深蠹**하니 **臣不因釁除之**하면 **恐陛下受萬世之謗**이니이다하니 **魏主以其言正**으로 **不罪也**러라 **明日**에 **甄琛李憑**은 **坐脩黨免官**하고 **散騎常侍高聰**은 **與脩尤親狎**이로되 **以諂事高肇**로 **獨得免**하다

① "懼連及"은 黨與로 연좌되어 화가 미칠까 두렵다는 뜻이다.
懼連及, 懼以黨附連坐及禍.

② 元紹는 元素의 손자이다.
紹, 素之孫也.

③ 重(재차)은 直用의 切이다. 聞은 아룀이다.
重, 直用切. 聞, 奏也.

甲申年(504)

梁나라 高祖 武帝 蕭衍 天監 3년이고, 北魏 世宗 宣武帝 元恪 正始 원년이다.

梁天監三年이요 **魏正始元年**이라

【綱】 봄 정월에 梁나라가 北魏의 壽陽을 습격하였으나 이기지 못하였다.

春正月에 **梁襲魏壽陽不克**하다

【目】梁나라 장군 姜慶眞이 北魏의 任城王(元澄)이 외부에 있는 틈을 타서 壽陽을 습격하여 그 외곽을 점거하였는데, 任城太妃 孟氏[61]가 병사를 거느리고 성벽 위에 올라 文武의 관원을 격려하고 새로운 臣民과 오랜 신민을 편안히 위로하여 상벌로 권면하니,

61) 任城太妃 孟氏 : 任城王 元澄의 어머니를 말한다.

장수와 병사들이 모두 분발하는 뜻이 있었다. 太妃는 친히 성을 순행하며 수비하면서 돌과 화살을 피하지 않았고, 蕭寶寅이 군사를 이끌고 도착하여 합세하여 공격하니, 姜慶眞이 패하여 달아났다.

梁將軍姜慶眞이 乘魏任城王在外하여 襲壽陽하여 據其外郭①한대 任城太妃孟氏가 勒兵登陴하여 激厲文武하고 安慰新舊하여 勸以賞罰하니 將士咸有奮志②러라 太妃親巡城守하여 不避矢石하고 蕭寶寅이 引兵至하여 合擊之하니 慶眞이 敗走하다

① 지난해에 北魏가 任城王 元澄을 보내어 梁나라를 공격하게 하고 군대를 외곽에 주둔하게 하게 하였다.
去年魏遣任城王澄伐梁, 宿師於外.

② 새로운 사람은 壽陽의 병사와 백성이고, 오랜 사람은 북쪽에서 온 장수와 군사이다.62) 어떤 사람은 "새로운 사람은 새로 귀의한 사람들이고, 오랜 사람은 〈북위의〉 오랜 백성이다."라고 하였다.
新者, 壽陽兵民. 舊者, 北來將士. 或曰 "新者, 新附, 舊者, 舊民."

【綱】北魏가 梁나라의 鍾離를 공격하자, 양나라가 병사를 보내어 구원하였으나 크게 패하였다.

魏攻梁鍾離어늘 梁遣兵救之大敗하다

【目】北魏의 任城王 元澄이 梁나라 鍾離를 공격하니, 梁主(蕭衍)가 장군 張惠紹 등을 파견하여 군사를 거느리고 군량을 운송하게 하였다. 원징이 장군 劉思祖를 파견하여 邵陽에서 맞이하여 싸우게 하여 양나라의 군대를 대패시키고 張惠紹 등 10명의 장수를 포로로 잡았으며, 대부분의 사졸들을 죽이거나 사로잡았다. 尙書가 유사조의 공적은 응당 1천 戶의 侯爵에 봉해야 한다고 논하였는데, 侍中 元暉가 유사조에게 두 명의 여종을 요구하였으나 얻지 못하여 일이 결국 중지되었다.

〈북위에서〉 원징에게 조서를 내리기를 "4월에는 淮水가 불어나서 남방의 군대가 天時를 얻을 것이니, 이익에 눈이 어두워서 후회할 일을 하지 말라."라고 하였다. 마침 큰 비가 내려 회수의 물이 갑자기 불어나자, 원징이 군사를 이끌고 壽陽으로 돌아왔는데,

62) 새로운……군사이다 : 景明 원년(500)에 齊나라 裵叔業이 壽陽을 가지고 北魏에 투항하였다. 그러므로 북위의 입장에서 기존 수양에 있던 백성과 제나라 군대는 新民이 되고 수양에 진주한 북위의 장수와 군사는 舊民인 것이다.

군대가 돌아오는 길에 낭패를 당하여 4천여 명을 잃었다. 軍司 賈思伯이 후군이 되어 〈행렬의 후미를 지켰다.〉 원징이 "어진 사람은 반드시 용기가 있다[63]고 하니, 軍司에게서 이러한 점을 보았네."라고 하였다. 가사백은 길을 잃었다는 말로 핑계를 대고 자신의 공로를 자랑하지 않았다.

魏任城王澄이 攻梁鍾離어늘 梁主遣將軍張惠紹等하여 將兵送糧이러니 澄遣將軍劉思祖하여 邀之戰于邵陽하여 大敗梁兵하고 俘惠紹等十將하고 殺虜士卒殆盡①하다 尙書論思祖功이 應封千戶侯러니 侍中元暉가 求二婢於思祖不得하여 事遂寢②하다 詔澄以四月에 淮水將漲하니 南軍得時라 勿昧利以取後悔하라한대 會大雨하여 淮水暴漲이어늘 澄引還壽陽하니 軍還狼狽하여 失亡四千餘人이라 軍司賈思伯爲殿이러니 澄曰 仁者必有勇이라하니 於軍司에 見之矣라하니 思伯이 託以失道하고 不伐其功하더라

① 劉思祖는 劉芳의 조카이다. 邵陽은 바로 邵陽洲이다.
思祖, 芳之從子也. 邵陽, 卽邵陽洲也.
② 元暉는 元素의 손자이다.
暉, 素之孫也.

【綱】 여름 5월에 北魏의 司徒 北海王 元詳이 죄를 지어 갇혔다가 죽었다.

夏五月에 魏司徒北海王詳이 有罪幽死하다

【目】 元詳은 교만하고 사치를 부리며 음악과 여색을 좋아하고 재물을 탐내어 만족함이 없어 청탁이 공공연하게 행해지니, 안팎에서 탄식하고 원망하였다. 장군 茹皓가 교묘한 꾀를 가지고 魏主(元恪)에게 총애를 받아 권력을 농단하고 뇌물을 받았는데 원상도 그에게 붙었다. 高肇는 본래 高句麗 출신이어서 당시의 명망이 있는 사람들은 그를 경시하였다. 魏主가 정사를 고조에게 전적으로 맡기니, 고조는 원상이 자신보다 윗자리에 있다고 여겨 그를 제거하려고 마음먹고 마침내 참소하기를 "원상과 여호가 반란을 모의하였습니다."라고 하였다.

4월에 魏主가 中尉 崔亮을 불러들여 원상과 여호를 탄핵하게 하여 조서를 내려 여호에게 죽음을 내리고, 원상은 용서하여 사형을 면하게 해주어 庶人으로 삼아 太府寺로 옮겨 가두게 하였는데, 원상이 갑자기 卒하였다.

63) 어진……있다 : ≪論語≫ 〈憲問〉에 나오는 말이다.

詳이 驕奢好聲色하고 貪冒無厭하여 請託公行하니 中外嗟怨이러라 將軍茹皓가 以巧思로 有寵於魏主하여 弄權納賄하니 詳亦附焉이러라 高肇가 本出高麗하여 時望輕之라 魏主專委以事하니 肇以詳位居其上이라하여 欲去之하여 乃譖之云 詳皓謀逆이라한대 四月에 魏主가 召中尉崔亮하여 使彈詳皓하여 詔賜皓死하고 宥詳免爲庶人하여 徙太府寺하여 圍禁之하니 詳이 遂暴卒①하다

① 崔亮은 崔道固의 형의 손자이다.
亮, 道固之兄孫也.

【目】이에 앞서 네 개의 날개와 네 개의 발을 가진 병아리를 진상한 일이 있었는데, 조서를 내려 侍中 崔光에게 묻도록 하니, 최광이 다음과 같이 표문을 올렸다.

"漢나라 元帝 때에 암탉이 알을 품다가 점차 수탉으로 변하여 볏과 며느리발톱이 생기고 울면서 무리를 거느리고, 또 수탉에게 뿔이 났습니다. 그러자 劉向이 말하기를 '小臣이 정권을 잡는 형상이니, 石顯이 죄를 지어 죽임을 당한 것[64]이 그 증험입니다.'라고 하였습니다. 靈帝 때에 南宮寺에 있는 암탉이 수탉으로 바뀌려고 하였는데, 머리의 볏만 바뀌지 않으니, 蔡邕이 말하기를 '닭의 몸이 이미 변하였으나 아직 머리까지는 변하지 않았고 황제께서 그 일을 알고 계시니, 사건이 발생하더라도 성공하지 못하는 형상입니다. 만약 정밀하게 대응하지 못하여 政事를 고치지 않아 머리에 볏이 생긴다면 우환이 더욱 커지게 될 것입니다.'라고 하였는데, 이후에 黃巾賊이 사방을 파괴하고 천하는 마침내 크게 어지러워졌습니다.

先是에 有獻雞雛四翼四足者어늘 詔以問侍中崔光한대 光上表曰 漢元帝時에 有雌雞伏(부)子라가 漸化爲雄하여 冠距鳴將하고 又有雄雞生角하니 劉向以爲小臣執政之象이니 石顯伏誅之效也①[65]라하고 靈帝時에 南宮寺에 雌雞欲化爲雄호되 但頭冠未變하니 蔡邕以爲雞身已變이나 未至於頭하고 而上知之하니 將有其事而不遂成之象也니 若應之不精하여 政無所改하여 頭冠或成이면 爲患滋大라하더니 是後에 黃巾이 破壞四方하여 天下遂大亂[66]이라

① 伏(부화하다)은 房富의 切이다. 距는 닭의 발 부분에 붙어 있는 뼈로, 싸울 때 찌르는 용도로 쓰인다. 將(거느리다)은 본음대로 읽으니, 무리들을 거느린다는 뜻이다. 암탉이 처음에는 오히려 병아리를 품었다가 뒤에 점차 수탉으로 변하여 볏과 며느리발톱이 생겨나고 울

64) 石顯이……것 : 석현은 前漢 元帝 때의 환관이자 간신으로, 蕭望之를 핍박하여 자살하게 하고, 周堪 등을 파직하였으나, 成帝가 즉위한 이후에 탄핵되어 귀향하다가 중도에 죽었다.

65) 漢元帝時……石顯伏誅之效也 : ≪漢書≫ 〈五行志〉에서 抄錄한 것이다.

66) 靈帝時……天下遂大亂 : ≪後漢書≫ 〈五行志〉에서 抄錄한 것이다.

고 무리를 거느려 외형이 모두 갖추어져 수탉과 다름이 없음을 말한 것이다.
伏, 房富切. 距, 雞附足骨, 鬪時所用刺之. 將, 如字, 謂師領其群也. 言雌鷄初尙伏子, 後乃稍稍化爲雄, 有冠有距能鳴能將, 其狀皆備與雄無異也.

【目】지금 닭의 형상이 비록 漢나라 때와 같지는 않지만 그 감응이 몹시 유사하니 진실로 두려워할 만합니다. 날개와 다리가 많은 것은 역시 아래에 있는 사람들이 서로 선동하고 돕는 형상이고, 병아리가 아직 크지 않고 다리와 날개가 작은 것은 그 세력이 아직 미약한 것이니, 제어하기가 쉽습니다. 신이 듣건대 재앙과 이변이 나타나는 것은 모두 길흉을 보이기 위해서이니, 현명한 군주는 그것을 보고 두려워하여 마침내 복을 불러오고, 우매한 군주는 그것을 보고도 태만하여 화를 불러들인다고 합니다. 아마도 지금 천한 신분에서 귀하게 되어 정사에 관여하기를 이전 시대의 석현과 견줄 만한 사람이 있는 것입니까. 바라건대, 폐하께서는 어진 사람을 등용하시고 아첨하는 사람을 내치시면 재앙이 그치고 경사스러운 일이 많이 생길 것입니다."라고 하였다.

며칠 후에 茹皓 등을 처형하니, 魏主(元恪)가 이로 말미암아 최광을 더욱 중시하였다. 高肇가 魏主를 설득하여 羽林軍과 虎賁軍을 시켜 諸王의 저택을 지키도록 하니, 거의 幽閉와 같았다. 彭城王 元勰이 간절히 간언하였으나 듣지 않았다. 원협은 뜻이 고상하고 원대하여 일을 피하여 집에 머물렀고, 나가서도 산수가 좋은 곳을 유람하는 일이 없었으며, 거처할 때에는 친한 벗과 교유하는 일이 없이 유독 처자식과 지내며 늘 울적해하며 즐거워하지 않았다.

今之雞狀이 雖與漢不同이나 而其應頗相類하니 誠可畏也라 翼足衆多는 亦群下相扇助之象이요 雛而未大하여 足羽差小는 其勢尙微하니 易制御也라 臣聞災異之見은 所以示吉凶하니 明君은 覩之而懼하여 乃能致福하고 闇主는 覩之而慢하여 所以致禍라 或者今亦有自賤而貴하여 關預政事를 如前世石顯之比者邪아 願陛下는 進賢黜佞이면 則妖弭慶集矣리이다 後數日에 皓等伏誅하니 魏主由此愈重光하더라 高肇가 說魏主하여 使羽林虎賁으로 守諸王第하니 殆同幽禁이라 彭城王勰이 切諫不聽하다 勰이 志尙高邁하여 避事家居하고 而出無山水之適하고 處無知己之遊라 獨對妻子하여 常鬱鬱不樂이러라

【綱】梁나라 司州刺史 蔡道恭이 卒하다.

梁司州刺史蔡道恭卒하다

【目】北魏의 군대가 梁나라 義陽을 포위하였는데, 성안에 있는 군사는 5천 명이 되지 못하였고, 식량은 겨우 반년을 버틸 정도였다. 北魏의 군대가 밤낮으로 쉬지 않고 공격하자, 蔡道恭이 방향에 따라 방어하면서 응수하여 적을 물리치며 백여 일 동안 버텼는데, 목을 베고 사로잡은 적의 수를 이루 다 헤아릴 수가 없었다. 북위의 군대가 꺼려서 후퇴하려고 하였는데, 마침 채도공의 병이 위독하여 사촌동생 蔡靈恩과 조카 蔡僧勰과 여러 장수와 보좌관을 불러서 말하기를 "그대들은 마땅히 죽음으로 절개를 지켜 내가 죽은 뒤에 遺恨을 있게 하지 말라."라고 하니, 무리가 모두 눈물을 흘렸다. 채도공이 卒하자, 채령은이 州의 일을 대리하여 그를 대신해 성을 지켰다.

魏人이 圍梁義陽하니 城中이 兵不滿五千人이요 食纔支半歲라 魏軍攻之晝夜不息하니 道恭이 隨方抗禦하여 應手摧却하여 相持百餘日에 斬獲不可勝計라 魏軍이 憚之將退러니 會道恭疾篤하여 呼從弟靈恩兄子僧勰이 及諸將佐하여 謂曰 汝等이 當以死固節하여 無令吾沒有遺恨하라하니 衆皆流涕러라 道恭卒이어늘 靈恩이 攝行州事하여 代之城守하다

【綱】北魏에 큰 가뭄이 들었다.

魏大旱하다

【目】北魏에 큰 가뭄이 들자, 邢巒이 상주하기를 "옛날에 현명한 제왕은 곡식과 비단을 중하게 여기고 금과 옥을 경시하였으니, 어째서입니까. 곡식과 비단은 백성을 양육하고 나라를 편안하게 하며, 금과 옥은 쓸모가 없고 덕을 무너뜨리기 때문입니다. 先帝께서는 사치와 교만을 깊이 거울삼고 절약과 검소함을 힘써 숭상하여, 심지어 종이와 비단으로 장막과 병풍을 만들고 청동과 철로 고삐와 재갈을 만들었으며, 창고에 저장된 금은 겨우 공급할 뿐이었습니다. 景明 연간[67] 초기에는 백성들이 바치는 공물이 서로 이어지고 장사치들이 서로 세금을 납부하여 금과 옥은 항상 여분이 있었지만, 나라의 재용은 늘 부족했습니다. 만약 그것을 제한하지 않는다면 다만 한 해 동안의 비용도 충분하지 않을까 염려되니, 지금부터는 반드시 필요한 것이 아닌 것을 일절 받지 않으시길

67) 景明 연간 : 北魏 宣武帝의 연호로, 500년에서 503년까지를 말한다.

청합니다."라고 하니, 魏主(元恪)가 그 의견을 받아들였다.

魏大旱하니 邢巒奏①호되 昔者에 明王이 重粟帛하고 輕金玉하니 何則고 粟帛은 養民而安國하고 金玉은 無用而敗德故也라 先帝深鑑奢泰하시고 務崇節儉하사 至以紙絹爲帳扆하며 銅鐵爲轡勒하고 府藏之金은 裁給而已②러니 逮景明之初하여 貢篚相繼하고 商估交入하여 金玉은 常有餘로되 國用은 常不足③하니 苟非爲之分限이면 但恐歲計不充하니 自今으로 請非要須者를 一切不受하나이다하니 魏主納之하다

① 邢巒은 邢穎의 손자이다.
巒, 穎之孫也.

② 扆(병풍)는 於豈의 切이니, 扆는 뒤에다 두고 기대는 것이다. ≪三禮圖≫에 "扆는 가로 세로가 8척이며, 도끼 문양을 그린 것이니, 지금의 병풍에 그 모습이 남아 있다." 하였다. 裁(겨우)는 纔와 같다.
扆, 於豈切. 扆, 在後所以依倚也. 三禮圖"扆縱廣八尺, 畵斧, 今之屛風, 則其遺象也." 裁, 與纔同.

③ 貢篚는 진기하고 정교한 물건을 광주리에 담아서 바치는 것을 말한다. 估(세금)는 음이 古이니, 시장에서 부과하는 세금이다.
貢篚, 謂貴細之物, 盛之以筐篚而入貢也. 估, 音古, 市稅也.

【綱】가을 7월에 梁나라 角城이 北魏에 항복하였다.

秋七月에 梁角城降魏하다

【綱】8월에 梁나라 義陽이 北魏에 항복하니, 북위가 元英을 세워 中山王으로 삼았다.

○八月에 梁義陽이 降魏하니 魏立元英爲中山王하다

【目】北魏 사람들이 蔡道恭이 卒했다는 소식을 듣고서 더욱 급박하게 義陽을 공격하자, 梁나라에서 장군 馬仙琕(마선변)을 파견하여 의양을 구원하도록 하여 옮겨 다니면서 전투를 벌이며 전진하니, 병력의 위세가 아주 대단하였다. 元英이 士雅山에 보루를 쌓고는 여러 장수들에게 사방의 산에 매복하도록 명을 내려 거짓으로 약하게 보이도록 하였다. 마선변이 승세를 타고 곧장 원영의 군영을 들이치자, 원영이 거짓으로 패배하여 그들을 유인하여 평지에 이르러 병력을 풀어서 그들을 공격하였다. 統軍 傅永이 갑옷을

입고 창을 잡고서 진영을 뚫고 들어가자, 양나라 군사들이 부영에게 화살을 쏘아 왼쪽 다리를 관통하였으나 부영은 화살을 뽑고 다시 들어갔다. 마선변이 패배하여 달아나자, 원영은 다시 군사들과 함께 추격을 하여 밤이 다 지나서야 돌아왔다. 이때 원영의 나이가 70세가 넘어 군중에서는 모두 그를 장하게 여겼다. 마선변은 정예의 병사들을 모아 결전을 하여 하루에 세 번 교전하였는데, 모두 크게 패배하여 돌아왔다. 蔡靈恩은 형세가 궁해지자 마침내 북위에 항복하였고, 三關을 지키던 장수는 그 소식을 듣고 역시 성을 버리고 달아났다.

魏人이 **聞蔡道恭卒**하고 **攻義陽益急**이어늘 **梁遣將軍馬仙琕救之**하여 **轉戰而前**하니 **兵勢甚銳**라 **元英**이 **結壘士雅山**하고 **分命諸將伏於四山**하여 **示之以弱**①하니 **仙琕乘勝**하여 **直掩英營**이어늘 **英僞北**(배)**以誘之至平地**하여 **縱兵擊之**러니 **統軍傅永**이 **擐甲執槊**하고 **突陳橫過**어늘 **梁兵**이 **射永**하여 **洞其左股**한대 **永拔箭復入**이라 **仙琕敗走**어늘 **永復與諸軍**으로 **追之**하여 **盡夜而返**하니 **時年**이 **七十餘矣**라 **軍中**이 **莫不壯之**하더라 **仙琕盡銳決戰**하여 **一日三交**하여 **皆大敗而返**하니 **蔡靈恩**이 **勢窮**하여 **遂降於魏**하고 **三關戍將**은 **亦棄城走**②하다

① '士雅山'은 '士稚山'이 되어야 한다. ≪水經注≫에 근거하면 義陽의 동쪽에 大木山이 있는데, 바로 晉나라의 祖逖이 가족들을 데리고 난리를 피했던 곳이다. 조적의 字가 士稚이므로, 후대 사람들이 이로 인해 士稚山이라고 한 것이다.
士雅山, 當作士稚山. 據水經注, 義陽之東, 有大木山, 卽晉祖逖將家避難所居也. 逖字士稚, 後人因以名山.

② ≪資治通鑑綱目集覽≫에 "三關은 모두 信陽軍에 있었다. ≪春秋左氏傳≫ 定公 4년에 '蔡侯와 吳子와 唐侯가 楚나라를 토벌할 때에, 〈楚나라 左司馬 戌(술)이〉 돌아와 大隧와 直轅과 冥阨을 막겠다.' 하였는데, 그 注에 '세 곳은 漢水 동쪽의 좁은 길이다.' 하였다. 살펴보니, 소위 '大隧'는 廣峴關이고, '直轅'과 '冥阨'은 武陽關과 平靖關이다. 廣峴은 지금은 '九里關'으로 불리는데, 信陽軍 남쪽 100리에 있다. 武陽關은 大塞嶺에 있으니, 信陽軍 동남쪽 90리이며, 平靖關은 지금 '行者坡'로 불리는데, 信陽軍 남쪽 75리에 있다." 하였다.
集覽 "三關皆在信陽軍. 左傳定四年 '蔡侯與吳子唐侯伐楚, 還塞大隧・直轅・冥阨.' 注 '三者, 漢東之隘道也.' 案所謂大隧卽廣峴關, 直轅冥・阨, 卽武陽・平靖也. 廣峴, 今名九里關, 在軍南百里, 武陽關, 在大塞嶺, 軍東南九十里, 平靖關, 今名行者坡, 在軍南七十五里."

【目】 元英이 司馬 陸希道에게 露板[68]을 만들게 하였는데, 정밀하지 못한 것을 싫어하여

68) 露板 : 봉함을 하지 않고 노출된 채로 선포하는 포고문인데, 주로 戰勝을 급히 알리는 데에 사용되었다.

傅永에게 명을 내려 수정하도록 하자, 부영은 문장을 더 꾸미지 않고 곧바로 군사 배치 현황과 요해처의 형세만을 기술하였다. 원영이 몹시 칭찬하며 말하기를 "여기에 기록된 전략을 보니, 비록 〈梁나라에〉 金城湯池가 있다고 하더라도 지킬 수 없었을 것이다."라고 하였다. 北魏에서는 원영을 세워 中山王으로 삼았다.

양나라의 衛尉 鄭紹叔이 군주를 섬기는데 충심을 다하여 아는 일에 대해서는 숨김이 없어 일이 잘되면 공을 군주에게 돌리고, 일이 잘못되면 자신에게 허물을 돌리니, 梁主(蕭衍)가 이로 인해 그를 친애하였다. 南義陽에 조서를 내려 司州를 설치하여 鎭을 三關의 남쪽으로 옮기게 하고, 정소숙을 자사로 삼으니, 정소숙이 성곽과 해자를 만들고, 기계를 수리하며, 경작지를 넓히고, 곡식을 비축하여 흩어져 떠돌아다니는 사람을 불러 모으니, 백성들이 편안히 여겼다. 북위가 의양에 郢州를 설치하고 司馬悅을 자사로 삼았다.

英使司馬陸希道로 爲露板이러니 嫌其不精하여 命傅永改之한대 永不增文彩하고 直爲之陳列軍事하여 處置形要而已라 英深賞之曰 觀此經算하니 雖有金城湯池나 不能守矣로다 魏立英爲中山王하다 梁衛尉鄭紹叔이 忠於事上하여 所知無隱하여 善則推功於上하고 不善則引咎歸己하니 梁主以是親之라 詔於南義陽에 置司州하여 移鎭關南하고 以紹叔으로 爲刺史①하니 紹叔이 立城隍繕器械廣田積穀하여 招集流散하니 百姓安之러라 魏置郢州於義陽하고 以司馬悅로 爲刺史하다

① 南義陽은 鹿城關에 治所를 두었다.
南義陽, 治鹿城關.

【綱】9월에 北魏가 북쪽 변방에 9개의 성을 쌓았다.

九月에 魏築九城于北邊하다

【目】柔然이 北魏를 침략하자, 북위가 車騎大將軍 源懷에게 조서를 내려 북쪽 변방으로 나가게 하여 방략을 지시하고 편의대로 일을 처리하도록 하였다. 원회가 雲中에 이르자 유연이 달아나니, 원회가 中華가 오랑캐를 제압하는 방법은 성곽만 한 것이 없다고 생각하여 돌아와서 恒과 代에 이르러 요해처를 시찰하고는, 東西로 아홉 개의 성을 만들어 양식을 저장하고 병장기를 비축하기에 알맞은 곳과 개의 이빨이 서로 맞물리는 것처럼 서로 구원할 수 있는 형세를 이루려고 하여 모두 58개 조목을 表文으로 올리기를 "지금 成周로 도읍을 옮겼으니, 북쪽과의 거리가 아득히 멀어져 代 지역 너머에 있는 여

러 나라가 밖에서 자주 반란을 일으키고, 이어 가뭄과 굶주림을 만나 兵馬와 軍士가 열에 여덟이 줄게 되었습니다. 마땅히 옛날의 鎭을 따라 동서로 서로 바라보아 형세가 서로 인접하게 만들어 성을 쌓고 수자리를 설치하며 요해처에 군사들을 배치하여 농업을 권하고 군량을 축적하였다가 급한 변고가 생기는 날에 편의에 따라 토벌하면 저 말을 타고 다니는 도적들은 끝내 감히 성을 공격하지 못할 것이고, 역시 감히 성을 넘어 남쪽으로 나오지 못할 것입니다. 이와 같이 하면 북쪽 변방은 근심이 사라질 것입니다." 라고 하니, 魏主(元恪)가 그의 말을 따랐다.

柔然이 侵魏어늘 魏詔車騎大將軍源懷하여 行北邊하여 指授規略하여 以便宜從事라 懷至雲中에 柔然이 遁去하니 懷以爲周夏制夷가 莫如城郭이라하여 還至恒代하여 案視要害之地하고 欲東西爲九城하여 及儲糧積仗之宜와 犬牙相救之勢하여 凡五十八條를 表上之曰 今定鼎成周하니 去北遙遠이라 代表諸國이 頗或外叛하고 仍遭旱飢하여 戎馬甲兵이 十分闕八①하니 宜準舊鎭東西相望하여 令形勢相接하여 築城置戍하고 分兵要害하여 勸農積粟이라가 警急之日에 隨便剪討하면 彼遊騎之寇가 終不敢攻城이요 亦不敢越城南出하니 如此면 北方이 無憂矣리이다하니 魏主從之하다

① "定鼎"은 도읍을 옮긴다는 뜻이다. ≪書經≫ 〈周書 召誥〉 孔安國傳에 "周公이 九鼎을 洛邑으로 옮겼다." 하였는데, 지금 北魏가 洛陽으로 도읍을 옮겼기 때문에 成周로 九鼎을 정하였다고 말한 것이다. "代表"는 北魏 代都의 변방 바깥 지역을 말한다. "諸國"은 高車의 여러 부족을 말한다.
定鼎, 謂遷都也. 書曰"周公遷九鼎于洛邑." 今魏遷都洛陽, 故云定鼎成周. 代表, 謂魏代都之塞外也. 諸國, 謂高車諸部.

【綱】 北魏에서 조서를 내려 여러 신하들에게 음악을 의논하게 하였다.

魏詔群臣議樂하다

【目】 高祖(元宏)가 高閭와 公孫崇에게 조서를 내려 雅樂을 조사하고 정리하도록 하였다. 오랜 시일이 지나도 완성하지 못하였는데, 마침 고조가 殂하고, 고려도 卒하였다. 景明 연간에 공손숭이 〈이전에〉 조율했던 악기와 정리한 서적을 바치니, 이때에 이르러 魏主(元恪)가 비로소 八座[69] 이하 관리들에게 명을 내려 의논하게 하였다.

69) 八座 : 六曹의 尙書와 左·右僕射를 말한다.

高祖詔高閭公孫崇하여 考定雅樂하여 久之未就러니 會高祖殂하고 高閭卒이라 景明中에 崇이 上所調金石及書러니 至是하여 魏主始命八座以下하여 議之하다

【綱】 겨울 11월에 北魏에서 國學을 건립하였다.

冬十一月에 魏營國學하다

【目】 당시에 北魏에서는 학업이 크게 번성하여 燕·齊·趙·魏[70]의 지역에 학문을 가르치는 사람이 이루 다 헤아릴 수 없었고, 제자로 기록된 사람은 많은 경우 천 명을 넘었다. 州에서는 茂異를 천거하였고 郡에서는 孝廉을 추천하여 해마다 더욱 많아졌다.

時에 魏學業大盛하여 燕齊趙魏間에 教授者가 不可勝數요 弟子著錄多者가 千餘人이라 州擧茂異하고 郡貢孝廉하여 每年逾衆①이러라

① 보통 사람보다 뛰어난 秀才를 뽑고,[71] 해마다 孝廉[72]을 추천하는 것은 모두 漢나라의 제도이다.
擧茂才異等, 歲貢孝廉, 皆漢制.

【綱】 梁나라에서 贖罪하는 刑法을 폐지하였다.

梁除贖刑法하다

【綱】 11월에 北魏에서 律令을 다시 제정하였다.

◑十二月에 魏更定律令[73]하다

---

70) 燕·齊·趙·魏 : 戰國時代 때에 燕·齊·趙·魏의 지역을 말한다.

71) 보통……뽑고 : 茂才異等科를 말한다. 茂才는 원래 秀才였는데, 東漢 때 와서 光武帝의 이름인 秀자를 피하여 茂자로 고친 것이다.

72) 孝廉 : 漢 武帝 때에 만들어진 인재를 선발하던 두 가지 과목으로, 효성이 지극하고 청렴한 자를 천거 받아 관직에 제수하던 제도이다.

73) 魏更定律令 : "北魏는 신미년(491)부터 崔浩를 시켜서 律令을 정하게 하였는데 지금에 이르도록 모두 5번 바꾸었고, 북위도 이로부터 쇠퇴하였다.〔魏自辛未 使崔浩定律令 至是凡五更 而魏亦自是衰矣〕" ≪書法≫

【目】〈北魏에서〉 殿中郎 등에게 조서를 내려 율령을 논의하여 확립하게 하고 彭城王 元勰 등에게 감독하도록 하였다.

詔殿中郎等하여 議定律令하고 彭城王勰等으로 監之하다

思政殿訓義 資治通鑑綱目 제30권 상

-梁 武帝 天監 4년(505)~梁 武帝 天監 10년(511)-

≪資治通鑑綱目≫ 제30권은 乙酉年(505) 梁나라 武帝 天監 4년, 北魏 宣武帝 正始 2년부터 乙巳年(525) 梁나라 武帝 普通 6년, 北魏 孝明帝 孝昌 원년까지이니, 모두 21년이다.

起乙酉梁武帝天監四年과 魏宣武帝正始二年하여 盡乙巳梁武帝普通六年과 魏孝明帝孝昌元年이니 凡二十一年이라

乙酉年(505)

梁나라 高祖 武帝 蕭衍 天監 4년이고, 北魏 世宗 宣武帝 元恪 正始 2년이다.

梁天監四年이요 魏正始二年이라

【綱】 봄 정월에 梁나라가 五經博士를 설치하고 州와 郡에 학교를 세웠다.

春正月에 **梁置五經博士**하고 **立州郡學**[1)]하다

【目】 梁主(蕭衍)가 평소에 儒術을 좋아하였는데, 東晉·宋나라·齊나라가 비록 國學을 설치하였지만 실제 講學과 수업이 이루어지지 않았다고 생각하여 조서를 내리기를 "二漢[2)] 때에 등용한 인재는 經術家가 아닌 사람이 없었기에 올바른 道에 마음을 쏟아 명

1) 梁置五經博士 立州郡學 : "晉나라 篇부터 '魏나라가 博士를 설치했다.〔魏置博士〕'라고 기록하고 宋나라·齊나라를 지나도록 기록한 것이 없다가 이때에 와서 다시 기록하였으니 經典을 높인 것을 가상하게 여긴 것이다. 梁나라 정치는 여기에서 더욱 기록할 만한 것이 있다. ≪資治通鑑綱目≫이 마칠 때까지 '五經博士를 설치했다.'라고 기록한 것은 3번이니(漢 武帝 建元 5년(B.C. 136)에 자세하다.) 이를 제외하고는 기록한 것이 없다.〔自晉之篇 書魏置博士 歷宋齊未有書者 至是復書 嘉尊經也 梁政於是益有可書者 終綱目書置經博士三(詳漢武帝建元五年) 舍是無書者矣〕" ≪書法≫

예가 서고 행실이 이루어졌다. 그런데 魏나라(曹魏)・晉나라 때에는 들뜨고 방탕하여 儒教가 침체하였으니, 風氣와 절개가 수립되지 않은 것이 여기에서 비롯되었다. 五經博士를 두고 學校와 館舍를 널리 설치하여 後進을 불러들여 급료를 주고 射策(석책)에 통달하여 밝은 사람은 즉시 벼슬을 주어 관리에 임명하라. 또 학생을 선발하여 雲門山으로 가서 何胤에게 수업을 받게 하고, 하윤에게 명을 내려 경서에 밝고 덕행이 우수한 사람을 선발하여 보고하게 하라."라고 하고, 博士와 祭酒를 나누어 파견하여 州와 郡을 순회하고 학교를 세우도록 하였다.

梁主雅好儒術이라 以東晉宋齊雖置國學而無講授之實이라하여 乃下詔曰 二漢登賢은 莫非經術이라 服膺雅道하여 名立行成이러니 魏晉浮蕩하여 儒教淪歇하니 風節罔樹가 抑此之由[①]라 其置五經博士하고 廣開館宇하여 招內(납)後進하여 給其餼廩하고 其射策通明者는 卽除爲吏[②]하라 又選學生하여 往雲門山하여 從何胤受業하고 命胤選經明行修者以聞[③]하라하고 分遣博士祭酒하여 巡州郡立學하다

① 歇은 그침이다. 樹는 세움이다.
歇, 休息也. 樹, 立也.

② 餼는 생고기를 주는 것이고, 廩은 꼴과 쌀을 지급하는 것이다. 射策은 논난할 질문과 의심이 드는 부분을 죽간에다 써서 책상 위에 늘어놓아 보이지 않도록 한 다음에 시험에 응시하려는 자가 자신이 취한 질문지에 따라 풀이하도록 하여 우열을 알아내는 것을 말한다. 射는 投合의 뜻이다.
餼, 饋生肉也. 廩, 給芻米也. 射策者, 謂難問疑義書之於策, 列置案上, 不使彰顯, 有欲射者, 隨其所取得而釋之, 以知優劣. 射之言投也.

③ 雲門山은 會稽의 남쪽에 있는데, 何胤은 당시에 雲門山에 은거하고 있었다.
雲門山在會稽南, 胤時隱雲門山.

【綱】 梁나라 漢中太守 夏侯道遷이 고을을 가지고 배반하여 北魏에 투항하자, 북위가 장군 邢巒을 보내 漢中으로 들어가게 하여 드디어 梁州를 취하였다.

梁漢中太守夏侯道遷이 以郡叛하여 降于魏이어늘 魏遣將軍邢巒入漢中하여 遂取梁州하다

2) 二漢 : 東漢과 西漢을 말한다.

【目】 예전에 梁나라 夏侯道遷이 裴叔業을 따라 壽陽을 지키다가 배숙업과 사이가 벌어져 말 한 필을 타고 北魏로 달아났는데, 북위의 王肅이 그에게 合肥를 지키게 하였다. 왕숙이 卒하자 하후도천이 양나라로 달아나니 양나라에서 漢中太守로 삼았는데, 다시 반란을 일으켜 북위로 투항하였다. 북위가 邢巒을 鎭西將軍으로 삼아 군사를 거느리고 진군하게 하였는데, 형만이 漢中에 이르러 가는 곳마다 격파하자, 북위는 형만을 梁·秦二州刺史에 임명하였다. 楊集起와 楊集義는 북위의 군대가 漢中에서 승리했다는 소식을 듣고는 두려워하여 여러 氐族을 이끌고 반란을 일으켰는데, 형만이 그들을 공격하여 격파하였다. 梁나라가 장군 孔陵 등을 보내어 북위에 대항하자, 형만이 統軍 王足을 보내어 공격해서 격파하여 드디어 劍閣으로 들어갔다. 孔陵 등이 후퇴하여 梓潼을 지켰는데 왕족이 또 진격하여 격파하니, 梁州 14개 郡의 지역의 동서 700리 남북 1,000리가 모두 북위의 영토로 넘어갔다.

初에 梁夏侯道遷이 從裴叔業鎭壽陽이라가 與叔業有隙하여 單騎奔魏한대 魏王肅이 使守合肥러라 肅卒에 道遷이 奔梁하니 梁以爲漢中太守러니 復叛降魏어늘 魏以邢巒으로 爲鎭西將軍하여 將兵赴之할새 巒至漢中하여 所向摧破하니 魏以巒으로 爲梁秦二州刺史러라 楊集起集義聞魏克漢中而懼하여 帥群氐叛之어늘 巒擊破之①하다 梁遣將軍孔陵等拒魏어늘 邢巒遣統軍王足하여 擊破之하여 遂入劍閣하니 陵等이 退保梓潼이어늘 足又進擊破之하니 梁州十四郡地東西七百里南北千里가 皆入于魏하다

① 楊集起와 楊集義는 모두 楊紹先의 숙부이다.
集起·集義, 皆紹先叔父.

【綱】 여름 4월에 梁州·益州刺史 蕭淵藻가 전임 刺史인 鄧元起를 죽였는데, 고을 백성들이 반란을 일으키자 소연조가 토벌하여 평정하였다.

夏四月에 梁益州刺史蕭淵藻가 殺前刺史鄧元起한대 州民이 作亂이어늘 淵藻가 討平之[3)]하다

---

3) 梁益州刺史蕭淵藻……淵藻討平之 : "蕭淵藻가 전임 刺史를 죽였으니, 어찌 그가 독단하여 주벌한 것을 바로잡지 않을 수 있겠는가. 그런데도 梁主는 겨우 장군의 호칭만 깎아내렸기 때문에 ≪資治通鑑綱目≫에서도 삭제하여 기록하지 않았다. 그렇다면 梁主가 너무 관용을 베푼 잘못은 晩年까지 살펴볼 필요도 없는 것이다. 총명했던 초기에 이미 드러났으니 자제들이 서로 난동을 부린 것이 마땅하다.〔淵藻殺前刺史 盍正其專殺之誅 而梁主僅貶其號 故綱目亦削而不書 然則梁主寬縱之失 不待見之晩年 蓋於其精明之初 已見之矣 宜乎子弟之交亂也〕" ≪發明≫

【目】 처음에 益州刺史인 當陽侯 鄧元起가 고향으로 돌아가기를 청하자, 조서를 내려 西昌侯 蕭淵藻로 그를 대신하게 하였다. 등원기가 돌아갈 행장을 꾸리면서 저장해둔 양식과 器械를 모조리 챙기고 하나도 남겨두지 않으니, 소연조가 그를 원망하였고, 또 좋은 말을 요구하였는데 얻지 못하였다. 드디어 등원기가 술에 취한 것을 틈타서 죽이고는 모반을 꾀하였다고 무고를 하니, 梁主(蕭衍)가 의심하였다. 등원기의 故吏인 羅研이 대궐로 가서 그 일을 하소연하자, 梁主가 말하기를 "과연 내 생각대로였구나."라고 하고는, 소연조에게 使者를 보내어 질책하기를 "등원기가 그대를 위해 원수를 갚아주었는데, 그대는 원수를 위해 원수를 갚았으니, 충효의 도리가 어디에 있는가."라고 하였다. 소연조의 호칭을 冠軍將軍으로 깎아내리고, 등원기를 征西將軍으로 追增하고 諡號를 '忠侯'라고 하였다.

初에 益州刺史當陽侯鄧元起乞歸어늘 詔以西昌侯淵藻로 代之[①]한대 元起營還裝에 糧儲器械를 取之無遺하니 淵藻恨之[②]하고 又求其良馬不得이라 遂因醉殺之而誣以反하니 梁主疑焉이러니 元起故吏羅研이 詣闕訟之한대 梁主曰 果如我所量也로다하고 使讓淵藻曰 元起爲汝報讐어늘 汝爲讐報讐하니 忠孝之道如何[③]오하고 貶號爲冠軍將軍하고 贈元起征西將軍하고 諡曰忠侯라하다

① 蕭淵藻는 蕭懿의 아들이다.
淵藻, 懿之子也.

② "營還裝"이 ≪梁書≫ 〈登元起傳〉에는 "頗營還裝(돌아갈 행장을 심하게 꾸렸다.)"으로 되어 있다.
營還裝元起傳作頗營還裝.

③ 蕭懿가 東昏侯(蕭寶卷)의 손에 죽었는데, 登元起가 梁主(蕭衍)와 함께 동혼후를 죽였으니, 이는 蕭淵藻의 아비의 원수를 갚아준 것이다.
蕭懿死於東昏之手, 元起從梁主誅東昏, 是報淵藻父讐也.

【目】 李延壽가 다음과 같이 논하였다.

"등원기가 근면하여 〈의병을 일으켰을 때〉 병사들이 서로 잘 따랐고, 공적은 〈梁州와 益州 지역을〉 개척하였는데, 공로에는 보상을 해주지 않고 재앙의 덫에 먼저 빠지게 되었다. 蕭淵藻를 冠軍將軍으로 깎아내린 처벌은 형벌로 보면 너무 가벼운 것으로, 梁나라의 정치와 형벌은 여기에서 잘못되었으니, 國運이 길지 못한 것이 또한 마땅하지 않은가."

李延壽論曰[①] 元起勤乃胥附하고 功惟闢土어늘 勞之不圖하고 禍機先陷이라 冠軍之貶이 於罰已

輕하니 梁之政刑이 於斯爲失하니 年之不永이 不亦宜乎②아

① 李延壽는 唐 太宗 때 사람으로, ≪南史≫·≪北史≫를 저술하였다.
延壽, 唐太宗時人, 撰南·北史.

② 胥는 서로라는 뜻이니, 〈"胥附"는〉 義兵을 일으켰을 때에 병사들이 서로 잘 따랐다는 말이다. "功惟壁土"는 梁州와 益州 지역을 개척했다는 말이다.
胥, 相也. 謂擧義兵相附從也. 功惟壁土, 謂開梁·益之土也.

【目】 益州의 백성 焦僧護가 난을 일으키자, 소연조가 弱冠이 되지 않은 나이에도 직접 그들을 공격할 것을 의논하였는데, 어떤 사람이 안 된다고 하였다. 소연조가 그의 목을 베고는 肩輿를 타고서 적들의 진영을 순행하였는데, 적들이 활을 어지럽게 쏘아대어 화살이 비가 내리듯 하였다. 수행하던 자들이 방패를 들어 화살을 막았는데, 소연조가 치우라고 명을 내리니 이로 말미암아 민심이 크게 안정되어 초승호 등을 공격하여 모두 평정하였다.

◑益州民焦僧護作亂이어늘 蕭淵藻年未弱冠이나 議自擊之한대 或陳不可라하니 淵藻斬之하고 乃乘肩輿하여 巡行賊壘하니 賊弓亂射하여 矢下如雨라 從者擧楯禦矢러니 淵藻命去之하니 由是로 人心大安이라 擊僧護等皆平之하다

【綱】 6월에 梁나라에서 처음으로 孔子의 祠堂을 세웠다.

六月에 梁初立孔子廟[4]하다

【綱】 가을 7월에 北魏의 統軍 王足이 涪城을 공격하여 8월에 梁나라 군대를 크

4) 梁初立孔子廟 : "'처음 세웠다.〔初立〕'라고 한 것은 어째서인가. 시작을 기록한 것이다. 宋나라가 일찍이 魯 지역의 孔子의 사당을 수리한 적이 있었으나, 이때에 淮南이 모두 北魏 지역이 되어 공자의 사당으로 가는 길이 끊어졌다. 梁主가 처음으로 〈江南에 공자의 사당을〉 창립하니 존경할 대상을 알았다고 말할 만하다. 기록하기를 '처음 세웠다〔初立〕'라고 하였으니 매우 가상히 여긴 것이다. ≪資治通鑑綱目≫을 마칠 때까지 '공자의 사당〔孔子廟〕'이라고 기록한 것은 3번이니(晉 孝武帝 太元 17년(392)에 자세하다.) 이를 제외하고는 기록한 것이 없다.〔初立 何 記始也 宋嘗修魯孔子廟矣 於是淮南皆爲魏境 孔廟隔絶 梁主始創立之 可謂知所尊矣 書曰初立 深嘉之也 終綱目書孔子廟三(詳晉孝武帝太元十七年) 舍是無書者矣〕" ≪書法≫

"孔子의 사당을 세운 것은 옳다. 그러나 '처음 세운 것〔初立〕'을 기록하였으니 이보다 앞서서는 세운 적이 없음을 보인 것이다. 江左(南朝)의 여러 조정에서 숭상하기를 이와 같이 하였으니 拓跋氏에게 부끄러움이 많다.〔立孔子廟 是也 然書初立 則見前此未嘗立也 江左累朝崇尙如此 其有愧於拓跋氏多矣〕" ≪發明≫

게 격파하고 장수 魯方達 등 39명을 죽였다.

◑秋七月에 魏統軍王足이 攻涪城하여 八月에 大敗梁軍하고 殺其將魯方達等三十九人[5]하다

【目】梁나라 장군 王景胤 등이 北魏의 王足과 전투를 치러 여러 차례 패배하였다. 7월에 왕족이 진격하여 涪城을 핍박하니, 8월에 秦州·梁州의 刺史인 魯方達 등 15명의 장수가 전투에서 패배하여 모두 전사하고, 왕경윤 등 24명의 장수가 또 패배하여 전사하였다.

梁將軍王景胤等이 與魏王足으로 戰屢敗러니 七月에 足進逼涪城하니 八月에 秦梁刺史魯方達等十五將이 戰敗皆死하고 景胤等二十四將이 又敗亦死하다

【綱】北魏의 太極殿에서 靈芝가 자랐다.

魏有芝生於太極殿[6]하다

【目】侍中 崔光이 다음과 같이 표문을 올렸다.

"증기로 인해 菌(버섯)이 생장하므로, 큰 언덕이나 깊은 뜰 안처럼 습기가 있고 더러운 곳에서 자라나지, 높고 화려한 궁전에서 자라나는 것은 마땅하지 않습니다. 그런데 지금 갑자기 이런 일이 있으니, 참으로 기이합니다. 들판의 나무가 朝堂에서 자라고 들판의 새가 宗廟로 들어오는 것을 옛사람들이 모두 나라가 망할 징조로 여겼습니다. 그

---

5) 魏統軍王足……三十九人 : "≪資治通鑑綱目≫에서 '장군을 죽였다.〔殺將〕'라고 기록한 것은 이보다 많은 것이 없다. 그러므로 특별히 몇 명이라고 기록한 것이다.〔綱目書殺將 未有多於此者矣 故特書若干人〕" ≪書法≫

6) 魏有芝生於太極殿 : "'지초〔芝〕'를 기록한 것은 2번인데(漢 武帝 元朔 2년(B.C. 127), 安帝 元初 2년(115)) 모두 나무란 것이다. 여기서 기록한 것은 어째서인가. 강직한 신하를 드러낸 것이다. 崔光은 용감하게 말했다고 할 만하다. ≪資治通鑑綱目≫이 마칠 때까지 지초가 생장한 것을 기록한 것은 3번이니 이를 제외하고는 기록한 것이 없다.〔書芝再矣(漢武帝元朔二年 安帝元初六年) 皆譏也 此其書 何 著直臣也 崔光可謂敢言矣 終綱目書芝生三 舍是無書者矣〕" ≪書法≫

"芝는 풀인데 田野에서 생장하지 않고 殿堂에서 생장하여 거의 뽕나무·곡식과 같을 뿐이다. 北魏는 孝文帝 이후로 정치가 날로 쇠퇴하였는데 지금 또 이 요망한 물건이 있게 되었는데도 그 임금이 여전히 알아차리지 못하면 되겠는가. 기록한 것은 찬미한 것이 아니라 괴이함을 기록한 것이다.〔芝 草也 不生於田野 而生於殿堂 殆與桑穀等爾 魏自孝文以後 政治日衰 今又有此妖物 其主猶不知寤 可乎 書非美之 蓋紀異也〕" ≪發明≫

러므로 太戊와 中宗이 재앙이 닥칠까 두려워하여 덕을 닦아 殷나라의 道가 번창하였으니, 이른바 '집안이 잘되려면 괴이한 징조가 먼저 나타나고 나라가 흥하려면 요상한 징조가 미리 나타난다.'는 것입니다. 지금 서쪽과 남쪽 두 지역에서 전쟁이 그치지 않고, 수도와 가까운 교외 지역에는 큰 가뭄이 오래 지속되고 있으니, 백성의 수고로움과 사물의 피폐함이 이보다 심한 경우는 없었습니다. 하늘의 뜻을 받들어 백성들을 기르는 사람이 마땅히 구휼해야 하니, 바라건대 폐하께서는 두려워하고 유념하시어 성스러운 道를 새롭게 하시어 밤에 술을 마시는 즐거움을 절제하시고 한창인 나이를 잘 보양하시면 北魏의 국운은 영원히 융성할 것이며, 황제께서는 큰 산악처럼 오래 장수하실 것입니다."

이때에 魏主(元恪)가 연회와 유흥을 좋아하였기 때문에 최광이 이런 말을 하였다.

侍中崔光上表曰 氣蒸成菌이라 生於墟落濕穢之地요 不當生於殿堂高華之處어늘 今忽有之하니 誠足異也①라 夫野木生朝하고 野鳥入廟를 古人皆以爲敗亡之象이라 故太戊中宗이 懼災修德하여 殷道以昌하니 所謂家利而怪先이요 國興而妖豫者也②라 今西南二方에 兵革未息하고 郊甸之內에 大旱踰時하니 民勞物悴가 莫此之甚이라 承天育民者가 所宜矜恤이니 願陛下는 側躬聳意하여 惟新聖道하사 節夜飮之樂하고 養方富之年하면 則魏祚可以永隆이요 皇壽等於山岳矣리이다 於是에 魏主好宴樂이라 故光言及之하다

① 菌(버섯)은 巨隕의 切이니, 地蕈이다. 墟는 큰 언덕이다. 落은 깊은 뜰 안이다.
菌, 巨隕切, 地蕈也. 墟, 大丘也. 落, 院落也.

② 商王 太戊 시절에 亳 땅에 요상한 뽕나무와 곡식이 朝堂에 함께 자라나서 하룻밤에 아름드리가 되었다. 그러자 太戊가 두려워하여 덕을 닦으니, 요상한 뽕나무가 말라 죽었고, 殷나라의 道가 부흥하였다. 祥은 괴이함이다. 高宗이 成湯에게 제사를 올렸는데, 다음 날 꿩이 날아와 솥귀에 올라가서 울었다. 그러자 고종이 두려워 덕을 닦으니, 殷나라의 道가 부흥하였다. 中宗은 마땅히 高宗이 되어야 한다.
商王太戊之時, 亳有祥桑穀共生于朝, 一暮大拱. 太戊懼而修德, 祥桑枯死, 殷道復興. 祥, 妖怪也. 高宗祭成湯, 明日有飛雉升鼎耳而雊, 高宗懼而修德, 殷道復興. 中宗當作高宗.

【綱】겨울 10월에 梁나라에서 臨川王 蕭宏과 僕射 柳惔을 파견하여 군사를 이끌고 北魏를 정벌하게 하면서 洛口에 주둔하게 하였다.

冬十月에 梁遣臨川王宏僕射柳惔하여 帥師伐魏하여 次于洛口①7)하다

7) 梁遣臨川王……次于洛口 : "北魏가 梁나라를 압박하였는데 '정벌했다〔伐〕'라고 기록하고, 여기서 또

① 蕭宏은 梁主(蕭衍)의 아우이고, 柳惔은 柳忱의 형이다. ≪水經注≫에 "洛澗은 북쪽으로 泰虛를 경유하여 하류로 흘러 淮水로 유입되는데, 그곳을 洛口라고 한다." 하였다.
宏, 梁主之弟. 惔, 忱之兄也. 水經注"洛澗北逕泰虛, 下注淮, 謂之洛口."

【綱】 武興氐王 楊紹先이 北魏를 배반하였다.

◑武興氐王楊紹先이 叛魏하다

【目】 楊集起와 楊集義가 楊紹先을 황제로 세우자 北魏에서 楊椿을 보내어 토벌하였다.

楊集起集義가 立楊紹先爲帝어늘 魏遣楊椿討之①하다

① 楊紹先은 楊集始의 아들이다.
紹先, 集始之子也.

【綱】 11월에 北魏의 王足이 梁나라로 달아났다.

十一月에 魏王足이 奔梁하다

【目】 王足이 涪城을 포위하자, 蜀人들이 두려움에 떨어 益州에서 성벽을 지키다가 항복한 사람이 열에 두세 명이었고, 백성들 중에 스스로 호적장부를 바친 민가가 5만여 戶였다.

邢巒이 魏主(元恪)에게 表文을 올리기를 "建康과 成都의 거리가 1만 리이고, 육지로 통하는 길이 이미 끊어져서 水軍은 일 년의 기간이 아니면 도달하지 못하니, 도모할 만한 첫 번째 이유입니다. 근래에 劉季連과 鄧元起의 난리를 겪어 저장된 물자가 고갈되었고, 관리와 백성들이 다시 굳게 지킬 뜻이 없으니, 도모할 만한 두 번째 이유입니다. 蕭淵藻는 귀한 집안의 자제로 정무에 미흡하고, 예전에 이름난 장수들은 대부분 갇히거나 죽임을 당하였고, 일을 맡을 만한 사람은 모두 가까이에 있는 젊은이들이니, 도모할

'정벌했다〔伐〕'라고 기록한 것은 어째서인가. 북위가 배반자를 받아들였기 때문이다. 梁나라 장군 39명을 죽이는 데에 이르렀으면 이 전쟁은 명분이 없지 않은 것이 아니다. 이에 특별히 '정벌했다〔伐〕'라고 기록한 것이다. 그렇지만 정벌하면서 머물게 하였으니〔次〕 나무란 것이다. 蕭宏은 겁을 먹은 것이 심하므로 뒤에 '도망해 귀순하였다.〔逃歸〕'라고 기록하였으니, 이로부터 梁나라의 성이 北魏로 귀순한 것을 비로소 '배반〔叛〕'이라고 기록하였다.〔魏加梁 書伐 此其亦書伐 何 魏納叛人也 至殺梁將三十九 則斯師也 不爲無名矣 於是特書伐 伐而次 譏也 蕭宏怯懦甚矣 故後書逃歸 自是梁城歸魏 始書叛〕" ≪書法≫

만한 세 번째 이유입니다. 蜀에서 믿는 것은 劍閣 지역뿐인데, 지금 이미 그 험준한 지형을 빼앗아 수레를 나란히 하여 지나가는데 장애물이 없으니, 도모할 만한 네 번째 이유입니다. 소연조는 蕭衍의 골육지친이니 필시 죽을 리가 없습니다. 만약 涪城을 함락하면 반드시 도주할 것이며, 蜀의 군사는 겁이 많고 활과 화살도 적고 약하니, 도모할 만한 다섯 번째 이유입니다. 지금 만약 그곳을 탈취하지 않으면, 뒤에 도모하기는 어렵습니다. 더구나 益州는 넉넉하고 풍족하여 戶口가 10만이라, 壽春과 義陽에 비하면 그 이로움이 세 배이니, 만약 진격하여 탈취하려면 때를 놓쳐서는 안 됩니다."라고 하였는데, 그 말을 따르지 않았다.

足圍涪城한대 蜀人震恐하여 益州城戍降者가 什二三이요 民自上名籍者가 五萬餘戶러라 邢巒이 表於魏主曰 建康成都가 相去萬里요 陸行既絶하여 而水軍非周年不達하니 一可圖也①요 頃經劉季連鄧元起之亂하여 資儲空竭하고 吏民이 無復固守之志하니 二可圖也②요 淵藻가 裠屐少年이라 未洽治務하고 宿昔名將이 多見囚戮하고 所任이 皆左右少年하니 三可圖也③요 蜀之所恃가 唯在劍閣이어늘 今已奪其險하여 方軌無礙하니 四可圖也④요 淵藻는 是衍至親하니 必無死理라 若克涪城하면 必將逃走요 蜀卒驚怯하고 弓矢寡弱하니 五可圖也라 今若不取면 後圖便難요 況益州殷實하여 戶口十萬이라 比之壽春義陽에 其利三倍⑤하니 若欲進取면 時不可失이라하니 不從하다

① 襄陽에서 서쪽으로 육지를 따라가면 蜀에 도달할 수 있는데, 梁州가 이미 北魏에게 넘어갔으니, 육로는 끊어졌다.
自襄陽西行遵陸可以至蜀, 梁州既入于魏, 則陸路斷矣.
② 頃은 근래라는 뜻이다.
頃, 近也.
③ 裠(치마)의 음은 群으로, 裙과 통용하니, 치마이다. 屐은 竭戟의 切이니, 나막신이다. 〈"裠屐"은〉 아름다운 복식을 말한 것이니, '衣冠子弟(문벌이 좋은 집안의 자제)'라는 말과 같다.
裠音群, 與裙通, 下裳也. 屐, 竭戟切, 履也. 言其服飾之美, 猶言衣冠子弟也.
④ 諸葛孔明이 蜀漢의 丞相을 지낼 적에 大劍山과 小劍山 사이에 좁은 길이 있었기 때문에 劍門이라고 하였다. 30리의 閣道가 아주 험준하여 閣尉를 두었다. 姜維가 이곳에서 鍾會를 막았다. 晉나라는 그 지역을 梓潼郡에 소속시켰다. 桓溫이 蜀으로 들어가서는 晉壽에 劍閣縣을 두고 梁州에 소속시켰다.
諸葛孔明相蜀, 以大劍·小劍有隘束之路, 故曰劍門. 以閣道三十里至險, 乃有閣尉. 姜維拒鍾會於此. 晉以其地入梓潼郡. 桓溫入蜀, 於晉壽置劍閣縣, 屬梁州.
⑤ 北魏가 이에 앞서 이미 壽春과 義陽을 점령했기 때문에 이렇게 말한 것이다.
魏先此, 已得壽春·義陽故云然.

【目】 邢巒이 또 표문을 올리기를 "예전에 鄧艾와 鍾會는 18만 명의 군사를 이끌고 中原의 비축된 물자를 모두 징발하여 겨우 蜀을 평정할 수 있었으니, 그 이유는 실제 전투력으로 싸웠기 때문입니다. 더구나 臣의 재주는 옛사람만 못하니, 어찌 2만의 군사로 蜀을 평정하기를 바라겠습니까. 그럼에도 감히 그렇게 하려는 것은 바로 험준한 요충지를 점거하였고, 병사와 백성들이 의리를 사모하니, 역량에 따라 맡겨서 거행하면 이치상 이길 수 있을 것이기 때문입니다. 그러나 臣은 정벌이 위험한 일이라 쉽게 할 수 없다는 것을 잘 알고 있으니, 劍閣을 건넌 뒤로 귀밑머리의 절반이 하얗게 변했습니다. 그래서 먼저 涪城을 빼앗고 점차 전진하려는 것이니, 만약 부성을 얻는다면 益州의 땅을 절반으로 나누어 수로와 육로의 요충지를 차단하게 됩니다. 그렇게 되면 저들은 외부에 지원군이 없어 외로운 성을 홀로 지키게 되리니, 어찌 다시 오랫동안 버틸 수 있겠습니까.

臣은 지금 군대들마다 서로 진을 쳐서 聲勢를 서로 잇게 하여 먼저 만전을 기하는 계책을 세운 뒤에 공로를 이루려고 하니, 계획대로 되면 큰 이익을 보게 될 것이고, 실패해도 스스로 온전할 수 있을 것입니다. 또 巴西와 南鄭의 거리가 1천여 리나 되기에 옛날에 다스리기 어려운 형편이었기 때문에 巴州를 세워서 夷族과 獠族을 다스렸었는데, 梁州가 여기에서 이득을 탐하여 그로 인해 표문을 올려 巴州를 철폐하였습니다.

저들 토착민들이게 명망이 있는 嚴氏·蒲氏·何氏·楊氏 집안에는 富豪家族들이 아주 많아 문학과 풍류 역시 적지 않으나, 다만 州와의 거리가 이미 멀어서 벼슬에 진출할 기회를 얻지 못하니, 이로 인해 우울해하고 불만을 품어 반란을 일으키려는 마음이 많이 싹트게 됩니다. 근래에 夏侯道遷이 대의를 들어 거병한 초기에 嚴玄思가 스스로 巴州刺史라 칭하며 성을 함락한 이후로 그대로 자사의 일을 대행하도록 시켰습니다.

巴西는 면적이 1천 리이고, 戶口는 대략 4만입니다. 만약 그곳에 州를 세워 漢族과 獠族을 진압하여 다스리면 백성의 마음을 크게 안정시킬 수 있을 것이니, 墊江 이후 지역은 수고롭게 정벌하지 않아도 절로 우리나라의 소유가 될 것입니다."라고 하였는데, 魏主(元恪)가 역시 그 말을 따르지 않았다.

이에 앞서 魏主가 王足으로 益州刺史를 대행하게 하였는데, 얼마 뒤에 다시 羊祉로 그 임무를 대신하게 하니, 왕족이 그 소식을 듣고는 기뻐하지 않아 갑자기 군사를 이끌고 돌아가서 결국 蜀을 평정할 수 없었다. 오랜 시일이 지난 뒤에 〈왕족이〉 梁나라로 달아났다.

巒又表曰 昔鄧艾鍾會帥十八萬衆하여 傾中國資儲하여 僅能平蜀하니 所以然者는 鬪實力也니 況臣才非古人이니 何宜以二萬之衆而希平蜀이리오 所以敢者는 正以據得要險하고 士民慕義니 任力而行이면 理有可克耳어니와 臣誠知戰伐危事라 未易可爲니 自度劍閣以來로 鬢髮中白이라 故欲先取涪城하여 以漸而進[①]하니 若得涪城이면 則中分益州之地하여 斷水陸之衝[②]이니 彼外無援軍하여 孤城自守니 何能復持久哉리오 臣今欲使軍軍相次하여 聲勢連接하여 先爲萬全之計然後에 圖功하니 得之則大利요 不得則自全이니이다 又巴西南鄭이 相距千里라 昔以統綰勢難으로 曾立巴州하여 以鎭夷獠러니 梁州藉利하여 因而表罷[③]하니 彼土民望嚴蒲何楊豪右甚多하여 文學風流가 亦爲不少[④]로되 但以去州旣遠하여 不獲仕進하니 是以鬱怏하여 多生異圖라 比道遷建義之始에 嚴玄思自號巴州刺史하여 克城以來로 仍使行事[⑤]하니 巴西는 廣袤千里요 戶餘四萬하니 若於彼立州하여 鎭攝華獠하면 大帖民情이니 從墊江已還은 不勞征伐하여 自爲國有리이다하니 魏主亦不從[⑥]하다 先是에 魏主以王足으로 行益州刺史러니 旣而요 更以羊祉로 代之한대 足聞之不悅하여 輒引兵還하여 遂不能定蜀이러라 久之요 奔梁하더

① 中(반쯤)은 去聲이다.
中, 去聲.
② 北魏가 劍閣을 얻고 나서 진격하여 成都를 취하려고 하였는데, 涪城이 그 요충지에 해당하였고, 梁나라 군대가 內水에서 올라와 성도를 구원하려고 하였는데, 부성이 역시 그 요충지에 해당하였다.
魏已得劍閣, 進取成都, 涪當其衝. 梁兵由內水而上救成都, 涪亦當其衝.
③ 綰(얽매다)은 烏板의 切이니, 얽맴이다. 藉(의뢰하다)는 慈夜의 切이다.
綰, 烏板切, 繫也. 藉, 慈夜切.
④ 嚴·蒲·何·楊은 네 가지 성씨이다.
嚴·蒲·何·楊, 四姓也.
⑤ 比는 근래라는 뜻이다.
比, 近也.
⑥ 巴西 지역에 漢族과 獠族이 섞여 살았기 때문에 華獠라고 말한 것이다. 帖은 조용함이며, 편안함이며, 복종함이다.
巴西之地, 華人與獠雜居, 故云華獠. 帖, 靜也, 安也, 伏也.

【綱】巴西가 北魏를 배반하고 梁나라에 투항하였다.

巴西가 叛魏降梁하다

【目】 邢巒이 梁州에 있으면서 호족을 예우하고 백성들을 은혜로 어루만지니 州의 사람들이 기뻐하였는데, 軍主 李仲遷에게 巴西를 지키게 하니, 이중천이 술과 여색에 빠져 군대에 필요한 물자를 낭비하자 城에 있던 사람들이 그의 목을 베고 城을 가지고 梁나라에 투항하였다.

邢巒이 在梁州에 接豪右以禮하고 撫小民以惠하니 州人悅之러니 使軍主李仲遷으로 守巴西한대 仲遷이 溺於酒色하여 費散兵儲하니 城人斬之하고 以城降梁하다

【綱】 梁나라에 크게 풍년이 들었다.

梁大有年[8)]하다

【目】 쌀 1곡에 30전이었다.

米斛三十錢이러라

丙戌年(506)

梁 高祖 武帝 蕭衍 天監 5년이고, 北魏 世宗 宣武帝 元恪 正始 3년이다.

---

8) 梁大有年 : "漢나라 明帝로부터 '크게 풍년이 들었다.〔大有年〕'(永平 9년(66))를 기록하여 여기에 거듭 보이니 모두 태평한 시대이다. ≪資治通鑑綱目≫이 끝날 때까지 '大有年'을 기록한 것이 4번이고(永平 9년, 이해(505), 唐 太宗 貞觀 4년(630), 玄宗 開元 13년(725)), '풍년이 들었다.〔有年〕'를 기록한 것이 2번이고(後唐 丁亥年(927), 己丑年(929)), '곡식이 크게 익었다.〔大熟〕'를 기록한 것이 1번이고, '큰 풍작이 들었다.〔大稔〕'는 4번이고, '보리가 익었다.〔麥稔〕'가 1번이다(永平 9년에 자세하다.).〔自漢明帝書大有年(永平九年) 於是再見 皆盛時也 終綱目書大有年四(永平九年 是年 唐太宗貞觀四年 玄宗開元十三年) 書有年二(後唐丁亥年 己丑年) 書大熟一 大稔四 麥稔一(詳永平九年)〕" ≪書法≫

"≪資治通鑑綱目≫에서 漢나라 顯宗 永平 9년(66)부터 '크게 풍년이 들었다.〔大有年〕'라고 기록한 이후로 苻堅이 晉나라를 침략하기 1년 전에 '秦나라(前秦)가 크게 풍작이 들었다.〔秦大熟〕'라고 기록한 적이 있고 지금에 와서 또 몇 년이 지나서 겨우 이해에 기록하였다. 永平 시대부터 지금까지 440년 사이에 2번 '大有'라고 기록하고, 1번 '大熟'이라고 기록하였으니 다른 해에는 흉년이었음을 알 수 있다. 이때는 梁 武帝의 초기 정치가 淸明하여 전쟁이 그치고 부역이 줄었으므로 그 효과가 이와 같았다. ≪자치통감강목≫은 일에 의거하여 기록한 것은 後人들에게 백성의 일을 유념하게 하여 만일 불행하게 천하가 분할되는 시대를 만나더라도 한쪽 지역에서 의기가 저상하지 않게 한다면 또한 거의 옳은 것이니 이것이 書法의 뜻이다.〔綱目自漢顯宗永平九年 書大有年之後 至苻堅寇晉之前一年 嘗書秦大熟 迨今又幾閱歲矣 僅有是年之書 夫自永平至此 上下四百四十年間 凡兩書大有 一書大熟 則他歲之歉爲可知 是時 梁武初政淸明 息兵省役 故其效若此 綱目據事書之 蓋欲使後人留意民事 萬一不幸當壞地瓜分之世 毋徒以偏方自沮 則亦庶乎其可也 此書法之意也〕" ≪發明≫

梁天監五年이요 魏正始三年이라

【綱】봄 정월에 北魏의 邢巒이 武興氏를 토벌하여 멸망시키고 東益州를 설치하였다.

春正月에 魏邢巒이 討武興氏滅之하고 置東益州하다

【目】楊集義가 北魏의 關城을 포위하자 邢巒이 傅竪眼을 시켜서 토벌하도록 하여 武興에서 승리하고, 楊紹先을 잡아서 洛陽으로 보냈다. 楊集起와 楊集義가 도주하자, 마침내 그 나라를 멸망시키고 東益州로 삼았다.

楊集義圍魏關城①이어늘 邢巒使傅竪眼으로 討之하여 克武興하고 執楊紹先하여 送洛陽하니 集起集義亡走어늘 遂滅其國하여 以爲東益州하다

① 이는 陽平關城이다.
此卽陽平關城也.

【綱】北魏 秦州와 涇州에서 난을 일으켰다.

魏秦涇二州亂하다

【目】北魏 秦州에서 屠各[9]인 王法智가 무리 2천을 모아 呂苟兒를 추대하여 主君으로 삼고, 涇州 사람 陳瞻 역시 무리를 모아 王이라고 칭하니, 北魏가 장군 元麗를 보내어 토벌하였다.

魏秦州屠各王法智聚衆二千하여 推呂苟兒爲主하고 涇州民陳瞻亦聚衆稱王이어늘 魏遣將軍元麗討之①하다

① 北魏에서 涇州를 설치하였는데, 臨涇城에 治所를 두었고, 安定, 隴東, 新平, 趙平, 平涼, 平原 등의 郡을 관할하였다. 元麗는 北魏 文成帝의 아우인 小新成의 아들이다.
魏置涇州, 治臨涇城, 領安定・隴東・新平・趙平・平涼・平原等郡. 麗, 魏文成弟小新成之子也.

---

9) 屠各 : 匈奴의 別種이다.

【綱】 2월에 北魏에서 직언을 구하였다.

二月에 魏求直言하다

【目】 侍御史 陽固가 表文을 올리기를 "지금 힘써야 할 일은 마땅히 宗室을 가까이하고 모든 정치에 부지런하며, 농사와 양잠을 귀하게 여기고, 공업과 상업을 천시하며, 공허함과 미묘한 것을 궁리하는 논의[10]를 끊고, 桑門(僧侶)의 쓸데없는 비용을 줄여서 굶주림과 추위에 떠는 고통을 구제하는 것입니다."라고 하였다. 이 당시 魏主(元恪)가 高肇에게 일을 위임하고 종실을 소홀히 하고 박대하였으며, 桑門의 법을 좋아하여 정사를 친히 처리하지 않았기에 양고가 이렇게 말한 것이다.

侍御史陽固上表曰 當今之務는 宜親宗室하고 勤庶政하며 貴農桑하고 賤工賈하며 絶談虛窮微之論하고 簡桑門無用之費하여 以救飢寒之苦니이다하다 時魏主委任高肇하고 疏薄宗室하며 好桑門之法하여 不親政事라 故固言及之하다

【綱】 3월 초하루에 일식이 있었다.

三月朔에 日食하다

【綱】 北魏의 豫州刺史 陳伯之가 배반하여 다시 梁나라로 귀순하였다.

◑魏豫州刺史陳伯之叛하여 復歸梁[11]하다

---

10) 공허함과……논의 : ≪新譯資治通鑑≫(張大司 等 注釋, 三民書局, 2017)에 南朝 士大夫의 淸談이 유행한 것으로 老莊과 佛法, ≪周易≫ 등을 주로 논한 것이다.

11) 魏豫州刺史陳伯之叛 復歸梁 : "'다시 梁나라로 귀순했다.〔復歸梁〕'라고 기록한 것은 옳으나 '배반〔叛〕'이라고 기록한 것은 어째서인가. 나무란 것이다. 어째서 나무랐는가. 陳伯之는 이때에 反覆함이 심하였기 때문이다. 그러므로 常珍奇가 반복했을 때에는 귀순함에 '배반〔叛〕'이라고 기록하였고(宋나라 丁未年(467)), 陳伯之의 反覆에는 귀순함을 '배반〔叛〕'이라고 기록하고(이해((506)), 趙匡贊·侯益이 반복했을 때에는 귀순함에 '배반〔叛〕'이라고 기록하여(五代 戊申年(948)), 반드시 孟達과 같이 한 뒤에야 '와서 귀순하였다〔來歸〕'(漢後主 建興 5년(227))라고 기록할 수 있는 것이다.〔書復歸梁 可矣 書叛 何 譏也 何譏 伯之於是反覆甚矣 故常珍奇反覆 則歸書叛(宋丁未年) 陳伯之反覆 則歸書叛(是年) 趙匡贊侯益反覆 則歸書叛(五代戊申年) 必若孟達 然後可以書來歸(漢後主建興五年)〕" ≪書法≫ 孟達은 삼국시대 蜀漢의 장수로, 관우가 죽자, 魏나라에 항복해서 曹丕의 총애를 받아 新城을 지키고 있었는데, 후에 그가 촉한을 배반한 척하였지만 실제로는 吳나라와 연결하고 촉한과 굳게 맺고서 中國을 도모하고자 하다가, 諸葛亮이 북벌을 시작하면 내응하기로 한 밀약이 탄로 나자, 다시 위나라를 배반하였고, 후에 司馬懿에게 죽음을 당하였다.

【目】 臨川王 蕭宏이 陳伯之에게 편지를 써서 말하기를 "그대가 선택한 거취를 생각해보니 다른 이유가 있는 것이 아니라, 바로 안으로는 자기를 살피지 못하고, 밖으로는 유언비어의 영향을 받아서 깊이 미혹되고 경솔히 행동하여 이 지경에 이르게 된 것이다. 主上께서는 법을 어겨가며 은혜를 베풀어 배를 삼킬 만한 큰 고기를 그물에서 빠져나가도록 해주셨으니, 장군의 〈先塋의〉 소나무와 잣나무는 잘려나가지 않았고, 친척은 편안히 살며, 높은 누각은 아직 기울어지지 않았으며 애첩도 아직 그대로 있다. 그러나 장군은 물고기가 끓는 솥에서 헤엄치듯이 하고, 제비가 수시로 치우는 장막 위에 둥지를 틀듯이 하니, 역시 미혹된 것이 아니겠는가. 생각하여 일찌감치 좋은 계책을 내도록 힘써서 스스로 多福한 길을 찾기 바라오."라고 하였다. 진백지가 드디어 壽陽의 梁城에서 무리들을 데리고 梁나라에 투항하니, 梁나라에서 通直散騎常侍로 삼았는데, 오랜 뒤에 卒하였다.

臨川王宏爲書遺陳伯之曰 尋君去就之際하니 非有它故라 直以不能內審諸己하고 外受流言하여 沈迷猖蹶하여 以至於此라 主上屈法申恩하사 呑舟是漏[①]하니 將軍松柏不翦하며 親戚安居하고 高臺未傾하며 愛妾尙在로되 而將軍魚遊於沸鼎之中하고 鷰巢於飛幕之上하니 不亦惑乎아 想早勵良圖하여 自求多福[②]하라하니 伯之遂自壽陽梁城으로 擁衆降梁한대 梁以爲通直散騎常侍러니 久之而卒[③]하다

① ≪漢書≫ 〈刑法志〉에 "배를 삼킬 만한 큰 고기가 그물에서 빠져나간다." 하였으니, 법망이 느슨한 것을 말한 것이다.
前漢刑法志 "網漏呑舟之魚." 言法寬也.

② "松柏不翦"은 선대의 묘소를 훼손하지 않았음을 말한다. "親戚安居"는 江南에 있는 친척들이 모두 逆黨에 연좌되지 않고서 편안히 지냄을 말한다. "高臺未傾"은 집을 웅덩이로 만든 적이 없어 연못과 누각이 여전히 있음을 말한다. "愛妾尙在"는 여종과 첩이 여전히 집을 지키고 있어 官衙로 넘어가거나 다른 집으로 넘어가지 않았음을 말한다.
松柏不翦, 謂不毁夷其先世墳墓也. 親戚安居, 謂其親戚在江南者, 皆不以叛黨連坐, 安居自若也. 高臺未傾, 謂居第未嘗汙瀦, 池臺如故也. 愛妾尙在, 謂其婢妾猶守其家, 不沒于官及流落于他家也.

③ 晉 孝武帝 太元 연간에 淮南과 壽春의 경계에 梁郡을 僑置하였다. 그러므로 梁城이 있었으니, 그 지역은 壽陽의 동북쪽이고, 鍾離의 서남쪽이다.
晉孝武太元中, 僑立梁郡於淮南・壽春界, 故有梁城, 其地在壽陽東北, 鍾離西南.

【綱】 여름 4월에 北魏에서 鹽地에 대한 禁法을 철폐하였다.

夏四月에 魏罷鹽池之禁하다

【目】 예전에 北魏의 御史中尉 甄琛이 말하기를 "≪周禮≫에는 산림과 하천에 虞와 衡의 관리를 두어서 그것을 사용하는 것을 엄중히 금지하였습니다. 이는 제때에 그것을 채취하여 사람들에게 해를 입지 않도록 하였을 뿐이니, 비록 有司를 두기는 했지만, 실제는 백성을 위하여 그것을 지키는 것이었습니다.

한 집안의 어른은 반드시 자손에게 은혜를 베풀어 기르고, 천하의 君主는 반드시 만백성을 은혜롭게 양육하는 법이니, 백성의 부모가 된 사람으로 자기가 담근 젓갈을 아까워하거나 부유함이 천하의 만물을 소유하고서 하나의 물건을 독점하는 경우는 없습니다. 지금 조정에서 河東의 鹽池를 막아서 보호하고 그 이익을 거두어들이는데, 이는 오로지 입과 배만 봉양하는 것이라 四肢에는 미치지 않고 있습니다. 천자는 부유하여 四海를 소유하셨는데, 어찌 가난함을 걱정하겠습니까. 바라건대 소금에 관한 禁令을 풀어주시어 백성들과 그것을 함께하소서."라고 하였다.

初에 魏御史中尉甄琛言 周禮에 山林川澤에 有虞衡之官하여 爲之厲禁①하니 蓋取之以時하여 不使戕賊而已니 雖置有司나 實爲民守之也②라 夫一家之長은 必惠養子孫하고 天下之君은 必惠養兆民하나니 未有爲人父母而吝其醯醢하고 富有群生而擁其一物者也라 今縣官鄣護河東鹽池而收其利하니 是專奉口腹而不及四體也라 天子富有四海하니 何患於貧이리오 乞弛鹽禁하여 與民共之하소서하다

① ≪周禮≫ 〈地官〉에 "山虞, 澤虞, 林衡, 川衡을 두었는데, 각각 산림과 하천을 大・中・小의 세 등급으로 나누어 다수와 소수의 인원을 배치하여 산림과 하천에 대한 政令을 관장하였으니, 물산마다 울타리를 설치하여 경계를 삼았고,〔物爲之厲〕 지키는 자를 위하여 금령을 설치하였다.〔爲之守禁〕" 하였다. 그 注에 "虞는 헤아린다는 뜻이니, 산택의 크기와 생산되는 물산을 헤아려 아는 것이다. 衡은 다스린다는 뜻이니, 산림과 하천의 크기와 생산되는 물산을 다스린다는 뜻이다. '物爲之厲'는 물산마다 울타리를 설치하여 경계를 삼는 것이고, '爲之守禁'은 지키는 자를 위하여 금령을 설치하는 것이다. 지키는 자는 그 땅의 백성으로서 숲의 나무를 베는 것을 간수하는 자를 말한다." 하였다.
周禮地官 "有山虞・澤虞・林衡・川衡, 各以山林川澤之大中小三等, 置人有多寡, 掌山林川澤之政令, 物爲之厲而爲之守禁." 注 "虞, 度也, 度知山澤之大小及所生者. 衡, 平也, 平其林川之大小及所生者. 物爲之厲, 每物有藩界也. 爲之守禁, 爲守者設禁令也. 守者, 謂其地之民占伐林木者也."

② 爲(위하다)는 去聲이니, 아래의 "爲身"과 "專爲"의 爲도 같다

爲, 去聲, 下爲身專爲同.

【目】 錄尙書事 元勰과 尙書 邢巒이 상주하기를 "甄琛이 아뢴 내용은 앉아서 말한다면 이치가 고상하지만, 그것을 시행한다면 일이 잘못될 것입니다. 옛날에 백성을 잘 다스린 사람은 반드시 때에 따라 줄이고 늘렸으며, 일에 걸맞게 넉넉하게 하거나 검소하게 하였고, 변화에 따라 백성을 부리고 양육해주어서 생명을 이루어나가게 해주었습니다. 이러한 까닭으로 聖人은 산림과 택지의 재물을 거두어서 전답의 賦稅를 느슨히 하였고, 관문과 시장의 세금을 거두어서 십분의 일의 세금을 보조하였는데, 이쪽에서 취하여 저쪽에 주는 것이 모두 자신을 위해서가 아니니, 이른바 천지의 생산물을 밑천으로 하여 천지에 있는 백성에게 베푼 것입니다.

지금 鹽池의 금령을 내린지 오랜 시일이 지났고, 염지에서 거두어 쌓은 재물을 분산하여 군사와 국가의 비용을 해결하였으니, 오로지 太官의 음식으로 제공하고 後宮의 의복과 완호품으로 제공하기 위한 것이 아닙니다. 하지만 鹽池의 금령을 시행한 이후로 有司는 대부분 태만하여 출납할 때에 법대로 하지 않기도 하였으니, 이 일은 백성들이 탄식하고 원망하게 만들었고, 상인들이 경솔히 논의하도록 만들었습니다. 이는 관리하는 사람이 원칙을 없게 한 것이지, 만든 자에게 잘못이 있는 것은 아니니, 생각건대 마땅히 예전의 방식대로 해야 하겠습니다."라고 하였는데, 魏主(元恪)가 결국 견침의 논의를 따랐다.

錄尙書事勰尙書巒奏曰 琛之所陳이 坐談則理高로되 行之則事闕하니 古之善治民者는 必汚隆隨時하며 豐儉稱事하여 役養消息하여 以成其性命이라 是故로 聖人斂山澤之貨하여 以寬田疇之賦하고 收關市之稅하여 以助什一之儲하니 取此與彼가 皆非爲身이니 所謂資天地之産하여 惠天地之民也니이다 今鹽池之禁이 爲日已久라 積而散之하여 以濟軍國하니 非專爲供太官之膳羞하며 給後宮之服玩也로되 然自禁鹽以來로 有司多慢하여 出納之間에 或不如法하니 是使細民嗟怨하고 負販輕議라 此乃用之者無方이요 非作之者有失也니 竊謂宜如舊式하노이다하니 魏主卒從琛議하다

【綱】 北魏에서 中山王 元英을 보내어 諸軍을 감독하여 梁나라 군대를 막게 하였는데, 5월에 梁나라가 宿預, 梁城, 小峴, 合肥 등의 城을 취하였다.

魏遣中山王英하여 督諸軍以拒梁師러니 五月에 梁取宿預梁城小峴合肥等城하다

【目】北魏가 中山王 元英을 征南將軍으로 삼아 都督揚·徐諸軍事로 삼아 군대 10여만 명을 이끌고 梁나라의 군대를 막도록 하고, 도착하는 곳에서 편의에 따라 일을 하게 하였다. 양나라 江州刺史 王茂가 河南城을 빼앗자, 북위에서는 장군 楊大眼을 보내어 그들을 공격하여 패퇴시키고, 추격하여 漢水에 이르러 공격해서 다섯 개의 성을 함락하였다.

5월에 양나라 右衛率 張惠紹가 宿預를 함락하였고, 北徐州刺史 昌義之가 梁城을 함락하였다. 豫州刺史 韋叡가 小峴을 공격하였으나 함락하지 못하여 소현을 둘러쌓은 목책을 순시하러 갔는데, 북위에서 수백 명의 군사를 내보내어 문 밖에 진을 치게 하였다. 위예가 그들을 공격하려고 하자, 여러 장수들이 모두 말하기를 "앞서 軍裝을 가볍게 하고 와서 전투 채비를 갖추지 못하였으니, 천천히 돌아가 갑옷을 갖추어야 진격할 수 있습니다."라고 하니, 위예가 말하기를 "그렇지 않다. 북위는 성안에 있는 2천여 명으로 굳게 지키기에 충분한데, 지금 까닭 없이 밖으로 군대를 내보냈으니, 반드시 그들은 굳세고 용맹한 군사들일 것이다. 만일 그들을 꺾을 수 있다면 그 성은 절로 함락될 것이다."라고 하였다. 군대가 여전히 지체하며 의심하니, 위예가 부절을 가리키며 말하기를 "조정에서 이것을 나에게 준 것은 장식으로 삼으라는 것이 아니니, 나 위예의 법을 어겨서는 안 된다."라고 하였다. 드디어 진격하여 그들을 공격하여 병사들이 모두 결사적으로 싸우자, 북위의 병사들이 패배하여 달아났다. 이어서 급히 공격하여 밤중에 성을 함락하고 마침내 合肥에 이르렀다.

魏以中山王英으로 爲征南將軍하여 都督揚徐諸軍事하여 帥衆十餘萬하여 以拒梁軍하고 所至에 以便宜從事하다 梁江州刺史王茂가 取河南城①에 魏遣將軍楊大眼하여 擊敗之하고 追至漢水하여 攻拔五城②하다 五月에 梁右衛率張惠紹가 拔宿預③하고 北徐州刺史昌義之가 拔梁城④하고 豫州刺史韋叡가 攻小峴未拔하여 出行圍柵⑤에 魏出數百人하여 陳於門外⑥러니 叡欲擊之한대 諸將皆曰 向者輕來하여 未有戰備하니 徐還授甲이라야 乃可進耳라하니 叡曰 不然하다 魏城中二千餘人이 足以固守로되 今無故出人於外하니 必其驍勇者也라 苟能挫之면 其城自拔하리라하다 衆猶遲疑어늘 叡指其節曰 朝廷授此는 非以爲飾이니 韋叡法不可犯也라하고 遂進擊之하니 士皆殊死戰이라 魏兵敗走어늘 因急攻之하여 中宿而拔하고 遂至合肥⑦하다

① 蕭子顯의 ≪南齊書≫ 〈州郡志〉에 "雍州에 河南郡을 두어 5縣을 관할하는데, 棘陽만이 실제 관할 구역이다." 하였으니, 河南郡은 南陽 棘陽縣의 경계에 있어야 한다.
蕭子顯齊志 "雍州有河南郡, 所領五縣, 惟棘陽爲實土." 則河南郡當在南陽棘陽縣界.

② 楊大眼은 楊難當의 손자이다.
大眼, 難當之孫也.

③ 晉 安帝가 宿預縣을 설치하여 淮陽郡에 소속시켰는데, 北魏 高祖(元宏)가 南徐州의 治所로 삼았다.
晉安帝立宿預縣, 屬淮陽郡, 魏高祖以爲南徐州治所.

④ 南徐州는 京口에 治所를 두었기 때문에 鍾離를 北徐州의 治所로 삼은 것이다. 昌은 성씨이다.
南徐治京口, 故以鍾離爲北徐. 昌, 姓也.

⑤ 行(순시하다)은 去聲이다.
行, 去聲.

⑥ 陳(진을 치다)은 陣으로 읽는다.
陳, 讀曰陣.

⑦ 中(반쯤)은 去聲이다.
中, 去聲.

【目】 이보다 앞서 司馬인 胡景略 등이 合肥를 공격하였으나 오래도록 함락시키지 못하였다. 韋叡가 밤에 肥水를 막고 전함이 뒤이어서 도착하여 北魏의 작은 성을 공격하자, 북위의 장수인 楊靈胤이 군대 5만을 인솔하고 갑자기 들이닥쳤다. 무리들이 놀라서 군대를 증원해달라고 상주하기를 청하니, 위예가 웃으며 말하기를 "도적들이 성 아래에 이르렀으니, 군대를 증원한들 무슨 소용이 있겠는가. 또 우리가 군대를 증원하면 저들도 군대를 증원할 것이다. 전쟁은 기습을 이용하는 것을 귀하게 여기니, 어찌 군사의 숫자에 달려 있겠는가."라고 하고, 마침내 양영윤을 격파하였다.

위예는 軍主인 王懷靜을 시켜서 성을 쌓고 제방을 지키도록 하였는데, 북위가 공격하여 함락하여 승세를 타고 제방 아래에 이르렀다. 군대의 위세가 아주 대단하여 여러 장군들이 퇴각하려고 하자, 위예가 화를 내며 儀仗으로 쓰는 일산과 부채 및 대장기와 깃발을 가져다가 제방 아래에 꽂아놓도록 명령하여 움직일 뜻이 없음을 보였다. 북위의 군사들이 와서 제방을 뚫자, 위예가 직접 그들과 싸우니, 북위의 군대가 물러났다. 그 틈을 타고 제방에 보루를 쌓아서 스스로 굳게 방비하고 전투함을 만들었는데, 그 높이는 合肥城과 비슷하여 사면에서 합비성을 핍박하니, 성안에 있는 사람들이 모두 통곡하였다. 수비 장수 杜元倫이 쇠뇌에 맞아 죽자, 성이 마침내 함락되었다. 사로잡고 참수한 사람이 1만여 명이었다.

先是에 司馬胡〔景〕[12]略等이 攻合肥久未下라 叡夜堰肥水하고 舟艦繼至하여 攻魏小城①이러니 魏將楊靈胤帥衆五萬奄至하니 衆懼하여 請奏益兵한대 叡笑曰 賊至城下하니 益兵何及이리오 且吾益兵이면 彼亦益兵하리니 兵貴用奇라 豈在衆也리오하고 遂擊破之하다 叡使軍主王懷靜으로 築城以守堰이러니 魏攻拔之하여 乘勝至堤下하니 兵勢甚盛이라 諸將欲還이어늘 叡怒命取繖扇麾幢하여 樹之堤下하여 示無動志②한대 魏人來鑿堤어늘 叡親與之爭하니 魏兵却이라 因築壘於堤하여 以自固하고 起鬪艦하니 高與合肥城等이라 四面臨之하니 城中人皆哭이러라 守將杜元倫이 中弩死하니 城遂潰라 俘斬萬餘級하다

① ≪資治通鑑≫에는 "제방을 쌓아 물길이 통하자, 전함이 뒤이어서 도착하였다." 하였다.
通鑑 "堰成水通, 舟艦繼至."
② 일산・부채・대장기・깃발 네 가지는 모두 刺史의 의장이다.
繖・扇・麾・幢四者, 皆刺史之儀仗.

【目】韋叡의 몸은 평소 야위어서 말에 걸터앉은 적이 없었고 전투 때마다 늘 板輿를 타고서 장수와 병사를 독려하니, 그의 용기는 대적할 사람이 없었다. 낮에는 빈객을 접대하였고, 밤에는 군사 문서를 처리하느라 새벽까지 등불이 꺼지지 않았다. 위예가 군사들을 돌보는 데에 항상 부족한가 하듯이 하였기에 모집에 응모하는 군사들이 앞 다투어 그에게 달려왔다. 그리고 위예가 도착하여 머무는 곳에서 건물의 울타리와 담장은 모두 국가의 기준을 따랐다.

위예가 진격하여 東陵에 도착하니, 군대를 돌리라는 조서가 있었는데, 장수들이 적의 성이 가까워 적들이 뒤를 쫓아올까 두려워하자, 위예가 군수물자를 실은 수레를 행렬의 앞에 두고 자신은 작은 수레를 타고서 행렬의 가장 후미에 섰다. 북위의 군사들이 위예의 위엄과 명성에 탄복하여 멀리서 바라보기만 하고 감히 가까이 다가가지 못하자, 군대를 온전하게 해서 돌아왔다. 이때에 豫州의 治所를 合肥로 옮겼다.

廬江太守 裴邃가 북위의 羊石城과 霍丘城을 함락하였고, 6월에는 青州・冀州刺史 桓和가 朐山城과 固城을 함락하였다. 張惠紹가 彭城으로 진격했는데 북위의 奚康生이 그를 공격하자, 장혜소의 군사들이 불리해졌다.

叡體素羸하여 未嘗跨馬하고 每戰常乘板輿하여 督厲將士하니 勇氣無敵이라 晝接賓旅하고 夜筭軍書하여 張燈達曙하고 撫其衆常如不及이라 故投募之士가 爭歸之하고 所至頓舍에 館宇藩

12) 〔景〕: 저본에는 '景'이 없으나, ≪資治通鑑≫에 의거하여 '景'을 보충하였다.

牆을 皆應準繩①이러라 進至東陵하여는 有詔班師라 諸將以城近恐其追躡②이어늘 叡悉遣輜重居前하고 身乘小輿殿後하니 魏人服叡威名이라 望之不敢逼하니 全師而還하다 於是에 遷豫州治合肥③하다 廬江太守裴邃가 克魏羊石霍丘城④하고 六月에 靑冀刺史桓和가 克朐山固城⑤하고 張惠紹進(取)〔趣〕[13]彭城한대 魏奚康生擊之하니 惠紹兵不利하다

① ≪南史≫ 〈韋叡傳〉에는 '館宇' 위에 '修立' 두 글자가 더 있다.
叡本傳, 館宇上有修立二字.
② 姚思廉의 ≪梁書≫에 의거하면 당시에 北魏가 甓城을 수비하였는데, 東陵과의 거리가 20리였다.
據(挑)〔姚〕[14]思廉梁書, 時魏守甓城, 去東陵二十里.
③ 豫州의 治所를 晉熙에서 合肥로 옮긴 것이다.
豫州自晉熙遷合肥.
④ ≪水經註≫에 "曹魏 때에는 安豐都尉는 安豐津의 남쪽에 치소를 두었는데, 그 후에 그 故城이 있던 곳에 霍丘戍를 설치하였다." 하였다. 隋나라 때에는 霍丘縣을 설치하였다.
水經註"曹魏安豐都尉治安豐津南, 後以其故城立霍丘戍." 隋立霍丘縣.
⑤ 朐는 음이 劬이다. 固城은 抱犢固城인 듯한데, 抱犢固는 蘭陵의 경계에 있다.
朐, 音劬. 固城, 疑卽抱犢固城也, 抱犢固在蘭陵界.

【綱】 北魏가 邢巒을 都督東討軍事에 임명하였다.

魏以邢巒으로 都督東討軍事하다

【綱】 北魏의 驃騎大將軍 馮翊公 源懷가 卒하였다.

◑ 魏驃騎大將軍馮翊公源懷卒하다

【目】 源懷는 성품이 너그럽고 소탈하여 일찍이 말하기를 "貴人이 되어서는 마땅히 큰일을 거론해야지 어찌 반드시 일마다 세밀하게 따지겠는가. 비유하면 집을 짓는 일과 같아 밖에서 보면 높고 드러나며 기둥과 마룻대가 평평하고 바르며 집터와 벽이 견고하면 충분하니, 도끼를 댄 곳이 평평하지 않고 깎아낸 곳이 세밀하지 않은 것은 집의 흠이 되지 않는다."라고 하였다. 〈원회가〉 卒하자, 시호를 '忠'이라고 하였다.

---

13) (取)〔趣〕: 저본에는 '取'로 되어 있으나, ≪資治通鑑≫에 의거하여 '趣'로 바로잡았다.
14) (挑)〔姚〕: 저본에는 '挑'로 되어 있으나, ≪資治通鑑≫ 註에 의거하여 '姚'로 바로잡았다.

懷性寬簡하여 常曰 爲貴人에 當擧綱維하니 何必事事詳細리오 譬如爲屋에 外望高顯하여 楹棟平正하고 基壁完牢면 足矣니 斧斤不平하며 斲削不密은 非屋之病也라하다 卒하니 謚曰惠이라하다

【綱】가을 7월에 北魏가 秦州와 涇州를 토벌하여 평정하였다.

秋七月에 魏討秦涇二州하여 平之하다

【目】呂苟兒가 10여만 명의 군대를 이끌고 秦州를 포위하여 압박하였는데, 元麗가 격파하여 그들을 항복시켰다. 太僕卿 楊椿이 별도로 陳瞻을 토벌하였는데, 진첨이 험준한 곳을 점거하고 대항하여 수비하자, 여러 장수들 가운데 어떤 이는 산길에 병사를 매복시켜 그들의 출입을 차단하여 군량이 다 떨어지기를 기다렸다가 공격하자고 청하였고, 어떤 이는 나무를 베고 산을 불태운 뒤에 진격하자고 하였다. 그러자 양춘이 말하기를 "모두 좋은 계책이 아니다. 官軍이 도착한 뒤로 향하는 곳마다 번번이 승리하니, 도적이 깊숙이 숨은 것은 바로 죽음을 피하기 위해서일 뿐이다. 지금 諸軍과 약속을 하여 다시 들어가서 약탈을 하지 않도록 하면 도적은 반드시 우리가 그들의 험준한 지형을 보고 전진하지 못한다고 생각할 것이다. 그들이 무방비 상태가 되기를 기다린 뒤에 분발하여 공격하면 한 번에 평정할 수 있을 것이다."라고 하고, 주둔한 채 나아가지 않았다. 도적이 과연 나와서 노략질을 하였는데, 양춘이 다시 말과 가축으로 그들을 유인하고는 오랜 뒤에 몰래 날랜 군사를 뽑아서 재갈을 물려 밤에 기습하여 〈진첨의〉 목을 베니, 秦州와 涇州가 모두 평정되었다.

呂苟兒帥衆十餘萬하여 圍逼秦州어늘 元麗擊破降之하다 太僕卿楊椿이 別討陳瞻한대 瞻據險拒守하니 諸將或請伏兵山蹊하여 斷其出入하여 待糧盡而攻之하고 或欲斬木焚山然後進討어늘 椿曰 皆非計也라 自官軍之至로 所向輒克하니 賊所以深竄은 正避死耳라 今約勒諸軍하여 勿更侵掠하면 賊必謂我見險不前이라하리니 待其無備然後奮擊이면 可一擧平也리라하고 乃止屯不進한대 賊果出抄掠이어늘 椿復以馬畜餌之라가 久之陰簡精卒하여 銜枚夜襲斬之하니 二州皆平하다

【綱】9월에 北魏의 邢巒이 梁나라의 군대를 공격하여 패배시키고 다시 宿預를 빼앗으니, 梁나라의 蕭宏이 도주하여 돌아갔다. 겨울 10월에 북위가 형만을 불러 돌아오게 하고, 齊王 蕭寶寅을 보내어 元英과 함께 鍾離를 포위하게 하

였다.

九月에 **魏邢巒擊梁師敗之**하고 **復取宿預**하니 **梁蕭宏逃歸**[15]하다 **冬十月**에 **魏徵邢巒還**하고 **遣齊王蕭寶寅**하여 **與元英**으로 **圍鍾離**하다

【目】北魏가 定州, 冀州, 瀛州, 相州, 幷州, 肆州 여섯 州에서 10만 명을 징발하여 남쪽으로 가는 병력을 증원하였다. 梁主(蕭衍)가 장군 角念을 보내어 蒙山에 주둔하도록 하고, 蕭及은 固城에 주둔하도록 하고, 桓和는 孤山에 주둔하도록 하였다. 북위의 都督 邢巒이 군대를 보내어 공격하자 모두 달아났다. 또 梁나라 장군 藍懷恭을 睢口에서 패배시키고, 진격하여 宿預를 포위하여 남회공의 목을 베자, 張惠紹와 蕭昞이 宿預와 淮陽을 버리고 달아나 돌아왔다. 臨川王 蕭宏은 梁主의 동생으로서 군사를 거느렸는데 군대의 위용이 몹시 성대하여 북방의 사람들이 백여 년 사이에 그런 군대는 아직 없었다고 생각하였다. 군대가 洛口에 주둔하여 선봉부대가 梁城을 함락하자, 여러 장수들이 승리한 기세를 타고서 깊이 들어가려고 하였으나, 소굉은 성품이 나약하고 겁이 많았으며, 부대를 제대로 배치하지 못하였다.

魏發定冀瀛相幷肆六州十萬人하여 以益南行之兵한대 梁主遣將軍角念屯蒙山하고 蕭及屯固城하고 桓和屯孤山①이러니 魏都督邢巒이 遣軍攻하니 皆走之하고 又敗梁將軍藍懷恭于睢口하고 進圍宿預하여 斬懷恭②하니 張惠紹蕭昞棄宿預淮陽하고 遁還③하다 臨川王宏이 以梁主弟로 將兵하여 軍容甚盛이라 北人以爲百餘年來所未有也라하다 次洛口하여 前軍克梁城④하니 諸將欲乘勝深入호되 宏性懦怯하고 部分乖方이라

① 角은 성씨이다. 魏收의 《魏書》〈地形志〉에 "南青州 東安郡 新泰縣의 동남쪽에 蒙山이 있다. 몽산은 바로 옛날에 이른바 東蒙이니, 固城과 孤山이 모두 北魏 兗州의 동쪽 경계에 가

15) 魏邢巒……梁蕭宏逃歸 : "무릇 '도망함〔逃〕'은 나무란 것이다. 오직 정벌에 '逃'라고 기록함은 심한 것이므로 그 관작을 삭제하고 蕭宏이라고 지척한 것이다(앞에 '臨川王 蕭宏'이라고 기록한 것에 의거한 것이다.).〔凡逃 譏也 唯伐書逃爲甚 故削其爵而斥蕭宏(據前書臨川王宏)〕" 《書法》
"지난겨울에 '蕭宏을 파견하여 北魏를 정벌하게 하면서 洛口에 주둔하게 하였다.'라고 기록하여 이미 소굉이 겁먹어 나약하여 전진하지 못하는 뜻을 보였다. 梁主는 명분이 없는 전쟁을 일으켰고 또 사랑하는 자제들로 감독시켜서 장군의 전략이 잘되지 못하고 군사를 잃어 국가를 욕보였으며 심지어 군사를 버리고 도주하였는데도 또한 즉시 주륙으로 바로잡지 못하였으므로 《資治通鑑綱目》은 여기에서 이미 臨川王을 삭제하고 다시 '도주해 돌아왔다〔逃歸〕'라고 기록하였다. '逃'는 匹夫의 일인데 三軍의 元帥가 도주하였으니 천함이 극심하다. 슬프다.〔去冬書遣宏伐魏 次于洛口 已見其有畏懦不進之意矣 梁主無名興師 又以所愛子弟督之 將略非長 喪師辱國 甚至棄軍而逃 又不能卽正其誅 故綱目於此 旣削去其臨川王 而復以逃歸書之 逃者 匹夫之事 以三軍之元帥而逃 賤之甚也 噫〕" 《發明》

깝기 때문에 梁나라가 병력을 연합하여 이곳을 점거하여 兗州의 백성을 부른 것이다."라고 하였다. 위수의 ≪위서≫ 〈지형지〉에 "蘭陵郡 蘭陵縣에 石孤山이 있고, 또 昌慮縣에 孤山이 있다." 하였다.
角, 姓也. 魏收志 "南青州東安郡新泰縣東南有蒙山. 蓋蒙山卽古所謂東蒙也, 與固城・孤山皆近魏兗州東界, 故梁連兵據之, 以招兗州之民." 魏收志 "蘭陵郡蘭陵縣有石孤山, 又昌慮縣有孤山."

② 藍은 성씨이다. ≪水經註≫에 "睢水는 睢陵縣의 故城 북쪽을 지나서 동남쪽으로 흘러 下相縣의 故城 남쪽을 경유하며, 또 동남쪽으로 흘러 泗水로 유입되니, 이곳을 睢口라고 한다."
藍, 姓也. 水經註 "睢水過睢陵縣故城北而東南流, 逕下相縣故城南, 又東南流, 入于泗, 謂之睢口."

③ ≪資治通鑑≫에는 "張惠紹는 宿預를 버리고, 蕭昞은 淮陽을 버리고 달아나 돌아왔다." 하였다.
通鑑 "張惠紹棄宿預, 蕭昞棄淮陽遁還."

④ 〈"前軍克梁城"은〉 昌義之가 梁城을 함락한 것을 말한다.
卽謂昌義之克梁城也.

【目】 北魏가 邢巒에게 조서를 내려 中山王 元英과 함께 梁城을 공격하도록 하였는데, 蕭宏이 두려워하여 諸將을 불러 군사를 돌리자는 논의를 하자, 呂僧珍이 말하기를 "곤란한 상황을 알고서 물러나는 것이 역시 좋지 않습니까?"라고 하였다. 그러자 소굉이 말하기를 "나도 그렇게 생각한다."라고 하였다. 柳惔이 말하기를 "大軍이 이르는 곳에 어느 성인들 항복하지 않겠습니까. 그런데 어찌 곤란하다고 여기십니까."라고 하였다. 裴邃가 말하기를 "이번에 출정을 한 것은 본래 적을 찾기 위함인데, 어찌 곤란을 피할 것입니까."라고 하였다. 馬仙琕이 말하기를 "왕께서는 어찌 나라를 망치는 말을 하십니까. 天子께서는 境內의 군사와 물자를 싹 쓸어서 왕에게 맡기셨으니, 한 자를 앞으로 나가다가 죽을지언정 한 치를 물러나 사는 일은 없어야 합니다."라고 하였다. 昌義之는 화가 나서 수염과 머리카락이 모두 뻣뻣해져 말하기를 "여승진의 목을 베어야 합니다. 백만의 군대가 나가서 아직 적을 만나기도 전에 멀리서 적의 기세를 보고서 갑자기 후퇴하려고 하니, 무슨 면목으로 聖主를 뵐 수 있겠습니까."라고 하였다. 朱僧勇과 胡辛生이 검을 뽑고서 말하기를 "후퇴하고 싶으면 스스로 후퇴하십시오. 저희들은 진격하다가 죽겠습니다."라고 하였다. 논의하던 사람들이 나온 뒤에 여승진이 말하기를 "전하께서는 어제부터 風氣가 일어나서 의중이 군대에 있지 않으니, 크게 기세가 꺾일까 몹시 두렵기 때문에 군사를 온전히 보호하여 돌아가려고 한 것일

뿐입니다."라고 하였다.

魏詔邢巒하여 **與中山王英**으로 **合攻梁城**한대 **宏懼**하여 **召諸將議旋師**할새 **呂僧珍曰 知難而退**가 **不亦善乎**아하니 **宏曰 然**이라하다 **柳惔曰 大衆所臨**에 **何城不服**이완대 **何謂難乎**아하고 **裴邃曰 是行也固敵是求**니 **何難之避**리오하고 **馬仙琕曰 王安得亡國之言**고 **天子掃境內以屬王**하니 **有前死一尺**이요 **無卻生一寸**[①]이라 **昌義之怒**하여 **須髮盡磔曰 呂僧珍可斬也**로다 **百萬之師**가 **出未逢敵**하여 **望風遽退**하니 **何面目見聖主乎**[②]아하다 **朱僧勇胡辛生拔劍曰 欲退自退**하라 **下官當前向取死**호리라하다 **議者出**에 **僧珍曰 殿下昨來風動**하여 **意不在軍**하니 **深恐大致沮喪**이라 **故欲全師而返耳**[③]로라

① 屬(맡기다)은 之欲의 切이다.
屬, 之欲切.
② 磔은 음이 摘이니, 펼침며, 엶이다.
磔音摘, 張也, 開也.
③ "風動"은 蕭宏의 마음에 風氣가 일어 동요함을 말한 것이다.
風動, 謂宏心風發動也.

【目】 蕭宏이 군대를 멈추고 진격하지 않으니, 北魏의 군대가 두건과 머리 장식을 보내고 또 노래를 지어서 말하기를 "蕭娘(蕭宏)과 呂姥(呂僧珍)를 두려워하지 않고, 다만 合肥에 있는 韋虎를 두려워하네."라고 하였는데, 위호란 韋叡를 말한 것이다.

여승진이 裴邃를 보내어 壽陽을 빼앗으려고 하였는데 소굉이 듣지 않고 軍中에 명령하기를 "앞으로 가는 자는 머리를 벨 것이다."라고 하였다. 이에 장수와 병사들이 마음속에 분노를 품었다. 북위의 奚康生이 파발을 보내어 中山王 元英에게 말하기를 "梁나라 군대가 梁城에서 승리를 거둔 뒤로 오랫동안 진군하지 않으니, 필시 우리를 두려워하고 있는 것입니다. 왕께서 만약 나아가 洛水를 점거하면 저들은 스스로 도망쳐 패배할 것입니다."라고 하였다. 원영이 말하기를 "臨川王 蕭宏이 비록 어리석지만 韋叡와 배수의 무리들은 가벼이 여길 수는 없다. 형세를 관찰해야지 교전을 해서는 안 된다."라고 하였다.

張惠紹는 호령이 엄하고 분명하며 가는 곳마다 홀로 승리를 거두었다. 下邳에 진을 치자, 항복하려는 하비 사람들이 많았는데, 장혜소가 그들을 타이르며 말하기를 "내가 만약 성을 차지하게 되면 卿들은 모두 이 나라의 백성이 되겠지만, 만약 승리하지 못하면 다만 경들에게 고향을 잃도록 할 것이니, 조정이 백성을 위로하는 뜻이 아니다. 지

금 거처를 편안히 여기고 본업으로 돌아가서 함부로 자신을 고생스럽게 하지 말라."라고 하니, 항복한 사람들이 모두 기뻐하였다.

宏停軍不前하니 魏人遺以巾幗하고 且歌之曰 不畏蕭娘與呂姥요 但畏合肥有韋虎라하니 虎謂叡也[①]라 僧珍欲遣裴邃하여 取壽陽한대 宏不聽하고 令軍中曰 前行者斬호리라하니 於是에 將士人懷憤怒러니 魏奚康生馳謂中山王英曰 梁人自克梁城으로 久不進軍하니 必畏我也라 王若進據洛水면 彼自奔敗리라 英曰 蕭臨川이 雖騃나 韋裴之屬은 未可輕也니 宜觀形勢요 勿與交鋒이니라 張惠紹號令嚴明하여 所至獨克이라 軍于下邳하니 下邳人多欲降者[②]어늘 惠紹諭之曰 我若得城이면 諸卿皆是國人이어니와 若不能克이면 徒使諸卿으로 失鄉里니 非朝廷弔民之意也[③]라 今且安堵復業하고 勿妄自辛苦라하니 降人咸悅이러라

① 娘은 尼良의 切로, 소녀의 호칭이고, 姥는 莫補의 切로, 늙은 부인이니, 부인과 처녀처럼 겁을 내는 것을 말한 것이다.
娘, 尼良切, 少女之號. 姥, 莫補切, 耆母也. 言其怯懦, 如婦人女子也.

② 이전에 이미 張惠紹가 宿預를 버리고 달아나 돌아왔다고 말하였다. 숙예는 下邳의 동남쪽 100여 리 되는 곳에 있다. 여기에서 하비에 주둔하였다고 말하였으니, 이는 숙예를 버리기 이전의 일이다. 李延壽가 이 일을 臨川王 蕭宏의 傳記에 실어놓았으니, ≪資治通鑑≫에서 이로 인해 역시 이어서 기록하였다.
前已言張惠紹棄宿預遁還矣. 宿預在下邳東南百餘里. 此言軍于下邳, 是未棄宿預之前事. 李延壽以此事載之臨川王宏傳, 通鑑因亦連而書之.

③ 國人은 王民(王의 백성)이라는 말과 같다.
國人, 猶言王民也.

【目】 마침 밤에 폭풍우가 쏟아져 軍中이 놀라자, 臨川王 蕭宏이 몇 명의 기병과 함께 도주하니, 장수와 병사가 모두 흩어져 돌아가면서 버린 갑옷과 내던진 무기가 강과 육지에 가득하였으며, 죽은 사람이 5만 명에 가까웠다. 소굉은 작은 배를 타고 강을 건너 밤에 白石壘에 이르러 성문을 두드려 안으로 들어가기를 요구하였다. 臨汝侯 蕭淵猷가 성 위에 올라서 말하기를 "백만의 군사가 하루아침에 새처럼 흩어졌으니, 나라의 존망을 아직 알 수 없습니다. 간악한 사람이 그 틈을 타고 변고를 일으킬까 두려우니, 밤중에 성문을 열 수가 없습니다."라고 하였다.

여러 군대는 소굉이 도주하여 돌아갔다는 말을 듣고서 역시 군대를 이끌고 퇴각하였다. 魏主(元恪)는 元英에게 조서를 내려 승리한 기세를 타고 동남쪽을 평정하여 소탕하

도록 하자, 北魏의 군대가 패퇴한 군사들을 추격하여 馬頭에 이르러 공격하여 함락시키고 성안에 저장되어 있던 양식을 모두 북쪽으로 옮겨갔다. 그러자 논의하는 사람이 말하기를 "북위가 다시는 남쪽으로 향하지 않을 것이다."라고 하니, 梁主(蕭衍)가 말하기를 "이는 군사를 전진시키려고 하면서 속임수를 쓴 것일 뿐이다."라고 하고는, 마침내 명령하여 鍾離城을 보수하고 昌義之에게 칙령을 내려서 전투와 수비에 대비하도록 하였다.

會夜暴風雨하여 軍中驚이라 臨川王宏與數騎逃去하니 將士皆散歸하여 棄甲投戈하여 塡滿水陸하고 死者近五萬人이라 宏乘小船濟江하여 夜至白石壘하여 叩門求入한대 臨汝侯淵猷가 登城謂曰[①] 百萬之師가 一朝鳥散하니 國之存亡을 未可知也라 恐姦人乘間爲變하니 城不可夜開라 諸軍聞宏逃歸하고 亦皆引退하다 魏主詔英乘勝하여 平蕩東南한대 魏人逐北(배)至馬頭攻拔之하고 城中糧儲를 悉遷之北하니 議者曰 魏不復南向矣리라하다 梁主曰 此欲進兵하여 爲詐計耳라하고 乃命修鍾離城하고 敕昌義之하여 爲戰守之備[②]러라

① 蕭淵猷는 蕭淵藻의 아우이다.
淵猷, 淵藻之弟也.

② 馬頭城은 鍾離의 서쪽에 있는데, 馬頭가 이미 함락되었으니, 北魏가 동쪽으로 鍾離를 공격할 것이기 때문에 미리 대비를 한 것이다.
馬頭城在鍾離之西, 馬頭旣陷, 魏必東攻鍾離, 故預爲之備.

【目】10월에 元英이 나아가서 鍾離를 포위하자, 魏主(元恪)가 邢巒에게 조서를 내려서 군대를 이끌고 그와 會合하라고 하니, 형만이 表文을 올리기를 "南軍은 비록 들판에서 전투를 치르는 데는 적수가 되지 않으나 성을 지키는 데는 넉넉하니, 지금 정예병을 모두 투입하여 종리를 공격해서 함락해도 거의 이득이 없고, 함락하지 못하면 손실이 아주 큽니다. 또 〈종리가〉 淮水 밖에 떨어져 있으니, 가령 손을 묶고 귀순하더라도 오히려 양식이 없어서 지키기 어려울까 두려운데, 더구나 병사들을 죽이면서까지 이곳을 공격한단 말입니까. 병사들이 피로하고 지친 데다 죽거나 부상을 당해 쓸 수 있는 힘이 없을까 두려우니, 마땅히 예전의 수자리를 보수하여 회복하고 여러 州를 안무하여 훗날의 거사를 기다려야 한다고 생각합니다."라고 하였는데, 魏主가 따르지 않았다.

十月에 英進圍鍾離어늘 魏主詔邢巒引兵會之한대 巒上表曰 南軍雖野戰非敵而城守有餘하니

今盡銳攻鍾離하여 得之則所利無幾요 不得則虧損甚大하고 且介在淮外①하니 借使束手歸順이라도 猶恐無糧難守어든 況殺士卒以攻之乎아 又士卒疲弊死傷하여 懼無可用之力하니 謂宜修復舊戍하고 撫循諸州하여 以俟後擧니이다하니 不聽하다

① 介는 사이가 떨어져 있다는 뜻이다.
介, 隔也.

【目】 邢巒이 또 表文을 올리기를 "만약 만전을 기하지 않고 곧바로 廣陵을 습격하여 그들이 대비하지 않은 곳으로 나간다면 혹시 모르겠지만, 만약 바로 80일 치의 군량을 가지고 鍾離城을 탈취하려는 계획은 臣이 이전에 들어보지 못했습니다. 종리성은 천연의 요새라 필시 승리할 수 있는 가능성이 없으니, 臣은 차라리 겁을 먹어서 출정하지 않았다는 질책을 받을지언정 공연히 나아가 패배하고 손해를 보았다는 罪名을 받을 수 없습니다."라고 하니, 魏主(元恪)가 마침내 장군 蕭寶寅으로 邢巒을 대신하게 하였다.

巒又表曰 若不顧萬全하고 直襲廣陵하여 出其不備면 或未可知어니와 若正欲以八十日糧으로 取鍾離城者는 臣未之前聞也①로소이다 鍾離는 天險이라 必無克狀이니 臣寧荷怯懦不進之責이언정 不受敗損空行之罪也②니이다 魏主乃以將軍蕭寶寅으로 代巒이라

① 元英이 80일치 군량으로 鍾離城을 탈취하려고 기약하였기 때문에 邢巒이 이렇게 말한 것이다.
英期以八十日糧取鍾離, 故巒云然.
② 荷는 上聲이니, 짊어짐이다.
荷, 上聲, 負也.

【目】 侍中 盧昶이 평소에 邢巒을 미워하여 侍中 元暉와 함께 그를 참소하여 中尉 崔亮을 시켜서 형만을 탄핵하게 하였다. 그러자 형만이 漢中에서 얻은 미녀를 원휘에게 뇌물로 주니, 원휘가 魏主(元恪)에게 말하기를 "형만이 새로 큰 공을 세웠으니, 사면하기 이전에 있었던 작은 일을 조사하게 하는 것은 마땅하지 않습니다."라고 하니, 마침내 그의 죄를 묻지 않았다.

원휘와 노창이 魏主의 총애를 믿고서 탐욕을 부리고 제멋대로 행동하니, 당시 사람들이 그들을 일러 '餓虎將軍'과 '飢鷹侍中'16)이라고 하였다. 원휘는 얼마 뒤에 吏部尙書

로 승진하여 관직에 정해진 가격을 매기니, 관리로 선발된 사람들은 그를 '市曹'라고 하였다.

11월에 梁主(蕭衍)가 장군 曹景宗에게 여러 군대 20만을 감독하여 鍾離城을 구원하도록 하였다. 梁主가 조경종에게 칙령을 내려 道人洲에 주둔하고서 많은 군대가 모이기를 기다려 함께 진격하라고 하였는데, 조경종이 먼저 邵陽洲의 후미를 점거할 것을 요청하였으나 梁主가 허락하지 않았다. 조경종이 명령을 어기고 진격하다가 폭풍을 만나서 다시 돌아오니, 梁主가 그 소식을 듣고서 말하기를 "조경종이 진격하지 못한 것은 아마도 하늘의 뜻이리라. 만약 고립된 군대로 홀로 갔다면 반드시 낭패를 당했을 것이니, 지금에는 틀림없이 도적을 격파할 것이다."라고 하였다.

侍中盧昶이 素惡巒이라 與侍中元暉로 共譖之하여 使中尉崔亮으로 彈巒①이어늘 巒以漢中所得美女로 賂暉한대 暉言於魏主曰 巒新有大功하니 不當以赦前小事案之니이다하니 遂不問②하다 暉昶恃寵貪縱하니 時人謂之餓虎將軍飢鷹侍中이라하다 暉尋遷吏部尙書하여 官有定價하니 選人謂之市曹③라하나 十一月에 梁主詔將軍曹景宗都督諸軍二十萬하여 救鍾離할새 敕景宗頓道人洲하여 俟衆軍俱進④한대 景宗固求先據邵陽洲尾어늘 不許러니 景宗違詔而進이라가 値風復還⑤하니 上聞之曰 景宗不進은 蓋天意니 若孤軍獨往이면 必至狼狽리니 今破賊必矣로다

① ≪資治通鑑≫에는 "〈盧昶이〉 侍中 領右衛將軍 元暉와 함께 참소를 하여 御史中尉 崔亮에게 邢巒이 漢中에 있을 때 良人을 약탈하여 노비로 삼은 일을 탄핵하게 하였다.
通鑑 "與侍中領右衛將軍元暉共譖之, 使御史中尉崔亮彈巒在漢中掠人爲奴婢."
② 이해(506) 정월에 北魏의 于后가 아들 元昌을 낳아 크게 사면하였다.
是年正月, 魏于后生子昌, 大赦.
③ 〈관리를 뽑는〉 選曹에서 뇌물을 받아 관직을 사고파는 것을 시장의 장사꾼처럼 하니 그로 인해 '市曹'라고 한 것이다.
以選曹貨賂爲市, 因謂之市曹.
④ 道人洲는 邵陽洲의 동쪽에 있다.
道人洲在邵陽洲之東.
⑤ 〈"復還"은〉 道人洲로 되돌아와 지켰다는 말이다.
謂還守道人洲也.

【綱】 柔然의 庫者可汗이 죽자, 아들 佗汗可汗 郁久閭伏圖가 즉위하였다.

16) 餓虎將軍과 飢鷹侍中 : '餓虎將軍'은 굶주린 호랑이와 같은 장군을 뜻하고, '飢鷹侍中'은 배고픈 매와 같은 시중이라는 뜻이다.

柔然庫者可汗死하니 子佗汗可汗伏圖立[①]하다

① "佗汗"은 北魏의 말로 실마리를 뜻한다.
佗汗, 魏言緒也.

【目】始平으로 연호를 고치고 北魏에 화친을 요청하였으나 허락하지 않았다.

改元始平하고 請和于魏不許하다

【綱】北魏가 羊祉를 梁州刺史로 삼고, 傅豎眼을 益州刺史로 삼았다.

魏以羊祉로 爲梁州刺史하고 傅豎眼으로 爲益州刺史하다

【目】예전에 漢나라(成漢) 李勢 말년에 獠族들이 처음으로 출현하여, 북쪽으로 漢中에서 남쪽으로 邛 지역과 笮 지역에 이르기까지 산골짜기에 가득히 퍼져 살았다. 이세가 죽자, 蜀의 백성들은 대부분 동쪽으로 이동하였으니, 산골짜기에는 모두 요족이 점거하여 그 가운데 郡縣의 가까운 곳에 사는 사람들은 제법 조세를 잘 바쳤으나, 멀리 있는 사람은 군현에서 통제할 수가 없었다. 梁州와 益州에서는 해마다 요족을 정벌하여 스스로 윤택해져 공적으로나 사적으로나 이를 이익으로 여겼다.

邢巒이 梁州刺史가 되자 요족 가운데 군현에 가까이 살던 사람들은 모두 안도하여 본업을 즐겼으며 먼 곳에 살던 사람들은 감히 노략질을 하지 못하였다. 그런데 형만이 파직되어 떠나고 나서 羊祉와 傅豎眼이 그를 대신하였는데, 양지는 성격이 잔혹하고 포학하여 인심을 얻지 못하였다. 그리하여 요족이 梁나라의 군사를 끌어들여 노략질을 하자, 양지가 그들을 공격하여 격파하였고, 부수안은 은혜를 베풀고 신의를 펴서 크게 요족의 마음을 얻어 화친하였다.

初에 漢李勢之末에 群獠始出하여 北自漢中으로 南至邛笮히 布滿山谷[①]이러니 勢亡에 蜀人多東徙하니 山谷皆爲獠所據하여 其近郡縣者는 頗輸租賦하고 遠者는 郡縣不能制라 梁益이 歲伐獠以自潤하여 公私利之러니 及邢巒爲梁州에 獠近者는 皆安堵樂業하고 遠者는 不敢爲寇러니 巒旣罷去에 祉及豎眼代之한대 祉性酷虐하여 不得物情이라 獠引梁兵爲寇어늘 祉擊破之하고 豎眼은 施恩布信하여 大得獠和하다

① 西晉 말기에 氐人 李雄이 蜀에서 황제를 칭하였고, 李壽가 황제의 자리를 계승하여 국호를

漢이라고 고쳤다. 桓溫이 蜀을 정벌하자, 李壽의 아들 李勢가 항복하였다.
西晉末, 氐人李雄稱尊號於蜀, 壽嗣位, 改國號曰漢. 桓溫伐蜀, 壽子勢降.

丁亥年(507)

梁나라 高祖 武帝 蕭衍 天監 6년이고, 北魏 世宗 宣武帝 元恪 正始 4년이다.

梁天監六年이요 魏正始四年이라

【綱】 봄 3월에 梁나라 장군 曹景宗과 豫州刺史 韋叡가 鍾離에서 北魏의 군대를 크게 무찔렀다.

春三月에 梁將軍曹景宗豫州刺史韋叡가 大敗魏師于鍾離[17]하다

【目】 北魏의 中山王 元英이 장군 楊大眼 등 군사 수십만 명과 鍾離城을 공격하였다. 종리성의 북쪽은 淮水에 막혀서 북위의 군사들은 邵陽洲의 양쪽 연안에 다리를 설치하고 수백 보 길이의 목책을 세워 淮水를 건너는 길을 통하게 하였다. 성안에 있는 군사는 겨우 3천 명이었는데, 昌義之가 방편에 따라 대항하며 막았다. 북위의 군대는 무리들에게 흙을 져다가 해자를 메우게 하고 정예 기병이 그들을 압박하여, 사람들이 몸을 돌리기도 전에 흙으로 그들을 덮으니 조금 뒤에 해자가 꽉 메워졌다. 衝車로 부딪히자 성의 흙벽이 번번이 무너졌는데 창의지가 진흙을 이용하여 보수하니, 충차가 비록 쳐들어왔어도 성벽을 무너뜨릴 수가 없었다. 북위의 군대는 밤낮으로 고생스럽게 공격하여 순번을 나누어 서로 교대하면서 떨어지면 다시 올라가 물러서는 사람이 없었다. 하루에 수십 차례 전투를 치르니, 전후로 죽고 다친 사람이 만 명을 헤아렸고, 북위의 전사자가 성의 높이와 비슷할 만큼 쌓였다.

魏中山王英與將軍楊大眼等衆數十萬으로 攻鍾離하니 鍾離城北阻淮水라 魏人於邵陽洲兩岸에 爲橋하고 樹柵數百步하여 跨淮通道하니 城中纔三千人이라 昌義之隨方抗禦어늘 魏人使其衆으로

17) 梁將軍……鍾離 : "이때에 韋叡가 曹景宗의 지휘를 받았으니 조경종만 기록하면 될 것인데 위예를 나란히 기록한 것은 어째서인가. 두 명의 장군을 가상히 여긴 것이다. 조경종의 겸손과 위예의 겸양이 아니었으면 이 성공에 이르지 못하였다. 두 명 장군을 나란히 기록한 것은 전쟁의 승리가 화합에 있음을 드러내기 위한 것이다.〔於是叡受景宗節度 書景宗可也 竝書韋叡 何 嘉二將也 非景宗之能謙 韋叡之能讓 不至是矣 竝書二將 所以著師克之在和也〕" ≪書法≫

負土塡塹하고 嚴騎蹙之하여 人未及回에 以土迮之하니 俄而塹滿①이라 衝車所撞에 城土輒頹어늘 義之用泥補之하니 衝車雖入이나 而不能壞라 魏人晝夜苦攻하여 分番相代하여 墜而復升하여 莫有退者라 一日戰數十合하니 前後殺傷이 萬計요 魏人死者與城平이러라

① 迮(핍박하다)의 음은 窄이니, 압박함이다.
迮音窄, 迫也.

【目】 2월에 魏主(元恪)가 元英을 불러 돌아오도록 하였는데, 원영이 表文을 올리기를 "반드시 함락시킬 것이다. 시일을 조금 더 주시기 바랍니다."라고 하였다. 이에 梁主(蕭衍)는 韋叡에게 명령을 내려 鍾離를 구원하게 하고 曹景宗의 지휘를 받도록 하였다. 위예는 合肥에서 陰陵의 大澤을 경유하여 행군하다가 시내와 골짜기를 만나면 번번이 飛橋[18]를 설치하여 군사들을 건너게 하였다. 군사들이 강성한 北魏의 군대를 두려워하여 대부분 위예에게 천천히 진군하라고 권하자 위예가 말하기를 "종리에서는 지금 굴을 파서 살고 있으며 문짝을 지고 물을 긷고 있으니,[19] 수레와 병졸이 급히 달려가도 오히려 뒤처질까 걱정되는데, 하물며 천천히 진군한단 말인가. 북위의 군대를 격파할 계책이 이미 나의 심중에 있으니, 경들은 염려하지 말라."라고 하였다.

열흘 만에 邵陽에 도착하였는데 梁主가 미리 조경종에게 칙령을 내려서 말하기를 "위예는 卿의 고향에서 명망 있는 종족이니, 그를 잘 공경해야만 하오."라고 하였다. 조경종이 위예를 보고 몹시 행동을 조심하자, 梁主가 그 소식을 듣고 말하기를 "두 장수가 화목하니 군대가 반드시 구원할 수 있을 것이다."라고 하였다. 진군하여 邵陽洲에 주둔하고는 위예가 소양주에 참호를 파고 성을 쌓았는데, 북위의 군사가 있는 성에서 100여 보 떨어져 있었다. 馮道根이 말을 달려서 땅의 거리를 헤아리고, 말의 걸음수로 계산하여 〈개개인이 해야 할〉 일의 양을 할당해주어, 새벽녘에 미쳐 軍營이 세워졌다. 元英이 크게 놀라 말하기를 "어찌 이리 귀신같이 빠른가."라고 하였다. 조경종 등은 무기와 갑옷이 정교하고 새로웠고 군대의 위용이 아주 성대하였는데, 북위의 군사들은 바라만 보고서도 기세가 꺾였다. 성안에 있는 사람들은 외부에 지원군이 있음을 알고 용기가 백 배나 되었다.

二月에 魏主召英還한대 英表稱必克하니 願少寬假하소서하니 於是에 梁主命韋叡救鍾離하여 受曹

18) 飛橋 : 山澗을 건널 때에 공중에 가설한 다리를 말한다.

19) 굴을……있으니 : 전황이 긴급하여 편안히 생활하지 못함을 말한다. 특히 문짝을 지고 물을 긷는 일은 적군의 화살과 돌을 방비하기 위한 행위이다.(≪資治通鑑新注≫, 陝西人民出版社, 1998)

景宗節度하다 叡自合肥로 由陰陵大澤하여 行值澗谷에 輒飛橋以濟師[①]하니 人畏魏兵盛하여 多勸緩行한대 叡曰 鍾離鑿穴而處하고 負戶而汲하니 車馳卒奔이라도 猶恐其後어든 而況緩乎아 魏人已墮吾腹中하니 卿曹는 勿憂也하라하다 旬日에 至邵陽하니 梁主豫敕景宗曰 韋叡는 卿之鄉望이니 宜善敬之[②]하라하니 景宗見叡禮甚謹한대 梁主聞之曰 二將和하니 師必濟矣로다하다 乃進頓邵陽洲하니 叡塹洲爲城하여 去魏城百餘步하니 馮道根能走馬步地하여 計馬足以賦功하여 比曉而營立[③]이라 英大驚曰 是何神也오 景宗等器甲精新하고 軍容甚盛하니 魏人望之奪氣라 城中知有外援하고 勇氣百倍러라

① ≪水經註≫에 "濠水가 陰陵縣의 陽亭에서 나와 동북쪽으로 흘러 鍾離城 아래를 경유하여 淮水로 유입되니, 陰陵은 鍾離의 서남쪽과 合肥의 동북쪽 사이에 있다." 하였다.
水經注 "濠水出陰陵縣之陽亭, 東北流, 逕鍾離城下而注于淮, 陰陵蓋在鍾離西南, 合肥東北也."

② 曹景宗은 新野 사람이다. 韋叡는 京兆의 이름 있는 성씨로 襄陽에 살았으니, 이미 고향이 같았지만, 韋氏가 명망이 있는 종족이었다.
景宗, 新野人. 韋叡以京兆著姓, 居襄陽, 旣同州鄕, 而韋爲望族.

③ 走(달리다)는 본음대로 읽는다. "走馬步地"는 말을 채찍질하여 달려서 걸음으로 땅의 거리를 재는 것을 말한다. 賦는 폄이며, 줌이다. 功은 힘이니, 장정 한 명의 힘으로 할 수 있는 일을 계산하는 것을 功이라고 한다.
走, 如字. 走馬步地, 謂驅策而走之, 以步量地之遠近. 賦, 布也, 給與也. 功, 力也, 計一夫之力所任作, 謂之功.

【目】楊大眼은 軍營에서 용맹이 으뜸이어서 1만여 기병을 거느리고 와서 전투를 치렀는데, 가는 곳마다 모두 물리쳤다. 위예가 수레를 연결하여 陣을 만들자, 양대안이 기병을 모아 포위하였다. 위예가 彊弩 2천 개를 일시에 모두 발사하니, 죽거나 다친 군사가 아주 많았다. 화살이 양대안의 오른팔을 관통하니, 양대안이 물러나 달아났다.

다음 날 아침에 元英이 직접 군대를 인솔하고 와서 싸웠는데, 위예가 흰색의 나무 수레를 타고 흰색 뿔로 만든 如意를 쥐고 지휘하여 하루에 몇 차례 교전을 치르자, 元英이 마침내 물러났다. 北魏의 군대가 밤에 다시 와서 성을 공격하여 날아드는 화살이 비처럼 쏟아지자 군중에서 놀랐는데, 위예가 성 위에서 성난 목소리로 꾸짖으니 마침내 진정되었다. 梁主(蕭衍)가 曹景宗 등에게 명령하여 미리 북위의 다리와 비슷한 높이의 큰 戰艦을 만들게 하여 火攻의 계책을 세워 위예는 남쪽을 공격하고 조경종은 북쪽을 공격하게 하였다.

楊大眼勇冠軍中이라 將萬餘騎來戰하여 所向皆靡러니 叡結車爲陳이어늘 大眼聚騎圍之한대 叡以彊弩二千으로 一時俱發하니 殺傷甚衆이라 矢貫大眼右臂하니 大眼退走하다 明旦에 英自帥衆戰이어늘 叡乘素木輿하고 執白角如意하여 以麾軍하여 一日數合하니 英乃退[①]러니 魏師復夜攻城하니 飛矢雨集이라 軍中驚이어늘 叡於城上에 厲聲呵之하니 乃定하다 梁主命景宗等하여 豫裝高艦與魏橋等하여 爲火攻之計하여 叡攻其南하고 景宗攻其北[②]하다

① 如意는 북채와 비슷한 종류이다.
如意, 撾類.

② 北魏가 邵陽洲의 양쪽 연안에 다리를 설치하였는데, 남쪽 다리는 元英의 군대와 닿아 있었고, 북쪽 다리는 楊大眼의 병력과 닿아 있었다.
魏於邵陽洲兩岸立橋, 南橋以接元英之兵, 北橋以接楊大眼之兵.

齊鑣射獵

【目】 3월에 淮水가 갑자기 불어나서 6, 7척이 되자 韋叡가 馮道根 등을 시켜서 전투함을 타게 하여 邵陽洲에 있는 北魏의 군대를 공격하여 전멸시켰다. 따로 작은 배에다 마른 풀을 싣고 거기에 기름을 부어 그들의 다리를 불태웠는데, 바람이 세차게 불어 불길이 치솟아 연기와 먼지로 어둑해졌다. 결사대가 목책을 뽑고 다리를 찍어내어 잠깐 사이에 다리와 목책이 모두 없어졌다. 풍도근 등이 직접 전투에 나서자 군대가 분발하고 용맹을 떨치니 고함 소리가 천지에 진동하여 모두가 일당백이었다. 북위의 군대가 크게 무너지자 元英은 몸을 빼내어 달아났고 楊大眼도 군영을 불태우고 떠났다. 여러 보루가 흙처럼 무너져 물에 뛰어들어 죽은 사람이 10여만 정도였고, 머리를 벤 숫자도 그만큼 되었다. 패퇴한 적군을 추격하여 濊水에 이르렀는데, 원영이 한 필의 말을 타고 梁城으로 들어갔다. 淮水에 접해 있는 100여 리에는 시체가 서로 이어져 있었고, 5만 명을 생

포하였으며, 그들의 물자와 양식 그리고 산처럼 쌓여 있는 무기와 기계를 거두었다.

昌義之가 曹景宗과 위예에게 은덕을 입었다고 여겨 20만 錢을 마련하여 관사에서 樗蒲 놀이를 하였다. 조경종이 말을 던져서 '雉'를 얻었고 위예는 서서히 던져서 '盧'를 얻었다가 재빨리 하나를 잡아서 뒤집으며 말하기를 "이상한 일이네."라고 하고, 마침내 '塞'로 만들어놓았다.

여러 장수들이 다투어 먼저 승첩을 알렸지만 위예는 홀로 뒤에 머물러 있으니 세상 사람들이 이로 인해 그를 더욱 현명하다고 여겼다. 조서를 내려 조경종과 위예에게 작위와 봉읍을 늘려주도록 하고, 창의지 등에게는 각각 차등 있게 상을 내리게 하였다.

三月에 淮水瀑漲六七尺이어늘 叡使馮道根等으로 乘艦하여 擊魏洲上軍盡殪[①]하고 別以小船으로 載草灌膏하여 焚其橋하니 風怒火盛하여 煙塵晦冥이라 死士拔柵斫橋하여 倏忽俱盡하고 道根等身自搏戰하여 軍人奮勇하니 呼聲動天地하여 無不一當百이라 魏軍大潰하여 英脫身走하고 大眼亦焚營去하니 諸壘土崩하여 水死者十餘萬이요 斬首亦如之라 逐北(배)至濊水上[②]하니 英單騎入梁城하나 緣淮百餘里에 尸相枕藉하고 生擒五萬人이요 收其資糧器械山積이라 義之德景宗及叡하여 設錢二十萬하여 官賭之[③]하니 景宗擲得雉하고 叡徐擲得盧라가 遽取一子反(번)之曰 異事라하고 遂作塞(새)[④][20]하다 群帥爭先告捷호되 叡獨居後하니 世尤以此賢之하더라 詔增景宗叡爵邑하고 義之等受賞各有差하다

① 殪는 음이 翳이니, 죽음이다.
殪音翳, 死也.

② 濊는 음이 穢이다. 濊水는 沛郡과 臨淮郡 두 郡의 경계에 있다.
濊音穢. 濊水當在沛·臨淮二郡界.

③ 樗蒲는 賭博이니, 사적으로 함께 즐기는 일일 뿐이다. 公庭에서 하지 않는데, 지금 徐州府 관청에서 도박을 하는 것은 공적인 도박이다. 도박놀이로 재물을 취하는 것을 '賭'라고 한다.
樗蒲, 賭博, 私相與爲戲耳. 不設於公庭, 今官賭之於徐州府廨, 公賭之也. 博以取財曰賭.

④ 反은 翻으로 읽고, 또는 본음대로 읽는다. 摴蒱戲에는 梟·盧·雉·犢·塞 5가지가 있어 勝負의 采(牌)가 되는데, 주사위 머리에 彫刻에 올빼미〔梟〕 모양으로 된 것이 가장 좋고, 盧가 다음이고, 雉와 犢이 또다시 다음이 되고, 塞가 가장 낮다. 韋叡가 던져서 盧를 얻은 것은 본래 雉보다 좋은 것이었는데, 고의로 그 주사위를 뒤집어서 塞로 만들었다. "異事"는 괴이한 일과 같은 말이다.

20) 塞(새) : ≪資治通鑑≫에는 "塞는 簺와 동자이니, 先代의 翻이다.〔塞 與簺同 先代翻〕"라고 하여 음이 '새'로 제시되었다.

反, 讀曰翻, 又如字. 摴蒱戱有梟·盧·雉·犢·塞五者, 爲勝負之采, 博頭有刻爲梟形者爲最勝, 盧次之, 雉與犢又次之, 塞爲最下. 韋叡擲得盧, 本勝雉矣, 乃故反其子而作塞. 異事, 猶言怪事也.

【綱】여름 6월에 梁나라의 馮翊 등 7개의 郡이 배반하여 北魏에 투항하였다.

夏六月에 **梁馮翊等七郡叛降魏**[①]하다

① 馮翊 등의 郡은 江左에서 雍州의 경계에 僑置하였다.
馮翊等郡, 江左僑立於雍州界.

【綱】가을 8월에 北魏 中山王 元英과 齊王 蕭寶寅이 죄를 지어 제명되었다.

◑秋八月에 **魏中山王英**과 **齊王蕭寶寅**이 **以罪除名**하다

【目】有司가 상주하여 元英과 蕭寶寅의 죄는 사형에 처해야 한다고 하였는데, 조서를 내려 사형을 면해주고 제명하여 庶民으로 삼도록 하였다.

有司奏英寶寅罪當誅[①]라한대 詔免死하고 除名爲民하다

① 元英은 헤아려 계획한 것이 잘못되었고, 蕭寶寅은 다리의 방비를 견고하게 하지 못하였다.
英經算失圖, 蕭寶寅守橋不固.

【綱】北魏가 李崇을 揚州刺史로 삼았다.

魏以李崇으로 **爲揚州刺史**하다

【目】李崇이 자신의 개인 산업에 일삼는 것이 많았는데, 長史 辛琛이 여러 차례 간언하였으나 따르지 않았다. 마침내 글을 올려 탄핵하니, 조서를 내려 두 사람에게 죄를 묻지 않았다. 이숭이 신침에게 말하기를 "長史(신침)는 뒤에 반드시 刺史가 될 터인데, 어떤 上佐(長史)를 얻을지 모르겠소."라고 하였다. 신침이 말하기를 "만일 외람되이 刺史의 자리에 오른다면 올바른 한 명의 長史를 얻어서 아침저녁으로 저의 허물을 듣는 것이 소원입니다."라고 하니, 이숭이 부끄러운 기색이 있었다.

崇多事産業이라 長史辛琛屢諫不從이어늘 遂糾之하니 詔竝不問하다 崇謂琛曰 長史後必爲刺史니

不知得上佐何如人耳로다 琛曰 若萬一叨忝이면 得一方正長史하여 朝夕聞過가 是所願也라한대 崇有慙色하더라

【綱】겨울 10월에 梁나라가 徐勉을 吏部尙書로 삼았다.

冬十月에 梁以徐勉으로 爲吏部尙書[21)]하다

【目】徐勉은 정력이 다른 사람보다 지나쳐 비록 처리해야 할 문건이 가득 쌓이고 손님이 자리에 가득해도 물 흐르듯 응대하며 손으로는 붓놀림을 멈추지 않았다. 한번은 門人과 밤에 모였는데 손님이 벼슬자리를 구하자, 서면이 정색하며 말하기를 "오늘 저녁은 단지 風月을 이야기해야지, 公事를 말해서는 안 됩니다."라고 하니, 당시 사람들이 모두 私心이 없는 그의 태도에 탄복하였다.

勉精力過人하여 雖文案塡積하고 坐客充滿이라도 應對如流하여 手不停筆하고 嘗與門人夜集에 客求官이어늘 勉正色曰 今夕止可談風月이요 不可及公事라하니 時人咸服其無私하더라

【綱】윤10월에 梁나라가 臨川王 蕭宏을 司徒로 삼고, 沈約을 尙書令으로 삼았으며, 袁昂을 僕射로 삼았다.

閏月에 梁以臨川王宏으로 爲司徒하고 沈約으로 爲尙書令하고 袁昂으로 爲僕射[22)]하다

---

21) 梁以徐勉 爲吏部尙書 : "'徐勉'을 기록한 것은 어째서인가. 그 직책을 잘하였기 때문이다. 梁나라 시대에 '누구를 이부상서로 삼았다.〔以爲吏部尙書〕'라고 기록한 것은 서면뿐이다.〔書勉 何 善其職也 梁世書以爲吏部尙書者 勉而已〕" 《書法》

22) 梁以臨川王宏……袁昂爲僕射 : "鍾離에서 패배하자 元英은 除名의 벌을 받았고, 洛口에서 도망해오자 蕭宏은 司徒의 임명을 받았다. 梁나라가 비록 성대한 시기였지만 賞罰이 도리어 쇠퇴해가는 北魏만 못하니 그것을 기록하여 나무란 것이다.〔鍾離敗而元英有除名之罰 洛口逃而蕭宏有司徒之除 梁雖盛時其賞罰反不如衰季之魏矣 書以譏之〕" 《書法》

"《春秋》는 屬辭比事(문사를 엮어 포폄을 가한 일을 차례대로 나열하는 것)의 글은 《資治通鑑綱目》도 屬辭比事의 글이다. 우선 蕭宏의 일로 살펴보면 처음에 '소굉을 파견하여 군사를 거느리고 北魏를 정벌하게 하였다.'라고 기록하였으니 소굉 자신이 主將이 되어 많은 군사를 이끌고서 나라를 정벌함을 보인 것이다. 이어서 '소굉이 도망해 돌아왔다'라고 기록하였으니 군사를 잃고 군율을 그르쳐 도망쳐 구차하게 벗어남을 보인 것이다. 지금 또다시 '소굉을 司徒로 삼았다'라고 기록하였으니 죄가 있는데도 주벌하지 않고 내쫓아야 하는데 포상함을 보인 것이다. 한 가지 소굉의 일로 처음에는 군사를 총괄하고 다음에는 패하여 욕보고 끝에는 포상을 남발한 것을 나열하여 살펴보면 인정하고 빼앗고 할 필요도 없이 의리가 자명하다. 그렇다면 屬辭比事는 진실로 《춘추》의 가르침이고, 또 《자치통감강목》의 가르침이다. 그러므로 말하기를 기린으로 《춘추》의 글이 끝나자 그 뒤에

【綱】北魏의 尙書令 高肇가 임금의 황후인 于氏와 아들인 元昌을 시해하였다.

◑魏尙書令高肇가 弑其主之后于氏及其子昌[23)]하다

≪자치통감강목≫이 지어졌다고 하는 것이다.〔春秋屬辭比事之書 綱目亦屬辭比事之書 姑以蕭宏之事觀之 始書遣宏帥師伐魏 則見其身爲主帥 將大衆以伐國者也 繼書蕭宏逃歸 則見其喪師失律 逃竄苟免者也 今又書以宏爲司徒 則見其有罪不誅 宜黜而賞者也 夫以一蕭宏之事 卽其始焉之總師 次焉之敗辱 終焉之濫賞 比而觀之 不待予奪而義自明 然則屬辭比事 是固春秋之敎也 而亦綱目之敎也 故曰 麟筆絶而後綱目作〕" ≪發明≫

23) 魏尙書令高肇……及其子昌 : "漢 成帝가 崩御하자 민간에서 크게 떠들면서 죄를 趙昭儀에게 모두 돌렸는데, ≪資治通鑑綱目≫에서는 '황제가 붕어하였다.〔帝崩〕'라고 기록했을 뿐이다. 그런데 이때에 황후가 갑자기 병으로 殂하고 낳은 아들 元昌도 곧이어 卒하니, 사람들이 모두 高氏를 허물하였고 史書에서 '宮省의 일은 비밀스러워서 자세히 알 수가 없다.'고 하였는데 곧바로 '高肇'라고 기록한 것은 어째서인가. ≪자치통감강목≫은 이 獄事에 단안을 내린 것이다. 漢 成帝가 새벽에 일어나려고 하다가 말을 못하고 붕어하였으니 진실로 의심스러우나 의심스럽다고 해서 사람에게 죄를 씌울 수는 없는 것이다. 고조의 전횡과 高貴嬪의 총애의 경우는 길 가는 사람도 알 지경이니, 이른바 '자세히 알 수 없다.'는 것은 또한 史臣의 그릇된 글일 뿐이다. ≪자치통감강목≫에서는 그 죄를 지적하지 않았으나 권력을 가진 간신들이 진실로 天下를 속이고 後世를 속일 수 있기 때문에 ≪자치통감강목≫이 편집되자 亂臣賊子들이 두려워하였다고 하는 것이다. 그렇다면 司馬師가 황후를 폐위할 적에 '그 임금〔其主〕'이라고 기록하지 않았거늘(漢 後主 延熙 17년(254)) 여기서 '其主'라고 기록한 것은 어째서인가. 아들 元昌 때문에 기록한 것이다. 그 임금의 한 명의 황후와 한 명의 아들을 죽였으니 고조의 죄가 어떠한가.〔漢成帝崩 民間讙譁 咸歸罪趙昭儀 綱目書帝崩而已 於是后暴疾殂 所生子昌 亦尋卒 人皆咎高氏 史稱宮省事秘 莫能詳也 則其直書高肇 何 綱目有以斷斯獄矣 漢成鄕晨欲起 不能言而崩 則誠疑似也 固不得以疑似而加人罪 若高肇之橫 貴嬪之寵 路人知之 所謂莫能詳者 蓋亦史臣之曲筆耳 綱目不名其罪 則權姦眞可以欺天下 欺後世矣 故曰 綱目修而亂臣賊子懼 然則司馬師廢其后 不書其主(漢後主延熙十七年) 此書其主 何 爲子昌書也 殺其君一后一子 肇之罪爲何如哉〕" ≪書法≫

"'황후 및 그 아들을 시해했다.〔弑后及其子〕'라고 기록하지 않고 '그 임금의 황후 및 그 아들을 시해했다.〔弑其主之后及其子〕'라고 기록한 것은 어째서인가. 高肇가 반역한 것은 위로 임금에게 누를 끼친 것이다. 임금은 온 나라의 명예·은총을 독단하는데 그 妻子도 비호하지 못하여 심지어 그 신하로 하여금 참람하게 시역을 하게 만들고 또한 꾸짖지도 못하였으므로 특별히 '그 임금〔其主〕'이라고 기록하여 나무랐을 뿐이다. 그러나 分注(目)와 ≪北史≫의 皇后 列傳을 살펴보면 모두 그 일이 분명하지 않은데 ≪資治通鑑綱目≫에서는 무엇을 근거하여 그 죄를 정하였는가. 이때 高嬪은 총애가 있었는데 ≪北史≫〈后妃列傳〉의 高氏 列傳을 살펴보면 高后는 사나우며 투기하여 嬪御 중에 종신토록 황제를 侍奉하는 은총을 받지 못한 자가 있었으며, 洛陽에 있은 지 20년 동안 皇子가 온전하게 양육된 자는 오직 明帝 한 사람뿐이었다고 하였다. 온전하게 양육되지 못한 자는 누가 실로 죽였는가. 하물며 고조는 권세가 中外를 압도하였는데 황후가 하루아침에 까닭 없이 갑자기 殂하였고, 사람들은 모두 허물을 高氏에게 돌렸으니 고조는 또한 다시 무슨 말을 하겠는가. 옛적에 〈春秋時代 晉나라〉 趙盾이 망명하다가 국경을 넘지 않고는 되돌아와서 역적을 토벌하지 않자 '〈임금을〉 시해했다〔弑〕'라고 기록이 되었다. 지금 고조는 권력을 쥔 大臣으로서 온 나라의 일이 모두 그의 손에서 나오는데, 만일 弑逆이 고조에게서 나오지 않았다면 반드시 역적을 토벌하여 그 죄를 바로잡았어야 한다. 지금 이미 임금의 이름이 쓰이지 않았으니 고조가 한 것이 분명하다. 直筆로 기록한 것은 이른바 그 심정을 추구하여 그 실상을 정한 것이니 어찌 지나치겠는가.〔不書弑后及其子 而書弑其主之后及其子 何哉 高肇爲逆 上累君也 人君擅一國之名寵 不能庇其妻子 至使其臣僭行弑逆 亦不能詰 故特書其主以譏之爾 然考之分注 及北史后傳 皆不明其事 綱目何據而定其罪耶 是時高嬪有寵 考之高氏傳 言其悍忌 嬪御有終身不蒙接者 在洛二十年 皇子全育者 惟明帝一人 夫其所以不能全育者 誰實斃之 況肇勢傾中外 后一旦無故暴殂 人皆歸咎高氏 則爲肇者亦復何說 昔趙盾以亡不越竟 反不討賊而書弑 今肇爲用事大臣 一國之事 皆出其

【目】당시에 高貴嬪이 총애를 받고 질투가 심하였고, 高肇의 권세가 조정 안팎을 기울였는데, 황후가 갑자기 병들어 殂하자 사람들이 모두 高氏를 허물하였다. 그러나 궁궐의 일은 비밀스러워 자세히 알 수 없었다. 황후의 아들 元昌이 얼마 뒤에 卒하니, 侍御師 王顯이 치료를 잘못해서 그렇게 되었는데, 당시 사람들은 역시 〈왕현이〉 고조의 사주를 받아 그렇게 한 것이라고 하였다.

時에 高貴嬪이 有寵而妬①하고 高肇勢傾中外러니 后暴疾殂하니 人皆咎高氏나 然宮禁事秘하여 莫能詳也요 后所生子昌尋卒하니 侍御師王顯失於療治라 時人亦以爲承高肇之意云②이러라

① 貴嬪은 高肇의 형 高偃의 딸이다.
貴嬪, 高肇兄偃之女也.

② 胡三省이 말하기를 "醫師는 좌우에서 황제를 모시기 때문에 그로 인해 관직명(侍御師)으로 삼은 것이다. 後魏(北魏)의 제도는, 太醫令은 太常에 소속되어 醫藥을 관장하고, 門下省에 별도로 尙藥局 侍御師를 두었으니, 지금의 御醫이다."라고 하였다.
胡三省曰 "醫師侍御左右, 因以名官. 後魏之制, 太醫令屬太常, 掌醫藥, 而門下省別有尙藥局侍御師, 蓋今之御醫也.

戊子年(508)

梁나라 高祖 武帝 蕭衍 天監 7년이고, 北魏 世宗 宣武帝 元恪 永平 원년이다.

梁天監七年이요 魏永平元年이라

【綱】봄 정월에 梁나라가 百官의 品階를 정하였다.

春正月에 梁定官品하다

【目】百官의 9品을 18班으로 나누니, 班의 숫자가 큰 것을 귀하게 여겼다.

百官九品爲十八班하니 班多者爲貴①러라

① 丞相, 太宰, 太傅, 太保, 大司馬, 大將軍, 太尉, 司徒, 司空을 18班으로 삼았다. 諸將軍開府儀同三司와 左右光祿開府儀同三司를 17班으로 삼았다. 尙書令, 太子太傅, 左右光祿大夫를

手 如使弑逆不出於肇 則必討賊而正其罪 今旣主名不立 則其爲肇也明矣 直筆書之 所謂原其情而定其實爾 夫豈過哉]" ≪發明≫

16班으로 삼았다. 尙書左僕射, 太子少傅, 尙書僕射, 右僕射, 中書監, 特進, 領・護軍將軍을 15班으로 삼았다. 中領軍・中護軍, 吏部尙書, 太子詹事, 金紫光祿大夫, 太常卿을 14班으로 삼았다. 中書令, 列曹의 尙書, 國子祭酒, 宗正卿, 太府卿, 光祿大夫를 13班으로 삼았다. 侍中, 散騎常侍, 左・右衛將軍, 司徒左長史, 衛尉卿을 12班으로 삼았다. 御史中丞, 尙書吏部郎, 祕書監, 通直散騎常侍, 太子左右二衛率, 左右驍游, 太中大夫, 皇弟・皇子師, 司農卿, 少府卿, 廷尉卿, 太子中庶子, 光祿卿을 11班으로 삼았다. 給事黃門侍郎, 員外散騎常侍, 皇弟・皇子府長史, 太僕卿, 大匠卿, 太子家令, 太子率更令, 太子僕, 揚州別駕, 中散大夫, 司徒右長史, 雲騎, 游騎, 皇弟・皇子府司馬, 朱衣直閤將軍을 10班으로 삼았다. 尙書左丞, 鴻臚卿, 中書侍郎, 國子博士, 太子庶子, 揚州中從事, 皇弟・皇子公府從事中郎, 太舟卿, 大長秋, 皇弟・皇子府諮議, 嗣王府長史, 前軍司馬, 左軍司馬, 右軍司馬, 後軍司馬, 嗣王府司馬, 庶姓公府長史, 庶姓公府司馬를 9班으로 삼았다. 秘書丞, 太子中舍人, 司徒左西掾, 司徒屬, 皇弟・皇子友, 散騎侍郎, 尙書右丞, 南徐州別駕, 皇弟・皇子公府掾屬, 皇弟・皇子二衛司馬, 嗣王府從中郎, 庶姓公府從中郎, 左・右中郎將, 嗣王府諮議, 庶姓公府諮議, 皇弟・皇子의 庶子府長史, 皇弟・皇子의 庶子府司馬, 蕃王府長史, 蕃王府司馬, 庶姓持節府長史, 庶姓持節府司馬를 8班으로 삼았다. 五校, 東宮三校, 皇弟・皇子의 庶子府中錄事, 皇弟・皇子의 庶子府中記室, 皇弟・皇子의 庶子府中直兵參軍, 南徐州中從事, 皇弟・皇子의 庶子府諮議, 蕃王府諮議를 7班으로 삼았다. 太子洗馬, 通直散騎侍郎, 司徒主簿, 尙書侍郎, 著作郎, 皇弟・皇子府功曹史, 五經博士, 皇弟・皇子府錄事, 皇弟・皇子府記室, 皇弟・皇子府中兵參軍, 皇弟・皇子荊州別駕, 皇弟・皇子江州別駕, 皇弟・皇子雍州別駕, 皇弟・皇子郢州別駕, 皇弟・皇子南徐州別駕, 領護軍長史, 領護軍司馬, 嗣王府掾屬, 庶姓公府掾屬, 南臺治書侍御史, 廷尉三官, 謁者僕射, 太子門大夫, 嗣王府中錄事, 嗣王府中記室, 嗣王府中直兵參軍, 庶姓公府中錄事, 庶姓公府中記室, 庶姓公府中直兵參軍, 庶姓府諮議를 6班으로 삼았다. 尙書郎中, 皇弟・皇子文學 및 府主簿, 太子太傅, 太子少傅, 太子丞, 皇弟・皇子湘州別駕, 皇弟・皇子豫州別駕, 皇弟・皇子司州別駕, 皇弟・皇子益州別駕, 皇弟・皇子廣州別駕, 皇弟・皇子青州別駕, 皇弟・皇子衡州別駕, 皇弟・皇子荊州中從事, 皇弟・皇子江州中從事, 皇弟・皇子雍州中從事, 皇弟・皇子郢州中從事, 皇弟・皇子南兗州中從事, 嗣王荊州別駕, 嗣王江州別駕, 嗣王雍州別駕, 嗣王郢州別駕, 嗣王南兗州別駕, 庶姓荊州別駕, 庶姓江州別駕, 庶姓雍州別駕, 庶姓郢州別駕, 庶姓南兗州別, 太常丞, 皇弟・皇子國郎中令, 皇弟・皇子國三將, 東宮二將, 嗣王府功曹史, 庶姓公府錄事, 庶姓公府記室, 庶姓公府中兵參軍, 皇弟・皇子의 庶子府錄事, 皇弟・皇子의 庶子府中記室, 皇弟・皇子의 庶子府中直兵參軍, 蕃王府中錄事, 蕃王府中記室, 蕃王府中直兵參軍을 5班으로 삼았다. 給事中, 皇弟・皇子府正參軍, 中書舍人, 建康三官, 皇弟・皇子北徐州別駕, 皇弟・皇子北兗州別駕, 皇弟・皇子梁州別駕, 皇弟・皇子交州別駕, 皇弟・皇子南梁州別駕, 皇弟・皇子湘州別駕, 皇弟・皇子豫州別駕, 皇弟・皇子司州別駕, 皇弟・皇子益州別駕, 皇弟・皇子廣州別駕, 皇弟・皇子青州別駕, 皇弟・皇子衡州別駕, 皇弟・皇子湘州中從事, 皇弟・皇子豫州中從事, 皇弟・皇子司州中從事, 皇弟・皇子益州中從事, 皇弟・皇子廣州中從事,

皇弟·皇子青州中從事, 皇弟·皇子衡州中從事, 嗣王湘州別駕, 嗣王豫州別駕, 嗣王司州別駕, 嗣王益州別駕, 嗣王廣州別駕, 嗣王青州別駕, 嗣王衡州別駕, 庶姓湘州別駕, 庶姓豫州別駕, 庶姓司州別駕, 庶姓益州別駕, 庶姓廣州別駕, 庶姓青州別駕, 庶姓衡州別駕, 嗣王荊州中從事, 嗣王江州中從事, 嗣王雍州中從事, 嗣王郢州中從事, 嗣王南徐州中從事, 庶姓荊州中從事, 庶姓江州中從事, 庶姓雍州中從事, 庶姓郢州中從事, 庶姓南徐州中從事, 宗正丞, 太府丞, 衛尉丞, 司農丞, 少府丞, 廷尉丞, 太子詹事丞, 積射將軍, 彊弩將軍, 太子左右積弩將軍, 皇弟·皇子國大農, 嗣王國郎中令, 嗣王府主簿, 庶姓公府主簿, 皇弟·皇子의 庶子府功曹史, 皇弟·皇子의 庶子府錄事, 皇弟·皇子의 庶子府記室, 皇弟·皇子의 庶子府中兵參軍, 蕃王府功曹史, 蕃王府錄事, 蕃王府記室, 蕃王府中兵參軍을 4班으로 삼았다. 太子舍人, 司徒祭酒, 皇弟·皇子·公府祭酒, 員外散騎侍郎, 皇弟·皇子府行參軍, 太子太傅五官, 太子太傅功曹, 太子太傅主簿, 太子少傅五官, 太子少傅功曹, 太子少傅主簿, 二衛司馬, 公車令, 胄子律博士, 皇弟·皇子越州別駕, 皇弟·皇子桂州別駕, 皇弟·皇子寧州別駕, 皇弟·皇子霍州別駕, 皇弟·皇子北徐州中從事, 皇弟·皇子北兗州中從事, 皇弟·皇子梁州中從事, 皇弟·皇子交州中從事, 皇弟·皇子南梁州中從事, 庶姓北徐州別駕, 庶姓北兗州別駕, 庶姓梁州別駕, 庶姓交州別駕, 庶姓南梁州別駕, 庶姓湘州中從事, 庶姓豫州中從事, 庶姓司州中從事, 庶姓益州中從事, 庶姓廣州中從事, 庶姓青州中從事, 庶姓衡州中從事, 嗣王府正參軍, 庶姓公府正參軍, 皇弟·皇子의 庶子府曹主簿, 蕃王府曹主簿, 武衛將軍, 光祿丞, 皇弟·皇子國中尉, 皇弟·皇子國太僕, 皇弟·皇子國大匠丞, 嗣王國大農, 蕃王國郎中令, 庶姓持節府中錄事, 庶姓持節府中記室, 庶姓持節府中直兵參軍, 北館令을 3班으로 삼았다. 祕書郎, 著作佐郎, 揚州主簿, 南徐州主簿, 嗣王庶姓公府祭酒, 皇弟皇子領·皇弟皇子護·皇弟皇子詹事·皇弟皇子二衛 등의 功曹·五官·主簿, 太學博士, 皇弟·皇子國常侍, 奉朝請, 國子助教, 皇弟·皇子越州中從事, 皇弟·皇子桂州中從事, 皇弟·皇子寧州中從事, 皇弟·皇子霍州中從事, 皇弟·皇子荊州主簿, 皇弟·皇子江州主簿, 皇弟·皇子雍州主簿, 皇弟·皇子郢州主簿, 皇弟·皇子徐州中主簿, 嗣王越州別駕, 嗣王桂州別駕, 嗣王寧州別駕, 嗣王霍州別駕, 庶姓越州別駕, 庶姓桂州別駕, 庶姓寧州別駕, 庶姓霍州別駕, 嗣王徐州中從事, 嗣王北兗中從事, 嗣王梁州中從事, 嗣王交州中從事, 嗣王南梁州中從事, 庶姓徐州中從事, 庶姓北兗中從事, 庶姓梁州中從事, 庶姓交州中從事, 庶姓南梁州中從事, 鴻臚丞, 尙書五都令史, 武騎常侍, 材官將軍, 明堂令, 二廟令, 帝陵令, 嗣王庶姓公府行參軍, 皇弟·皇子의 庶子府正參軍, 蕃王國大農, 庶姓持節府錄事, 庶姓持節府記室, 庶姓持節府中直兵參軍, 庶姓持節府功曹史를 2班으로 삼았다. 揚州西曹, 南徐州西曹, 揚州祭酒, 南徐州祭酒, 揚州從事, 南徐州從事, 皇弟·皇子國侍郎, 嗣王國常侍, 南徐州議曹從事, 東宮通事舍人, 南臺侍御史, 大舟丞, 二衛殿中將軍, 皇弟·皇子의 庶子府行參軍, 蕃王府行參軍, 蕃王國中尉, 皇弟·皇子湘州主簿, 皇弟·皇子豫州主簿, 皇弟·皇子司州主簿, 皇弟·皇子益州主簿, 皇弟·皇子廣州主簿, 皇弟·皇子青州主簿, 皇弟·皇子衡州主簿, 皇弟·皇子荊州西曹祭酒, 皇弟·皇子江州西曹祭酒, 皇弟·皇子雍州西曹祭酒, 皇弟·皇子郢州西曹祭酒, 皇弟·皇子南兗州西曹祭酒, 皇弟·皇子荊州議曹從事, 皇弟·皇子江州議曹從事, 皇弟·皇子雍州議曹從事, 皇

弟・皇子郢州議曹從事, 皇弟・皇子南兗州議曹從事, 皇弟・皇子西曹祭酒, 皇弟・皇子議曹祭酒, 皇弟・皇子部傳從事, 嗣王越州中從事, 嗣王桂州中從事, 嗣王寧州中從事, 嗣王霍州中從事, 嗣王庶越州中從事, 嗣王庶桂州中從事, 嗣王庶寧州中從事, 嗣王庶霍州中從事, 嗣王荊州主簿, 嗣王江州主簿, 嗣王雍州主簿, 嗣王郢州主簿, 嗣王南兗州主簿, 庶姓荊州主簿, 庶姓江州主簿, 庶姓雍州主簿, 庶姓郢州主簿, 庶姓南兗州主簿, 庶姓持節府主簿, 汝陰國郎中令, 巴陵國郎中令, 太官令, 太樂令, 太市令, 太史令, 太醫令, 太祝令, 東・西冶令, 左・右尙方令, 南・北武庫令, 車府令 등을 1班으로 삼았다.

丞相・太宰・太傅・太保・大司馬・大將軍・太尉・司徒・司空爲十八班. 諸將軍開府儀同三司・左右光祿開府儀同三司爲十七班. 尙書令・太子太傅・左右光祿大夫爲十六班. 尙書左僕射・太子少傅・尙書僕射・右僕射・中書監・特進・領護軍將軍爲十五班. 中領護軍・吏部尙書・太子詹事・金紫光祿大夫・太常卿爲十四班. 中書令・列曹尙書・國子祭酒・宗正・太府卿・光祿大夫爲十三班. 侍中・散騎常侍・左右衛將軍・司徒左長史・衛尉卿爲十二班. 御史中丞・尙書吏部郎・祕書監・通直散騎常侍・太子左右二衛率・左右驍游・太中大夫・皇弟皇子師・司農・少府・廷尉卿・太子中庶子・光祿卿爲十一班. 給事黃門侍郎・員外散騎常侍・皇弟皇子府長史・太僕・大匠卿・太子家令・率更令・僕・揚州別駕・中散大夫・司徒右長史・雲騎・游騎・皇弟皇子府司馬・朱衣直閤將軍爲十班. 尙書左丞・鴻臚卿・中書侍郎・國子博士・太子庶子・揚州中從事・皇弟皇子公府從事中郎・太舟卿・大長秋・皇弟皇子府諮議・嗣王府長史・前左右後四軍嗣王府司馬・庶姓公府長史司馬爲九班. 秘書丞・太子中舍人・司徒左西掾・司徒屬・皇弟皇子友・散騎侍郎・尙書右丞・南徐州別駕・皇弟皇子公府掾屬・皇弟皇子單爲[24]二衛司馬・嗣王庶姓公府從中郎・左右中郎將・嗣王庶姓公府諮議・皇弟皇子之庶子府長史司馬・蕃王府長史司馬・庶姓持節府長史司馬爲八班. 五校・東宮三校・皇弟皇子之庶子府中錄事中記室中直兵參軍・南徐州中從事・皇弟皇子之庶子府蕃王府諮議爲七班. 太子洗馬・通直散騎侍郎・司徒主簿・尙書侍郎・著作郎・皇弟皇子府功曹史・五經博士・皇弟皇子府錄事記室中兵參軍・皇弟皇子荊江雍郢南徐五州別駕, 領護軍長史司馬・嗣王庶姓公府掾屬・南臺治書侍御史・廷尉三官・謁者僕射・太子門大夫・嗣王庶姓公府中錄事中記室中直兵參軍・庶姓府諮議爲六班. 尙書郎中・皇弟皇子文學及府主簿・太子太傅少傅丞・皇弟皇子湘豫司益廣青衡七州別駕・皇弟皇子荊江雍郢南兗五州中從事・嗣王庶姓荊江等五州別駕・太常丞・皇弟皇子國郎中令三將・東宮二將・嗣王府功曹史・庶姓公府錄事記室中兵參軍・皇弟皇子之庶子府蕃王府中錄事中記室中直兵參軍爲五班. 給事中・皇弟皇子府正參軍・中書舍人・建康三官, 皇弟皇子北徐北兗梁交南梁五州別駕・皇弟皇子湘豫司益廣青衡七州別駕中從事・嗣王庶姓湘豫等七州別駕・嗣王庶姓荊江等五州中從事・宗正太府衛尉司農少府廷尉太子詹事等丞・積射彊弩將軍・太子左右積弩將軍・皇弟皇子國大農・嗣王國郎中令・嗣王庶姓公府主簿・皇弟皇子之庶子府蕃王府功曹

---

24) 單爲 : 이는 미상이다.

史錄事記室中兵參軍爲四班・太子舍人・司徒祭酒・皇弟皇子公府祭酒・員外散騎侍郎・皇弟皇子府行參軍・太子太傅少傅五官功曹主簿・二衛司馬・公車令・冑子律博士・皇弟皇子越桂寧霍四州別駕, 皇弟皇子北徐北兗梁交南梁五州中從事, 庶姓北徐等五州別駕湘豫司益廣青衡七州中從事・嗣王庶姓公府正參軍・皇弟皇子之庶子府蕃王府曹主簿・武衛將軍・光祿丞・皇弟皇子國中尉太僕大匠丞・嗣王國大農・蕃王國郎中令・庶姓持節府中錄事中記室中直兵參軍・北館令爲三班. 祕書郎・著作佐郎・揚南徐州主簿・嗣王庶姓公府祭酒・皇弟皇子單爲[25]領護詹事二衛等功曹五官主簿・太學博士・皇弟皇子國常侍・奉朝請・國子助教・皇弟皇子越桂寧霍四州中從事・皇弟皇子荊江等五州主簿・嗣王庶姓越桂等四州別駕・嗣王庶姓北徐等五州中從事・鴻臚丞・尙書五都令史・武騎常侍・材官將軍・明堂二廟帝陵令・嗣王庶姓公府行參軍・皇弟皇子之庶子府正參軍・蕃王國大農・庶姓持節府錄事記室中直兵參軍・庶姓持節府功曹史爲二班・揚南徐州西曹祭酒從事・皇弟皇子國侍郎・嗣王國常侍・南徐州議曹從事・東宮通事舍人・南臺侍御史・大舟丞・二衛殿中將軍・皇弟皇子之庶子府蕃王府行參軍・蕃王國中尉・皇弟皇子湘豫等七州主簿・皇弟皇子荊雍等州西曹祭酒議曹從事, 皇弟皇子西曹〔從事祭酒〕[26]議曹祭酒部傳從事・嗣王庶姓越桂等四州中從事・嗣王庶姓荊江等五州主簿・庶姓持節府主簿・汝陰巴陵二國郎中令・太官太樂太市太史太醫太祝東西冶左右尙方南北武庫車府等令爲一班.

【綱】 2월에 梁나라가 州望과 郡宗과 鄕豪를 두었다.

二月에 **梁置州望郡宗鄕豪**하다

【目】 〈州望과 郡宗과 鄕豪는〉 전적으로 인재를 찾아서 추천하는 일을 관장하였다.

專掌搜薦①하다

① 搜는 구함이니, 〈"搜薦"은〉 재능이 있는 인물을 찾아서 조정에 추천하는 것을 말한다.
搜, 求也. 謂搜才能而薦之於上.

【綱】 梁나라가 領軍將軍 蕭昞을 雍州刺史로 삼았다.

梁以領軍蕭昞으로 **爲雍州刺史**하다

---

25) 單爲 : 이는 미상이다.

26) 從事祭酒 : ≪資治通鑑≫ 胡三省의 注에 '이상의 네 글자는 衍文이다.〔以上四字疑衍〕'라고 하였는데, 胡三省의 의견을 따라서 연문으로 처리하고 번역하지 않는다.

【目】 領軍將軍은 안팎의 중요한 군사업무를 관장하였는데, 宋나라 孝建 年間 이후로 制局監[27]이 일을 주관하면서 영군장군과 병권을 나누어 가지게 되자, 영군장군은 팔짱을 끼고 있을 뿐이었다. 吳平侯 蕭昞이 영군장군의 지위에 있으면서 엄격하고 분명하게 다스리자, 官府의 관리들이 숙연해졌다. 제국감은 모두 황제와 가깝고 총애를 받는 사람들이었기에 소병의 명령을 매우 견디기 힘들어 하였는데, 이로 말미암아 〈소병은〉 오랫동안 조정에 머무르지 못하고 雍州刺史로 나가게 되었다.

領軍이 掌中外兵要러니 宋孝建以來로 制局用事하여 與領軍分兵權하니 領軍拱手而已①러니 及吳平侯昞在職峻切하여 官曹肅然이라 制局監이 皆近倖이라 頗不堪하니 以是不得久留中하고 出刺雍州②하다

① 孝建은 世祖 때의 연호[28]이다.
孝建, 世祖年號.
② 制局監은 관직 이름이다.
制局監, 官名.

【綱】 여름 5월에 梁나라가 安成王 蕭秀를 荊州刺史로 삼았다.

夏五月에 梁以安成王秀로 爲荊州刺史하다

【目】 이에 앞서 巴陵에 사는 蠻族이 노략질을 하였지만 오랫동안 토벌할 수 없었는데, 蕭秀가 그들이 살고 있던 숲을 불태우자 蠻族이 험준한 근거지를 잃게 되어 州의 境內에 노략질이 없어졌다.

先是에 巴陵蠻爲寇호되 久不能討러니 秀燔其林木하니 蠻失其險이라 州境無寇러라

【綱】 가을 7월에 北魏가 貴嬪 高氏를 세워 皇后로 삼았다.

秋七月에 魏立貴嬪高氏爲后[29]하다

27) 制局監 : 南朝와 齊나라, 梁나라 때 설치하였으며, 내부의 器杖과 兵役에 관한 일을 담당하였다.

28) 世祖 때의 연호 : 宋나라 世祖 孝武帝 劉駿의 연호로, 454년에서 456년까지 사용하였다.

29) 魏立貴嬪高氏爲后 : "옛적에 霍顯(漢나라 霍光의 아내)이 그의 딸을 존귀하게 하려 하여 마침내 許皇后를 시해하고 자기 딸을 세웠다. 지금 北魏의 于氏가 막 서거하자 高氏가 中宮의 지위에 바로 오르니 그 일은 바로 곽현과 마치 도일한 궤도에서 나온 듯하였다. 그렇다면 高肇가 황후를 시해한 죄는 더욱 분명하다.〔昔霍顯欲貴其女 遂弑許后而立之 今魏之于氏方殂 高氏卽正中宮之位 其事正與霍氏 如出

【目】 高皇后가 황후에 오르고 나자 高肇는 더욱 귀하고 무거운 지위에 올라 권력을 장악하여 이전 조정의 옛 제도를 많이 바꾸어 官爵을 줄이고 功臣들을 쫓아내니, 원망하는 소리가 길에 가득하였다. 여러 신하들과 宗室은 모두 몸을 낮추어 그의 밑에 있었으나, 度支尙書 元匡만은 고조와 맞섰는데, 먼저 棺을 만들어서 관청에 두었다가 관을 수레에 싣고 궁궐로 가서 고조의 罪狀을 논하고 스스로 목숨을 끊어 간언하려고 하였다. 고조가 원광을 미워하던 차에 마침 원광이 劉芳과 도량형에 관한 일을 의논하다가 고조가 유방의 주장에 동의하자, 원광이 表文을 올려 고조가 사슴을 가리켜 말이라 한다[30]고 하였다. 有司가 원광을 사형에 처해야 한다고 하니, 조서를 내려 그를 貶職시켰다.

高后既立에 高肇益貴重用事하여 多變更先朝舊制하여 削封秩黜勳人하니 怨聲盈路라 群臣宗室이 皆卑下之호되 唯度支尙書元匡與抗衡하여 先造棺置聽事하고 欲輿棺詣闕하여 論肇罪自殺以諫이러라 肇惡之러니 會匡與劉芳으로 議權量①할새 肇主芳議어늘 匡表肇指鹿爲馬②라한대 有司處匡死刑하니 詔貶其官하나

① 〈"議權量"은〉 도량형에 관한 일을 논의하여 정하는 것이다.
議定權量事也.
② 〈"肇指鹿爲馬"는〉 高肇를 趙高에 비유한 것이다.
以肇比趙高.

【綱】 梁나라 右衛將軍 竟陵公 曹景宗이 卒하였다.

梁右衛將軍竟陵公曹景宗卒하다

【目】 諡號를 壯이라 하였다.

諡曰壯이라하다

【綱】 8월에 北魏 京兆王 元愉가 信都에서 반란을 일으키자, 北魏가 尙書 李平을 보내어 병사를 거느리고 토벌하게 하였다.

一轍 然則高肇弑后之罪 愈益明矣」"《發明》

30) 사슴을……한다 : 윗사람을 농락하여 권세를 마음대로 부리는 행위를 비유한다. 秦나라 趙高가 자신의 권세를 시험해보려고 황제 胡亥에게 사슴을 가리키며 말이라고 한 데서 유래하였다.

八月에 魏京兆王愉反信都어늘 魏遣尙書李平하여 將兵討之하다

【目】 魏主(元恪)가 京兆王 元愉를 위하여 于皇后의 누이동생을 들여 妃로 삼게 하였는데, 원유는 그녀를 사랑하지 않았고, 妾인 李氏를 사랑하여 아들을 낳았다. 그러자 우황후가 이씨를 궁궐로 불러들여 매질하였고, 魏主가 다시 원유가 교만방자하고 법을 따르지 않는다고 하여 곤장 50대를 치고는 冀州刺史로 내보냈다. 高肇가 또 자주 원유를 참소하니, 원유가 분노를 견디지 못하여 거짓으로 "고조가 弑逆을 저질렀다."라고 말하고는 마침내 황제의 자리에 올라 李氏를 황후로 삼았다.

北魏가 尙書 李平을 都督으로 삼아 원유를 토벌하게 하였는데, 이평의 군사가 經縣에 도착하니 밤에 蠻族의 군사 수천 명이 이평의 군영을 습격하였고 화살이 이평의 軍幕으로 날아들었는데, 이평이 누워서 꿈쩍도 하지 않으니 얼마 뒤에 저절로 안정되었다.

魏主爲京兆王愉하여 納于后之妹爲妃한대 愉不愛러니 愛妾李氏生子어늘 于后召李氏入宮捶之하고 魏主復以愉驕縱不法이라하여 杖之五十하고 出爲冀州刺史하다 高肇又數譖之하니 愉不勝忿하여 詐稱高肇弑逆이라하여 遂卽帝位하고 立李氏爲后어늘 魏以尙書李平으로 爲都督討之①러니 平軍至經縣하니 夜有蠻兵數千이 斫營하고 矢及平帳호되 平堅臥不動하니 俄而自定②하다

① 李平은 李崇의 사촌동생이다.
平, 崇之從父弟也.

② 經縣은 漢나라와 晉나라 때에는 安平國에 소속되었는데, 魏收의 ≪魏書≫ 〈地形志〉에 "〈經縣은〉 鉅鹿郡에 속한다."라고 하였다. 蠻族의 군사는 역시 李平이 통솔하고 있었는데, 안에서 변란을 일으키고자 하였으나 이평이 꿈쩍도 하지 않았기 때문에 절로 안정된 것이다.
經縣, 漢·晉屬安平國, 魏收志 "屬鉅鹿郡." 蠻兵蓋亦李平所統, 欲爲內變, 而平不動, 故自定.

【綱】 9월에 魏主(元恪)가 叔父인 彭城王 元勰을 죽였다.

九月에 魏主殺其叔父彭城王勰[31]하다

31) 魏主殺其叔父彭城王勰 : "임금은 九五(황제)의 높은 지위를 차지하여 비록 신하로 삼지 않는 이가 없으나 天倫의 親屬은 끊을 수 없는 것이다. 魏主는 덕을 그르쳐서 妻子도 비호하지 못했고 高氏(高后)의 즉위에 元勰이 고집하여 바르게 논의하니 高肇가 마침내 모함하여 죽였다. 또 고조는 임금의 叔父를 죽이는 데에도 어려워하지 않았거늘 하물며 于皇后의 깊은 궁중의 잔다란 한 명 부인이야 말할 것이 있으랴. 이에 前日의 시해는 의심할 것도 없음을 알겠다. 그렇다면 彭城王은 高肇의 손에 죽은 것인데, ≪資治通鑑綱目≫에서는 오로지 魏主라고 지목하고 또 '그 숙부를 죽였다[殺其叔父]'라

【目】北魏에서 高后가 황후 자리에 오를 때에 元勰이 굳게 간언하였으나 魏主(元恪)가 듣지 않았는데, 高祖가 원망을 품어 魏主에게 자주 원협을 참소하였다. 京兆王 元愉가 반란을 일으키자 드디어 高肇가 원협이 북으로는 원유와 내통하고 남으로는 蠻族의 도적들을 불러들였다고 무고하니, 魏主는 이를 믿고 궁중에서 열리는 연회에 원협을 불러들였다. 밤이 되자 모두 술에 취하여 각자 다른 장소로 가서 휴식을 취하였다. 左衛 元珍을 시켜 무사들을 이끌고 毒酒를 가지고 가서 원협에게 마시도록 하였는데, 원협이 말하기를 "나는 죄가 없으니 至尊을 한 번 뵙게 해주면 죽어도 여한이 없을 것이오."라고 하니, 원진이 말하기를 "지존을 어찌 다시 뵐 수 있겠는가."라고 하였다. 무사가 칼고리로 그를 치자, 원협이 큰 소리로 말하기를 "원통하구나 하늘이여, 충성을 다했건만 죽임을 당하는구나."라고 하고 마침내 독주를 마시자, 무사들이 즉시 그를 죽였다. 새벽 무렵에 그의 시신을 집으로 돌려보내고는 "왕이 술에 취하여 薨하였다."라고 하였다. 諡號를 '武宣'이라 하였다. 조정에 있는 높고 낮은 지위의 관원들이 모두 氣가 꺾였고, 길가의 남녀들이 모두 눈물을 흘리며 말하기를 "高令公이 무고하게 현명한 왕을 죽였다."라고 하였다. 이로 인해 안팎에서 고조를 더욱 미워하였다.

魏高后之立也에 勰固諫不聽이러니 高肇怨之하여 數譖勰於魏主러니 京兆王愉之反에 遂誣勰北與愉通하고 南招蠻賊[①]이라한대 魏主信之하여 召勰入宴禁中이어늘 至夜皆醉에 各就別所消息[②]이러니 使左衛元珍으로 引武士齎毒酒飮之한대 勰曰 吾無罪하니 願一見至尊이면 死無恨이로다하니 珍曰 至尊을 何可復見이리오 武士以刀環築之[③]한대 勰大言曰 寃哉라 皇天아 忠而見殺이라하고 乃飮毒酒어늘 武士就殺之하고 向晨에 以尸歸第云 王因醉而薨이라하고 諡曰武宣이라하다 在朝貴賤이 莫不喪氣하고 行路士女가 皆流涕曰 高令公이 枉殺賢王이라하다 由是로 中外惡之益甚[④]이러라

① 伊闕 남쪽으로 淮水, 汝水, 江水, 沔水와 근접한 지역에는 모두 蠻左(蠻夷)가 있다.
伊闕以南, 接于淮・汝・江・沔, 皆有蠻左.
② 각자 편안한 곳으로 가서 酒毒을 풀고 기운을 회복하게 하는 것이다.

고 기록한 것은 어째서인가. 살고 죽이는 것은 임금의 큰 권력이고 利器(권력)는 남에게 빌려주어서는 안 되는데 魏主는 온 나라에 君臨하면서 친속의 살붙이를 보전하지 못하고 심지어 혹독한 원망에 잘못 걸리게 하였으니 國君도 이에 이르러서는 또한 자리만 구비하고 있을 뿐이다. 샘을 밝게 하고 나무 밑동을 바로잡으면 원흉이 반드시 귀결하는 바가 있으니 魏主가 또한 어찌하여 그 책임을 면할 수 있겠는가. 書法이 이와 같은 것은 진실로 잘못이 아니다.〔人主據九五之尊 雖無所不臣 然天倫之屬 則不可泯 魏主失德 不能庇其妻子 高氏之立 勰執正議 肇遂誣而殺之 且肇不難於殺其君之叔父 況于后眇然深宮一婦人哉 乃知前日之弑 無可疑者 然則彭城死於高肇之手 綱目乃專目魏主 且以殺其叔父書之 何哉 生殺人君之大柄 利器不可以假人 魏主君臨一國 乃不能保其天屬之親 至使橫罹寃酷 則國君至是 亦具位焉爾 澄源正本 首惡必有所歸 魏主亦何得而辭其責哉 書法如此 固非過也〕"≪發明≫

令各就便安之處, 消酒毒而息眞氣.

③ 築은 공격한다는 뜻이다.

築, 擣也.

④ 高肇가 尙書令의 지위에 있었기 때문에 '令公'이라고 한 것이다.

肇爲尙書令, 故稱曰令公.

【綱】 北魏의 李平이 信都에서 승리하여 元愉를 사로잡으니, 高肇가 몰래 원유를 죽이고 이평을 除名해야 한다고 아뢰었다.

魏李平克信都執元愉어늘 **高肇陰殺之**하고 **奏除平名**[32)]하다

【目】 京兆王 元愉가 〈李平을〉 맞이하여 전투를 벌였는데, 이평이 격파하자 원유가 도망하여 성으로 들어갔다. 이평이 성을 에워싸자 원유가 성을 지킬 수가 없어 성문을 불태우고는 포위를 뚫고 달아났다. 이평이 信都로 들어가서 원유를 추격하여 사로잡고는 조정에 보고하였다. 여러 신하들이 원유를 죽이라고 요청하였는데 魏主(원각)가 허락하지 않으니, 高肇가 몰래 사람을 시켜서 그를 죽였다.

---

32) 魏李平克信都……奏除平名 : "權臣이 몰래 사람을 죽임이 많았는데 《資治通鑑綱目》에서는 그 임금의 이름을 기록했을 뿐이고 몰래 죽인 사람을 기록하지 않았다. '몰래〔陰〕'라고 기록한 것은 어째서인가. 임금의 어두움을 나무란 것이다. 이때에 신하들이 奏請하여 元愉를 주살하라고 하였으나 魏主가 허락하지 않았으니 형제의 우애 때문이었다. 高肇가 몰래 사람을 시켜 원유를 죽였는데도 그것을 깨닫지 못했으니 그 어두움이 극심하다. 임금의 아우를 누가 몰래 죽일 수 있겠는가. '몰래 죽였다〔陰殺之〕'라고 기록한 것은 매우 그 어두움을 나무란 것이다. 위에서 '李平이 信都에서 승리하였다.〔李平克信都〕'라고 기록하고, 아래에서 '李平을 除名해야 한다고 아뢰었다.〔奏除平名〕'라고 하였으니 賞罰이 이와 같은데 어지럽지 않으려고 해도 되겠는가.〔權臣密殺人多矣 綱目書其主名而已 未有書陰殺之者 書陰 何 譏主闇也 於是群臣奏請誅愉 魏主弗許 則兄弟之愛也 高肇陰使殺之而不之悟 其昏甚矣 人主之弟 夫孰得而陰殺之 書陰殺之 所以深譏其闇也 上書李平克信都 下書奏除平名 賞罰如此 欲不亂得乎〕" 《書法》

"元愉가 이미 반란하였으니 죄가 없지 않다. 그러나 신하들이 원유를 주살하자고 청하였으나 魏主는 허락하지 않았고, 비록 그 죄가 죽음에 처하게 되더라도 반드시 두 번 청한 뒤에 해야 하는 것이다. 지금 高肇가 제멋대로 사람을 시켜 몰래 고유를 죽였으니 北魏에는 임금이 없는 것이다. 그러므로 《資治通鑑綱目》에서는 여기에서 '고조가 몰래 죽였다.'라고 글을 쓰고 '李平이 이미 信都에서 승리했다.'에 있어서는 공로가 있어 포상해야 하는데 고조가 도리어 아뢰어서 이평을 제명하였다. 그렇다면 북위는 이때에 이르러 '임금은 임금답지 못하고 신하는 신하답지 못하다.'라고 말할 수 있을 것이다. 《자치통감강목》의 기록을 살펴보고 刑賞의 得失을 증험해보면 拓跋氏(북위)가 비록 그 나라를 오래 소유하고자 한들 오히려 가능하겠는가.〔元愉既反 則不爲無罪 然群臣請誅愉 而魏主弗許 縱使其罪當死 亦必再請而後可 今高肇乃擅使人密殺之 則魏國爲無君矣 故綱目於此 以高肇陰殺爲文 至於李平既克信都 有功當賞 肇乃反奏而除其名 然則魏國至是 可謂君不君 而臣不臣矣 觀綱目之所書 驗刑賞之得失 拓跋氏雖欲久有其國 尙可得乎〕" 《發明》

魏主가 李氏(원유의 첩)를 도륙하고자 하였는데, 崔光이 말하기를 "이씨는 임신 중이니, 태아를 도려내는 형벌을 시행하는 것은 바로 桀紂[33]가 했던 짓이라, 잔혹하여 합당한 법이 아닙니다. 청컨대 출산을 하고 난 뒤에 형벌을 시행하십시오."라고 하니, 그의 말을 따랐다.

이평이 원유의 잔당 1천여 명을 붙잡아서 그들을 모조리 죽이려고 하니, 參軍 高顥가 말하기를 "이들은 모두 협박을 받아서 가담하였으므로 이전에 이미 그들의 죄를 면제해 주기로 허락하였으니, 마땅히 그들을 위해 表文을 올려 아뢰어야 합니다."라고 하였다. 이평이 그의 말을 따라 모두 죽음을 면하였다.

京兆王愉逆戰이어늘 李平破之하니 愉走入城이러니 平圍之하니 愉不能守하여 燒門突走어늘 平入信都하여 追執愉以聞한대 群臣請誅愉어늘 魏主弗許러니 高肇密使人殺之하다 魏主將屠李氏할새 崔光曰 李氏方娠하니 刑至刳胎는 乃桀紂所爲라 酷而非法이니 請俟產畢然後行刑하노이다하니 從之하다 李平捕愉餘黨千餘人하여 將盡殺之러니 參軍高顥曰① 此皆脅從이라 前旣許之原免矣니 宜爲表陳이니라하니 平從之하여 皆得免死②하다

① 高顥는 高祐의 손자이다.
顥, 祐之孫也.
② 爲(위하다)는 去聲이니, 아래 "爲國"의 '爲'도 동일하다.
爲, 去聲, 下爲國同.

【目】高肇의 아들 高植이 濟州刺史가 되어 공을 세워 봉작을 받아야 했는데, 고식이 받지 않으면서 말하기를 "우리 집안은 무거운 은혜를 입었으니, 나라를 위하여 목숨을 바치는 것이 당연한 일인데, 어찌 감히 상을 바라겠습니까."라고 하였다. 고조와 中尉 王顯은 평소에 이평을 싫어하였다. 왕현은 이평이 冀州에 있을 때에 관아의 노비로 편입시킬 반역 도당의 남녀를 몰래 갈라서 〈자기가 소유하였다고〉 탄핵하였는데, 고조가 이평을 除名시켜야 한다고 아뢰었다.

예전에 顯祖(拓跋弘)의 치세에 柔然 1만여 戶가 항복을 하자, 北魏가 이들을 高平鎭과 薄骨律鎭 두 鎭에 두었는데, 太和[34] 말년에 이르러 반란을 일으키고 도주하여 대략 다 사라졌고, 1천여 戶만이 남아 있었다. 太中大夫 王通이 이들을 淮水의 북쪽으로 이주시켜 그들의 반란을 방지해야 한다고 요청하니, 楊椿에게 조서를 내려 그들을 이주시키게

33) 桀紂 : 夏나라의 마지막 임금인 桀과 殷나라 마지막 임금인 紂를 가리킨다. 폭군의 대명사이다.
34) 太和 : 孝文帝가 사용한 연호로, 477년에서 499년까지이다.

하였다.

그러자 양춘이 말하기를 "이전 조정에서 그들을 변경에 둔 것은 다른 풍속의 사람들을 불러 귀순하게 하고, 또 中華와 夷狄을 구별하기 위해서였습니다. 지금 새로 귀순해오는 戶口가 몹시 많은데, 만약 예전에 귀순한 사람들이 이주당하는 광경을 본다면 새로 귀순하는 사람들은 반드시 스스로 편안하지 못할 것이니, 이는 그들을 내몰아 반란을 일으키도록 만드는 것입니다. 또 이 종족들은 털옷을 입고 고기를 먹으며, 겨울을 즐기고 추위를 편안하게 여기는데, 남쪽 지역은 습기가 많고 더워서 그들이 가면 반드시 다 죽게 될 것입니다. 나아가게 하면 夷狄이 귀순하려는 마음을 잃어버리게 되고, 물러나게 하면 藩國들이 지켜주는 이익을 잃게 됩니다. 이들을 中夏에 두면 혹 뒷날의 걱정거리가 될 것이니, 좋은 계책이 아닙니다."라고 하니, 그의 말을 따르지 않았다. 마침내 이들을 濟州로 이주시켰는데, 京兆王 元愉의 반란이 일어나자, 모두 黃河에서 배를 타고 원유에게로 가서 있는 곳마다 노략질을 하였으니, 양춘이 말한 것처럼 되었다.

肇子植이 爲濟州刺史하여 有功當封[1]이러니 不受曰 家荷重恩하니 爲國致效가 乃其常節이니 何敢求賞이리오 肇及中尉王顯이 素惡平이라 顯彈平在冀州에 隱截官口라한대 肇奏除平名[3]하다 初에 顯祖之世에 柔然萬餘戶降이어늘 魏置之高平薄骨律二鎭[4]이러니 及太和之末에 叛走略盡하여 唯千餘戶在라 太中大夫王通이 請徙置淮北하여 以絶其叛한대 詔楊椿徙之러니 椿言先朝處之邊徼는 所以招附殊俗이요 且別異華戎也라 今新附之戶甚衆하니 若舊者見徙면 新者必不自安하리니 是는 驅之使叛也요 且此屬이 衣毛食肉하여 樂冬便寒[5]이어늘 南土濕熱하니 往必殲盡하리니 進失歸附之心이요 退無藩衛之益이라 置之中夏면 或生後患하리니 非良策也니이다하니 不從하고 遂徙於濟州러니 及愉作亂에 皆浮河赴愉하여 所在鈔掠하니 如椿之言하다

① 〈"有功當封"은〉 ≪資治通鑑≫에 "擊愉有功(元愉를 공격하여 공을 세웠다.)"으로 되어 있다.
通鑑 "擊愉有功."

② "致效"는 몸을 바치고 목숨을 바치는 것을 말한 것이다.
致效, 言致身而效死也.

③ 截은 끊는다는 뜻이다. "官口"는 반역도당의 남녀가 모두 沒入되어 관청의 노비가 된 자를 말한다. "除名"은 門籍에 이름이 오르지 못하여 궐문을 출입하지 못하는 것이다.
截, 斷也. 官口, 謂叛黨男女合沒爲官口者. 除名, 不得通籍禁門.

④ 北魏 世祖(拓跋燾) 太延 2년(436)에 高平鎭을 설치하였고, 그 후 肅宗(元詡) 正光 5년(524)에 다시 原州를 설치하였다. 또 태연 2년에 薄骨律鎭을 설치하였고, 肅宗 孝昌 연간(525~527)에

다시 靈州를 설치하였다.

魏世祖太延二年, 置高平鎭, 是後肅宗正光五年, 改置原州. 又太延二年, 置薄骨律鎭, 肅宗孝昌中, 改置靈州.

⑤ 衣(입다)는 於旣의 切이다.

衣, 於旣切.

【綱】北魏의 郢州에서 반란을 일으켜 梁나라에 항복하자, 북위에서 병력을 보내어 토벌하였다.

魏郢州叛降于梁이어늘 魏遣兵討之하다

【目】北魏의 郢州司馬 彭珍 등이 반란을 일으켜 몰래 梁나라의 군대를 이끌고 義陽으로 나아가자, 三關의 戍主가 성을 가지고 梁나라에 항복하였다. 북위의 郢州刺史 婁悅이 농성하며 성을 굳게 지키자, 북위가 中山王 元英을 시켜서 보병과 기병을 거느리고 汝南에서 나가서 그들을 구원하도록 하였다.

魏郢州司馬彭珍等叛하여 潛引梁兵趨義陽하니 三關戍主가 以城降梁하고 魏郢州刺史婁悅이 嬰城自守어늘 魏以中山王英으로 將步騎出汝南救之하다

【綱】겨울 10월에 北魏의 懸瓠에서 반란을 일으켜 梁나라에 항복하였는데, 12월에 북위가 다시 탈취하였다.

冬十月에 魏懸瓠叛降梁이러니 十二月에 魏復取之하다

【目】北魏 懸瓠의 軍主인 白早生이 豫州刺史 司馬悅을 죽이고, 梁나라의 司州刺史 馬仙琕에게 구원을 요청하였다. 당시에 梁나라 安成王 蕭秀가 都督의 직임을 맡고 있었는데, 보좌들이 모두 조정의 답변을 기다려야 한다고 하자, 소수가 말하기를 "저 백조생은 우리가 구원해주어야 생존할 수 있으니, 마땅히 신속히 구원해주어야 한다. 칙서를 기다리는 것이 비록 오랜 제도라 하더라도 위급한 상황에 응하는 방법은 아니다."라고 하고, 즉시 군대를 보내어 달려가게 하였는데, 마선변이 副將 齊苟兒를 보내어 현호를 도와서 지키도록 하였다.

魏主(元恪)는 邢巒을 行豫州事로 삼아 군사를 거느리고 백조생을 공격하도록 하였는

데, 형만이 말하기를 "백조생은 깊은 계책과 큰 지혜를 지닌 자가 아니고, 바로 司馬悅이 포학하였기에 무리들이 분노한 틈을 타 반란을 일으킨 것인데, 백성들은 흉측한 위세에 핍박을 받아 부득이 그를 따른 것입니다. 가령 梁나라 군사들이 성에 들어가더라도 水路가 통하지 않아서 군량의 운송이 이어지지 않을 것이니, 역시 우리들에게 사로잡힐 것입니다. 백조생은 양나라의 후원을 받아 반드시 성을 지켜서 달아나지 않을 것이니, 만약 王師가 나아간다면 병사들과 백성들이 반드시 태도를 바꾸어서 우리에게 귀순할 것입니다. 그렇게 되면 올해를 넘기기 전에 마땅히 백조생의 首級을 京師로 보낼 수 있을 것입니다."라고 하였다.

魏懸瓠軍主白早生이 殺豫州刺史司馬悅하고 求援於梁司州刺史馬仙琕하니 時에 梁安成王秀爲都督①이라 參佐咸謂宜待臺報②라한대 秀曰 彼待我以自存하니 援之宜速이라 待敕雖舊나 非所以應急也③라하고 卽遣兵赴之할새 仙琕遣副將齊苟兒하여 助守懸瓠하다 魏主以邢巒으로 行豫州事하여 將兵擊早生한대 巒曰 早生非有深謀大智요 正以司馬悅暴虐이라 乘衆怒而作亂하니 民迫於凶威하여 不得已而從之어니와 縱使梁兵入城이라도 水路不通하여 糧運不繼니 亦成禽耳요 早生得梁之援하여 必守而不走리니 若臨以王師면 士民必翻然歸順하리니 不出今年에 當傳首京師矣리이다하다

① 蕭秀가 荊州刺史로 여러 州를 감독하고 있었는데, 司州는 그의 관할 지역이었다.
秀以荊州刺史督諸州, 司州其所統也.
② 〈"宜待臺報"는〉 마땅히 天臺에 상주하여 답변을 기다려야 함을 말한 것이다. 江左에서는 대체로 朝廷을 '臺'라고 하였으니, 역시 天臺라고도 말한다.
謂宜奏上天臺而待報. 江左率謂朝廷爲臺, 亦謂之天臺.
③ 彼는 白早生을 말한다. 舊는 오랜 제도를 말한다.
彼, 謂白早生. 舊, 謂舊制.

【目】 邢巒이 鮑口에 도착하자 白早生이 장수를 보내어 그들을 맞아 전투를 치렀는데, 형만이 그들을 대파하고 승리의 기세를 몰아 멀리까지 달려가 懸瓠에 도착하여 성을 포위하니, 鎭東參軍 成景儁이 宿預의 戍主인 嚴仲賢을 죽이고는 성을 가지고 梁나라에 항복하였다. 이때에 北魏는 郢州와 豫州에 있는 모든 성들을 잃었고, 義陽城 한 곳만이 北魏를 위하여 굳게 지키고 있었는데, 蠻族의 장수인 田益宗이 여러 만족들을 거느리고 북위로 귀순하였다.

11월에 북위에서 將軍 楊椿을 보내어 숙예를 공격하고, 中山王 元英에게 명하여 義

陽으로 나아가도록 하였는데, 원영은 병력의 수가 적었기에 여러 차례 表文을 올려 병력을 요청하였으나 허락하지 않았다. 원영이 현호에 도착하여 바로 형만과 함께 공격하였는데, 12월에 齊苟兒 등이 항복하자 백조생의 목을 베었고, 원영은 의양으로 진군하였다.

巒至鮑口하니 早生遣將逆戰이어늘 巒大破之하고 乘勝長驅하여 至懸瓠하여 圍其城하니 鎭東參軍成景儁이 殺宿預戍主嚴仲賢하고 以城降梁하다 時에 魏郢豫諸城皆沒하고 唯義陽一城爲魏堅守어늘 蠻帥田益宗이 帥群蠻以附之①하다 十一月에 魏遣將軍楊椿하여 攻宿預하고 命中山王英하여 趨義陽할새 英以衆少로 累表請兵이나 弗許하다 英至懸瓠하여 輒與巒共攻之러니 十二月에 齊苟兒等降이어늘 斬白早生하고 英乃趨義陽하다

① 田益宗은 光城의 蠻族이다.
益宗, 光城蠻也.

【綱】北魏가 義陽에서 梁나라 군대를 물리치고 다시 郢州를 탈취하였다.

魏敗梁師于義陽하고 復取郢州하다

【目】北魏의 義陽太守 辛祥이 婁悅과 함께 의양을 지키고 있었는데, 梁나라 將軍 胡武城과 陶平虜가 그들을 공격하자, 신상은 밤에 그들의 군영을 습격하여 도평로를 사로잡고 호무성의 목을 베니, 이로 말미암아 郢州 지역이 온전하게 되었다. 공적을 논하여 포상할 적에 누열은 자신의 공적이 신상보다 못한 것을 수치스럽게 여겨 권세가들에게 그를 이간질하니, 포상이 마침내 시행되지 못하였다.

魏義陽太守辛祥與婁悅로 共守義陽이러니 梁將軍胡武城陶平虜攻之어늘 祥夜襲其營하여 擒平虜하고 斬武城하니 由是로 州境獲全이라 論功當賞에 婁悅恥功出其下하여 間之於執政하니 賞遂不行하다

【綱】高車가 蒲類海에서 柔然을 물리치고 佗汗可汗을 죽이니, 그의 아들 豆羅伏跋豆伐可汗 旭久閭醜奴가 즉위하였다.

高車敗柔然于蒲類海하고 殺佗汗可汗하니 其子豆羅伏跋豆伐可汗醜奴立①하다

① 蒲類海는 婆悉海라고도 불리는데, 燉煌 북쪽에 있다. 豆羅伏跋豆伐은 北魏의 말로 '국가 제

도를 밝힌다.'는 뜻이다.

蒲類海, 一曰婆悉海, 在燉煌北. 豆羅伏跋豆伐, 魏言彰制也.

【目】〈柔然의 豆羅伏跋豆伐可汗이〉 연호를 建昌으로 고쳤다.

改元建昌하다

己丑年(509)

梁나라 高祖 武帝 蕭衍 天監 8년이고, 北魏 世宗 宣武帝 元恪 永平 2년이다.

梁天監八年이요 魏永平二年이라

【綱】 봄 정월에 梁主(蕭衍)가 南郊에 제사를 지냈다.

春正月에 **梁主祀南郊**[35)]하다

【目】宋나라와 齊나라의 옛 儀禮에 의하면 하늘에 제사 지낼 때에는 모두 袞龍袍를 입고 冕旒冠을 쓰도록 하였는데, 이때에 이르러 著作佐郎 許懋의 주장을 따라 비로소 大裘를 입었다. 또 齋戒하는 날에는 음악을 금지하기 때문에 조서를 내려 "御駕가 처음 출발할 때에 음악대가 따라가기는 하지만 연주를 하지 말고, 還宮한 뒤에는 평상시 儀禮처럼 하라."라고 하였다.

당시에 會稽山에서 封 제사를 거행하고 國山에서 禪 제사를 거행해야 한다고 요청한 사람들이 있었는데, 梁主(蕭衍)가 여러 유학자에게 封禪[36)]의 의식에 관하여 초안을 마련하게 하고, 봉선을 시행하려고 하였다.

허무가 건의하기를 "舜임금이 岱宗(泰山)에서 섶을 태워 제사를 지냈으니, 이것은 巡

---

35) 梁主祀南郊 : "이때 會稽에 封 제사를 올리고 國山에 禪 제사를 올리기를 청하는 이가 있었으나 梁主는 허락하지 않았다. 어찌하여 기록하지 않았는가. 생략한 것이다. 封·禪 제사는 古法이 아니다. 하물며 會稽야 말할 것이 있으랴.〔時有請封會稽 禪國山者 梁主不許 曷爲不書 略之也 封禪非古也 況會稽乎〕" ≪書法≫

36) 封禪 : 새로 나라를 세운 군주가 태산에 올라가 사방의 흙을 높이 쌓아 단을 만들고 天祭를 지내는 것을 '封'이라고 하고, 태산의 아래 梁父에 땅을 깎아 깨끗이 쓸고 地神에게 지내는 제사를 '禪'이라고 한다.

狩입니다. 그런데 鄭玄은 ≪孝經≫ 〈鉤命決〉을 인용하여 '泰山에서 封 제사를 거행하여 섶을 태우면서 업적을 알리고, 梁甫에서 禪 제사를 거행하여 紀號를 돌에 새긴다.'라고 하였으니, 이는 ≪緯書≫의 올바르지 못한 말이지, 올바른 經書의 통용되는 뜻이 아닙니다. 예컨대 管夷吾(管仲)가 72명의 임금이라고 말하였으나, 燧人氏[37] 이전의 세상은 질박하고 백성들도 순박하였으니, 어찌 泥金과 玉檢[38] 같은 것이 있었겠으며, 노끈으로 매듭을 만들어 다스렸으니, 어찌 글자를 새겨서 하늘에 성공을 아뢸 수 있었겠습니까. 허망함이 또한 극심합니다.

성스러운 군주인 경우는 封禪을 거행할 필요가 없고, 평범한 군주인 경우는 봉선을 거행한다 해도 감응하지 않을 것입니다. 秦 始皇은 일찍이 泰山에서 封 제사를 지냈고, 孫皓(三國時代 吳나라의 마지막 황제)는 일찍이 國山에서 封 제사를 지냈는데, 이는 모두 군주가 윗자리에 있으면서 명예를 좋아하고 신하가 아랫자리에서 군주의 뜻에 아첨한 데서 비롯된 것이니, 德을 융성하게 하는 일이 아니기 때문에 모범으로 삼기에 충분하지 않습니다."라고 하였다.

上이 기쁘게 받아들이고 허무의 의견을 미루어나가 '황제의 명령〔制旨〕'이라고 칭하여 회답하니, 봉선을 요청한 자들이 이로 말미암아 그치게 되었다.

宋齊舊儀에 祀天에 皆服衮冕이러니 至是하여 用著作佐郎許懋說하여 始服大裘①하고 又以齋日不樂이라 詔輿駕始出에 鼓吹從而不作하고 還宮에 如常儀②하다 時有請封會稽禪國山者③어늘 梁主命諸儒草封禪儀하여 欲行之러니 懋建議曰 舜柴岱宗하니 是爲巡狩어늘 而鄭引孝經鉤命決云 封于泰山하여 考績柴燎하고 禪乎梁甫하여 刻石紀號라하니 此는 緯書之曲說이요 非正經之通義也④라 如管夷吾所說에 七十二君이나 燧人之前에 世質民淳하니 安得泥金檢玉하며 結繩而治하니 安得鐫文告成이리오 妄亦甚矣⑤라 若聖主는 不須封禪이요 若凡主는 不應封禪이라 秦始皇嘗封泰山하고 孫皓嘗封國山하니 皆由主好名於上而臣阿旨於下니 非盛德之事라 不足爲法也니이다하니 上嘉納之하고 因推演懋議하여 稱制旨以答하니 請者由是遂止⑥하다

① ≪周禮≫ 〈天官〉에 "司裘는 大裘를 만드는 것을 관장하니 왕이 하늘에 제사 지낼 때 입는 옷을 공급한다."라고 하였다. 鄭衆의 註에 "大裘는 새끼 검은 양의 가죽으로 만든 갖옷이니, 하늘에 제사하기 위하여 입는 것으로 질박함을 나타낸 것이다."라고 하였다. 당시에 有司가 大裘의 제도를 구하였는데, 오직 鄭玄의 司服 註에 "大裘는 새끼 양의 가죽으로 만든

37) 燧人氏 : 전설상의 제왕 이름으로, 불을 처음 만들어 백성들에게 火食을 가르쳤다고 한다.

38) 泥金과 玉檢 : 泥金은 아교풀에 갠 금가루로 도색하는 것을 말하고, 玉檢은 공적을 기록한 玉牒을 담는 함을 말한다. 泰山에 올라 封 제사를 지낼 때 쓰는 도구이다.

갖옷이다."라고 하였으나, 이미 어디에서 나온 것인지 몰라 근거를 삼을 수가 없었다. 살펴보건대 六冕服은 모두 검은색 상의에 분홍빛 하의로 이루어져 있으니, 지금 마땅히 검은 비단으로 만들되 그 제도와 법식은 갖옷처럼 하고, 하의는 분홍빛으로 만들되 모두 수 놓은 비단을 쓰지 말고, 면류관에는 술이 없게 해야 한다고 했는데, 制可하였다.

周禮天官"司裘掌爲大裘, 以供王祀天之服." 鄭衆註云"大裘, 黑羔裘, 服以祀天, 示質." 時有司尋大裘之制, 唯鄭玄註司服云"大裘, 羔裘也." 旣無所出, 未可爲據. 按六冕之服, 皆玄上纁下, 今宜以玄繒爲之, 其制式如裘, 其裳以纁, 皆無文繡, 冕則無旒. 制曰"可."

② 궁으로 돌아와서는 음악을 연주하게 한 것이다.

還宮則鼓吹振作.

③ 國山은 義興 國山縣에 있다.

國山在義興國山縣.

④ 鄭은 鄭玄을 말한다. 引은 인용함이다. 〈鉤命決〉은 ≪孝經≫ 緯書의 편명이다.

鄭, 鄭玄也. 引, 援也. 鉤命決, 孝經緯書篇名也.

⑤ 伏羲氏 이전에 燧人氏가 있었으니, 나무를 비벼 불씨를 만들어 사람들에게 익힌 음식을 먹도록 가르쳤다. 繩은 새끼줄이니, ≪周易≫ 〈繫辭傳〉에 "상고 시대에는 노끈으로 매듭을 지어 다스렸다." 하였다. 鐫(새기다)은 子泉의 切이니, 새김이다. 刻石의 글은 모두 經讖(經義의 圖讖을 설명한 글)에 전하는 것으로 하늘에 성공을 아뢰는 것이다.

伏羲之先有燧人氏, 鑽燧出火, 敎人熟食. 繩, 索也. 易"上古, 結繩而治." 鐫, 子泉切, 刻也. 刻石之文, 皆經讖所傳以告成功於天.

⑥ 演은 미루어 넓힘이다.

演, 推廣也.

【綱】 北魏가 三關 지역을 다시 탈취하였다.

魏復取三關[39]하다

【目】 北魏의 中山王 元英이 義陽에 도착하여 三關 지역을 빼앗으려고 먼저 그 계책을 세워서 말하기를 "삼관이 서로 의지하는 것이 좌우의 손과 같으니, 만약 하나의 관문을 점령한다면, 두 곳의 관문은 공격하지 않고도 격파할 수 있다. 어려운 곳을 공격하는 것은 쉬운 곳을 공격하는 것만 못하니, 먼저 東關을 공격해야 한다."라고 하였다. 또 그들이 동관에서 세력을 합칠까 두려워 長史 李華에게 다섯 統軍[40]을 거느리고 西關으로

39) 魏復取三關 : "三關은 어디인가. 平靖·武陽·廣峴이다. 모두 信陽 지역에 있는데 南北朝時代에 강역을 나눈 要害處이다.〔三關者 何 平靖武陽廣峴也 皆在信陽界 南北朝 分疆之要害也〕" ≪書法≫

40) 統軍 : 北魏 시기에 邊境에 설치된 軍鎭의 軍官을 말한다. 북위는 황제의 종친이나 대신이 鎭將이

향하게 하여 그들의 軍勢를 분산시키게 하고, 자신은 여러 군대를 감독하여 동관으로 향하여 공격하였다. 6일 만에 성을 함락하고 진격하여 廣峴과 西關을 취하니, 梁나라의 장수 馬仙琕 등이 모두 성을 버리고 달아났다.

梁主(蕭衍)가 韋叡를 시켜서 마선변을 구원하도록 하니, 위예가 安陸에 도착하여 성의 높이를 2丈 남짓 증축하고, 다시 커다란 해자를 파고 높은 망루를 세웠다. 군사들이 그가 겁을 먹었다고 비방하자, 위예가 말하기를 "장수가 되어 겁을 낼 때가 있어야 하니, 오로지 용맹만 앞세워서는 안 된다."라고 하였다. 원영은 급히 마선변을 추격하여 邵陽에서의 치욕[41]을 복수하려고 하다가 위예가 도착하였다는 소식을 듣고는 마침내 물러났다.

魏中山王英至義陽하여 將取三關할새 先策之曰 三關相須如左右手하니 若克一關이면 兩關은 不待攻而破니 攻難不如攻易하니 宜先攻東關①이라하고 又恐其幷力於東하여 乃使長史李華로 帥五統向西關하여 以分其兵勢②하고 自督諸軍하여 向東關攻之하여 六日而拔하고 進取廣峴及西關하니 梁將馬仙琕等이 皆棄城走하다 梁主使韋叡救仙琕할새 至安陸하여 增築城二丈餘하고 更開大塹起高樓하니 衆頗譏其怯이어늘 叡曰 爲將當有怯時니 不可專勇이라하다 英急追仙琕하여 將復邵陽之恥라가 聞叡至하고 乃退하다

① 東關은 武陽關이다.
東關, 卽武陽關.

② "五統"은 다섯 統軍이 거느리는 병력이다. 西關은 平靖關이다.
五統, 五統軍之衆. 西關, 卽平靖關.

【綱】梁主(蕭衍)가 사신을 보내어 北魏에 화친을 요구하였는데, 魏主(元恪)가 응하지 않았다.

梁主遣使求成于魏한대 魏主不肯[42]하다

되고 아래에는 統軍을 속관으로 둔다. 통군은 그 밑에 몇 명의 軍主를 관할하였다.

41) 邵陽에서의 치욕 : 天監 6년(507)에 北魏의 中山王 元英이 梁나라의 豫州刺史 韋叡에게 크게 패배한 일을 가리킨다. 원영은 몸을 빼내어 달아났고 물에 뛰어들어 죽은 사람이 10여만 정도였으며, 머리를 벤 숫자도 그만큼 되었다. 시체가 서로 베개를 벤 것처럼 널려 있었고, 포로로 잡힌 군사도 5만 명이었다.

42) 梁主遣使求成于魏 魏主不肯 : "'요구함〔求〕'은 무엇인가. 겸손한 말이다. '응하지 않음〔不肯〕'은 무엇인가. 모진 말이다. 이때에 北魏의 董紹가 梁나라에 수감되었는데 梁主가 돌려보내어 북위에 화친을 요구하면서 또 말하기를 '여러 해 동안 전쟁을 벌여 백성들이 도탄에 빠졌으니, 나는 이 때문에 〈우

【目】 예전에 魏主(元恪)가 中書舍人 董紹를 보내어 반란을 일으킨 성의 백성들을 위로하도록 하였는데, 白早生이 동소를 가두어 建康으로 보냈다. 呂僧珍이 동소와 말을 나누어 보고는 그의 文才를 아껴서 梁主(蕭衍)에게 말하니, 梁主가 사신을 보내어 동소에게 말하기를 "이제 卿의 귀환을 허락하고, 卿으로 하여금 두 나라의 우호관계를 맺게 하고자 하니, 피차간에 백성들을 쉬도록 하는 것이 어찌 좋지 않겠는가."라고 하고, 이어서 불러 만나보고 위로하였다.

또 말하기를 "여러 해 동안 전쟁을 벌여 백성들이 도탄에 빠졌으니, 나는 이 때문에 〈우호관계를 맺고 싶다고〉 먼저 말하는 것을 부끄럽게 여기지 않는다. 卿은 마땅히 나의 이런 뜻을 자세히 알려야 할 것이다. 君主를 세우는 것은 백성을 위해서인데, 백성들의 윗자리에 있으면서 어찌 이런 생각을 하지 않아서야 되겠는가."라고 하였다.

동소가 北魏로 돌아가서 말을 전하였는데, 魏主는 그 말을 따르지 않았다.

初에 魏主遣中書舍人董紹하여 慰勞叛城이어늘 白早生囚之送建康한대 呂僧珍與之言하고 愛其文義하여 言於梁主하니 梁主遣謂紹曰 今聽卿還하고 令卿通兩家之好하노니 彼此息民이 豈不善也리오하고 因召見慰勞之하고 且曰 戰爭多年에 民物塗炭하니 吾是以不恥先言이라 卿宜備申此意하라 夫立君은 以爲民也니 凡在民上하여 豈可不思此乎아하고 紹還魏言之하니 魏主不從하다

호관계를 맺고 싶다고〉 먼저 말하는 것을 부끄럽게 여기지 않소.'라고 하였으니 이것은 어진 사람의 말이다. 梁나라가 백성을 위해 자신을 굽혔는데 魏主는 따르지 않았다. ≪資治通鑑綱目≫에서 '요구했다〔求〕'고 기록하고 '응하지 않았다〔不肯〕'고 기록하여 모두 지척하여 '主'라고 기록하였으나 梁과 北魏의 어진지 어질지 않은지는 분간된다. 그러므로 동소는 본래 북위의 신하인데도 기록하기를 '梁主가 사신을 보냈다〔梁主遣使〕'라고 하였으니 자신을 굽힘을 가상하게 여긴 것이다. ≪자치통감강목≫에서 화친을 요구한 것에 '응하지 않았다〔不肯〕'고 기록한 것은 이번 한 번뿐이다.〔求者 何 卑辭也 不肯者 何 忍辭也 於是魏董紹囚梁 梁主歸之 使求成于魏 且謂曰 戰爭多年 民物塗炭 吾是以不恥先言 此仁人之言也 梁爲民屈 而魏主不從 綱目書求 書不肯 而皆斥書主 梁魏之仁不仁 分矣 是故紹本魏臣 書曰梁主遣使 嘉屈己也 綱目求成書不肯者 一而已〕" ≪書法≫

"梁나라와 北魏는 서로 공격하였으니 진실로 잘잘못의 구분이 없는 것이다. 지금 梁主가 화친을 요구하였으나 북위가 응하지 않았으니 이것은 양나라에는 백성을 쉬게 하려는 뜻이 있으나 魏主는 전쟁을 그치지 않은 것이다. 옛적에 ≪春秋≫ 宣公 4년에 '魯 宣公이 齊나라와 함께 莒나라 郯나라와 화친을 하려 하였으나 莒나라가 응하지 않았다.〔不肯〕'고 기록하였으니 齊나라와 魯나라가 치우친 마음을 먹고 있어서 莒나라가 응하지 않은 까닭이다. 그런데 梁主가 화친을 요구한 일은 그 말이 다만 전쟁으로 백성들을 해쳤기 때문에 전쟁을 그치는 것으로 일을 삼으려 하였으니 또한 두 나라의 이익이어서 치우치게 관련시킨 것이 없다고 말할 수 있는데 魏主는 따르지 않았다. 그러므로 ≪資治通鑑綱目≫에서는 특별히 魏主가 '응하지 않았다〔不肯〕'고 기록하였으니 曲直과 是非가 명료하게 드러난다.〔梁魏交攻 固無曲直之分 今梁主求成而魏不肯 則是梁有息民之意 而魏主佳兵不已者也 昔春秋書魯宣公及齊 平莒及郯 莒人不肯 則以齊魯心有所偏 而莒人不肯故爾 若夫梁主求成之事 其言止以戰爭殘民之故 欲以息兵爲事 亦可謂兩國之利 無所偏係者 而彼乃不從 故綱目特以魏主不肯書之 則曲直是非 瞭然見矣〕" ≪發明≫

【綱】 3월에 北魏가 梁나라를 침략하자, 雍州와 梁州의 군사들이 공격하여 물리쳤다.

三月에 魏侵梁이어늘 雍州梁州兵擊敗之하다

【目】 北魏의 荊州刺史 元志가 7만의 군사를 거느리고 潺溝를 침략하여 여러 蠻族을 내몰고 핍박하자, 여러 만족들이 모두 漢水를 건너 梁나라에 투항하니, 양나라의 雍州刺史 吳平侯 蕭昞이 그들을 받아들였다. 보좌관들이 모두 만족들이 여러 차례 변경의 근심거리가 되었으니, 이를 계기로 그들을 제거하는 것만 못하다고 하자, 소병이 말하기를 "궁지에 몰려 우리에게 귀순하였는데, 우리가 그들을 죽이는 것은 상서롭지 않다. 또 북위의 군대가 침입해올 적에 우리가 蠻族을 병풍으로 삼아 막을 수 있으니, 역시 좋은 일이 아니겠는가."라고 하였다. 마침내 그들의 투항을 받아들이고, 司馬 朱思遠 등에게 명령을 내려 잔구에서 원지를 공격하게 하여 크게 격파하였다.

魏荊州刺史元志가 將兵七萬하여 侵潺溝하여 驅迫群蠻[①]하니 群蠻悉渡漢水하여 降梁이어늘 梁雍州刺史吳平侯昞納之한대 綱紀皆以蠻累爲邊患[②]하니 不如因此除之라 昞曰 窮來歸我어늘 誅之不祥이요 且魏人來侵에 吾得蠻以爲屛蔽하니 不亦善乎아하고 乃受其降하고 命司馬朱思遠等하여 擊志於潺溝하여 大破之하다

① 元志는 元齊의 손자이다. 潺溝는 漢水 북쪽에 있다.
志, 齊之孫也. 潺溝在漢北.

② 州와 郡의 上佐(보좌관)를 綱紀라고 하니, 州와 郡의 일에 관리하는 것을 말한다.
州郡上佐, 謂之綱紀, 言其綱紀州郡之事也.

【綱】 가을 9월에 北魏에서 太常卿 劉芳에게 조서를 내려 樂器를 만들었다.

秋九月에 魏詔太常卿劉芳하여 造樂器하다

【目】 北魏의 公孫崇이 악기의 律尺(律呂의 尺度)을 만들었는데 12알의 黍를 한 마디〔寸〕로 삼았으니, 太常卿 劉芳이 맞지 않는다고 하여 고쳐서 10알의 黍를 한 마디〔寸〕로 삼았다. 尙書令 高肇 등이 상주하기를 "공손숭이 만든 악기의 도량이 모두 經傳에 실린 내용과 달라서 그 까닭을 따져 묻자, 그가 경전에 실려 있는 내용대로 했지만 악기의 소리가 고르지 않다고 하였습니다. 청컨대 다시 유방에게 ≪周禮≫에 의거하여 악기를 제

조하게 하여 그중에서 좋은 것을 따르게 하소서."라고 하니, 조서를 내려 그것을 따르게 하였다.

魏公孫崇造樂尺호되 以十二黍爲寸하니 太常卿劉芳이 非之하여 更以十黍爲寸이러니 尙書令高肇等이 奏崇所造樂器度量이 皆與經傳不同이라 詰其所以하니 云 依經文이로되 聲則不協이라하니 請更令芳으로 依禮造成하여 從其善者니이다하니 詔從之①하다

① 禮는 《周禮》를 말한다.
禮, 謂周禮.

【綱】 겨울 11월에 魏主(元恪)가 친히 佛書를 강론하고 永明寺와 閑居寺를 건립하였다.

冬十一月에 **魏主親講佛書**하고 **作永明閑居寺**[43)]하다

【目】 당시에 魏主(元恪)가 오로지 釋氏만을 숭상하고, 유학의 經傳을 숭상하지 않았는데, 中書侍郞 裴延儁이 상소를 올리기를 "漢나라 光武帝와 魏나라 武帝(曹操)는 비록 전쟁터에 있을 때에도 책을 읽지 않은 적이 없었고, 先帝(孝文帝)께서는 도읍을 옮기고 행군하는 도중에도 손에서 책을 놓은 적이 없으셨으니, 참으로 학문에 많은 유익한 점이

43) 魏主親講佛書 作永明閑居寺 : "'친히 했다〔親〕'고 기록한 것은 어째서인가. 특이하게 여긴 것이다. 어째서 특이하게 여겼는가. 친히 할 것이 아닌 데에 친히 한 것이다. 佛書를 강론한 것은 여기에서 시작되었다. 《資治通鑑綱目》이 마칠 때까지 임금이 불서를 강론한 것을 기록한 것은 2번이고(이해(509), 丙寅年(546) 梁 武帝), 황궁에서 불경을 내어온 것을 기록한 것은 1번이고(唐 代宗 永泰 원년(765)), 佛書를 구한 것을 기록한 것은 1번이고(戊戌年(518) 魏主), 《大雲經》을 반포한 것은 여기에 들지 않았고(唐나라 中宗 嗣聖 7년(690)), 사찰을 지은 것을 기록한 것은 5번이다(宋나라 庚戌年(470)에 자세하다.).〔書親 何 異之也 曷爲異之 非所親而親也 書講佛書始此 終綱目書人主講佛書二(是年丙寅年梁武帝) 書內出經一(唐代宗永泰元年) 書求佛書一(戊戌年魏主) 頒大雲經不與焉(唐中宗嗣聖七年) 書作寺五(詳宋庚戌年)〕" 《書法》

"魏主는 梁나라 사람의 화친 요구를 허락하지 않고 부처에게 아첨하여 사찰을 지었다. 부처는 살리기를 좋아하고 죽이기를 싫어함을 일삼으니 어찌 전쟁을 그치지 않으며 백성 보기를 짐승처럼 하는 것을 즐기겠는가. 北魏 孝文帝는 文治를 일으켰는데 계승한 아들이 착하지 못해 마침내 異端에 종사하였으니 또한 그 계승할 일을 생각하지 않았다고 말할 만하다. 《資治通鑑綱目》은 여기에서 魏主가 친히 佛書를 강론한 것을 특별히 기록하여 강론에 대해 '친히 했다〔親〕'라고 말하였으니 마음을 빠뜨려 좋아하며 숭상한 것을 알 수 있다. 하물며 또 梵宇(절)를 크게 지어 백성을 해치며 나라를 좀먹게 하는 것이야 말할 것이 있으랴.〔魏主不許梁人求成 乃佞佛造寺 夫佛以好生惡殺爲事 豈樂於用兵不息 視民如禽獸者哉 魏孝文興起文治 嗣子不令 乃從事於異端 亦可謂弗念厥紹者 綱目於此 特書魏主親講佛書 講而曰親 其溺意好尙 蓋可知矣 況又大作梵宇 以殘民蠹國乎〕" 《發明》

있어서 잠시라도 그만둘 수 없었기 때문입니다. 폐하께서는 친히 〈佛書의〉 큰 깨달음을 강론하시니, 티끌만큼 가려진 것도 모두 열리게 될 것입니다. 그러나 五經은 세상을 다스리는 모범이니, 응당 일을 처리하는 데 우선으로 삼아야 합니다. 삼가 바라건대 〈불경과 오경을〉 교대로 열람하여 양쪽을 모두 갖추신다면 안팎이 모두 온전하게 될 것입니다."라고 하였다.

당시 佛敎가 洛陽에서 융성하여 沙門으로 西域에서 온 자들이 3천여 명이었는데, 魏主가 별도로 그들을 위해 1천여 칸의 永明寺를 건립하여 그들을 거처하도록 하였다. 處士인 馮亮이 좋은 생각이 있어서 魏主가 그에게 嵩山에서 경치가 좋은 곳을 택하여 閑居寺를 세우도록 하였는데, 바위와 골짜기 및 토질과 나무가 가장 아름다운 곳으로 하였다. 이로 말미암아 원근에 있는 사람들이 이런 풍속을 계승하여 부처를 섬기지 않는 이가 없어 延昌 연간에 이르러서는 州와 郡에 모두 1만 3천여 곳의 사찰이 있었다.

時에 魏主專尚釋氏하고 不事經籍이라 中書侍郎裴延儁이 上疏曰 漢光武魏武帝가 雖在戎馬之間이나 未嘗廢書하고 先帝遷都行師에 手不釋卷하시니 良以學問多益하여 不可暫輟故也라 陛下親講大覺하시니 塵蔽俱開[①]나 然五經은 治世之模楷니 應物之所先이니이다 伏願互覽兼存이면 則內外俱周矣리이다 時에 佛教盛於洛陽하여 沙門自西域來者三千餘人이어늘 魏主別爲之立永明寺千餘間하여 以處之하다 處士馮亮有巧思라 魏主使擇嵩山形勝之地하여 立閑居寺한대 極巖壑土木之美하니 由是로 遠近承風하여 無不事佛하여 比及延昌에 州郡共有一萬三千餘寺[②]러라

① 〈"塵蔽俱開"가〉 ≪資治通鑑≫에는 "凡在瞻聽 塵蔽俱開(무릇 보고 듣는 것에 티끌만큼 가려진 것도 모두 열리게 될 것입니다.)"로 되어 있다.
通鑑"凡在瞻聽 塵蔽俱開."

② 延昌은 北魏 世宗 말년의 연호(512~515)이다.
延昌, 魏世宗末年年號.

庚寅年(510)

梁나라 高祖 武帝 蕭衍 天監 9년이고, 北魏 世宗 宣武帝 元恪 永平 3년이다.

梁天監九年이요 魏永平三年이라

【綱】봄 정월에 梁나라가 沈約을 光祿大夫로 삼았다.

春正月에 梁以沈約爲光祿大夫하다

【目】沈約은 문학으로 당대에 최고로 명성이 높았으나 영예와 이익에 탐욕을 부려 권세를 잡은 지 10여 년에 정치의 得失에 대해서는 그저 남의 의견에 '네네' 하여 순종하기만 할 뿐 〈시비를 가리지 않았다.〉 스스로 오랫동안 尙書令의 자리에 있었다고 여겨 三公의 자리에 오르리라 기대하였고, 의론하는 자들 역시 마땅하다고 생각하였으나 梁主(蕭衍)는 그를 등용하지 않았다.

約文學高一時로되 而貪冒榮利하여 用事十餘年에 政之得失을 唯唯而已①요 自以久居端揆②하여 有志台司하고 論者亦以爲宜로되 而梁主不用하다

① 唯(네)는 于癸의 切이다.
唯, 于癸切.

② "端揆"는 尙書令이 되는 것을 말한다. "台司"는 三公의 지위를 말한다.
端揆, 謂爲尙書令也. 台司, 謂三公位.

【綱】梁나라가 緣淮塘[44]을 만들었다.

梁作緣淮塘하다

【目】〈緣淮塘의〉 北岸은 石頭에서 시작하여 東冶까지였고, 南岸은 後渚籬門에서 시작하여 三橋까지였다.

北岸은 起石頭迄東冶하고 南岸은 起後渚籬門迄三橋하다

【綱】3월에 魏主(元恪)의 아들 元詡가 태어났다.

三月에 魏主之子詡生[45]하다

44) 緣淮塘 : 秦淮河의 큰 제방을 말한다.(≪新譯資治通鑑≫, 張大可 等 注釋, 三民書局, 2017)

45) 魏主之子詡生 : "황자가 태어남은 기록하지 않고 반드시 國家의 일에 관련된 뒤에 기록하였는데, 여기서 기록한 것은 어째서인가. 胡后가 北魏를 어지럽힌 시작을 기록한 것이다. 그렇다면 宋나라에 황자 劉劭가 태어났고 北魏에 황자 元恂이 태어났을 때 宋主와 魏主라고 기록하지 않았는데 여기는 어찌하여 '魏主의 아들〔魏主之子〕'이라고 기록하였는가. 元詡는 결국 〈胡氏에게〉 弑害된 사람이기

【目】 元詡의 모친 胡充華는 武始伯 胡國珍의 딸이다. 처음에 掖庭宮으로 들어갔을 때, 같은 반열에 있던 후궁들이 故事로 인해 그녀를 위하여 기도하기를 "바라건대 諸王과 公主를 낳고, 太子는 낳지 말라."라고 하니, 호충화가 말하기를 "나의 생각은 다른 사람들과는 다르니, 어찌 자기 한 몸 죽는 것을 두려워하여 나라에 후사가 없도록 하겠는가."라고 하였다. 임신을 하게 되자, 같은 반열에 있던 후궁들이 그녀에게 태아를 지우라고 권하였으나 호충화는 그렇게 할 수 없다고 하고, 사사로이 스스로 맹세하기를 "만약 다행스럽게도 사내아이를 낳는다면, 차례에 따라 마땅히 맏이가 될 것이니, 사내아이가 태어나고 내가 죽더라도 유감스러울 것이 없다."라고 하였다. 얼마 뒤에 원후를 낳았다.

詡母胡充華는 武始伯國珍之女也①라 初入掖庭에 同列以故事祝之曰 願生諸王公主하고 勿生太子②라하니 充華曰 妾之志는 異於諸人하니 奈何畏一身之死而使國家無嗣乎아하다 及有娠에 同列勸去之③한대 充華不可라하고 私自誓曰 若幸而生男이면 次第當長④이니 男生身死는 所不憾也라하더니 旣而生詡하다

① 充華는 晉 武帝 때의 제도이다. 宋 明帝 때에 婕妤와 充華 등 5개의 직위를 九嬪에 다음가는 지위로 하였는데, 蕭齊(南朝 齊나라)의 시대에 九嬪의 반열에 넣었다. 《隋書》 〈地理志〉의 金城郡 狄道縣 조에 "後魏(北魏) 때에는 武始郡을 두었다." 하였다.
充華, 晉武帝制. 宋明帝時以婕妤・充華等五職位亞九嬪, 蕭齊之世, 位列九嬪. 隋志金城郡狄道縣"後魏置武始郡."

② 北魏의 제도에 太子를 세우면 그 어미를 죽였다.
魏制, 立太子則殺其母.

③ 去는 제거함이다.
去, 除也.

때문이다. 胡氏가 독약을 올릴 적에 필시 '이는 내 아들이니 내가 죽인들 무슨 손상이 되느냐.'라고 말했을 것인데 《資治通鑑綱目》에서는 '이것은 魏主의 아들이다.'라고 한 것이다. 북위가 의탁할 대상은 宗廟를 계승하며 社稷을 지킬 자이니, 그러므로 그가 태어날 적에 '魏主의 아들'이라고 기록한 것은 뒷날 호씨가 시해한 것을 바로잡으면서 자신이 자기 아들을 죽인 것이 〈무슨 문제가 되느냐고〉 말한 것이 비난하기 위한 것이니 그 뜻이 깊다. 《자치통감강목》이 끝날 때까지 '황자가 태어남〔子生〕'을 기록한 것은 5번이고(漢 武帝 元朔 원년(B.C. 128)에 자세하다.) '主의 아들〔主之子〕'이라고 기록한 것은 한 번뿐이다.〔子生不書 必關於國家之故而後書 此其書 何 志胡后亂魏之始也 然則宋子劭生魏子恂生 不書主 此則曷爲以魏主之子書 詡竟弒者也 胡氏之毒之也 未必不曰 此我子也 我殺之何傷 綱目則曰 此魏主之子也 魏之所托 以承宗廟 守社稷者也 故於其生也 書曰魏主之子 所以正他日胡氏之爲弒 而非自殺己子之謂也 其旨深矣 終綱目書子生五(詳漢武帝元朔元年) 書主之子者 一而已〕" 《書法》 원후가 호씨에게 시해된 사건은 《자치통감강목》 北魏 孝昌 4년 戊申年(528)에 보인다. 위의 '書曰魏主之子……其旨深矣'는 호씨가 죽인 것은 자기 아들이 아니라 魏主의 아들이라는 뜻이다.

④ 長(우두머리)은 知兩의 切이다.
長, 知兩切.

【綱】 梁主(蕭衍)가 學校를 시찰하였다.

梁主視學[46]하다

【目】 梁主(蕭衍)가 國子學에 가서 친히 講學하는 곳에 임석하였다. 조서를 내려 皇太子 이하 및 王侯의 아들을 모두 국자학에 입학시키도록 하였다.

梁主幸國子學하여 親臨講肄하여 詔皇太子以下及王侯之子하여 皆入學하다

【綱】 여름 4월에 梁나라가 제도를 마련하여 尙書令史에 처음으로 士流를 등용하였다.

夏四月에 梁制尙書令史를 初用士流하다

【目】 옛날의 제도에는 尙書省의 五都令史에 모두 寒流를 등용하였다. 이때에 이르러 조서를 내려 "尙書省의 五都令史는 직책이 정사의 기무에 참여하고 여러 부서를 총괄하여 尙書左丞과 尙書右丞에 나란하니, 제도를 바꾸어 士流를 등용하여 이러한 기무에 관련된 조목들을 관장하게 하라."라고 하였다. 그리하여 劉納, 劉顯, 孔虔孫, 蕭軌, 王顒이 나란히 재능과 가문이 모두 좋았기에 가장 먼저 선발되었다.

舊制에 尙書五都令史를 皆用寒流①러니 至是하여 詔曰 尙書五都는 職參政要하여 總領衆局하여 方軌二丞하니 可革用士流하여 秉此群目②하라하니 於是에 劉納劉顯孔虔孫蕭軌王顒가 竝以才地兼美로 首應其選하다

① 五都는 殿中都, 吏部都, 金部都, 左右戶都, 中兵都이다.
五都, 殿中都・吏部都・金部都・左右戶都・中兵都.
② "方軌"는 수레를 나란히 모는 것을 말한다. "二丞"은 左丞과 右丞을 말한다.
方軌, 謂竝駕也. 二丞, 謂左・右丞.

46) 梁主視學 : "이때 梁主는 淸明하여 아직 寂滅(불교)의 학문에 빠져들지 않았으므로 유학을 숭상한 것이 이와 같았으니, 江左의 여러 조정에서도 겨우 이것이 있을 뿐이다. 특별히 기록한 것이다.〔是時梁主淸明 猶未溺於寂滅之學 是以所尙如此 江左累朝 僅有此爾 故特書之〕" ≪發明≫

【綱】6월에 梁나라 宣城郡의 관리가 난리를 일으키자, 吳興太守 蔡撙이 토벌하여 평정하였다.

六月에 梁宣城郡吏作亂이어늘 吳興太守蔡撙討平之하다

【目】宣城郡의 관리 吳承伯이 妖術을 내세워 무리들을 모아서 郡府를 공격하여 太守를 죽이고 갑자기 吳興에 이르자, 관리와 백성들이 달아나 흩어졌다. 어떤 사람이 태수 蔡撙에게 피하라고 하였지만 채준은 안 된다고 하고는 勇士들을 모아 성문을 닫고 지켰다. 오승백이 정예병을 모두 투입하여 공격하자, 채준이 성문을 나와 전투를 벌여 크게 격파하여 오승백의 목을 베었다. 채준은 蔡興宗의 아들이다.

宣城郡吏吳承伯이 挾妖術하여 聚衆攻郡하여 殺太守하고 奄至吳興하니 吏民犇散이라 或勸太守蔡撙避之한대 撙不可라하고 募勇敢閉門拒守러니 承伯盡銳攻之어늘 撙出戰하여 大破斬之하니 撙은 興宗之子也라

【綱】겨울 10월에 北魏의 中山王 元英이 卒하였다.

冬十月에 魏中山王英卒하다

【綱】梁나라가 大明曆을 시행하였다.

◑梁行大明曆하다

【目】梁主(蕭衍)가 즉위한 지 3년이 되어 조서를 내려서 새로운 曆法을 제정하라고 하였는데, 散騎侍郎 祖暅이 상주하여 그의 아비인 祖沖之가 옛 역법을 연구하여 올바르게 하였으니, 역법은 고칠 수가 없다고 하였다. 그리하여 이때에 이르러 조충지의 ≪大明曆≫을 시행하였다.

梁主卽位三年에 詔定新曆한대 散騎侍郎祖暅(긍)[①]이 奏其父沖之考古法爲正曆이니 不可改니이다하니 至是行之하다

① 暅(말리다)은 古鄧과 況晚의 두 개의 切이다.
暅, 古鄧・況晚二切.

辛卯年(511)

梁나라 高祖 武帝 蕭衍 天監 10년이고, 北魏 世宗 宣武帝 元恪 永平 4년이다.

梁天監十年이요 魏永平四年이라

【綱】 봄 정월에 北魏가 정월 초하루 朝會에서 처음으로 新舞를 사용하였다.

春正月에 魏元會에 始用新舞하다

【目】 北魏의 劉芳 등이 상주하기를 "만든 악기와 두 가지의 춤, 登歌, 鼓吹 등이 이미 완성되었으니, 바라건대 모여 의논해서 사용하도록 해주십시오."라고 하였는데, 조서를 내리기를 "춤은 새로운 것을 사용해도 좋고, 나머지는 예전대로 사용하라."라고 하였다.

魏劉芳等이 奏所造樂器二舞登歌鼓吹等已成하니 乞集議用之라한대 詔舞可用新이요 餘且仍舊①하라하다

① 두 가지 춤은 文舞와 武舞이다.
二舞, 文・武二舞也.

【綱】 梁나라가 張稷을 青州・冀州刺史로 삼았다.

梁以張稷으로 爲靑冀刺史하다

【目】 僕射 張稷이 자신이 세운 공은 큰데 그에 대한 포상이 적다고 생각하고 있다가 梁主(蕭衍)를 모시고 연회를 여는 자리에서 술에 취하자 원망하는 기색이 말과 표정에 드러났다. 上이 말하기를 "卿의 형은 郡守를 죽였고 아우(장직)는 主君(東昏侯 蕭寶卷)을 죽였으니, 무슨 좋은 명성이 있겠는가?"라고 하니, 장직이 말하기를 "臣에게는 좋은 명성이 없지만, 폐하에 대해서는 〈제가〉 공훈이 없다고 할 수 없습니다. 동혼후가 포학하였는데, 의로운 군대가 그를 죽인 것이니, 어찌하여 〈동혼후를 죽였다는 말이〉 신에게만 있을 뿐이겠습니까."라고 하였다. 梁主가 자신의 수염을 쓰다듬으면서 말하기를 "장공은 두려운 사람이오."라고 하고, 장직을 青州・冀州의 刺史로 삼았다.

王珍國 역시 원망을 하였는데, 梁州・秦州刺史에서 파직되어 돌아와서 술자리가 끝난

뒤에 아뢰기를 "臣이 근래 梁山에 들어가서 통곡하였습니다."라고 하니, 梁主가 크게 놀라 말하기를 "卿이 만약 동혼후를 위하여 통곡한 것이라면 이미 늦었고, 나를 위하여 통곡한 것이라면 나는 도리어 아직 죽지 않았다."라고 하였다. 이로 인해 〈梁主와〉 소원해져 물러났는데, 오랜 뒤에 그를 都官尙書에 제수하였다.

僕射張稷自謂功大賞薄이라하여 侍宴酒酣에 怨望形於辭色①이어늘 上曰 卿兄殺郡守하고 弟殺其君하니 有何名稱이리오하니 稷曰② 臣乃無名稱이어니와 至於陛下하여는 不爲無勳이라 東昏暴虐이어늘 義師伐之하니 豈在臣而已리오 上捋其須曰 張公은 可畏人이라하고 乃以爲青冀刺史③하다 王珍國亦怨望④이러니 罷梁秦刺史還하여 酒後에 啓云 臣近入梁山便哭하니이다하니 上大驚曰 卿若哭東昏則已晩이요 若哭我면 我復未死라하고 因此疏退러니 久之에 除都官尙書하다

① 張稷이 齊나라의 東昏侯(蕭寶卷)를 죽인 일을 공으로 여긴 것이다.
稷以殺齊東昏侯爲功.

② 살펴보건대 宋 順帝 昇明 원년(477)에 蕭道成이 찬탈을 도모할 때에 張瓌를 시켜 吳郡太守 劉遐를 습격해 죽이게 하였는데, 그의 아우가 바로 張稷이다.
按宋順帝昇明元年, 蕭道成謀簒, 使張瓌襲殺其吳郡太守劉遐, 弟卽稷也.

③ 須(수염)는 鬚의 古字와 통용한다.
須, 古鬚字通.

④ 王珍國이 張稷과 함께 東昏侯를 시해하였다.
珍國與張稷共弑東昏侯.

【目】이해에 梁나라의 경내에는 州가 23곳, 郡이 350곳, 縣이 1천 22곳이 있었다. 이후에 州의 이름이 점차 많아져 없애거나 새로 만들거나 분리하거나 통합한 곳을 이루 다 기록할 수가 없었다. 北魏 역시 그러하였다.

◑ 是歲梁之境內에 有州二十三郡三百五十縣千二十二러니 是後에 州名浸多하여 廢置離合을 不可勝記라 魏朝亦然하더라

【綱】北魏에서 汾州의 山胡[47]가 반란을 일으키자, 토벌하여 평정하였다.

魏汾州山胡反이어늘 討平之하다

47) 山胡 : 南北朝時代에 山西·陝西의 북부 산간에 살던 南匈奴의 일파인 稽胡를 말한다.

【綱】3월에 梁나라 朐山에서 반란을 일으켜 北魏에 투항하자, 여름 5월에 양나라가 군대를 보내어 구산을 포위하여 겨울 12월에 탈취하였다.

◑三月에 梁朐山叛降魏어늘 夏五月에 梁遣兵圍朐山하여 冬十二月에 取之하다

【目】琅邪의 백성 王萬壽가 太守 劉晣을 죽이고 朐山을 점거하여 北魏의 군대를 불렀다. 북위의 徐州刺史 盧昶이 戍主 傅文驥를 보내니, 張稷이 군대를 보내어 그들을 막았지만 승리하지 못하였다. 4월에 부문기가 구산을 점거하자, 梁나라에서 馬仙琕을 보내어 그들을 포위하였다. 노창은 본래 儒生이므로 군사에 관한 일에 익숙하지 않았고, 구산의 군량과 땔감이 모두 고갈되자 부문기가 성을 가지고 항복하였다.

12월에 노창이 군대를 이끌고 먼저 달아나니, 군사들이 모두 무너졌다. 마침 큰 눈이 내려 군사들이 얼어 죽고 손발이 떨어져나간 자가 절반이 넘었는데, 마선변이 추격하여 크게 격파하니, 200리 사이에 쓰러진 시체가 이어졌고, 죽음을 면한 자는 열에 한두 명뿐이었다. 식량과 가축과 기계를 수습하니 다 헤아릴 수가 없었고, 蕭寶寅만이 군대를 보전하여 돌아갔다.

琅邪民王萬壽殺太守劉(晰)〔晣〕[48]하고 據朐山召魏軍①이어늘 魏徐州刺史盧昶이 遣戍主傅文驥赴之하니 張稷遣兵拒之不勝하다 四月에 文驥遂據朐山이어늘 梁遣馬仙琕圍之하니 盧昶은 本儒生이라 不習軍旅하고 朐山糧樵俱竭하니 傅文驥以城降하다 十二月에 昶引兵先遁하니 諸軍皆潰라 會大雪하여 軍士凍死하고 墮手足者過半이어늘 仙琕追擊大破之하니 二百里間에 僵尸相屬하고 免者什一二라 收其糧畜器械하니 不可勝數요 唯蕭寶寅이 全軍而歸하다

① 晣은 之舌의 切이다.
晣, 之舌切.

【目】盧昶이 朐山에 있을 때 中尉 游肇가 魏主(元恪)에게 말하기를 "구산은 지역이 협소하고 바닷가에 치우쳐 있어 지대가 낮고 습해서 살기가 어려우니, 우리에게는 중요하지 않은 곳이지만 적에게는 이익이 되는 곳입니다. 이익이 되기 때문에 반드시 목숨을 바치면서까지 다투고, 중요하지 않기 때문에 어쩔 수 없이 싸우는 것이니, 어쩔 수 없이 싸우는 군대를 데리고 죽음을 각오하고 싸우는 군대를 공격하였다가 시일만 끌다 크게 낭비만 하게 될까 염려됩니다. 가령 구산을 얻는다고 해도 결국에는 온전하게 지키기

48) (晰)〔晣〕: 저본에는 '晰'로 되어 있으나, ≪資治通鑑≫에 의거하여 '晣'로 바로잡았다.

어려우니, 이른바 쓸데없는 땅입니다. 듣건대 적들이 여러 차례 宿豫를 가지고 구산과 바꾸기를 요구했다고 하니, 쓸모없는 땅을 가지고 옛날부터 가지고 있던 강토를 회복하고 전쟁도 때에 맞추어 그치게 되면 그로 인한 이익은 큽니다."라고 하였다.

魏主가 그 말대로 따르려고 하였는데 마침 노창이 패배하자, 유조를 侍中으로 승진시켰다. 유조는 游明根의 아들이다.

마선변은 장수가 되어 병사들과 함께 수고로움과 편안함을 함께하여 의복은 布帛으로 만든 옷에 불과하였고, 거처하는 곳에는 휘장과 군막으로 가리는 것이 없었으며, 먹고 마시는 것은 매우 지위가 낮은 廝養(군대에서 천한 일을 하는 사람)과 똑같이 하였다. 항상 몰래 적진에 들어가 壁壘와 村落에 있는 험요한 지역을 정탐하여 알아두었기에 공격하여 전투를 치르면 대부분 승리하였고, 병사들도 그를 위하여 쓰이기를 바라였다.

盧昶之在朐山也에 中尉游肇가 言於魏主曰 朐山蕞爾僻在海濱하여 卑濕難居하니 於我非急이요 於賊爲利라 爲利故로 必致死而爭之요 非急故로 不得已而戰이니 以不得已之衆으로 擊必死之師가 恐稽延歲月하여 所費甚大요 假得朐山이라도 終難全守니 所謂無用之田也[①]라 聞賊屢以宿豫로 求易朐山하니 持無用之地하여 復舊有之疆하고 兵役時解면 其利爲大니이다 魏主將從之러니 會昶敗에 遷肇侍中하니 肇는 明根之子也라 馬仙琕爲將에 能與士卒同勞逸하여 衣不過布帛하고 居無幃幕衾屛하고 飮食與廝養最下者同하고 常潛入敵境하여 伺知壁壘村落險要處라 故攻戰多捷하고 士卒亦樂爲之用하더라

① ≪春秋左氏傳≫에 "吳나라가 齊나라를 정벌하려고 할 때에, 子胥가 간언하기를 '우리가 齊나라를 토벌하여 승리한다 하더라도 이는 돌밭을 얻는 것과 같아서 쓸 곳이 없습니다.' 하였다." 하였다.
左傳 "吳將伐齊, 子胥諫曰 '得志於齊, 猶獲石田也, 無所用之.'"

【綱】 北魏가 甄琛을 河南尹으로 삼았다.

魏以甄琛으로 爲河南尹하다

【目】 甄琛이 표문을 올리기를 "국가가 代(平城)에 있을 때에는 도둑들이 많은 것을 근심하였습니다. 世祖(太武帝 拓跋燾)께서 널리 主司와 里宰를 두고 吏士를 많이 두어 도움이 되도록 하여 비로소 금지시킬 수 있었습니다. 도읍을 옮긴 뒤로는 사방의 먼 곳에서도 사람이 와서 모이고 五方[49]의 사람들이 뒤섞여 강도와 도둑들이 공공연히 출몰하였

는데, 里正의 직위는 가볍고 임무는 자잘하며 대부분이 낮은 수준의 인재라 제대로 감독하고 살필 수가 없습니다. 청컨대 그 품계를 조금 높여서, 품계가 낮은 사람 가운데 관직을 승진시킬 사람을 뽑아서 나아가 일을 맡게 해야 합니다."라고 하니, 조서를 내려 그것을 따르게 하였다. 견침이 또 상주하여 羽林軍을 游軍(遊擊 군사)으로 삼아 여러 坊[50]과 거리에서 도적들을 맡아서 살피도록 하니, 이에 洛陽城이 깨끗하고 조용해졌다. 이후로도 늘 이대로 따랐다.

琛表曰 國家居代에 患多盜竊이라 世祖廣置主司里宰하고 多置吏士하여 爲其羽翼하니 始得禁止러니 遷都以來로 四遠赴會하고 五方雜沓하여 寇盜公行①호되 里正職輕任碎하고 多是下才라 不能督察하니 請少高其品하여 選下品中應遷者하여 進而爲之니이다하니 詔從之하다 琛又奏以羽林爲游軍하여 於諸坊巷에 司察盜賊하니 於是洛城淸靜이라 後常踵焉하더라

① 沓은 徒合의 切이니, 중첩됨이다.
沓, 徒合切, 重也.

---

49) 五方 : 동서남북·중앙의 다섯 방위로 중국, 夷, 蠻, 戎, 狄을 말한다.

50) 坊 : 낙양성 안에 설치된 325개의 거주 구역으로 坊은 가로세로 3백 보이다. 자세한 내용은 본서 景明 2년(501) 10월 조에 보인다.

思政殿訓義 資治通鑑綱目 제30권 중

-梁 武帝 天監 11년(512)~梁 武帝 普通 원년(520)-

壬辰年(512)

梁나라 高祖 武帝 蕭衍 天監 11년이고, 北魏 世宗 宣武帝 元恪 延昌 元年이다.

梁天監十一年이요 魏延昌元年이라

【綱】 봄 정월에 梁나라에서 質作이 된 어린이와 노인을 사면해주었다.

春正月에 梁免老小質作하다

【目】 梁主(蕭衍)는 九族과 화목하게 지내고 조정의 관원들을 우대하여 그중에 죄를 지은 사람들을 모두 법을 느슨히 하여 풀어주었다. 그런데 백성이 죄를 지으면 법대로 처벌하여 연좌된 자는 노인이건 어린아이이건 처벌을 면하지 못하였고, 한 사람이 도망치면 온 집안이 質作이 되니, 백성들이 이미 궁핍해져 법을 어기는 일이 더욱 많아졌다.

한번은 秣陵 출신의 노인이 車駕를 가로막고 말하기를 "폐하께서 법을 제정하시어 서민에게는 가혹하게 하고 권세 있는 귀족들에게는 느슨하게 하니, 오래갈 수 있는 방도가 아닙니다. 진실로 이를 반대로 시행한다면, 천하 사람들의 큰 행복일 것입니다."라고 하였다. 그리하여 조서를 내려 "지금부터 죄가 質作에 해당하는 노인과 어린이는 형벌을 중지하고 돌려보내라."고 하였다.

梁主敦睦九族하고 優借朝士하여 有犯罪者를 屈法申之호되 百姓有罪면 則案之如法하여 其緣坐則老幼不免하고 一人亡逃에 擧家質作하니 民既窮窘하여 姦宄益深①이라 嘗有秣陵老人이 遮車駕曰 陛下爲法에 急於庶民하고 緩於權貴하니 非長久之道니 誠能反是면 天下幸甚일까하노이다하니 於是에 詔自今罪應質作而老小者는 停遣하라하다

① 質(인질)는 음이 致이니, 또 본음대로 읽는다. 質作은 그 가속들을 인질로 잡아 노역을 하게 하는 것이다.

質, 音致, 又如字. 質作, 質其家屬而罰作之.

【綱】 北魏에서 高肇를 司徒로 삼고, 清河王 元懌을 司空으로 삼았다.

魏以高肇爲司徒하고 **清河王懌爲司空**하다

【目】 高肇를 尙書令에서 司徒로 삼았는데, 자신이 요직을 떠나게 되었다고 여겨 말과 낯빛에 불만을 드러내었다. 右丞 高綽과 博士 封軌는 평소에 방정하고 정직함을 자기 일로 삼았는데, 고조가 사도로 관직을 옮기자 고작은 영접하고 전송하는 일에 왕래하였으나 봉궤는 끝내 고조에게 가지 않았다. 고작은 둘러보고 봉궤가 보이지 않자, 마침내 급히 돌아가서 탄식하며 말하기를 "나는 평생 동안 스스로 법규를 잃지 않겠다고 생각했는데, 오늘의 행동은 전혀 봉궤만 못하구나."라고 하였다.

清河王 元懌은 재주와 학식을 갖추어 명망이 있었는데, 彭城王의 禍를 거울로 삼아[1] 그로 인해 魏主(元恪)를 모시고 연회를 여는 자리에서 고조에게 말하기를 "天子의 형제들이 몇 사람이나 있겠는가. 그러나 거의 다 죽었다. 옛날에 王莽이 대머리였는데 渭陽(外戚)의 힘을 의지하여 마침내 漢나라 왕실을 찬탈하였다. 지금 그대의 등이 굽었으니, 역시 끝내 반란의 조짐이 될까 두렵다."라고 하였다.

高肇自尙書令으로 **爲司徒**하니 **自以去要任**이라하여 **怏怏形於言色**①하다 **右丞高綽博士封軌素以方直自業**②이러니 **及肇爲司徒**에 **綽送迎往來**호되 **軌竟不詣肇**라 **綽顧不見軌**하니 **乃遽歸**하여 **嘆曰 吾平生自謂不失規矩**러니 **今日擧措不如封生遠矣**라하다 **清河王懌有才學聞望**③이라 **懲彭城之禍**하여 **因侍宴謂肇曰**④ **天子兄弟詎有幾人**이리오마는 **而剪之幾盡**⑤하니 **昔王莽頭禿**호되 **藉渭陽之資**하여 **遂簒漢室**이어늘 **今君身曲**하니 **亦恐終成亂階**⑥일까하노라하다

① "要任"은 尙書令을 말한다.
要任, 謂尙書令.

② 高綽은 高允의 손자이고, 封軌는 封懿의 집안 손자이다. 業은 일이니, 방정함과 정직함을 자신의 일로 여기는 것이다.
綽, 允之孫. 軌, 懿之族孫也. 業, 事也, 以方直爲事.

③ 元懌은 孝文帝의 아들이다. 聞(소문)은 음이 問이다.
懌, 孝文之子也. 聞, 音問.

---

1) 彭城王의……삼아 : 彭城王 元勰이 宣武帝의 황후 高氏의 책봉문제로 高肇와 사이가 벌어져 자주 고조에게 모함을 받다가 天監 7년(508)에 고조에게 피살당한 일을 말한다.

④ 懲은 다스림이다. 高肇가 과거에 彭城王 元勰을 참살하였다.
懲, 艾也. 肇嘗譖殺彭城王勰.

⑤ 〈"翦之幾盡"은〉 또 京兆王 元愉를 죽인 일을 말한다.
謂又殺京兆王愉也.

⑥ 藉는 도움을 빌린다는 뜻이다. ≪詩經≫ 〈秦風 渭陽〉에 "내가 외삼촌을 전송하여, 위수의 북쪽에 이르렀네." 하였으니, 이는 王莽과 高肇가 모두 외척이기 때문에 이를 말한 것이다.
藉, 借助也. 詩"我送舅氏, 曰至渭陽." 蓋以王莽·高肇皆外戚故云.

【目】 마침 큰 가뭄이 들자 高肇가 제멋대로 죄수들의 정상을 살펴서 많은 사람들의 환심을 얻으려고 하였다. 元懌이 魏主(元恪)에게 말하기를 "옛날에 〈魯나라〉 季氏가 泰山에서 旅 제사를 지내자, 孔子께서 그를 미워하셨으니, 진실로 임금과 신하의 분별은 기미와 조짐이 있을 때 막아서 모독하게 해서는 안 됩니다. 음식을 줄이고 죄수들의 정상을 살피는 일은 폐하의 일인데, 지금 司徒가 이 일을 하고 있으니, 어찌 신하된 자의 의리라 할 수 있겠습니까. 명철한 군주가 윗자리에서 이를 잃고 간악한 신하가 아랫자리에서 이를 훔쳤으니, 재앙의 기틀이 여기에 있습니다."라고 하니, 魏主가 웃고는 응답하지 않았다. 드디어 尙書省과 여러 官司에 조서를 내려 獄訟을 다스리게 하고, 굶주린 백성들을 북방으로 나아가 먹고 살게 하였다.

會大旱이라 肇擅錄囚徒하여 欲以收衆心한대 懌言於魏主曰 昔季氏旅於泰山이어늘 孔子疾之하니 誠以君臣之分이 宜防微杜漸하여 不可瀆也라 減膳錄囚는 乃陛下之事어늘 今司徒行之하니 豈人臣之義乎아 明君失之於上하고 姦臣竊之於下하니 禍亂之基於此在矣니이다하니 魏主笑而不應이라 遂詔尙書與群司하여 鞫理獄訟하고 令飢民으로 就食北方[①]하다

① "鞫理"는 罪人을 심문하여 다스리는 뜻이다.
鞫理, 窮理罪人也.

【綱】 겨울 10월에 北魏에서 〈魏主(元恪)의〉 아들 元詡를 세워 太子로 삼았다.

冬十月에 魏立子詡하여 爲太子하다

【目】 北魏에서 이때부터 처음으로 태자의 생모를 죽이지 않았다. 僕射 郭祚로 少師를 겸직하게 하였는데, 곽조가 한번은 魏主(元恪)를 모시고 東宮으로 갔을 적에 노란색 참외를 가슴에 품고 가서 태자에게 바쳤다.

이때에 임금의 좌우에서 조령을 전달하던 趙桃弓이 魏主의 신임을 받았는데, 곽조가 사적으로 그를 섬겼다. 이때 사람들이 '桃弓僕射'라 하고 '黃𤬏少師'라고 불렀다.

魏自是로 始不殺太子之母하다 以僕射郭祚領少師하니 祚嘗從幸東宮하여 懷黃𤬏以奉太子①라 時에 應詔左右趙桃弓深爲魏主所信任하니 祚私事之라 時人謂之桃弓僕射요 黃𤬏少師라하더라

① 𤬏(참외)은 扶田의 切이다. ≪博雅≫에 "白𤬏은 瓜의 등속이다." 하였는데, 이 黃𤬏 또한 한 가지 종류이다.
𤬏, 扶田切. 博雅"白𤬏, 瓜屬." 此黃𤬏, 又一種也.

【綱】11월에 梁나라에서 五禮가 완성되자 이를 시행하였다.

十一月에 梁五禮成이어늘 行之[2)]하다

【目】예전에 齊나라의 步兵校尉 伏曼容이 표문을 올려서 한 시대의 禮樂을 제정하도록 요청하였는데, 世祖(蕭賾)가 조서를 내려 學士 10명을 뽑아서 五禮를 수정하도록 하였는데, 丹楊尹 王儉이 이를 총괄하였다. 왕검이 卒하자 그 일을 祭酒 何胤, 尙書令 徐孝嗣, 將軍 何佟之(하동지)가 이어서 관장하였다.

齊나라가 말기에 兵火를 겪으면서 겨우 남아 있는 것이 있었다. 梁나라 초기에 尙書省에서 새롭게 제도를 제정해야 한다 하여 〈禮樂과 관련된 내용은 우선 미루고 관련 부서를〉 줄이려고 하였는데, 조서를 내리기를 "禮가 무너지고 樂이 온전하지 못하니, 제때에 수정하여야 한다."라고 하였다. 그리하여 僕射 沈約 등이 상주하기를 "청컨대 五禮는 각기 예전의 學士 한 명씩을 두고, 옛 문물을 연구하는 사람 한 명을 천거하여 스스로 돕게 하되, 그중에서 의심스러운 것이 있으면 石渠와 白虎의 故事[3)]에 의거하여 制旨로 결단을 내려주시기 바랍니다."라고 하니, 마침내 右軍記室인 明山賓 등에게 오례를

2) 梁五禮成 行之 : "漢나라는 曹褒가 만든 예가 완성되자 기록하기를 '찬술한 제도를 상주하였다.〔奏所撰制度〕'라고 하였는데 여기에서 '오례가 이룩되었다〔五禮成〕'라고 한 것은 어째서인가. 인정해준 것이다. 齊 世祖(蕭賾)로부터 學士를 뽑아 五禮를 撰修하여 지금에 이르도록 여러 해가 걸렸고, 이를 살핀 자가 한 사람이 아니니, 또한 아마도 구차하게 만들지 않은 것이 2년 동안에 정하고 한 사람의 손에 결정된 것과는 다르다. 그러므로 '예서가 완성되었다.〔禮書成〕'라고 기록하였으니, 무릇 '책이 완성되었다.〔書成〕'는 것은 오래 걸렸다는 말이다.〔漢曹褒禮成 書曰奏所撰制度 此其曰五禮成 何 予之也 自齊世祖 選學士修五禮 至是多年矣 所歷者非一人矣 亦庶乎非苟作者 與定於二年之中 決於一夫之手者 異矣 故書禮書成 凡書成者 久辭也〕" ≪書法≫

3) 石渠와……故事 : 漢나라 宣帝와 章帝가 각각 石渠閣과 白虎觀에서 학사들과 함께 친히 五經을 강론하며 ≪石渠議奏≫와 ≪白虎議奏≫를 펴낸 유명한 고사가 있다.

나누어 관장하도록 하고, 하동지가 그 일을 총괄하도록 하였다. 하동지가 卒하자, 鎭北諮議인 伏暅에게 이를 대신하도록 하였다. 복환은 伏曼容의 아들이다. 이때에 이르러 오례가 완성되자 열거하여 올리니 합쳐서 8천 19개의 조항이었는데, 유사에게 조서를 내려 그것에 따라 시행하도록 하였다.

初에 齊步兵校尉伏曼容이 表求制一代禮樂한대 世祖選學士十人하여 修五禮할새 丹楊尹王儉總之①러니 儉卒에 祭酒何胤尙書令徐孝嗣將軍何佟之가 繼掌之②라 經齊末兵火하여 僅有在者러니 梁初에 尙書以庶務權輿라하여 議欲省之한대 詔曰 禮壞樂缺하니 宜以時修定이라하다 於是에 僕射沈約等이 奏請五禮各置舊學士一人하고 令擧學古一人하여 自助호되 其中疑者는 依石渠白虎故事하여 請制旨斷決③하노이다하니 乃以右軍記室明山賓等으로 分掌五禮하고 佟之摠其事러니 佟之卒에 以鎭北諮議伏暅으로 代之하니 暅은 曼容之子也라 至是하여 五禮成이어늘 列上之하니 合八千一十九條라 詔有司遵行하다

① 五禮는 吉禮, 凶禮, 軍禮, 賓禮, 嘉禮이다.
五禮, 吉・凶・軍・賓・嘉之禮也.
② 佟은 徒冬의 切이다.
佟, 徒冬切.
③ 옛날에는 학사 10명이 함께 五禮를 수정하였는데, 지금에는 五禮를 나누어 각각 學士를 두자고 요청한 것이다.
舊學士十人共修五禮, 今請分五禮, 各置學士.

癸巳年(513)

梁나라 高祖 武帝 蕭衍 天監 12년이고, 北魏 世宗 宣武帝 元恪 延昌 2년이다.

梁天監十二年이요 魏延昌二年이라

【綱】봄 2월에 梁나라 鬱洲가 배반하여 北魏에 투항하자, 양나라가 토벌하여 평정하였다.

春二月에 梁鬱洲叛降魏어늘 梁討平之하다

【目】鬱洲가 北魏의 경계에 매우 가까워 朐山의 난리[4)]가 일어났을 때, 어떤 사람은 몰

래 북위와 내통하였는데, 구산의 난리가 평정되자 마음이 절로 불안하였다. 青州・冀州刺史 張稷이 뜻을 얻지 못하여 政令이 해이해지니, 관리들도 대부분 백성들의 재산을 침탈하였다. 울주의 백성 徐道角 등이 밤에 울주성을 습격하여 장직을 죽이고 북위에 항복하자, 북위에서 군대를 보내어 그곳으로 나아가도록 하였다.

이때에 북위에는 기근이 들어서 백성들 중에 굶어죽은 자가 수만 명이나 되었는데, 游肇가 간언하기를 "구산은 바닷가여서 지대가 낮고 습기가 많아 살기가 어렵고, 울주는 또 바다 가운데 있으니, 얻는다고 해도 더욱 쓸모가 없습니다. 그 지역은 적들의 요충지에 가깝고 이곳과는 멀리 떨어져 있는데, 멀리 떨어진 곳에 있는 군대로 요충지에서 가까이 있는 군대를 공격하려고 하니, 이는 대적할 수가 없습니다. 지금 올해에 흉년이 들어 백성들이 괴로워하고 있으니 오직 안정시켜야 마땅한데, 다시 군대를 피로하게 하고 군량을 수송하여 허비하려 하니, 臣은 손실만 보이고, 이익은 보이지 않습니다."라고 하였다. 魏主(元恪)가 그 말을 따르지 않고, 파견할 군대가 아직 출발하기 전에 梁나라의 北兗州刺史 康絢이 군대를 보내어 공격하여 평정하였다.

鬱洲迫近魏境①이라 朐山之亂에 或陰與之通이러니 朐山平에 心不自安이어늘 而青冀刺史張稷이 不得志하여 政令寬弛하니 僚吏頗多侵漁라 鬱洲民徐道角等이 夜襲州城하여 殺稷降魏하니 魏遣兵赴之할새 於是에 魏飢民餓死者數萬이라 游肇諫호되 以爲朐山濱海하여 卑濕難居하고 鬱洲又在海中하니 得之尤爲無用이요 其地於賊要近이요 去此閑遠②하니 以閑遠之兵으로 攻要近之衆하니 不可敵也요 方今에 年飢民困하니 惟宜安靜이어늘 而復勞以軍旅하고 費以饋運하니 臣見其損이요 未見其益이로이다하니 魏主不從하고 遣兵未發이러니 梁北兗州刺史康絢이 遣兵討平之③하다

① 鬱洲는 바로 郁洲이다.
鬱洲, 卽郁洲.

② 要는 海路의 요충지를 말하고, 近은 남쪽으로 江水와 淮水와 가까움을 말한 것이다. 北魏가 동남쪽을 도모하려고 하면 군대를 움직일 때에 반드시 淮水와 漢水에서 해야 하는데, 鬱洲는 바다 가운데에 위치해 있고, 또 군사 요충지가 아니기 때문에 "閑遠"이라고 말한 것이다.
要, 謂海道之要. 近, 謂南近江・淮. 魏圖東南, 其用兵必於淮・漢之間, 鬱洲介在海中, 又非兵衝, 故曰閑遠.

③ 梁나라의 北兗州는 治所를 淮陰에 두었다.
梁北兗州當治淮陰.

---

4) 朐山의 난리 : 梁 武帝 天監10년(511)에 梁나라 군대가 朐山에서 北魏의 군대를 크게 격파한 일을 말한다.

【綱】 윤3월에 梁나라 侍中 沈約이 卒하였다.

閏月에 梁侍中沈約卒하다

【目】 梁主(蕭衍)가 일찍이 侍中인 建昌侯 沈約과 함께 각각 밤〔栗〕에 관한 典故를 조목조목 쓰기로 하였는데, 심약이 쓴 것이 梁主보다 세 개가 적었다. 물러나와 다른 사람에게 말하기를 "이분은 남보다 앞서기를 좋아하니, 그렇지 않으면 부끄러워 죽고 싶을 것이다."라고 하였는데, 梁主가 그 말을 듣고는 분노하였다. 梁主가 張稷에게 원망하는 마음이 있어 조용히 심약과 함께 말하다가 그에 대해서 언급하니, 심약이 말하기를 "이미 지난 일인데, 어찌 다시 거론할 것이 있겠습니까."라고 하자, 梁主가 분노하여 자리에서 일어났는데, 심약이 두려워서 梁主가 일어난 것도 깨닫지 못하였다. 돌아와서 몸이 의지할 곳을 잃어 방문 아래에서 넘어졌고 그로 인해 병이 났다.

꿈에 齊 和帝(蕭寶融)가 검으로 그의 혀를 자르자, 심약이 道士를 불러서 하늘에 赤章(도교 기도문)을 아뢰도록 하여 말하기를 "禪讓하여 대신하게 한 일은 저로 인해 벌어진 것이 아닙니다."라고 하였다. 梁主가 몹시 분노하여 여러 차례 견책을 하자, 심약은 더욱 두려워하다가 마침내 卒하였다. 有司가 시호를 '文'으로 올리자 梁主가 말하기를 "마음속에 품은 것을 모두 드러내지 않았으므로 '隱'이라고 하라."라고 하여 시호를 '隱侯'로 바꾸었다.

梁主嘗與侍中建昌侯沈約으로 各疏栗事①러니 約少上三事하여 出謂人曰 此公護前하니 不(부)則羞死라하니 梁主聞之怒②하더라 梁主有憾於張稷하여 從容與約語及之한대 約曰 已往之事를 何足復論이리오하니 梁主怒而起어늘 約懼不覺③이러니 及還에 憑空頓於戶下④하여 因病이라 夢齊和帝以劍斷其舌⑤하니 乃呼道士하여 奏赤章於天할새 稱禪代之事는 不由己出이라한대 梁主大怒하여 譴責數四하니 約益懼遂卒하다 有司謚曰文이라한대 梁主曰 情懷不盡曰隱이라하고 改謚隱侯하다

① 당시에 豫州에서 밤〔栗〕을 바쳤는데, 지름이 1촌 반 정도 되어 梁主(蕭衍)가 신기하게 여기고는 그로 인해 밤에 관한 여러 가지 典故를 물어 沈約과 각자 기억하고 있는 일을 조목조목 쓴 것이다.
時豫州獻栗, 大徑寸半, 梁主奇之, 因問栗事多少, 與約各疏所憶.

② "護前"은 스스로 단점을 보호하여 다른 사람이 자기보다 앞서는 것을 원하지 않는 것이다. 不는 否로 읽는다. 梁主(蕭衍)가 늘 文學을 하는 관리들을 모아놓고 經史에 관한 일을 策問하였는데, 여러 신하들이 대부분 단점을 가지고 장점으로 추켜올려주면 梁主가 그제야 기뻐하였다. 그러므로 沈約이 물러나와 이런 말을 한 것이다.

護前者, 自護其所短, 不欲人在己前也. 不, 讀曰否. 梁主每集文學之士, 策經史事, 群臣多引短推長, 梁主乃悅, 故約退有是言.

③ ≪資治通鑑≫에는 "沈約이 두려워하여 梁主(蕭衍)가 일어난 것을 깨닫지 못하고 여전히 처음처럼 앉아 있었다."로 되어 있다.
通鑑 "約懼, 不覺上起, 猶坐如初."

④ "憑空"은 의지하던 곳을 잃는다는 뜻이다. 頓은 넘어진다는 뜻이다. 침상에 이르기 전에 허공에 앉았기 때문에 방문 아래에서 넘어진 것이다.
憑空, 失所依也. 頓, 僵仆也. 未至牀而坐空, 故頓於戶下.

⑤ 沈約이 일찍이 梁 武帝(蕭衍)에게 齊 和帝(蕭宝融)를 제거하라고 권하였다.
約嘗勸梁武除齊和帝.

【綱】 여름 5월에 北魏의 壽陽에 홍수가 났다.

夏五月에 **魏壽陽大水**하다

【目】 壽陽에 오랫동안 비가 내려서 홍수가 나서 성안으로 물이 들어오니 집들이 모두 침수되었다. 北魏의 揚州刺史 李崇이 군대를 지휘하여 성벽 위에 머물렀는데, 성에서 물에 잠기지 않은 부분은 2板(4尺)이었다. 그의 장수와 보좌들이 이숭에게 성을 버리고 北山을 지키자고 권하자, 이숭이 말하기를 "淮南 1만 리가 내 몸에 달려 있으니, 하루아침에 발을 움직이면 백성들이 와해될 것이다. 내가 어찌 한 몸을 아껴 王尊에게 부끄러운 일을 해서야 되겠는가. 다만 여기에 있는 관리와 백성들이 죄 없이 함께 죽는 것이 애처로우니, 뗏목을 연결하여 물을 따라 높은 곳으로 가도록 하여 사람들이 스스로 벗어날 길을 도모하도록 하라. 나는 반드시 이 城과 함께 물에 잠길 것이다."라고 하였다.

壽陽久雨하여 **大水入城**하여 **廬舍皆沒**이라 **魏揚州刺史李崇勒兵泊於城上**하니 **城不沒者二板**[①]이라 **將佐勸崇棄城保北山**[②]한대 **崇曰 淮南萬里繫于吾身**하니 **一旦動足**이면 **百姓瓦解**니 **吾豈以愛身而取愧於王尊哉**[③]리오 **但憐此士民**이 **無辜同死**하노니 **可結筏隨高**하여 **人規自脫**하라 **吾必與此城俱沒**[④]하리라하다

① 泊은 음이 薄이니, 머무름이다.
泊, 音薄, 止也.

② 壽陽의 北山은 바로 八公山이다.
壽陽北山, 卽八公山.

③ 漢나라 王尊이 東郡太守가 되었을 때, 黃河가 범람하여 瓠子(제방 이름)와 金隄가 물에 잠기

자, 노약자들이 달아났다. 왕존이 白馬를 강에 제물로 바쳐 水神에게 빌어 자신의 몸으로 金隄를 메꾸어 달라고 하고는 둑 위에 머무르면서 잠을 잤다. 관리와 백성들이 다투어 머리를 조아리며 그만두라고 말렸는데도 왕존은 그곳을 떠나려 하지 않았다. 물이 불어나 둑이 무너져 관리와 백성들은 모두 달아났으나, 主簿 한 명만이 울면서 왕존의 곁을 지키며 움직이지 않았다. 물이 점차 빠져서 돌아올 수 있었는데, 관리와 백성들이 모두 왕존의 용기와 절조를 칭송하였다.
漢王尊爲東郡太守, 河水盛溢, 泛浸瓠子金隄, 老弱奔走. 尊投沈白馬, 祀水神, 請以身塡金隄, 因止宿隄上, 吏民爭叩頭救止, 尊不肯去. 及水盛隄毁, 吏民皆奔走, 唯一主簿泣在尊旁立不動, 而水波稍却回還, 吏民咸壯尊之勇節.

④ 規는 도모함이다.
規, 圖也.

【目】 治中 裴絢이 배반하여 梁나라에 투항하자, 李崇이 從弟인 李神 등을 보내어 그를 토벌하였다. 배현이 싸움에서 패하여 달아나자 〈마을 사람이〉 그를 잡았는데, 배현이 말하기를 "내가 무슨 면목으로 이공을 뵙겠는가."라고 하고, 물에 뛰어들어 죽었다. 이숭은 표문을 올려 홍수가 난 일로 인해 刺史의 직책에서 해임시켜 달라고 요청하였는데, 魏主(元恪)가 허락하지 않았다.

이숭은 마음이 깊고 관대하고 후덕하였으며 方略을 가지고 있어 병사들의 마음을 얻었다. 壽春에 있는 10년 동안에 항상 壯士 수천 명을 양성하여 도적들이 침입해오면 격파하지 않은 적이 없었으니, 이웃에 있던 도적들은 그를 '누워 있는 호랑이〔臥虎〕'라고 하였다. 梁主(蕭衍)가 여러 차례 反間(이간책)을 보내어 북위 조정에 의심하게 하였으나 魏主는 평소부터 그의 충성과 독실함을 알고 있었기에 맡겨두고 믿으면서 의심하지 않았다.

治中裴絢이 叛降于梁①이어늘 崇遣從弟神等討之하니 絢敗走어늘 執之[5)]한대 絢曰 吾何面見李公乎아하고 乃投水死하다 崇表以水災求解한대 魏主不許②하다 崇沈深寬厚有方略하여 得士心이라 在壽春十年에 常養壯士數千人하여 寇來에 無不摧破하니 隣敵謂之臥虎라하더라 梁主屢設反間以疑之호되 而魏主素知其忠篤하여 委信不疑하더라

① 裴絢은 裴叔業의 형의 손자이다.
絢, 叔業之兄孫也.

5) 絢敗走 執之 : 이 부분이 《資治通鑑》에는 "絢走 爲村民所執(배현이 도주하다가 마을 사람에게 잡혔다.)"이라고 하였다.

② "求解"는 허물을 자기에게 돌려 자책하여 刺史의 직임해서 해임되기를 요청하는 것이다. 求解, 引咎自責而求解刺史之任.

【綱】 6월에 梁나라에서 새로 太廟를 만들었다.

六月에 **梁新作太廟**하다

【綱】 가을 8월에 北魏의 恒州와 肆州 2州에 지진이 나서 산이 울렸다.

◑ 秋八月에 **魏恒肆二州地震山鳴**[6]하다

【目】 해를 넘겨도 지진이 그치지 않으니 백성들 중에 깔려서 죽거나 부상을 당한 자가 매우 많았다.

踰年不已하니 民覆壓死傷甚衆이러라

【綱】 北魏에서 崔光을 太子少傅로 삼았다.

魏以崔光爲太子少傅하다

【目】 魏主(元恪)가 동궁에 행차하여 崔光을 太子少傅로 삼고 태자에게 명령하여 그에게 절하도록 하였는데, 최광이 사양하였으나 魏主가 허락하지 않았다. 태자가 남쪽을 향하여 두 번 절하자, 최광이 북쪽을 향하여 서 있다가 감히 答拜를 할 수 없어서 서쪽을 향하여 절을 하고 사례하고는 나갔다.

---

6) 魏恒肆二州地震山鳴 : "이에 해를 넘겨도 지진이 그치지 않아서 백성들 중에 깔려서 죽거나 부상을 당한 자가 매우 많았으니 큰 변고이다. 이는 北魏에 큰 어지러움의 징조가 나타난 것이다. ≪資治通鑑綱目≫이 마칠 때까지 地震을 기록한 것은 101번인데 9월부터 11월까지 있었고(後漢 順帝 漢安 2년(143) 涼州) 이보다 오랜 것은 없었다. ○'산이 울렸다〔山鳴〕'라고 기록한 것은 여기서 시작되었다.〔於是踰年不已 民覆壓死者甚衆 則大變也 魏大亂之徵見矣 終綱目書地震一百一 有自九月至十一月者矣(漢順帝漢安二涼州) 未有久於此者也 ○書山鳴始此〕" ≪書法≫

"땅은 고요함을 위주하는데 진동하고 산은 안정함이 마땅한데 울린 것이 심지어 해를 넘기도록 지진이 그치지 않아서 백성들 중에 깔려서 죽거나 부상을 당한 자가 매우 많았으니 이는 北魏가 어지러이 망할 징조인 것이다. 하물며 뒷날 爾朱氏(북위 肅宗의 황후)가 나라를 패망시킨 것도 恒州와 肆州 2州에서 시작된 것임에랴. ≪資治通鑑綱目≫에서 어찌 그 災異를 드러내어 기록하지 않겠는가.〔地主靜而震 山宜安而鳴 甚至踰年不已 民覆壓死傷甚衆 此魏氏亂亡之兆也 況他時爾朱氏覆國 亦始於恒肆二州 綱目安得不著其異而志之乎〕" ≪發明≫

北魏의 태자가 여전히 어려서 늘 동궁을 출입할 적에 좌우에 유모가 있었을 뿐, 宮僚들을 모두 알지 못하였다. 詹事 楊昱이 아뢰기를 "지금부터 태자를 부르실 적에 반드시 황제께서 직접 쓴 칙서를 내려주시어 신들에게 보좌하여 따르도록 하소서."라고 하니, 그의 말을 따랐다.

魏主幸東宮하여 以崔光爲太子少傅하고 命太子拜之한대 光辭不許하니 太子南面再拜어늘 光北面立不敢答하고 唯西面拜謝而出하다 魏太子尙幼라 每出入東宮에 左右乳母而已요 宮臣皆不之知하니 詹事楊昱上言호되 乞自今으로 召太子에 必降手敕하여 令臣等翼從하소서하니 從之①하다

① 楊昱은 楊椿의 아들이다.
昱, 椿之子也.

甲午年(514)

梁나라 高祖 武帝 蕭衍 天監 13년이고, 北魏 世宗 宣武帝 元恪 延昌 3년이다.

梁天監十三年이요 魏延昌三年이라

【綱】 봄 2월에 梁主(蕭衍)가 籍田을 경작하였다.

春二月에 梁主耕籍田하다

【目】宋나라와 齊나라에서 籍田의 禮를 모두 정월을 거행하였는데, 이때에 와서 처음으로 2월에 거행하고, 아울러 지극히 齋戒하고 先農에게 제사를 지냈다.

宋齊籍田에 皆用正月이러니 至是하여 始用二月하고 及致齋祀先農①하다

① 先農은 바로 神農 炎帝이다. 漢나라의 제도에는 정월에 처음 경작을 하고, 경작하는 날에 太牢로 先農에게 제사를 지냈다.
先農卽神農炎帝也. 漢儀, 正月始耕, 耕日以太牢祀先農.

【綱】 北魏의 東豫州에서 반란이 일어나자 토벌하여 평정하였다.

魏東豫州亂이어늘 討平之하다

【目】 北魏의 東豫州刺史 田益宗이 노쇠하여 자손들과 함께 재산을 긁어모으면서도 만족할 줄을 모르니, 관할 지역 안에서는 이를 고통스럽게 여겨 모두 반란을 일으키고 싶다고 말하였다. 魏主(元恪)가 이 소식을 듣고 조서를 내려 전익종의 아들인 田魯生을 대궐로 보내라고 하였다. 오랜 시일이 흘러도 도착하지 않자, 조서를 내려 전익종을 옮겨 濟州刺史로 삼았는데, 그가 새로 대신한 직책을 받아들이지 않을까 염려하여 將軍 李世哲을 보내어 군대를 거느리고 가서 기습하도록 하여 신속히 廣陵으로 들어가게 하였다. 전노생과 그의 아우가 關南으로 달아나 梁나라의 군대를 불러들여 光城 이남의 여러 戍자리를 공격하여 탈취하자, 이세철이 공격하여 그들을 격파하였고 전익종을 데리고 〈洛陽으로〉 돌아가니, 〈전익종에게〉 光祿大夫를 제수하였다.

魏東豫州刺史田益宗衰老하여 與諸子孫으로 聚斂無厭하니 部內苦之하여 咸言欲叛이어늘 魏主聞之하고 詔遣其子魯生하여 赴闕한대 久未至어늘 詔徙益宗하여 爲濟州刺史호되 慮其不受代하여 遣將軍李世哲하여 帥衆襲之하여 奄入廣陵[①]하니 魯生與其弟奔關南하여 招引梁兵하여 攻取光城已南諸戍[②]어늘 世哲擊破之하고 以益宗還하니 拜光祿大夫하다

① 이는 新息縣의 廣陵이다.
此新息之廣陵也.

② 宋 文帝 元嘉 15년(438)에 豫部의 蠻民으로 光城 등 7개의 縣을 세웠고, 明帝 大明 연간(457~464)에 光城左郡을 세웠다.
宋文帝元嘉十五年, 以豫部蠻民立光城等七縣, 明帝大明中, 立光城左郡.

【綱】 겨울 11월에 北魏에서 司徒 高肇를 보내어 여러 군대를 감독하게 하여 梁나라 益州를 침략하였다.

冬十一月에 魏遣司徒高肇하여 督諸軍하여 侵梁益州[7)]하다

【目】 北魏의 王足이 梁나라를 침략하였을 때에 梁主(蕭衍)가 寧州刺史 李略에게 명령을 내려 방어하게 하면서 일이 평정되면 益州刺史에 임명하겠다고 허락하였다. 왕족이 물러가고 나서 梁主가 그를 임명하지 않으니, 이략이 원망하면서 배반할 모의를 꾸미자 梁主가 그를 죽였다. 이략의 형의 아들인 李苗가 北魏로 달아났고, 마침 校尉 淳于誕 역

7) 魏遣司徒高肇……侵梁益州 : "'여러 군대를 감독하게 하였다〔督諸軍〕'라고 기록하고, '침략하였다〔侵〕'라고 기록한 것은 어째서인가. 北魏에 명분이 없어서이다.〔書督諸軍矣 其書侵 何 魏無辭也〕" ≪書法≫

시 漢中에서 북위로 들어갔다.

두 사람이 함께 魏主(元恪)에게 蜀 지역을 빼앗을 계책을 가지고 설득하자, 魏主가 그들의 말을 믿고 高肇를 大都督으로 임명하여 보병과 기병 15만 명을 거느리고 益州를 침략하게 하였다. 游肇가 간언하기를 "지금 해마다 홍수와 가뭄이 들고 있으니, 〈백성들을〉 노역에 동원하는 것은 옳지 않고, 蜀 지역은 지세가 험준하고 좁아 방어하는 곳에 틈이 없으니, 어찌 헛된 주장을 듣고 대군을 움직일 수 있겠습니까. 군대를 움직일 때에 처음을 신중히 하지 않으면, 후회한들 무슨 소용이겠습니까."라고 하였는데, 魏主가 그의 말을 따르지 않았다.

魏王足之伐梁也에 梁主命寧州刺史李略禦之할새 許事平이어든 用爲益州러니 足退에 梁主不用하니 略怨望有異謀어늘 梁主殺之하니 其兄子苗犇魏하고 會校尉淳于誕이 亦自漢中入魏라 二人共說魏主以取蜀之策한대 魏主信之하여 以高肇爲大都督하여 將步騎十五萬하여 攻益州어늘 游肇諫曰 今頻年水旱하니 不宜勞役이요 蜀地險隘하여 鎭戍無隙하니 豈得承浮說而動大軍이리오 擧不慎始면 悔將何及이리오하니 不從하다

【綱】 梁나라에서 淮水에 방죽을 수축하였다.

梁築淮堰하다

【目】 北魏에서 항복한 사람인 王足이 계책을 진술하여 淮水에 방죽을 쌓아 壽陽으로 물을 대라고 요청하였다. 梁主(蕭衍)가 옳다고 여겨 水工 陳承伯과 將軍 祖暅을 시켜서 지형을 살피도록 하니, 모두 말하기를 "회수 안에 있는 모래와 흙은 물에 뜰 정도로 가벼우니 공사를 진행할 수 없습니다."라고 하였다.

그러나 梁主는 그 말을 듣지 않고 徐州와 揚州의 백성 중에서 20호마다 5명의 장정을 징발하여 방죽을 쌓도록 하고, 康絢에게 諸軍을 都督하는 직책을 내리고 아울러 방죽을 쌓는 공정을 監護하도록 하니, 노역하는 사람과 병사들은 도합 20만 명이었다. 남쪽에서는 浮山에서 시작하여 북쪽으로는 巉石山까지 이르렀고, 강안에 의지하여 흙을 쌓아 강의 중간에서 방죽의 등마루가 이루어졌다.

魏降人王足陳計하여 求堰淮水以灌壽陽한대 梁主以爲然하여 使水工陳承伯將軍祖暅으로 視地形하니 咸謂淮內沙土漂輕하니 功不可就①라호되 弗聽하고 發徐揚民할새 率二十戶에 取五丁하여

以築之하고 假康絢都督諸軍하여 幷護堰作하니 役人及戰士合二十萬이라 南起浮山하여 北抵巉石하고 依岸築土하여 合脊於中流[②]하다

① 漂는 匹妙의 切이니, 뜸이고, 역시 가벼움이다.
漂, 匹妙切, 浮也, 亦輕也.

② 巉는 鋤銜와 仕檻의 두 개의 切이다. ≪水經註≫에 "淮水는 鍾離縣에서 나와 또 동쪽으로 浮山을 경유하는데, 부산이 북쪽으로 巉石山과 마주보고 있다." 하였다.
巉, 鋤銜・仕檻二切. 水經註"淮水自鍾離縣, 又東逕浮山, 山北對巉石山.

【綱】 北魏에서 楊津을 華州刺史로 삼았다.

魏以楊津爲華州刺史[①]하다

① 華는 胡化의 切이다. ≪五代志≫에 "馮翊郡은 後魏(北魏) 때에 華州를 설치하였다." 하였다.
華, 胡化切. 五代志"馮翊郡, 後魏置華州."

【目】 楊津은 楊椿의 아우이다. 이에 앞서 관청에서 세금으로 내는 비단〔調絹〕을 받을 적에 자〔尺〕의 길이를 특별히 길게 하였으니, 담당 관리가 농간을 부려 백성들이 고통스러워하였다. 양진이 명을 내려 모두 公尺(국가에서 길이를 규정한 자)에 의거하도록 하고, 더 좋은 물품을 바친 사람에게는 한 잔의 술을 내려주었으며, 품질이 떨어지는 물건을 바친 사람의 것도 받아주되, 다만 술을 주지 않아서 부끄러움을 느끼도록 하였다. 그리하여 바치는 사람들이 서로 권면하여 〈더 좋은 것을 바치니〉 품질이 예전보다 더욱 나아졌다.

津은 椿之弟也라 先是에 官受調絹할새 尺度特長하니 吏緣爲姦하여 百姓苦之어늘 津令悉依公尺하고 其輸物尤善者는 賜以杯酒하고 劣者라도 亦爲受之호되 但無酒以示恥[①]하니 於是에 輸者競勸하여 更勝於舊하더라

① 爲(위하다)는 去聲이다.
爲, 去聲.

【綱】 北魏에서 侍御史 陽固를 면직시켰다.

魏免其侍御史陽固官하다

【目】 北魏의 中尉 王顯이 侍御史 陽固에게 말하기를 "내가 太府卿을 맡았을 때 官府의 창고가 가득 찼으니, 어떻게 생각하는가."라고 하니, 양고가 말하기를 "공은 百官의 녹봉 중에 4분의 1을 징수하였고, 州와 郡의 贓物과 贖罪金을 모두 京師로 보냈으니, 이런 방법으로 창고를 가득 채운 것은 많다고 하기에 충분하지 않습니다. 또 '재물을 거두어들이는 신하가 있는 것보다는 차라리 도둑질하는 신하가 있는 것이 낫다.'[8]라는 말이 있으니, 경계하지 않아서야 되겠습니까."라고 하니, 왕현은 기뻐하지 아니하여 어떤 일로 인해 주청을 올려 양고를 면직시켰다.

魏中尉王顯謂侍御史陽固曰 吾作太府卿에 府庫充實하니 何如오 固曰 公收百官之祿四分之一하고 州郡贓贖을 悉輸京師하니 以此充府가 未足爲多요 且有聚斂之臣으론 寧有盜臣이라하니 可不戒哉아하니 顯不悅하여 因事奏免固官하다

乙未年(515)

梁나라 高祖 武帝 蕭衍 天監 14년이고, 北魏 世宗 宣武帝 元恪 延昌 4년이다.

梁天監十四年이요 魏延昌四年이라

【綱】 봄 정월에 魏主 元恪이 殂하고 太子 元詡가 즉위하였다.

春正月에 魏主恪殂①하고 太子詡立하다

① 향년이 33세였다.
壽, 三十三.

【目】 北魏 世宗(元恪)이 殂하니, 侍中 中書監 崔光, 侍中 領軍將軍 于忠, 詹事 王顯, 中庶子 侯剛이 太子 元詡를 東宮에서 맞이할 적에 王顯이 날이 밝기를 기다려 즉위하게 하려 하였는데, 최광이 말하기를 "천자 자리는 잠시도 비워둘 수 없으니 어찌 날이 밝기를 기다릴 것인가."라고 하니, 왕현이 말하기를 "반드시 中宮께 아뢰어야 할 것이다."라고 하였다. 최광이 말하기를 "皇帝가 崩御했을 때 太子가 帝位에 오르는 것은 국가의 떳떳한 법인데 어찌 中宮의 명령이 필요하겠는가."라고 하였다.

8) 재물을……낫다 : ≪大學≫ 10章에 보인다.

그리하여 태자에게 哭을 멈춘 뒤 동쪽 곁방에 서게 하고, 우충이 태자를 부축해 서쪽을 향하여 십여 번 哭하는 소리를 내고 멈추자, 최광이 太尉를 대행하여 策書를 받들고 玉璽와 印綬를 올렸다. 태자가 무릎을 꿇고 이를 받은 뒤 곤룡포와 면류관을 갖추어 입고 太極殿에 나아가 황제의 자리에 올랐다. 최광 등이 숙직하던 뭇 관료들과 궁정 가운데 서서 북쪽을 향해 머리를 조아리고 만세를 불렀다.

高皇后가 胡貴嬪을 살해하려고 하자 中給事 劉騰이 〈이를 알아차리고〉 후강, 우충, 최광에게 알리니 최광이 호귀빈을 별도의 장소에 안치시키고 빈틈없이 보호하게 하였다. 이런 이유로 호귀빈이 네 사람에게 깊이 감사해 하였다.

이때에 서쪽을 정벌하거나 동쪽에서 방비하는 병사들을 모두 불러들였다. 廣平王 元懷가 병든 몸을 이끌고 궁중에 들어와 問喪하여 哭을 하고자 하였는데, 말하기를 "전각 위에 올라 大行皇帝께 곡을 하고 主上을 뵈려 한다." 하자, 뭇사람들이 흠칫 놀라며 감히 대응하는 자가 없었다. 최광이 상복을 떨치고 일어나 喪杖을 짚고는 漢나라 趙熹의 고사를 인용하고서 매우 엄정한 태도를 취하자, 원회가 말하기를 "侍中(최광)이 옛적의 의리로 나를 제어하는데 내가 감히 굴복하지 않을 수 있겠는가."라고 하였다.

魏世宗이 殂하니 侍中中書監崔光과 侍中領軍于忠과 詹事王顯과 〔中〕[9]庶子侯剛이 迎太子詡於東宮할새 顯欲須明卽位①한대 光曰 天位를 不可暫曠이니 何待至明이리오 顯曰 須奏中宮이라 光曰 帝崩에 太子立은 國之常典이니 何須中宮令也리오 於是에 請太子止哭하여 立於東序하고 忠이 扶太子西面하여 哭十餘聲하고 止어늘 光이 攝太尉하여 奉策進璽綬하니 太子가 跪受하고 服袞冕之服하고 御太極殿하여 卽皇帝位하다 光等이 與夜直群官으로 立庭中하여 北面稽首稱萬歲하다 高后가 欲殺胡貴嬪커늘 中給事劉騰이 以告侯剛于忠崔光②하니 光이 使置貴嬪別所하여 嚴加守衛러니 由是로 貴嬪이 深德四人이러라 於是에 悉召西伐東防兵③하다 廣平王懷가 扶疾入臨이러니 云 欲上殿哭大行하고 見主上④이라하니 衆이 愕然無敢對者러니 崔光이 攘衰振杖하고 引漢趙熹故事하여 辭色甚厲⑤하니 懷曰 侍中이 以古義裁我어니 我敢不服고하다

① 須는 기다림이다.
須, 待也.

② 中給事는 환관이다. 北齊의 제도에 따르면, 中侍中省에 中侍中, 中常侍中, 給事中이 있으니 北魏의 제도를 따른 것이다.
中給事, 宦官也. 北齊之制, 中侍中省, 有中侍中·中常侍中·給事中, 蓋因魏制.

③ "西伐"은 蜀을 정벌하러 간 병사를 말한다. "東防"은 淮河를 방어하는 병사를 말한다.

9) 〔中〕: 저본에는 '中'이 없으나, ≪資治通鑑≫에 의거하여 보충하였다.

西伐, 謂伐蜀之兵. 東防, 謂防淮之兵.

④ 元懷는 孝文帝의 아들이다. 臨(問喪하여 哭하다)은 力鴆의 切이다.
懷, 孝文之子也. 臨, 力鴆切.

⑤ 衰는 상복이니, "攘衰"는 상복의 소매를 걷어붙이는 것과 같다. 振은 드는 것이고, 杖은 哭杖이다. 漢나라 光武帝가 崩御하자 太尉 趙熹가 喪禮를 주관했는데, 당시 황태자와 제왕들이 뒤섞여 앉고 〈제왕들의 관속들이 출입하여〉 백관들이 구별 없었다. 조희가 정색을 하고 전각 계단에서 칼을 비껴 차고 제왕들을 끌어 내리고서 모두 사저로 가게 한 뒤에 오직 아침나절에만 들어와 哭을 하게 하자 내외가 숙연해졌다.
衰, 喪衣也. 攘衰, 猶攘袂也. 振, 擧也. 杖, 哭杖也. 漢光武崩, 太尉趙熹典喪事, 皇太子與諸王雜坐, 百僚無別. 熹正色橫劍殿階, 扶下諸王, 竝令就邸, 唯許朝晡入臨, 內外肅然.

【綱】北魏 侍中 王顯이 伏誅되었는데, 太保 高陽王 元雍과 尙書令 任城王 元澄에게 國事를 함께 총괄하게 하였다.

魏侍中王顯이 伏誅하니 以太保高陽王雍과 尙書令任城王澄으로 同總國事하다

【目】이에 앞서 高肇가 권력을 전횡하고 신망이 있는 종실들을 더욱 시기하자 任城王 元澄이 스스로 온전하지 못할까 두려워하여 술을 실컷 마시고 미치광이인 척하며 조정의 중요 업무에 관여하지 않았다. 그런데 이 무렵 고조가 외지에서 병사들을 통솔하자 朝野가 불안해하였다. 于忠이 門下省 관료들과 논의하기를 "魏主(元詡)가 어려서 직접 정사를 할 수가 없으니, 太保 高陽王 元雍을 시켜서 西柏堂에 들어와 머무르며 뭇 정사를 살펴 결재하게 하고, 임성왕 원징을 尙書令으로 삼아 모든 관원을 총괄해 다스리게 해야 한다."라고 하고서 황후에게 상주하자, 황후가 이들에게 직책을 수여하였다.

王顯이 世宗(元恪)에게 총애를 받아 권력을 믿고 위세를 부려 세상 사람들로부터 질시를 받았는데, 원징 등에게 용납되지 못할까 두려워한 나머지 밀모를 꾸며 황후의 명령을 위조해서 고조를 錄尙書事로 삼고 왕현과 高猛을 侍中으로 삼자, 우충 등이 이 소식을 듣고, "임금(元恪) 곁에서 시중들며 병을 치료한 일에 효험이 없었다."는 죄명을 들어 왕현을 궁중에서 체포해 죽이고, 문하성에서 상주한 내용과 같이 조칙을 내려 백관은 자기 직책을 다하여 두 왕(高陽王과 任城王)에게서 명령을 듣도록 하라 하니, 내외가 悅服하였다.

先是에 高肇擅權하여 尤忌宗室有時望者커늘 任城王澄이 懼不自全하여 乃酣飮陽狂하여 朝廷機

要를 無所關豫러니 至是하여 肇가 擁兵於外하니 朝野不安[①]이러라 于忠이 與門下議[②]호되 以魏主幼未能親政하니 宜使太保高陽王雍으로 入居西柏堂하여 省決庶政하고 以任城王澄으로 爲尙書令하여 總攝百揆라하여 奏皇后授之러라 王顯이 有寵於世宗하여 恃勢使威하여 爲世所疾이러니 恐不爲澄等所容하여 密謀矯皇后令하여 以高肇錄尙書事하고 以顯與高猛同爲侍中[③]커늘 忠等이 聞之하고 託以侍療無效하여 執顯於禁中殺之하고 下詔如門下奏하여 百官摠己하여 聽於二王이라하니 中外悅服이러라

① "擁兵於外"는 高肇가 蜀 지역을 정벌할 병사를 거느리고 있는 것을 말한다.
擁兵於外, 謂肇方擁伐蜀之兵也.
② 門下省은 侍中 등의 관리가 머문다.
門下省, 侍中等官居之.
③ 高猛은 高肇의 형 高琨의 아들이다.
猛, 肇兄琨之子也.

【綱】2월에 北魏 司徒 高肇가 伏誅되었다.

二月에 魏司徒高肇가 伏誅하다

【目】魏主(元詡)가 高肇에게 喪事를 알리고 또 그를 불렀는데, 고조가 돌아와서, 궁중에 들어가 극진한 슬픔을 표하였다. 高陽王 元雍과 于忠이 밀모를 꾸며 中書省 안에 邢豹 등 몇 사람들을 매복시켰다가 고조를 끌어들여 목 졸라 죽이고, 조칙을 내려 그의 죄악을 폭로한 뒤 직책과 작위를 삭제하고 일반 士의 禮로 장례를 치르게 하여 〈苑囿의〉 厠門을 통해 시신을 내보내 그의 집으로 돌려보냈다.

魏主가 告哀於高肇하고 且召之한대 肇가 還하여 入哭盡哀어늘 高陽王雍與于忠이 密謀하여 伏邢豹等數人於省下하여 引入搤殺之[①]하고 下詔暴其罪惡하여 削除職爵하고 葬以士禮하여 於厠門出尸하여 歸其家[②]하다

① 省은 곧 中書省이다.
省, 卽中書省.
② 厠은 苑囿이다.
厠, 囿也.

【綱】 北魏가 高陽王 元雍을 太尉로, 淸河王 元懌을 司徒로, 廣平王 元懷를 司空으로 삼았다.

魏가 **以高陽王雍**으로 **爲太尉**하고 **淸河王懌**으로 **爲司徒**하고 **廣平王懷**로 **爲司空**하다

【綱】 北魏가 貴嬪 胡氏를 높여 太妃로 삼고 太后 高氏를 폐출시켜 여승으로 삼았다.

◑ **魏**가 **尊貴嬪胡氏爲太妃**하고 **廢其太后高氏爲尼**하다

【綱】 北魏가 百官의 녹봉을 원래대로 되돌리고 綿과 麻의 세금을 면제했다.

◑ **魏復百官祿**하고 **蠲緜麻稅**하다

【目】 北魏 于忠이 이미 門下省〈侍中으로〉 있으면서 宿衛를 총괄하여 결국 조정의 정사를 좌지우지하여 권력이 당시의 신하들을 압도하였다.

예전에 高祖(元宏)가 비용이 부족하다는 이유로 百官의 녹봉을 4분의 1 감액하고, 백성에게 세금을 매겨 絹 1필에 綿 8량을 별도로 내고 布 1필에 麻 15근을 별도로 내게 했었는데, 우충이 이를 모두 면제하였다.

魏于忠이 **旣居門下**하고 **又總宿衛**하여 **遂專朝政**하여 **權傾一時**①러라 **初**에 **高祖**가 **以用度不足**으로 **百官之祿**을 **四分減一**하고 **民稅**를 **絹一匹**에 **別輸緜八兩**하고 **布一匹**에 **別輸麻十五斤**이러니 **忠**이 **悉罷之**하다

① 門下는 侍中이 된 것을 말한다. 宿衛는 領軍將軍이 된 것을 말한다.
門下, 謂爲侍中. 宿衛, 謂爲領軍.

【綱】 여름 4월에 梁나라 淮水의 방죽이 붕괴하자 다시 축조하였다.

夏四月 梁淮堰潰어늘 **復築之**[10]하다

---

10) 梁淮堰潰 復築之 : "사람에게서 나온 것은 힘으로 미칠 수 있는 것이고 하늘에서 나오는 것은 억지로 둘 수 없으니, 어째서인가. 성곽은 쌓아서 높일 수 있고, 垓字는 파서 깊게 할 수 있으며 군사는 훈련하여 정예롭게 할 수 있고 양곡은 쌓아서 비축할 수 있으나, 山谷의 굳게 결합한 것과 江河의 아득히 넓은 것에 있어서는 天地의 自然에서 나왔을 뿐이니 어찌 잗단 인력을 써서 억지로 둘 수 있겠는가. 이 까닭에 옛사람이 關中을 天險(천연 험준)이라 하고, 長江을 天限(천연의 한계)이라고 하였

【目】浮山의 방죽이 완성되고 나서 다시 붕괴하자, 혹자가, "蛟龍이 비바람을 타고 부산의 방죽을 파괴할 수 있지만 그 본성이 철을 싫어한다."라고 하니, 철 수천만 근을 운반해서 물속에 묻었으나 목적에 부합하지 못하였다. 이에 나무를 베어 우물 난간 형태를 만든 뒤 큰 돌을 그 속에 메우고 그 위에 흙을 부었으니, 淮水 연안 백 리 이내에 나무와 돌이 모두 소진되었고 짐을 진 자의 어깨가 헐고 疫病으로 죽은 자가 즐비하여 파리와 벌레 소리가 밤낮으로 이어졌다.

浮山堰이 成而復潰어늘 或言 蛟龍이 能乘風雨破堰호되 其性惡(오)鐵이라하여 乃運鐵數千萬斤하여 沈之호되 亦不能合이라 乃伐樹爲井幹하여 塡以巨石하고 加土其上①하니 緣淮百里에 木石皆盡하고 負者肩穿하며 疾疫死者相枕하여 蠅蟲이 晝夜聲合이러라

① 幹(난간)은 음이 寒이고, 또 본음대로 읽는다. "井幹"은 우물 난간이니, 나무를 겹쳐 우물 난간 모양으로 만드는 것이다.
幹, 音寒, 又如字. 井幹, 井欄也, 言疊木爲井幹之形.

【綱】北魏가 반란한 氐族을 沮水에서 격파하였다.

魏가 破叛氐于沮水①하다

① 沮는 千余의 切이다. ≪水經≫에 "沔水가 武都 沮縣 동쪽 狼谷에서 발원하고서 또 동남쪽으로 흐른 뒤 沮水戍를 경유한다." 하고, 그 주석에서 "沔水는 일명 沮水라고도 한다." 하였다.
沮, 千余切. 水經"沔水出武都沮縣東狼谷中, 又東南流, 徑沮水戍." 註云"沔水, 一名沮水."

【綱】6월에 北魏 冀州의 승려들이 반란을 일으키자 토벌하여 평정하였다.

◑六月에 魏冀州沙門이 作亂이어늘 討平之[11]하다

으니 人力으로 할 수 없기 때문이었다. 淮水에 둑을 만든 일은 梁主가 어찌하여 虛誕한 말을 경솔히 믿고서 공사를 크게 일으켜 곧바로 天地의 조화로운 기운을 막아서 이웃 나라를 도탄에 빠뜨릴 수 있겠는가. 축조하자 다시 무너지고 무너지자 다시 축조한 것을 ≪資治通鑑綱目≫에서는 모두 책에 상세하게 기록하였으니 後世 사람들 중에 사람으로서 하늘을 이기려고 하는 자들을 경계시킨 것이다. 백성을 해치며 물건을 손상시켰으니 오히려 누구를 허물하겠는가. 슬프다.〔作於人者 可以力而及 出於天者 不可彊而置 何者 城可築而崇 池可鑿而深 兵可厲而精 糧可蓄而備 至於山谷之盤固 江河之浩渺 乃出於天地之自然爾 豈可以區區之力 而彊置之耶 是以古人謂關中爲天險 長江爲天限 蓋以非人力所能爲故也 淮堰之事 梁主奚爲輕信虛誕之言 大興工役 直欲壅閼天地節宣之氣 以壑其隣國乎 築而復潰 潰而復築 綱目皆詳書於冊 所以戒後世之人 欲以人而勝天者爾 殘民殄物 尙誰咎哉 噫〕" ≪發明≫

11) 魏冀州沙門作亂 討平之 : "〈승려〉 法秀와 曇標가 난동을 부렸을 적에는 주동자의 이름을 기록하였으

【目】北魏 冀州 승려 法慶이 요망한 술법으로 무리들을 현혹하여 난리를 일으키고 비구니 惠暉를 아내로 삼고서 스스로 大乘이라 일컬었다. 또 狂藥을 제조해서 사람들에게 복용시키니, 부자와 형제들이 서로를 알아보지 못하고 살해만을 일삼았다. 光祿大夫 元遙에게 조칙을 내려, 그들을 토벌하여 평정하였다.

魏冀州沙門法慶이 以妖幻惑衆作亂하고 以尼惠暉爲妻하여 自號大乘①하고 又合狂藥하여 令人服之하니 父子兄弟가 不復相識하고 唯以殺害爲事어늘 詔光祿大夫元遙하여 討平之②하다

① 乘(불법)은 平聲이다. 佛家에 三乘의 法門이 있는데 大乘, 中乘, 小乘이다. 大乘이란 梵語로 摩訶衍이니, 끝없이 많은 중생을 운반하여 無上의 菩提(지혜, 깨달음)를 얻게 하는 것이다.
乘, 平聲. 釋氏有三乘法門, 曰大乘, 曰中乘, 曰小乘. 大乘者, 梵語云摩訶衍, 言其運載無邊, 得無上菩提.

② 元遙는 元子推의 아들이다.
遙, 子推之子也.

【綱】가을 8월에 北魏 侍中 于忠이 僕射 郭祚와 尙書 裴植을 죽이고 太保 高陽王 元雍을 파면시켜 집으로 돌려보냈다.

秋八月에 魏侍中于忠이 殺僕射郭祚와 尙書裴植하고 免太保高陽王雍하여 遣就第12)하다

【目】北魏의 尙書 裴植이 스스로 생각에 재능과 가문이 王肅에게 뒤지지 않는데 자신에

나 여기서는 주동자 法慶을 기록하지 않은 것은 어째서인가. 주동자가 많기 때문이다. 그러므로 '그들을 토벌해 평정했다.[討平之]'라고 기록하였다. 《資治通鑑綱目》이 마칠 때까지 沙門의 반란을 기록한 것은 3번이다(齊나라 辛酉年(481)에 자세하다.).〔法秀曇標作亂 書主名 此其不書法慶 何 衆也 故書討平之 終綱目書沙門反亂者三(詳齊辛酉年)〕" 《書法》

12) 魏侍中于忠……遣就第 : "누가 〈高陽王 元雍을〉 파면시켰는가. 于忠이다. 죽인 자가 우충이니, 관직을 면직시킨 자도 우충이다. 그렇다면 어찌하여 〈우충을〉 '侍中'이라고 기록하였는가. 시중으로서 太保를 면직시켰으니 그 전횡함이 심함을 알 수 있다.〔孰免之 于忠也 殺之者于忠 則免之者亦于忠也 然則曷爲書侍中 以侍中而免太保 其橫甚可知矣〕" 《書法》

"北魏는 이로부터 紀綱이 날로 어지러워졌다. 이보다 앞서 高肇는 그래도 몰래 방자하며 간특하였는데 이때에 이르러 于忠이 제멋대로 행하여 돌아보지 않고 僕射와 尙書를 죽이며 藩王을 축출하였다. 그 흉포함이 이와 같으니 北魏에 오히려 임금이 있다고 하겠는가. 郭祚 등은 모두 국가의 大臣인데 일개 侍中(우충)이 有司를 시켜서 그들을 모함해 죽이게 하였다. 《資治通鑑綱目》은 여기에서 곧바로 우충이 오로지 죽였다고 글을 썼으니, 拓跋氏의 亂亡의 재앙이 이와 같음을 보인 것이다. 이 뒤로 분분하게 일이 많아 또한 모두 기록하지 못하였으니, 슬프다.〔魏自是 紀綱日亂矣 前此高肇 猶陰肆姦慝 至是于忠 乃擅行不顧 殺僕射 殺尙書 黜藩王 其凶橫如此 魏國尙爲有君乎 夫以祚等 皆國之大臣 一侍中 乃令有司誣而殺之 綱目於此 直以于忠專殺爲文 所以見拓跋亂亡之禍如此 自後紛紛多事 亦不勝其書矣 噫〕" 《發明》

대한 조정의 대우가 높지 않다고 여겨, 언제나 불만스러워하며 表文을 올려 관직을 사임하고 嵩山에 은거하겠다고 하였지만, 世宗(元恪)이 받아들이지 않았다.

상서가 되고 나선 마음이 교만해져 곧잘 관리들을 면전에서 비난하였다. 僕射 郭祚가 외람되이 높은 벼슬을 구하는 것을 그치지 않아서 裴植과 함께 于忠의 전횡을 싫어하여 비밀리에 高陽王 元雍에게 권유해서 그를 外職으로 내보내려 하자, 우충이 이 소식을 듣고 크게 노하여 有司에게 배식과 곽조의 죄를 허위로 상주하게 하여 둘 모두 賜死되었다. 우충이 고양왕 원옹까지 죽이려 했으나 崔光이 자신의 뜻을 고집하여 따르지 않자, 원옹의 관직만 면직시켜 집으로 돌려보내니, 이에 朝野가 원망하고 분노하였다.

魏尚書裴植이 自謂人門이 不後王肅호되 以朝廷處之不高라하여 常怏怏表請解官隱嵩山이나 世宗이 不許①러니 及爲尚書하여 志氣驕滿하여 好面譏毁群官이러라 僕射郭祚가 冒進不已하여 與植皆惡于忠專橫하여 密勸高陽王雍하여 使出之한대 忠이 聞之하고 大怒하여 令有司誣奏植祚罪하여 皆賜死러라 忠이 又欲殺高陽王雍이나 崔光이 固執不從이어늘 乃免雍官還第하니 朝野寃憤이러라

① 裴植은 裴叔業의 형의 아들이다. 그는 齊나라 東昏侯 永元 2년(500)에 壽陽을 가지고 北魏에 항복하였다. "人門"은 재능과 가문이다.
植, 叔業之兄子也. 齊東昏侯永元二年, 以壽陽降魏. 人門, 人才・門地也.

【綱】 北魏가 太妃 胡氏를 높여 太后로 삼았다.

魏가 尊太妃胡氏하여 爲太后하다

【目】 崇訓宮에 거주하였다.

居崇訓宮이러라

【綱】 北魏가 淸河王 元懌을 太尉로, 廣平王 元懷를 司徒로, 任城王 元澄을 司空으로, 于忠을 尙書令으로, 元叉를 散騎侍郎으로 삼고 원차의 아내 胡氏를 女侍中으로 삼았다.

魏가 以淸河王懌爲太尉하고 廣平王懷爲司徒하고 任城王澄爲司空하고 于忠爲尙書令하고 元叉爲散騎侍郎하고 叉妻胡氏爲女侍中[13]하다

---

13) 魏以淸河王懌……爲女侍中 : "≪漢書≫에 呂太后의 여동생 呂嬃(여수)를 봉하여 臨光侯로 삼았다. 胡

【目】 元叉는 江陽王 元繼의 아들이며, 그의 아내는 太后의 여동생이다.

叉는 江陽王繼之子이고 其妻는 太后妹也라

【綱】 9월에 北魏 太后가 稱制하고서 于忠을 冀州刺史로 삼고, 司空 元澄을 尙書令에 임명하였다.

九月 魏太后가 稱制하여 以于忠爲冀州刺史하고 司空澄領尙書令하다

【目】 胡太后가 총명하고 영특하며 독서와 글짓기를 좋아하였다. 처음 조정에 나와 대리청정을 할 때 여전히 '令'이라 칭하며 일을 집행하였는데, 뭇 신하들이 글을 올릴 때 '殿下'라 칭하고, 정사를 모두 손수 재가하였는바, 胡國珍에게 侍中에 더하고 安定公에 봉하였다.

郭祚 등이 죽고 나서 조령과 생살여탈의 권한이 모두 于忠으로부터 나오자 王公들이 두려워하여 발을 조심히 딛고 숨을 죽였는데, 胡太后가 직접 정사를 다스리게 되어서는 곧바로 우충을 冀州刺史로 내보내고 司空 元澄에게 尙書令을 겸하게 하였다. 원징이 상주하기를 "안정공이 의당 궁중에 출입하여 중요 업무에 참여하여 논의하게 해야 합니다."라고 하자, 조서를 내려 그것을 따랐다.

胡太后仙眞

太后가 聰悟하고 頗好讀書屬(촉)文이러니 始臨朝聽政할새 猶稱令以行事호되 群臣이 上書에 稱殿

氏도 胡太后의 여동생인데, '元叉의 아내〔叉妻〕'라고 기록한 것은 어째서인가. 둘 다 임명했기 때문이니, 호태후가 이들을 중시한 것을 나무랐을 뿐이다. '女侍中'이라고 기록된 것은 여기에서 시작되었다. ≪資治通鑑綱目≫이 마칠 때까지 '女侍中'이라고 기록된 것은 3번이다(이해(515) 北魏 胡氏, 陳나라 己丑年(569) 北齊 陸令萱, 五代 庚戌年(950) 南漢 宮人 盧瓊仙·黃瓊芝이다.).〔漢書太后封女弟㜷爲臨光侯矣 胡氏亦太后妹也 書叉妻 何 竝命也 譏其重者而已矣 書女侍中始此 終綱目書女侍中三(是年魏胡氏 陳己丑年齊陸令萱 五代庚戌年南漢宮人盧瓊仙黃瓊芝)〕" ≪書法≫

"女侍中이란 명칭은 이보다 앞서 듣지 못하던 것인데, 여기에서 시작된 이후로 衰亂의 시대에 그러한 것을 설치하는 것을 알겠다. 책에 기록하였으니 또한 거울로 삼을 만하다.〔女侍中之名 前此未聞也 而始於此 然後知衰亂之世 設施乃爾 書之於冊 亦可鑑也〕" ≪發明≫

下하고 政事를 皆手筆自決하여 加胡國珍侍中하여 封安定公이러라 自郭祚等死로 詔令生殺이 皆出于忠하니 王公이 畏之하여 重足脅息[①]이러니 太后가 旣親政하얀 乃出忠爲冀州刺史하고 以司空澄領尙書令하니 澄이 奏安定公이 宜出入禁中하여 參諮大務라한대 詔從之하다

① "脅息"이란 숨을 죽여서 감히 코로 숨 쉬지 못하고 양어깨만 가만히 움직이며 숨을 내쉬는 것이다.
脅息者, 屛氣鼻不敢息, 唯兩脅潛動以舒氣息耳.

【綱】 梁나라가 北魏의 西硤石을 공격하여 점거하였다.

梁이 攻魏西硤石하여 據之하다

【目】 梁나라 장군 趙祖悅이 北魏의 西硤石을 습격하여 점거해서 壽陽을 압박하고, 田道龍 등이 병사를 나눠 각 戍자리를 공격하자 北魏 李崇이 장수들을 나눠 파견해서 이에 대항하였다.

梁將軍趙祖悅이 襲魏西硤石하여 據之하여 以逼壽陽하고 田道龍等이 散攻諸戍[①]어늘 魏李崇이 分遣諸將하여 拒之하다

① ≪水經≫에 의하면, "淮水가 동쪽으로 壽春縣 북쪽을 지난 뒤 또 북쪽으로 가서 협곡을 경유하는데 이를 峽石이라 한다. 연안에 마주한 산 위에 두 개의 성을 축조해서 요충지를 방비하게 하였는데, 淮水 서쪽 언덕에 있는 것을 西硤石이라 한다." 하였다.
水經 "淮水東過壽春縣北, 又北逕山硤中, 謂之硤石. 對岸山上結二城以防津要, 在淮水西岸者, 謂之西硤石."

【綱】 北魏가 胡國珍을 中書監으로 삼았다.

魏가 以胡國珍으로 爲中書監하다

【綱】 겨울 10월에 北魏가 常山公 于忠과 博平公 崔光의 작위를 삭탈하고 12월에 高陽王 元雍을 太師로 삼아 錄尙書事에 임명하였다.

◑冬十月에 魏가 奪常山公于忠과 博平公崔光爵하고 十二月에 以高陽王雍으로 爲太師하여 錄尙書事하다

【目】 예전에 北魏 于忠이 권력을 행사할 때 스스로 社稷을 안정시킨 공로가 있다고 하여 뭇 관료들에게 은근히 자신에게 상을 더 내리게 하도록 하니, 太傅 元雍 등이 于忠을 常山郡公에, 崔光을 博平縣公에 봉할 것을 논의하였다.

이때에 이르러 尙書 元昭 등이 계속 글을 올려 호소하자, 태후가 명하여 公卿 등에게 다시 논의토록 하니, 太傅 元懌 등이 상주하기를 "새로운 군주를 삼가 맞이하고 모시며 보위하는 일은 신하의 정상적인 직분으로 이것을 공로로 삼을 수 없는데, 신들이 이전에 이를 논의한 것은 바로 그 위세를 두려워하여 그 포악함을 구차스레 모면하려 했기 때문이었으니, 봉작을 모두 추탈하소서."라고 하자, 태후가 그의 말을 따랐다.

高陽王 원옹이 表文을 올려 스스로를 탄핵하여 말하기를 "우충이 권력을 전횡하여 생사여탈권을 멋대로 행사하였지만 신이 이를 거역하지 못하고 외람되이 관직을 차지하고 녹만 받으며 돌봐주신 은혜를 저버렸으니, 청컨대 신이 제 집으로 돌아가서 엎드려 司敗의 조처를 기다리겠습니다."라고 하였는데, 태후가 이를 추궁하지 않고, 얼마 후 원옹을 太師로 삼은 뒤 司州牧과 錄尙書事를 겸임하게 하여, 太傅 元懌, 太保 元懷, 侍中 胡國珍과 함께 뭇 정사를 함께 다스리도록 하였다.

初에 魏于忠이 用事할새 自謂有定社稷之功이라하여 諷百僚令加己賞하니 太傅雍等이 議封忠常山郡公하고 崔光博平縣公이러니 至是하여 尙書元昭等이 上訴不已①한대 太后가 制公卿再議하니 太傅懌等이 上言하되 奉迎侍衛는 臣子常職이라 不容以此爲功이어늘 臣等이 前議는 正以畏其威權하여 苟免暴戾故也니 請皆追奪하소서하니 太后從之하다 高陽王雍이 上表自劾曰 于忠이 專權하여 生殺自恣어늘 而臣이 不能違하고 忝官尸祿하여 孤負恩私하니 請返私門하여 伏聽司敗②하노이다 太后가 不問하고 尋以雍爲太師하여 領司州牧錄尙書事하여 與太傅懌太保懷侍中胡國珍으로 同釐庶政하다

① 元昭는 元遵의 증손이다. 魏主(元詡)가 제위에 오를 때 원소 또한 함께 門下省에 있었으므로 계속 상소하여 호소한 것이다.[14)]
昭, 遵之曾孫也. 魏主之立也, 元昭亦同在門下, 故上訴不已.
② 司敗는 바로 司寇이다.
司敗, 卽司寇也.

---

14) 원소……것이다 : 《資治通鑑》에 보면 于忠이 자기에게 封爵을 줄 것을 요구하면서 자기만 상을 받는 것은 곤란하다 여겨 함께 門下省에서 있던 자들에게도 임금을 세운 공으로 함께 봉작을 내리게 하였는데, 元昭가 당시 문하성에 있었다.

【綱】北魏 晉壽郡이 배반하여 梁나라에 항복하였다.

魏晉壽郡이 **叛**하여 **降梁**하다

【目】北魏의 益州刺史 傅豎眼은 본성이 맑고 소박하여 백성들(漢族)과 獠族들이 그를 흠모하였는데, 將軍 元法僧이 그를 대신할 때 본디 다스릴 능력이 없고 게다가 탐욕스럽고 잔학하였다. 葭萌의 백성 任令宗은 뭇사람들이 북위를 걱정거리로 삼는 것을 이용하여 晉壽太守를 살해하고서 그 城을 가지고 梁나라에 항복하였는데, 백성들과 요족들이 대부분 그에 호응하였다. 양나라 益州刺史 鄱陽王 蕭恢가 張齊를 보내어, 병사를 데리고 가서 그들을 맞이하게 하였다.

魏益州刺史傅豎眼이 **性淸素**하여 **民獠懷之**[①]러니 **將軍元法僧**이 **代之**할새 **素無治幹**하고 **加以貪殘**[②]하니 **葭萌民任令宗**이 **因衆心之患魏**하여 **殺晉壽太守**하고 **以城降梁**하니 **民獠**가 **多應之**라 **梁益州刺史鄱陽王恢**가 **遣張齊**하여 **將兵迎之**하다

① 이 益州는 北魏의 東益州이다.
此益州, 魏之東益州也.
② 元法僧은 元熙의 증손이다.
法僧, 熙之曾孫也.

【綱】北魏 太后가 祭事를 攝行하였다.

魏太后가 **攝行祭事**[15)]하다

【目】胡太后는 魏主(元詡)가 어려서 제사를 집행할 수 없다는 이유로 자신이 대신 거행하려고 하자, 禮官이 그렇게 해서는 안 된다는 의견을 개진하였다. 태후가 侍中 崔光에게 자문을 구하니, 최광이 漢나라 和熹太后가 종묘에 제사 지낸 고사를 인용해 답을 하

15) 魏太后 攝行祭事 : "漢나라 安帝의 策書에 '太后가 大臣과 命婦를 데리고 宗廟에 알현하였다.'고 기록하였다. 여기에서 다시 보이니, 그 일을 곧바로 기록하여 포폄을 기다리지 않아도 뜻이 드러난다.〔漢安之策 書太后率大臣命婦 謁宗廟矣 於是再見 直書其事 不待貶而義見矣〕" ≪書法≫ "太后率大臣命婦"는 ≪資治通鑑綱目≫ 제10권 하 漢 安帝 永初 7년(113) 정월조에 보인다.
"이른바 제사는 무슨 제사인지 알지 못하겠다. 하늘에 지내는 제사라면 袞冕의 종류를 사용하여 法服을 입어 각각 그 의례가 다를 것이다. 만약 부인이 제사를 행한다면 착용하는 것은 어떤 복장을 사용할 것인지 특별히 기록하였을 것이니, 잘못임을 알 수 있다.〔所謂祭事 不知何祭也 如祭天 則用袞冕之類 被服法服 各異其儀 若以婦人行之 則所服當用何服 特筆書之 失可知矣〕" ≪發明≫

였는데, 태후가 크게 기뻐하며 그 말을 따랐다.

太后가 以魏主幼未能祭로 欲代行事어늘 禮官이 議以爲不可라한대 太后以問侍中崔光하니 光이 引漢和熹太后祭宗廟故事하여 以對한대 太后가 大悅하여 從之①하다

① 和熹는 後漢 和帝 鄧后의 시호이다.
和熹, 後漢和帝鄧后之謚.

【綱】 큰 추위가 닥쳐 淮水와 泗水가 모두 얼었다.

大寒하여 淮泗가 皆氷[16]하다

【目】 浮山 둑에서 죽은 士卒이 10에 7, 8명이었다.

浮山堰에 士卒死者가 什七八이러라

丙申年(516)

梁나라 高祖 武帝 蕭衍 天監 15년이고 北魏 肅宗 孝明帝 元詡 熙平 원년이다.

梁天監 十五年이요 魏肅宗孝明帝詡熙平元年이라

【綱】 봄 2월에 北魏가 硤石을 공격하여 함락시켰다.

春二月에 魏가 攻硤石하여 克之하다

【目】 北魏가 將軍 崔亮을 파견하여 硤石을 공격할 적에 蕭寶寅이 淮水의 방죽을 터뜨리니 최량이 협석을 공격하였으나 함락하지 못하였다. 그래서 李崇과 약속하여 수로와 육

16) 大寒 淮泗皆氷 : "秦나라에 '4월에 크게 추웠다.〔四月大寒〕'라고 기록하였으니 災異를 기록한 것이다. 여기는 12월인데 큰 추위는 일상 일이거늘 기록함은 어째서인가. 이때에 제방을 쌓는 士卒의 사망자가 10에 7, 8명이었으니 피해가 컸으므로 특별히 기록하였다. '梁나라'를 기록하지 않은 것은 天下와 관련된 말이기 때문이다. ≪資治通鑑綱目≫이 마칠 때까지 '큰 추위〔大寒〕'라고 기록한 것은 2번뿐이다(秦王 政(秦始皇) 7년(B.C. 240), 이해(515)).〔秦書四月大寒矣 記異也 此十二月爾 大寒恒也 則其書 何 於是築堰士卒 死者什有七八 則其爲害也大矣 故特書之 不書梁 天下之辭也 終綱目書大寒二而已(秦王政七年 是年)〕" ≪書法≫ '四月大寒'은 ≪자치통감강목≫ 제2권 상 秦王 政 9년(B.C. 238)에 보인다.

로로 함께 진격하자고 하였으나, 이숭이 누차 기일을 어기고 오지 않았다.

胡太后는 諸將들이 한마음으로 움직이지 않는다고 하여 尙書 李平을 行臺로 삼아 諸軍을 통솔하게 하였다. 이평이 협석에 이르러 이숭과 최량 등을 독촉해 기한을 정해 진격하게 하니 감히 거역하지 못하고 여러 번의 싸움에서 전과를 얻었다.

梁主(蕭衍)가 將軍 昌義之에게 浮山〈의 방죽을〉 구원하게 했으나 채 도착하기 전에 康絢이 이미 북위의 병사를 공격해서 물리쳤다. 그래서 창의지에게 硤石을 구호하게 하였는데 최량이 將軍 崔延伯을 보내 下蔡를 지키게 하였다. 최연백이 수레바퀴의 테를 제거하고 바큇살을 뾰족하게 깎아 수레 두 대를 마주 붙이고 대나무로 만든 끈으로 이들을 묶어 연접하여 이어지게 하니 모두 10여 개의 길이 만들어졌다. 이것으로 물 위를 가로지른 다리를 만들고 양 끝에 큰 鹿盧(도르래)를 설치해 자유롭게 출몰하게 해서 불로 공격할 수 없게 하였다. 한편 趙祖悅의 도주로를 끊고 또다시 戰艦도 통행하지 못하게 하여 창의지가 전진할 수 없게 하였다. 이평이 수로와 육로 두 갈래로 나눠 협석을 공격하여 外城을 함락하자 조조열이 나와 항복하자, 그를 참수하였다.

胡太后가 최량에게 조서를 내려 승세를 타고 깊이 쳐들어가라고 하였는데, 이평이 제장들을 나눠 부산의 방죽을 공격하게 하였다. 하지만 최량이 이평의 명령을 어기고 병을 핑계로 철수를 요청하자, 이평이 최량을 사형에 처할 것을 상주했는데, 호태후가 사면하였고, 북위 군사가 결국 철수하였다.

魏가 遣將軍崔亮하여 攻硤石할새 蕭寶寅이 決淮堰하니 亮이 攻硤石이나 未下라 與李崇約하여 水陸竝進이로되 崇이 屢違期不至①러라 胡太后가 以諸將不壹로 乃以尙書李平으로 爲行臺하여 節度諸軍하다 平이 至硤石하여 督李崇崔亮等하여 刻日進攻하니 無敢乖互하여 戰屢有功이러라 梁主가 使將軍昌義之로 救浮山이러니 未至하여 康絢이 已擊魏兵하여 郤之라 使義之로 救硤石한대 崔亮이 遣將軍崔延伯하여 守下蔡②하니 延伯이 取車輪去輞하고 削銳其輻하여 兩兩接對하고 揉竹爲絙하여 貫連相屬하니 竝十餘道라 橫水爲橋하고 兩頭施大鹿盧하여 出沒隨意하여 不可燒斫이러라 旣斷趙祖悅走路하고 又令戰艦不通하여 義之不得進③이러라 李平이 部分水陸하여 攻硤石하여 克外城한대 祖悅이 出降커늘 斬之하다 胡太后가 賜亮書하여 使乘勝深入하니 平이 部分諸將하여 進攻浮山堰이러니 亮이 違平節度하고 以疾請還이어늘 平이 奏處亮死刑한대 太后가 赦之하고 魏師가 遂還하다

① 당시 李崇이 壽陽에 주둔하였다.
崇時鎭壽陽.

② 下蔡縣은 漢나라 때에는 沛郡에 속했고, 梁나라 때에는 下蔡郡을 설치해 豫州에 소속시

켰다.

下蔡縣, 漢屬沛郡, 梁置下蔡郡, 屬豫州.

③ 去는 제거함이다. 輞은 文紡의 切이니 수레의 바퀴 테이며 輮輻·輪轑라고도 한다. 30개의 바큇살이 바퀴통에 몰려 있다.

去, 除之也. 輞, 文紡切, 車之牙也. 在輪之外牙, 亦曰輪輻·輪轑也. 輻三十輳於轂中.

【綱】北魏 侍中 侯剛이 죄가 있어 食邑 300호를 삭감하였다.

魏侍中侯剛이 **有罪**하여 **削戶三百**하다

【目】北魏 中尉 元匡이 상주하여 于忠을 탄핵하기를 "국가의 큰 재난을 기회로 삼아 조정의 명령을 제멋대로 하니 공개적으로 誅戮하는 것이 마땅합니다. 世宗(元恪)이 세상을 떠나신 이후, 太后께서 직접 정무를 보기 이전에 官階의 등급에 따라 승급하지 않고 우충이 제멋대로 임명된 자들을 모두 追奪해야 합니다."라고 하니, 태후가 말하기를 "우충은 이미 특별히 용서를 받았으니, 나머지만 상주한 대로 하라."라고 하였다.

元匡이 또다시 '侍中 侯剛이 羽林의 衛士를 쳐서 살해하였다.'고 탄핵하였다. 후강은 본디 요리를 잘해서 嘗食典御가 되었는데 태후에게 은혜를 끼친 것을 빌미로 제멋대로 위세를 부려 王公이 모두 두려워하면서 그를 따랐다. 廷尉가 후강을 大辟으로 처결하자, 태후가 말하기를 "후강이 공무에 의해 사람을 쳐서 우연히 죽음에 이르게 했으니 율법에 걸릴 것이 없다."라고 하니, 少卿 袁翻이 이르기를 "'우연히 죽음에 이르게 하였다'는 것은 죄를 범한 정상이 이미 드러났지만 숨기고 회피하여 인정하지 않는 경우 拷問하여 조치한 것을 두고 말한 것입니다. 지금 이 우림의 위사를 심문하자 자백하였는데 후강이 큰 소리로 쳐서 죽여라 하면서 무리하게 매질과 고문을 가하였으니, 어떻게 우연히 죽인 것이라 할 수 있겠습니까."라고 하니, 태후가 후강의 食邑 300호를 삭감하고 嘗食典御의 직위를 해제하였다.

魏中尉元匡이 **奏彈于忠幸國大災**하여 **專擅朝命**하니 **宜加顯戮**이요 **自世宗晏駕以後**와 **太后未親覽以前**의 **諸不由階級**하고 **擅相拜授者**를 **竝宜追奪**이라하니 **太后**가 **日 忠已特原**하니 **餘如奏**라하다 **匡**이 **又彈侍中侯剛**이 **掠殺羽林**①이라하다 **剛**이 **本以善烹調**로 **爲嘗食典御**한대 **以有德於太后**라 **頗專恣用事**하니 **王公**이 **皆畏附之**②러라 **廷尉**가 **處剛大辟**한대 **太后**가 **日 剛因公事掠人**하여 **邂逅致死**하니 **於律**에 **不坐**라커늘 **少卿袁翻**이 **日 邂逅**는 **謂情狀已露**나 **隱避不引**에 **考訊以理者也**③라 **今**

此羽林을 **問則具首**호되 **剛口唱打殺**하여 **撾築非理**하니 **安得謂之邂逅**④리오하니 **太后**가 **乃削剛戶三百**하고 **解嘗食典御**하다

① 掠은 침이니, 아래도 같다.
掠, 擊也, 下同.
② 嘗食典御는 北魏 관직이니 임금의 음식을 요리하는 것을 관장한다. 따뜻함과 서늘함, 추위와 더위 등의 시절에 따라 음식이 준비되면 그 맛을 본다. 혹자는 "嘗은 尙이 되어야 하니, 平聲(맛보다)과 去聲(올리다)으로 둘 다 통용한다." 하였다.
嘗食典御, 魏官也, 掌調和御食. 溫凉寒熱, 以時供進則嘗之. 或曰 "嘗當作尙, 平·去二字通用."
③ "不引"은 자인하지 않는 것을 말한다.
不引, 謂不引伏也.
④ 首는 그 과오를 자백한 것이다. 撾는 채찍질하는 것이다.
首, 自狀其過也. 撾, 捶也.

【綱】 3월 초하루에 일식이 있었다.

三月朔에 **日食**하다

【綱】 여름 4월에 梁나라의 淮水의 방죽이 완성되었다.

◑**夏四月**에 **梁淮堰成**[17)]하다

【目】 淮水의 방죽은 길이가 9里이고 아래의 너비는 140丈이고, 위의 너비는 45丈이고, 높이는 20丈이며, 멧버들과 버드나무를 심고 그 위에 성채를 나열하였다. 혹자가 康絢에게 이르기를 "四瀆은 하늘이 그 기운을 조절하는 것이어서 오랫동안 막아서는 안 되니, 만일 배수구를 굴착해서 동쪽으로 물을 흘려보내면 물결이 느슨해져서 방죽이 붕괴되지 않을 것이다."라고 하자, 강현이 배수구를 굴착해서 동쪽으로 물길을 흘려보내고, 한편으로 北魏에 反間計를 놓아 "梁나라는 〈북위가〉 배수구를 굴착하는 것을 두려워하

17) 梁淮堰成 : "'완성되었다〔成〕'라고 기록한 것은 어째서인가. 오랫동안 하였기 때문이다. 갑오년(514)부터 쌓기 시작하여 이에 3년을 넘긴 뒤에 이루어졌으니 백성을 부림이 많았다. 무릇 宮室·宗廟·溝渠·隄堰에 '지었다〔作〕'라고 기록하고 '완성되었다〔成〕'라고 기록한 것은 모두 오래되었다는 말이다.〔書成 何 久也 自甲午始築 於是跨三年而後成 用民多矣 凡宮室宗廟溝渠隄堰 書作書成 皆久辭也〕" ≪書法≫

지 野戰을 두려워하지 않는다."라고 하니, 蕭寶寅이 이 말을 믿고 산을 5丈 깊이로 파고 배수구를 굴착해서 북쪽으로 흘려보냈지만 회수의 수량은 여전히 감소하지 않았으므로 북위 군사가 철군해서 돌아갔다. 물이 닿는 곳이 회수 양안에 사방 수백 리에 이르렀다. 李崇이 硤石에 부교를 만들고 또 八公山 동남쪽에 성을 축조하여 壽陽城의 붕괴에 대비하였다.

堰은 長九里요 下廣百四十丈이요 上廣四十五丈이요 高二十丈이며 樹以杞柳하고 軍壘列居其上이라 或이 謂康絢曰 四瀆은 天所以節宣其氣라 不可久塞①이니 若鑿湫東注하면 則游波寬緩하여 堰得不壞②라하니 絢이 乃開湫東注하고 又縱反間於魏曰 梁懼開湫요 不畏野戰이라하니 蕭寶寅이 信之하여 鑿山五丈하고 開湫北注호되 水猶不減이라 魏軍이 罷歸하니 水之所及이 夾淮方數百里러라 李崇이 作浮橋於硤石하고 又築城於八公山東南하여 以備城壞하다

① 四瀆은 江水, 淮水, 河水, 濟水이다.
四瀆, 江・淮・河・濟也.
② 湫는 湫와 같으며 即由의 切이니, 배수구이다.
湫, 與湫同, 即由切, 水溝也.

【綱】北魏가 다시 于忠을 靈壽公에 봉하고 崔光을 平恩侯에 봉하였다.

魏가 復封于忠爲靈壽公하고 崔光爲平恩侯하다

【綱】梁나라가 北魏 武興을 포위하였는데, 가을 7월에 북위가 격퇴시켜 마침내 東益州를 다시 취하였다.

◑ 梁圍魏武興이러니 秋七月에 魏擊敗之하여 遂復取東益州하다

【目】北魏 元法僧이 아들 元景隆을 파견해서 군사를 이끌고 張齊를 막게 했는데 장제가 葭萌에서 전투를 벌여 크게 격파하고서 십여 개의 성을 도륙한 뒤 마침내 武興까지 포위하였다. 원법승이 직접 성벽에 올라 지키자 경내 사람들이 모두 그를 배반하였다. 북위에 사신을 보내 위급한 상황을 알리자 북위가 傅豎眼을 益州刺史로 삼아 달려가게 하였다. 부수안이 경내에 들어선 뒤에 3일 동안 전투를 벌이며 전진하였는데 200리에 걸쳐 행군하면서 9번의 전투에서 모두 승리를 거두니, 백성(漢族)과 獠族이 모두 기뻐하

여 길에서 맞이하여 절하는 인파가 이어졌다. 장제가 白水로 물러나 지키고 있었는데, 부수안이 武興에 들어오자 백수 동쪽 백성들이 모두 편안하게 자기 일을 하였다.

북위 梓潼太守 苟金龍이 關城戍主를 겸임했는데, 梁나라 병사가 이르렀을 때 구금룡이 질병으로 지휘를 할 수 없게 되자 그의 아내 劉氏가 성안의 백성들을 격려하고, 통솔하여 성 위로 올라가 백여 일 동안 맞서 싸웠다. 副將 高景이 모반을 꾀하자 劉氏가 그를 참수하고, 장수·군사들과 옷과 음식을 함께 나누며 힘든 일과 즐거운 일을 반드시 함께하니 모두가 그녀를 경외하고 믿었다. 샘물이 성 밖에 있어 양나라 병사가 이를 점거하고 있었는데 때마침 큰 비가 내리자 劉氏가 관민의 布와 絹, 의복들을 모두 끄집어내서 성에 매달았다가 물을 짜서 취해 저장하게 하였다. 양나라 병사가 물러나자 북위 사람들이 그녀의 아들을 책봉해서 平昌縣子로 삼았다.

장제가 여러 차례 白水에서 나와 葭萌을 침략하자 7월에 부수안이 그들을 격퇴하니 장제가 되돌아가고 〈양나라의〉 여러 戍兵들이 모두 성을 버리고 달아났다. 이에 東益州가 다시 북위에 편입되었다.

魏元法僧이 遣其子景隆하여 將兵拒張齊어늘 齊與戰於葭萌하여 大破之하여 屠十餘城하고 遂圍武興하다 法僧이 嬰城自守하니 境內皆叛이어늘 遣使告急於魏한대 魏以傅竪眼으로 爲益州刺史하여 赴之할새 竪眼이 入境하여 轉戰三日에 行二百里하여 九遇皆捷하니 民獠皆喜하여 迎拜於路者相繼러라 張齊가 退保白水어늘 竪眼이 入州하니 白水以東의 民이 皆安業①이러라 魏梓潼太守苟金龍이 領關城戍主②러니 梁兵이 至에 金龍이 疾病不堪部分이어늘 其妻劉氏가 帥厲城民하여 乘城拒戰이 百有餘日이라 戍副高景이 謀叛이어늘 劉氏가 斬之하고 與將士分衣減食하고 勞逸必同하니 莫不畏而懷之러라 井在城外하여 爲梁兵所據러니 會天大雨어늘 劉氏가 命出公私布絹衣服하여 懸之하여 絞取水而儲之하다 梁兵이 退어늘 魏人이 封其子하여 爲平昌縣子하다 張齊數出白水侵葭萌어늘 七月에 傅竪眼이 擊敗之하니 齊走還하고 諸戍가 皆棄城走하니 東益州가 復入于魏하다

① "入州"는 武興에 들어온 것이다.
入州, 入武興也.

② 關城은 바로 白水의 關城이다.
關城, 卽白水關城.

【綱】 9월에 梁나라의 淮水의 방죽이 붕괴되었다.

九月에 梁淮堰이 壞[18]하다

【目】 淮水가 갑자기 불어나 방죽이 붕괴될 적에 그 소리가 우레처럼 커서 300리까지 들렸고 淮水 주변의 城戍와 村落의 십여만 명이 모두 물에 떠서 바다로 떠내려갔다.

예전에 北魏 사람들이 회수의 둑을 걱정해서 任城王 元澄을 大都督으로 삼아 10만 대군을 이끌고 가서 방죽을 공격하게 하였다. 李平이 "병력을 빌리지 않아도 결국 저절로 붕괴될 것이다."라고 하였는데, 얼마 후 정말 그렇게 되었다.

淮水暴漲堰壞할새 其聲如雷하여 聞三百里①하고 緣淮城戍村落의 十餘萬口가 皆漂入海러라 初에 魏人이 患淮堰하여 以任城王澄爲大都督하여 勒衆十萬하여 攻之러니 李平이 以爲不假兵力이라도 終當自壞라하더니 既而果然이러라

① 聞(들리다)은 음이 問이다.
聞, 音問.

【綱】 北魏가 조서를 내려, 邊鎭의 장수를 선발하고 임용하는 방법을 논의하도록 하였다.

魏가 詔議邊鎭選擧法하다

---

18) 梁淮堰壞 : "갑오년(514)부터 쌓기 시작하여 반년이 안 되어 둑이 무너졌다. 이에 다시 쌓았는데 짐을 진 자의 어깨가 헐고 疫病으로 죽은 자가 즐비하여 파리와 벌레 소리가 밤낮으로 이어졌다. 둑을 쌓은 지 몇 개월 만에 淮水・泗水 지역이 매우 추워서 둑을 쌓던 士卒 20만 명 중에 죽은 자가 다시 10에 7, 8명이었다. 또 4개월이 지난 뒤에 완성되었는데 완성된 지 반년이 안 되어 다시 무너져서 회수 주변의 城戍와 村落의 10여만 명이 모두 표류하여 바다로 떠내려갔다. 이는 애초에 壽陽城을 탈취하려고 계획하였던 것인데 어찌 다른 계책이 없어 이 계책을 내었는가. 재해가 北魏에 미치기도 전에 먼저 스스로 패한 것이다. ≪資治通鑑綱目≫에서는 둑을 쌓아 완성하고 무너진 것을 모두 4번 기록하였으니, 이는 백성의 목숨을 매우 애석해하고 梁主를 매우 죄주기 위한 것이다.〔自甲午始築 未半年而堰壞 於是復築 負者肩穿 疫死相枕 蠅蟲晝夜聲合 築之數月 淮泗大寒 堰卒二十萬 死者復什七八 又四閱月而後成 成未半年而復壞 緣淮城戍村落十餘萬口 皆漂入海 此其初 謀取壽陽耳 豈無他策 乃出此計 害未及魏而先自敗矣 綱目於築堰成壞 凡四書之 所以重惜民命 而深罪梁主也〕" ≪書法≫

"梁主는 浮屠(불교)를 숭상하여 살리기를 좋아하고 죽이기를 싫어하였다. 그러나 한 번 淮水의 방죽을 쌓은 연고로 士卒의 사망자가 이루 다 헤아릴 수 없는데 지금 또 10여만 명이 물에 漂沒되니 전후로 죽은 이가 몇 명인지 알지 못하겠다. 그 본래 의도를 추구해보면 단 하나의 壽陽城 때문이었다. 孟子가 '城을 빼앗으려고 전쟁을 하여 사람을 죽인 것이 성에 가득하게 하면 그 죄는 죽어도 용서받지 못할 것이다.'라고 하였거늘 하물며 까닭 없이 백성을 몰살시키는 자야 말할 것이 있으랴. 방죽이 완성되고 무너짐을 모두 책에 기록한 것은 또한 生靈의 불행을 매우 탄식한 것이니 梁主에게 무엇을 꾸짖을 것인가.〔梁主崇尙浮屠 好生惡殺 然以一淮堰之故 士卒死者不可勝數 今又漂沒十餘萬口 前後所殺 不知其幾 原其本意 特爲一壽陽城而已 孟子謂爭城以戰 殺人盈城 罪不容於死 況無故糜爛其民者哉 堰成堰壞 皆書於冊 蓋亦重歎生靈之不幸爾 於梁主乎何譏〕" ≪發明≫

【目】任城王 元澄이, 북쪽 변방의 鎭將의 선발과 임용이 갈수록 가벼워져서 외적들이 변방을 엿보고 皇陵의 안전이 위협당할까 우려하여, 진장의 선발을 엄정하게 하고 삼엄한 경비를 갖추어야 한다고 주청하였는데, 조칙을 내려 公卿에게 이를 논의하도록 하였다.

廷尉少卿 袁翻이 의논하기를 "근래 변방의 州郡이 관리를 선발할 때 사람을 가려 쓰지 않고 오직 資級만을 논하여 때로는 탐욕과 오욕을 일삼는 사람을 선발해서, 戍邏(변방 초소)를 대량으로 만들어 많은 장수들을 배치하고서, 주변의 인척과 친척을 등용하기도 하고, 때로는 다른 사람의 뇌물과 청탁을 받기도 해서, 누구 하나 외적을 방어할 마음은 없고 재물을 모으고 거두려는 생각만 갖고 있습니다.

용력이 있는 병사를 〈적의 경계로〉 내몰아 약탈을 하게 해서 빼앗은 재물로 자신의 배를 채우고, 야위고 연약한 노인과 어린아이로 수공업과 농사일에 미숙한 자에게 수많은 고역을 시켜서 나무를 베거나 김매기도 하고 오가며 물건을 판매하기도 합니다. 그리하여 그들의 힘과 공과를 다 쓰면서 그들의 衣食은 각박하게 합니다. 이에 그러한 삶이 겨울에서 여름까지 이어지고 질병과 고통까지 가해져서 죽어서 시신이 구렁텅이에 나뒹구는 자가 10에 7, 8명입니다. 이 때문에 이웃의 적들이 그 틈새를 엿보아 우리의 영토를 침략하니 이는 모두 변방의 관리들을 임용함에 그에 알맞은 사람을 얻지 못하였기 때문입니다. 제 생각에는 지금 이후로 변방의 鎭將과 郡縣의 보좌와 統軍에서 戍主에 이르기까지 모두 王公 이하에게 자신이 알고 있는 인재를 천거하여 반드시 그에 알맞은 인물을 선발하게 하되 官階에 구애받지 말게 하고, 관직에 걸맞거나 관직을 훼손하였을 경우에는 그를 천거한 사람도 그 일에 맞춰 상과 벌을 받게 해야 합니다."라고 하였지만, 胡太后가 받아들이지 못하였다.

正光(520~525) 말엽에 북쪽 변방 도적이 떼 지어 일어나 마침내 舊都(平城)를 압박하고 황릉을 침범하니, 원징이 우려한 바와 같았다.

任城王澄이 以北邊鎭將이 選擧彌輕하여 恐賊虜闚邊하고 山陵危迫하여 奏請重鎭將之選하고 修警備之嚴①이어늘 詔公卿議之한대 廷尉少卿袁翻이 議曰② 比緣邊州郡이 官不擇人하고 唯論資級하여 或値貪汚之人하여 廣開戍邏하여 多置帥領하고 或用其左右姻親하고 或受人貨財請屬하여 皆無防寇之心하고 唯有聚斂之意라 勇力之兵은 驅令抄掠하여 奪爲己富하고 羸弱老小에 微解工作으로 苦役百端③하여 伐木芸草하고 販貿往還하여 窮其力하되 薄其衣하고 用其功하되 節其食하여 綿冬歷夏하고 加之疾苦하여 死於溝瀆者가 什常七八이라 是以로 隣敵伺間하여 擾我疆場하니 皆由邊任不得其人故也니이다 愚謂今後론 邊鎭郡縣府佐統軍으로 至于戍主히 皆令王公已下로 各擧

所知하여 必選其才하되 不拘階級하고 稱職敗官엔 所擧之人이 隨事賞罰이니이다하되 太后不能用이러니 及正光之末하여 北邊盜賊이 群起하여 遂逼舊都하고 犯山陵하니 如澄所慮④러라

① 北魏는 顯祖로부터 그 이상의 皇陵이 모두 雲中에 있다.
魏自顯祖以上, 山陵皆在雲中.

② 秦·漢 이후 九卿은 각기 卿 하나였지만 北魏 太和 13년(489)에는 九卿에 각기 少卿을 두었으니 周官 六卿에 있는 小宰·小司徒·小宗伯·小司馬·小司寇·小司空의 遺制를 모방한 것이다.
秦·漢以來九卿各一卿, 魏太和十三年九卿各置少卿, 蓋倣周官六卿有小宰·小司徒·小宗伯·小司馬·小司寇·小司空之遺制也.

③ 解는 이해함이다.
解, 曉也.

④ 正光은 北魏 肅宗(元詡)의 연호이다.
正光, 魏肅宗年號.

【綱】 겨울에 北魏가 永寧寺를 건립하였다.

冬에 魏가 作永寧寺하다

【目】 胡太后가 궁 옆에 永寧寺를 세우고 伊闕[19] 입구에도 石窟寺를 세웠는데 두 사찰의 건축이 모두 극히 화려하여 높이가 90丈인 9층의 불탑을 만들고, 刹(불탑의 꼭대기 장식물)의 높이가 10丈이 되니, 불탑〔塔廟〕의 성대함이 일찍이 보지 못한 것이었다.

李崇이 表文을 올리기를 "高祖(元宏)께서 수도를 옮긴 지 거의 30년이 되어가지만 明堂[20]이 수리되지 않고 太學이 황폐해지고 성곽과 궁궐과 官府와 官衙 등도 많이 퇴락해 있으니, 이는 선대의 기업을 더욱 발전시켜서 만국의 모범을 보이는 방도가 아닙니다. 따라서 尙方[21]에서 화려한 기물을 만드는 일을 멈추고 永寧寺의 토목공사를 줄이고 石窟寺의 조탁하는 일들을 분산시킨 뒤, 농한기를 이용해서 위에서 거론한 일들을 수행해서 국가의 위용을 엄숙하게 드러내고 禮儀의 교화를 성행하게 한다면 또한 아름답지 않겠습니까."라고 하였으나, 호태후가 적극 받아들이지 않았다.

19) 伊闕 : 지금의 하남성 낙양시 동쪽 2㎞쯤에 있는 龍門이다. 두 산이 대치한 사이를 물이 흐르고 있는데 그 모습이 천연의 門闕과 같다 해서 붙여진 이름이다.

20) 明堂 : 군주가 政敎를 펼치던 장소이다. 조회·제사 등 중요한 의식을 이곳에서 진행한다.

21) 尙方 : 궁중에서 필요한 물품의 공급을 담당하던 부서이다.

任城王 元澄이 상주하기를 "지난날 高祖께서 수도를 옮길 때 궁성 안에 사찰을 배치하였지만 승려와 비구니의 사찰 각기 하나씩이었습니다. 正始 3년(242)에 沙門 惠深이 비로소 이전의 법을 어겨, 이때부터 도성 안에 건립한 사찰의 수가 500개를 넘었습니다. 지난날 代北에 法秀의 모반[22)]이 있었고 冀州에 大乘의 변고[23)]가 있었으니 太和(477~499) 때의 제도가 승려와 속인의 거주자를 구분하기 위한 것일 뿐 아니라 변란의 조짐을 사전에 방지하기 위한 것이었습니다. 더구나 이들 승려들이 성읍에 있기를 좋아하는 것은 바로 이익과 욕망에 유혹되어 스스로 그만두지 못한 데 따른 것이니, 이는 부처의 찌꺼기이고 국가의 법에 모두 위배되는 것들입니다. 신이 생각건대 성안의 사찰을 모두 성곽 밖으로 옮기고 승려가 50명이 되지 않은 사찰들을 병합해서 큰 규모의 것과 합치고 지방의 경우도 이에 준하도록 하십시오."라고 하니, 조서를 내려 그것을 따랐으나 끝내 실행하지 못하였다.

胡太后가 作永寧寺於宮側하고 又作石窟寺於伊闕口호되 皆極土木之美하여 爲九層浮圖하니 高九十丈이요 刹高十丈이라 塔廟之盛이 未之有也[①]러라 李崇이 上表曰 高祖遷都가 垂三十年호되 明堂이 未修하고 太學이 荒廢하며 城闕府寺(시)가 頗亦頹壞하니 非所以追隆堂構하여 儀刑萬國者也[②]라 宜罷尙方雕靡之作하고 省永寧土木之功하고 分石窟鐫琢之勞하여 因農之隙하여 修此數條하여 使國容嚴顯하고 禮化興行하면 不亦休哉리잇가하나 太后가 不能用이러라 任城王澄이 奏曰 昔에 高祖가 遷都할새 城內置寺호되 僧尼各一而已러니 正始三年에 沙門惠深이 始違前禁하여 自是로 都城之中에 寺踰五百이라 往者에 代北에 有法秀之謀하고 冀州에 有大乘之變이어니 則知太和之制가 非徒使緇素殊途라 蓋亦以防微杜漸이니 況此僧徒가 戀著城邑은 正以誘於利欲하여 不能自已니 此乃釋氏之糟糠이요 國典所共棄也니이다 臣은 謂城內寺를 宜悉徙於郭外하고 僧不滿五十者는 併小從大하고 外州도 準此하소서하니 詔從之나 然卒不能行이러라

① 刹은 기둥이니, 浮圖(불탑)의 상기둥이다. 불교도들이 부처의 舍利를 봉안하여 건축물을 지은 뒤 이를 塔이라 하였는데 또한 胡族의 말이며, 宗廟와 유사하므로 세상에서 塔廟라 부른다.

刹, 柱也, 浮圖上柱. 佛弟子收奉舍利, 建宮宇, 號爲塔, 亦胡言, 猶宗廟也, 故世稱塔廟.

② "追隆堂構"는 융성한 선대의 업적을 바탕으로 한다는 말이다. ≪書經≫ 〈周書 大誥〉에 "先考가 집을 지으려 하여 이미 설계까지 끝냈다 하더라도, 그 자손이 집터도 닦으려 하지 않는

22) 法秀의 모반 : 北魏 太和 5년(481)에 승려 法秀와 苟儿王 阿辱佩玉 등이 代北에서 일으킨 모반 사건이다.

23) 大乘의 변고 : 北魏 延昌 4년(515)에 冀州의 승려 法慶과 勃海 출신 李歸伯이 일으킨 모반 사건으로 大乘起義라고도 불린다.

다면 어떻게 집이 완성되기를 기대할 수 있겠는가." 하였다.
追降堂構, 謂(宮)〔基〕[24]隆大前人之其業也. 書大誥曰"若考作室, 旣底法, 厥子乃弗肯堂, 矧肯構."

【目】당시 백성 가운데 집안의 代를 끊으며 沙門이 되는 경우가 많자 李瑒이 상소하기를 "불효 가운데 조상의 제사를 단절하는 것보다 더한 것이 없으니 어떻게 禮法을 위배하고 제 마음대로 하고 집안을 버리며 부모를 봉양하는 것을 단절하여, 현세의 예의를 어그러뜨리고 장래의 이익을 추구한단 말입니까. 孔子가 말하기를 '삶도 모르는데 어떻게 죽음을 알겠는가.'라고 했으니 어떻게 광명정대한 政教(儒家의 가르침)를 버리고 귀신의 가르침을 따를 수 있단 말입니까. 그리고 지금 남쪽 변방이 안정되지 못하여 부역을 피하는 백성들이 많은데 만일 다시 백성들이 출가하는 것을 들어주면 집집마다 모두 사문이 되지 않을까 우려됩니다."라고 하였다.

都統인 僧暹 등이 이창이 불교를 비방한다고 하여 태후에게 읍소해서 태후가 이창을 꾸짖자, 이창이 말하기를 "하늘은 神, 땅은 祇, 사람은 鬼라 하니, 傳(≪禮記≫ 〈樂記〉)에, '밝으면 예악이 있고 그윽하면 귀신이 있다.'라고 했습니다. 그렇다면 밝은 것은 광명정대함이 되고 그윽한 것은 귀신의 가르침이 됩니다. 부처가 본디 사람에서 나온 것이니, 〈그가 죽었으면〉 鬼라고 명명한 것은 제가 비방한 것이 아니라 생각합니다."라고 하니, 호태후가 暹 등의 요구에 어쩔 수 없어, 이창에게 벌금 金 1냥을 부과하였다.

時에 民多絶戶爲沙門①이어늘 李瑒上言②하되 不孝之大가 無過於絶祀하니 豈得背禮肆情하고 棄家絶養하여 缺當世之禮하고 而求將來之益③이리오 孔子云 未知生이면 焉知死라하니 安有棄堂堂之政하고 而從鬼教乎리잇가 且今南服未寧하여 民多避役하니 若復聽之하면 恐比屋이 皆爲沙門矣니이다하니 都統僧暹等이 以瑒謗佛이라하여 泣訴於太后④하고 太后가 責之어늘 瑒曰 天曰神이요 地曰祇요 人曰鬼니 傳에 曰 明則有禮樂이요 幽則有鬼神이라하니 然則明者는 爲堂堂하고 幽者는 爲鬼教라 佛本出於人이니 名之爲鬼는 愚謂非謗이니이다한대 太后가 不得已於暹等하여 罰瑒金一兩하다

① 집안에 아들 하나만 있는데 출가해 沙門이 되면 집안의 대가 끊어진다.
家有一子, 出爲沙門, 其戶絶矣.
② 瑒은 杖梗의 切이며, 또 音이 暢이다.

24) (宮)〔基〕: 저본에는 '宮'으로 되어 있으나, ≪資治通鑑綱目≫ 규장각 소장본(奎7512)에 의거하여 '基'로 바로잡았다.

暘, 杖梗切, 又音暢.

③ 佛法에는 현세에 수행한 일을 가지고 내생의 因果로 삼았다.

佛法以今世修種爲來生因果.

④ 北魏에 沙門統[25]이 있는 이를 都統이라 한다.

魏有沙門統, 謂之都統.

【綱】 柔然이 高車를 크게 격파하고 그 왕인 彌俄突을 살해하였다.

柔然이 大破高車하고 殺其王彌俄突하다

【目】 柔然의 伏跋可汗이 건장하고 용병에 능하였다. 이해에 서쪽으로 가서 高車를 공격해서 크게 격파시키고 그 왕인 彌俄突을 체포해서 살해한 뒤 두개골에 옻칠을 해서 飮器[26]로 만들고 배반한 이웃 나라들을 모두 공격하여 멸망시키니, 그 국력이 다시 강성해졌다.

柔然伏跋可汗이 壯健善用兵이러니 是歲에 西擊高車하여 大破之하고 執其王彌俄突하여 殺之하여 漆其頭爲飮器하고 隣國叛去者를 皆擊滅之하니 其國이 復彊이러라

丁酉年(517)

梁나라 高祖 武帝 蕭衍 天監 16년이고 北魏 肅宗 孝明帝 元詡 熙平 2년이다.

梁天監十六年이요 魏熙平二年이라

【綱】 봄 정월에 北魏가 制命을 내려 여러 新舊 동전의 유통을 허락하되 위조한 자를 처벌하게 하였다.

春正月에 魏制諸錢의 新舊通行호되 巧僞者를 罪之하다

【目】 北魏 초기에 민간에서 모두 동전을 사용하지 않았으나 高祖(元宏)가 처음 太和五銖

25) 沙門統 : 官名으로 最高 僧官이다. 北魏 文成帝 때 道人統을 고친 이름이다. 또한 沙門大統, 沙門都統, 昭玄統이라고도 한다.

26) 飮器 : 몇 가지 설이 있는데, 소변을 담는 그릇 또는 술을 마시는 그릇이라 한다.

錢[27]을 주조하면서, 이를 주조하고 싶은 백성은 관의 鑄錢所에 나와 주조하는 것을 허락하고 반드시 정련된 동을 사용해서 불순물이 뒤섞이지 않게 하였다. 世宗(元恪)이 또 다시 五銖錢을 주조하였는데 국가에서 정한 기준과 양식을 따르지 않는 것을 금하였다. 그런데 얼마 뒤에 洛陽과 각 州와 鎭에서 사용한 동전이 각기 달라 상품과 재화가 유통되지 못하였다.

任城王 元澄이 글을 올리기를 "통행될 수 없는 동전은 법률에 분명한 규정이 있으니, 雞眼이나 鐶鑿이라 하는 열악한 동전을 가리킨 것이고 다시 다른 동전을 금지시킨 것은 없습니다. 지금 河南의 여러 주에서 통행하는 것들은 모두 금지할 것이 아닙니다. 그런데 河北의 경우 새로운 동전도 없고 옛것도 다시 금지해서, 오로지 한 가닥 실로 짠 비단과 성긴 올로 된 布만을 사용하는데 폭이 좁고 길이가 짧아 일상의 규격에 맞지 않으며, 布 1匹을 尺을 기준으로 잘라서 교환의 수단으로 삼으니, 한낱 길쌈하는 수고로움만 발생하고 굶주림과 추위의 고통을 모면하지 못합니다. 동전의 효용이 실 꿰미에 꿰어서 자나 말로 헤아릴 필요가 없어 균평하고 간이하니, 세상을 구제하는 적절한 방법으로 매우 믿을 만하다 할 것입니다. 청컨대 각 지역의 州와 鎭에 조칙을 내려 新錢·舊錢 가운데 내외가 온전한 것은 모두 통행하도록 하고, 雞眼과 鐶鑿 및 盜鑄錢과 교묘하게 속여 법대로 하지 않은 자는 법률에 의거하여 처벌하소서."라고 하니, 조서를 내려 그대로 따랐다. 하지만 河北은 동전이 적어 백성들이 여전히 물물교환을 하면서 동전이 시장에 들어오지 못하였다.

魏初에 民間이 皆不用錢이나 高祖가 始鑄太和五銖錢하여 民欲鑄者는 聽就官鑪하고 銅必精練하여 無得殽雜이러라 世宗이 又鑄五銖하되 禁不依準式者러니 既而洛陽及諸州鎭所用이 不同하여 商貨不通이어늘 任城王澄이 上言曰 不行之錢은 律有明式이니 指謂雞眼鐶鑿이라하여 更無餘禁①이요 計河南諸州今所行者는 悉非制限이니이다 河北은 既無新錢하고 復禁舊者하여 專以單絲之縑과 疏縷之布하되 狹幅促度가 不中常式하며 裂匹爲尺하여 以濟有無하니 徒成杼軸之勞하고 不免飢寒之苦라 錢之爲用이 貫繦相屬하여 不假度量하여 平均簡易하니 濟世之宜가 謂爲深允②이라 乞下諸方州鎭하여 新舊諸錢이 內外全好를 竝得通行하고 其雞眼鐶鑿과 及盜鑄와 巧僞不如法者는 據律罪之하소서하니 詔從之하다 然河北少錢하여 民猶用物交易하여 錢不入市러라

① 雞眼은 동전이 얇고 작아, 그 구멍이 닭의 눈과 같이 작다는 말이다. 鐶은 음이 還이니, 鐶鑿이란 동전 好(구멍)를 깎아내서 銅을 취하되 肉(구멍이 뚫린 원형의 가장자리)을 조금 남겨

27) 太和五銖錢 : 北魏의 孝文帝 때 만든 화폐로, 당시 연호인 '太和'를 따서 이름을 지었다.

둔 것을 말한다.

雞眼者, 謂錢薄小, 其眼如雞眼也. 鐶音還, 鐶鑿云者, 謂鑿好以取銅, 僅存其肉也.

② 繦은 居兩의 切이니 역시 돈꿰미이다.

繦, 居兩切, 亦錢貫也.

【綱】 北魏가 勳籍을 조사하였다.

魏攷勳籍하다

【目】 北魏 사람들이 軍功을 허위로 훔친 자가 많았는데, 左丞 盧同이 吏部의 공훈을 기록한 문서를 열람해서 훈급을 훔친 300여 명을 적발하였다. 그래서 상주하기를 "吏部와 中兵(兵曹) 2局의 功勳簿를 한 데로 모아 대조하여 조사해서 勳案을 만들어 올리고 이를 두 통으로 만들어 한 통은 吏部에 두고 한 통은 兵局에 두며, 또 군에 있을 때 적의 머리를 참수하여 한 등급 이상 승진한 사람들은 行臺軍司에게 문건을 발급하게 하되, 가운데를 세로로 찢어 한 부분은 공을 세운 사람에게 주고 한 부분은 門下省에 보내 위조를 방지해야 합니다."라고 하였는데, 그것을 따랐다.

中尉 元匡이 상주하기를 "景明(500~504) 이래의 考簿(관리를 고과한 장부)와 除書와 勳案을 근거로 하여 품계를 훔치고 관직을 도둑질한 이들을 적발해야 합니다."라고 하였는데, 任城王 元澄이 말하기를 "법이란 번잡하고 가혹한 것을 피하고 정치는 맑고 간략한 것을 중시합니다. 御史의 주요 책무는 풍문을 살피는 것이니, 공을 훔쳤거나 훈급을 제멋대로 조작하는 이야기가 들리면 다만 그 관련된 하나의 장부를 취하여 거짓인지 사실인지 조사해서 법에 따라 처리하면 되는 것이니, 어찌 尙書省의 모든 文案을 옮겨 20여 년의 일을 조사한단 말입니까."라고 하니, 마침내 멈췄다.

魏人이 **多竊冒軍功**이러니 **左丞盧同**이 **閱吏部勳書**하여 **得竊階者三百餘人**①이러라 **乃奏總集吏部中兵二局勳簿**하여 **對句奏案**하고 **更造兩通**하여 **一關吏部**하고 **一留兵局**②하며 **又在軍斬首成一階以上**은 **令行臺軍司給券**하되 **當中豎裂**하여 **一支付勳人**하고 **一支送門下**하여 **以防僞巧**라한대 **從之**③하다 **中尉元匡**이 **奏取景明以來考簿除書勳案**하여 **欲以案校竊階盜官之人**④이라한대 **任城王澄**이 **曰 法忌煩苛**하고 **治貴清約**이라 **御史之體**는 **風聞是司**니 **聞有冒勳妄階**어든 **止應攝其一簿**하여 **研檢虛實**하여 **繩以典刑**이니 **豈有移一省之案**하여 **尋兩紀之事乎**아하니 **乃止**⑤하다

① 盧同은 盧玄의 族孫이다.

同, 玄之族孫也.

② 句는 古侯의 切이니 고찰함이며, 조사함이다.
句, 古侯切, 考也, 稽也.

③ 卷은 증서〔契〕이다. 胡三省이 말하기를 "요즘 사람은 재산을 나누는 文契를 分支帳이라고도 한다." 하였다.
卷, 契也. 胡三省曰 "今人亦謂析產文契爲分支帳."

④ 考簿·除書·勳案은 내외의 考簿와 吏部의 除書, 中兵의 勳案을 말한다.
考簿·除書·勳案, 謂內外考簿, 吏部除書, 中兵勳案.

⑤ 尙書省의 案을 御史臺로 가져가는 것이 이른바 '移'이다. 景明 원년(500)에서 이해(517)까지는 도합 18년인데 지금 兩紀(24년)의 일이라 한 것은 景明 초에 서훈한 勳級이 모두 太和(477~499) 말 淮水와 漢水 지역의 전쟁으로 상신한 공훈을 세운 사람의 명부이기 때문이다.
取尙書省之案, 赴御史臺, 所謂移也. 自景明元年至是年凡十八年. 今言兩紀之事, 蓋景明初所敍階勳, 皆太和末淮·漢用兵所上勳人名籍也.

【綱】3월에 梁나라가 조서를 내려 文錦(무늬 놓는 비단)에 사람이나 동물의 모양을 넣지 못하게 하였다.

三月에 **梁**이 **詔文錦**에 **不得爲人獸之形**[28)]하다

【目】織官에게 조칙을 내려 文錦에 신선이나 동물의 모양을 넣지 못하게 했으니 재단하는 행위가 仁愛·寬容의 정신에 위배되기 때문이었다.

敕織官하여 文錦에 不得爲仙人鳥獸之形하니 爲其裁剪이 有乖仁恕①라

① 織官은 漢나라의 織室(織造 담당 機構)과 유사하니, 지금의 丞이다.
織官, 猶漢之織室, 今丞也.

【綱】北魏 司徒 廣平王 元懷가 卒하였는데 胡國珍을 司徒로 삼았다.

魏司徒廣平王懷卒커늘 **以胡國珍爲司徒**하다

28) 梁詔文錦 不得爲人獸之形 : "織物에 신선이나 동물의 모양을 넣으면 그 재단하는 행위가 仁愛·寬容의 정신에 위배된다고 여겼으니, 매우 慈詳하다고 할 만하다. 그러나 하나의 淮水의 방죽을 쌓으면서 수십만 명을 죽음에 빠뜨렸으니 그 재단함(사람을 죽인 것)이 또한 크지 않은가. 비교하여 관찰하면 의리가 저절로 드러난다.〔織爲人獸之形 慮其裁剪 有乖仁恕 可謂慈祥之至 然築一淮堰 而陷數十萬人於死 其爲剪裁 不亦大乎 比而觀之 義自見矣〕" ≪發明≫

【綱】 여름 4월에 梁나라가 宗廟의 제사에 犧牲을 안 쓰고 채소와 과일을 올리게 하였다.

◐夏四月에 梁이 罷宗廟牲牢하고 薦以蔬果[29]하다

【目】 조서를 내려 "宗廟의 제사에 牲牢를 사용하는 것은 冥道에 누가 되니, 모두 麵으로 대신하라."고 하였다. 그러자 朝野가 떠들썩하여 宗廟에서 牲牢를 쓰지 않는 것은 다시는 〈선왕의 신령들이〉 血食을 하지 못하는 것이라고 하자, 八座(8명의 재상)가 논의를 개진해서, 大脯로 一元大武를 대신하게 하였는데, 뒤이어 조칙을 내려 떡으로 脯를 대신하고 나머지는 모두 채소와 과일을 쓰도록 하였다.

詔以宗廟用牲牢는 有累冥道하니 宜皆以麵爲之①라하다 於是에 朝野諠譁하여 以爲宗廟去牲은 乃是不復血食이라커늘 八坐가 乃議以大脯로 代一元大武②러니 尋詔以餠代脯하고 其餘는 盡用蔬果라하다

① 冥道는 鬼神의 道이다.
冥道, 鬼神之道也.

② ≪禮記≫ 〈曲禮〉에 "소를 一元大武라 한다." 하였는데 ≪禮記正義≫에 "元은 머리이고 武는 발자국이다. 소가 살찌면 다리가 크고 다리가 크면 발자국도 크므로, 一元大武라 한다." 하였다.
記曲禮 "牛曰一元大武." 正義曰 "元, 頭也. 武, 跡也. 牛若肥則脚大, 脚大則迹痕大, 故云一元大武也."

---

29) 梁罷宗廟牲牢 薦以蔬果 : "기록하여 나무란 것이다. 무엇을 나무랐는가. 淮水의 방죽을 쌓는 한 가지 부역으로 사망자가 수십만 명이어서 산 사람을 불쌍해하지 않았는데 어찌 사람을 본떠 직물에 넣는 일에 관심 쓸 것이며, 어찌 제사에 짐승 쓰는 일에 관심 쓸 것인가. 梁主와 같은 사람은 이른바 '비록 어진 마음이 있더라도 사람들이 그 은택을 입지 못한다.'고 하는 사람이다. ≪資治通鑑綱目≫에서는 앞에서 '조칙을 내려 文錦에 신선이나 동물의 모양을 넣지 못하게 하였다.'라고 기록하였고, 여기서 '宗廟의 제사에 犧牲을 안 쓰게 하였다.'고 기록하였으니 모두 나무란 것이다.〔書譏也 何譏 淮堰一役 死者數十萬 生人之不恤 而何有於象人 何有於禽獸 若梁主者 所謂雖有仁心 而人不被其澤者也 綱目前書詔文錦不得爲人獸之形 此書罷宗廟牲牢 皆譏之也〕" ≪書法≫

"天道는 살리기를 좋아하고 죽이기를 싫어한다. 그러나 하늘에 제사하는 데에는 반드시 牲牢를 써야 한다. 만일 宗廟의 제사에 채소와 과일만 쓴다면 옛사람의 종묘 제사의 제도는 모두 폐기해야 할 것이다. 梁主는 寂滅(불교)의 학문에 빠져서 마침내 宗廟의 제사에 血食하는 것을 폐기하여 그것을 책에 기록하였으니 貶黜을 기다릴 것도 없이 그 잘못이 저절로 드러난다.〔天道好生而惡殺 然祭天必用牲牢 若使宗廟止用蔬果 則古人廟祀之典 皆可廢矣 梁主溺於寂滅之學 遂至罷宗廟之血食 書之于冊 不待貶黜 其失自見〕" ≪發明≫

【綱】 겨울 12월에 柔然이 北魏에 사신을 보냈다.

冬十二月에 柔然이 遣使如魏하다

【目】 柔然의 伏跋可汗이 사신을 보내 北魏에게 和親을 요청하면서 대등한 나라의 禮를 사용하였는데, 魏主(元詡)가 그를 만날 적에 藩國의 禮가 구비되지 않았다고 꾸짖고, 논의하여 漢나라가 匈奴를 대우한 故事에 의거하여 사신을 보내 답하였다.

司農少卿 張倫이 表文을 올리기를 "大明(훌륭한 임금)께서 御座에 계시어 국가가 부유하고 병사가 강한데 저들이 대등한 나라의 예를 행하는 것을 무엇이 두려워서 이렇게 한단 말입니까. 또 저 오랑캐가 비록 덕을 사모하여 왔지만 우리의 강한지 약한지를 살펴보려 한 것이니, 만일 王人(使臣)을 보내 저 오랑캐의 조정에서 명을 받아 그들과 형제가 된다면 祖宗의 뜻이 아닐 듯합니다. 정말 어쩔 수 없는 상황이라면 응당 詔書를 만들어 상하의 儀禮를 보이고, 宰臣에게 명하여 글을 써서 보내어 귀순하는 방도로 깨우치고 그 따를지의 여부를 살펴서 느긋하게 은혜와 위엄을 적질하게 펼치면 王者의 체통이 바로 설 터인데 어떻게 戎狄(유연)이 여러 나라를 겸병한 것으로 갑자기 典禮를 망가뜨릴 수 있겠습니까."라고 했지만, 따르지 않았다.

柔然伏跋可汗이 遣使하여 請和於魏하되 用敵國之禮어늘 魏主가 引見할새 讓以藩禮不備하고 議依漢待匈奴故事하여 遣使報之①한대 司農少卿張倫이 上表曰② 大明在御하사 國富兵彊하니 抗敵之禮를 何憚而爲리잇가 且虜雖慕德而來나 亦欲觀我彊弱이니 若使王人으로 銜命虜庭하여 與爲昆弟하면 恐非祖宗之意也니이다 苟事不獲已어든 應爲制詔하여 示以上下之儀하고 命宰臣致書하여 諭以歸順之道하고 觀其從違하여 徐以恩威進退之하면 則王者之體가 正矣리니 豈可以戎狄兼并으로 而遽虧典禮乎잇가하되 不從③하다

① 漢나라 宣帝가 呼韓邪單于를 諸侯王 위로 대우한 것은 臣이라 칭했기 때문이다. 살펴보건대 張倫의 表文에서 伏跋可汗과 형제가 되는 것을 諫言한 것은 漢나라의 文帝와 景帝의 고사를 인용한 것이다.[30]

漢宣帝待呼韓邪位在諸侯王上, 蓋稱臣也. 按張倫表諫與爲昆弟, 蓋用漢文・景故事.

② 張倫은 張白澤의 아들이다.

倫, 白澤之子也.

30) 漢나라의……것이다 : 漢 文帝가 匈奴 單于와 '형제의 의리를 맺은 일〔結兄弟之義〕'(≪漢書≫ 〈文帝紀〉), 景帝가 '公主를 보내어 匈奴 單于에게 시집보낸 일〔遣公主 嫁匈奴單于〕(≪漢書≫ 〈景帝紀〉)을 말한다.

③ "兼幷"은 伏跋可汗이 高車를 막 격파하고 반란을 일으킨 이웃 나라를 멸망시킨 것을 말한다.
兼幷, 謂伏跋新破高車及滅隣國之叛者也.

【綱】 梁나라가 馮道根을 豫州刺史로 삼았다.

梁이 **以馮道根**으로 **爲豫州刺史**하다

【目】 馮道根이 부지런하고 후덕하며 질박하고 어눌하며 행군할 때에는 士卒을 엄격히 관리하였으며, 諸將들이 공을 다룰 적에 풍도근은 홀로 잠자코 있었고, 행정이 청렴하고 간소하여 관리와 백성들이 흠모하였다. 上(蕭衍)이 일찍이 찬탄하기를 "풍도근이 있는 州는 조정에서 그 州가 있는지 모르게 한다."라고 하였다.

道根이 **謹厚木訥**하고 **行軍能檢勅士卒**하며 **諸將爭功**에 **道根**은 **獨默然**하고 **爲政淸簡**하여 **吏民懷之**러라 **上**이 **嘗歎曰 道根所在**는 **令朝廷不復憶有一州**라하다

【綱】 北魏가 銅을 채굴하여 동전을 주조하였다.

魏가 **採銅鑄錢**하다

【目】 北魏 崔亮이 王屋山 등에서 銅을 채굴해 동전을 주조하자고 건의하였는데, 그대로 따랐다. 그 뒤에 백성들이 私鑄錢을 많이 만들었는데 동전이 점차 얇고 작아져서 사용할수록 더욱 가벼워졌다.

魏崔亮이 **請於王屋等山**에 **採銅鑄錢**한대 **從之**[①]하다 **是後**에 **民多私鑄**하니 **錢稍薄小**하여 **用之益輕**이러라

① ≪五代志≫에 "河內郡 王屋縣에 王屋山이 있다." 하였다.
五代志 "河內郡王屋縣, 有王屋山."

戊戌年(518)

梁나라 高祖 武帝 蕭衍 天監 17년이고 北魏 肅宗 孝明帝 元詡 神龜 원년이다.

梁天監十七年이요 魏神龜元年이라

【綱】봄 2월에 梁나라 安成王 蕭秀가 卒하였다.

春二月에 梁安成王 秀가 卒하다

【目】蕭秀가 梁主(蕭衍)와 평민 시절의 형제였음에도 君臣의 관계를 맺고 나선 조심하고 외경하는 자세가 소원한 사람보다 더하였는데, 梁主가 더욱더 훌륭하게 여겼다. 소수가 아우 始興王 蕭憺과 더욱 우애가 있어서 소담이 荊州刺史로 있을 때 받은 봉록을 항상 반으로 나눠 소수에게 주니, 소수가 이를 편한 마음으로 받고, 많이 준다고 사양하지 않았다.

秀가 雖與梁主로 布衣昆弟나 及爲君臣하얀 小心畏敬이 過於疏賤하니 梁主가 益以此賢之러라 秀가 與弟始興王憺으로 尤相友愛①하여 憺爲荊州에 常中分其祿하여 以給秀하니 秀稱心受之하고 亦不辭多也②러라

① 蕭秀·蕭憺은 모두 吳太妃의 아들이다.
秀·憺, 皆吳太妃之子.
② 稱(알맞다)은 尺證의 切이다.
稱, 尺證切.

【綱】여름 4월에 北魏 司徒 胡國珍이 卒하자 太上秦公이란 封號를 추증하였다.

夏四月에 魏司徒胡國珍이 卒커늘 追號太上秦公[31]하다

【目】胡國珍이 卒하자 假黃鉞 相國 太師로 추증하고 太上秦公이란 봉호를 내린 뒤 특별

31) 魏司徒胡國珍卒 追號太上秦公 : "胡國珍은 太后의 아버지일 뿐인데 太上이라고 봉호를 올렸으니 잘못된 호칭이 극심하여 그대로 기록하여 나무란 것이다. ○신하를 太上이라고 호칭한 것은 여기에서 시작되었다.〔國珍 后父耳 號之太上 非名甚矣 直書譏之 ○ 人臣稱太上始此〕" ≪書法≫
"太上의 호칭은 어찌 신하에게 마땅한 것이겠는가. 衰亂한 나라에 그 爵號가 한결같이 이 지경에 이르렀다. 비록 張普惠와 같은 사람이 있어 그 잘못을 말해도 온 조정의 신하들이 구차히 태후의 뜻에 영합하여 도리어 장보혜를 힐난하니 매우 도리에 맞지 않는다고 이를 만하다. 이를 책에 기록하였으니 또한 천년토록 웃음거리를 남기기에 충분하다.〔太上之稱 豈人臣之所宜乎 衰亂之國 其爵號一至於此 雖有張普惠者 能言其非 而擧朝之臣 希旨苟合 反加詰難 可謂不經之甚矣 書之於冊 亦足以貽千載之笑耳〕" ≪發明≫

한 의례로 장례를 거행하고, 胡太后의 모친 皇甫氏의 靈柩를 맞이해 合葬하고 太上秦孝穆君이라 하였는데, 諫議大夫 張普惠가 太上이란 명칭을 신하에게 써서는 안 된다며 疏를 올려 진술하였으나, 측근들이 감히 그를 위해 〈호태후에게〉 통보해주는 자가 없었다.

마침 호국진의 壙中을 파다가 단단한 바위를 만나자, 장보혜가 은밀하게 表文을 올리기를 "하늘에는 두 개의 태양이 없고 땅에는 두 분의 왕이 없습니다. 太上이란 上〔聖上〕으로 인하여 생긴 이름입니다. 皇太后께서 그 '令'자를 일컬을 적에 〈황제의〉 '敕'자 아래에 둔 것은 三從의 도리[32]를 취한 것입니다. 지금 司徒를 높여 太上이라고 한 것은 '敕'자 아래에 달아 쓰는 뜻에 어긋날까 염려됩니다.

요사이 吉日을 선택해 무덤을 정하였는데 壙中이 얕다는 이유로 새로운 자리로 바꾸는 것 또한 천지 신령이 극진한 警戒를 내려 성상의 마음을 열어주시려는 것입니다. 삼가 바라건대, 聖上과 아주 가까운 호칭을 사용하는 것을 멈추고, 사양하여 미덕을 밝게 드러내는 복을 맞이하소서."라고 하니, 호태후가 5품 이상의 관리들을 모아 널리 논의하도록 하였다.

王公들이 모두 태후의 뜻에 영합하여 앞다퉈 장보혜를 힐난해도, 장보혜가 논의에 대응해 답변을 해서 장보혜를 설복시킨 자가 없었지만, 호태후가 그 건의를 따르지 않았다.

國珍이 卒커늘 贈假黃鉞相國太師하고 號曰太上秦公하여 葬以殊禮하고 迎太后母皇甫氏之柩하여 與合葬하고 謂之太上秦孝穆君한대 諫議大夫張普惠가 以爲太上之名은 不可施於人臣이라하여 上疏陳之나 左右莫敢爲通①이러라 會에 胡氏穿壙遇石커늘 普惠가 乃密表曰 天無二日이요 土無二王이니 太上者는 因上而生名也라 皇太后稱令에 以繫敕下는 蓋取三從之道②니이다 今尊司徒하여 爲太上은 恐乖繫敕之意요 比克吉定兆호되 而以淺改卜은 亦或天地神靈이 所以垂至戒啓聖情也③니 伏願停逼上之號하고 以邀謙光之福하소서하니 太后가 乃集五品以上하여 博議할새 王公이 皆希太后意하여 爭詰難普惠어늘 普惠가 應機辨析하여 無能屈者로되 太后가 不從하다

① 爲(위하다, 때문에)는 去聲이다.
爲, 去聲.

② "稱令 以繫敕下"는 太后의 令자를 皇帝의 勅자 아래에 달아 쓰는 것을 말한다.
稱令以繫敕下, 謂繫太后令字於皇帝勅字下.

32) 三從의 도리 : 여인으로서 지켜야 할 세 가지 도리로, 시집가기 전에는 아버지를, 출가한 뒤에는 남편을, 남편이 죽은 뒤에는 아들을 따라야 한다는 도리이다.

③ 比는 근래이다. "以淺改卜"은 壙中을 파다가 바위를 만나 광중의 깊이가 낮은 탓에 새 묘지를 다시 점쳐 찾는 것을 말한다.
比, 近也. 以淺改卜, 謂因穿壙遇石而淺, 故改卜宅兆.

【綱】 北魏가 綿과 麻의 세금을 다시 징수하였다.

魏가 **復徵綿麻稅**[33)]하다

【目】 北魏 尙書가 백성들에게 綿과 麻의 세금을 다시 징수할 것을 상주하였는데, 張普惠가 다음과 같이 상소하였다.

"高祖(元宏)께서 大斗(큰 말)를 폐기하고 長尺(긴 자)을 버리고 重稱(무거운 저울)을 개정한 것은 백성을 사랑하여 세금의 부과를 가볍게 하려는 것이며, 軍國에 綿과 麻가 필요하다는 것을 아셨기에 絹을 징수할 때 綿을 더 징수하고 布를 징수할 때에 麻를 더 징수한 것입니다.[34)] 그리고 백성들이 저울과 자에 의한 감소분이 綿과 麻뿐만이 아니었으므로 앞다퉈 납부한 것입니다.

그런데 이때부터 納稅하는 絹과 布의 길이와 폭이 점차 길고 넓어졌으므로 백성들의 원망하여 朝野에 들렸습니다. 재상들이 그 근본을 살피지 못하고 갑자기 면과 마의 징수를 폐기하였다가, 오래지 않아 尙書가 국가 재정이 부족하다는 이유로 다시 징수하려 하니, 이는 천하의 큰 신뢰를 저버리고 이미 시행한 조칙을 폐기해서, 이전의 잘못[35)]을 좇아가고 이후의 실수[36)]를 이루는 것입니다.

그런데 창고에 많은 면과 마가 있는데 뭇 신하들이 함께 백성들에게 이를 훔쳤다는 사실을 미처 생각지 못하니, 어째서입니까. 백성들이 납부한 것에 혹 잉여분이 발생하게 거두어도 有司가 법률에 의거하여 州와 郡에 죄를 물었다는 말이 들리지 않고, 조금

33) 魏復徵綿麻稅 : "'다시〔復〕'라고 한 것은 어째서인가. 감면해준 적이 있기 때문이다. 乙未(515)에 감면해주고 戊戌(518)에 징수하였으므로 '復'라고 기록하였으니, 漢나라 시기에 '다시 田租의 반을 거두었다.'고 쓴 것과는 크게 다르다(景帝 원년(B.C. 156)). ≪資治通鑑綱目≫에서 租稅에 '復'라고 기록한 것은 2번이다.〔復者 何 嘗蠲也 乙未蠲之 戊戌而徵之 故書復 與漢書復收半租者大異矣(景帝元年) 綱目租稅書復二〕" ≪書法≫ '漢書復收半租者'는 漢나라 景帝 때에 漢 文帝 때의 15분의 1세를 반으로 줄여 30분의 1세를 내게 한 것을 말한다.

34) 絹을……것입니다 : 絹 1필에 綿 8량을, 布 1필에 麻 15근을 별도로 징수하였는데, 延昌 4년(515)에 于忠이 이를 모두 면제시켰다.

35) 이전의 잘못 : 大斗・長尺・重稱을 쓴 것을 말한다.

36) 이후의 실수 : 綿과 麻의 세금을 다시 거둔 것을 말한다.

이라도 조악한 것이 있으면 戶主에게 죄를 묻고 三長까지 연좌시킵니다. 이 때문에 창고에 있는 견과 포가 규정을 벗어난 것이 많습니다. 그리고 신하들이 봉록을 받을 때 저마다 견과 포가 길고 넓고 무거운 것을 요구하지만 견과 포의 端과 幅에 잉여분이 발생한 것을 다시 관청에 납부하기를 청했다는 말을 듣지 못했습니다. 지금 면과 마를 다시 징수하고자 한다면 마땅히 저울과 자를 바로잡고 규정을 엄격히 세워 금지하여 멋대로 이를 벗어나지 못하게 해서, 천하 사람들로 하여금 두 분 성상(황제와 황태후)께서 백성을 사랑하고 법률을 중시하는 마음을 알게 해야 합니다. 이렇게 하면 太和(477~499, 孝文帝의 연호)의 정치를 神龜(518~520, 孝明帝의 연호)의 시대에 다시 볼 수 있을 것입니다."라고 하였다.

魏尙書가 奏復徵民綿麻之稅한대 張普惠가 上疏曰 高祖가 廢大斗去長尺改重稱은 以愛民薄賦[①]요 知軍國須綿麻之用이라 故於絹增綿하고 於布增麻니 民以稱尺所減이 不啻綿麻라 故鼓舞供調니이다 自玆로 所稅浸復長闊하니 百姓嗟怨하여 聞於朝野[②]니이다 宰輔不尋其本하고 遽罷綿麻러니 旣而尙書가 以國用不足으로 復欲徵斂하니 去天下之大信하고 棄已行之成詔하여 追前非하고 遂後失이니이다 不思庫中에 大有綿麻한대 而群臣이 共竊之也니 何則고 所輸或羨이라도 未聞有司가 依律以罪州郡하고 小有濫惡하면 則坐戶主連及三長[③]이니이다 是以로 在庫絹布가 踰制者多하고 群臣受俸에 人求長闊厚重호되 未聞以端幅有餘로 還求輸官者也[④]니이다 今欲復調綿麻인댄 當先正稱尺하고 明立嚴禁하여 無得放溢하여 使天下知二聖之心이 愛民惜法이니 如此하면 則太和之政을 復見於神龜矣리이다하다

① 稱(저울)은 尺證의 切이며, 아래도 같다.
稱, 尺證切, 下同.
② "所稅"는 絹과 布를 말한다.
所稅, 謂絹布.
③ 羨은 延面의 切이니 잉여이다. 三長은 隣長·理長·黨長이다.
羨, 延面切, 餘也. 三長, 隣長·理長·黨長也.
④ 布와 帛은 6丈이 1端이다. ≪爾雅≫에 "丈의 갑절을 端이라 하고 端의 갑절을 兩이라 하고 兩의 갑절을 匹이라 한다." 하였다. ≪說文解字≫에 "幅은 布·帛의 너비이다." 하였다.
布帛六丈爲端. 爾雅 "倍丈謂之端, 倍端謂之兩, 倍兩謂之匹." 說文 "幅, 布帛廣也."

【綱】魏主(元詡)가 한 달에 한 번 조회를 보기 시작하였다.

魏主가 始月一視朝[37]하다

【目】 張普惠는 魏主(元詡)가 苑囿에서 놀고 말타는 것을 좋아하여 朝會를 직접 주관하지 않고 불교를 지나치게 숭상하여 郊祭와 廟祭를 지내는 것을 대부분 有司에게 맡기니, 상소하여 다음과 같이 간절하게 간언하였다.

"한량 없는 내세의 공덕을 늘리기 위해 백성들의 거금을 소모시키고, 가깝게는 생업에 종사하는 일이 없는 승려에게 공양하고 멀게는 기약할 수 없는 보답을 추구하는 것은, 만국 백성들의 환심을 하나로 모아 각자의 부모를 섬겨, 천하 사람들로 하여금 화평하게 하고 재해가 발생하지 않도록 하느니만 못합니다. 삼가 바라건대, 거동을 진중하게 하시어 만방의 모범이 되시고, 몸소 郊祭와 廟祭의 경건한 예를 지극히 하시고, 朔望의 의례에 직접 임하시고, 成均(太學)에서 釋奠을 거행하시고, 千畝의 藉田[38]에 마음을 다하시고, 사찰의 긴요하지 않는 화려한 꾸밈을 없애고, 오랫동안 삭감한 百官의 祿俸을 원래대로 되돌려주시면, 쓰는 것을 절약하고 백성들을 사랑하게 되어서 온 누리가 모두 의지할 것입니다."라고 하였는데, 얼마 뒤에 外廷에 칙서를 내려 釋奠의 의례에 대해 논의하도록 하고, 또 이로부터 매달 한 번씩 조회를 열어 뭇 신하를 보니, 모두 장보혜의 건의에 따른 것이다.

張普惠가 以魏主好遊騁苑囿하여 不親視朝하고 過崇佛法하여 郊廟之事를 多委有司하니 上疏切諫曰 殖不思之冥業하여 損巨費於生民하고 近供無事之僧하여 遠邀未然之報는 未若收萬國之歡心하여 以事其親하여 使天下和平하고 災害不生也①니 伏願淑愼威儀하사 爲萬邦式하시고 躬致郊廟之虔하시고 親紆朔望之禮하시며 釋奠成均하시고 竭心千畝하시며 撤僧寺不急之華하시고 還百官久折之秩하시면 則節用愛人하여 四海俱賴矣②리이다하니 尋敕外議釋奠之禮하고 又自是每月一陛見群臣하니 皆用普惠之言也러라

① 殖은 늘어나는 것이다. "不思"는 한량이 없고 끝이 없다는 말이니, ≪金剛經≫에 "그 福德이 이루 헤아릴 수 없다." 하였다. "冥業"은 저승의 공덕이다.

---

37) 魏主始月一視朝 : "太后가 정사를 제어한 것이다.〔太后制政也〕" ≪書法≫
"옛사람은 하루에 많은 機務를 다스려서 아침부터 해가 중천에 뜨고 기울도록 식사할 겨를이 없이 일에 못 미쳐갈까 우려하였다. 지금 魏主는 교만 방종하여 苑囿에서 말달리기를 좋아하고 친히 정무를 보지 않다가 다행히도 신하의 간절한 간언에 의해 한 달에 한 번 신하들에게 알현을 받기 시작하였으니 그 태만과 소홀함을 따라서 알 수 있다. ≪資治通鑑綱目≫에서 기록한 것이 이와 같으니 비록 망하지 않으려 해도 되겠느냐.〔古人一日萬幾 自朝至于日中昃 不遑暇食 猶恐弗及 今魏主驕縱好馳騁苑囿 不親視朝 幸因其臣切諫 乃始月一陛見群臣 則其怠忽從可知矣 觀綱目之所書如此 雖欲不亡得乎〕" ≪發明≫

38) 藉田 : 임금이 백성들에게 勸農의 모범을 보이기 위해 직접 경작하는 농지로, 백성들의 힘을 빌려〔藉〕 경작한다는 뜻을 담고 있다.

殖, 興長也. 不思, 猶言無量無邊. 金剛經 "其福德不可思量." 冥業, 幽冥中功業也.

② 紆는 두름이고, 굽음이다. 五帝 시대의 학교를 成均이라 한다. "千畝"는 藉田을 말한다. 撤은 제거함이다. 折(꺾다)은 食列의 切이니, 녹봉을 절감한 것이다. 예전에 北魏 高祖(元宏)가 재정이 부족하다고 하여 백관의 녹봉을 4분의 1을 줄였다.

紆, 縈也, 屈也. 五帝之學曰成均. 千畝, 謂藉田也. 撤, 去也. 折, 食列切. 折減秩祿也. 初魏高祖以用度不足, 百官之祿, 四分減一.

【綱】 5월에 梁나라 司徒 臨川王 蕭宏이 죄를 범해 파면되었다가 얼마 후 그 자위를 회복하였다.

五月에 **梁司徒臨川王宏**이 **有罪**하여 **免**이라가 **尋復其位**하다

【目】 梁나라 司徒 揚州刺史 臨川王 蕭宏의 첩의 아우가 사람을 살해한 뒤 소굉의 官府에 숨어 있었는데, 上(蕭衍)이 소굉에게 그를 내놓으라고 명하여 그날 법에 따라 처형하였다. 南司가 소굉을 면직시켜야 한다고 상주하자, 上이 批答하기를 "소굉을 사랑하는 것은 형제의 사적인 친분 때문이고 소굉을 면직시키는 것은 帝王의 바른 법이니, 상주한 것이 옳다."라고 하였다. 소굉이 洛口의 전투에서 패배한 뒤로부터 언제나 수치와 분노를 품고 있었는데, 도성에서 변고가 발생할 때마다 소굉의 이름이 등장해서, 여러 차례 有司들에 의해 탄핵을 받았으나 上이 번번이 사면하였다.

吳平侯 蕭昺에게 揚州를 다스리게 했는데 소병은 기품과 능력을 갖춰 上에게 신뢰를 받아 軍國의 큰일들을 모두 그와 논의하여 결정하였고, 양주에 있을 때 현명하고 과단성 있으며 명령[39]이 엄정하다고 더욱 일컬어졌다. 그로부터 얼마 되지 않아 소굉을 다시 司徒로 삼았다.

梁司徒揚州刺史臨川王宏妾弟가 **殺人**하여 **匿於宏府**어늘 **上敕宏出之**하여 **卽日伏辜**라 **南司奏免宏官**①커늘 **上注曰 愛宏者**는 **兄弟私親**이요 **免宏者**는 **王者正法**이니 **所奏可**라하다 **宏**이 **自洛口之敗**로 **常懷愧憤**이러니 **都下每有竊發**하면 **輒以宏爲名**하여 **屢爲有司所奏**나 **上輒赦之**러라 **以吳平侯昺**로 **監揚州**하니 **昺有風力**하여 **爲上所重**하여 **軍國大事**를 **皆與議決**이요 **在州**에 **尤稱明斷**하고 **符敎嚴整**이러라 **尋復以宏行司徒**하다

① 御史臺를 '南臺'라 하고, 또는 '南司'라고 한다.

---

39) 명령 : 원문의 '符敎'에서 符는 하급기관에 내리는 공문의 양식이고 敎는 敎命이다.

御史臺曰南臺, 亦曰南司.

【目】 司馬溫公(司馬光)이 다음과 같이 평하였다.

"蕭宏이 장수가 되어서는 三軍을 패망시키고 신하가 되어서는 대역죄에 걸렸는데 高祖(蕭衍)가 그의 죽을죄를 용서하는 것은 괜찮지만 수십 일 사이에 다시 三公에 임명하였으니, 형제의 은혜에는 참으로 후하다 할 수 있으나 제왕의 법은 과연 어디에 있단 말인가."

司馬公이 曰 宏이 爲將엔 則覆三軍하고 爲臣엔 則涉大逆이어늘 高祖가 貸其死罪는 可矣어니와 數旬之間에 還爲三公하니 於兄弟之恩엔 誠厚矣나 王者之法이 果安在哉아

【綱】 北魏가 三字石經을 보수하다.

魏가 補三字石經[40)]하다

【目】 예전에 洛陽에 漢나라 때에 세워둔 三字石經이 있어, 여러 차례 전란을 겪으면서도 전혀 손상을 입지 않았는데, 北魏 馮熙와 常伯夫가 洛州刺史가 돼서 이곳을 헐어 浮圖를 세우면서 결국 크게 망가졌다. 國子祭酒 崔光이 관리를 파견해 지키도록 하고, 博士 李郁 등에게 명하여 망가진 부분을 보수할 것을 요청하였는데, 太后가 허락했으나 때마침 元叉와 劉騰이 반란을 일으키면서 그 일이 결국 무산됐다

初에 洛陽에 有漢所立三字石經하여 屢經喪亂이라도 初無損失①이러니 及魏馮熙와 常伯夫爲洛州하여 毁以建浮圖하여 遂大頹落②이러라 國子祭酒崔光이 請遣官守視하고 命博士李郁等하여 補其殘缺하니 太后許之나 會에 元叉와 劉騰이 作亂하여 事遂寢하다

① 漢 靈帝 때 五經의 文字를 바로잡아 蔡邕에게 명하여 古文·篆書·隸書로 된 3體의 글씨체로 만들게 해서, 이를 碑石에 새겨 太學의 문 밖에 세웠다.
漢靈時正定五經文字, 命蔡邕爲古文·篆·隸三體字法, 刻於石碑, 立於太學門外.

40) 魏補三字石經 : "이때에 마침 元叉의 난리가 마침내 잠잠해졌으나 아직 사건이 끝난 것이 아니었다. 그것을 기록한 것은 어째서인가. 경전을 높인 것을 가상히 여긴 것이기 때문이다. 그러므로 진실로 道를 존중하는 마음이 있으면 비록 일을 마치지 못하였어도 반드시 기록하였다. ≪資治通鑑綱目≫에서 石經을 기록한 것은 5번이다(漢 靈帝 熹平 4년(175), 이해(518), 또 丙寅年(546), 陳나라 己亥年(579), 唐 文宗 開成 2년(837)).〔於是會元叉之亂遂寢 則未卒事也 其書之 何 嘉尊經也 故苟有重道之心 雖未卒事必書 綱目書石經五(漢靈帝熹平四年 是年 又丙寅年 陳己亥年 唐文宗開成二年)〕" ≪書法≫

② 北魏가 平城을 수도로 삼을 때에 洛陽을 洛州로 삼았는데, 낙양으로 옮기고 나서 비로소 司州로 바꿨다.
魏都平城, 以洛陽爲洛州, 既遷洛, 始改爲司州.

【綱】 가을 7월에 北魏 河州의 羌人들이 반란을 일으키자 토벌하여 평정하였다.

秋七月에 **魏河州羌反**이어늘 **討平之**하다

【目】 北魏 河州의 羌族 却鐵忽이 반란을 일으키자 源子恭을 行臺로 삼아 토벌하게 하였다. 원자공이 도착한 뒤에 각 州와 郡 및 諸軍들을 엄격하게 통제하여 백성들의 물건을 조금도 침해하는 일이 없도록 하고, 경솔하게 적들과 전투를 벌이지 못하게 한 뒤에 위엄과 은혜의 모습을 동시에 보여주어서 강족으로 하여금 후회하고 두려움에 떨게 하니, 각철홀 등이 서로 이끌고 투항하였다. 원자공은 源懷의 아들이다.

魏河州羌却鐵忽이 反이어늘 以源子恭으로 爲行臺하여 討之①러니 子恭이 至하여 嚴勒州郡及諸軍하여 毋得犯民一物하고 亦不得輕與賊戰하여 然後示以威恩하여 使知悔懼하니 鐵忽等이 相帥降이러라 子恭은 懷之子也라

① 河州는 枹罕에 치소를 두었으니, 金城郡·武始郡·洪和郡·臨洮郡을 관할하였다.
河州治枹罕, 領金城·武始·洪和·臨洮郡.

【綱】 9월에 北魏 太后 胡氏가 이전의 太后 高氏를 시해하였다.

九月에 **魏太后胡氏**가 **弑其故太后高氏**[41)]하다

---

41) 魏太后胡氏 弑其故太后高氏 : "모두 太后인데 '시해〔弑〕'라고 기록한 것은 어째서인가. 胡氏는 이전에 妾이었기 때문이다. 그러므로 胡氏가 비록 귀해졌으나 嫡妻와 媵妾의 구분은 없앨 수 없으니 ≪資治通鑑綱目≫의 명분이 엄격하다. 高氏를 '옛 태후〔故太后〕'라고 기록하였으니 魏主가 폐위한 것을 인정하지 않은 것이다. ≪자치통감강목≫에서 太后에 대해 '弑'라고 기록한 것은 8번인데(漢 靈帝 中平 6년(189)에 자세하다.) 이를 제외하면 기록한 것이 없다.〔俱太后矣 其書弑 何 胡 故妾也 故胡氏雖貴 而嫡妾之分不可泯 綱目之名分嚴矣 高氏書故太后 不予魏主之廢之也 綱目太后書弑八(詳漢靈帝中平六年) 舍是無書者矣〕" ≪書法≫

"高氏는 처음에 총애를 받은 것에 의하여 마침내 于后를 시해하고 황후가 되었고 지금 이미 폐위되어 여승이 되었는데, 胡氏가 또 따라서 시해하였다. 于氏가 실로 시해되었는데도 이전의 史書에 그 말을 분명하게 하지 않았다. 지금 高氏 역시 시해된 것이 바로 史冊에 '暴卒(갑자기 卒했다.)'로 보이니, 마치 응보가 符節을 합한 듯하다. ≪資治通鑑綱目≫에서는 모두 그 명분을 바로잡아서 '弑'로 기록하였으니 규방의 비밀스런 일이라고 해서 그것을 피하지 않은 것이겠다.〔高氏始因有寵 遂弑于后而立 今既廢爲尼矣 胡氏又從而弑之 于氏實弑 而前史不明其說 今高氏亦弑 乃以暴卒見于史冊 好還之報 若合符

【目】 北魏 胡太后가 天文에 변고가 발생한 것으로 高太后에게 뒤집어씌우려 하였는데, 얼마 뒤에 고태후가 갑자기 卒하자, 비구니의 예로 장례를 치렀다.

魏胡太后가 以天文有變으로 欲以高太后當之러니 旣而暴卒이어늘 以尼禮葬之하다

【綱】 北魏가 西域에 사신을 보내서 佛經을 구하였다.

魏가 遣使如西域하여 求佛書[42]하다

【目】 北魏 胡太后가 사신 宋雲과 比丘 慧生을 西域에 보내 佛經을 구해오게 하였다. 송운 등이 4천 리를 가서 赤嶺에 이르러 북위의 국경을 벗어나고, 또다시 서쪽으로 길을 걸어 2년 만에 乾羅國에 도착해서 170部의 불경을 구해 돌아왔다.

魏胡太后가 遣使者宋雲與比丘慧生하여 如西域하여 求佛經①하다 雲等이 行四千里하여 至赤嶺하여 乃出魏境②하고 又西行하여 再朞에 至乾羅國하여 得佛書百七十部而還③하다

① 比丘는 승려이다. 梵語에 比丘는 中華의 乞士(걸식하는 士)란 말이니 위로는 諸佛에게 법을 빌어 惠命[43]을 돕고, 아래로는 施主에게 음식을 빌어 色身[44]을 돕는다는 말이다.
比丘, 僧也. 梵語比丘, 夏言乞士, 謂上於諸佛乞法, 資益惠命, 下於施主乞食, 資益色身.

② 赤嶺은 唐나라 鄯州 鄯城縣 서쪽 200여 리에 있다.
赤嶺, 在唐鄯州鄯城縣西二百餘里.

③ 乾羅는 夷狄의 나라 이름이며, 그 나라에는 經敎(불교의 교리)가 많다.
乾羅, 夷狄國名, 其國多釋氏經敎.

【綱】 北魏가 鹽池의 禁法을 복원하였다.

節 綱目皆正其名而書之 不以房闥之秘 而爲之諱也歟〕" ≪發明≫

42) 魏遣使如西域 求佛書 : "後秦이 鳩摩羅什을 國師로 삼아 佛書가 中國에 퍼진 뒤로 마침내 친히 강론하는 자가 있게 되었다. 이때에 다시 西域으로 사신을 보내서 170部를 얻어 돌아와서 西戎의 말이 천하에 가득하게 되었는데 北魏가 한 짓이므로 삼가 기록한 것이다. 북위가 성대할 적에는 '〈중국의 책 중에〉 산실된 책을 구하였다.〔求遺書〕'를 기록하였고(齊나라 乙亥年(495)), 쇠퇴하게 되어서는 '佛經을 구하였다.〔求佛書〕'를 기록하였으니 세상의 변화를 살펴볼 수 있다. ≪資治通鑑綱目≫이 마칠 때까지 '求佛書'를 기록한 것은 1번뿐이다.〔自秦以鳩摩羅什爲國師 而佛書布中國 是後遂有親講者矣 於是復使西域 得百七十部而還 侏離之言 盈於天下 魏爲之也 故謹書之 魏之盛也 書求遺書(齊乙亥年) 及其衰也 書求佛書 世變可覩矣 終綱目書求佛書 一而已〕" ≪書法≫

43) 惠命 : 法身을 가리킨 말이다. 법신은 三身의 하나로 진리를 의미한다. 眞身이라고도 한다.

44) 色身 : 불교에서 형질의 몸을 가리킨 말로 육신을 말한다.

魏復鹽禁[45]하다

【目】 이해에 北魏 太師 元雍 등이 上奏하기를 "鹽池는 하늘이 내린 곳간이고 뭇 생명을 기르는 것이니, 先朝에서 禁令을 만든 것은 백성들과 그 이익을 다투려 함이 아닙니다. 다만 호강한 귀족들이 점거하고 인근 백성들이 탐욕스레 차지하여 빈약한 자와 멀리서 찾아온 이들이 아득히 절망에 빠졌는데, 그 때문에 주관하는 관리를 설치하여 강자와 약자를 살피도록 한 것입니다. 10분의 1의 세금은 예로부터 있었고, 먼 곳이나 가까운 곳이 균등하게 이루어져 공적으로나 사적으로나 모두 이익이 되었습니다. 그런데 甄琛이 금령을 폐지하게 되어서는 鹽池 주변 백성들이 제멋대로 점유하여 그들이 만든 금지 규정을 말하였는데 〈거두는 것이〉 관청보다 갑절이나 되니, 이를 금지하소서."라고 하였는데, 바로 그 말을 따랐다.

是歲에 魏太師雍等이 奏하되 鹽池는 天藏이요 資育群生①이니 先朝爲之禁限은 非與細民爭利니이다 但以豪貴封護하고 近民吝守하여 貧弱遠來가 邈然絶望이어늘 因置主司하여 裁察彊弱이니이다 什一之稅는 自古有之요 遠近齊平하여 公私兩利러니 及甄琛罷禁하얀 乃爲繞池之民이 (檀)〔擅〕[46]自固護하고 語其障禁한대 倍於官司하니 請禁之하소서하니 便從之하다

① 藏(저장고)은 才浪의 切이다.
藏, 才浪切.

己亥年(519)

梁나라 高祖 武帝 蕭衍 天監 18년이고 北魏 肅宗 孝明帝 元詡 神龜 2년이다.

梁天監十八年이요 魏神龜二年이라

【綱】 봄 정월에 梁나라가 袁昂을 尙書令으로, 王暕과 徐勉을 僕射로 삼았다.

春正月에 梁이 以袁昂으로 爲尙書令하고 王暕과 徐勉으로 爲僕射①하다

① 王暕은 王儉의 아들이다. 暕은 음이 簡이다.

45) 魏復鹽禁 : "이때까지 16년간에 鹽禁이 모두 3번 변하였다.〔於是十六年間 鹽禁凡三變矣〕" 《書法》
46) (檀)〔擅〕 : 저본에는 '檀'으로 되어 있으나, 《資治通鑑》에 의거하여 '擅'으로 바로잡았다.

暕, 儉之子也. 暕, 音簡.

【綱】 北魏 太后가 비로소 詔를 칭하였다.

◑ **魏太后**가 **始稱詔**하다

【綱】 2월에 北魏 羽林과 虎賁이 반란을 일으켜, 將軍 張彝를 살해하였다.

◑ **二月**에 **魏羽林**과 **虎賁**이 **作亂**하여 **殺將軍張彝**[47)]하다

【目】 北魏 征西將軍 張彝의 아들 張仲瑀가 封事를 올려, 武人들을 배척하고 억제하고자 銓衡의 기준에서 〈무인을〉 삭제하여 淸品(淸職)에 들지 못하도록 청하였는데, 이에 비방하는 소리가 길에 가득하여 큰 거리에 방문을 붙이고 날짜를 정해 모여들어서, 장이의 집안을 도륙하고자 하였는데 장이 부자는 태연하게 개의치 않았다.

이때 천 명에 가까운 羽林과 虎賁의 衛士들이 서로 이끌고 尙書省을 찾아와 욕하며 張仲瑀의 형 張始均을 요구하였는데, 얻지 못하자 기와 조각과 돌멩이로 상서성의 문을 공격하니 상하의 관리들이 두려워하여 누구 하나 감히 막아서지 못하였다. 결국 장씨 집으로 가서 장이를 끌어내 때리거나 욕을 하고 그 집을 불살랐다. 장시균이 적도들에게 절을 하고 아버지의 목숨을 살려달라 요청했지만 적도들이 그를 구타하여 불 속에 던져버렸다. 장중우는 중상을 입고 도망가 화를 모면하였고 장이는 겨우 숨만 남았다가 이틀 만에 세상을 떠나니, 원근의 사람들이 크게 놀랐다.

胡太后가 우림과 호분 가운데 흉폭한 짓을 한 자 8명을 잡아들여 참수하고, 나머지는

---

47) 魏羽林虎賁作亂 殺將軍張彝 : "羽林·虎賁을 증치한 뒤로 이때에 20여 년이 되었다. 그 폐단이 결국 드러나서 심지어 大臣을 죽였는데도 감히 추궁하는 이가 없었다. 北魏의 기강이 없는 것이 이와 같아서 姦雄 중에 국가를 넘보는 자가 있게 되었으므로 삼가 기록한 것이다.〔自增置羽林虎賁 及是二十餘年耳 其弊遂見 至於戕殺大臣 而莫敢窮問焉 魏之不綱若此 姦雄有以窺國矣 故謹書之〕" ≪書法≫

국가가 설 수 있는 것은 紀綱이 있기 때문이다. 지금 ≪資治通鑑綱目≫에서 北魏 虎賁이 난리를 일으켜 將軍을 죽였다고 기록하였는데 北魏 사람들이 虎賁의 죄를 물어 다스렸다는 것을 듣지 못하였으니, 그렇다면 그 나라에 정치가 없음을 알 수 있다. 이것이 識者들이 장차 어지럽게 될 것을 알게 된 이유이다. 그러나 張彝 父子는 刻薄함으로 재앙을 불렀으니 마땅히 그 관직을 삭탈해야 하는데, ≪자치통감강목≫에서 그래도 그것을 기록해준 것은 바로 대신이 해를 당한 실상을 드러내준 것이지 이것으로 張彝를 인정해준 것이 아니다. 글에 의하여 뜻을 살펴보면 알 수 있다.〔國之所以有立者 以紀綱存焉爾 今綱目書魏虎賁作亂 殺將軍 而不聞魏人討治虎賁之罪 則其國無政 爲可知矣 此識者所以知其將亂也 然張彝父子 以刻薄召禍 宜削其官 而綱目猶書之者 正以著大臣見害之實 而非以此予彝也 因文考義 則得之矣〕" ≪發明≫

더 이상 죄를 묻지 않은 채, 대사면령을 내려 그들을 안정시킨 뒤 무관도 자격에 따라 선발될 수 있도록 하게 하니, 식자들은 北魏가 장차 혼란에 휩싸이게 될 것을 알았다.

魏征西將軍張彝之子仲瑀가 上封事하여 求銓削選格[48]하고 排抑武人하여 不使豫淸品①한대 於是에 喧謗盈路하여 立牓大巷하고 克期會集하여 屠害其家하되 彝父子는 晏然하여 不以爲意러니 至是하여 羽林虎賁近千人이 相帥至尙書省하여 詬罵하고 求仲瑀兄始均하되 不獲이어늘 以瓦石擊省門②하니 上下慴懼하여 莫敢禁討러라 遂至其第하여 曳彝捶辱하고 焚其第舍할새 始均이 拜賊하여 請其父命하되 賊이 就毆擊하여 投之火中이라 仲瑀重傷走免하고 彝는 僅有餘息이라가 再宿而死하니 遠近이 震駭러라 胡太后가 收掩羽林虎賁凶彊者八人하여 斬之하고 其餘는 不復窮治하고 大赦以安之하고 因令武官得依資入選하니 識者가 知魏之將亂矣러라

① "銓削"은 銓衡을 해서 삭제하는 것이다.
銓削, 銓衡而削去也.
② 詬는 戶遘와 古候의 두 개의 切이니, 화를 내고 욕을 하는 것이다.
詬, 戶遘・古候二切, 怒罵也.

【目】 예전에 燕나라 高湖가 北魏로 도망갔는데, 그의 아들 高謐이 侍御史가 된 뒤에 범법을 저질러 懷朔으로 유배되어 대대로 북쪽 변방에 거주하여 결국 鮮卑族의 풍습에 익숙해졌다. 고밀의 손자 高歡은 생각이 깊고 큰 포부를 가졌으나 집안이 가난해 平城에서 노역하며 지낼 적에 부자인 婁氏 집안 딸이 그를 보고 남다르게 여겨 결국 시집을 갔고, 이때 비로소 말을 얻어 懷朔鎭의 函使의 직책을 담당하게 되었다. 洛陽에 도착해 장이의 죽음을 목격하고 집으로 돌아와서, 家産을 기울여 객들과 교우를 맺었는데, 혹자가 그 이유를 묻자 고환이 말하기를 "宿衛들이 서로 이끌고 大臣의 저택을 불사르고 조정이 그 혼란을 두려워하여 죄를 묻지 않으니, 정치의 상황이 이러하다면 미래의 일을 알 수 있다. 재물을 어찌 항상 지킬 수 있겠는가."라고 하였다. 고환이 司馬子如・劉貴・賈顯智・孫騰・侯景・尉景・蔡儁과 가깝게 지내고, 모두 任俠으로 향리에 큰 명성을 드날렸다.

初에 燕高湖가 奔魏러니 其子謐이 爲侍御史하여 坐法徙懷朔하여 世居北邊하여 遂習鮮卑之俗이러니 謐孫歡이 沈深有大志나 家貧執役하여 在平城할새 富人婁氏女가 見而奇之하여 遂嫁

48) 銓削選格 : ≪資治通鑑新注≫(陝西人民出版社, 1998)와 ≪新譯資治通鑑≫(張大河 等 注釋, 三民書局, 2017)에는 각기 ≪魏書≫ 〈張彝傳〉과 嚴衍의 ≪通鑑補≫에 '削'이 '別'로 되어 있다 하였다. 別로 보면 선발의 규정을 改修했다는 뜻이다. 여기서는 우선은 저본대로 '削'으로 번역하였다.

焉하여 始有馬하여 得給鎭爲函使[①]러라 至洛陽하여 見張彝之死하고 還家하여 傾貲以結客이어늘 或問其故한대 歡이 曰 宿衛相帥하여 焚大臣之第하되 朝廷이 懼其亂하여 而不問하니 爲政如此하면 事可知矣니 財物을 豈可常守邪아하다 歡이 與司馬子如劉貴賈顯智孫騰侯景尉景蔡儁相友善하고 竝以任俠雄於鄉里[②]하다

① 서신은 모두 봉투에 넣어 봉하는데, 函使란 사자에게 봉투를 들고 도성에 가는 사람이다. 凡書表皆函封. 函使者, 使奉函詣京師也.

② 顯智는 이름이 智이니, 字로 통용하였다. 尉景은 高歡의 친 손위 누이(高婁斤)의 남편이다. 顯智, 名智, 以字行. 尉景, 高歡同産姊壻也.

【綱】北魏가 崔亮을 吏部尙書로 삼아, 停年格[49]을 마련하였다.

魏가 以崔亮으로 爲吏部尙書하여 立停年格[50]하다

【目】이때에 관리의 정원은 적었고 선발에 응하는 자는 많았는데 吏部尙書 李韶가 관리의 전형을 시행하지 않아 큰 원성이 발생하자 교체하여 崔亮을 이부상서로 삼았다. 최량이 선발 제도를 만들었는데, 인물의 재능 여부를 묻지 않고 오직 직무를 담당한 기간만으로 기준을 삼자 오랫동안 적체되었던 자들이 훌륭하다고 일컬었다.

최량의 사위 劉景安이 최량에게 편지를 보내, "殷나라와 周나라에서는 鄕塾에서 士를 천거하고, 西漢·東漢 때에는 州縣에서 인재를 천거하였으며, 魏晉時代에는 이전의 제도를 따르면서 또 中正을 두었으니, 비록 완전히 훌륭하지는 않다고 해도 열에 예닐곱은 거두어들일 수 있었습니다. 그런데 지금 조정에서 인재를 천거할 적에 단지 그 문장의 재능만 요구하고 그 이치에 대해 묻지 않으며, 孝廉을 천거할 적에 오직 古書의 문장만 논하고 정치의 도리에 대해 언급하지 않으며, 中正을 세울 때 재능과 품행을 살피지 않고 한갓 성씨만을 따져, 인재의 취택이 광범위하지 못하고 도태시키는 방법이 정밀하지 못합니다. 장인께서 銓衡을 담당하시니 의당 更張하여 풍조를 바꾸셔야 하는데, 어찌하여 반대로 停年格을 만들어 제한하신단 말입니까. 이러면 天下의 어떤 선비가 명

49) 停年格 : 관원을 재직 기간만 따져 승진시키는 제도이다.

50) 魏以崔亮……立停年格 : "北魏가 관리의 선발에서 인재를 잃은 것은 이로부터 시작되었으니 특별히 기록한 것이다. 북위의 시대가 끝날 때까지 '누구로 吏部尙書를 삼았다.〔以爲吏部尙書〕'라고 기록한 것은 2번이다(郭祚, 崔亮). 곽조만이 道에 가까울 것이라 할 것이다. ○ 후세에 經歷과 신분으로 사람을 등용하는 것은 여기에서 시작되었다.〔魏之選擧失人 自此始 特書志之 終魏之世 書以爲吏部尙書二(郭祚 崔亮) 惟郭祚其庶幾乎 ○ 後世資格用人始此〕" ≪書法≫

예와 품행을 닦겠습니까."라고 하였다.

時에 官員既少하고 應選者多어늘 吏部尙書李韶가 銓注不行하여 大致怨嗟러니 乃更以崔亮으로 爲尙書하니 亮이 爲格制하되 不問士之賢愚하고 專以停解日月로 爲斷하니 沈滯者가 稱其能이러라 亮의 甥劉景安이 與亮書에 曰 殷周는 以鄕塾貢士①하고 兩漢은 由州縣薦才②하며 魏晉은 因循하여 又置中正③하니 雖未盡美나 什收六七어니와 而朝廷貢才에 止求其文하고 不取其理하며 察孝廉에 唯論章句하고 不及治道하며 立中正에 不考才行하고 空辨氏姓하여 取士不博하고 沙汰未精하니 舅當銓衡이어니 宜須改張易調어늘 如何反爲停年格하여 以限之니잇가 天下士子가 誰復修厲名行哉④리잇가하다

① ≪禮記≫ 〈王制〉에 "鄕에서 秀士를 평가하여 司徒에 올려 보내게 하는데 이를 選士라 하고, 司徒가 秀士를 평가하여 學에 올려 보내는데 이를 俊士라 한다." 하였다.
王制命鄕論秀士, 升之司徒, 曰選士, 司徒論秀士而升之學, 曰俊士.

② 〈"薦才"는〉 賢良·文學·孝廉의 천거를 말한다.
謂賢良·文學·孝廉之擧也.

③ 三國時代 魏나라는 吏部가 천하의 인재를 제대로 심사하지 못한다고 여겼기 때문에 郡國과 州에 각기 中正을 두게 하였다.
三國魏以吏部不能審覈天下士, 故令郡國及州(名)〔各〕[51]置中正.

④ 調는 徒釣의 切이며, 音調이다. 董仲舒가 말하기를 "비유하자면 琴과 瑟의 음조가 조화를 이루지 못할 때에는 반드시 다시 조절해야 한다." 하였다. 不調는 조화를 이루지 못한 것을 말한다.
調, 徒釣切, 音調也. 董仲舒曰 "譬如琴瑟不調, 必改而更張之." 不調, 謂不和也.

【目】洛陽令 薛琡이 글을 올리기를 "백성들의 목숨이 長吏(守令)에게 달려 있는데 관리를 선발할 때 단지 근무 연수와 공로만을 논하고 재능이 있는지의 여부를 가리지 않는다면, 명부를 들고 이름을 부르는 관리 하나면 충분할 것입니다. 사람을 단지 순서에 맞춰 임용한다면 어찌 銓衡이라 말할 수 있겠습니까."라고 하였다. 奏章에 답하지 않았다.

그 뒤에 또다시 上奏하여 "王公과 대신들에게 인재를 추천해서 郡縣에 보임해야 합니다."라고 청하자, 公卿들에게 이를 논의하도록 조칙을 내렸으나, 이 또한 중지되었다. 그 뒤 甄琛 등이 崔亮을 이어 尙書가 되었는데, 자신에게 편리한 것을 이롭게 여겨 그대로 시행하였으니, 北魏가 관리 선발에서 인재를 잃은 것은 최량으로부터 시작된

51) (名)〔各〕: 저본에는 '名'으로 되어 있으나, ≪資治通鑑綱目≫ 晉 武帝 太康 5년(284) 조에 의거하여 '各'으로 바로잡았다

것이다.

洛陽令薛琡이 上書①曰 黎元之命이 繫於長吏하니 若選曹에 唯取年勞하고 不簡賢否하면 執簿呼名에 一吏足矣라 數人而用하면 何謂銓衡이리잇가하나 書奏不報러라 後復奏乞令王公貴臣으로 薦賢以補郡縣어늘 詔公卿議之러니 事亦寢하다 其後에 甄琛等이 繼亮爲尙書나 利其便己하여 踵而行之하니 魏之選擧失人은 自亮始也라

① 琡은 之六의 切이며, 또 음이 俶이다.
琡, 之六切. 又音俶.

【綱】 北魏가 任城王 元澄을 司徒로 삼고 京兆王 元繼를 司空으로 삼았다.

魏가 以任城王澄으로 爲司徒하고 京兆王繼로 爲司空하다

【綱】 北魏가 百官의 녹봉을 다시 삭감하였다.

○魏가 復減百官祿하다

【目】 北魏가 누대에 걸쳐 강성해서 東夷와 西域의 공납이 끊이지 않고 또 互市를 세워 남쪽의 재화를 불러들였는데 이즈음에 이르러 창고의 재화가 넘쳐났다. 胡太后가 일찍이 비단 창고에 갈 때 백여 명의 수행자들에게 저마다 힘닿는 대로 비단을 짊어지고 가게 해서, 적게 취한 사람도 백여 필이 넘었는데 崔光만은 두 필만을 취해, 사람들이 모두 부끄러워하였다.

당시 종친들과 권신들이 앞다퉈 사치를 일삼았다. 世宗(元恪)이 일찍이 환관 白整에게 명하여 高祖(孝文帝)와 高后(文昭高后)를 위해 龍門山에 두 개의 佛龕을 굴착하게 하였는데 높이가 모두 백 척이었다. 劉騰이 다시 世宗을 위해 하나의 불감을 굴착할 적에 도합 18만 2천여 명의 인부를 동원하였는데 완성하지 못하였다. 호태후가 다시 끊임없이 사원을 세워, 각 州에 5층의 불탑을 세우도록 하니 백성들이 피폐해졌고, 諸王과 귀족, 환관과 羽林이 저마다 낙양에 사원을 세워서 서로 장엄하고 화려함을 뽐냈다. 호태후가 齋會[52]를 열어 승려들에게 普施할 때 번번이 많은 돈이 들었다. 그리고 좌우 신하들에게 상을 하사하며 드는 비용이 헤아릴 수 없었지만, 백성들에게 혜택이 미친 적은

52) 齋會 : 불교 신도들이 승려에게 음식을 대접하는 행사이다.

없었다.

魏가 累世彊盛하여 東夷西域이 貢獻不絶하고 又立互市하여 以致南貨하니 至是하여 府庫盈溢이라 太后가 常幸絹藏하여 命從行者百餘人하여 各自負絹하여 稱力取之①하니 少者도 不減百餘匹이어늘 崔光은 止取兩匹하니 衆皆愧之러라 時에 宗戚權倖이 競爲豪侈러니 世宗嘗命宦者白整하여 爲高祖高后하여 鑿二佛龕於龍門山하니 皆高百尺②이라 劉騰이 復爲世宗하여 鑿一龕할새 凡用十八萬二千餘工하되 而未成이러라 太后가 復建寺不已하여 令諸州各建五級浮圖하니 民力疲弊하고 諸王貴人과 宦官羽林이 各建寺於洛陽하여 相高以壯麗러라 太后가 設會施僧할새 動以萬計라 賞賜左右에 所費不貲하되 而未嘗施惠及民이라

① 稱(걸맞다)은 尺證의 切이다.
稱, 尺證切.

② "爲高"의 爲(위하다)는 去聲이며 아래도 같다. 龕은 口含의 切이며 탑이다. 혹자는 "塔 아래 방이다."라고 하였다. 이 龍門山은 바로 伊闕山이다.
爲高之爲, 去聲, 下同. 龕, 口含切, 塔也. 或曰 "塔下之室." 此龍門山, 卽伊闕山也.

【目】 창고가 점차 비자 백관들의 녹봉과 그 수하 아전들을 죽였는데, 任城王 元澄이 表文을 올리기를 "蕭衍이 항상 빈틈을 노려 침략하려는 뜻을 품고 있으니 국가가 강성할 때 일찍 통일을 도모해야 합니다. 그런데 요사이 공적으로나 사적으로나 모두 빈곤하니 불필요한 비용을 줄여서 시급한 일에 충당하도록 해야 합니다."라고 하였지만 胡太后가 이를 받아들이지 못하였다.

北魏가 永平(508~512) 이후로 明堂[53]과 辟雍[54]을 건축하면서도 동원된 인원이 천 명이 지나지 않았는데, 有司가 이들마저 다시 사찰의 건축에 전용함으로써 십여 년이 지나도록 완성하지 못하였다. 起部郎 源子恭이 상소하기를 "국가를 경영하는 일을 폐기하고 중요하지 않은 일에 비용을 대고 있으니, 마땅히 여러 노역을 철회하거나 줄이고, 하루 빨리 〈명당과 벽옹의〉 완성을 도모해서, 祖宗께는 하늘에 제사할 때 배향하는 날이 있게 하고 백성에게는 禮樂의 넉넉함을 보도록 해야 합니다."라고 하자, 조서를 내려 그것을 따랐으나, 역시 완성하지 못하였다.

府庫漸虛어늘 乃減削百官祿力①한대 任城王澄이 上表曰 蕭衍이 常畜窺覦之志하니 宜及國家

53) 明堂 : 군주가 政敎를 펼치는 장소로, 朝會·祭祀·褒賞 등의 주요 행사가 모두 이곳에 치러졌다.
54) 辟雍 : 太學으로 天子의 수도에 설치한 학교이다.

彊盛하여 早圖混壹이라 比年에 公私貧困하니 宜節省浮費하여 以周急務니이다하되 太后가 不能用이러라 魏가 自永平以來로 營明堂辟雍하되 役者不過千人이러니 有司가 復借以修寺하여 十餘年이나 竟不能成이러니 起部郎源子恭이 上書曰 廢經國之務하여 資不給之費하니 宜徹減諸役하고 早圖成就하여 使祖宗有嚴配之期하고 蒼生覩禮樂之富②이니이다하니 詔從之나 然亦不能成也러라

① 祿은 관청에서 받는 녹봉이다. 力은 관청에서 부리는 白直(하급 관리 또는 정원 외의 관리)이다.
祿, 在官所受之祿. 力, 在官所用白直也.

② ≪孝經≫에 "嚴父는 하늘에 짝하는 것보다 더 큰 것이 없다." 하였다.
孝經曰"嚴父, 莫大於配天."

【綱】 北魏 陳仲儒가 律準法[55]을 상주했으나 실행하지 못하였다.

魏陳仲儒가 奏律準法이나 不行[56]하다

【目】 北魏 사람 陳仲儒가 京房[57]의 견해에 의거하여 準을 세워 八音을 조율하기를 청하면서 다음과 같이 말하였다.

"準은 본디 律을 대신한 것이니, 그 分數를 취하여 악기들의 음을 조절하고 교정합니다. 그런데 五音을 조절하는 체제는, 宮・商은 濁音에 해당하고 徵(치)・羽는 清音에 해당합니다. 만일 公孫崇[58]의 의견에 의거하여 12律의 소리만을 기준으로 할 때 변환하여 서로 宮이 되어서 清音과 濁音이 모두 충족되지만, 黃鍾의 管이 가장 길기에 黃鍾을 宮으로 삼게 되면 이따금 서로 잘 조화가 됩니다. 그리하여 만일 八音으로 함께 연주하면 여전히 여러 음들을 섞어서 사용하여 아름다운 화음을 배합하여 완성시킬 수 있지

55) 律準法 : 律을 바로잡는 방법으로 漢 元帝 때에 京房이 準이란 악기를 만들어 律呂를 조절하였는데, 陳仲儒가 경방의 설에 의거하여 八音을 고르게 한 것이다.

56) 魏陳仲儒……不行 : "'시행하지 못하였다〔不行〕'라고 기록한 것은 어째서인가. 애석히 여긴 것이다. 禮樂의 일은 ≪資治通鑑綱目≫에서 늘 자세하게 기록하였다. 그러므로 陳仲儒가 律準을 상주하자 기록하고, 王朴이 律準을 만들자 기록하였다. ≪자치통감강목≫이 마칠 때까지 律準을 기록한 것은 2번뿐이다.〔書不行 何 惜之也 禮樂之事 綱目每詳書之 是故仲儒奏律準書 王朴作律準書 終綱目書律準二而已〕" ≪書法≫

57) 京房 : 前漢 元帝 때의 易學者이다. 易理에 능통하고 음률에 밝아, 隔八相生法으로 64괘에 맞춘 60律을 지었다.

58) 公孫崇 : 北魏 孝文帝 시대에 給事中・大樂祭主 등을 역임했으며, 음악에 조예가 깊어 ≪鍾磬志≫ 등을 저술하였다.

만, 만일 應鍾을 宮으로 삼고 蕤賓을 徵로 삼는다면 徵는 濁하고 宮은 淸하여 비록 그 韻이 있다 해도 音曲을 이루지 못하게 되고, 만일 中呂를 宮으로 삼게 되면 12律 중에 전혀 취할 것이 없게 됩니다.

지금 경방의 책에 의거하여, 中呂를 宮으로 삼고 去滅(60률의 하나)을 商으로 삼고 執始(60률의 하나)를 徵로 삼은 뒤에야 비로소 화음이 이루어집니다. 그런데 公孫崇은 中呂를 宮으로 삼으면서 여전히 林鍾을 徵로 삼고 있으니 어떻게 화음을 이룰 수 있겠습니까. 다만 聲音이 대단히 정밀하고 미묘한데 史書의 기록이 간략하고 소략합니다. 음악에 대한 옛 기록에 準이 13絃이고 隱間(琴 머리의 돌출된 부분)이 9尺이라고만 되어 있고 絃柱가 필요한지 여부를 설명하지 않고 있으며, 또 1寸 안에는 19,683의 分音이 있어 그 미세함을 밝히기 어렵습니다.

제가 개인적으로 살펴보건대, 準은 응당 絃柱를 사용해야 하되, 다만 앞서 絃柱를 잘 조절해서 準의 分度를 확정하면 거기서 상생되는 韻이 저절로 서로 부합될 것입니다. 中絃의 조절을 琴의 宮과 같이해서, 軫(기러기발)을 설치해 음을 조절하여 黃鍾과 부합하게 해야 합니다. 中絃 이하는 度數에 의거해 60律의 청탁의 음절을 구분하고, 나머지 12絃은 箏처럼 絃柱를 설치해서, 中絃의 一周(60律)의 聲音을 12絃 위에 度數에 맞춰 붙입니다. 그런 다음에 相生의 법에 의거해 차례대로 진행하여 12律의 商·徵를 취택하고, 商·徵가 확정되면 또다시 琴의 五音의 調式을 조절하는 법에 의거하여 악기를 균등하게 조절해야 하고, 그런 다음에 여러 음들을 섞어서 사용하여 꾸밀 수 있습니다. 만약 이러한 聲音에 어긋나게 되면 조화를 이루지 못할 것입니다."

尙書 蕭寶寅이 아뢰기를 "陳仲儒는 학문에 師承이 없고 경솔하게 제정하려 하는 것입니다."라고 하여, 일이 결국 중지되었다.

魏人陳仲儒가 請依京房하여 立準以調八音이라하여 曰 夫準은 本以代律이니 取其分數하여 調校樂器하되 而調聲之體는 宮商宜濁이요 徵羽用淸[①]이니이다 若依公孫崇하여 止以十二律聲하여 而云還相爲宮하여 淸濁悉足하되 唯黃鍾管最長이라 故以黃鍾爲宮하면 則往往相順이니이다 若均之八音인댄 猶須錯采衆音하여 配成其美어니와 若以應鍾爲宮하고 蕤賓爲徵하면 則徵濁而宮淸하여 雖有其韻이나 不成音曲이요 若以中呂爲宮하면 則十二律中에 全無所取[②]니이다 今依京房書하여 中呂爲宮하여 乃以去滅爲商하고 執始爲徵라야 然後方韻[③]이어늘 而崇이 乃以中呂爲宮하고 猶用林鍾爲徵하니 何由可諧[④]리오 但聲音이 精微어늘 史傳이 簡略하여 舊志에 準十三絃이요 隱間九尺이요 不言須柱以不[⑤]하고 又一寸之內에 有萬九千六百八十三分하여 微細難明이니이다 仲儒가 私考컨대 準當

施柱하되 但前却柱中하여 以約準分하면 則相生之韻이 已自應合이요 其中絃은 粗細須與琴宮相類하여 施軫以調聲하여 令與黃鍾相合⑥하며 中絃下는 依數畫六十律淸濁之節하고 其餘十二絃은 須施柱如箏하여 卽於中絃에 案盡一周之聲하고 度著(착)十二絃上⑦이니 然後依相生之法[59)]하여 以次運行하여 取十二律之商徵하고 商徵旣定하면 又依琴五調調聲之法하여 以均樂器⑧하고 然後錯采衆聲하여 以文飾之이니 若事有乖此聲이면 則不和니이다하다 尙書蕭寶寅이 奏하되 仲儒는 學不師受요 輕欲制作라하여 事遂寢하다

① ≪後漢書≫ 〈律歷志〉에 "竹管을 잘라 律을 만들고 입으로 불어 소리를 고찰한다. 術家들이 소리가 은미하여 체득하여 알기 어렵고 그 分數가 분명치 않음으로 準을 만들어 律管을 대신하였다. 準의 모양은 瑟과 같은데 길이가 1丈이고 13弦을 기본으로 삼는다. 律은 寸이 되지만 準에는 尺이 되며 隱間은 9尺으로, 黃鍾의 律 9寸에 호응한다. 중앙은 1弦이고, 아래에 分·寸을 그려놓아 60律 淸·濁의 節奏(리듬)를 구별한다." 하였다. 杜佑의 ≪通典≫에 이르기를 "옛 神瞽가 音律을 고찰해 소리를 고르게〔均〕 할 때 반드시 먼저 黃鍾均(황종운)[60)]을 세웠는데 黃鍾의 管은 9寸을 기본으로 삼으므로 九乘(구구법)을 사용해 管을 삼는디. 弦의 數는 9×9=81의 數이다." 하였다.

東漢律歷志 "截管爲律, 吹以攷聲. 術家以其聲微而體難知, 其分數不明, 故作準以代之. 準之狀如瑟, 長丈, 而十三弦爲法. 律爲寸, 於準爲尺. 隱間九尺, 以應黃鍾之律九寸. 中央一弦, 下有畫分寸, 以爲六十律淸濁之節." 杜佑通典曰 "古之神瞽. 考律均聲. 必先立黃鍾之均. 黃鍾之管. 以九寸爲法. 故用九乘爲管. 弦之數, 九九八十一之數也."

② 蕤賓(유빈)은 應鍾이 낳은 것이다. 5월은 음률이 유빈에 해당한다. ≪國語≫ 〈周語〉에 이르기를 "蕤賓은 神과 사람을 안정시키며 술잔을 올려 서로 주고받는 것이다."라 하고, ≪白虎通≫에 이르기를 "蕤는 낮추는 것이고 賓은 존경하는 것이니, 〈유빈은〉 陽氣가 위로 극에 이를 때 陰氣는 우선 물러서 존경을 표한다는 말이다." 하였다. 中呂의 中은 음이 仲이고, 또 본음대로 읽는다. 4월은 음률이 中呂에 해당한다. ≪白虎通≫에 이르기를 "仲呂란 만물이 모두 움직여 서쪽으로 간다는 말이다." 하였다.

蕤賓者, 應鍾之所生. 五月律中蕤賓. 周語曰 "蕤賓, 所以安靜神人, 獻酬交酢." 白虎通曰 "蕤, 下. 賓, 敬也. 言陽氣上極, 陰氣姑賓, 敬之也." 中呂之中, 音仲, 又如字. 四月律中中呂. 白虎通曰 "仲呂者, 言萬物盡旅, 而西行也."

③ ≪隋書≫ 〈律曆志 和聲〉에 "中呂가 위로 黃鍾을 낳는데 9寸이 채 되지 않는 것을 執始(60률

59) 相生之法 : 十二律의 相生의 법칙을 말하는 것으로, 隔八相生法을 말한다. 三分損益法에 의하여 상생된 십이율을 차례대로 배열하면 黃鐘에서 林鐘까지의 간격이 8이 되고 임종에서 太簇까지의 간격도 8이 된다. 이렇게 律管이 8자리를 건너가서 12율 모두를 생성하게 된다.

60) 黃鍾均(황종운) : 均은 12율의 각 음을 宮音으로 하면 12組의 음계를 이루는데, 그 각 한 組를 一均이라 한다. 즉 황종을 궁으로 한 음계를 황종운, 太簇(태주)를 궁으로 한 음계를 太簇均이라 한다. 均은 韻의 古字이다.

의 하나)라 하고 아래로 去滅(60률의 하나)을 낳으며, 위아래로 서로 만들어내어 南呂에서 끝마친다." 하였다.
隋音樂志 "中呂上生黃鍾, 不滿九寸, 謂之執始, 下生去滅, 上下相生, 終於南呂."

④ 6월은 음률이 林鍾에 해당한다. ≪白虎通≫에 이르기를 "林은 무리이니, 〈임종은〉 만물이 성숙해 種類가 많다는 말이다." 하였다.
六月律中林鍾. 白虎通曰 "林, 衆也. 言萬物成熟種類衆也."

⑤ 〈"不言須柱以不"는〉 그 위에 雁柱(기러기발)를 설치해야 하는지 여부를 말하지 않았다는 말이다. 柱는 箏 위의 雁柱와 같고, 以는 與(관여)와 같으며, 不(의문사)는 否로 읽는다.
謂不言其上須用施柱與否也. 柱如箏上之柱. 以, 猶與也. 不, 讀曰否.

⑥ 粗는 麤로 읽는다. 龍須(琴의 絃)의 아래 받침을 軫(기러기발)이라 하는데 弦의 긴장과 이완이 모두 軫에 의해 결정된다.
粗, 讀曰麤. 龍須之下, 名之曰軫. 蓋弦之緊緩, 皆由軫也.

⑦ 著(붙이다)은 直略의 切이다.
著, 直略切.

⑧ "五調"의 調(율조)는 徒釣의 切이다.
五調之調, 徒釣切.

【綱】 가을 8월에 北魏 中尉 元匡이 파면되었다가 다시 平州刺史가 되었다.

秋八月에 **魏中尉元匡**이 **免**이라가 **復以爲平州刺史**[61)]하다

【目】 北魏 中尉 東平王 元匡이, 자신의 건의가 여러 차례 任城王 元澄에 의해 논박당해 철회된 일로 분노하여, 옛 棺을 다시 끄집어내고 疏를 올려 원징을 공격하려 하였다. 그러자 원징이 원광의 죄상을 상주해서 廷尉가 사형으로 처결하니 조칙을 내려, 그의 관직을 삭탈하고 侯剛으로 그 자리를 대신하게 하였는데, 郎中 辛雄이 아뢰기를 "원광이 세 조정을 받들면서 남긴 올곧은 자취를 朝野가 모두 잘 알고 있습니다. 그래서 高祖(元宏)께서 匡(바르다)이라는 이름까지 하사하셨습니다. 先帝가 이미 앞서 용서하셨으니 폐하께서도 의당 뒤에서 관용을 베푸셔야 합니다. 끝내 그를 내쫓으면 충신들의 입을 막게 될까 염려됩니다."라고 하니, 그를 다시 平州刺史에 임명하였다.

魏中尉東平王匡이 **以論議數爲任城王澄所奪**①로 **憤恚**하여 **復治其故棺**하고 **欲奏攻澄**이어늘 **澄**이

---

61) 魏中尉元匡免 復以爲平州刺史 : "'다시 그로써〔復以〕'라고 기록한 것은 어째서인가. 과실을 고친 것을 찬미한 것이다.〔書復以 何 美改過也〕" ≪書法≫

因奏匡罪狀하여 廷尉가 處以死刑하니 詔削官爵하고 而以侯剛代之한대 郎中辛雄이 奏曰② 匡이 歷奉三朝하여 骨鯁之迹을 朝野俱知라 故高祖가 賜名曰匡이라하고 先帝가 已容之於前이어니 陛下도 亦宜寬之於後니 若終貶黜하면 恐杜忠臣之口니이다하니 乃復除匡平州刺史하다

① 元匡이 일찍이 棺을 만들어놓고 高肇의 죄를 논하며, 스스로 목숨을 끊겠다는 강한 태도로 諫言을 하려 하였으나 실현되지 못한 채 고조에게 축출당하였다.
匡, 嘗造棺, 欲論高肇罪自殺以諫, 不果, 而爲肇所黜.

② 辛雄은 辛琛의 族孫이다.
雄, 琛之族孫也.

【綱】 9월에 北魏 太后가 嵩山을 유람하였다.

九月에 魏太后가 遊嵩高[62]하다

【目】 예전에 北魏 胡太后가 宗室과 戚臣, 勳臣과 高官의 집을 찾자, 侍中 崔光이 表文을 올려 諫하기를 "禮에 의하면, 諸侯가 병을 문안하거나 喪에 조문하는 것이 아닌 일에 諸臣의 집에 찾아가는 것을 '임금과 신하가 戲謔을 한다.'라고 하고, 王后夫人이라 말하지 않은 것은 신하의 집에 찾아가는 도리가 없음을 밝힌 것입니다. 諸侯의 夫人은 부모가 살아 계시면 찾아가 안부를 묻지만 돌아가시면 卿을 보내 〈집안의〉 안부를 묻습니다. 漢나라 上官皇后[63]가 昌邑王을 폐위시킬 때 霍光[64]은 외조부로서 재상의 위치에 있었지만 상관황후가 武帳[65]을 달고 뭇 신하들을 접견한 것은 남녀의 분별을 보인 것입니

62) 魏太后 遊嵩高 : "무릇 '유람〔遊〕'은 나무란 것인데, 太后의 유람은 나무란 것 중에 나무란 것이다. ≪資治通鑑綱目≫에서 유람을 기록한 것은 8번인데(晉 安帝 元興 3년(404)에 자세하다.) 后가 유람함을 기록한 것이 3번이다(燕 符氏, 北魏 太后, 蜀 太后太妃).〔凡遊 譏也 太后遊 譏之譏也 綱目書遊八(詳晉安帝元興三年) 而后書遊三(燕符氏 魏太后 蜀太后太妃)〕" ≪書法≫
"〈春秋時代〉 魯나라 文姜은 齊나라의 딸인데 ≪春秋≫에 그녀가 〈近親相姦하러〉 齊나라에 가는 데에 正色하여 기록하지 않은 적이 없었으니, 진실로 婦人은 문지방을 넘어섬이 부당하기 때문이다. 胡氏의 음란함은 진실로 말할 거리가 못 되지만 書法은 신중하지 않을 수 없다. ≪資治通鑑綱目≫에서 '北魏 太后가 嵩山을 유람하였다.〔魏太后遊嵩高〕'라고 기록하였으니 그 미워함은 포폄을 기다릴 것도 없이 절로 드러난다.〔魯文姜 齊之女 而春秋於其如齊 未嘗不正色書之 誠以婦人不當踰閫閾故也 胡氏淫汚 固不足道 然書法則不可不謹 綱目書魏太后遊嵩高 其惡不待貶絕而自見矣〕" ≪發明≫

63) 上官皇后 : 漢 昭帝의 皇后로, 上官安의 딸이자 霍光의 외손녀다.

64) 霍光 : 漢 武帝의 사후 遺詔를 받들어 昭帝를 보필한 공로로 大司馬 大將軍에 임명되고 博陸侯에 책봉되었다.

65) 武帳 : 무사의 초상을 짜서 만든 휘장이다. 漢나라 때 황후가 뭇 신하를 대할 때 가로막이로 사용하였다.

다. 바라건대 폐하께서 밖에 유람 다니는 일을 멈추신다면 온 천하가 폐하를 의지하고 온 백성이 우러러 기뻐할 것입니다."라고 했지만, 받아들이지 않았다. 이때에 이르러 嵩山으로 유람을 떠나 며칠 만에 돌아왔다.

初에 魏胡太后가 數幸宗戚勳貴之家어늘 侍中 崔光이 表諫曰 禮에 諸侯가 非問疾弔喪에 而入諸臣之家를 謂之君臣爲謔이라하고 不言王后夫人은 明無適臣家之義니이다 夫人은 父母가 在하면 有歸寧하고 沒則使卿寧하나니 漢上官皇后가 將廢昌邑할새 霍光은 外祖也요 親爲宰輔로되 后가 猶御武帳하여 以接群臣은 示男女之別也니이다 願陛下가 簡息遊幸하시면 則率土가 屬(촉)賴하고 含生이 仰悅矣리이다호되 不聽[①]이러니 至是하여 遊嵩高하여 數日而還하다

① 屬(의탁하다)은 之欲의 切이다.
屬, 之欲切.

【綱】 겨울 12월에 北魏 司徒 任城王 元澄이 卒하였다.

冬十二月에 魏 司徒 任城王 澄이 卒하다

【目】 시호는 文宣이다.

諡曰文宣이라

【綱】 高句麗王 高雲(文咨王)이 卒하였다.

高麗王雲 卒하다

【目】 아들 高安(安臧王)이 왕위에 올랐다.

子安 立하다

【綱】 北魏가 郎官을 도태시켰다.

魏가 汰郎官하다

【目】 北魏가 郎官의 선발이 온전치 못하다 하여 대대적으로 도태시켰는데, 오직 朱元旭, 辛雄, 羊深, 源子恭, 祖瑩 등은 재능이 있다 하여 남겨졌고, 나머지는 모두 파면시켜 내

보냈다.

魏가 以郎選不精으로 大加沙汰하되 唯朱元旭辛雄羊深源子恭祖瑩等은 以才用見留하고 餘皆罷遣[①]하다

① 羊深은 羊祉의 아들이다.
深, 祉之子也.

庚子年(520)

梁나라 高祖 武帝 蕭衍 普通 원년이고 北魏 肅宗 孝明帝 元詡 正光 원년이다.

梁普通元年이요 魏正光元年이라

【綱】 봄 정월에 일식이 있었다.

春正月에 日食하다

【綱】 梁나라 左將軍 馮道根이 卒하였다.

◑梁 左將軍 馮道根이 卒하다

【目】 梁主(蕭衍)가 太廟와 小廟에서 봄 제사를 지내기 위해 궁중을 나섰는데 有司가 馮道根의 부고를 알렸다. 梁主가 中書舍人 朱异에게 묻기를 "길사와 흉사를 같은 날 행하는 것이 가능한가?"라고 하자, 대답하기를 "지난날 衛 獻公이 柳莊의 부고를 듣고 祭服을 벗지 않은 채 애도를 표했습니다. 풍도근이 왕실을 위해 공로를 세웠으니 찾아가는 것이 예의입니다."라고 하니, 梁主가 바로 그 집으로 가서 통곡하였다.

梁主가 春祠二廟러니 旣出宮할새 有司가 以道根訃聞[①]커늘 梁主가 問中書舍人朱异曰 吉凶을 同日이 可乎[②]아한대 對曰 昔에 衛獻公이 聞柳莊死하고 不釋祭服하고 而往哭之[③]하니 道根이 有勞王室이어니 臨之가 禮也니이다하니 梁主가 卽幸其宅하여 哭之慟하다

① 梁나라 군주가 太廟를 세워 太祖 文皇帝 이상의 六親(부, 모, 형, 제, 처, 자)을 제사하는 廟로 삼았는데 모두 같은 堂 안에서 있으면서, 마당은 함께한 채 별도의 室을 가졌다. 그 밖에 또 小廟가 있는데 太祖太夫人의 廟이다. 正室이 아니므로 별도로 廟를 세운 것이다. 梁

主가 매번 太廟에 제사를 지낸 다음엔 바로 小廟로 갔으며, 太廟의 의례와 같이 太牢를 준비한다. 太廟令과 小廟令을 두어서 廟의 일을 관장한다.

梁主立太廟, 祀太祖文皇帝以上爲六親廟, 皆同一堂, 共庭而別室. 又有小廟, 太祖太夫人廟也. 非嫡, 故別立廟. 皇帝每祭太廟訖, 乃詣小廟, 亦以一太牢, 如太廟禮. 有二廟令, 掌廟事.

② 异는 음이 異이다.

异, 音異.

③ ≪禮記≫ 〈檀弓〉에 "衛나라 太史 柳莊의 병이 깊자, 獻公이 '병세가 위중하다면 제사를 거행하는 상황이어도 반드시 보고하도록 하라.' 하였다. 〈헌공이 제사하려던 차에 유장이 죽었다는 부고가 오자,〉 헌공이 再拜하고 머리를 조아리며 尸童에게 청하기를 '유장이란 신하가 있는데 과인의 신하가 아니고 社稷의 신하입니다. 그가 죽었다 하니 찾아가보도록 해주소서.' 하고 祭服을 벗지 않은 채 찾아가, 결국 자신의 祭服으로 襚衣를 삼게 하였다." 하였다.

記檀弓曰 "衛太史柳莊寢疾, 公曰 '若疾革, 雖當祭必告.' 公再拜稽首, 請於尸曰 '有臣柳莊也者, 非寡人之臣, 社稷之臣也. 聞之死, 請往.' 不釋服而往, 遂以襚之."

【綱】高句麗가 梁나라에 朝貢을 바쳤다.

高麗入貢于梁하다

【綱】가을 7월에 北魏 侍中 元叉가 太傅 淸河王 元懌을 살해하고 太后를 北宮에 유폐시켰다.

◑秋七月에 **魏侍中元叉**가 **殺太傅淸河王懌**하고 **幽太后于北宮**[66]하다

【目】北魏 太傅 侍中 淸河王 元懌이 풍모가 근사해서 胡太后가 가까이하며 총애하였다. 그런데 원역이 본디 재능을 갖추어서 정사를 보좌하며 많은 도움을 주었고, 배우기를 좋아하고 식자들을 예우하여 당시 여망이 매우 두터웠다.

---

66) 魏侍中元叉……幽太后于北宮 : "이때에 僕射 游肇가 서명하려 하지 않고 이윽고 우울함으로 卒하였는데 어찌하여 기록하지 않았는가. 생략한 것이다. 太后가 유폐를 당하였으니 大臣이 된 자들은 마땅히 역적을 토벌하는 것을 자기의 임무로 삼아야 하거늘 우울할 겨를이 어디 있는가. 반드시 〈역적 토벌을〉 中山王 元熙처럼 하였다면 ≪資治通鑑綱目≫에서 대서특필했을 것이다. ≪자치통감강목≫이 마칠 때까지 太后를 유폐한 것은 2번인데(北魏 胡氏, 北齊 胡氏) 木葉山에 유폐된 이는 거기에 들지 않았다(兀欲이 祖母를 유폐하였다.).〔於是僕射游肇 不肯下署 旣乃憤邑而卒 則何以不書 略之也 太后見幽 爲大臣者 宜以討逆爲己任 憤邑何及哉 必若中山王熙 則綱目大書之矣 終綱目書幽太后二(魏胡氏 齊胡氏) 幽木葉山者不與焉(兀欲幽其祖母)〕" ≪書法≫

侍中 領軍將軍 元乂가 태후의 총애를 믿고 교만 방자하자 원역이 매번 그를 법으로 재단하였고, 衛將軍 劉騰의 권력이 내외를 압도하고, 吏部가 그의 아우를 郡太守로 임용하자 원역이 이를 막고 上奏하지 않았다. 이에 원차와 유등이 모두 그를 원망하여 마침내 主食인 胡定[67]에게 "원역이 자기에게 뇌물을 주어 魏主(元詡)를 독살시키려 하였다."라고 자복하게 하였는데, 당시 열한 살이었던 魏主가 이를 그대로 믿거늘, 원차가 魏主를 받들어 顯陽殿으로 나가고, 유등이 永巷門을 폐쇄하니 호태후가 나올 수 없었다.

원역이 궁중으로 들어오려 하자 원차가 큰 목소리로 저지하였다. 원역이 말하기를 "너가 반역을 꾀하려는 것이냐."라고 하자, 원차가 말하기를 "마침 반역자를 잡아들이려는 참이다."라고 하고, 宗士에게 명하여 원역을 붙잡아두도록 하였다. 유등이 詔命이라 칭하고 公卿을 모아 의논하도록 해서, 원역이 대역죄로 논죄하니, 뭇사람들이 두려움에 떨어 감히 이견을 내지 못하였는데 僕射 新泰公 游肇가 처분이 옳지 않다고 반박하며 끝내 서명하지 않았다.

원차와 유등이 마침내 원역을 살해하고 호태후의 조서를 허위로 만들어 "병이 있어 魏主에게 권한을 돌려보낸다."라고 하고 호태후를 北宮에 유폐시키니, 魏主 역시 호태후를 찾아 뵙고 안부를 묻지 못하고 먹을거리만 전달하는 것을 허락할 뿐이었다.[68] 추위와 굶주림을 면치 못한 호태후가 탄식하며 말하기를 "호랑이를 키우다 잡아먹힌다더니 나를 두고 한 말이구나."라고 하였다.

원차가 마침내 太師 高陽王 元雍 등과 함께 정사를 보좌하였고 황제는 원차를 이모부라 불렀다. 원차와 유등이 안팎에서 권력을 독차지해서 원차는 조정 밖의 공격을 방어하고 유등은 조정 내를 방비하며, 언제나 궁중에 숙직하여 그 위세가 안팎에 떨쳤다. 조야가 원역의 죽음을 듣고 상심하지 않는 이가 없었으며 胡族과 夷族 중에 얼굴에 칼자국을 낸 사람이 수백 명이었다. 游肇가 비통에 젖어 卒하였는데 시호를 文貞이라 하였다.

魏太傅侍中淸河王懌이 美風儀라 胡太后가 逼而幸之러라 然素有才能하여 輔政多所匡益하고 好學禮士하여 時望이 甚重이러니 侍中領軍將軍元乂가 恃寵驕恣하여 懌이 每裁之以法하고 衛將軍劉騰이 權傾內外하고 吏部用其弟爲郡이어늘 懌이 抑而不奏하니 乂騰이 皆怨之하여 乃使主食

67) 主食인 胡定 : ≪資治通鑑≫에 보면 胡定은 中黃門으로, 즉 환관이다.

68) 魏主 역시……뿐이었다 : ≪資治通鑑≫에는 이 앞에 劉騰이 北宮 문의 열쇠를 가지고 있다 하였다.

胡定自列云 懌이 貨定하여 使毒魏主①라한대 魏主가 時年十一이라 信之어늘 乂가 奉魏主하여 御顯陽殿하고 騰이 閉永巷門하니 太后가 不得出이러라 懌이 入커늘 乂가 厲聲止之한대 懌이 曰 汝欲反邪아 乂가 曰 正欲縛反者耳라하고 命宗士執懌②하고 騰이 稱詔集公卿議하여 論懌大逆하니 衆이 畏하여 無敢異者로되 唯僕射新泰公游肇가 抗言以爲不可라하고 終不下署③러라 乂騰이 遂殺懌하고 詐爲太后詔호되 自稱有疾하여 還政魏主라하고 幽太后於北宮하니 魏主가 亦不得省見하고 裁聽傳食而已④러라 太后가 不免飢寒하여 乃歎曰 養虎得噬라하더니 我之謂矣라하다 乂가 遂與太師高陽王雍等으로 同輔政하니 帝가 謂乂爲姨父러라 乂與騰이 表裏擅權하여 乂爲外禦하고 騰爲內防하여 常直禁省하여 威振內外러라 朝野가 聞懌死하고 無不喪氣하며 胡夷가 爲之剺面者數百人이요 游肇는 憤邑而卒하니 謚曰文貞⑤이러라

① 主食은 임금의 음식을 주관하는 사람이다. 列은 진술함이다.
主食, 主御食者也. 列, 陳也.
② 北魏가 宗師를 설치하였는데 宗士는 그 소속이다.
魏置宗師. 宗士, 其屬也.
③ ≪五代志≫에 "新泰縣은 琅邪郡에 속한다."고 하였다. "不下署"는 游肇가 서명을 하지 않은 것이다.
五代志 "新泰縣, 屬琅邪郡." 不下署, 謂不下肇署名也.
④ 省(안부 드리다)은 悉景의 切이다. 見(뵙다)은 賢遍의 切이다.
省, 悉景切. 見, 賢遍切.
⑤ 爲(위하다)는 去聲이다. 剺는 음이 黎이며 긋음이다. 胡族과 夷族은 상가에 조문할 때 얼굴에 칼자국을 내어 깊은 슬픔을 표하였다.
爲, 去聲. 剺, 音黎, 劃也. 胡夷臨喪, 剺面,[69] 而哭哀甚.

【綱】江水와 淮水와 바닷물이 범람하였다.

江淮海溢하다

【綱】北魏 相州刺史 中山王 元熙가 병사를 일으켜 元乂를 토벌하다가 이기지 못하여 죽고, 그 아우 元略이 梁나라로 도망가자 양나라가 中山王으로 삼았다.

69) 剺面 : 칼로 얼굴에 자국을 낸다는 뜻이다. 고대에 匈奴나 위구르 등지의 종족들은 큰 우환이나 초상을 당하면 칼로 얼굴에 자국을 내어 그 비통함을 표시하였다고 한다.

◑魏相州刺史中山王熙가 起兵討元叉라가 不克而死하고 弟略이 奔梁커늘 梁以爲中山王하다

【目】北魏 相州刺史 中山王 元熙는 元英의 아들이다. 아우 元略, 元纂과 함께 모두 清河王 元懌의 후대를 받았는데 원역이 죽었다는 말을 듣고 鄴城에서 병사를 일으켜서 表文을 올려 元叉와 劉騰을 주벌할 것을 요청하자, 長史 柳元章 등이 그들을 붙잡았고, 원차가 사신을 보내 鄴城에서 그들을 참수하였다.

원희는 文學을 좋아하고 기풍이 있어서 名士들이 많이 그와 교류하였다. 죽음에 앞서 친구에게 편지를 보내 "胡太后가 北宮에 유폐당하고, 清河王(元懌)이 뜻밖에 도륙을 당하고 主上은 어린 나이에 홀로 正殿 위에 놓여 있다. 임금께서 이러한 상황에 처해 있어 스스로 편안히 있을 수 없었다. 그래서 군사와 백성을 이끌고 천하에 大義를 세우려 하였는데, 다만 지혜가 짧고 힘이 부족해 이내 구속되고 말았으니 위로는 조정에 부끄럽고 아래로는 벗들에게 무안하다. 본디 명분과 의리를 가지고 사람의 마음을 구한 것이어서 그렇게 하지 않을 수 없던 것이니, 비록 창자가 땅에 흘러내리고 머리가 부서진다 해도 무슨 말을 하겠는가. 모든 군자들은 저마다의 태도를 신중히 하여, 국가를 위하고 자신을 위해 명예와 절의를 힘쓰길 바란다."라고 하였는데, 이 말을 들은 이들이 모두 가슴 아파하였다. 원희의 首級이 洛陽에 이르자 친구들이 감히 찾아보지 못하였으나, 前 驍騎將軍 刁整이 홀로 시신을 수습하였다.

元略이 도망하여 친구인 河內 사람 司馬始賓을 찾아갔는데, 사마시빈이 원략과 함께 西河太守 刁雙을 찾아가 1년 남짓 숨어 지냈다. 당시 조정에서 현상금을 걸고 매우 다급하게 원략을 찾아나서, 원략이 두려움에 떨자 조쌍이 말하기를 "반드시 한 번은 죽게 되어 있고, 얻기 어려운 것은 知己를 위해 죽는 일이니, 부디 염려하지 말라."라고 하였다. 원략이 남쪽으로 도망가겠다는 태도를 견지하자, 조쌍이 從子 刁昌에게 원략을 전송해 長江을 건너보냈다. 그러자 梁나라가 원략을 중산왕에 책봉하였다.

魏相州刺史中山王熙는 英之子也라 與弟略纂으로 皆爲清河王懌所厚러니 聞懌死하고 起兵於鄴하여 表請誅元叉劉騰이어늘 長史柳元章等이 執之하고 元叉가 遣使하여 斬之於鄴하다 熙는 好文學하고 有風儀하여 名士가 多與之遊러라 將死에 與故知書曰 太后見廢北宮하고 清河橫受屠酷하며 主上은 幼年에 獨在前殿이라 君親如此하여 無以自安이라 故帥兵民하여 欲建大義於天下라 但智力淺短하여 旋見囚執하니 上慙朝廷하고 下愧相知라 本以名義干心이라 不得不爾니 流腸碎首라도 復

何言哉아 凡百君子는 各敬爾儀하여 爲國爲身하여 善勖名節하라하니 聞者가 憐之러라 熙首가 至洛陽하니 親故가 莫敢視나 前驍騎將軍刁整이 獨收而藏之①하다 略亡抵故人河內司馬始賓한대 始賓이 與略轉依西河太守刁雙하여 匿之經年②이러니 時에 購略甚急하여 略이 懼어늘 雙曰 會有一死요 所難遇者는 爲知己死耳니 願不以爲慮라하다 略이 固求南奔한대 雙이 乃使從子昌으로 送略渡江하니 梁이 封爲中山王하다

① 刁整은 刁雍의 손자이다.
整, 雍之孫也.
② 刁雙은 刁雍의 族孫이다.
雙, 雍之族孫也.

【綱】 梁나라 車騎將軍 永昌侯 韋叡가 卒하다.

梁車騎將軍永昌侯韋叡가 卒①70)하다

① ≪五代志≫에 "零陵郡의 零陵縣은 예전에 永昌縣을 나누어 설치하였다." 하였다.
五代志 "零陵郡零陵縣, 舊分置永昌縣."

【目】 당시 梁主(蕭衍)가 부처를 숭상하여 식자들과 평민들이 모두 휩쓸리듯 호응했지만, 韋叡만 홀로 大臣의 지위에 있으며 세속의 흐름에 동조하려 하지 않았고 그 행실이 대략 종전과 같았다. 卒하자, 세상을 떠나자, 嚴이라는 시호를 내렸다.

時에 梁主가 方崇釋氏하여 士民이 無不從風而靡하되 獨叡가 自以位居大臣으로 不欲與俗俯仰하고 所行이 略如平日이러라 卒諡曰嚴이라하다

【綱】 北魏가 高陽王 元雍을 丞相으로 삼았다.

魏가 以高陽王雍으로 爲丞相하다

【綱】 柔然이 伏跋可汗을 살해하여, 그 아우 阿那瓌가 지위를 계승하였다가 얼

70) 梁車騎將軍永昌侯韋叡卒 : "'韋叡가 卒하다.〔叡卒〕'라고 기록하고 그의 관직을 기록한 것은 어째서인가. 위에는 부처에게 아첨하는 시대에 벼슬하면서 우뚝 서서 임금의 좋아하는 것에 아첨하지 않았으니 이 점이 인정해줄 만한 것이다.〔書叡卒而書其官 何 叡仕佞佛之時 能特立而不阿世主之好 此其可予者也〕" ≪書法≫

마 뒤에 北魏로 도망가자, 나라 사람들이 婆羅門을 可汗으로 삼았다.

○柔然이 殺伏跋可汗하여 其弟阿那瓌가 立이라가 尋出奔魏어늘 國人이 立婆羅門爲可汗하다

【目】 예전에 柔然의 佗汗可汗이 伏名敦의 아내 候呂陵氏를 아내로 맞아들여 伏跋可汗과 郁久閭阿那瓌 등 여섯 아들을 낳았다. 伏跋이 可汗의 지위에 오른 뒤 어린 아들 郁久閭祖惠를 갑자기 잃어버렸는데, 무당 地萬이, "조혜가 지금 하늘나라에 있으니, 내가 불러낼 수 있다."라고 하며, 큰 호수 가에 장막을 설치한 뒤 天神에게 제사를 올렸는데, 조혜가 갑자기 장막에 나타나며 "언제나 하늘나라에 있었다."라고 하였다. 복발이 크게 기뻐하여 지만을 聖女라 부르며 그녀를 아내로 받아들여 可賀敦으로 삼고, 그녀의 말을 믿었다. 그러자 그녀가 국정에 간여하여 어지러워졌다.

조혜가 다소 장성하여 모친에게 말하기를 "나는 일찍이 지만의 집에 있으니 하늘나라라는 말은 지만이 나에게 시킨 것이다."라고 하자, 조혜의 모친이 이 사실을 복발에게 알렸지만 믿지 않았다. 이윽고 지만이 조혜를 모함해서 죽이자, 후려릉씨가 大臣 具列 등을 보내 지만을 살해하였다. 복발이 구렬을 죽이려 했으나, 때마침 阿至羅가 침략해 와서 복발이 그들을 공격했다가 패하고 돌아왔다. 후려릉씨가 대신들과 함께 복발을 살해한 뒤 그 아우 아나괴를 세워 可汗으로 삼았는데 아나괴가 왕위를 계승한 지 10일 되는 무렵 그의 族兄 郁久閭示發이 그를 공격하였다. 아나괴가 전투에 패하여 北魏로 도망가자 시발이 후려릉씨를 살해하였다.

初에 柔然佗汗可汗이 納伏名敦之妻候呂陵氏하여 生伏跋汗과 及阿那瓌等六子①러니 伏跋既立에 忽亡其幼子祖惠어늘 有巫地萬이 言祖惠가 今在天上하니 我能呼之라하여 乃於大澤中에 施帳幄하여 祀天神하니 祖惠가 忽在帳中하여 自云 恒在天上이라하니 伏跋이 大喜하여 號地萬爲聖女라하고 納爲可賀敦하고 信用其言하여 干亂國政②이러라 祖惠가 浸長에 語其母日 我常在地萬家하니 上天者는 地萬教我也라하여 其母가 以告伏跋하되 不信이러니 既而地萬이 譖祖惠殺之어늘 候呂陵氏가 遣其大臣具列等하여 殺地萬하다 伏跋이 欲誅具列이나 會에 阿至羅가 入寇어늘 伏跋이 擊之라가 敗還③이어늘 候呂陵氏가 與大臣으로 共殺伏跋하고 立其弟阿那瓌하여 爲可汗이러니 阿那瓌가 立十日에 其族兄示發이 擊之하니 阿那瓌가 戰敗奔魏어늘 示發이 殺候呂陵氏하다

① 伏名敦은 豆崙可汗의 이름이다.
伏名敦, 豆崙可汗之名.

② 可는 음이 榼이다. 柔然의 군주를 可汗이라 하고 그 正室을 可賀敦이라 한다.
可, 音榼. 柔然之主, 曰可汗, 其正室, 曰可賀敦.

③ 阿至羅는 虜의 별종으로, 北河 동쪽에 살며 대대로 北魏에 더부살이하였다. 일설에 "阿至羅는 高車種이다." 하였다.
阿至羅, 虜之別種, 居北河之東, 世附於魏, 一曰 "阿至羅, 高車種."

思政殿訓義 資治通鑑綱目 제30권 하

-梁 武帝 普通 원년(520)~梁 武帝 普通 6년(525)-

【綱】겨울 10월에 北魏가 汝南王 元悅을 太尉로 삼았다.

冬十月에 魏가 以汝南王悅로 爲太尉하다

【目】北魏 淸河王 元懌이 세상을 떠날 적에 汝南王 元悅이 元乂를 원망하는 마음이 전혀 없이 桑落酒로 원차를 대접하며 온갖 아양을 떨었다. 원차가 크게 기뻐하여 원열을 侍中 太尉로 삼았다.

魏淸河王懌이 死에 汝南王悅이 了無恨元乂之意하고 以桑落酒로 候之하여 盡其私佞[①]하니 乂가 大喜하여 以悅로 爲侍中太尉하다

① 元悅은 元豫의 同母弟이다. ≪齊民要術≫에 “桑落酒를 만드는 법에는 이를 9월 9일에 만드는데 물과 누룩·쌀을 모두 3斗를 기준으로 한다.” 하였다. 또 ≪水經≫ 蒲阪의 주석에 “郡民 가운데 劉白墮라는 사람이 있는데 술을 잘 빚었다. 흐르는 물을 길어와 맛 좋은 술을 빚는데 뽕나무 잎이 떨어질 무렵에 익는다 해서 그렇게 이름 붙인 것이다. 王公과 庶人들이 상대의 옷깃을 잡아끌면서 초청하는 것을 매양 ‘索郎’이라고 하는데 벗을 그린다는 말뜻이 들어 있다. 대개 索郎은 桑落을 돌려 말한 것일 뿐이다.” 하였다. 鄭印이 말하기를 “西羌 桑落河에 馬乳酒가 나오는데 羌族들이 포도와 함께 압축한다. 晉 宣帝 때 와서 이것을 헌상했으므로, 9일에 백관들에게 하사해 마시게 하였다.” 하였다.
悅, 豫之同母弟. 齊民要術曰 “桑落酒法, 用九月九日作, 水·麴·米皆以三斗爲準.” 又水經蒲阪下注 “郡民有劉白墮, 工釀, 採挹河流, 醞成芳酎, 熟於桑落之辰, 故酒因名焉. 王公庶人, 牽拂相招者, 每云索郎, 有顧思同侶之語. 蓋索郎, 返語桑落耳.” 鄭印曰 “西羌桑落河, 出馬乳酒, 羌人兼葡萄壓之. 晉宣帝時, 嘗來獻, 故九日賜百寮飮焉.”

【綱】11월에 北魏가 郁久閭阿那瓌를 옹립하여 蠕蠕王으로 삼았다.

十一月에 魏가 立阿那瓌하여 爲蠕蠕王하다

【目】柔然의 可汗 郁久閭阿那瓌가 오려 할 때 魏主(元詡)가 京兆王 元繼와 侍中 崔光 등을 보내 그를 맞이하게 하고, 후한 하사품을 주어 위로하고, 접견하여 연회를 베풀 때 아나괴의 자리를 親王 아래 배치하고 朔方公 蠕蠕王에 임명하였다.

당시 강성하던 北魏가 洛水橋 남쪽과 御道 동쪽에 金陵·燕然·扶桑·崦嵫 네 館을 설치하고, 御道 서쪽에 歸正·歸德·慕化·慕義 네 거리를 설치하여 사방에서 투항해온 자들을 안치하였는데 아나괴가 입조하자 燕然館에 배치하였다. 아나괴가 여러 차례 자기 나라로 돌아갈 것을 요청하였는데 조정의 논의가 분분해 결정을 내리지 못하였다. 이에 아나괴가 元叉에게 황금 백 근을 뇌물로 주자, 결국 북쪽으로 돌아가는 것을 허락하였다.

柔然可汗阿那瓌將至어늘 魏主가 使京兆王繼와 侍中崔光等으로 迎之하고 賜勞甚厚하고 引見置宴할새 置阿那瓌位於親王之下하고 立爲朔方公蠕蠕王이러니 時에 魏方彊盛하여 於洛水橋南御道東에 作金陵燕然扶桑崦嵫四館하고 道西에 立歸正歸德慕化慕義四里하여 以處四方降者①러니 及阿那瓌入朝에 以燕然館處之러라 阿那瓌가 屢求反國커늘 朝議異同不決이러니 以金百斤으로 賂元叉하여 遂聽北歸하다

① 四館은 모두 四方의 지역을 가지고 그 이름으로 취한 것이니, 金陵은 江南에 있고 燕然은 漠北에 있고 扶桑은 동쪽에 있는데 태양이 떠오르는 곳이고 崦嵫는 서쪽에 있는데 태양이 넘어가는 곳이다. ≪十洲記≫에 이르기를 "扶桑은 碧海 가운데 있는데 길이가 수천 丈이고 둘레가 1천여 圍이다. 두 개의 줄기가 하나의 뿌리에서 서로 의지하고 있다 해서 扶桑이라 한 것이다. 崦은 依兼과 依檢의 두 개의 切이며, 嵫는 음이 玆이니, 崦嵫는 산 이름이다. ≪資治通鑑≫에 "江南에서 항복해온 이들은 金陵館에 머물게 하고 3년 뒤에 歸正里의 집을 하사하며, 북쪽에서 항복해온 이들은 燕然館에 머물게 하고 歸德里의 집을 하사하며, 東夷에서 항복해온 이들은 扶桑館에 머물게 하고 慕化里의 집을 하사하며, 西夷에서 항복해온 이들은 崦嵫館에 머물게 하고 慕義里의 집을 하사한다." 하였다.
四館皆因四方之地爲名, 金陵在江南, 燕然在漠北, 扶桑在東, 日所出, 崦嵫在西, 日所入. 十洲記曰 "扶桑在碧海中, 長數千丈, 一千餘圍, 兩幹(固)〔同〕[1]根, 更相依倚, 是以名扶桑. 崦, 依兼·依檢二切. 嵫, 音玆. 崦嵫, 山名. 通鑑有自江南來降者, 處之金陵館, 三年之後, 賜宅於歸正里. 自北降者, 處燕然館, 賜宅於歸德里. 自東夷降者, 處扶桑館, 賜宅於慕化里. 自西夷降者, 處崦嵫館, 賜宅於慕義里."

【綱】北魏가 京兆王 元繼를 司徒로 삼았다.

---

1) (固)〔同〕: 저본에는 '固'로 되어 있으나, ≪資治通鑑≫ 註에 의거하여 '同'으로 바로잡았다.

魏가 以京兆王繼로 爲司徒하다

【綱】北魏가 梁나라에 사신을 보냈다.

◐ 魏가 遣使如梁하다

【目】北魏와 梁나라가 비로소 우호 관계를 복원하였다.

魏梁이 始復通好하다

辛丑年(521)

梁나라 高祖 武帝 蕭衍 普通 2년이고 北魏 肅宗 孝明帝 元詡 正光 2년이다.

梁普通二年이요 魏正光二年이라

【綱】봄 정월에 梁나라가 孤獨園을 개설하였다.

春正月에 梁이 置孤獨園하다

【目】곤궁한 백성을 돌보기 위해서다.

以收養窮民也①라

① 옛날에 홀아비, 과부, 고아, 독자, 불치병 환자는 〈국가에서〉 양육을 해주었다. 하지만 梁主(蕭衍)는 옛것을 본받은 게 아니라 불교도인 須達多 長者[2]의 사례를 본받은 것이다. 古者, 鰥寡孤獨廢疾者有養. 梁主非能法古也, 祖釋氏須達多長者之爲耳.

【綱】北魏가 병사를 징발해 郁久閭阿那瓌를 柔然으로 돌려보내려 하였으나 성공하지 못하였다.

魏가 發兵하여 納阿那瓌于柔然이나 不克[3]하다

2) 須達多 長者 : sudatta. 석가모니 부처에게 祇園精舍를 지어준 사람이다. 정사를 지어준 후에도 석가와 제자들을 자주 집으로 초청해 공양하였으며, 재산이 다 사라진 뒤에는 죽음으로라도 보시하려고 애썼다.

【目】北魏가 낙양 부근 郡의 병사 1만 5천 명을 징발한 뒤 懷朔鎭將 楊鈞에게 이들을 통솔해서 柔然의 可汗 郁久閭阿那瓌를 전송하여 귀국하게 하였는데, 右丞 張普惠가 疏를 올리기를 "蠕蠕이 오랫동안 변방의 걱정거리였는데 지금 태도를 바꿔 머리를 숙이고 몸을 묶어 항복해오니 그들을 감싸 안는 것이 옳은 일이긴 합니다만, 다시 스스로 수고스럽고 분주하게 畿內의 군사를 일으켜 먼 변방 밖에 투입하여, 누대에 걸친 호적수를 구원하고 하늘이 멸망시키려는 추한 오랑캐를 도우니, 신은 옳은 일인지 잘 모르겠습니다. 더구나 지금 한발이 매우 심한데, 시절을 거역하며 출동하는 것이 성공할 수 있겠습니까. 만에 하나 실패하는 일이 발생한다면 양균의 몸뚱이를 씹어먹은들 충분하겠습니까. 재상들이 오직 작은 명성만을 좋아하고 국가의 안위에 관한 큰 계책을 도모하지 않으니 이는 미천한 신이 한심해하는 바입니다."라고 하였지만, 따르지 않았다.

아나괴가 남쪽으로 달아날 때 그의 사촌 형 郁久閭婆羅門이 郁久閭示發을 공격해 격파하니, 그 나라 사람들이 바라문을 추대해서 彌偶可社句可汗으로 삼자, 북위가 사신 牒云具仁을 보내, 그를 잘 달래고 아나괴를 맞아들이게 하였다. 첩운구인이 유연에 이르렀는데, 바라문이 매우 교만하여 가한의 지위를 사양할 마음이 없고 첩운구인에게 공경하는 예를 표할 것을 요구했으나 첩운구인이 굽히지 않았다. 바라문이 이에 대신을 파견하여 병사 2천을 이끌고 첩운구인을 따라가 아나괴를 맞이하게 하였으나, 아나괴가 두려운 나머지 감히 나가지 못하고 낙양으로 돌아갈 것을 요청하였다.

魏가 發近郡兵萬五千人하여 使懷朔鎭將楊鈞으로 將之하여 送柔然可汗阿那瓌返國이어늘 右丞張普惠가 上疏曰 蠕蠕가 久爲邊患이러니 今革面稽首하고 束身歸命하니 撫之可也①어니와 乃更自勞擾하여 興師郊甸之內하여 投諸荒裔之外하여 救累世之勍敵하고 資天亡之醜虜하니 臣未見其可也케이다 況今旱暵이 方甚이어늘 干時而動이 其可濟乎②리잇가 脫有顚覆이면 鈞之肉을 其足食乎잇가 宰輔가 專好小名하고 不圖安危大計하니 此微臣所以寒心者也니이다하되 弗聽하다 阿那瓌之南奔也에 其從父兄婆羅門이 討示發破之하니 國人이 推婆羅門하여 爲彌偶可社句可汗③이어늘 魏가 遣使者牒云具仁하여 往諭之하고 使迎阿那瓌④러라 具仁이 至柔然에 婆羅門이 殊驕慢하여 無遜避心하고 責具仁禮敬하되 具仁이 不屈커늘 婆羅門이 乃遣大臣하여 將兵二千하여 隨具仁迎阿那瓌하되 阿那瓌가 懼不敢進하여 請還洛陽하다

3) 魏發兵……不克 : "'돌려보낸다〔納〕'는 것은 돌려보냄이 마땅하지 않은 것이다. 阿那瓌는 어찌하여 돌려보냄이 마땅하지 않은 것인가. 婆羅門에 대해서는 '국인이 세웠다.〔國人立〕'라고 기록했으면 아나괴는 돌려보냄이 마땅하지 않은 것이다. '군대를 징발했다〔發兵〕'라고 기록한 것은 국내를 피폐하게 한 것을 나무란 것이다.〔納者 不宜納者也 阿那瓌則曷爲不宜納 婆羅門書國人立 則阿那瓌爲不宜納矣 書發兵譏敝內也〕" ≪書法≫

① ≪周易≫ 革卦 上六爻辭에 "小人이 얼굴을 바꾼다." 하였는데, ≪程傳≫에 "小人이 비록 마음까지 교화되지는 못하였으나 겉모습이라도 바꿔 통치자의 지휘를 따르는 것이다." 하였다.
易革卦上六曰"小人革面." 程傳云"小人雖未能心化, 亦革其面, 以從上之敎令也."

② 暵은 음이 漢이며 날씨가 메마른 것이다.
暵, 音漢, 日氣乾也.

③ 彌偶可社句는 北魏의 말로 安靜을 뜻한다.
彌偶可社句, 魏言安靜也.

④ 牒云은 代北의 復姓이고 具仁은 이름이다. 云은 一本에는 雲으로 되어 있다.
牒云, 代北復姓. 具仁, 名也. 云, 一作雲.

【綱】 3월에 北魏 元叉가 장군 奚康生을 살해한 뒤 환관 劉騰을 司空으로, 京兆王 元繼를 太保로, 崔光을 司徒로 삼았다.

三月에 **魏元叉**가 **殺將軍奚康生**하고 **以宦者劉騰**으로 **爲司空**하고 **京兆王繼**로 **爲太保**하고 **崔光**으로 **爲司徒**[4]하나

【目】 北魏 元叉와 劉騰이 胡太后를 유폐시킬 때 右衛將軍 奚康生이 그 모의에 참여한 이

---

4) 魏元叉殺將軍……崔光爲司徒 : "太后를 유폐해 옮길 적에 劉騰이 일찍이 그 모의에 참여하였는데 기록하지 않은 것은 宦者이기 때문에 생략한 것이다. 이때에 司空을 삼은 것을 기록한 것은 宦者이기 때문에 중시한 것이다. 살해한 자가 元叉이었으니 '누구로써 벼슬 삼아준 자〔以者〕'도 원차였다. 崔光은 일찍이 절의를 세운 자였는데 지금 원차에 의해 등용되었으니 ≪資治通鑑綱目≫에서 최광을 劉騰의 아래에 열거한 것은 매우 부끄러워한 것이다. ≪자치통감강목≫을 마칠 때까지 宦者가 司空이 된 것은 2번이다(劉騰, 李輔國).〔幽遷太后 騰嘗預謀矣 不書 以宦者故略之也 於是以爲司空則書 以宦者故重之也 殺者元叉 則以者亦元叉 崔光嘗立節者 今乃爲叉所以 剛目列之於劉騰之下 所以深愧之也 終綱目書宦者爲司空二(劉騰 李輔國)〕" ≪書法≫

"앞에서는 '또 淸河王 元懌을 죽이고 太后를 유폐하였다.〔又殺淸河王懌幽太后〕'라고 기록하고 여기서는 '元叉가 奚康生을 살해하였다.〔叉殺奚康生〕'라고 기록하였으니, 모두 拓跋氏의 어지러움을 드러낸 것이다. 원역은 帷箔(淫亂함)의 결점이 있고 해강생은 또한 태후를 유폐하는 도모에 참여한 잘못이 있으나, ≪資治通鑑綱目≫에서는 오로지 원차가 혜강생을 죽였다고 지목하고, 또 혜강생의 관직을 제거하지 않은 것은 원차가 조정을 어지럽힘을 미워한 것이다. 원차가 조정을 어지럽힘이 이와 같아서 이미 宦者를 司空으로 삼았는데 京兆王 元繼와 崔光의 무리들이 그와 함께 同列이 되면서도 부끄러워하지 않았으니, 北魏의 大臣들이 이와 같으면서 비록 망하지 않으려 해도 어려운 것이다. 책에 나열해 기록한 것은 모두 죄준 것이다. ○ 丘濬이 말하였다. '宦者가 三公이 된 것은 여기에 처음 보인다. 아 三公은 道를 논하며 나라를 경륜하고 陰陽을 조화시켜 다스리는데 宦者가 삼공이 되었으니 세상 도리를 알 수 있다.'〔前書叉殺淸河王懌幽太后 此書叉殺奚康生 皆以著拓跋氏之亂也 懌有帷箔之嫌 康生亦有預謀幽后之失 而綱目專目元叉殺之 且又不去其官者 惡叉之亂朝也 叉之亂朝如此 旣以宦者爲司空 而京兆王繼崔光輩 乃與之同列而不恥 魏國之大臣如彼 雖欲不亡難矣 列書于冊 擧皆罪也 ○ 丘濬曰 宦者爲三公 始見此 嗚呼 三公論道經邦 爕理陰陽 而以宦者爲之 世道可知矣〕" ≪發明≫

유로, 원차가 그에게 황제 좌우에 있는 호위 군사들을 통솔하게 하였다. 혜강생의 아들 奚難當이 侯剛의 딸을 아내로 맞았으니 후광의 아들은 원차의 매부이다. 원차가 혜강생과 인척 관계인 이유로 그를 대단히 신임하여 세 사람이 언제나 궁중에서 함께 지냈다. 혜강생은 성격이 거칠고 포악하여 원차가 점차 꺼려하자 혜강생 역시 조금은 두려워하고 불안해하였다.

魏主(元詡)가 西林園에서 胡太后에게 朝會할 적에 문관과 무관들이 배석했는데, 술이 얼큰히 취해 춤을 출 때 혜강생이 力士舞를 선보이며 춤사위가 빙 돌거나 꺾이는 즈음에 호태후를 뒤돌아보며 손을 들거나 발로 차고 눈을 부릅뜨고 머리를 끄덕이며 잡아 죽이려는 태도를 보이니, 호태후가 그 의도를 알았지만 감히 말하지 못하였다. 해질 무렵에 호태후가 황제를 대동하고 宣光殿에 묵으려는 것을 후광이 저지하였는데, 혜강생이 말하기를 "至尊은 폐하(호태후)의 아들이시니 폐하의 뜻을 따르는 것이 옳습니다."라고 하였다. 호태후가 스스로 일어나 황제를 이끌고 堂을 내려갈 적에 황제가 앞서서 문으로 들어섰는데 좌우의 무리들이 앞다퉈 밀치면서 문을 닫을 수 없자, 혜강생이 千牛刀를 빼앗아 그들을 베고 나서야 비로소 안정되었다.

황제가 선광전에 오르자 혜강생이 술기운을 빌려 처분을 내리려 하다가 원차에게 저지당하였다. 光祿勳 賈粲이 태후를 속여 말하기를 "侍官들이 두려운 마음에 불안해하니 폐하께서 직접 위로해주셔야 합니다."라고 하였다. 호태후가 마침내 殿閣 아래로 내려가자 가찬이 황제를 부축해 동쪽 문으로 나가 顯陽殿으로 모시고 갔다가 되돌아와 호태후를 선광전에 유폐시켰다.

결국 원차가 혜강생을 살해하고 해난당을 추방한 뒤 劉騰을 司空으로 삼았다. 유등은 공사간의 청탁을 오직 전달되는 재화의 내용에 따라 결정하여, 六鎭을 각박하게 수탈하니 한 해 수입이 만억이었고, 이로 인해 원근의 사람들이 괴로워하였다. 京兆王 元繼는 자신이 권세와 지위가 너무 높다고 해서 司徒를 崔光에게 양보하겠다고 청하자, 원계를 太保로, 최광을 사도로 삼았다.

魏元叉劉騰之幽胡太后也에 右衛將軍奚康生이 預其謀라 叉가 使之領左右[①]러라 康生子難當이 娶侯剛女하니 剛子는 叉之妹夫也라 叉가 以康生通姻으로 深相委託하여 三人이 常俱宿禁中이러라 康生이 性麤武하여 叉가 稍憚之어늘 康生도 亦微懼不安이러라 魏主가 朝太后於西林園할새 文武侍座러니 酒酣迭舞에 康生이 乃爲力士儛[②]하여 及折旋之際에 每顧視太后하여 擧手蹈足하고 瞋目頷首하여 爲執殺之勢[③]하니 太后가 解其意나 而不敢言이러라 日暮에 太后가 欲携帝宿宣光殿[④]이어늘

侯剛이 不可라한대 康生이 曰 至尊은 陛下之兒니 隨陛下可也라하다 太后가 自起하여 援帝下堂去할새 帝前入閤이어늘 左右競相排하여 閤不得閉어늘 康生가 奪千牛刀斫之하니 乃得定⑤하다 帝가 旣升宣光殿이어늘 康生이 乘酒勢하여 將出處分이라가 爲叉所執이러라 光祿勳賈粲이 紿太后曰 侍官이 懷恐不安하니 陛下가 宜親安慰⑥라하다 太后가 適下殿이어늘 粲이 卽扶帝出東序하여 前御顯陽殿하고 還하여 閉太后於宣光殿하다 叉가 遂殺康生하고 流難當하여 以劉騰으로 爲司空하다 公私屬請을 唯視貨多少하여 刻剝六鎭하니 歲入이 以巨萬萬計라 遠近苦之⑦러라 京兆王繼가 自以權位太盛이라하여 請以司徒讓崔光커늘 乃以繼爲太保하고 崔光爲司徒하다

① 〈"領左右"는〉 임금의 신변을 호위하는 군사들을 통솔하는 것이다.
領仗身左右.
② 儛(춤추다)는 舞와 같으니, 勇士들이 앞으로 나가고 뒤로 물러서고 앉고 일어서는 기세를 지어서 춤추는 것이다.
儛, 與舞同, 蓋爲勇士進退坐作之氣勢而舞也.
③ "頷首"는 머리를 낮추는 것이다.
頷首, 低首也.
④ 宣光殿은 洛陽 北宮에 있는데, 元叉 등이 胡太后를 이곳에 유폐시킨 것이다.
宣光殿, 在洛陽北宮, 元叉等幽太后於此.
⑤ 황제의 좌우에 千牛刀가 있는데 이를 防身刀라 한다. 千牛刀는 예리한 칼인데, 庖丁이 수천 마리 소를 해체했지만 칼날이 무뎌지지 않았다는 데에서 그 뜻을 취한 것이다.
御左右有千牛刀, 謂之防身刀. 千牛刀者, 利刃也, 取庖丁解數千牛而芒刃不頓爲義.
⑥ "懷恐"은 心懷가 두려움에 젖어 있다는 말이다.
懷恐, 言其心懷恐懼也.
⑦ 巨萬, 萬萬億이며 巨萬萬計는 萬萬萬(萬億)이다.
巨萬, 萬萬也. 巨萬萬計者, 萬萬萬也.

【綱】 가을 7월 梁나라가 裴邃를 豫州刺史로 삼았다.

秋七月에 梁이 以裴邃로 爲豫州刺史하다

【目】 裴邃가 合肥에 鎭守하면서 壽陽을 습격하려고 할 적에 수양의 백성과 남몰래 결탁해 內應을 하였는데 北魏에게 발각될까 싫어 먼저 북위 揚州刺史에게 移文(공문)을 보내서, "옛 白捺城을 수리하려 한다는 소식을 들었는데 이는 다소 우리의 경계를 침탈하는 것이니, 우리도 여기에 歐陽城을 구축하여 변경을 방비하려 한다."라고 하였다.

〈북위의〉 揚州刺史 長孫稚가 막료들과 이 문제를 상의하니, 모두가 "우리는 백날성을 수리할 뜻이 없으니 사실대로 답변해야 합니다."라고 하였는데, 錄事參軍 楊侃만이, "백날성은 작은 성이고 본디 요충지도 아닌데 배수가 교활한 수법을 좋아하여 지금 병사를 모아놓고 移文을 보냈으니 다른 뜻이 있지 않을까 싶습니다."라고 하였다.

그러자 장손치가 크게 깨치고 양간에게 移文을 보내 답하기를 "그대들이 병사를 모으는 데에는 다른 뜻이 있을 것으로 보이는데, 어찌 망령되이 백날성을 수리하는 것을 구실로 삼는가. '다른 사람이 먹은 마음을 내가 헤아려보아 안다.'[5]고 하였으니 秦나라에 사람이 없다고 말하지 말라."라고 하였다. 배수가 移文을 받고 나서 북위가 이미 사실을 간파했다고 여겨 즉시 병사들을 해산하였다.

邃가 鎭合肥하여 欲襲壽陽할새 陰結壽陽民하여 爲內應하되 恐魏覺之하여 先移魏揚州云 聞欲修白捺故城한대 稍相侵逼하니 此亦須營歐陽하여 設交境之備①라한대 揚州刺史長孫稚가 謀於僚佐하니 皆曰 此無修白捺之意하니 以實報之②라호되 錄事參軍楊侃이 曰 白捺은 小城이요 本非形勝이어늘 邃好狡數하여 今集兵遣移하니 恐有他意③라하니 稚가 大寤하여 令侃報移曰 彼之纂兵은 想別有意어늘 何爲妄搆白捺④이리오 他人有心을 予忖度之라하니 勿謂秦無人也⑤라하다 邃가 得移하여 以爲魏人已覺하고 卽散其兵하다

① 捺은 奴葛의 切이니, 白捺은 城 이름이다.
捺, 奴葛切. 白捺, 城名.
② 長孫稚는 長孫觀의 아들이다.
稚, 觀之子也.
③ 楊侃은 楊播의 아들이다.
侃, 播之子也.
④ ≪春秋左氏傳≫ 文公 13년에 "秦나라 繞朝가 말채찍을 주면서 말하기를 '그대는 秦나라에 사람이 없다 말하지 말라. 내 계책이 쓰이지 않고 있을 뿐이다.' 하였다." 하였다.
左傳文公十三年 "秦繞朝贈之以策曰 子無謂秦無人, 吾謀適不用也."

【綱】 高車가 柔然을 공격하자 柔然의 可汗 郁久閭婆羅門이 北魏에 항복하였다. 겨울 10월에 북위가 유연을 두 개의 국가로 나누어 郁久閭阿那瓌와 婆羅門을 거처하게 하였다.

高車가 擊柔然하니 柔然可汗婆羅門이 降魏하다 冬十月에 魏가 分柔然爲二國하여 以處

5) 다른 사람이……안다 : ≪詩經≫ 〈小雅 巧言〉의 말이다.

阿那瓌婆羅門하다

【目】 高車의 伊匐이 柔然의 可汗 郁久閭婆羅門을 공격해 크게 격파하니, 바라문이 열 개 部落을 이끌고 涼州로 와서 北魏에 항복을 요청하였다. 柔然의 남은 무리들이 서로 이끌고 郁久閭阿那瓌를 맞이하니, 아나괴가 北魏에 병사를 파견해 귀국길을 호송해줄 것을 요청하였다.

이에 조서를 내려 中書省과 門下省에게 널리 의논하게 하자, 涼州刺史 袁翻이 말하기를 "국가에서 洛陽에 도읍을 정한 이후 蠕蠕과 高車가 번갈아 가며 서로 병탄하여, 처음에는 연연이 頭領을 내주고 그 뒤에는 고차가 포로로 잡혔습니다. 지금 고차가 쇠퇴한 가운데서 떨치고 일어나 지난 치욕을 씻긴 했으나 진실로 종족들이 아주 많기 때문에 끝내 상대를 완전히 소멸시킬 수 없습니다. 두 오랑캐가 서로 싸우면서부터 변경이 별 문제 없이 지내온 것이 수십 년이 되었으니 이는 中國의 이익입니다.

지금 연연의 두 군주가 연이어 우리에게 귀순하였는데 禽獸와 다름없는 戎狄이 끝내 순수하고 견고한 절의는 없다고 해도, 망해가는 나라를 되살려주고 끊어져가는 종족을 이어주는 것은 帝王의 본무입니다. 만일 저버리고 받아주지 않으면 우리의 큰 덕망을 망가뜨리는 일이고, 〈바라문을〉 들여보내 돌봐주게 되면 우리의 비축한 재물을 손상시키게 되며, 모두를 내지로 옮기게 되면 그들이 내심 원하지 않을 뿐만 아니라 결국 劉聰[6]과 石勒[7]의 우환이 발생할까 염려됩니다.

그리고 연연이 여전히 보존한다면 고차는 여전히 국내를 돌아봐야 하는 걱정거리가 있어서, 上國(북위)을 엿볼 겨를이 없게 되지만, 만일 전멸시키면 고차의 발호하는 형세를 어찌 다 짐작할 수 있겠습니까. 지금 연연이 혼란에 빠져 있긴 하나 여전히 많은 부락이 곳곳에 흩어져 있어서 옛 군주를 기다리고 있으니, 고차가 비록 강성하다 해도 그들을 모두 굴복시킬 수가 없습니다.

신의 생각에는 연연의 두 군주를 모두 존립시켜주어 아나괴는 동쪽에 머물게 하고 바라문은 서쪽에 머물게 해서, 그 백성들을 나누어서 각기 소속을 두게 해야 합니다. 아나괴가 머물 곳은 제가 본 적이 없어서 감히 억지로 유추할 수 없습니다. 그런데 바라문은 옛 西海城을 수리해 머물도록 청합니다. 西海는 酒泉 북쪽에 있는데 고차가 사는

6) 劉聰 : 匈奴族의 후예이다. 晉 惠帝 때 八王의 난이 일어나자, 左國城으로 가서 大單于가 되고, 그 뒤에 帝라 칭하였다.

7) 石勒 : 前趙의 劉淵 밑에서 大將을 지내다가 後趙를 세운 뒤, 前趙를 멸망시켰다.

金山과 천여 리가 됩니다. 실로 북쪽 오랑캐가 왕래하는 요충지이고 토지가 비옥하고 평평하여 농사짓기에 아주 알맞습니다. 마땅히 능력 있는 장수를 파견해서, 그 군대에 병기를 지급하여 바라문을 감독하고 보호하도록 하고 그대로 그들로 하여금 屯田을 운영하게 해서 운송의 수고를 덜게 해야 합니다.

그 북쪽은 大莫(고비사막) 부근으로 동물들이 모여 살고 있으니 연연에게 이들을 사냥하며 살도록 하면서 피차에 서로 도움을 주고받는다면 충분히 스스로 견고하게 될 수 있을 것입니다. 그리하여 밖으로는 연연의 미약함을 보호하고 안으로는 고차의 발호를 막을 수 있을 것이니 이는 변방을 안정시키고 보호하는 장구한 계책입니다.

만약 바라문이 흩어진 무리들을 모아 그 나라를 다시 일으키려 할 경우엔 그들을 점차 북쪽으로 옮겨 사막을 넘어가게 하면 우리의 바깥 울타리가 되고, 고차의 강한 적이 되리니 서북 지역의 걱정거리가 해소될 수 있을 것입니다. 설령 간악한 짓을 반복한다 하더라도 한낱 도망을 일삼는 도적에 지나지 않을 것이니 우리에게 무슨 손해가 있겠습니까."라고 하였다.

조정의 의견이 이를 옳다고 하여, 아나괴를 吐若奚泉에, 바라문을 옛 서해군에 배치하였다.

高車伊匐이 擊柔然可汗婆羅門하여 大破之①하니 婆羅門이 帥十部落詣涼州하여 請降於魏한대 柔然餘衆이 相帥迎阿那瓌하니 阿那瓌가 乞兵送還이러라 詔中書門下博議한대 涼州刺史袁翻曰 自國家都洛以來로 蠕蠕高車가 迭相吞噬하여 始則蠕蠕授首하고 既而高車被擒②이러니 今高車가 自奮於衰微之中하여 克雪讐恥나 誠由種類繁多하여 終不能相滅이니이다 自二虜交鬪로 邊境無塵이 數十年矣니 此中國之利也니이다 今蠕蠕兩主가 相繼歸誠③하니 戎狄禽獸가 終無純固之節이나 然存亡繼絶은 帝王本務라 若棄而不受면 則虧我大德이요 若納而撫養이면 則損我資儲며 或全徙內地면 則非直其情不願이라 亦恐終有劉石之患④이니이다 且蠕蠕尙存이면 則高車猶有內顧之憂하여 未暇窺窬上國이나 若其全滅이면 則高車跋扈之勢를 豈易可知리잇가 今蠕蠕雖亂이나 部落猶衆이라 處處棋布하여 以望舊主니 高車雖彊이나 未能盡服也니이다 愚謂蠕蠕二主를 竝宜存之하여 居阿那瓌於東하고 處婆羅門於西하여 分其民하여 各有攸屬이니이다 阿那瓌所居는 非所經見이라 不敢臆度이나 婆羅門은 請修西海故城하여 以處之니이다 西海는 在酒泉之北한대 去高車所居金山에 千餘里⑤라 實北虜往來之衝要요 土地沃衍하여 大宜耕稼⑥하니 宜遣一良將하여 配以兵仗하여 監護婆羅門하고 因令屯田하여 以省(생)轉輸之勞니이다 其北은 則臨大磧하여 野獸所聚니 使蠕蠕射獵하여 彼此相資하면 足以自固라 外以輔蠕蠕之微弱하고 內亦防高車之畔渙이니 此安邊保

塞之長計也⑦니이다 若婆羅門이 能收離聚散하여 復興其國者인댄 漸令北轉徙渡流沙하면 則是我之外藩이요 高車勍敵이니 西北之虞가 可以無慮리이다 如其姦回反覆이라도 不過爲逋逃之寇니 於我何損哉리잇가 朝議가 是之라하여 乃置阿那瓌於吐若奚泉하고 婆羅門於故西海郡⑧하다

① 伊匐은 彌俄突의 아우이다.[8)]
伊匐, 彌俄突之弟也.
② "蠕蠕授首"는 佗汗可汗의 경우를 말하고 "高車被擒"은 彌俄突의 경우를 말한다.
蠕蠕授首, 謂佗汗也. 高車被擒, 謂彌俄突也.
③ 두 군주는 阿那瓌와 婆羅門을 말한다.
兩主, 謂阿那瓌·婆羅門.
④ 劉石은 劉聰과 石勒이다.
劉石, 劉聰·石勒.
⑤ 여기서의 西海는 王莽이 설치한 西海郡의 西海가 아니다. 다만 酒泉의 북쪽에 있다고 하였으니 별도로 西海故城이 있는 것이다. 金山은 모습이 투구처럼 생겼다. 훗날 突厥이 金山 남쪽에 살았는데, 바로 이 산이다.
此西海, 非王莽所置西海郡之西海. 但言在酒泉之北, 則別有西海故城也. 金山形如兜鍪, 其後突厥居金山之陽, 卽此山.
⑥ 沃은 물이 젖는 것이고, 衍은 땅이 평평하게 펼쳐진 것이다.
沃, 水之灌沃者. 衍, 地之平延者.
⑦ "畔渙"은 《資治通鑑》에서 "畔援"으로 썼는데 跋扈라는 말과 같다.
畔渙, 通鑑作畔援, 猶言跋扈也.
⑧ 吐若奚泉은 懷朔鎭 북쪽 無結山 아래에 있다.
吐若奚泉, 在懷朔鎭北無結山下.

【綱】11월에 北魏가 반란한 氐族을 토벌하여 이기지 못하였다.

十一月에 魏가 討叛氐하여 不克하다

【目】北魏가 東益州·南秦州의 氐族들이 모두 반란하였다고 하여 河間王 元琛을 行臺로 삼아 토벌하게 하였다. 원침은 劉騰의 권세를 의지하여 貪暴하여 두려워 꺼리는 것이 없더니 크게 저족에게 패배하였다.

魏가 以東益南秦氐皆反이라하여 以河間王琛爲行臺하여 討之하니 琛이 恃劉騰之勢하여 貪暴無

8) 伊匐은……아우이다 : 《資治通鑑》에는 同母弟라 하였다.

所畏忌러니 大爲氏所敗①하다

① 元琛은 文成帝의 손자인데, 定州刺史가 되었고, 탐욕과 방종으로 이름이 났다. 정주자사에서 파면되어 돌아와서는 劉騰에게 養子가 되기를 구하였고 都官尙書를 겸하였다가 외직으로 나가 秦州刺史가 되었다.
琛, 文成之孫也, 爲定州刺史, 以貪縱著名. 及罷州還, 乃求爲騰養息, 得兼都官尙書, 出爲秦州刺史.

壬寅年(522)

梁나라 高祖 武帝 蕭衍 普通 3년이고, 北魏 肅宗 孝明帝 元詡 正光 3년이다.

梁普通三年이요 魏正光三年이라

【綱】 여름 4월에 高車王의 아우 越居가 왕인 伊匐을 죽이고 스스로 왕위에 올랐다.

夏四月에 高車王弟越居가 殺其王伊匐而自立하다

【綱】 5월 초하루에 개기일식이 있었다.

◑ 五月朔에 日食旣[9)]하다

【綱】 겨울 11월에 北魏에서 正光曆을 시행하였다.

◑ 冬十一月에 魏行正光曆하다

【目】 예전에 北魏의 世宗(元恪)은 玄始曆이 점차 맞지 않는다고 하여, 명을 내려 新曆을 다시 만들라고 하였다. 이때에 이르러 著作郎 崔光이 張龍祥 등 9家들이 올린 冊曆을 취하여 장점과 단점을 검증하고 종합하여 하나의 冊曆으로 만들어 시행하였다.

9) 日食旣 : "개기일식은 큰 변고이다. 이해에 蕭正德이 北魏로 달아났다가 도망쳐 돌아왔고, 侯景이 강을 건너는 재앙이 여기에서 시작되었다. 《資治通鑑綱目》에서 개기일식을 기록한 것은 12번인데 그 응험은 없은 적이 없었다.〔食旣 大變也 是歲正德奔魏逃歸 而侯景渡江之禍始此矣 綱目書食旣十有二 未有無其應者也〕" 《書法》

初에 魏世宗以玄始曆浸疎라하여 命更造新曆이러니 至是하여 著作郎崔光이 取張龍祥等九家所上曆하여 候驗得失하고 合爲一曆行之하다

【綱】 梁나라 西豐侯 蕭正德이 北魏로 달아났다가 얼마 뒤에 도망쳐 돌아왔다.

梁西豐侯正德이 奔魏라가 旣而逃歸[10)]하다

【目】 예전에 梁主(武帝)가 臨川王 蕭宏의 아들 蕭正德을 양육하여 아들로 삼았는데, 太子 蕭統이 태어나자 소정덕을 本家로 돌려보내고 西豐侯라는 작위를 하사하니, 〈소정덕이〉 원망을 품고 마음에 차지 않아 늘 모반할 마음을 품었다. 이해에 北魏로 달아났는데, 북위 사람들이 매우 각박하게 대우하자 소정덕이 도망쳐 돌아오니, 梁主가 울면서 그를 가르치고 그의 封爵을 회복시켜주었다.

初에 梁主養臨川王宏之子正德하여 爲子러니 (汲)〔及〕[11)]太子統生에 正德還本하고 賜爵西豐侯하니 怏怏不滿意하여 常蓄異謀①러니 是歲에 奔魏하니 魏人待之甚薄이라 正德逃歸이어늘 梁主泣而誨之하고 復其封爵하다

① 沈約의 ≪宋書≫ 〈州君志〉에 "臨川郡에 西豐縣이 있다." 하였다.
沈約宋志 "臨川郡有西豐縣."

【綱】 柔然王 郁久閭婆羅門이 北魏를 배반하자, 북위가 토벌하여 그를 사로잡았다.

柔然王婆羅門이 叛魏어늘 魏討而執之[12)]하다

---

10) 梁西豐侯……旣而逃歸 : "蕭正德에 대해 '北魏로 달아났다.〔奔魏〕'라고 기록하고 '도망쳐 돌아왔다.〔逃歸〕'라고 기록하였는데 그가 아버지를 배반하며 임금에게 반란한 죄를 바로잡았다는 것을 듣지 못하였으니 梁主의 政刑의 실책을 알 수 있다. 그러나 소정덕이 이와 같은 짓을 감히 하게 된 것은 또한 梁主가 반드시 자기를 죽이지 않을 것을 알았기 때문이다. 이 이후로 더욱 본받아서 악을 행하는 데에 익숙해져서 대부분 망설이고 꺼리는 바가 없게 되니 어지러움의 계제가 어디에서 그치겠는가.〔正德書奔魏 書逃歸 而不聞正其背父叛君之罪 則梁主政刑之失 爲可知矣 然正德之所以敢於如此者 亦知梁主之必不殺己故也 自是而後 尤而效之 狃於爲惡 無所顧忌者多矣 亂階何自而弭乎〕" ≪發明≫

11) (汲)〔及〕: 저본에는 '汲'으로 되어 있으나, ≪資治通鑑≫에 의거하여 '及'으로 바로잡았다.

12) 柔然王……而執之 : "柔然에는 '반란〔叛〕'이라고 기록한 것이 없었는데 여기서 '叛'이라고 기록한 것은 어째서인가. 이미 항복했기 때문이니 한 글자로 판단함이 엄격하다.〔柔然未有書叛者 此其書叛 何已降也 一字之權衡嚴矣〕" ≪書法≫

【目】柔然王 郁久閭婆羅門이 北魏를 배반하고 도망쳐서 嚈噠(압달)[13]로 귀순하자, 北魏에서 平西長史인 費穆을 行臺로 삼아 군대를 거느리고 그를 토벌하게 하였다. 유연이 달아나자, 비목이 말하기를 "戎狄의 성향은 적을 보면 즉시 도주하고 허점을 틈타서 다시 나오니, 만약 그들의 간담을 서늘하게 하지 못한다면 끝내 명령을 받고 달려온 군사들을 지치게 할까 두렵다."라고 하고, 마침내 정예 기병을 선발하여 산골짜기에 매복시키고 보병들 중에 수척한 자들을 외곽 진영에 배치하였다. 유연이 과연 그곳에 이르자 공격하여 그들을 대파하니, 바라문은 涼州의 군사들에게 포로가 되어 洛陽으로 압송되었다.

柔然婆羅門이 叛魏하고 亡歸嚈噠①이어늘 魏以平西長史費穆으로 爲行臺하여 將兵討之하니 柔然遁去어늘 穆曰 戎狄之性이 見敵卽走하고 乘虛復出하니 若不使之破膽이면 終恐疲於奔命②이라하고 乃簡精騎하여 伏山谷하고 以步兵之羸者로 爲外營하니 柔然果至어늘 奮擊破之하니 婆羅門이 爲涼州軍所擒이라 送洛陽하다

① 嚈은 益藥의 切이다. 噠은 當割의 切이다. 嚈噠國은 大月氏의 종류이고, 역시 高車의 별종이다. 그들의 원류는 塞北에서 나왔는데, 金山 이남으로부터 于闐의 서쪽에 있으니, 長安으로부터 1만 1백 리의 거리이다. 그의 왕은 拔底城에 도읍하였는데 아마도 王舍城인 듯하다.
嚈, 益藥切. 噠, 當割切. 嚈噠國, 大月氏之種類也, 亦曰高車之別種. 其原出於塞北, 自金山而南, 在于闐之西, 去長安一萬一百里. 其王都拔底城, 蓋王舍城也.
② "奔命"은 다급한 상황을 구원하러 달려온 병사들을 말한다.
奔命者, 赴急之兵也.

癸卯年(523)

梁나라 高祖 武帝 蕭衍 普通 4년이고, 北魏 肅宗 孝明帝 元詡 正光 4년이다.

梁普通四年이요 魏正光四年이라

【綱】봄 2월에 柔然에 크게 기근이 들자, 北魏에서 사신을 보내 돌봐주었다.

---

13) 嚈噠(압달) : 중앙아시아에 있던 유목족으로 에프탈(Ephthalites)이라 한다. 한때 영토가 인도, 이란, 소그디아나에 이르렀고 동쪽으로 高車와 柔然을 압박하였다.

春二月에 柔然大飢어늘 魏遣使撫之하다

【目】 柔然에 큰 기근이 들자 郁久閭阿那瓌가 무리들을 이끌고 北魏의 경계 지역으로 들어가 구휼해달라고 하자, 북위가 左丞 元孚를 行臺로 삼아 부절을 가지고 가서 그들을 돌봐주도록 하였다.

출발할 적에 표문을 올려 편의에 맞는 방도를 아뢰기를 "蠕蠕이 오래도록 강성하였는데, 지금 스스로 어지럽게 되어 망하게 되었으니, 마땅히 이때를 이용하여 장기적인 계책을 잘 생각해야 합니다. 옛날에 漢 宣帝 때에 呼韓邪單于가 변방으로 와서 우호를 청하자, 漢나라에서 董忠과 韓昌을 보내어 邊郡의 군사와 말을 통솔하여 호한야선우를 朔方에 호송하고 그대로 머물러서 지키게 하였으며, 光武帝 때에는 역시 中郎將 段郴을 시켜서 安集掾史를 설치하여 單于가 있는 곳을 따라 동정을 살피게 하였습니다.

지금 마땅히 대략 옛일에 의거하여 한적한 땅을 빌려주어 그들이 농사짓고 방목하게 해주고 내략 官屬을 두어 그들을 慰撫하는 뜻을 보여야 합니다. 그리고 변방의 군대에게 엄중히 경계하여 명령에 따라 방어하고 감시하여 그들로 하여금 친밀할 때에 거짓을 꾸미지 않게 하고, 소원할 적에 배반을 하지 않도록 만드는 것이 최선의 방책입니다." 라고 하였는데, 그의 말을 따르지 않았다.

柔然大飢라 阿那瓌帥其衆하여 入魏境求賑給이어늘 魏以左丞元孚로 爲行臺하여 持節撫之①할새 將行에 表陳便宜曰 蠕蠕久來彊大러니 今自亂亡하니 宜因此時하여 善思遠策이니이다 昔에 漢宣之世에 呼韓款塞어늘 漢遣董忠韓昌하여 領邊郡士馬하여 送出朔方하고 因留衛助하고 光武時에 亦使中郎將段郴으로 置安集掾史하여 隨單于所在하여 參察動靜하니 今宜略依舊事하여 借其閑地하여 聽其田牧하고 粗置官屬하여 示相慰撫하고 嚴戒邊兵하여 因令防察하여 使親不至矯詐하고 疏不容反叛이 最策之得者也니이다하니 不從하다

① 元孚는 元譚의 손자이다. 北魏 孝昌 원년(525)에 元譚이 幽州都督이 되었으니, 이로부터 3년 후이다. ≪魏書≫를 살펴보건대 원담은 太武帝(拓跋燾)의 아들이니, 아마도 北魏의 宗室에 같은 이름을 가진 사람이 많았던 것 같다.
孚, 譚之孫也. 魏孝昌元年, 元譚爲幽州都督, 後此三年. 按魏書, 譚太武之子. 蓋魏宗室多有同名者.

【綱】 3월에 北魏의 司空 劉騰이 卒하다.

三月에 **魏司空劉騰卒**[14]하다

【綱】여름 4월에 柔然王 郁久閭阿那瓌가 北魏의 使者를 체포하고 북위의 변경을 침범하자, 북위에서 군대를 출동시켜 그들을 공격하다가 이르지 못하고 돌아왔다.

◑**夏四月**에 **柔然王阿那瓌**가 **執魏使者**하고 **犯魏邊**이어늘 **魏發兵擊之**라가 **不及而還**[15]하다

【目】北魏의 元孚가 白虎幡을 가지고 가서 郁久閭阿那瓌를 柔玄鎭과 懷荒鎭 사이에서 위로하였는데, 아나괴의 무리가 30만 명이라고 칭하고 몰래 반역의 뜻을 품고 드디어 원부를 拘留하고 군대를 이끌어 남하하면서 지나가는 곳마다 약탈을 하였고 平城에 이르러서 마침내 원부가 돌아가는 것을 허락하였다.

有司는 원부가 命을 욕되게 하였으니 처벌해야 한다고 주청하였고, 尙書令 李崇과 僕射 元纂을 보내어 기병 10만 명을 인솔하고 柔然을 공격하게 하였다. 아나괴가 이 소식을 듣고 백성을 몰아서 북쪽으로 달아났는데, 이숭이 그들을 추격하여 3천여 리를 갔지만 따라잡지 못하고 돌아왔다. 원찬은 參軍 于謹을 시켜서 유연을 추격하게 하여 郁對原에 이르렀는데, 전후로 17차례 싸워서 여러 차례 그들을 격파하였다.

우근은 성품이 깊고 침착하고 식견과 도량이 있었으며, 經史를 섭렵하였다. 젊었을 때에는 閭里에 묻혀 살면서 벼슬에 나아가기를 구하지 않았는데, 어떤 사람이 그에게 벼슬에 나아가기를 권하니, 우근이 말하기를 "州郡의 직책[16]은 옛날 사람들이 비루하게 여겼고, 台鼎의 자리[17]는 때가 오기를 기다려야 하오."라고 하였다. 원찬이 그의 명

---

14) 魏司空劉騰卒 : "劉騰은 元叉의 徒黨으로 일찍이 胡太后를 유폐하였다. '죽었다〔卒〕'라고 기록하고 관직을 기록한 것은 어째서인가. 형벌을 그르침을 나무란 것이다.〔騰 叉黨也 嘗幽太后矣 書卒書官 何譏失刑也〕" ≪書法≫

15) 柔然王阿那瓌……不及而還 : "婆羅門은 '반란했다〔叛〕'라고 기록하고 '토벌했다〔討〕'라고 기록하며 阿那瓌는 北魏의 使者를 체포하였는데 어찌하여 '공격했다〔擊之〕'라고 기록하였는가. 北魏를 결점으로 여긴 것이다. 들이지 않을 사람을 들여서 스스로 모욕을 취했으니 北魏 역시 책임이 없을 수 없다. '공격했다〔擊〕'라고 기록하고 '토벌했다〔討〕'라고 기록하지 않았으니, 안(국내)을 피폐하게 하고 밖(국외)을 일삼는 자는 폄하함을 보인 것이다.〔婆羅門 書叛書討 阿那瓌執魏使 則曷爲書擊之 病魏也 納所不宜納 以自取侮 魏亦不能無責矣 書擊不書討 所以示敝內事外者之貶也〕" ≪書法≫

16) 州郡의 직책 : 州郡의 屬官이나 屬吏를 가리킨 말이다. ≪後漢書≫ 〈梁松傳〉에 보인다.

성을 듣고 불러들였다.

魏元孚持白虎幡하고 勞阿那瓌於柔玄懷荒二鎭之間①하니 阿那瓌衆號三十萬이라 陰有異志하여 遂拘留孚하고 引兵而南할새 所過剽掠하고 至平城하여 乃聽孚還이라 有司奏孚辱命하여 抵罪라하고 遣尙書令李崇僕射元纂하여 帥騎十萬하여 擊柔然하니 阿那瓌聞之하고 驅民北遁이어늘 崇追之三千餘里호되 不及而還하다 纂使參軍于謹으로 追至郁對原하여 前後十七戰에 屢破之②하다 謹性深沈有識量하고 涉獵經史하며 少時屛居閭里하여 不求仕進이어늘 或勸之仕하니 謹曰 州郡之職은 昔人所鄙요 台鼎之位는 須待時來라한대 纂聞而辟之③하다

① 懷荒鎭은 柔玄鎭의 동쪽과 禦夷鎭의 서쪽에 있다.
懷荒鎭在柔玄鎭之東・禦夷鎭之西.
② 于謹은 于忠의 從曾孫이다.
謹, 忠之從曾孫也.
③ 後漢의 梁竦이 말하기를 "대장부가 세상에 태어났으면 살아서는 마땅히 諸侯에 봉해지고, 죽어서는 종묘에서 제사를 받아야 한다. 州와 郡의 직책은 그저 사람을 피곤하게 할 뿐이다." 하였다.
後漢梁竦曰 "大丈夫居世, 生當封侯, 死當廟食. 州郡之職, 徒勞人耳."

【目】李崇의 長史인 魏蘭根이 이숭을 설득하기를 "옛날에 변경에 처음으로 여러 鎭을 설치하였는데, 땅은 넓고 사람은 적어서 혹은 中原의 강성한 종족의 자제나 국가의 宗親을 징발하여 爪牙(장군)의 임무를 맡겼습니다. 中期에 와서는 有司들이 그들을 府戶라고 부르며 하인처럼 부려서, 관직・혼인・반차・서열에 있어서 淸流(상등 부류)의 지위를 잃게 되었습니다. 그러나 본래의 가문은 각기 영달한 지위에 있었습니다. 그런데 저쪽과 이쪽의 지위를 비교해보면 이치상 마땅히 분노하고 원망할 것입니다. 마땅히 鎭을 고쳐서 州를 설치하고, 郡과 縣을 나누어 두어서 이 府戶는 모두 〈그 천한 신분을〉 면하여 평민으로 삼고, 入仕의 순서를 한결같이 옛것을 따라서 文人과 武人을 똑같이 등용하고 위엄과 은혜가 똑같이 시행해야 합니다. 이 계책이 만약 시행되면 국가에서 북쪽을 돌아보는 염려는 거의 없게 될 것입니다."라고 하였다. 이숭이 그를 위하여 상주하였으나, 이 일은 덮어두고 답하지 않았다.

崇의 長史魏蘭根이 說崇曰 昔에 緣邊初置諸鎭하니 地廣人稀라 或徵發中原彊宗子弟와 或國之肺腑하여 寄以爪牙러니 中年以來로 有司號爲府戶하여 役同厮養하여 官婚班齒에 致失淸流나 而

17) 台鼎의 자리 : 宰相의 자리를 말한다.

本來族類는 各居榮顯하니 顧瞻彼此하면 理當憤怨이라 宜改鎭立州하고 分置郡縣하여 凡是府戶는 悉免爲民하고 入仕次敍를 一準其舊하여 文武兼用하고 威恩竝施니 此計若行이면 國家庶無北顧之慮矣리이다 崇爲之奏聞이러니 事寢不報하다

【綱】北魏 沃野鎭의 백성 破六韓拔陵이 반란을 일으켰다.

魏沃野鎭民破六韓拔陵反[18]하다

【目】예전에 元乂가 胡太后를 유폐시키고 나서 항상 魏主(元詡)가 거주하는 궁전 옆에서 당직을 서면서 정성을 다하여 아첨을 하니, 황제가 총애하고 신임하였다. 원차가 출입할 적에 항상 용감한 무사에게 무기를 들고 자신의 앞뒤를 따르도록 하였고, 때때로 千秋門 밖으로 휴식을 하러 나가는데 나무로 난간을 설치하여 심복에게 방어하여 지키도록 하여 돌발적인 사태를 대비하도록 하였다.

그가 처음 정권을 잡았을 때는 자신의 실정을 속이고 스스로 꾸며서 당시 政事의 득실에 제법 마음을 쏟았다. 그런데 뜻을 얻고 나서는 드디어 교만하고 괴팍하고 탐욕하고 인색하였으며, 술을 즐기고 여색을 좋아하여 주고 빼앗는 것을 자기 마음대로 하니, 기강이 무너져서 어지러워졌다.

初에 元乂旣幽胡太后하고 常入直於魏主所居殿側하여 曲盡佞媚하니 帝寵信之라 乂出入에 恒令勇士로 持兵先後하고 時出休於千秋門外호되 施木欄楯하고 使腹心防守하여 以備竊發①하더라 其始執政에 矯情自飾하여 時事得失에 頗以關懷러니 旣得志에 遂驕愎貪吝하고 嗜酒好色하여 與奪任情하니 紀綱壞亂이러라

① 先(앞서다)과 後(뒤따르다)는 모두 去聲이다. 欄은 우리이니, 세로로 만든 것이 欄이고, 가

18) 魏沃野鎭民破六韓拔陵反 : "元魏(北魏)의 난리가 여기에서 시작되었다.〔元魏之亂始此〕" ≪書法≫
"≪資治通鑑綱目≫에서 '元乂가 淸河王 元懌을 살해하고 太后를 유폐시켰다.'라고 기록하고, 그 이전에 '將軍 奚康生을 살해하고 宦者를 司空으로 삼았다.'라고 기록하고, 그 다음에 지금 또 '破六韓拔陵이 반란을 일으켰다.'라고 대서특필하고, 그 〈目의〉 앞부분에서는 分注하여 원차를 기재하였는데, 원차가 처음 정권을 잡았을 때는 실정을 속이고 스스로 꾸몄고 뜻을 얻고 나서는 드디어 교만하고 괴팍하고 탐욕하고 방종하였으며, 주고 빼앗는 것을 자기 마음대로 하여 난리를 부르는 실상이 되었다. 그 아래에 北魏의 멸망이 실로 여기에서 시작된 것을 자세히 기록하였다. 후세 사람들에게 참고하여 알게 하려 하였으니 세상에 경계가 됨이 어찌 매우 절실하며 밝게 드러난 것이 아니겠는가.〔綱目書元乂殺淸河王懌 幽太后 於其前書殺將軍奚康生 以宦者爲司空 於其次 今又大書破六韓拔陵反 於其上 而分注載乂 其始執政 矯情自飾 旣得志 遂驕愎貪縱 與奪任情 以致召亂之實 於其下 則魏氏之亡 實自此始 詳而書之 蓋欲使後人參考而得之 其爲世戒 豈不深切而著明也哉〕" ≪發明≫

로로 만든 것이 楯이다.
先·後, 竝去聲. 欄, 檻也, 縱曰欄, 橫曰楯.

【目】〈元叉의〉 아버지인 京兆王 元繼는 더욱 탐욕스럽고 방종하여 뇌물을 받았고 有司에게 청탁을 하면 감히 어기는 사람이 없었으며, 州牧과 太守, 縣令과 縣長이 대부분 모두 탐욕스럽고 추잡한 사람들이었다. 이로 인해 백성들은 곤궁하고 궁핍하여 사람마다 반란을 일으킬 것을 생각하였다. 얼마 뒤에 沃野鎭의 백성 破六韓拔陵이 무리를 모아 반란을 일으켜 鎭將을 죽이니, 여러 鎭의 中原 출신과 夷族 출신의 백성들이 이따금씩 호응하였다. 파륙한발릉이 남쪽으로 침략할 적에 衛可孤를 보내어 武川鎭과 懷朔鎭을 공격하여 포위하였다. 尖山縣의 賀拔度拔과 그의 세 아들 賀拔允, 賀拔勝, 賀拔岳이 모두 재주와 용기가 있었기에 懷朔鎭將 楊鈞이 하발도발을 발탁하여 統軍으로 삼고, 그의 세 아들을 軍主로 삼아서 방어하게 하였다.

父京兆王繼기 尤貪縱하여 受賂遺하고 請屬有司에 莫敢違者요 牧守令長이 率皆貪汙之人이라 由是로 百姓困窮하여 人人思亂이러니 未幾에 沃野鎭民破六韓拔陵이 聚衆反하여 殺鎭將①하니 諸鎭華夷之民이 往往響應이라 拔陵南侵할새 遣衛可孤하여 攻圍武川懷朔二鎭이어늘 尖山賀拔度拔及其三子允勝岳이 皆有材勇②이라 懷朔鎭將楊鈞이 擢度拔爲統軍하고 三子로 爲軍主하여 以拒之하다

① 破六韓은 오랑캐의 세 글자로 된 姓이고, 拔陵은 그의 이름이니, 單于의 후예이다.
破六韓, 虜三字姓, 拔陵, 其名, 單于之苗裔也.

② 魏收의 ≪魏書≫ 〈地形志〉에 "尖山縣은 神武郡에 속한다." 하였다. 賀拔은 오랑캐의 復姓이며, 度拔은 그의 이름이다.
魏收志"尖山縣屬神武郡." 賀拔, 虜復姓. 度拔, 其名.

【綱】겨울에 北魏의 司徒 崔光이 卒하였다.

冬에 魏司徒崔光卒하다

【目】崔光은 너그럽고 온화하며 선행을 좋아하고 하루 종일 온화한 얼굴빛을 하고 화를 낸 적이 없었다. 于忠과 元叉가 조정에서 권력을 잡았을 때에 모두 그를 존경하여 일의 대부분을 그에게 물어서 결정하였으나 裴植, 郭祚, 淸河王의 죽음은 구원할 수 없었으

니, 당시 사람들이 張禹와 胡廣에 비유하였다. 최광이 죽을 때에 賈思伯을 천거하여 侍講으로 삼았는데, 황제(元詡)는 가사백에게 ≪春秋≫를 배웠다. 가사백이 몸을 굽혀 선비들을 예우하자, 어떤 사람이 가사백에게 묻기를 "공은 어찌하여 교만하지 않을 수 있습니까?"라고 하였다. 가사백이 말하기를 "노쇠한 나이에 이르면 교만해지니, 어찌 늘 유지할 수 있겠소."라고 하니, 당시 사람들이 아름다운 말로 여겼다.

光寬和樂善하고 終日怡怡하여 未嘗忿恚하니 于忠元叉用事호되 皆尊敬之하여 事多咨決而不能救裴郭淸河之死하니 時人比之張禹胡廣[①]하더라 且死에 薦賈思伯하여 爲侍講하니 帝從思伯受春秋라 思伯傾身下士어늘 或問曰 公何以能不驕오 思伯曰 衰至便驕하니 何常之有리오 當世以爲雅談이라하더라

① 于忠이 조정에서 권력을 잡았을 때 裴植과 郭祚가 모두 죄 없이 죽임을 당했고, 元叉가 조정에서 권력을 잡았을 때 淸河王 元懌이 모반을 꾀한 죄로 함부로 죽임을 당하였다. 張禹와 胡廣은 모두 後漢의 太尉인데, 두 사람이 비록 성품이 독실하고 두터웠으나 직언을 하는 풍모가 없었다.
于忠用事, 裴植·郭祚皆以無罪賜死. 元叉用事, 淸河王懌濫以謀叛身誅. 禹·廣, 皆後漢太尉也, 二人雖性篤厚, 而無謇直之風.

【綱】 11월 초하루에 일식이 있었다.

十一月朔에 日食하다

【綱】 12월에 梁나라에서 鐵錢을 주조하였다.

○十二月에 梁鑄鐵錢[19)]하다

【目】 梁나라 초기에는 오직 揚州·荊州·郢州·江州·湘州·梁州·益州에서는 錢幣(금속화폐)를 사용하였고, 交州·廣州에서는 금과 은을 사용하였으며, 나머지 주에서는 미곡과 포백을 섞어서 교역하였다. 그 후에 五銖錢[20)]을 주조하였으나 민간에서는 사사로이

---

19) 梁鑄鐵錢 : "梁나라 시대에 '錢을 주조했다[鑄錢]'라고 기록한 것은 2번이다(이해(523), 丁丑年(557)). '鐵錢을 주조했다.[鑄鐵錢]'라고 기록한 것은 나무란 것이다. '鑄鐵錢'을 기록한 것은 여기에서 시작되었다. ≪資治通鑑綱目≫이 마칠 때까지 '鑄鐵錢'을 기록한 것은 2번이다(이해, 五代 乙酉年(925) 楚나라).[梁世書鑄錢者再(是年 丁丑年) 書鑄鐵錢 譏也 書鑄鐵錢始此 終綱目書鑄鐵錢二(是年 五代乙酉年楚)]" ≪書法≫

古錢을 사용하였는데, 그것을 금지시켰으나 멈출 수가 없었다. 마침내 논의하여 銅錢을 폐지하고 鐵錢을 주조하였다.

梁初에 唯揚荊郢江湘梁益用錢이요 交廣은 用金銀하고 餘州는 雜以穀帛交易이러니 後鑄五銖錢이로되 而民間私用古錢하니 禁之不能止라 乃議罷銅錢하고 鑄鐵錢하다

甲辰年(524)

梁나라 高祖 武帝 蕭衍 普通 5년이고, 北魏 肅宗 孝明帝 元詡 正光 5년이다.

梁普通五年이요 魏正光五年이라

【綱】봄 3월에 北魏에서 臨淮王 元彧을 보내어 여러 군대를 감독하게 하여 破六韓拔陵을 토벌하게 하였다. 여름 4월에 高平鎭에서 敕勒 酋長 胡琛이 반란을 일으켰고, 파륙한발릉이 武川鎭과 懷朔鎭을 함락하였다. 5월에 원욱의 군대가 패배하자, 북위에서 다시 都督 李崇을 보내어 토벌하였다.

春三月에 魏遣臨淮王彧하여 督諸軍하여 討拔陵이러니 夏四月에 高平敕勒胡琛反하고 拔陵陷武川懷朔鎭하니 五月에 彧兵敗績이라 魏復遣都督李崇하여 討之하다

【目】北魏에서 臨懷王 元彧에게 破六韓拔陵을 토벌하도록 하였다. 여름 4월에 高平鎭의 敕勒 酋長인 胡琛이 반란을 일으켜 고평진을 공격하여 파륙한발릉에게 호응하였다. 북위의 장수 盧祖遷이 그들을 공격하여 격파하였는데, 호침이 북쪽으로 달아났다. 衛可孤가 懷朔鎭을 공격하여 한 해가 지났는데도 외부에서 구원병이 이르지 않자, 楊鈞이 賀拔勝을 시켜서 임회왕 원욱에게 가서 위급함을 보고하게 하였다.

하발승이 죽음을 각오한 젊은 병졸 10여 騎를 모집하여 밤에 틈을 엿보다가 포위를 뚫고 나가자, 적들이 그들을 추격하여 뒤쫓아오니, 하발승이 말하기를 "나는 賀拔破胡이다."라고 하니, 적들이 감히 접근하지 못하였다.

---

20) 五銖錢 : 前漢의 武帝 때 사용되었다. 무게가 5銖이며, 圓體方孔으로 五銖라는 두 文字를 小篆으로 표시하였다. ≪資治通鑑≫에 보면 梁 武帝가 五銖錢을 주조하게 하였는데, 好(동전의 구멍)·肉(동전의 둘레)·周郭이 갖추어졌으며, 이것이 갖추어지지 않은 동전을 '女錢'이라 칭하였다.

하발승이 원욱을 만나 그를 설득하기를 "회삭진이 포위를 당하여 조만간에 함락될 지경인데, 大王께서는 지금 군대를 주둔한 채 전진시키지 않으니, 회삭진이 만약 함락되면 무천진 역시 위태로워져서 적들의 날카로운 기세는 백배가 될 것입니다. 그때에는 비록 張良과 陳平이 있다 하더라도 대왕을 위해 계책을 낼 수는 없을 것입니다."라고 하니, 원욱이 군사를 출동시킬 것을 허락하였다.

하발승이 돌아와서는 다시 포위망을 뚫고 들어갔는데, 양균이 다시 하발승을 보내어 나가서 무천진의 상황을 엿보게 하니, 무천진은 이미 함락된 뒤였다. 하발승이 말을 달려 돌아오니, 회삭진 역시 패배하여 하발승 부자가 함께 위가고의 포로가 되었다.

賀拔勝

魏以臨懷王彧으로 討破六韓拔陵[①]이러니 四月에 高平鎭敕勒酋長胡琛反하여 攻高平鎭하여 以應拔陵하니 魏將盧祖遷擊破之한대 琛北走하다 衛可孤攻懷朔鎭하여 經年에 外援不至라 楊鈞使賀拔勝으로 詣臨淮王彧하여 告急할새 勝募敢死少年十餘騎하여 夜伺隙潰圍出하니 賊追及之어늘 勝曰 我賀拔破胡也라한대 賊不敢逼[②]하더라 勝見彧說之曰 懷朔被圍하여 旦夕淪陷이어늘 大王今頓兵不進하니 懷朔若陷이면 則武川亦危하여 賊之銳氣百倍리니 雖有良平이라도 不能爲大王計矣리라하니 彧許爲出師하다 勝還하여 復突圍而入이러니 鈞復遣勝出覘武川하니 武川已陷이어늘 勝馳還하니 懷朔亦潰라 勝父子俱爲可孤所虜하다

① 元彧은 元譚의 증손이다.
彧, 譚之曾孫也.
② 破胡는 賀拔勝의 字이다.
破胡, 勝字.

【目】5월에 元彧이 破六韓拔陵과 五原에서 전투를 벌였는데 군사들이 패배하니, 적들의 기세가 날마다 올랐다. 魏主(元詡)가 여러 신하들을 불러서 계책을 물었는데 尙書 元脩

義가 重臣을 보내어 군사들을 독려하고 恒州와 朔州에 鎭守하여 적들을 막자고 요청하였다.

魏主가 말하기를 "지난해에 李崇이 鎭을 고쳐서 州로 삼을 것을 요청하였는데, 鎭의 府戶들의 마음에 분에 넘치는 바람을 일으켜서 지금의 우환거리가 되었다. 하지만 이숭은 貴戚인데다가 신망이 두텁고 도량과 식견이 있으며 영민하니, 생각건대 다시 이숭을 파견하여 출정시키려고 하는데 어떠하오."라고 하니, 신하들이 모두 동의하였다. 이숭에게 使持節 北討大都督의 직함을 덧붙여주고 장군 崔暹과 廣陽王 元深에게 명을 내려 모두 이숭의 지휘를 받도록 하였다.

五月에 彧與拔陵戰於五原하여 兵敗하니 賊勢日盛이라 魏主引群臣問計한대 尙書元脩義請遣重臣하여 督軍鎭恒朔以捍寇[①]어늘 魏主曰 去歲에 李崇求改鎭爲州하니 開鎭戶非冀之心하여 致有今日之患이나 然崇貴戚重望이요 器識英敏하니 意欲還遣崇行하노니 何如오하니 群臣皆以爲然[②]한대 乃加崇使持節北討大都督하고 命將軍崔暹廣陽王深하여 皆受節度[③]하다

① 元脩義는 元天賜의 아들이다.
脩義, 天賜之子也.
② 李崇은 文成皇后의 오빠 李誕의 아들로, 여러 방면을 역임하고 당시에 명망이 있었다.
崇, 文成皇后兄誕之子, 歷方面, 有時望.
③ 元深은 元嘉의 아들이다.
深, 嘉之子也.

【目】司馬溫公(司馬光)이 다음과 같이 평하였다.

"李崇의 表文은 재앙이 싹트기 전에 없애버리려는 것이었으며, 형세가 이루어지기 전에 승세를 장악하려는 것이었다. 그런데 北魏의 肅宗(元詡)은 이미 채택하지 못하였고, 난리가 일어난 날에 이르러서는 부끄러워하거나 사과하는 말을 한 적이 없다가 마침내 다시 이숭의 죄라고 여겼으니, 저 명철하지 못한 군주가 어찌 함께 일을 도모할 만하겠습니까."

司馬公曰 李崇之表가 所以銷禍於未萌이요 制勝於無形이어늘 魏肅宗旣不能用하고 及亂生之日하여 曾無愧謝之言하고 乃更以爲崇罪하니 彼不明之君이 烏可與謀哉아하다

【綱】北魏의 秦州에서 莫折大提가 반란을 일으켜 高平을 함락하였다. 막절대제

가 죽자 아들 莫折念生이 그를 대신해 무리들을 통솔하였는데, 북위에서 군대를 보내어 토벌하였다.

魏秦州莫折大提가 **反陷高平**이러니 **大提死**에 **子念生代領其衆**이어늘 **魏遣兵討之**하다

【目】北魏에서는 破六韓拔陵이 반란을 일으키면서부터 夏州·東夏州, 幽州, 涼州에서 도적들이 벌 떼처럼 일어났다. 秦州刺史 李彦이 성안을 잔혹하고 포학하게 다스리자, 薛珍 등이 그를 죽이고 그들의 무리 중에 莫折大提를 추대하여 秦王으로 삼았다. 북위에서 雍州刺史 元志를 보내어 그들을 토벌하게 하였다. 南秦州의 백성들도 刺史 崔遊를 죽이고서 城을 가지고 막절대제에게 호응하였다. 막절대제가 그의 무리를 보내어 高平을 습격하게 하여 승리를 거두고 鎭將과 行臺를 죽였다. 막절대제가 얼마 뒤에 卒하니, 아들 莫折念生이 스스로 천자를 칭하였는데, 北魏에서 尙書 元脩義를 보내어 그를 西道行臺로 삼아 諸將을 거느리고 토벌하게 하였다.

魏自破六韓拔陵反으로 **二夏幽涼**에 **寇盜蜂起**①라 **秦州刺史李彦**이 **殘虐城內**하니 **薛珍等殺之**하고 **推其黨莫折大提**하여 **爲秦王**②이어늘 **魏遣雍州刺史元志討之**하다 **南秦州人亦殺刺史崔遊**하여 **以城應大提**하니 **大提遣其黨**하여 **襲高平克之**하고 **殺鎭將行臺**러라 **大提尋卒**하니 **子念生自稱天子**어늘 **魏遣尙書元脩義**하여 **爲西道行臺**하여 **帥諸將討之**하다

① "二夏"는 夏州와 東夏州이다.
二夏, 夏州及東夏州也.
② 莫折은 오랑캐의 複姓이고, 大提는 그의 이름이다.
莫折, 虜複姓, 大提, 其名.

【綱】가을 7월에 北魏의 장군 崔暹이 破六韓拔陵을 토벌하여 白道에서 전투를 벌이다가 패배하였다.

秋七月에 **魏將軍崔暹**이 **討拔陵**하여 **戰于白道**라가 **敗績**하다

【目】崔暹이 李崇의 지휘를 위반하고 破六韓拔陵과 白道에서 전투를 벌이다가 대패하였다. 파륙한발릉이 힘을 합하여 이숭을 공격하니, 이숭이 힘껏 싸웠으나 막아내지 못하여, 군사를 이끌고 雲中으로 돌아갔다.

廣陽王 元深이 상주하기를 "이전 조정에서는 平城에 도읍하였을 적에 북쪽 변방을 중

요하게 여겨 친족이나 뛰어난 인재를 많이 선발하여 깃발을 잡고 鎭將을 삼았고, 훌륭한 집안의 자제들을 배치하여 죽기를 각오하고 방어하게 하였습니다. 仕宦의 길을 폐하지 않았을 뿐만 아니라 요역과 부세를 면제해주었으므로 당시 인물들이 그 직책을 기뻐하고 사모하였습니다.

그런데 太和 연간[21]에 李沖이 조정에서 권력을 쥐자 涼州의 士人들이 모두 廝役을 면제받았고, 황제의 고향에 살던 오래된 가문들은 여전히 변방의 수비를 하였습니다. 本鎭에서 부림을 받는 士人들이 마침내 淸途가 막혔으니,[22] 스스로 당세에 죄를 지은 경우가 아니라면 그들과 더불어 隊伍에 서려고 하지 않고, 또한 많은 사람들이 도망친다고 하여 마침내 邊鎭의 군사들에게 규정을 엄격하게 적용하여 변진의 군사들이 밖으로 돌아다니는 것을 허락하지 않았습니다.

崔暹이 違李崇節度하여 與拔陵으로 戰于白道라가 大敗①하다 拔陵幷力攻崇하니 崇力戰不能禦하여 引還雲中이어늘 廣陽王深上言호되 先朝都平城에 以北邊爲重하여 盛簡親賢하여 擁麾作鎭하고 配以高門了弟하여 以死防遏하니 非唯不廢仕宦이라 乃更獨得復(복)除하니 當時人物이 忻慕爲之②러니 太和中에 李沖用事하여 涼州士人은 悉免廝役하고 帝鄕舊門은 仍防邊戍하니 本鎭驅使이 遂隔淸途하니 自非得罪當世면 莫肯與之爲伍③하고 又以或多逃逸이라하여 乃峻邊兵之格하여 鎭人을 不聽浮遊在外하니이다

① 武川鎭의 북쪽에 白道谷이 있는데, 골짜기 입구에 白道城이 있으며, 성 북쪽에서 솟아나온 높은 비탈이 있으니, 白道嶺이라고 한다.
武川鎭北有白道谷, 谷口有白道城, 自城北出有高阪, 謂之白道嶺.

② "高門子弟"는 이전 시대에 北魏와 함께 代北에서 일어난 자들을 말한다. "復除"는 徭役과 賦稅를 면제하는 것이다.
高門子弟, 謂其先世與魏同起於代北者. 復除, 不徭賦也.

③ 李寶가 敦煌에서 北魏로 들어와 조회하였는데, 아들 李沖이 황제와 가까워지고 귀해지면서 자신의 고향 사람들을 후하게 대해주었기 때문에 涼州 지역 사람들이 모두 廝役을 면제받았다.
李寶自敦煌入朝于魏, 至子沖親貴, 厚其鄕人, 故涼土之人悉免廝役.

---

21) 太和 연간 : 北魏 孝文帝의 연호로 477년에서 499년까지이다.

22) 本鎭에서……막혔으니 : ≪資治通鑑≫에는 이 부분이 다음과 같이 되어 있다. "本鎭에서 부리는 자들이 다만 虞侯나 白直이 되고 일생동안 승진하여도 軍主에 불과합니다. 그러나 그 京師에 있는 동족들은 上品의 고관이 되니 鎭에 있는 자는 바로 淸宦의 길이 막혀서 혹 도망가는 사람이 많습니다.〔本鎭驅使 但爲虞侯白直 一生推遷 不過軍主 然其同族留京師者 得上品通官 在鎭者卽爲淸途所隔 或多逃逸〕"

【目】이에 젊은 사람은 〈외지로 나가〉 스승을 모실 수 없고, 장성한 자들은 벼슬을 구하지 못하여 다만 쓸모없는 사람이 되어버리니, 말을 하면 눈물이 납니다. 伊洛(洛陽)으로 수도를 옮긴 이래로 邊鎭의 직임은 더욱 경시되었기에 오직 적체되어 있던 평범한 인재가 마침내 나가서 鎭將이 되어 서로서로 본받아서 재물을 모으는 것만 일삼았습니다. 간혹 여러 지방의 간사한 관리들이 죄를 저질러서 변방에 배치되면 그들을 위하여 계책을 세워 지휘하여 政事가 뇌물로 결정되니 邊鎭에 있는 사람들은 모두 이를 갈지 않는 사람이 없습니다.

郁久閭阿那瓌가 은혜를 저버리고 마음대로 노략질을 하자, 군사들을 출동시키는 명령을 내려 그를 추격하였는데, 15만의 무리가 사막을 건너가서 며칠도 지나지 않아 돌아왔으니, 邊鎭에 있는 사람들이 그 모습을 보고는 드디어 中原을 경시하게 되었습니다.

李崇이 鎭을 고쳐서 州로 삼자고 요청한 것은 역시 먼저 깨달아서 그랬던 것이지만, 조정에서는 허락하지 않았고 破六韓拔陵이 반란을 일으켰습니다. 이번에 군사를 출동한 것은 소탕하여 평정하기를 희망한 것인데, 崔暹이 〈토벌하러 출정했다가〉 한 대의 수레도 돌아오지 못하였으니, 장수와 사졸들의 마음이 모두 흩어졌습니다.

지금의 우려는 서북쪽에만 그치는 것이 아니라, 여러 鎭도 얼마 뒤에 이렇게 될까 두려우니, 천하의 일을 어찌 쉽게 헤아리겠습니까."라고 하였다.

글이 상주되었지만 임금은 살펴보지 않았다. 조서를 내려 최섬을 불러들여 廷尉에게 죄를 다스리라고 하였는데, 최섬이 元叉에게 뇌물을 바쳐 결국에는 처벌을 받지 않았다.

於是에 少年은 不得從師하고 長者는 不得遊宦하여 獨爲匪人이라 言之流涕니이다 自定鼎伊洛으로 邊任益輕하여 唯底滯凡才가 乃出爲鎭將하여 轉相模習하여 專事聚斂하고 或諸方姦吏가 犯罪配邊에 爲之指蹤하여 政以賄立하니 邊人無不切齒러니 及阿那瓌가 背恩縱掠에 發奔命追之한대 十五萬衆이 度沙漠하여 不日而還하니 邊人見之하고 遂輕中國[①]이라 李崇求改鎭爲州하니 抑亦先覺이어늘 朝廷未許하고 而拔陵爲亂하니 此段之擧는 指望銷平이로되 而崔暹隻輪不返하여 將士之情이 莫不解體니 今日所慮는 非止西北이라 將恐諸鎭尋亦如此니 天下之事를 何易可量이리오 書奏不省하고 詔徵崔暹하여 繫廷尉러니 暹賂元叉하여 卒得不坐하다

① "不日"은 많지 않은 날을 말한다.
不日, 謂不多日.

【綱】 莫折念生이 北魏의 東益州를 침략하여 승리하지 못하였다.

莫折念生이 寇魏東益州하여 不克하다

【目】 莫折念生이 都督 楊伯年 등을 파견하여 仇鳩戍와 河池戍를 공격하자, 東益州刺史 魏子建이 그들을 격파하였다. 동익주는 본래 氐王 楊紹先의 나라였는데, 〈위자건의〉 장수와 보좌들이 城에 사는 백성들이 날래고 용감하며, 秦州와 南秦州에서 반란을 일으킨 사람들이 모두 그들과 같은 종족이라 생각하여 그들의 무기를 수거할 것을 요청하였다. 위자건이 말하기를 "성안에 사는 백성들이 자주 전쟁을 겪었으니, 그들을 慰撫하면 충분히 쓸 수 있고, 그들을 재촉하면 앞뒤에서 근심거리가 될 것이다."라고 하였다.

마침내 성안의 백성들을 모두 불러 그들을 위로하였는데, 얼마 뒤에 점차 그들의 父兄과 子弟들을 분산시켜서 밖으로 보내어 여러 郡을 지키게 하고, 안팎에서 서로 돌아보아 마침내 배반하는 사람이 없었다.

莫折念生이 遣其都督楊伯年等하여 攻仇鳩河池二戍①어늘 東益州刺史魏子建이 擊破之②하다 東益州는 本氐王楊紹先之國이라 將佐以城民勁勇하고 二秦反者가 皆其族類이라하여 請收其器械③한대 子建曰 城民數經行陳하니 撫之에 足以爲用이요 急之則腹背爲患이라하고 乃悉召而慰諭之러니 旣而漸分其父兄子弟하여 外戍諸郡하니 內外相顧하여 卒無叛者러라

① 胡三省이 말하기를 "河池는 지금의 鳳州 河池縣이니, 河池水가 있다. 仇鳩도 河池와 서로 가까울 것이다." 하였다.
胡三省曰 "河池卽今鳳州河池縣, 有河池水. 仇鳩亦當與(可)〔河〕[23]池相近.

② 魏子建은 魏蘭根의 族兄이다.
子建, 蘭根之族兄也.

③ ≪通典≫의 註에 이르기를 "秦州의 治所는 天水이니, 지금의 上邽縣이고, 南秦州의 治所는 洛谷城이니, 지금의 天水郡 伏羌縣이다." 하였다.
通典註云 "秦州理天水, 今上邽縣, 南秦州理洛谷城, 今天水郡伏羌縣."

【綱】 8월에 梁나라 徐州刺史 成景儁이 北魏의 童城을 함락시켰다.

八月에 梁徐州刺史成景儁이 拔魏童城①하다

① 童城은 바로 下邳의 僮縣城이다.

23) (可)〔河〕: 저본에는 '可'로 되어 있으나, ≪資治通鑑≫ 註에 의거하여 '河'로 바로잡았다.

童城, 卽下邳僮縣城也.

【綱】北魏의 都督 元志가 莫折念生을 토벌하여 隴口에서 전투를 벌이다가 패배하였다.

◑魏都督元志討莫折念生하여 戰于隴口라가 敗績①하다

① 隴口는 隴坻의 입구이다.
隴口, 隴坻之口也.

【目】北魏의 散騎侍郎 李苗가 상서하기를 "무릇 식량이 적고 군사들이 정예병이면 속전속결이 유리하고, 양식이 많고 병졸이 많으면 마땅히 지구전을 펼쳐야 합니다. 지금 隴 지역에 도적들이 창궐하고 있는데 평소 비축된 식량이 없으니, 그 형세는 신속히 공격하는 데 달려 있습니다. 공격을 늦추면 병사들의 마음이 저상되어 흩어질 것입니다. 그러므로 성벽을 높이 쌓아 지구전을 펼치는 것은 王師가 적을 완전히 제압할 수 있는 계책이지만 천하가 오랫동안 태평하여 사람들은 전쟁을 모르기에, 이익을 다투어 서로 기다려주지 않으며 어려움에 처하면 도망쳐서 서로 돌아보지 않습니다. 그리하여 장수는 法令이 없고 병졸들은 훈련이 되어 있지 않으니, 장구한 계책을 생각하지 않고 각자 적을 경시하는 마음이 있습니다.

만약 隴 동쪽 지역을 지키지 못하여 汧의 군사가 패배하여 흩어지게 되면, 秦州와 南秦州의 莫折念生이 마침내 강성해지고 三輔 지역은 위태해지고 약해져서 나라의 오른팔이 이에 버려질 것입니다. 마땅히 대장에게 명을 내려 성벽을 견고히 하고 싸우지 말게 하고, 별도로 偏裨들에게 명하여 정예병 수천 명을 인솔하여 麥積崖로 나가서 그들의 후방을 습격하게 하면, 汧·岐의 아래에 있는 적군들이 절로 흩어질 것입니다."라고 하였다.

이묘를 統軍으로 삼아 別將 淳于誕과 함께 梁州와 益州로 출동하게 하였는데, 도착하기 전에 막절염생이 그의 동생인 莫折天生을 보내어 군사를 거느리고 隴 지역을 함락하였다. 元志가 그와 더불어 싸워서 그의 군대가 패배하여 동쪽으로 가서 岐州를 보존하였다.

魏散騎侍郎李苗가 上書曰 凡食少兵精이면 利速戰하고 粮多卒衆이면 宜持久라 今隴賊猖狂한대 非有素蓄하니 其勢在於疾攻이라 遲則人情離沮니 故高壁深壘者는 王師全制之策也로되 但天下

久泰하여 人不曉兵이라 奔利不相待하고 逃難不相顧하여 將無法令하고 士非教習이라 不思長久之計하여 各有輕敵之心하니 如令隴東不守하여 汧軍敗散하면 則兩秦遂彊하고 三輔危弱하여 國之右臂가 於斯廢矣①리니 宜勒大將하여 堅壁勿戰하고 別命偏裨하여 帥精兵數千하여 出麥積崖하여 以襲其後면 則汧岐之下에 群妖自散矣②라한대 以苗爲統軍하여 與別將淳于誕으로 俱出梁益이러니 未至에 莫折念生이 遣其弟天生하여 將兵下隴이어늘 元志與戰兵敗하여 東保岐州③하다

① 汧의 군대는 元志의 군대를 말한다. 汧은 隴阪의 동쪽에 있다.
汧軍, 謂元志之軍也. 汧在隴阪之東.

② 胡三省이 말하기를 "麥積崖는 지금 秦州 天水縣의 동쪽 100리 되는 곳에 있는데, 모양이 보릿단을 쌓아놓은 것 같으므로 이렇게 이름을 붙인 것이다." 하였다.
胡三省曰 "麥積崖, 在今秦州天水縣東百里, 狀如麥積, 故名."

③ 北魏의 岐州는 雍城에 治所를 두었다.
魏岐州治雍城.

【綱】北魏에서 鎭을 고쳐 州로 만들었다.

魏改鎭爲州하다

【目】東部와 西部의 敕勒이 모두 北魏를 배반하여 破六韓拔陵에게 귀순하자, 魏主(元詡)가 비로소 李崇과 元深의 말을 생각하고는 조서를 내리기를 "여러 州와 鎭의 軍籍에 있는 사람들 중에 죄를 짓고 배속되어 服役하는 경우를 제외하고는 모두 면제시켜 평민으로 삼도록 하라."라고 하고, 鎭을 고쳐서 州로 만들었다.

東西部敕勒이 皆叛魏하여 附於拔陵이어늘 魏主始思李崇元深之言하여 詔諸州鎭軍貫하여 非有罪配隷者어든 皆免爲民하고 改鎭爲州①하다

① 貫은 장부이다.
貫, 籍也.

【綱】北魏 秀容 사람 乞伏莫于 등이 반란을 일으키자, 酋長 爾朱榮이 토벌하여 평정하였다.

魏秀容人乞伏莫于等反이어늘 酋長爾朱榮이 討平之①하다

① 《魏書》〈地形志〉에 "永興 2년(410)에 秀容郡을 설치하여 肆州에 소속시켰다." 하였다.

地形志"永興二年, 置秀容郡, 屬肆州"

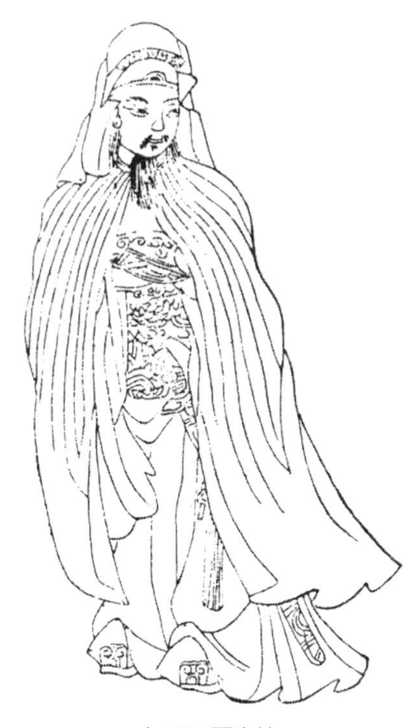
太原王 爾朱榮

【目】爾朱榮은 爾朱羽健의 玄孫이다. 무리들을 통제할 적에 엄정하였는데, 당시 사방에서 군사를 일으키자 이주영은 몰래 그가 축적한 재산을 나누어 날래고 용감한 사람들을 불러 모으고 호걸들과 교분을 맺었다. 그리하여 侯景, 司馬子如, 賈顯度, 段榮, 竇泰가 모두 가서 그에게 의지하였다.

榮은 羽健之玄孫也라 御衆嚴整이러니 時에 四方兵起라 榮陰散其畜牧資財하여 招合驍勇하고 結納豪傑하니 於是에 侯景司馬子如賈顯度段榮竇泰皆往依之[①]하다

① 賈顯度는 賈顯智의 형이다.
顯度, 顯智之兄也.

【綱】9월에 梁나라가 北魏의 睢陵과 荊山을 취하고 壽陽을 습격하였는데 이기지 못하였다.

九月에 梁取魏睢陵荊山하고 襲壽陽不克하다

【目】成景儁이 北魏의 睢陵을 함락하고 趙景悅은 荊山을 포위하였으며, 裴邃는 기병 3천 명을 인솔하고 壽陽을 습격하여 밤에 관문을 부수고 들어가서 그 바깥 성곽을 점령하였다. 북위의 揚州刺史 長孫稚가 방어하여 하루에 9차례 싸웠으나 後軍이 길을 잃고 도달하지 못하자, 배수는 군사를 이끌고 돌아왔다. 別將이 북위의 淮陽을 공격하자, 북위에서는 行臺 酈道元과 都督 河間王 元琛을 시켜서 수양을 구원하게 하고, 安樂王 元鑒을 시켜서 淮陽을 구원하게 하니, 梁나라 군대가 패배하였다.

成景儁은 拔魏睢陵하고 趙景悅은 圍荊山[①]하고 裴邃는 帥騎三千하고 襲壽陽하여 夜斬關而入하여 克其外郭이러니 魏揚州刺史長孫稚禦之하여 一日九戰한대 後軍失道不至라 邃引兵還하고 別將擊

魏淮陽[②]이어늘 魏使行臺酈道元都督河間王琛으로 救壽陽하고 安樂王鑑으로 救淮陽하니 梁兵敗績[③]하다

① ≪五代志≫에 "鍾離郡 塗山縣은 옛날의 當塗이니, 後齊(北齊) 때에 荊山郡을 두었다." 하였다.
五代志 "鍾離郡塗山縣, 古當塗也, 後齊置荊山郡."
② 이는 梁나라에서 보낸 別將이니, 裴邃의 부하가 아니다.
此梁所遣別將也, 非裴邃所部.
③ 酈道元은 酈範의 아들이다. 元鑑은 元顯祖의 아우이고, 元長樂의 손자이다.
道元, 範之子也. 鑑, 顯祖弟, 長樂之孫也.

【綱】北魏의 涼州에서 반란을 일으키자, 刺史 宋穎이 吐谷渾(토욕혼)을 데리고 토벌하여 평정하였다.

魏涼州亂이어늘 刺史宋穎이 以吐谷渾으로 討平之하다

【目】北魏의 涼州幢帥 于菩提가 刺史 宋穎을 체포하고 州를 점거하여 반란을 일으키자, 宋穎이 은밀히 吐谷渾에게 구원을 요청하였는데, 慕容伏連籌가 직접 군사를 거느리고 涼州를 구원하였다. 우보리가 성을 버리고 도주하자, 추격하여 그의 목을 베니 城의 백성들이 다시 송영을 추대하여 刺史로 삼았다.

魏涼州幢帥于菩提가 執刺史宋穎하고 據州反[①]이어늘 穎密求救於吐谷渾한대 伏連籌自將救涼州하니 于菩提棄城走어늘 追斬之하니 城民復推穎爲刺史하다

① 柔然의 법에 100명을 幢으로 삼고, 幢에 帥를 두었다.
柔然之法, 百人爲幢, 幢有帥.

【綱】겨울 10월에 梁나라가 北魏의 建陵, 曲木, 琅邪 등의 城을 탈취하였다.

冬十月에 梁取魏建陵曲木琅邪等城하다

【目】裴邃가 北魏의 建陵城을 공격하여 점령하고, 曲木을 함락시켰으며, 將軍 彭寶孫이 琅邪와 檀丘를 함락하였다. 배수가 狄城과 甓城을 함락하고 진격하여 黎漿에 주둔하니, 북위의 東海太守가 司吾城을 가지고 항복하였다. 將軍 曹世宗이 曲陽과 秦墟를 함락하

였는데, 북위에서 지키고 있던 장수들이 대부분 성을 버리고 도주하였다.

裴邃攻魏建陵城克之하여 **拔曲木**[①]하고 **將軍彭寶孫**이 **拔琅邪檀丘**하다 **裴邃拔狄城甓城**하고 **進屯黎漿**[②]하니 **魏東海太守以司吾城降**[③]하다 **將軍曹世宗**이 **拔曲陽秦墟**하니 **魏守將多棄城走**[④]러라

① 曲木은 曲沭이 되어야 한다. ≪水經註≫에 "沭水는 建陵縣 故城의 동쪽을 지나고, 또 남쪽으로 陵山의 서쪽을 경유하는데, 北魏에서 큰 방죽을 세워 물을 막아 서쪽으로 흐르게 하였으니, 두 물줄기가 만나는 곳에 城을 세워 방어하게 하고 이름을 曲沭戍라 하였다." 하였다. 沭은 食聿의 切이다.
曲木當作曲沭. 水經注 "沭水過建陵縣故城東, 又南逕陵山西, 魏立大堰遏水西流, 兩瀆之會, 置城防之, 曰曲沭戍." 沭, 食聿切.

② ≪水經註≫에 "肥水는 荻丘에서 나와 漢나라 때의 九江 成德縣 故城을 경유하니, 王莽이 고쳐서 平阿라고 하였고, 또 북쪽으로 가서 芍陂로 유입된다." 하였다.
水經註 "肥水自荻丘過漢九江成德縣故城西, 王莽更曰平阿, 又北入芍陂."

③ 〈"司吾城은"〉 漢나라 때의 東海郡 司吾縣의 故城이다.
漢東海郡司吾縣之故城也.

④ ≪水經註≫에 "洛水는 漢나라 때의 淮南郡 曲陽 故城 동쪽을 지나간다." 하였다. 應劭가 말하기를 "曲陽縣은 淮曲의 북쪽에 있다. 洛水는 또다시 북쪽으로 秦墟를 지나서 淮水로 내려가는데, 그곳을 洛口라고 한다." 하였다.
水經注 "洛水逕漢淮南郡曲陽故城東." 應劭曰 "縣在淮曲之陽. 洛水又北歷秦墟, 下注淮, 謂之洛口."

【綱】 北魏의 營州 사람 就德興이 반란을 일으키자, 북위에서 군대를 보내어 토벌하였는데, 이기지 못하였다.

魏營州人就德興反이어늘 **魏遣兵討之**하여 **不克**[①]하다

① 就는 성씨이다.
就, 姓也.

【綱】 胡琛이 北魏의 豳州, 夏州, 北華州 세 지역을 침략하자, 북위에서 군대를 보내어 토벌하였다.

◑ 胡琛寇魏豳夏北華三州어늘 **魏遣兵討之**[①]하다

① 北魏 高祖(元宏) 太和 15년(491)에 杏城에 東秦州를 설치하였고, 뒤에 고쳐서 北華州라고

하고 中部郡과 敷城郡을 관할하게 하였다.
魏高祖太和十五年, 置東秦州於杏城, 後改爲北華州, 領中部・敷城郡.

【綱】北魏 朔方의 胡族이 반란을 일으키자 夏州刺史 源子雍이 토벌하여 평정하였다.

◑ 魏朔方胡反이어늘 夏州刺史源子雍討平之하다

【目】北魏 朔方의 胡族이 반란을 일으켜서 夏州刺史 源子雍을 포위하니, 성안에서는 군량이 다 떨어졌지만, 무리들이 배반할 마음이 없었다. 원자옹이 직접 나가서 양식을 구하려고 할 적에 그의 아들 元延伯을 남겨두어 統萬을 지키게 하였는데, 그의 장수와 보좌들이 모두 말하기를 "아버지와 아들이 함께 가는 것만 못합니다."라고 하였다. 원자옹이 울면서 말하기를 "내가 대대로 국가의 은혜를 받았으니, 마땅히 이 城을 목숨으로 지켜야 한다. 다만 식량이 없으면 지킬 수 없기에 東州로 가서 여러 諸君들을 위하여 수개월 동안 먹을 수 있는 군량을 마련하려고 하니, 만약 다행히 군량을 얻는다면 반드시 성을 보전할 것이다."라고 하였다. 마침내 수척하고 약한 군사들을 데리고 군량을 운반하기 위해 동하주로 갈 적에, 원연백이 장수와 보좌들과 함께 통곡하며 그들을 전송하였다.

행군을 한 지 며칠이 지나서 胡族의 장수 曹阿各拔에게 사로잡혔다. 원자옹이 몰래 사람을 보내어 편지를 가지고 가서 성안의 사람들에게 명령을 전하여 힘써 굳게 성을 지키도록 하였다. 원연백이 말하기를 "저희 부친의 생사를 모르니 가슴이 타지만, 명령을 받들고 성을 지키는 처지라 맡은 바가 막중하니, 감히 사사로운 일로 公務를 헤쳐서는 안 된다. 여러분은 이런 마음을 알아주기를 바란다."라고 하였다. 그리하여 무리들이 그의 의로움에 감동하여 분발하지 않는 사람이 없었다.

원자옹이 비록 사로잡혔지만 胡人들이 항상 백성이 윗사람을 대하는 禮로 그를 섬겼는데, 원자옹이 그들을 위해 禍와 福에 대하여 이야기하자, 적들의 무리가 드디어 항복하였다. 원자옹이 行臺인 北海王 元顥를 만나 여러 적들이 와해되고 있는 상황을 갖추어 진술하였는데, 원호가 그에게 선봉에 서도록 하였다.

당시에 東夏州의 모든 지역에서 모두 반란을 일으켜서 원자옹이 이리저리 전투하며 전진하였고, 90일 동안에 수십 차례 전투를 벌여 마침내 동하주를 평정하고, 稅粟을 징수하여 統萬에 보내니, 夏州와 東夏州는 이로 말미암아 온전함을 얻었다. 원자옹은 源懷의 아들이다.

魏朔方胡反하여 圍夏州刺史源子雍하니 城中食盡이로되 衆無二心이라 子雍欲自出求粮할새 留其子延伯하여 守統萬[①]한대 將佐皆曰 不若父子俱去니라 子雍泣曰 吾世荷國恩하니 當畢命此城이로되 但無食可守라 故欲往東州하여 爲諸君營數月之食하니 若幸而得之면 保全必矣[②]리라 乃帥羸弱하고 詣東夏州運粮할새 延伯與將佐로 哭而送之하더라 行數日에 爲胡帥曹阿各拔所擒이라 子雍潛遣人하여 齎書敕城中호되 努力固守하라 延伯曰 吾父吉凶을 未可知니 方寸焦爛이로되 但奉命守城이라 所爲者重하니 不敢以私害公이니 諸君은 幸得此心하라 於是에 衆感其義하여 莫不奮厲이러라 子雍雖被擒이나 胡人常以民禮事之라 子雍爲陳禍福한대 賊衆遂降하다 子雍見行臺北海王顥하고 具陳諸賊可滅之狀[③]한대 顥使爲先驅러라 時에 東夏闔境皆反이라 子雍轉鬪而前하여 九旬之中에 凡數十戰하여 遂平東夏州하고 徵稅粟以饋統萬하니 二夏由是獲全하다 子雍은 懷之子也라

① 夏州는 統萬城에 治所를 두었다.
夏州, 治統萬城.
② 東州는 東夏州를 말한다. 爲(위하다)는 去聲이니, 아래의 "所爲"와 "爲陳"의 爲도 동일하다.
東州, 謂東夏州也. 爲, 去聲. 下所爲·爲陳同.
③ 元顥는 元詳의 아들이다.
顥, 詳之子也.

【綱】 北魏에서 費穆을 朔州刺史로 삼았다.

魏以費穆爲朔州刺史하다

【目】 北魏 廣陽王 元深이 상주하기를 "지금 六鎭이 모두 반란을 일으켜 高車의 두 部도 그들과 동조하고 있으니, 이렇게 지친 군사들을 데리고 그들을 공격하면 필시 승리할 리가 없습니다. 정예의 군사를 선발하여 훈련시켜서 恒州에 있는 여러 요충지를 지키다가, 다시 후일을 도모하는 것만 못합니다."라고 하고, 드디어 李崇과 군사를 이끌고 平城으로 돌아갔다.

이숭이 여러 장수들에게 말하기를 "雲中은 白道의 요충지이며 적들의 목구멍에 해당하니, 만약 이 땅이 온전하지 못하면 幷州와 肆州가 위험하다. 마땅히 한 사람을 남겨

서 그곳을 지켜야 하니, 누가 좋겠는가."라고 하니, 무리들이 費穆을 천거하자, 이숭이 마침내 비목을 朔州刺史로 삼을 것을 요청하였다.

魏廣陽王深上言호되 今六鎭盡叛하여 高車二部亦與之同하니 以此疲兵擊之면 必無勝理①니 不若選練精兵하여 守恒州諸要하여 更爲後圖②라하고 遂與李崇으로 引兵還平城이라 崇謂諸將曰 雲中者는 (百)〔白〕[24]道之衝이요 賊之咽喉니 若此地不全이면 則幷肆危矣라 當留一人鎭之니 誰可者오 衆擧費穆한대 崇乃請穆爲朔州刺史③하다

① 高車는 阿伏至羅가 阿伏窮奇와 함께 나뉘어 두 部가 된 뒤로부터 이른바 東部와 西部의 敕勒이라 하였다.
高車自阿伏至羅與窮奇分爲二部, 所謂東・西部敕勒也.
② "諸要"는 요충지를 말한다.
諸要, 謂要衝之地.
③ 請은 주청하는 것이다. 당시에 雲中이 이미 雲州로 바뀌었으니, 朔은 雲이 되어야 한다.
請, 奏請也. 時雲中已改爲雲州, 朔當作雲.

【目】賀拔度拔 父子와 宇文肱이 향리의 호걸들을 규합하여 衛可孤를 습격하여 죽였는데, 하발도발이 얼마 뒤에 鐵勒과 전투를 벌이다가 죽었다. 우문굉은 宇文逸豆歸의 玄孫이다.

○賀拔度拔父子及宇文肱糾合鄕里豪傑하여 襲衛可孤殺之러니 度拔尋與鐵勒戰死하다 肱은 逸豆歸之玄孫也러라

【綱】北魏에서 北討都督 李崇을 면직시켰다.

魏北討都督李崇免하다

【目】李崇이 祖瑩을 발탁하여 長史로 삼았다. 廣陽王 元深이 조영이 허위로 首級을 늘리고 군용 물자를 사적으로 빼돌린 일을 상주하였는데, 조영은 죄에 걸려 제명되고, 이숭 역시 면직되어 작위가 삭탈되어 부름을 받고 돌아오니, 마침내 원심이 전적으로 軍政을 총괄하였다.

李崇引祖瑩爲長史러니 廣陽王深이 奏瑩詐增首級하고 盜沒軍資라한대 瑩坐除名하고 崇亦免官

24) (百)〔白〕: 저본에는 '百'으로 되어 있으나, ≪資治通鑑≫에 의거하여 '白'으로 바로잡았다.

削爵徵還하니 深遂專總軍政하다

【綱】 11월에 莫折念生이 그의 아우 莫折天生을 보내어 北魏의 岐州를 함락하고 都督 元志를 죽였다.

十一月에 莫折念生이 遣其弟天生하여 陷魏岐州하고 殺都督元志하다

【綱】 蜀賊이 北魏의 雍州를 침략하자, 토벌하여 평정하였다.

◑ 蜀賊寇魏雍州어늘 討平之①하다

① 蜀賊은 蜀人 중에 關中으로 옮겨와 살던 사람인데, 北魏의 난리를 틈타 봉기하여 도적질을 하였기에 그로 인해 蜀賊이라고 한 것이다.
蜀賊者, 蜀人之徙關中者也, 乘魏亂起而爲盜, 因謂之蜀賊.

【綱】 12월에 梁나라가 三關을 다시 탈취하고 北魏의 郢州를 포위하였는데, 이기지 못하였다.

◑ 十二月에 梁復取三關하고 圍魏郢州하여 不克하다

【綱】 北魏에서 汾州의 胡族이 반란을 일으켰다.

◑ 魏汾州胡反하다

【綱】 北魏의 秦州가 평정되었다.

◑ 魏秦州平하다

【目】 北魏의 魏子建이 南秦의 여러 氐族을 불러 달래서, 차츰 항복하고 귀순하니 드디어 6郡의 12戍를 회복하였다. 북위에서 위자건을 行臺로 삼아서 梁州, 巴州, 秦州, 益州가 모두 그의 통제를 받았다.

魏魏子建招諭南秦諸氐하여 稍稍降附하니 遂復六郡十二戍라 魏以子建爲行臺하여 梁巴秦益이 皆受節度하다

【綱】梁나라가 散騎常侍 朱异에게 중요한 정무를 관장하게 하였다.

梁以散騎常侍朱异로 掌機政[25)]하다

【目】이해에 周捨가 어떤 일에 걸려 면직되었는데, 朱异가 대신 중요한 정무를 관장하여 군사에 관한 모의와 方鎭의 개편, 조정의 의례와 조칙을 모두 담당하였다. 주이는 재주가 많고 정신과 기력이 민첩하며 넉넉하니, 梁主(武帝)가 그를 신임하였다.

是歲에 周捨坐事免하니 朱异代掌機密이라 軍旅謀議方鎭改易朝儀詔敕을 皆典之하다 异多藝能하고 精力敏贍하니 梁主任之하더라

乙巳年(525)

梁나라 高祖 武帝 蕭衍 普通 6년이고, 北魏 肅宗 孝明帝 元詡 孝昌 원년이다.

梁普通六年이요 魏孝昌元年이라

【綱】봄 정월에 梁나라가 北魏의 南鄕郡과 馬圈城 등을 빼앗았다.

春正月에 梁이 取魏南鄕郡及馬圈等城하다

【綱】北魏 徐州刺史 元法僧이 반란하자 북위에서 군대를 출동하여 토벌하니 원법승이 마침내 梁나라에 항복하였다.

◑魏徐州刺史元法僧反이어늘 魏發兵討之하니 遂降梁하다

【目】元法僧이 평소에 元叉에게 아부하였는데, 원차의 교만 방자함을 보고 재앙이 미칠까 우려하여 中書舍人 張文伯에게 말하기를 "내가 너와 함께 위험을 버리고 편안함으로

25) 梁以散騎常侍朱异 掌機政 : "'기밀 정무를 관장하였다.〔掌機政〕'는 것은 무엇인가. 나무란 것이다. 무엇을 나무랐는가. 國家의 機密은 무릇 심복 大臣들이 모두 참여하여 알아야 하는 것이다. 梁나라의 재앙은 朱异가 시작한 것이므로 신중히 기록하였다.〔掌機政 何 譏也 何譏 國家機密 凡腹心大臣 皆與知焉 梁之禍 朱异始也 故謹志之〕" ≪書法≫

"'掌機政'은 아직 기록하지 않았는데 여기에 기록한 것은 임금을 가리며 나라를 망친 단서를 기록한 것이다.〔掌機政 未有書 而此書之者 所以志其蔽主亡國之端也〕" ≪發明≫

나아가려 하니 나를 따를 수 있겠느냐."라고 하니, 장문백이 말하기를 "나는 차라리 죽어 文陵(孝文帝)의 松柏(先塋)을 볼지언정 어찌 忠義를 버리고 叛逆을 따를 수 있겠습니까."라고 하였다. 원법승이 장문백을 죽이고, 마침내 行臺 高諒도 죽이고 황제를 일컫고 연호를 바꾸었다.

北魏에서는 군사를 출동하여 공격하였는데 원법승이 마침내 아들 元景仲을 보내서 梁나라에 항복하였다. 북위의 長史 元顯和가 군사를 동원하여 함께 싸웠는데 원법승이 원현화를 사로잡고 그의 손을 잡고서 위로하며 타이르니, 원현화가 말하기를 "翁(원법승)께서는 맡으신 지역을 가지고 반란을 일으키시니 다만 훌륭한 史官이 겁나지 않으십니까. 나는 차라리 忠義의 귀신이 될지언정 반역을 꾀한 신하는 될 수 없습니다."라고 하자, 원법승이 원현화를 죽였다. 梁나라는 元略을 大都督으로 삼아 將軍 陳慶 등과 함께 군사를 거느리고 원법승에 호응하여 지원하게 하였다.

法僧이 素附元乂러니 見乂驕恣하고 恐及禍하여 謂中書舍人張文伯曰 吾欲與汝로 去危就安하리니 能從我乎아 文伯曰 吾寧死見文陵松柏이언정 安能去忠義而從叛逆乎아[①] 法僧이 殺之하고 遂殺行臺高諒하고 稱帝改元이어늘 魏發兵擊之한대 法僧이 乃遣其子景仲하여 降梁하다 長史元顯和가 擧兵與戰에 法僧이 擒之하고 執其手慰諭之하니 顯和曰 翁以地叛하니 獨不畏良史乎아 我寧爲忠鬼언정 不能爲叛臣이라한대 法僧이 殺之[②]하다 梁以元略爲大都督하여 與將軍陳慶之等으로 將兵應接하다

① 文陵은 北魏 孝文帝 陵을 말한다.
文陵, 謂孝文帝陵.

② 元法僧은 陽平王 元熙의 曾孫이고, 元熙는 道武帝의 아들이다. 元麗는 元小新城의 손자이다. 元小新城은 景穆帝의 아들이다. 元顯和는 元麗의 아들인데, 종족 친속의 長幼 차례를 가지고 元法僧을 翁이라고 부른 것이다.
法僧, 陽平王熙之曾孫. 熙, 道武子也. 元麗, 小新城之孫. 小新成, 景穆之子. 顯和, 麗之子也, 以族屬長幼之次, 呼法僧爲翁.

【綱】北魏 行臺 蕭寶寅과 都督 崔延伯이 莫折天生을 토벌하여 물리치니, 岐州·雍州·隴州의 동쪽이 모두 평정되었다.

魏行臺蕭寶寅都督崔延伯이 **討莫折天生**하여 **敗之**하니 **岐雍隴東**이 **皆平**하다

【目】 莫折天生이 黑水에 주둔하였는데, 北魏는 崔延伯을 都督으로 삼아 토벌하도록 할 때에 行臺 蕭寶寅과 함께 馬嵬에 주둔하였다. 최연백이 평소에 날래고 용감함이 있었기 때문에 소보인이 그에게 싸우라고 재촉하였는데, 최연백이 말하기를 "내일 새벽에 公을 위하여 적이 용맹한지 겁먹었는지 시험하겠습니다."라고 하고, 정예 병사 수천 명을 선발하여 서쪽으로 黑水를 건너서 바로 막절천생의 군영 아래로 쳐들어갔다가 느긋이 병사를 거느리고 돌아왔다.

막절천생이 군영을 열고 다투어 최연백을 추격하였는데 최연백의 군사의 열 배나 되었다. 최연백을 물가까지 쫓아오니, 소보인이 그것을 바라보고 안색을 잃었다. 최연백이 스스로 후군이 되어서 그들과 함께 싸우지 않고, 자기의 군대를 먼저 건너게 하였는데 군중의 대오가 엄정하니, 막절천생의 병사들이 감히 공격하지 못하였다. 소보인이 기뻐하며 말하기를 "崔君(최연백)의 용맹은 關羽와 張飛보다 낫다."라고 하자, 최연백이 말하기를 "이 賊은 저의 적수가 아니니, 明公께서는 다만 편안하게 앉아서 제가 적을 격퇴하는 것을 구경하십시오."라고 하였다.

마침내 군대를 정돈하고 출전하였는데, 자신이 사졸보다 앞장서서 적의 선봉을 무너뜨리고 將士들이 용기를 다하여 앞 다투어 전진하여 적군을 크게 격파하였다. 10만여 명을 포로로 사로잡거나 목을 베었는데 도망치는 자를 추격하여 小隴山에 이르니, 岐州·雍州와 隴山의 동쪽이 모두 평정되었다. 將士들이 머뭇거리며 노략질을 하니, 막절천생이 드디어 隴西로 가는 길을 막았다. 이로 말미암아 여러 군사들이 앞으로 진격하지 못하였다.

莫折天生이 軍於黑水①어늘 魏以崔延伯爲都督討之할새 與行臺蕭寶寅軍于馬嵬②하다 延伯이 素驍勇이라 寶寅이 趣(촉)之使戰③한대 延伯이曰 明晨에 爲公하여 參賊勇怯이라하고 乃選精兵數千하여 西度黑水하여 直抵天生營下라가 徐引兵還하니 天生開營爭逐之한대 其衆十倍라 蹙延伯於水次하니 寶寅이 望之失色이러니 延伯이 自爲後殿하여 不與之戰하고 使其衆先度하여 部伍嚴整하니 天生兵이 不敢擊이라 寶寅이 喜曰 崔君之勇은 關張不如④라한대 延伯이 曰 此賊이 非老奴敵也니 明公은 但安坐하여 觀老奴破之하라 乃勒兵出戰호되 身先士卒하여 陷其前鋒하고 將士盡銳하여 競進大破之하니 俘斬十餘萬에 追奔及小隴하니 岐雍及隴東이 皆平⑤하다 將士가 稽留採掠하니 天生이 遂塞隴道라 由是諸軍이 不能前進⑥하니라

① ≪水經註≫에 "就水는 南山 就谷에서 발원하여, 북쪽으로 흘러 黑水와 합한다. 흑수의 상류는 三泉과 합하는데, 취수의 右岸에서 三泉이 기이하게 발원하는데 하나의 큰 강으로 귀결

되어 북쪽으로 흘러 취수에 모이고, 취수는 또 북쪽으로 흘러 渭水에 유입된다." 하였다.
水經註 "就水出南山就谷, 北流與黑水合. 黑水上合三泉, 於就水之右, 三泉奇發, 言歸一瀆, 北流會于就水. 就水又北流注于渭."

② 嵬는 五回의 切이다. ≪輿地記≫에 "馬嵬陂는 京兆 興平縣 서쪽 23리에 있다." 하였다.
嵬, 五回切. 輿地記 "馬嵬陂在京兆(典)〔興〕[26]平縣西二十三里."

③ 趣(재촉하다)은 促으로 읽는다.
趣, 讀曰促.

④ 關·張은 關羽와 張飛를 말한다.
關張, 謂關羽·張飛也.

⑤ 隴山에는 大隴山과 小隴山이 있다. 大隴山은 淸水縣 동북쪽에 있고, 小隴山은 岐州 武都郡 南田縣 서북쪽에 있다.
隴山有大隴山·小隴山. 大隴山在淸水縣東北, 小隴山在岐州武都郡南田縣西北.

⑥ 稽는 머문다는 뜻이다.
稽, 停也.

【目】 蕭寶寅이 宛川을 격파하고 그 백성을 포로로 잡아 美女 10명을 岐州刺史 魏蘭根에게 상으로 주었는데, 위난근이 사양하며 말하기를 "宛川 縣은 강한 도적들 사이에 있어서 자립할 수 없으므로 백성들이 적을 따른 것은 목숨을 부지하기 위한 것입니다. 官軍이 이르러서는 그들을 마땅히 불쌍히 여기고 위무해주어야 하는데, 어찌 적을 도와 백성들에게 포악한 짓을 하고 약탈하여 노예로 삼는단 말입니까."라고 하였다. 10명 모두 그의 父兄을 찾아 집으로 돌아가게 하였다.

寶寅이 **破宛川俘其民**하여 **以美女十人賞岐州刺史魏蘭根**①한대 **蘭根**이 **辭曰 此縣**이 **介於彊寇**하여 **不能自立**이라 **故附從以救死**②하니 **官軍之至**에 **宜矜而撫之**니 **奈何助賊爲虐**하고 **翦以爲賤役乎**아 **悉求其父兄而歸之**하다

① 宛川은 鴛宛川이니, 곧 岐州 陳倉縣이며, 後魏(北魏)가 宛川으로 개명하였다. 魏蘭根이 蕭寶寅을 따라 완천을 토벌하여 격파하였다.
宛川, 鴛宛川, 卽岐州陳倉縣, 後魏改曰宛川. 蘭根從寶寅討破宛川.

② 介는 사이이다. "附從"은 백성들이 적을 따른 것을 말한 것이다.
介, 間也. 附從, 言民所以從賊.

---

26) (典)〔興〕: 저본에는 '典'으로 되어 있으나, ≪資治通鑑≫ 註에 의거하여 '興'으로 바로잡았다.

【綱】 梁나라 裴邃가 壽陽에서 北魏의 군대를 패배시켰다.

梁裴邃가 敗魏師于壽陽하다

【目】 梁나라 裴邃가 北魏 新蔡郡을 함락시켰는데, 梁主(蕭衍)가 西昌侯 蕭淵藻에게 조서를 내려 군대를 거느리고 선봉이 되게 하고, 豫章王 蕭綜이 여러 장수들과 이어서 전진하였다. 배수가 鄭城을 함락시키니, 汝水와 潁水 一帶에서는 곳곳마다 호응하였다. 北魏 河間王 元琛 등이 배수의 威名을 꺼려하여 城父城(성보성)에 주둔하고 몇 달 동안 전진하지 못하였다.

북위 조정에서는 사신을 보내면서 그에게 齋庫刀를 하사하여 그들을 재촉해 싸우게 하였다. 원침이 壽陽에 이르러서 決戰하려고 하였는데 長孫稚가 아직 싸울 수가 없다고 말하였으나 따르지 않고 병사를 이끌고 나가 공격하였다. 배수는 4개 부대를 편성하여 원침의 군대를 기다리게 하고, 將軍 李祖憐에게 먼저 싸움을 걸도록 한 후에 거짓으로 퇴각하게 하였는데, 장손치와 원침이 병사를 전부 내어 추격하자, 4개 부대가 다투어 출동하니, 북위 군사가 대패하였다. 이에 수만여 급을 참수하였다.

원침은 도주하여 성으로 들어가고 장손치는 군사들을 정비하여 후군이 되어 추격해오는 병사를 막아서 마침내 성문을 닫고 스스로 굳게 지키고 감히 다시 나오지 못하였다.

梁裴邃가 拔魏新蔡郡①이어늘 梁主가 詔西昌侯淵藻하여 將衆前驅하고 豫章王綜이 與諸將繼進②이러니 邃가 拔鄭城하니 汝潁之間에 所在響應③하다 魏河間王琛等이 憚邃威名하여 軍於城父하고 累月不進④하다 魏朝遣使하여 齎齋庫刀以趣(촉)之⑤하니 琛이 至壽陽欲決戰이어늘 長孫稚가 以爲未可라한대 不聽하고 引兵出擊하다 邃가 爲四甄以待之하고 使將軍李祖憐으로 先挑戰而僞退⑥한대 稚琛이 悉衆追之어늘 四甄競發하니 魏師大敗라 斬首萬餘級하다 琛은 走入城하고 稚는 勒兵而殿하여 遂閉門自固하고 不敢復出이러라

① 魏收의 ≪魏書≫ 〈地形志〉에 "新蔡郡은 石母臺에 치소가 있는데, 隋나라가 폐하여 縣으로 삼았다." 하였다.
魏收志 "新蔡郡治石母臺. 隋廢爲縣."

② 蕭綜은 梁主(蕭衍)의 아들이다.
綜, 梁主子也.

③ ≪水經註≫에 "潁水가 愼縣 故城의 남쪽을 지나서 동쪽으로 가고, 남쪽으로 흘러 蜩蟟 성곽 동쪽을 경유하니, 세속에서 鄭城이라고 말하고, 또 동남쪽으로 가서 淮水로 들어간다." 하

였다.

水經注 "潁水過慎縣故城南而東, 南流逕蜩蟟郭東, 俗謂之鄭城, 又東南入淮."

④ 父는 音이 甫이다. 城父縣은 漢나라 때에는 沛郡에 소속되었고, 魏나라와 晉나라 이래로 譙郡에 소속되었다. 宋나라는 城父縣을 아울러 浚儀縣으로 삼았고, 陳留郡에 소속시켰으며, 진류군은 譙縣과 長垣縣의 경계에 僑治하였다.

父, 音甫. 城父縣, 漢屬沛郡, 魏·晉以來屬譙郡. 宋倂城父爲浚儀縣, 屬陳留郡, 郡寄治譙縣·長垣縣界.

⑤ 齋庫刀는 齋庫 안의 칼을 말하니, 이른바 齋仗은 병장기의 예리한 것으로 齋의 안에 보관하는 것을 말한다. 胡三省 註에 "齋庫刀는 千牛刀[27]이다. 刀를 주어서 그 전진을 재촉하게 한 것이니, 만약 다시 머뭇거리면 장차 그들의 목을 베라고 한 것이다." 하였다.

齋庫刀, 謂齋庫中之刀也. 所謂齋仗, 兵仗之精利, 貯于齋中者也. 胡三省註 "齋庫刀, 千牛刀也. 齎刀以趣其進, 言若復逗留, 將斬之也."

⑥ 甄은 音이 堅이니, 군대의 호칭이다.

甄, 音堅, 軍號也.

【綱】北魏가 徐州를 토벌하였는데 이기지 못하였다. 梁나라가 元法僧을 司空으로 삼았다.

魏가 討徐州不克이라 梁이 以元法僧爲司空하다

【目】北魏 安樂王 元鑒이 병사를 거느리고 元法僧을 토벌할 적에 彭城 남쪽에서 元略을 공격하여 대패시키니, 원감이 방비를 갖추지 않았다. 그러자 원법승이 나가 공격하여 원감을 크게 격파하였다. 梁나라는 원법승을 司空으로 삼고 始安郡公에 封하였다. 북위가 다시 安豐王 元延明과 臨淮王 元彧을 보내서 원법승을 공격하였다.

魏安樂王鑒이 將兵討元法僧할새 擊元略於彭城南하여 略이 大敗하니 鑒이 不設備어늘 法僧出擊하여 大破之하다 梁以法僧爲司空하고 封始安郡公하니 魏가 復遣安豐王延明臨淮王彧하여 擊之①하다

① 元延明은 高宗(拓跋濬)의 아들 元猛의 아들이다.

延明, 高宗子猛之子也.

---

27) 千牛刀 : 제왕이 사용하는 칼로, ≪莊子≫ 〈養生主〉의 천 마리의 소를 해체해도 칼날이 무뎌지지 않는다는 뜻을 취한 것이다.

【綱】 2월에 北魏의 元叉가 領軍將軍에서 해임되었다.

二月에 魏元叉가 解領軍[28)]하다

【目】 北魏 劉騰이 卒한 뒤에 胡太后와 魏主(元詡)의 左右의 감시가 조금 완화되었다. 元叉 자신 또한 느긋해져서 때로 밖에 나가 유람하고 돌아오지 않자, 호태후가 이런 사실을 알고 魏主를 대면하여 여러 신하들에게 말하기를 "지금 우리 母子를 막아서 往來하는 것을 허락하지 않으니, 다시 내가 어디에 쓸 데가 있겠는가. 나는 마땅히 出家하여 閑居寺에서 도를 닦을 뿐이다."라고 하고, 이어서 스스로 삭발을 하려고 하였는데, 魏主와 여러 신하들이 머리를 조아리고서 눈물을 흘리며 애써 요청하자, 호태후의 말과 안색이 더욱 거세졌다.

魏主가 마침내 嘉福殿에 묵으면서 드디어 호태후와 함께 元叉를 쫓아낼 것을 은밀하게 모의하였다. 그러나 魏主는 자신의 내심을 깊이 숨기고 밖으로 드러내지 않았는데 호태후가 분노한 마음이 있어 밀하여 모두 원치에게 고하니,[29)] 원차는 전혀 의아하게 생각하지 않았다. 이에 二宮(胡太后와 魏主) 사이에 다시 금지하고 가로막음이 없었다.

丞相 高陽王 元雍이 비록 지위가 원차의 위에 있었지만 원차를 매우 두려워하고 꺼렸다. 때마침 호태후가 魏主와 洛水에서 유람하였는데, 원옹이 二宮을 맞이하여 자기 집으로 모셔서 함께 원차를 도모할 계획을 정하였다.

이에 호태후가 원차에게 말하기를 "元郞(원차)이 만약 조정에 충성을 하여 反心이 없다면 어찌하여 領軍將軍을 사임하고 다른 관직으로 정사를 돕지 않는가."라고 하니, 원차가 매우 두려워하여 마침내 영군장군에서 해임시켜줄 것을 청하니, 허락하였다.

魏劉騰이 既卒에 胡后及魏主左右防衛微緩하다 元叉가 亦自寬하여 時出遊不返이어늘 太后知之하고 對魏主하여 謂群臣曰 今隔絶我母子하여 不聽往來하니 復何用我爲리오 我當出家하여 修

28) 魏元叉 解領軍 : "특별히 기록한 것이다. 領軍將軍에서 해임되자 元叉의 伏誅가 결정되었다. 그러므로 霍氏(霍光 가문)를 복주하려 할 적에 먼저 '그의 주둔 군대를 해산하였다.〔罷其屯兵〕'라고 기록하였고(漢 宣帝 地節 3년(B.C. 67)) 元叉를 복주하려 할 적에 먼저 '영군장군에서 해임하였다.〔解領軍〕'라고 기록하였으니(이해(525)) 모두 특별히 기록한 것이다.〔特筆也 領軍解 而叉之伏誅決矣 是故霍氏之將誅也 先書罷其屯兵(漢宣帝地節三年) 元叉之將誅也 先書解領軍(是年) 皆特筆也〕" ≪書法≫

29) 호태후가……고하니 : 저본의 원문에는 "太后有忿恚言 皆以告叉"로 되어 있으나 ≪資治通鑑≫에는 "태후가 분개하는 마음이 있어서 〈황제가 常住하는〉 顯陽殿에 왕래하기를 원한다는 말을 모두 元叉에게 고하였고, 황제가 원차를 대면할 때에 눈물을 흘리며 태후가 출가하기를 원하니 근심스럽고 두려운 마음이 매일 네댓 번은 든다고 말하였다.〔太后有忿恚 欲得往來顯陽之言 皆以告叉 對叉流涕 敍太后欲出家 憂怖之心日有數四〕"라고 되어 있다.

道於閑居寺耳라하고 因欲自下髮이어늘 魏主及群臣이 叩頭하여 泣涕苦請한대 太后聲色이 愈厲하다 魏主가 乃宿於嘉福殿하여 遂與太后密謀黜叉하다 然魏主深匿形迹한대 太后有忿恚言하여 皆以告叉하니 叉殊不以爲疑라 於是二宮無復禁礙하더라 丞相高陽王雍이 雖位居叉上而深畏憚之러니 會太后가 與魏主로 遊洛水어늘 雍邀二宮幸其第하여 相與定圖叉之計하다 於是에 太后가 謂叉曰 元郞若忠於朝廷하여 無反心이면 何故不去領軍하여 以餘官輔政가하니 叉甚懼하여 乃求解領軍이어늘 許之하다

【綱】 3월에 梁나라가 豫章王 蕭綜을 보내서 여러 군대를 總督하게 하여 徐州 일을 대리하고 元法僧 등을 불러서 建康에 돌아오게 하였다.

三月에 梁이 遣豫章王綜하여 總督衆軍하여 攝徐州事하고 召元法僧等하여 還建康하다

【目】 元法僧이 建康에 이르렀는데 梁主(蕭衍)가 총애하고 우대함이 매우 후하였다. 元略이 원법승의 사람됨을 싫어하여 그와 함께 말할 적에 웃은 적이 없었다.

法僧이 至建康이어늘 梁主가 寵待甚厚하니 元略이 惡其爲人하여 與之言에 未嘗笑러라

【綱】 柔然 郁久閭阿那瓌가 北魏를 위하여 破六韓拔陵을 토벌하여 패퇴시키고, 스스로 敕連頭兵豆伐可汗을 칭하였다.

柔然阿那瓌가 爲魏하여 討拔陵敗之하고 自稱敕連頭兵豆伐可汗[①]하다

① 爲(위하다)는 去聲이다. 敕連頭兵豆伐은 北魏의 말로 모두 장악한다는 뜻이다.
爲, 去聲. 敕連頭兵豆伐, 魏言揔攬也.

【綱】 여름 4월에 北魏 胡太后가 다시 조정을 다스려서 尙書令 元叉를 죽이고 元順을 侍中으로 삼고 鄭儼·徐紇·李神軌를 中書舍人으로 삼았다.

◑夏四月에 魏太后復臨朝하여 誅其尙書令元叉하고 以元順爲侍中하고 鄭儼徐紇李神軌爲中書舍人하다

【目】 元叉가 비록 兵權을 놓았으나 여전히 조정 內外의 일을 총괄하였기 때문에 侍中 穆

紹가 胡太后에게 원차를 신속하게 제거하도록 권하였다. 潘嬪이 魏主(元詡)에게 총애를 받고 있었기 때문에 宦官이 반빈을 설득하기를 "원차가 반빈을 해치려고 합니다."라고 하였는데, 반빈이 울면서 魏主에게 호소하여 말하기를 "원차가 妾을 죽이려고 할 뿐만 아니라 또 장차 陛下에게 이롭지 않을 것입니다."라고 하니, 魏主가 그 말을 믿어서 원차가 출궁하여 자고 오는 때를 이용하여 원차를 侍中에서 해임시켰다. 다음 날 아침에 궁중에 들어가려고 하였는데, 문지기가 들여보내주지 않았다. 호태후가 마침내 다시 조정에 나와 섭정하여 조서를 내려 劉騰의 官爵을 삭탈하고, 원차를 제명하고 平民으로 삼았다.

乂가 雖解兵權이나 猶總內外라 侍中穆紹가 勸太后速去之①하고 潘嬪이 有寵於魏主라 宦官이 說之云 乂가 欲害嬪이라한대 嬪이 泣訴於魏主曰 乂가 非獨欲殺妾이라 又將不利於陛下라하니 魏主가 信之하여 因乂出宿하여 解乂侍中이러니 明旦에 將入宮이어늘 門者不納하다 太后가 遂復臨朝攝政하여 詔削劉騰官爵하고 除乂名爲民하다

① 穆紹는 穆亮의 아들이다.
紹, 亮之子也.

【目】淸河國 郎中令 韓子熙가 上書하여 淸河王 元懌을 위하여 억울함을 호소하고 元乂 등을 주살하기를 청하였는데, 胡太后가 명령하여 劉騰의 무덤을 파서 그의 뼈를 흩어버리고, 그의 家産을 몰수하고 그의 養子를 다 죽였다. 侯剛 역시 연좌되어 쫓겨났다가 곧이어 집에서 卒하였다. 오직 원차가 호태후의 妹夫이기 때문에 차마 죽이지 못하였다.

이보다 앞서 黃門侍郎 元順이 剛直하였기 때문에 원차의 뜻을 거역하고 외직으로 나가 齊州刺史가 되었더니, 호태후가 불러 돌아오게 하여 侍中을 삼았다. 호태후를 모시고 앉아 있다가 원순이 말하기를 "陛下께서는 어찌하여 한 매부의 연고로 원차의 죄를 바로잡지 않아서 천하 사람들에게 그에 대한 원망함과 분통함을 펴지 못하게 하십니까."라고 하자, 호태후는 묵묵히 말이 없었다. 원순은 元澄의 아들이다.

얼마 안 되어 어떤 이가 "원차가 六鎭의 항복한 戶들을 유인하여 定州에서 반란을 모의한다."고 고발하였는데, 호태후가 여전히 차마 그를 죽이지 못하였다. 신하들이 원차를 죽여야 한다고 고집하기를 그치지 않고, 魏主(元詡)도 역시 〈원차를 죽여야 한다고〉 말을 하자, 마침내 원차에게 죽음을 내렸다. 江陽王 元繼(元乂의 부친)가 폐위당하여 집

에서 병으로 卒하였다.

호태후는 粧飾하는 일을 자못 일삼고 자주 밖으로 나가 놀았다. 원순이 얼굴을 맞대어 간언하기를 "禮에는, 婦人은 남편이 죽으면 스스로 未亡人이라고 칭하고, 머리에는 珠玉을 제거하며, 옷에는 무늬와 채색을 하지 않는 것을 입는데, 陛下께서는 國母로서 天下를 다스리시고, 연세가 거의 不惑(40세)에 가까우신데, 修飾함이 너무 심하시니, 무엇으로 後世 사람들을 본받게 하려고 하십니까."라고 하였다. 호태후가 부끄러워하며 궁중으로 돌아가서 원순을 불러 꾸짖기를 "내가 너를 천 리 밖에서 불러 온 것이 어찌 많은 사람들 속에 나를 욕보이게 하려고 한 것이겠는가."라고 하니, 원순이 말하기를 "폐하께서 天下의 웃음거리가 되는 것을 두려워하지 않으시면서 臣의 한마디 말은 부끄러워하십니까."라고 하였다.

원순이 穆紹와 함께 숙직을 하였는데, 원순이 술에 취하여 목소의 침실에 들어가자 목소가 이불을 끌어안고 일어나서 正色하며 원순을 꾸짖으며 말하기를 "내가 20년 동안 侍中을 지내면서 卿의 先君과 자주 職務를 함께하였소. 비록 卿이 한창 重用되고 있으나 어찌 사람을 대할 때에 당돌하게 군단 말인가."라고 하였다. 마침내 직책을 사절하고 집으로 돌아왔는데, 호태후가 조서를 내려 권유하기를 오래하자 목소가 직책에 나왔다.

清河國郎中令韓子熙가 上書爲清河王懌訟寃하고 乞誅叉等[①]한대 太后命發騰墓하여 散其骨하고 籍沒家貲하며 盡殺其養子하고 侯剛亦坐黜이라가 尋卒於家하다 唯叉가 以妹夫라 故未忍誅러라 先是에 黃門侍郎元順以剛直忤叉意하여 出爲齊州刺史러니 太后가 徵還爲侍中하니라 侍坐於太后라가 順이 曰 陛下奈何以一妹之故로 不正元叉之罪하여 使天下로 不得伸其怨憤이리잇고한대 太后가 嘿然하더라 順은 澄之子也라 未幾에 有告叉가 謀誘六鎭降戶하여 反於定州라한대 太后가 猶未忍殺이러니 群臣이 固執不已하고 魏主가 亦以爲言한대 乃賜叉死하다 江陽王繼가 廢於家病卒하다 太后가 頗事粧飾하고 數出遊라 元順이 面諫曰 禮에 婦人이 夫沒에 自稱未亡人라하고 首去珠玉하며 衣不文彩어늘 陛下가 母臨天下하고 年垂不惑이어늘 修飾過甚하니 何以儀刑後世[②]리오 太后가 慚而還하여 召順責之曰 千里相徵이 豈欲衆中見辱邪아 順이 曰 陛下가 不畏天下之笑而恥臣之一言乎아 順이 與穆紹同直이러니 醉入其寢한대 紹擁被而起하여 正色讓順曰 身二十年侍中에 與卿先君으로 亟(기)連職事[③]하니 縱卿이 方進用이나 何宜相排突也요 遂謝事還家하니 詔諭久之에 乃起하다

① 韓子熙는 韓麒麟의 손자이다.

子熙, 麒麟之孫也.

② ≪論語≫ 〈爲政〉에 "마흔 살에 의혹되지 않는다." 하였다.
論語 "四十而不惑."

③ 亟는 자주이다.
亟, 數也.

【目】 예전에 鄭儼이 胡國珍의 參軍이 되어서 사사로이 胡太后에게 총애를 받았다. 이때에 이르러 中書舍人으로 임명하고, 嘗食典御를 겸하여 밤낮으로 궁중에 머물러 있었다. 휴가하여 집으로 돌아갈 때마다 호태후가 항상 환관을 보내 그를 따르게 하니, 정엄은 처를 볼 때에 오직 집안일을 말할 뿐이었다.

徐紇이 먼저 趙脩를 아첨해 섬긴 것으로 연좌되어 枹罕으로 귀양을 갔다. 뒤에 또 淸河王 元懌을 아첨해 섬기다가 원역이 죽자 다시 元叉를 아첨해 섬겼다. 호태후는 서흘이 원역에게 후한 대우를 받았다고 하여 또한 불러서 중서사인으로 삼으니, 서흘이 또 정엄을 아첨해 섬겼다. 정엄은 서흘이 지모와 술수가 있다고 하여 그를 의지하여 謀主로 삼고, 서흘은 정엄이 호태후의 총애를 받는다고 하여 몸을 굽혀 받들어 모시니, 서로 함께 表裏가 되어서 권세가 內外를 휩쓸었으므로 사람들이 부르기를 徐·鄭이라고 하였다.

정엄은 여러 차례 승진하여 中書令에 이르렀고, 서흘은 여러 차례 승진하여 給事黃門侍郎에 이르러서 중서사인을 겸직하고 中書省과 門下省의 일을 總攝하여 軍國에 관한 詔令이 그를 거치지 않은 것이 없었다.

서흘은 機智와 말재주가 있고 정력이 왕성하여 종일 사무를 처리하는 데에 조금도 휴식하지 않았지만 피로하다 여기지 않았다. 급한 조서가 있을 때에는 몇 사람의 관리에게 붓을 잡도록 명하여 사람마다 분별하여 조서의 내용을 구두로 말해주어 잠깐 동안에 모두 문서가 작성되었는데 事理를 잃지 않았다. 그러나 나라를 경영하는 大體가 없고 오로지 작은 술수를 좋아하여 사람을 볼 적에는 거짓으로 공손하고 신중한 척하니, 원근 사람들이 바퀴통에 바큇살이 모이듯이 그에게 의탁하였다.

初에 鄭儼이 爲胡國珍參軍하여 私得幸於太后①러니 至是하여 拜中書舍人領嘗食典御하여 晝夜禁中하다 每休沐에 太后가 常遣宦者隨之하니 儼이 見其妻에 唯得言家事러라 徐紇이 先以諂事趙脩로 坐徙枹罕이러니 後又諂事淸河王懌라가 懌死에 復諂事元叉러니 太后가 以紇爲懌所厚라하여 亦召爲中書舍人하니 紇이 又諂事鄭儼하니 儼이 以紇有智數하여 仗以爲謀主②하고 紇이 以儼이 有

內寵이라하여 傾身承接하니 共相表裏하여 勢傾內外라 號爲徐鄭이라하더라 儼은 累遷至中書令하고 紇은 累遷至給事黃門侍郎하여 仍領舍人摠攝中書門下之事하여 軍國詔令이 莫不由之하더라 紇이 有機辯彊力하여 終日治事에 略無休息호되 不以爲勞하다 時有急詔에 令數吏執筆하여 人別占之하여 造次俱成호되 不失事理[③]러라 然無經國大體하고 專好小數하여 見人矯爲恭謹하니 遠近輻湊附之하더라

① 鄭儼은 鄭羲의 형의 손자이다.
儼, 羲之兄孫也.
② 仗은 의지한다는 뜻이다.
仗, 憑也.
③ 占은 章艶의 切이니, 마음속으로 그 말을 헤아려서 입으로 남에게 말해주는 것을 '口占'이라고 말한다.
占, 章艶切. 隱度其辭, 口以授人曰口占.

【目】李神軌도 역시 胡太后에게 총애를 받았기 때문에 또한 中書舍人을 겸직하였다. 이신궤가 散騎常侍 盧義僖에게 求婚한 적이 있었는데, 노의희가 허락하지 않았다. 侍郎 王誦이 말하기를 "옛사람이 딸 하나를 아껴 여러 아들들의 목숨과 바꾸지 않는다고 하였는데, 卿은 어찌하여 이를 바꾸려 하십니까."라고 하니, 노의희가 말하기를 "구혼에 따르지 않은 까닭이 바로 이것 때문이니, 구혼을 따르게 되면 재앙이 크고 빨리 올까 두렵다."라고 하였다. 왕송이 노의희의 손을 굳게 잡고 말하기를 "내 명령이 있음을 듣고도 감히 남에게 말하지 못하겠습니다."라고 하였다. 노의희의 딸이 마침내 다른 성씨에게 시집을 가게 되었는데, 혼인하는 날 저녁에 호태후가 中使를 보내 칙령을 선포하여 결혼을 중지하였다. 노의희의 집안의 안팎이 두려워하였지만 노의희는 태연자약하였다. 노의희는 盧度世의 손자이다.

神軌가 亦得幸於太后라 亦領中書舍人[①]이러니 嘗求婚於散騎常侍盧義僖한대 義僖不許하다 侍郎王誦이 謂曰 昔人이 不以一女易衆男하니 卿豈易之邪[②]아 義僖曰 所以不從이 正爲此耳니 從之면 恐禍大而速하리라 誦이 乃堅握義僖手曰 我聞有命이요 不敢以告人[③]이라하다 女遂適他族이러니 婚夕에 太后가 遣中使하여 宣敕停之하니 內外惶怖호되 義僖가 夷然自若하더라 義僖는 度世之孫也라

① 李神軌는 李崇의 아들이다.
神軌, 崇之子也.
② 樂廣(악광)의 일을 인용한 것이니, 그 일이 晉 惠帝 永興 원년(304)에 보인다.[30)] 王誦의 생

각에는 盧義僖가 하나 있는 딸을 아깝게 여겨 李神軌의 혼담을 허락하지 않는다고 여겼는데, 이신궤가 바로 권세를 가지고 있어서 혹 이신궤에게 당하면 그 우환이 가족의 여러 아들들에게 미치게 되기 때문에 이르기를 "딸 하나로 여러 아들들과 바꾼다." 하였다.
引樂廣事, 事見晉惠帝永興元年. 誦意謂義僖顧惜一女, 不許神軌爲婚, 神軌方有勢, 或爲所害, 則累及家族衆男, 故云"一女易衆男."

③ 〈"我聞有命 不敢以告人"은〉 ≪詩經≫ 〈唐風 揚之水〉의 말이다.
詩唐國風揚之水之辭也.

【綱】 胡琛이 그의 장수 万俟醜奴(묵사추노)를 보내 北魏의 涇州를 침입하였는데 崔延伯이 토벌하다가 패하여 전사하였다.

胡琛이 **遣其將万俟醜奴**하여 **寇魏涇州**어늘 **崔延伯**이 **討之**라가 **敗死**하다

【目】 胡琛이 高平을 점거하여 万俟醜奴와 宿勤明達 등을 보내서 北魏의 涇州를 침입하였는데 將軍 盧祖遷과 伊甕生이 토벌하다가 이기시 못하였다. 蕭寶寅과 崔延伯이 莫折天生을 격파하고 나서 병사를 이끌고 노조천 등과 安定에서 회합하니 군의 위세가 매우 성대하였다. 묵사추노가 이때에 輕騎兵으로 싸움을 걸어와서 병사들이 交戰하기 전에 번번이 버리고 달아나니, 최연백이 용맹을 믿어 승세를 타고 공격하였다. 막 싸움을 하려고 할 때에 적의 수백 명의 기병이 文書를 가지고 와서 거짓으로 최연백에게 항복하였다. 소보인과 최연백이 아직 죽 훑어보지도 않았는데, 숙근명달이 병사를 이끌고 이르러서 항복한 적들과 함께 앞뒤로 공격하니, 최연백이 대패하였다. 이에 소보인은 물러나서 安定을 지켰다.

최연백은 대패한 것을 부끄럽게 여겨서 갑옷과 무기를 수선하고 용감한 군사를 모집하여 홀로 나가 적을 습격하여 몇 개의 목책을 평정하였다. 적이 돌아와 공격하니, 북위 병사들이 대패하여 최연백은 날아오는 화살에 맞고 卒하였다.

이에 적의 형세가 더욱 성대해졌는데 외방에서 조정으로 들어온 신하들이 모두 적의 병력이 미약하다고 말하여 〈호태후를〉 기쁘게 하며 아첨하기만을 구하고, 조정에 增兵

---

30) 樂廣의……보인다 : 樂廣의 딸이 成都王 司馬穎의 왕비가 되었는데, 혹자가 악광을 太尉 司馬乂에게 참소하자, 사마예가 악광에게 물으니, 악광이 정신과 얼굴빛을 조금도 변치 않고 천천히 말하기를 "내 어찌 다섯 아들로 한 딸을 바꾸겠습니까." 하였다. 이는 딸 하나의 목숨 때문에 사마영에게 붙어서 자기 다섯 아들들을 죽이지 않는다는 말이다. 그렇지만 사마예가 여전히 의심하자 악광은 근심하다 죽었다.(≪資治通鑑綱目≫ 晉 孝帝 永興 원년(304))

을 요청하는 장수에게 이따금 군대를 보내주지 않았다.

胡琛이 據高平하여 遣万(묵)俟醜奴宿勤明達等하여 寇魏涇州①어늘 將軍盧祖遷伊甕生이 討之라가 不克하다 蕭寶寅崔延伯이 既破莫折天生하고 引兵會祖遷等於安定하니 軍威甚盛이라 醜奴가 時以輕騎挑戰하여 兵未交에 輒委走하니 延伯이 恃勇하여 乘勝擊之러니 將戰에 有賊數百騎持文書詐降하니 寶寅延伯이 未及閱視에 宿勤明達이 引兵至하여 與降賊腹背擊之하니 延伯이 大敗라 寶寅이 退保安定하다 延伯이 恥其敗하여 乃繕甲兵募驍勇하여 獨出襲賊하여 平其數柵이러니 賊還擊之하니 魏兵大敗하여 延伯이 中流矢卒하니 於是에 賊勢가 益盛한대 而群臣自外來者가 皆言賊弱이라하여 以求悅媚하고 將帥求益兵者往往不與하다

① 高平은 鎭의 이름이다. 万俟는 〈万의〉 음이 墨이고, 오랑캐의 複姓이고, 醜奴는 이름이니, 그 조상은 匈奴의 별종이다. 宿勤은 역시 오랑캐의 複姓이고, 明達은 이름이다.
高平, 鎭名. 万俟, 音墨, 其虜複姓, 醜奴其名, 其先匈奴之別也. 宿勤, 亦虜複姓, 明達其名.

【綱】5월에 梁나라 豫州刺史 夷陵侯 裴邃가 卒하였다.

五月에 梁豫州刺史夷陵侯裴邃卒하다

【目】裴邃는 침착하고 지모와 책략이 있어서 정사를 함에 관대하고 밝으니, 將吏들은 그를 아끼면서도 꺼려하였다. 배수가 卒하자 梁나라가 夏侯亶을 裴邃의 후임을 삼았다.

邃가 沈深有思略하여 爲政寬明하니 將吏愛而憚之①라 及卒에 梁이 以夏侯亶으로 代之하다

① 思(思慮)는 去聲이다.
思, 去聲.

【綱】梁나라 사람이 小劍을 포위하였는데 北魏가 그들을 공격하여 격파하였다.

梁人이 圍小劍이어늘 魏가 擊敗之하다

【目】梁나라 益州刺史 臨汝侯 蕭淵猷가 그의 장수 樊文熾와 蕭世澄 등을 보내서 병사를 거느리고 北魏 長史 和安을 小劍에서 포위하였는데, 북위 益州刺史 邴虯가 統軍 胡小虎를 보내서 구원하였다. 번문치가 습격하여 호소호를 사로잡고, 호소호에게 화안을 설득하여 항복하도록 하였는데, 호소호가 멀리에서 화안에게 말하기를 "내가 대비하지 못하

여 적에게 사로잡히게 되었다. 이들의 병력을 보건대 매우 말할 거리도 못 되니, 노력하여 견고하게 지켜라. 魏行臺의 구원병이 이미 이르렀다."라고 하였다. 호소호의 말이 아직 끝나기 전에 양나라 軍士들이 그를 죽였다.

북위 軍司 淳于誕이 소검을 구원하니, 번문치가 목책을 龍鬚山에 설치하여 돌아가는 길을 막았다. 순우탄이 몰래 壯士를 모집하여 밤에 번문치의 목책에 불을 지르자 양나라 군대는 돌아가는 길이 끊어진 것을 바라보고 모두 두려워하였는데, 순우탄이 승세를 타고 공격하니, 번문치가 대패하여 간신히 자신만 탈출하여 벗어났다. 소세징 등 12명의 장군을 사로잡으니, 목 베거나 사로잡은 자가 만 명을 헤아렸다.

梁益州刺史臨汝侯淵猷가 遣其將樊文熾蕭世澄等하여 將兵圍魏長史和安於小劍이어늘 魏益州刺史邴虯가 遣統軍胡小虎하여 救之[①]러니 文熾襲擒之하고 使小虎說和安降한대 小虎가 遙謂安曰 我失備하여 爲賊擒하다 觀其兵力에 殊不足言이니 努力堅守하라 魏行臺援兵已至[②]니라 語未終에 軍士殺之하다 軍司淳于誕이 救小劍하니 文熾置柵於龍鬚山하여 以防歸路러니 誕이 密募壯士하여 夜燒其柵한대 梁軍이 望見歸路絶하고 皆恟懼어늘 誕이 乘而擊之하니 文熾가 大敗하여 僅以身免이라 虜世澄等十一將하니 斬獲이 萬計러라

① 邴虯는 음이 丙求이니, 姓名이다.
邴虯, 音丙求, 姓名.

② 魏行臺는 魏子建이다.
魏行臺, 子建.

【綱】6월에 梁나라 豫章王 蕭綜이 배반하여 北魏에 투항하니, 북위의 군사가 彭城에 들어가서 蕭綜을 세워 丹楊王으로 삼고 이름을 고쳐 蕭贊이라고 하였다.

六月에 梁豫章王綜이 叛降魏하니 魏師가 入彭城하여 立綜爲丹楊王하고 更名贊[31)]하다

31) 梁豫章王綜……更名贊 : "梁主는 德에 힘쓰지 않고 멀리 침략함에 힘써서 반란한 신하를 불러들이고 또 자기 아들을 總師(최고 지휘관)로 삼아 변방을 다스리게 하였는데 그 아들도 반란하여 적국의 경내로 들어갔으니 얼마나 그 응보가 빠른 것인가. 또 대중을 통솔하는 데에는 반드시 인재를 선발하여 등용해야 하는데 어찌 아끼는 자를 사사로이 써서 타인을 쓸 수 없다고 의심할 수 있는가. 마침내 叛心을 품은 사람은 바로 사랑하는 아들이니, ≪資治通鑑綱目≫에서는 사실에 의거하여 기록하여 후세의 사람들 중에 자기 자제들을 사사로이 등용하려는 사람들에게 살펴볼 수 있게 한 것이다.〔梁主不務德而勤遠略 招納叛臣 又使其子總師臨邊 其子亦叛入敵境 何其報效之速耶 且夫統率大衆 必銓擇人才而用之 烏可私其所愛 而疑他人之不可用乎 卒之持叛之人 乃其所愛之子 綱目據事書之 後之人欲私其子弟者 可以觀矣〕" ≪發明≫

【目】 예전에 梁主(蕭衍)가 齊나라 東昏侯(蕭寶卷)의 寵姬 吳淑媛을 받아들여서 7개월 후에 蕭綜을 낳으니, 宮中에서 대부분 〈소종이 동혼후의 아들이라고〉 의심하였다. 오숙원이 총애가 쇠퇴하자 원망하여 소종에게 말하기를 "너는 7개월 만에 태어난 아이이니 어찌 여러 皇子들과 비교하겠는가. 그러나 너는 차례가 太子의 다음이니 행여 富貴를 보존하고 누설하지 말라."라고 하고, 소종과 서로 부둥켜안고 울었다.

소종이 이로 말미암아 스스로 의심하여 밤에 靜室(조용한 방)에서 머리를 풀어헤치고 거적에 앉아서 사사로이 제나라의 七廟에 제사를 올리고 變服 차림으로 曲阿에 이르러서 제나라 太宗(蕭鸞)의 陵에 절을 하였다. 俗說에 살을 베어낸 피를 죽은 사람의 뼈에 떨어뜨려서 피가 뼛속에 배어들면 이는 父子 관계라고 하였는데, 드디어 남모르게 동혼후의 무덤을 발굴하고, 아울러 자신이 한 남자를 죽여서 시험해보니, 〈자기 피는 배어들고 죽인 남자의 피는 배어들지 않아서〉 모두 속설이 검증되었다. 이로 말미암아 항상 이반할 뜻을 품어서 오로지 시기의 변화를 엿보았다.

소종은 勇力이 있어서 손으로 달리는 말을 제압할 수 있었고, 재물을 경시하며 선비를 좋아하여 자주 변방에 임명해줄 것을 요구하자, 梁主가 아직 그것을 허락하지 않았다.

항상 內齋의 바닥에 모래를 펴놓고 종일 맨발로 다녀서 발바닥에 두꺼운 살가죽이 생기고 하루에 3백 리를 갈 수 있었다. 또 소종이 蕭寶寅에게 사자를 보내 안부를 묻고서 소보인을 叔父라고 불렀다. 사람들이 모두 그것을 알고도 감히 말하지 못하였다.

初에 梁主가 納齊東昏侯寵姬吳淑媛하여 七月而生綜하니 宮中이 多疑之[①]러니 淑媛寵衰怨望하여 謂綜曰 汝는 七月生兒니 安得比諸皇子아 然汝는 太子次第니 幸保富貴하고 勿泄也하라하고 與綜相抱而泣[②]하니 綜이 由是自疑하여 夜於靜室에 披髮席槁하여 私祭齊氏七廟[③]하고 微服至曲阿하여 拜齊太宗陵[④]하니라 俗說에 割血瀝骨하여 滲則爲父子라하고 遂潛發東昏侯冢하고 幷自殺一男하여 試之皆驗[⑤]이라 由是로 常懷異志하여 專伺時變하더라 綜이 有勇力하여 能手制奔馬하고 輕財好士하여 屢求邊任호되 梁主가 未之許라 常於內齋에 布沙於地하고 終日跣行하여 足下生胝하고 日能行三百里[⑥]러라 又使通問於蕭寶寅하여 謂之叔父라하니 人皆知之而不敢言이러라

① 魏 文帝(曹丕)가 淑媛을 두었는데, 宋나라 明帝(劉彧)가 淑媛을 九嬪의 우두머리로 삼았고, 齊나라와 梁나라가 인습하였다.
魏文帝置淑媛, 宋明帝以淑媛爲九嬪之首, 齊·梁因之.

② 第는 ≪南史≫ 〈蕭綜傳〉에 '弟(동생)'로 되어 있다. ≪資治通鑑≫의 一本에도 또한 '弟'로 되어 있다.

第, 南史綜傳作'弟'. 通鑑一本亦作弟.

③ 席은 거적이다. 槁는 볏짚이다. 볏짚으로 자리를 만드는 것은 자기를 낮추는 것을 보인 것이다. 옛날에 죄가 있는 자는 거적 위에 앉아서 물을 마셨다.
席, 薦也. 槁, 禾稈也. 用槁爲席者, 以示自貶也. 古有罪者, 席槁飮水.

④ 齊나라에는 太宗이 없으니, 마땅히 高宗(蕭鸞)이 되어야 한다.
齊無太宗, 當是高宗.

⑤ 瀝은 음이 歷이니, 물방울이다. 滲(배다)은 所禁의 切이다.
瀝音歷, 滴也. 滲, 所禁切.

⑥ 胝는 音이 知이니, 두꺼운 살가죽이다.
胝, 音知, 皮厚也.

【目】蕭綜이 彭城에 있을 때 北魏의 臨淮王 元彧이 군사로 팽성을 압박하여 勝負가 오래도록 결정되지 않았다. 梁主(蕭衍)는 소종이 패망할 것을 염려하여 소종에게 칙령을 내려 군대를 이끌고 돌아오게 하였다. 소종은 다시 북쪽 변방으로 오지 못할 것을 두려워하여 은밀하게 원욱에게 항복한다는 문서를 보내니, 북위 사람들이 모두 그것을 믿지 못하였다. 원욱이 사람을 뽑아서 소종의 군대에 들어가서 虛實을 조사하여 밝히려고 하였는데, 감히 가겠다고 하는 자가 없었다.

監軍御史 鹿悆가 가기를 청하고 單騎로 곧바로 彭城을 향하여 달려가다가 소종의 군대에게 붙잡혔다. 〈梁나라 사람들이〉 오게 된 상황을 물었는데, 녹여가 말하기를 "임회왕께서 나를 보낸 것은 交易하고자 할 뿐입니다."라고 하니, 소종이 듣고 成景儁 등에게 말하기를 "나는 항상 元略이 彭城을 가지고 배반하여 〈북위에 투항할 것을〉 도모할까 의심하였는데,[32] 장차 그 虛實을 살피려 했기 때문에 측근을 원략의 使者라 하여 북위의 軍中에 들어가서 저들 가운데 한 사람을 불렀다. 지금 그 사람이 과연 왔으니, 사람을 보내 거짓으로 원략이 질병으로 深室에 있다고 하고, 북위에서 온 사람을 불러 문밖에 오게 하여 사람을 시켜 그에게 감사의 말을 전하게 하라."라고 하였다.

及在彭城에 魏臨淮王彧이 兵逼彭城하여 勝負久未決이라 梁主慮綜이 敗沒하여 敕引軍還한대

32) 나는……의심하였는데 : 北魏 正光 원년(520)에 북위 相州刺史 中山王 元熙가 병사를 일으켜 元叉를 토벌하려 하다가 실패하고 죽임을 당하자 원희의 아들 元略이 梁나라로 도망가니, 양나라는 원략을 중산왕에 봉하였다. 普通 6년(525)에 원략이 彭城 남쪽에서 북위 安樂王 元鑒을 공격하였는데 패하였고 이틈을 노리고 元法僧이 원감을 격파하였다. 이후 梁나라가 豫章王 蕭綜을 보내서 원법승을 대신해서 徐州를 담당하게 하였고 원법승 등은 모두 建康으로 갔다. 지금 소종은 원략이 남쪽으로 간 것을 틈타서 이렇게 말한 것이다.

綜이 恐不復得至北邊하여 乃密送降款於彧하니 魏人이 皆不之信이라 彧이 募人入綜軍하여 驗其虛實하니 無敢行者러니 監軍御史鹿悆請行①하여 單騎徑趣彭城이라가 爲綜軍所執하여 問其來狀한대 悆가 曰 臨淮王이 使我來는 欲有交易耳니라 綜이 聞之謂成景儁等曰 我常疑元略規欲反城②이라 將驗其虛實하여 故遣左右爲略使하여 入魏軍中하여 呼彼一人이러니 今其人이 果來하니 可遣人詐爲略有疾在深室하고 呼至戶外하여 令人傳言謝之하라

① 悆는 음이 預이며, 鹿悆는 姓名이다.
悆, 音預. 鹿悆姓名.
② 規는 도모함이다. 反(회복하다)은 음이 飜이다.
規, 圖也. 反, 音飜.

【目】蕭綜이 또 심복 梁話를 보내 鹿悆를 맞이하여 은밀히 자신의 의도와 상황을 녹여에게 말해주었다. 양화는 마침내 녹여를 어떤 곳에 데리고 가서 한 사람(成景儁)을 방 안에서 나오게 하여, 元略을 가장하여 뜻을 전하여 말하기를 "내가 이전에 그대를 불러서 고향의 일을 듣고자 하였는데, 저녁에 병이 나서 만나보지 못하였다."라고 하였다. 녹여가 말하기를 "일찍 통지를 받들어서 험난함을 무릅쓰고 삼가 달려왔는데 뵙지를 못하니, 마음속으로 불안했습니다."라고 하고, 드디어 작별하고 물러갔다. 녹여가 돌아갈 때 길에서 다시 양화와 함께 盟約을 鞏固히 하니, 소종이 마침내 양화와 함께 밤에 원욱의 군대로 가서 투항하였다.

아침이 되자 소종의 殿閣의 문이 열리지 않았다. 北魏 군대가 호통치기를 "너의 豫章王(소종)이 어젯밤에 이미 와서 우리 軍中에 있으니, 너희들은 아직도 무엇을 하고 있느냐."라고 하였다. 성안에서 소종을 찾았으나 찾지 못하니, 군사들은 드디어 크게 무너졌다.

북위 사람이 彭城에 들어가서 승세를 타고 梁나라 군사를 추격하여 다시 여러 개 성을 빼앗고 宿預에 이르렀다가 돌아오니, 장수와 士卒 중에 죽은 자가 열 명 가운데 7, 8명이 되었고, 오직 陳慶之가 거느린 부대만 돌아왔다. 梁主(蕭衍)는 소종이 항복했다는 것을 듣고 놀라워하였다. 有司가 아뢰어 소종의 爵位와 封土를 빼앗고 屬籍[33]에서 제명하였다.

綜이 又遣腹心梁話迎悆하여 密以意狀語之①하니 乃引至一所하여 令一人自室中出하여 爲元略

33) 屬籍 : 왕실의 족보이다.

致意曰 我昔相呼하여 欲聞鄕事러니 晩來疾作하여 不獲相見이라하니 悆曰 早奉音旨하여 冒險祗赴러니 不得瞻見하니 內懷反側이라하고 遂辭退②하다 悆還할새 於路復與梁話申固盟約하니 綜이 遂與話夜投彧軍하다 及旦에 齋閤이 不開라 魏軍이 呼曰 汝豫章王이 昨夜已來하여 在我軍中하니 汝尙何오 爲城中求王不獲하니 軍遂大潰라 魏人이 入彭城하여 乘勝追擊梁兵復取諸城하고 至宿預而還하니 將士死者가 什七八러라 唯陳慶之帥所部還하니 梁主가 聞之하고 驚駭하더라 有司가 奏削綜爵土絶屬籍하니라

① 意는 蕭綜이 항복하려는 뜻을 전하는 것이다. 狀은 成景儁과 함께 속여서 도모한 상황을 고하는 것이다.
意者, 傳綜欲降之意. 狀者, 告以詭與成景儁設謀之狀.
② 祗는 공경한다는 뜻이다. "反側"은 불안하다는 뜻이다.
祗, 敬也. 反側, 不安也.

【目】西豊侯 蕭正德이 뜻과 행실을 고치지 않고, 蕭綜의 북벌을 따라갈 적에 군대를 버리고 갑자기 돌아오자, 또한 그의 관직을 파면하고 삭위를 깎았지만 얼마 뒤에 모두 사면하였다.

소종이 洛陽에 이르러서 魏主(元詡)를 뵙고 다시 관사에 나가서 東昏侯(蕭寶卷)를 위하여 애도하는 예를 거행하고 斬衰 三年服을 입었다. 소종을 司空에 임명하고 丹楊王에 봉하고 이름을 고쳐 蕭贊이라고 하였다. 소종의 長史 江革과 司馬 祖暅之가 모두 북위에 포로로 잡혔는데, 安豊王 元延明이 그들의 才名을 듣고 그들을 후하게 대우하였다.

그러자 강혁이 발에 병이 있다고 핑계 대고 절하지 않았다. 원연명이 조긍지에게 〈欹器銘〉을 지으라고 하였는데 강혁이 조환지에게 침을 뱉고 욕을 하였다. 원연명이 강혁에게 寺碑를 지으라고 하였는데 강혁이 사양하자 원연명이 막 그를 때리려고 하였다. 강혁이 엄한 얼굴빛을 하고 말하기를 "나 강혁은 나이가 60이라, 〈지금〉 죽는 것이 다행이다. 맹세하건데 남을 위하여 붓을 잡지 않겠다."라고 하자, 원연명은 굽힐 수 없는 것을 알고 마침내 중지하였다.

강혁에게 매일 현미 세 되를 지급하여 겨우 생명을 보전하게 할 뿐이었다. 梁主가 은밀히 夏侯亶을 불러 돌아오게 하여 合肥에서 전쟁을 그치고 淮河의 방죽이 완성되기를 기다려 다시 進攻하게 하였다.

西豊侯正德이 志行不悛하고 從綜北伐에 棄軍輒還하여 亦免官削爵이라가 尋皆赦之하다 綜이 至洛陽하여 見魏主하고 還就館하여 爲東昏侯擧哀하고 服斬衰三年하다 拜司空封丹楊王하고 更

名贊하다 綜長史江革司馬祖暅之가 皆爲魏所虜라 安豐王延明이 聞其才名厚遇之한대 革이 稱足疾不拜하더라 延明이 使暅之作欹器銘이어늘 革唾罵之①하고 延明令革作寺碑어늘 革이 辭한대 延明이 將箠之라 革厲色曰 江革이 行年六十이라 得死爲幸이니 誓不爲人執筆이라한대 延明이 知不可屈하고 乃止하다 日給脫粟三升하여 僅全其生而已②러라 梁主密召夏侯亶還하여 使休兵合肥俟淮堰成하여 復進하다

① ≪孔子家語≫에 "孔子가 魯나라 桓公의 사당에 欹器(한쪽으로 기울게 만든 그릇)가 놓여 있는 것을 보았다. 공자가 사당지기에게 묻기를 '저것은 무슨 그릇입니까?' 하니, 대답하기를 '이는 宥坐의 그릇[34]입니다.' 하였다. 공자가 말하기를 '나도 宥坐의 그릇에 대해 들어본 적이 있습니다. 속이 비면 기울고 알맞게 물이 차면 바로 서며, 가득 채우면 엎어진다고 합니다. 明君이 지극한 경계로 삼았기 때문에 항상 좌석의 곁에 비치해두었던 것입니다.' 하였다." 하였다.

家語 "孔子觀於魯桓公之廟, 有欹器焉. 夫子問於守廟者曰 '此爲何器.' 對曰 '此蓋爲宥坐之器.' 孔子曰 '吾聞宥坐之器, 虛則欹, 中則正, 滿則覆. 明君以爲至誡, 故常置之於坐側.'"

② "脫粟"은 좁쌀〔粟米〕의 거친 것인데 겨우 그 껍질을 벗긴 것을 말한다.

脫粟, 粟米之麤糲者, 言僅脫去其殼也.

【綱】西部 鐵勒이 北魏에 항복하니 북위의 廣陽王 元深이 破六韓拔陵을 공격하여 그들을 격파하고 그의 군사 20만 명을 항복시켰다.

西部鐵勒이 降魏하니 魏廣陽王深이 擊拔陵破之하고 降其衆二十萬하다

【目】破六韓拔陵이 五原에서 北魏의 廣陽王 元深을 포위하였는데 軍主 賀拔勝이 출전하니 賊이 조금 후퇴하였다. 원심이 군사를 거두어 朔州로 향하게 할 때에 하발승이 항상 후군이 되었다.

雲州刺史 費穆이 離散한 군인들을 불러 按撫하여 사면으로 적을 막았다. 당시 북위 북쪽 변경의 州鎭이 모두 함몰되었는데 오직 雲中 한 城이 홀로 오래 보존되었다. 援軍이 오지 않고 양식과 무기가 모두 떨어졌기 때문에 비목이 城을 버리고 남쪽 秀容에 있는 爾朱榮에게로 도주하였다.

于謹이 원심에게 말하기를 "지금에 도적들이 봉기하니 오로지 무력을 사용하여 이기

34) 宥坐의 그릇 : 옛날의 임금들이 너무 지나치거나 모자라는 것을 스스로 경계하기 위해 좌석의 오른쪽에 비치해두고 항상 보던 그릇이다.

는 것은 쉽지 않습니다. 저 우근이 청하오니 大王의 威命을 받들어 적들에게 禍福으로 타이르면 거의 離間시킬 수 있습니다."라고 하니, 원심이 허락하였다.

우근이 여러 나라 말에 통달하였기 때문에 마침내 單騎로 배반한 胡人의 陣營에 나아가서 그 酋長을 만나보고 은덕과 신의를 열어 보였다. 이에 西部 鐵勒 酋長 乜列河(먀열하) 등이 3만여 戶를 거느리고서 원심에게 나아가 항복하니, 원심이 군대를 이끌고 먀열하를 맞이하려고 하였는데, 우근이 말하기를 "파륙한발릉의 병력이 매우 성대하기 때문에 먀열하 등이 와서 항복한다는 것을 들으면 반드시 병사를 이끌고 邀擊할 것입니다. 만약 그들이 먼저 險要한 곳을 점거하면 대적하기 쉽지 않습니다. 먀열하를 그에게 먹이로 주는 것만 못하고 복병을 두어 그를 기다리게 하면 반드시 그를 격파할 수 있습니다."라고 하니, 원심이 그의 말을 따랐다.

파륙한발릉이 과연 병사를 이끌고 먀열하를 요격하여 먀열하의 군대를 모두 사로잡았는데, 〈원심의〉 복병이 발동하자 파륙한발릉이 대패하였다. 이에 〈원심이〉 먀열하의 部衆을 얻어 다시 돌아갔다.

柔然의 頭兵可汗이 파륙한발릉을 크게 격파하니 파륙한발릉이 유연의 두병가한을 피하여 남쪽으로 옮겨서 黃河를 건너갈 적에 前後로 항복하여 귀부하는 자가 20만 명이었다. 원심이 行臺 元纂과 함께 조정에 表를 올리기를 "恒州 북쪽에 따로 郡縣을 세워서 降戶를 安置하고 편의에 따라 진휼해주어 그들의 반란하려는 마음을 평안하게 하기를 바랍니다."라고 하였다. 북위 조정에서 따르지 않고 조서를 내려 冀州·定州·瀛州 3州에 나누어 살게 하고 나아가 생활을 하게 하자, 원심이 원찬에게 말하기를 "이 사람들은 다시 乞活(流民)이 될 것입니다."라고 하였다.

破六韓拔陵이 圍魏廣陽王深於五原이어늘 軍主賀拔勝이 出戰하니 賊이 稍退라 深이 拔軍向朔州할새 勝이 常爲殿①이러라 雲州刺史費穆이 招撫離散하여 四面拒敵하니 時에 北境州鎭이 皆沒호되 唯雲中一城이 獨存久之하다 援軍이 不至하고 糧仗이 俱盡이라 穆이 棄城하고 南奔爾朱榮於秀容하다 于謹言於深曰 今에 寇盜蠭起하니 未易專用武力勝也라 謹이 請奉大王之威命하여 諭以禍福하면 庶幾可離니이다하니 許之하다 謹이 通諸國語라 乃單騎詣叛胡營하여 見其酋長하고 開示恩信이니 於是에 西部鐵勒酋長乜列河等이 將三萬餘戶하여 詣深降②하니 深이 欲引兵迎之어늘 謹이 曰 破六韓拔陵이 兵勢甚盛이라 聞乜列河等來降하면 必引兵邀之하여 若先據險要면 未易敵也니 不若以乜列河餌之하고 而伏兵이 以待之면 必可破也하다 深이 從之러니 拔陵이 果引兵邀擊乜列河하여 盡俘其衆이어늘 伏兵發한대 拔陵이 大敗라 復得乜列河之衆而還하다 柔然頭兵可汗이 大破破六韓拔

陵하니 拔陵이 避柔然하여 南徙渡河할새 前後降附者가 二十萬人③이라 深이 與行臺元纂表호되 乞於恒州北에 別立郡縣하여 安置降戶하고 隨宜賑賚하여 息其亂心이라하다 不從하고 詔分處之於冀定瀛三州하여 就食한대 深이 謂纂曰 此輩復爲乞活矣④로다

① 北魏는 懷朔鎭을 朔州로 삼았다.
魏以懷朔鎭爲朔州.
② 乜는 母野의 切이니, 오랑캐 姓이다.
乜, 母野切, 虜姓也.
③ 이 河는 北河를 말한다.
(列)〔此〕河謂(此)〔北〕河也.[35)]
④ 乞活은 일이 晉 惠帝 光熙 원년(306)에 보인다.[36)]
乞活, 事見晉惠帝光熙元年.

【綱】 가을 8월에 北魏의 柔玄鎭 백성 杜洛周가 上谷에서 반란하였는데, 북위가 군대를 보내 토벌하였다.

秋八月에 魏柔玄鎭民杜洛周가 反于上谷이어늘 魏遣兵討之하다

【目】 杜洛周가 반란을 일으키니, 高歡·蔡儁·尉景·段榮·彭樂(팽락)이 모두 그를 따랐다. 北魏는 常景을 行臺로 삼아서 都督 元譚과 함께 토벌하게 하였다.

洛周反하니 高歡蔡儁尉景段榮彭樂이 皆從之라 魏가 以常景爲行臺하여 與都督元譚討之①하다

① 常景은 常爽의 손자이다.
景, 爽之孫也.

【綱】 겨울 12월에 北魏 荊州·郢州의 여러 蠻族들이 반란을 일으켰는데, 북위가 토벌하여 물리쳤다. 梁나라가 북위의 順陽과 馬圈을 빼앗았다.

冬十二月에 魏荊郢群蠻이 叛이어늘 魏討敗之러니 梁이 取魏順陽馬圈하다

---

35) (列)〔此〕河謂(此)〔北〕河也 : 저본에는 '列河謂此河也'로 되어 있으나, ≪資治通鑑≫에 의거하여 '此河謂北河也'로 바로잡았다.

36) 乞活……보인다 : 光熙 원년(306)에 幷州에 기근이 들어서 북쪽 오랑캐(胡寇)에게 자주 침략을 당하니, 관리와 백성 만여 명이 司馬騰을 따라 冀州로 가서 먹고 살 길을 모색하니, 이들을 '乞活'이라고 하였다.

【目】 北魏는 한창 西北 지역에 일이 있으니,[37] 西荊州・北荊州와 西郢州의 여러 蠻族들이 모두 반란을 일으켰다. 襄城을 침략하고 險要한 곳을 주둔하여 점거하니, 도로가 통하지 않았다. 만족들은 梁나라 장군 曹義宗 등을 인도하여 북위의 荊州를 포위하였는데, 북위가 臨淮王 元彧으로 교체하여 魯陽의 만족을 토벌하고 辛雄을 行臺左丞으로 삼아 葉城(섭성)으로 가게 하였다. 그리고 별도로 裴衍과 王羆를 보내어 武關에서 출병해 荊州를 救援하게 하였다.

배연 등이 아직 도착하기 전에 원욱의 군대가 이미 汝水 가에 주둔하였다. 만족의 침입을 당한 州郡에서 다투어 찾아와 구원해줄 것을 요청하자 원욱은 황제께서 지시한 노정과는 다르다고 하여 그것에 응답하려고 하지 않았는데, 신웅이 말하기를 "왕께서 閫外(대궐 밖)에서 대장기를 잡으셨으니 〈장군이 오로지 결정해야 합니다.〉 승리할 가능성을 보면 진군해야 하니, 어찌 길이 다름을 논한단 말입니까."라고 하니, 원욱이 후에 득실의 책임을 염려하여 신웅에게 尙書行臺의 符命을 내려줄 것을 청하니, 신웅이 마침내 원욱의 군대에 부령을 내려서 속히 가서 蠻人을 공격하라고 명령하였다. 여러 만족들은 원욱이 온다는 소문을 듣고 과연 흩어져 달아났다.

魏方有事西北하니 二荊西郢群蠻이 皆反①하다 寇掠襄城하고 屯據險要하니 道路不通이라 引梁將曹義宗等하여 圍魏荊州②어늘 魏更以臨淮王彧으로 討魯陽蠻하고 辛雄爲行臺左丞하여 趣葉城③하고 別遣裴衍王羆하여 自武關出救荊州러니 衍等이 未至에 彧軍已屯汝上이라 州郡被蠻寇者가 爭來請救④한대 彧以處分道別라하여 不欲應之어늘 辛雄이曰 王이 秉麾閫外하시니 見可而進이니 何論別道리오 彧이 恐後有得失之責하여 邀雄符下⑤하니 雄이 遂符彧하여 令速赴擊하다 群蠻聞之하고 果散走하다

① 西荊은 上洛에 치소가 있고, 北荊은 襄城에 치소가 있고, 西郢은 汝南 眞陽縣에 치소가 있다.
西荊治上洛, 北荊治襄城, 西郢治汝南眞陽縣.

② 이 荊州는 穰城에 치소가 있다.
此荊州治穰城.

③ 葉은 式涉의 切이다. 葉城은 당시에 襄州의 치소가 되었으니, 이는 바로 漢나라 南陽郡 葉縣城이다.
葉, 式涉切. 葉城時爲襄州治所, 此卽漢南陽郡之葉縣城也.

④ "汝上"은 汝水의 가이다.

---

37) 西北……있으니 : 서쪽에는 莫折念生의 반란이 있고, 북쪽에는 破六韓拔陵의 반란이 있었다.

汝上, 汝水之上也.

⑤ 符는 尙書行臺의 符令이다.

符, 尙書行臺符也.

【目】 辛雄이 상소하기를 "무릇 사람이 전쟁에 임해 자신을 잊고서 시퍼런 칼날을 맞아도 거리낌이 없는 것은, 첫째는 榮華로운 이름을 구하는 것이고, 둘째는 큰 포상을 얻기를 원하는 것이고, 셋째는 刑罰을 두려워하는 것이고, 넷째는 화란을 피하는 것이니, 이 몇 가지 일이 아니면 비록 聖王이라도 신하를 부릴 수 없고, 자애로운 아비라도 자식을 격려할 수 없습니다.

明主는 깊이 그 실정을 잘 알기 때문에 상을 반드시 행하고 벌을 반드시 확실하게 하여 親疎·貴賤·勇怯·賢愚로 하여금 鍾鼓의 소리를 듣고 줄지어 선 旌旗를 보고 奮激하여 敵陣으로 다투어 달려가게 하니, 〈이 적진으로 달려가는 군사들이〉 어찌 오래 살기를 싫어하고 빨리 죽기를 즐겨서 그러하겠습니까. 利害가 눈앞에 걸려 있어서 그만두려고 해도 할 수 없을 뿐입니다.

秦·隴의 지역[38]과 남쪽 蠻左 지역의 반란이 이미 數年을 지냈는데 적을 막아내는 군사는 패배가 많고 승리가 적으니, 그 이유를 살펴보면 모두 賞罰이 분명하지 못하였기 때문입니다. 陛下께서 비록 밝은 조서를 내려서 상을 주는 때를 늦추지는 않으셨지만 將士의 공훈이 일 년이 지나도록 결정되지 않았고 군대에서 도망간 군졸은 편안히 집에 있습니다. 이 때문에 절의가 있는 선비는 권면해 사모할 것이 없고 용렬한 무리들은 두려워할 것이 없으며, 군사들은 전진하여 적을 공격하면 죽음은 가까이 있고 포상은 멀리 있으며, 후퇴하여 도망해 흩어지면 몸은 온전히 할 수 있고 죄는 없습니다. 이것이 적을 바라보고 도망해 흩어져서 힘을 다하려고 하지 않는 이유입니다. 폐하께서 진실로 號令을 반드시 확실하게 하고 賞罰을 반드시 시행하게 하시면 군대의 위엄이 반드시 매우 성대해질 것이고 盜賊이 반드시 사라질 것입니다."라고 하였다. 상소가 올라갔으나, 살피지 않았다.

曹義宗 등이 北魏의 順陽과 馬圈을 빼앗았다.

雄上疏曰 凡人所以臨陣(亡)〔忘〕[39]身하여 觸白刃而不憚者는 一求榮名하고 二貪重賞이요 三畏刑罰하고 四避禍難이니 非此數者면 雖聖(主)〔王〕[40]라도 不能使其臣하고 慈父라도 不能厲其子

38) 秦·隴의 지역 : 莫折念生이 반란을 일으킨 지역이다.

39) (亡)〔忘〕 : 저본에는 '亡'으로 되어 있으나, ≪資治通鑑≫에 의거하여 '忘'으로 바로잡았다.

矣라 明主는 深知其情이라 故賞必行하고 罰必信하여 使親疎貴賤勇怯賢愚聞鍾鼓之聲하며 見旌旗之列하여 莫不奮激하여 競赴敵場하니 豈猒久生而樂速死哉리오 利害懸於前하여 欲罷不能耳①라 自秦隴逆節과 蠻左亂常이 已歷數年②호되 扞禦之師는 敗多勝少하니 跡其所由한대 皆不明賞罰故也라 陛下雖降明詔하여 賞不移時하나 然將士之勳이 歷稔不決하고 亡軍之卒은 晏然在家③하니 是故로 節士無所勸慕하고 庸人無所畏懾하며 進而擊賊이면 死交而賞賒하고 退而逃散이면 身全而無罪④하니라 此其所以望敵奔沮하여 而莫肯盡力者也니이다 陛下가 誠能號令必信하며 賞罰必行하면 則軍威必張하고 盜賊이 必息矣니이다 疏奏不省⑤하다 曹義宗等取魏順陽馬圈하니라

① 猒(싫어하다)은 厭과 같다.
猒, 與厭同.
② 宋나라 이래로 豫部의 여러 蠻族을 대체로 '蠻左'라고 하고, 설치한 蠻郡을 '左郡'이라고 하였다.
自宋以來, 豫部諸蠻率謂之蠻左, 所置蠻郡謂之左郡.
③ "歷稔"은 歷年이라는 말과 같으니, 1년에 다섯 가지 곡식이 한 번 익으므로, 年으로 稔을 삼은 것이다.
歷稔, 猶言歷年, 一年五穀一稔, 故以年爲稔.
④ 賒는 멀다는 뜻이다.
賒, 遠也.
⑤ 張은 음이 漲이며, 매우 성대함이다.
張, 音漲, 熾盛也.

【綱】梁나라 邵陵王 蕭綸이 죄가 있어서 관직을 파면하고 작위와 봉지를 삭탈하였다.

梁邵陵王綸이 有罪하여 免官削爵土하다

【目】蕭綸이 南徐州의 일을 대행하여 불법을 자행하였다. 소륜이 시장과 마을에서 노닐었는데, 䱉魚를 파는 자에게 묻기를 "刺史는 어떠한가?"라고 하자, 대답하기를 "포학하고 조급합니다."라고 하였다. 소륜이 노하여 그에게 䱉魚를 삼키게 하여 죽이니, 백성들이 놀라고 두려워하여 길에서 만나면 곁눈질을 하였다. 소륜이 일찍이 喪車를 만났을 적에 소륜이 孝子(喪主)가 입고 있는 옷을 빼앗아 입자 효자가 포복하며 울부짖었다. 籤

40) (主)〔王〕: 저본에는 '主'로 되어 있으나, ≪資治通鑑≫에 의거하여 '王'으로 바로잡았다.

帥[41]가 소륜의 일을 보고하자 梁主(蕭衍)가 소륜을 질책하였는데 잘못을 고치지 않았다. 이에 후임을 보냈다.

그러자 소륜이 梁主와 비슷한 작고 메마른 노인 한 명을 잡아와서 곤룡포와 면류관을 씌우고 그를 높은 곳에 앉게 하여 임금으로 삼아 조회를 하고 스스로 죄가 없다고 진술하다가 그를 자리에서 나오게 하여 그의 옷을 벗기고 뜰 위에서 그를 때렸다. 梁主는 소륜이 도망갈까 염려하여 禁衛兵을 보내 소륜을 잡아오게 하여 죽음을 내리려 하였는데, 太子 蕭統이 눈물을 흘리며 굳게 간언하자, 마침내 소륜의 관직을 파면하고 작위와 봉지를 빼앗았다.

綸이 攝南徐州事①하여 肆行非法이라 遨遊市里러니 問賣䱇者曰 刺史何如②오 對言躁虐하니이다 綸怒하여 令呑䱇而死하니 百姓이 惶駭하여 道路以目하더라 嘗逢喪車하여 奪孝子服而著之하고 匍匐號叫어늘 籤帥以聞한대 梁主가 責之호되 綸이 不能改어늘 於是에 遣代하다 綸이 乃取一老公短瘦類梁主者하여 加以袞冕하고 置之高坐하여 朝以爲君하고 自陳無罪라가 就坐剝褫하여 捶之於庭③하니 梁主가 恐其奔逸하여 以禁兵取之하여 將賜之死러니 太子統이 流涕固諫한대 乃免綸官하고 削爵土하다

① 蕭綸은 梁主(蕭衍)의 아들이다.
綸, 梁主子.
② 䱇은 鱓과 같고, 市演의 切이다. 鱓魚는 뱀과 비슷하다.
䱇, 與鱓同, 市演切. 鱓魚似蛇.
③ 剝은 벗긴다는 뜻이다. 褫는 敕紙의 切이니, 옷을 벗김이다.
剝, 脫也. 褫, 敕紙切, 奪衣也.

【綱】北魏의 山胡인 劉蠡升이 반란하였다.

魏山胡劉蠡升反①하다

① 山胡는 곧 汾州의 稽胡이다.
山胡, 卽汾州之稽胡.

41) 籤帥 : 官名으로, 典籤 혹은 典籤帥라고도 한다. 南朝 때에 諸王이 외방으로 나가면 朝廷에서 典籤을 파견하여 보좌케 하면서 諸王의 행동을 감시하게 하였다. 權力이 매우 크기 때문에 籤帥라고 일컬었다.

附錄

1. 思政殿訓義 資治通鑑綱目19 年表

年度	在位年	역문쪽수	주요 사건
497 丁丑年	齊 明帝 建武 4 北魏 孝文帝 太和 21	13	• 北魏가 元恪을 太子로 삼음.
			• 齊 明帝가 尙書令 王晏을 죽이고 徐孝嗣를 尙書令으로 삼음.
		16	• 北魏 孝文帝가 平城에 감. 穆泰와 陸叡는 伏誅되고 新興公 元丕는 庶民이 됨.
		19	• 北魏 孝文帝가 前 太子 元恂을 죽임.
			• 北魏 宋王 劉昶 사망.
			• 北魏 孝文帝가 洛陽으로 돌아옴.
		20	• 北魏가 昭儀 馮氏(馮潤)를 황후로 삼음.
			• 北魏 孝文帝가 齊나라를 親征함.
		21	• 氐族의 수령 楊靈珍이 北魏를 배반함.
		22	• 北魏 孝文帝가 齊나라 南陽을 공격하였으나 함락시키지 못함.
		23	• 北魏가 氐族하니 楊靈珍이 齊나라로 망명함.
			• 北魏 孝文帝가 新野를 포위, 齊나라 병사를 沔水 북쪽에서 격파함.
		25	• 齊나라가 北魏 太倉口를 침략하자, 북위 豫州刺史 王肅이 격파함.
		27	• 齊나라가 劉季連을 益州刺史로 삼음.
		28	• 高昌 사람이 왕 馬儒를 시해하고 麴嘉를 왕으로 삼고, 柔然에 신종함.
498 戊寅年	齊 明帝 永泰 1 北魏 孝文帝 太和 22	29	• 北魏가 新野를 함락시킴.
		30	• 齊 明帝가 河東王 蕭鉉 등 10인을 죽임.
		31	• 北魏가 宛城에서 이겼으나 齊나라가 鄧城에서 패배시킴.
		32	• 北魏 王肅이 義陽을 공격하였는데, 齊나라 裴叔業이 북위의 渦陽을 포위하여 의양을 구원함.
		33	• 北魏 中尉 李彪가 파면당하고, 僕射 李沖이 사망.
		35	• 北魏가 彭城王 元勰을 宗師로 삼음.

年度	在位年	역문쪽수	주요 사건
498 戊寅年	齊 明帝 永泰 1 北魏 孝文帝 太和 22	36 43 45	• 齊나라 大司馬 王敬則이 會稽에서 반란을 일으켰다가 曲阿에서 패하여 죽음. • 北魏가 황궁의 費用을 줄여 軍中의 포상에 지급함. • 齊나라가 蕭衍을 雍州刺史로 삼음. • 齊 明帝가 사망하자 太子 蕭寶卷이 즉위함. • 高車가 北魏에 반란하였으나, 孝文帝 병사를 이끌고 돌아와 정벌하자 항복함.
499 己卯年	齊 東昏侯(蕭寶卷) 永元 1 北魏 孝文帝(元恪) 太和 23	47 48 49 50 52 57 58 64 65 66 67 70	• 齊나라가 太尉 陳顯達을 파견하여 北魏를 침략함. • 北魏 孝文帝가 洛陽으로 돌아옴. • 北魏 皇后 馮氏가 물러나 後宮에 거처함. • 北魏가 彭城王 元勰을 司徒로 삼음. • 齊나라 陳顯達이 馬圈城・南鄕을 빼앗음. 北魏 孝文帝가 직접 군대로 막으니, 제나라 군사가 패배함. • 北魏 孝文帝가 穀塘原에서 사망하자 황후 馮氏가 伏誅되고 太子 元恪이 즉위함. • 北魏가 元勰을 驃騎大將軍 都督冀定七州軍事로 삼음. • 北魏 僕射 任城王 元澄이 파면됨. • 北魏 孝文帝가 모친인 皇妣 高氏를 文昭皇后로 추존함. • 齊 東昏侯가 江祏과 江祀를 살해하자 始安王 蕭遙光이 군사를 일으켰으나 右將軍 蕭坦之가 토벌함. • 北魏 南徐州刺史 沈陵이 齊나라로 망명함. • 齊 東昏侯가 僕射 蕭坦之와 領軍將軍 劉暄을 죽임. • 齊 東昏侯가 司空 徐孝嗣와 將軍 沈文季를 죽임. • 齊나라 太尉 陳顯達이 반란을 일으켜 建康을 습격하였다가 패하여 죽음. • 北魏가 郭祚를 吏部尙書로 삼음.
500 庚辰年	齊 東昏侯 永元 2 北魏 宣武帝 景明 1	71 73 77 78 81 83	• 齊 豫州刺史 裵叔業이 壽陽을 가지고 北魏에 투항함. 북위가 元勰을 수양으로 보내 鎭守하게 함. • 北魏가 壽陽의 齊軍을 격파하고 合肥와 建安을 빼앗음. • 齊나라가 崔慧景이 반란을 일으켜 江夏王 蕭寶玄을 받들어 建康을 공격하다 패하여 죽음. • 齊나라가 蕭懿로 尙書令을 삼음. • 齊나라가 建康・徐州・兗州를 曲赦함. • 齊나라 陳伯之가 北魏 壽陽을 공격하였으나 실패함. • 齊 東昏侯가 尙書令 蕭懿를 죽임. • 北魏가 彭城王 元勰을 司徒 錄尙書事로 삼음.

年度	在位年	역문쪽수	주요 사건
500 庚辰年	齊 東昏侯 永元 2 北魏 宣武帝 景明 1	84	• 齊나라 雍州刺史 蕭衍이 襄陽에서 군사를 일으키고, 行荊州事 蕭穎胄가 南康王 蕭寶融을 받들어 江陵에서 군사를 일으킴.
501 辛巳年	齊 和帝(蕭寶融) 中興 1 北魏 宣武帝 景明 2	92	• 齊나라 蕭寶融이 相國을 칭하고, 蕭衍이 襄陽에서 출전함.
			• 北魏 彭城王 元勰이 사임함. 元禧를 太保로, 元詳을 大將軍 錄尙書事로, 于烈을 領軍으로 삼음.
		94	• 齊나라 蕭衍이 郢城을 포위함.
		95	• 齊나라 蕭寶融이 江陵에서 즉위하고서 蕭穎胄를 尙書令 荊州刺史로, 蕭衍을 左僕射 征東大將軍 都督征討諸軍事로 삼음.
		96	• 北魏 咸陽王 元禧가 모반을 일으켰다가 伏誅됨.
		97	• 齊나라 巴東郡과 巴西郡이 荊州를 공격함.
		98	• 齊나라 東昏侯이 郢州를 구원하기 위해 군대를 파견함.
		100	• 齊나라 雍州刺史 張欣泰가 建康王 蕭寶寅을 황제로 옹립하려고 모의하다 실패하여 죽음.
		103	• 齊나라 蕭衍이 加湖에서 官軍에 승리하니 魯山과 郢城이 항복함.
		104	• 北魏 揚州刺史 安國侯 王肅 사망.
		105	• 齊나라가 寧朔將軍 崔偃을 죽임.
		107	• 齊나라 蕭衍이 尋陽에서 陳伯之를 항복시킴..
		108	• 齊나라 巴東과 巴西의 군사가 上明에 도착함.
		109	• 齊나라 蕭衍이 병사를 이끌고 建康으로 진격함.
			• 北魏가 洛陽에 坊들을 축조함.
		110	• 北魏가 于氏를 황후로 세움.
			• 齊나라 蕭衍이 建康을 포위함.
		112	• 北魏가 北海王 元詳을 司徒로 삼음.
		113	• 齊나라 尙書令 巴東公 蕭穎胄 사망.
		114	• 北魏가 任城王 元澄을 都督淮南軍事로 삼음.
		115	• 北魏 田益宗이 齊나라를 침공하여 齊軍을 격파함.
		117	• 齊나라 사람이 東昏侯를 시해함. 蕭衍이 建康으로 들어와 大司馬가 되어 承制함.
		121	• 齊나라 大司馬 蕭衍이 豫州刺史 馬仙琕과 吳興太守 袁昂을 구속했다가 이윽고 석방함.
		124	• 齊나라 大司馬 蕭衍이 궁중에 들어와 鎭守함.

<table>
<tr><th>年度</th><th>在位年</th><th>역문쪽수</th><th>주요 사건</th></tr>
<tr><td rowspan="12">502
壬午年</td><td rowspan="12">齊 和帝 中興 2
梁 武帝(蕭衍) 天監 1
北魏 宣武帝 景明 3</td><td>125</td><td>• 齊나라 蕭衍이 宣德太后를 맞이하여 궁궐에 들어오게 하여 稱制하도록 함. 蕭衍이 相國 梁公이 됨.</td></tr>
<tr><td>127</td><td>• 梁公 蕭衍이 湘東王 蕭寶晊을 죽임.
• 梁나라가 沈約을 僕射로, 范雲을 侍中으로 삼음.</td></tr>
<tr><td>128</td><td>• 梁公 蕭衍이 爵位를 올려 王이 됨.
• 梁王 蕭衍이 邵陵王 蕭寶攸 등을 죽이자, 鄱陽王 蕭寶寅이 北魏로 도망침.</td></tr>
<tr><td>129</td><td>• 齊 和帝가 江陵에서 建康으로 출발하고, 蕭憺을 都督荊湘六州軍事로 삼음.</td></tr>
<tr><td>130</td><td>• 梁王 蕭衍이 皇帝라 칭하고, 和帝를 폐위하여 巴陵王으로 삼았으며, 宣德太后의 처소를 별궁으로 옮겼고, 공신들에게 차등을 두어 封爵과 官職을 내림.</td></tr>
<tr><td>131</td><td>• 梁 武帝가 姑孰에서 巴陵王을 시해함.</td></tr>
<tr><td>132</td><td>• 梁나라가 贖刑과 관련된 법규를 제정함.
• 梁나라가 蕭寶義를 巴陵王으로 삼음.</td></tr>
<tr><td>134</td><td>• 梁나라가 謝朏, 何胤, 何點을 불렀으나 나아가지 않음.
• 梁나라가 謗木函과 肺石函을 설치함.</td></tr>
<tr><td>136</td><td>• 梁나라 孫文明 등이 난을 일으켰으나 토벌되어 죽음.</td></tr>
<tr><td>137</td><td>• 梁나라 江州刺史 陳伯之가 반란을 일으켰다가 군대가 패배하자 北魏로 도망침.</td></tr>
<tr><td>139</td><td>• 梁나라 益州刺史 劉季連이 반란을 일으킴.</td></tr>
<tr><td>140
143</td><td>• 梁나라가 雅樂을 개정함.
• 梁나라가 蕭統을 세워서 태자로 삼음.</td></tr>
<tr><td rowspan="7">503
癸未年</td><td rowspan="7">梁 武帝 天監 2
北魏 宣武帝 景明 4</td><td>143</td><td>• 梁나라가 沈約을 左僕射로 范雲을 右僕射로 삼음.
• 劉季連이 梁나라에 투항함.</td></tr>
<tr><td>145</td><td>• 北魏가 蕭寶寅을 齊王으로 삼음.
• 梁나라에서 새로운 법령을 반포함.</td></tr>
<tr><td>146</td><td>• 梁나라의 右僕射 范雲이 사망하니, 左丞 徐勉과 將軍 周捨가 함께 국정에 참여함.</td></tr>
<tr><td>147</td><td>• 北魏 元澄이 군대를 거느리고 梁나라를 정벌함.</td></tr>
<tr><td>148</td><td>• 梁나라가 謝朏를 司徒로 삼음.
• 北魏가 鹽池의 禁令을 복구시킴.</td></tr>
<tr><td>149</td><td>• 北魏가 彭城王 元勰을 太師로 삼음.
• 北魏 都督 元英이 梁나라 義陽 등을 함락시키고 馮道根이 지키는 阜陵을 공격하였으나 이기지 못함.</td></tr>
<tr><td>151</td><td>• 北魏가 僕射 源懷를 行臺로 삼아 北邊을 순행시킴.</td></tr>
</table>

年度	在位年	역문쪽수	주요 사건
503 癸未年	梁 武帝 天監 2 北魏 宣武帝 景明 4	152	• 梁 武帝가 吉翂이 아버지를 대신해 죽기를 청하자 사면해줌.
		154	• 北魏의 散騎常侍 趙脩가 죄를 지어 伏誅됨.
504 甲申年	梁 武帝 天監 3 北魏 宣武帝 正始 1	155	• 梁나라가 北魏의 壽陽을 습격하였으나 이기지 못함.
		156	• 北魏가 梁나라 鍾離를 공격하자, 양나라가 원군을 보냈으나 대패함.
		157	• 北魏의 司徒 北海王 元詳이 죄로 면직되고서 사망.
		159	• 梁나라 司州刺史 蔡道恭 사망.
		161	• 梁나라 角城이 北魏에 항복함.
			• 梁나라 義陽이 北魏에 항복함. 북위가 元英을 세워 中山王으로 삼음.
		163	• 北魏가 북쪽 변방에 9개의 성을 쌓음.
		164	• 北魏가 음악을 의논함.
		165	• 北魏가 國學을 건립함.
			• 梁나라가 贖刑을 폐지함.
			• 北魏에서 律令을 다시 제정함.
505 乙酉年	梁 武帝 天監 4 北魏 宣武帝 正始 2	167	• 梁나라가 五經博士를 두고 州와 郡에 학교를 세움.
		168	• 梁나라 漢中太守 夏侯道遷이 北魏에 투항하자, 북위가 邢巒을 보내 漢中에서 梁州를 취함.
		169	• 梁州·益州刺史 蕭淵藻가 전임 刺史인 鄧元起를 죽였는데, 고을 백성들이 반란을 일으키자 소연조가 토벌하여 평정함.
		171	• 梁나라가 처음으로 孔子의 祠堂을 세움.
			• 北魏의 統軍 王足이 涪城을 공격하여 梁나라 군대를 크게 격파하고 장수 魯方達 등 39명을 죽임.
		173	• 梁나라가 蕭宏과 僕射 柳惔을 파견하여 군사를 이끌고 北魏를 정벌하게 하니 洛口에 주둔함.
		174	• 武興氐王 楊紹先이 北魏를 배반함.
			• 北魏의 王足이 梁나라로 달아남.
		177	• 巴西가 北魏를 배반하고 梁나라에 투항함.
506 丙戌年	梁 武帝 天監 5 北魏 宣武帝 正始 3	179	• 北魏 邢巒이 武興氐를 멸망시키고 東益州를 설치함.
			• 北魏 呂苟兒가 秦州와 涇州에서 난을 일으킴.
		180	• 北魏 豫州刺史 陳伯之가 배반하고 梁나라로 귀순함.
		181	• 北魏가 鹽地에 대한 禁法을 철폐함.
		183	• 北魏가 中山王 元英을 보내어 梁나라 군대를 막게 하였는데, 梁나라가 宿預, 梁城, 小峴, 合肥 등을 취함.

年度	在位年	역문쪽수	주요 사건
506 丙戌年	梁 武帝 天監 5 北魏 宣武帝 正始 3	187 188 195 196	• 北魏가 邢巒을 都督東討軍事에 임명함. • 北魏 驃騎大將軍 馮翊公 源懷 사망. • 北魏가 秦州와 涇州의 반란을 토벌하여 평정함. • 北魏 邢巒이 梁나라의 군대를 패배시키고 다시 宿預를 빼앗으니, 梁나라의 蕭宏이 도주하여 돌아감. 북위가 형만을 돌아오게 하고, 蕭寶寅을 보내어 元英과 함께 鍾離를 포위하게 함. • 柔然 庫者可汗이 사망하자, 아들 佗汗可汗이 즉위함. • 北魏가 羊祉를 梁州刺史로 傅豎眼을 益州刺史로 삼음.
507 丁亥年	梁 武帝 天監 6 北魏 宣武帝 正始 4	197 202 203 204	• 梁나라 曹景宗과 韋叡가 鍾離에서 대승을 거둠. • 梁나라 馮翊 등 7개의 郡이 배반하여 北魏에 투항함. • 北魏 元英과 蕭寶寅이 鍾離의 패배로 제명됨. • 北魏가 李崇을 揚州刺史로 삼음. • 梁나라가 徐勉을 吏部尙書로 삼음. • 梁나라가 蕭宏을 司徒로, 沈約을 尙書令으로, 袁昻을 僕射로 삼음. • 北魏의 尙書令 高肇가 정권을 잡았는데, 황후인 于氏와 아들인 元昌가 갑자기 죽음.
508 戊子年	梁 武帝 天監 7 北魏 宣武帝 永平 1	205 209 210 211 212 214 217 219	• 梁나라가 百官의 9品을 18班으로 나누어 정함. • 梁나라가 州望, 郡宗, 鄕豪를 두어 인재를 천거하게 함. • 梁나라가 領軍將軍 蕭昞을 雍州刺史로 삼음. • 梁나라가 安成王 蕭秀를 荊州刺史로 삼음. • 北魏가 貴嬪 高氏를 세워 皇后로 삼음. • 梁나라 右衛將軍 竟陵公 曹景宗 사망. • 北魏 京兆王 元愉가 信都에서 반란을 일으키자, 北魏가 尙書 李平을 보내어 토벌하게 함. • 北魏 高肇가 彭城王 元勰을 참소하여 죽임. • 北魏의 李平이 信都에서 승리하여 元愉를 사로잡음. 高肇가 원유를 죽임. • 北魏의 郢州에서 반란을 일으켜 梁나라에 항복하자, 북위가 토벌함. • 北魏 懸瓠에서 반란을 일으켜 梁나라에 항복하였으나, 북위가 다시 탈취함. • 北魏가 義陽에서 梁軍을 물리치고 郢州를 탈취함. • 高車가 蒲類海에서 柔然을 물리치고 佗汗可汗을 죽임. 豆羅伏跋豆伐可汗이 즉위함.

年度	在位年	역문쪽수	주요 사건
509 己丑年	梁 武帝 天監 8 北魏 宣武帝 永平 2	222 223 225 226	• 北魏 元英이 三關 지역을 다시 탈취함. • 梁 武帝가 北魏에 화친을 청했으나 이루어지지 못함. • 北魏 太常卿 劉芳이 樂器를 만듦. • 北魏 宣武帝가 친히 佛書를 강론하고 永明寺와 閑居寺를 건립함.
510 庚寅年	梁 武帝 天監 9 北魏 宣武帝 永平 3	228 230 231	• 梁나라가 沈約을 光祿大夫로 삼음. • 梁나라가 緣淮塘을 만듦. • 北魏 宣武帝의 아들 元詡가 태어남. • 梁 武帝가 國子學을 시찰함. • 梁나라가 尙書五都令史에 처음으로 士流를 등용함. • 梁나라 宣城郡에서 吳承伯이 난리를 일으키자 吳興太守 蔡撙이 토벌하여 평정함. • 北魏의 中山王 元英 사망. • 梁나라가 大明曆을 시행함.
511 辛卯年	梁 武帝 天監 10 北魏 宣武帝 永平 4	232 233 234 235	• 北魏가 新舞를 사용함. • 梁나라가 張稷을 靑州·冀州刺史로 삼음. • 汾州의 山胡가 반란을 일으키자, 北魏가 토벌함. • 梁나라 朐山에서 반란을 일으켜 北魏에 투항하였으나 양나라의 군대가 구산을 다시 차지함. • 北魏가 甄琛을 河南尹으로 삼음.
512 壬辰年	梁 武帝 天監 11 北魏 宣武帝 延昌 1	237 238 239 240	• 梁나라가 質作이 된 어린이와 노인을 사면해줌. • 北魏가 高肇를 司徒로, 元懌을 司空으로 삼음. • 北魏가 元詡를 세워 太子로 삼음. • 梁나라가 五禮가 이루어지자 이를 시행함.
513 癸巳年	梁 武帝 天監 12 北魏 宣武帝 延昌 2	241 243 246	• 梁나라 鬱洲가 배반하여 北魏에 투항하자, 양나라가 토벌하여 평정함. • 梁나라 侍中 沈約 사망. • 梁나라가 새로 太廟를 만듦. • 北魏에서 崔光을 太子少傅로 삼음.
514 甲午年	梁 武帝 天監 13 北魏 宣武帝 延昌 3	247 248 249 250	• 北魏 東豫州에서 반란이 일어나자 토벌하여 평정함. • 北魏가 司徒 高肇에게 梁나라 益州를 침략하게 함. • 梁나라가 淮堰을 수축함. • 北魏가 楊津을 華州刺史로 삼음. • 北魏가 侍御史 陽固를 면직시킴.

年度	在位年	역문쪽수	주요 사건
515 乙未年	梁 武帝 天監 14 北魏 宣武帝 延昌 4	251 253 254 255 256 257 258 259 260 262	• 北魏 宣武帝가 사망하고, 太子 元詡가 즉위함. • 北魏 侍中 王顯이 伏誅되자, 太保 高陽王 元雍과 尙書令 任城王 元澄에게 國事를 함께 총괄하게 함. • 北魏 司徒 高肇가 伏誅됨. • 北魏가 高陽王 元雍을 太尉로, 淸河王 元懌을 司徒로, 廣平王 元懷를 司空으로 삼음. • 北魏가 貴嬪 胡氏를 太妃로 삼고 太后 高氏를 폐출시킴. • 北魏 于忠이 百官의 녹봉을 원래대로 되돌리고 綿과 麻의 세금을 면제함. • 梁나라 淮堰이 붕괴하자 다시 축조함. • 北魏가 반란한 氐族을 沮水에서 격파함. • 北魏 冀州의 승려 法慶이 반란을 일으키자 토벌하여 평정함. • 北魏 侍中 于忠이 僕射 郭祚와 尙書 裴植을 살해하고 太保 高陽王 元雍을 파면시킴. • 北魏가 太妃 胡氏를 太后로 삼음. • 北魏가 淸河王 元懌을 太尉로, 廣平王 元懷를 司徒로, 任城王 元澄을 司空으로, 于忠을 尙書令으로, 元叉를 散騎侍郎으로 삼고 元叉의 아내 胡氏를 女侍中으로 삼음. • 北魏 太后가 稱制하고서 于忠을 冀州刺史로 삼고, 司空 元澄을 尙書令에 임명함. • 梁나라가 北魏의 西硤石을 공격하여 점거함. • 北魏가 胡國珍을 中書監으로 삼음. • 北魏가 常山公 于忠과 博平公 崔光의 작위를 삭탈하고 高陽王 元雍을 太師로 삼아 錄尙書事에 임명함. • 北魏 晉壽郡이 배반하여 梁나라에 항복함. • 北魏 胡太后가 祭事를 攝行함.
516 丙申年	梁 武帝 天監 15 北魏 孝明帝(元詡) 熙平 1	263 265 266 267 268	• 北魏가 硤石을 공격하여 함락시킴. • 北魏 侍中 侯剛이 죄에 걸려 嘗食典御에서 해임됨. • 梁나라 淮堰이 완성됨. • 北魏가 于忠을 靈壽公에 崔光을 平恩侯에 봉함. • 梁나라가 北魏 武興을 포위하니 북위가 격퇴하고 東益州를 다시 취함. • 梁나라 淮堰이 붕괴됨.

年度	在位年	역문쪽수	주요 사건
516 丙申年	梁 武帝 天監 15 北魏 孝明帝(元詡) 熙平 1	269	• 北魏가 邊鎭 장수의 선발·임용 방법을 논의하게 하니 袁翻이 논의를 올림.
		271	• 北魏가 永寧寺를 건립함.
		274	• 柔然이 高車를 대파하고 그 왕인 彌俄突을 죽임.
517 丁酉年	梁 武帝 天監 16 北魏 孝明帝 熙平 2	274	• 北魏가 여러 新舊 동전의 유통을 허락함.
		276	• 北魏가 勳籍을 조사함.
		277	• 梁나라가 文錦에 사람과 동물 모양을 넣지 못하게 함.
			• 北魏 司徒 廣平王 元懷가 사망하자 胡國珍을 司徒로 삼음.
		278	• 梁나라가 宗廟의 제사에 犧牲을 쓰지 않도록 함.
		279	• 柔然이 北魏에 사신을 보냄.
		280	• 梁나라가 馮道根을 豫州刺史로 삼음.
			• 北魏가 銅을 채굴하여 돈을 주조함.
518 戊戌年	梁 武帝 天監 17 北魏 孝明帝 神龜 1	281	• 梁나라 安成王 蕭秀 사망.
			• 北魏 司徒 胡國珍이 사망하자 太上秦公으로 추숭함.
		283	• 北魏가 綿과 麻의 세금을 다시 징수함.
		286	• 梁나라 司徒 臨川王 蕭宏이 파면되었다가 지위를 회복함.
		287	• 北魏가 三字石經을 보수하고자 하였으나 무산됨.
		288	• 北魏 河州 羌人들이 반란을 일으키자 토벌하여 평정함.
			• 北魏 太后 胡氏가 前 太后 高氏를 죽이려 하였는데, 고태후가 갑자기 죽음.
		289	• 北魏가 西域에 사신을 보내서 佛經을 구해오도록 함.
			• 北魏가 鹽池의 禁法을 회복시킴.
519 己亥年	梁 武帝 天監 18 北魏 孝明帝 神龜 2	290	• 梁나라가 袁昻을 尙書令으로, 王暕과 徐勉을 僕射로 삼음.
		291	• 北魏 太后가 詔를 칭함.
			• 北魏 羽林과 虎賁이 반란을 일으켜, 張彝를 살해함.
		293	• 北魏가 崔亮을 吏部尙書로 삼아, 停年格을 마련함.
		295	• 北魏가 元澄을 司徒로 삼고 元繼를 司空으로 삼음.
			• 北魏가 百官의 녹봉을 다시 삭감함.
		297	• 北魏 陳仲儒가 律準法을 상주했으나 실행하지 못함.
		300	• 北魏 中尉 元匡이 파면되었다가 平州刺史가 됨.
		302	• 北魏 司徒 任城王 元澄 사망.
			• 高句麗王 文咨王 高雲 사망.
			• 北魏가 郎官을 도태시킴.

年度	在位年	역문쪽수	주요 사건
520 庚子年	梁 武帝 普通 1 北魏 孝明帝 正光 1	303	• 梁나라 左將軍 馮道根 사망.
		304	• 高句麗가 梁나라에 朝貢을 바침.
			• 北魏 侍中 元叉가 太傅 清河王 元懌을 살해하고 胡太后를 北宮에 유폐함.
		306	• 北魏 中山王 元熙가 元叉를 토벌하다가 죽고, 元略이 양나라로 도망가자 梁나라가 中山王으로 삼음.
		308	• 梁나라 車騎將軍 永昌侯 韋叡 사망.
			• 北魏가 高陽王 元雍을 丞相으로 삼음.
			• 柔然이 伏跋可汗을 살해하여 郁久閭阿那瓌가 지위를 계승하였다가 北魏로 도망가자, 유연이 郁久閭婆羅門을 可汗으로 삼음.
		311	• 北魏가 汝南王 元悅을 太尉로 삼음.
			• 北魏가 郁久閭阿那瓌를 蠕蠕王으로 삼음.
		312	• 北魏가 京兆王 元繼를 司徒로 삼음.
		313	• 北魏가 梁나라에 사신을 보냄.
521 辛丑年	梁 武帝 普通 2 北魏 孝明帝 正光 2	313	• 梁나라가 孤獨園을 설치함.
			• 北魏가 병사를 파견하여 郁久閭阿那瓌를 柔然으로 돌려보내려 하였으나 실패함.
		315	• 北魏 元叉가 奚康生을 살해한 뒤 환관 劉騰을 司空으로, 京兆王 元繼를 太保로, 崔光을 司徒로 삼음.
		317	• 梁나라가 裴邃를 豫州刺史로 삼음.
		318	• 高車가 柔然을 공격하자 可汗 郁久閭婆羅門이 北魏에 항복함. 북위가 유연을 두 개로 나누어 郁久閭阿那瓌와 郁久閭婆羅門을 각각 거하게 함.
		321	• 北魏가 東益州와 南秦州의 氐族을 토벌하게 하였으나 이기지 못함.
522 壬寅年	梁 武帝 普通 3 北魏 孝明帝 正光 3	322	• 高車 伊匐居가 왕 伊匐을 죽이고 왕위에 오름.
			• 北魏에서 正光曆을 시행함.
		323	• 梁나라 蕭正德이 北魏로 달아났다가 도망쳐 돌아옴.
			• 柔然王 郁久閭婆羅門이 北魏를 배반하자, 北魏가 토벌하여 그를 사로잡음.
523 癸卯年	梁 武帝 普通 4 北魏 孝明帝 正光 4	325	• 北魏의 司空 劉騰 사망.
		326	• 郁久閭柔然王 阿那瓌가 北魏의 使者를 체포하고 북위의 변경을 침범하자, 북위가 군대를 출동시켜 그들을 공격하였으나 이르지 못하고 돌아옴.

年度	在位年	역문쪽수	주요 사건
523 癸卯年	梁 武帝 普通 4 北魏 孝明帝 正光 4	328	• 北魏의 沃野鎭의 백성 破六韓拔陵이 반란을 일으킴.
		329	• 北魏의 司徒 崔光 사망.
		330	• 梁나라에서 鐵錢을 주조함.
524 甲辰年	梁 武帝 普通 5 北魏 孝明帝 正光 5	331	• 北魏에서 臨淮王 元彧을 보내어 破六韓拔陵을 토벌하게 함. 高平鎭에서 敕勒 酋長 胡琛이 반란을 일으켰고, 파륙한발릉이 武川鎭과 懷朔鎭을 함락함. 원욱의 군대가 패배하자, 북위가 都督 李崇을 보내어 토벌하게 함.
		333	• 北魏 秦州에서 莫折大提가 반란을 일으켜 高平을 함락함. 막절대제가 죽자 아들 莫折念生이 그를 대신해 무리들을 통솔하였는데, 北魏에서 군대를 보내어 토벌함.
			• 北魏의 장군 崔暹이 破六韓拔陵을 토벌하였는데 白道에서 패배함.
		337	• 莫折念生이 北魏 東益州를 침략하였으나 승리하지 못함.
			• 梁나라 徐州刺史 成景儁이 北魏의 童城을 함락시킴.
		338	• 北魏의 都督 元志가 莫折念生을 토벌하였으나 隴口에서 패배함.
		339	• 北魏가 李崇과 元深의 의견을 바탕으로 鎭을 고쳐 州로 만듦.
			• 北魏 乞伏莫于 등이 반란을 일으키자, 酋長 爾朱榮이 토벌하여 평정함.
		340	• 梁나라가 北魏의 睢陵과 荊山을 취하고 壽陽을 습격하였는데 이기지 못함.
		341	• 北魏의 涼州에서 반란을 일으키자, 刺史 宋穎이 吐谷渾을 데리고 토벌하여 평정함.
			• 梁나라가 北魏의 建陵, 曲木, 琅邪 등의 城을 탈취함.
		342	• 北魏 就德興이 반란을 일으키자 북위에서 군대를 보내어 토벌하였으나 이기지 못함.
			• 胡琛이 北魏의 豳州, 夏州, 北華州 세 지역을 침략하자, 북위에서 군대를 보내어 토벌함.
		343	• 北魏 朔方의 胡族이 반란을 일으키자 夏州刺史 源子雍이 토벌하여 평정함.
		344	• 北魏가 費穆을 朔州刺史로 삼음.
		345	• 北魏가 北討都督 李崇을 면직함.
		346	• 莫折念生이 莫折天生을 보내어 北魏의 岐州를 함락하고 都督 元志를 죽임.

年度	在位年	역문쪽수	주요 사건
524 甲辰年	梁 武帝 普通 5 北魏 孝明帝 正光 5	346 347	• 蜀賊이 北魏의 雍州를 침략하자, 토벌하여 평정함. • 梁나라가 三關을 다시 탈취하고 北魏의 郢州를 포위하였으나 이기지 못함. • 北魏가 汾州의 胡族이 반란을 일으킴. • 北魏의 秦州가 평정됨. • 梁나라가 散騎常侍 朱异에게 중요한 정무를 관장하게 함.
525 乙巳年	梁 武帝 普通 6 北魏 孝明帝 孝昌 1	347 348 351 352 353 354 359 361 366 368	• 梁나라가 北魏의 南鄉郡과 馬圈城 등을 빼앗음. • 北魏 徐州刺史 元法僧이 반란하자 북위가 토벌하니 원법승이 梁나라에 항복함. • 北魏 行臺 蕭寶寅과 都督 崔延伯이 莫折天生을 토벌하니, 岐州·雍州·隴州의 동쪽이 모두 평정됨. • 梁나라 裴邃가 壽陽에서 北魏 군대를 패배시킴. • 北魏가 徐州를 토벌하였으나 이기지 못함. 梁나라가 元法僧을 司空으로 삼음. • 北魏의 元叉가 領軍將軍에서 해임됨. • 梁나라가 豫章王 蕭綜을 보내서 여러 군대를 總督하게 하여 徐州 일을 대리하고 元法僧 등을 불러서 建康에 돌아오게 함. • 柔然 郁久閭阿那瓌가 北魏를 위하여 破六韓拔陵을 토벌하고, 스스로 敕連頭兵豆伐可汗을 칭함. • 北魏 胡太后가 조정을 다스려서 尙書令 元叉를 죽이고 元順을 侍中으로, 鄭儼·徐紇·李神軌를 中書舍人으로 삼음. • 胡琛이 万俟醜奴를 보내 北魏의 涇州를 침입하였는데 崔延伯이 토벌하다가 패하여 전사함. • 梁나라 豫州刺史 夷陵侯 裴邃 사망. • 梁나라가 小劒을 포위하였는데 北魏가 격파함. • 梁나라 豫章王 蕭綜이 배반하여 北魏에 투항함. 북위의 군사가 彭城에 들어가서 蕭綜을 세워 丹楊王을 삼고 이름을 고쳐 蕭贊이라고 함. • 西部 鐵勒이 北魏에 항복하니 북위의 廣陽王 元深이 破六韓拔陵을 공격하여 격파하고 그의 군사 20만 명을 항복시킴. • 北魏의 柔玄鎭 백성 杜洛周가 上谷에서 반란하였으나, 북위가 토벌함.

年度	在位年	역문쪽수	주요 사건
525 乙巳年	梁 武帝 普通 6 北魏 孝明帝 孝昌 1	368	• 北魏 荊州·郢州의 여러 蠻族들이 반란을 일으켰으나 북위가 토벌하여 패배시킴. 梁나라가 북위의 順陽과 馬圈을 빼앗음.
		371	• 梁나라 邵陵王 蕭綸이 죄가 있어서 관직을 파면하고 작위와 봉지를 삭탈함.
		372	• 北魏의 山胡 종족 劉蠡升이 반란함.

2. 思政殿訓義 資治通鑑綱目 19 地圖

1) 永泰 원년(498) 宛城·酇城 전투, 義陽·渦陽 전투

2) 永泰 원년(498) 王敬則의 반란

3) 永元 원년(499) 北魏 孝文帝 親征

4) 永元 2년(500) 崔慧景의 반란

5) 中興 원년(501) 蕭衍 거병

6) 中興 원년(501) 蕭衍의 建康 진군

7) 中興 원년(501) 建康城 전투

8) 天監 7년(508) 懸瓠 전투

9) 天監 10년(511) 梁나라 州圖

10) 普通 2년(521) 柔然의 분열

11) 普通 5년(524) 莫折念生의 반란

12) 北魏의 영역 확장

※ 이 지도는 ≪柏楊白話版 資治通鑑≫(北岳文藝出版社, 2006)을 참조하여 本書를 이해하는 데 도움이 되도록 수정 편집하였다.

1) 永泰 원년(498) 宛城·鄧城 전투, 義陽·渦陽 전투(31쪽)

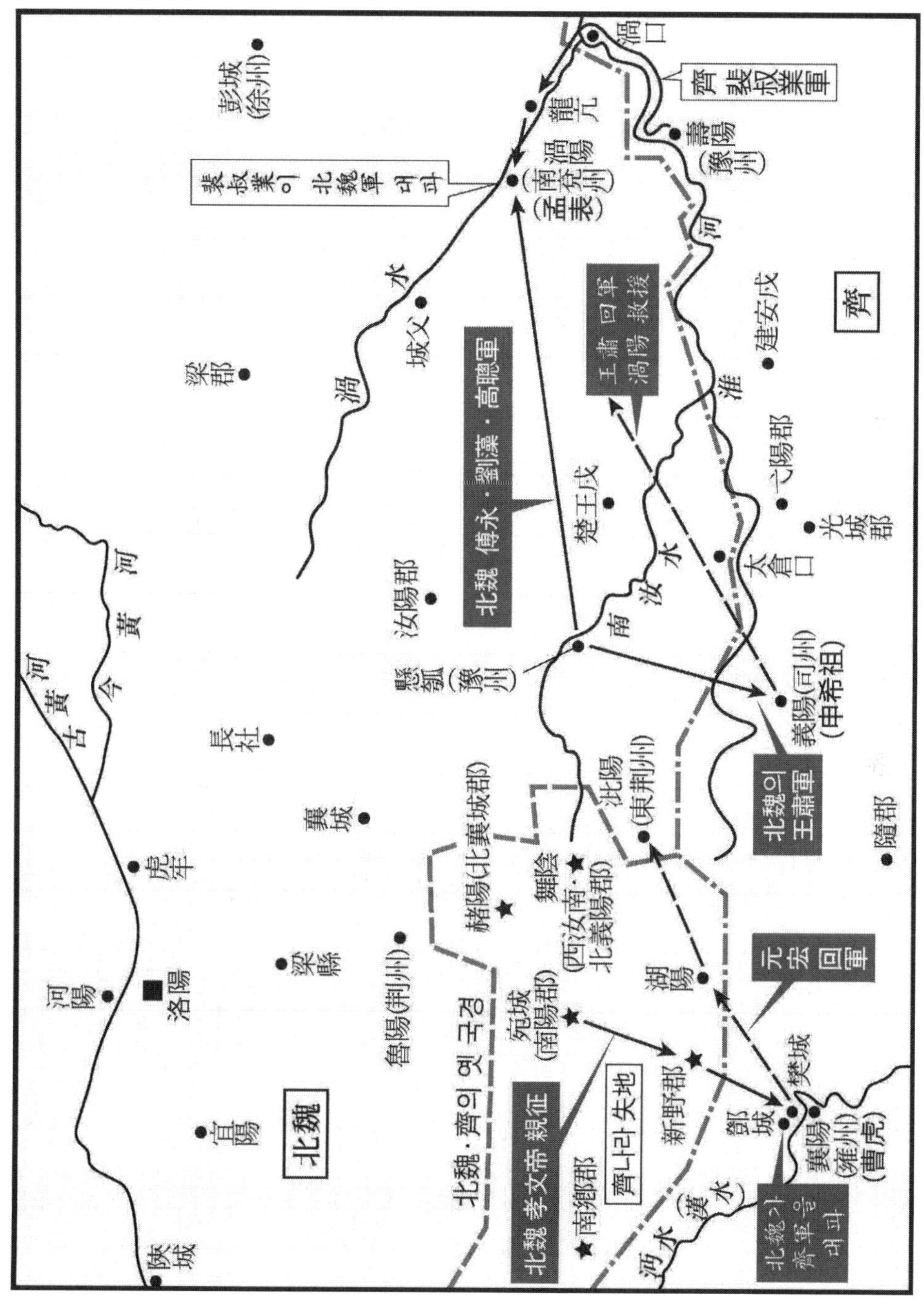

2) 永泰 원년(498) 王敬則의 반란(36쪽)

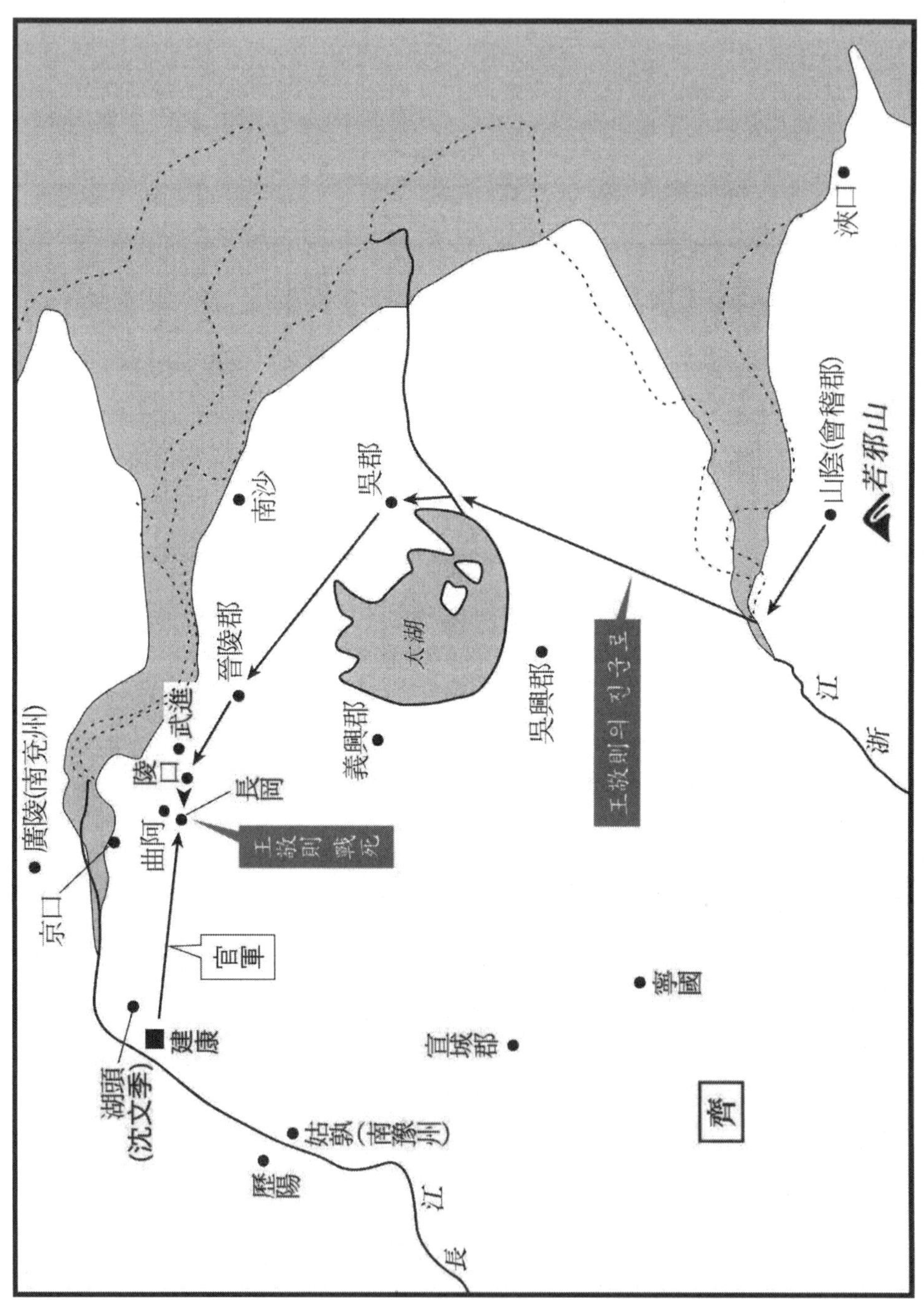

3) 永元 원년(499) 北魏 孝文帝 親征(50쪽)

4) 永元 2년(500) 崔慧景의 반란(73쪽)

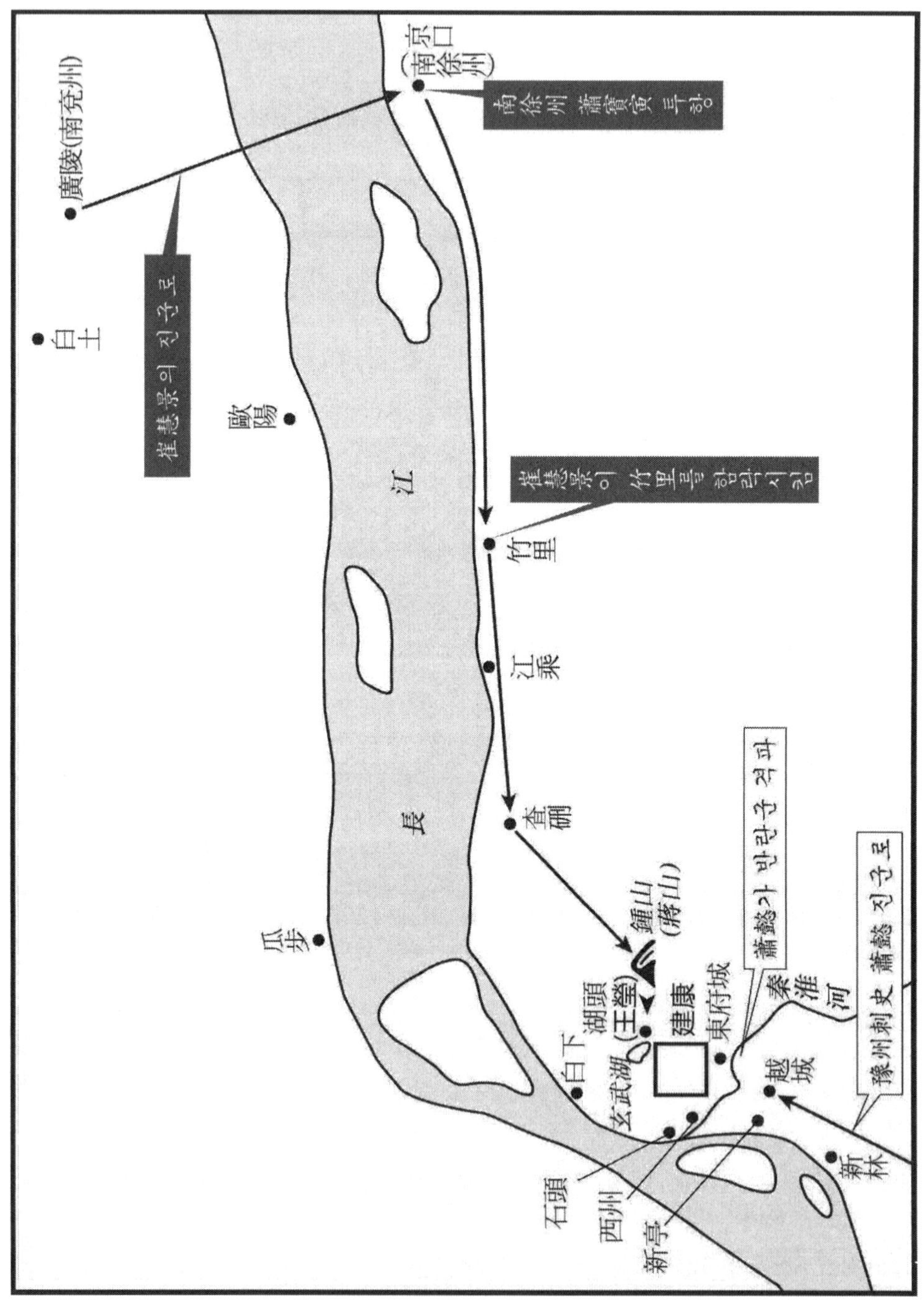

5) 中興 원년(501) 蕭衍 거병(92쪽)

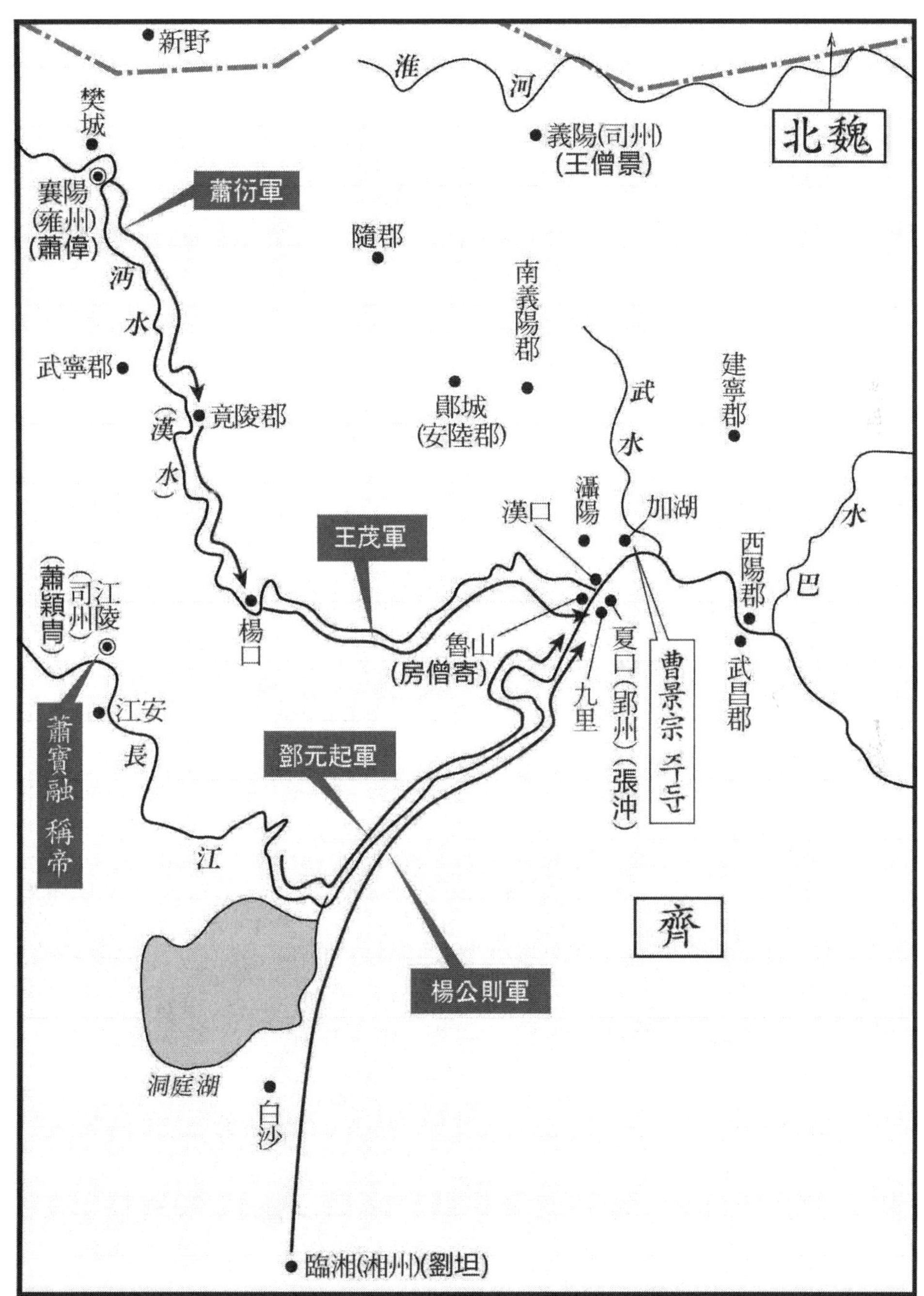

6) 中興 원년(501) 蕭衍의 建康 진군(107쪽)

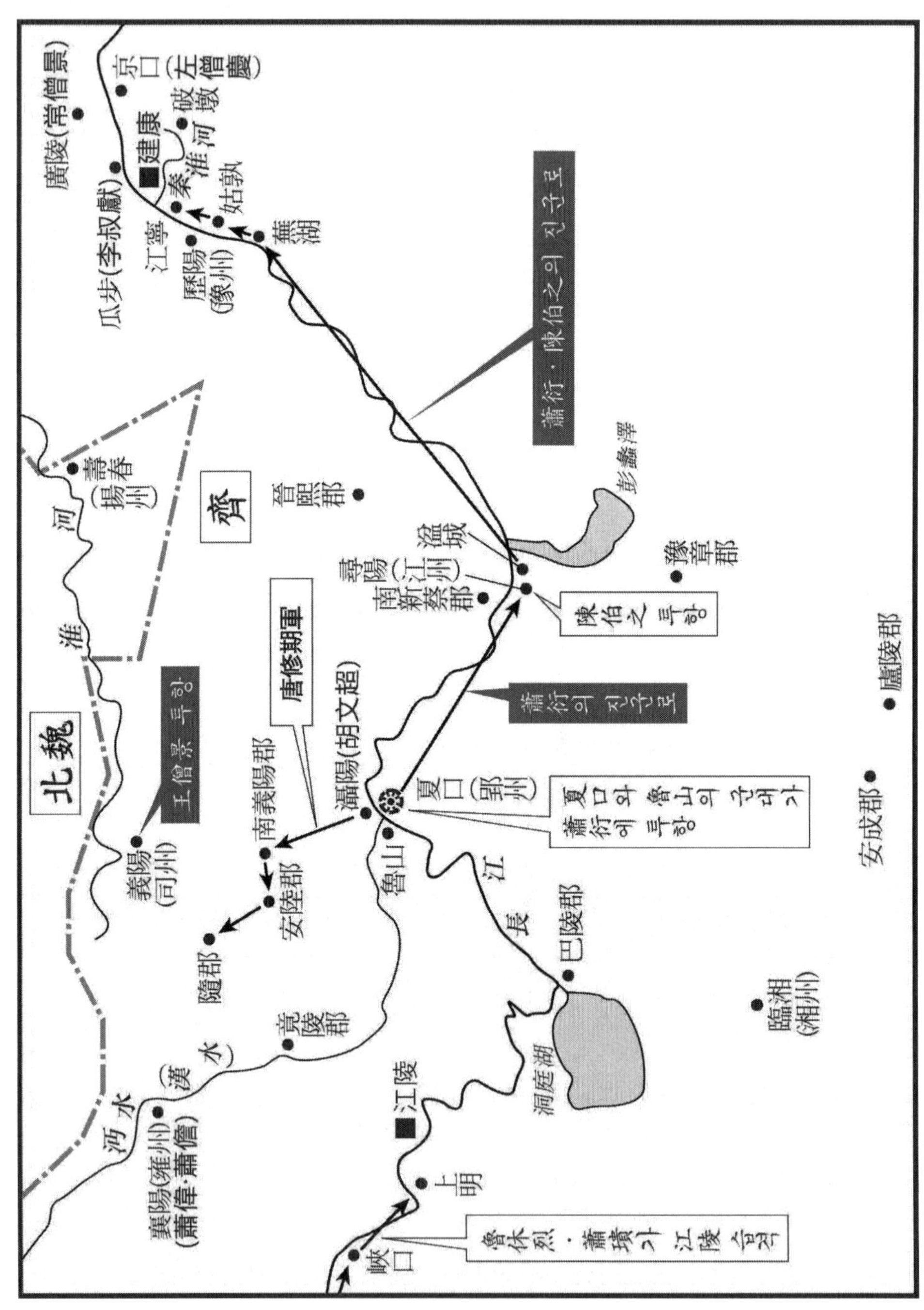

7) 中興 원년(501) 建康城 전투(110쪽)

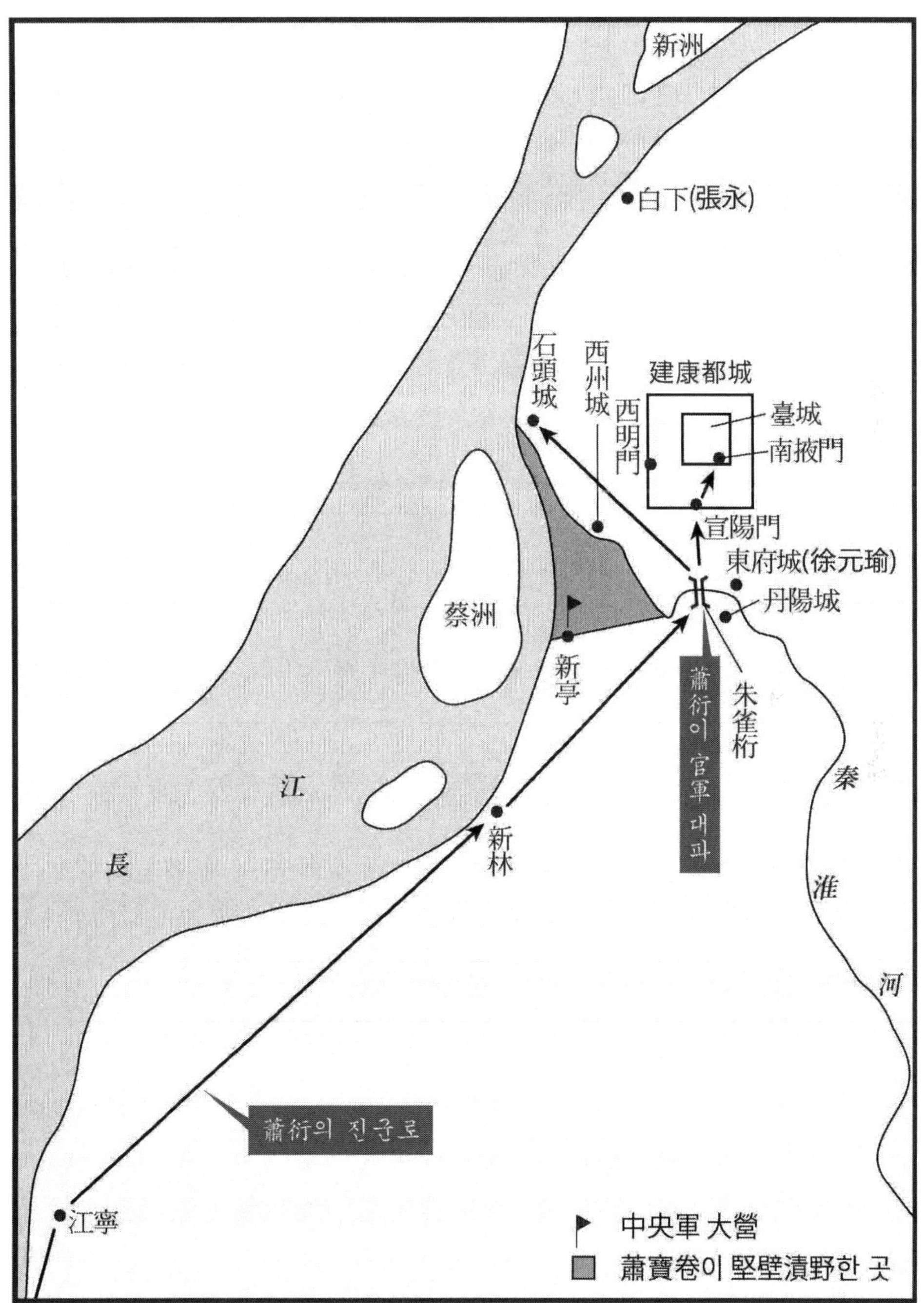

8) 天監 7년(508) 懸瓠 전투(217쪽)

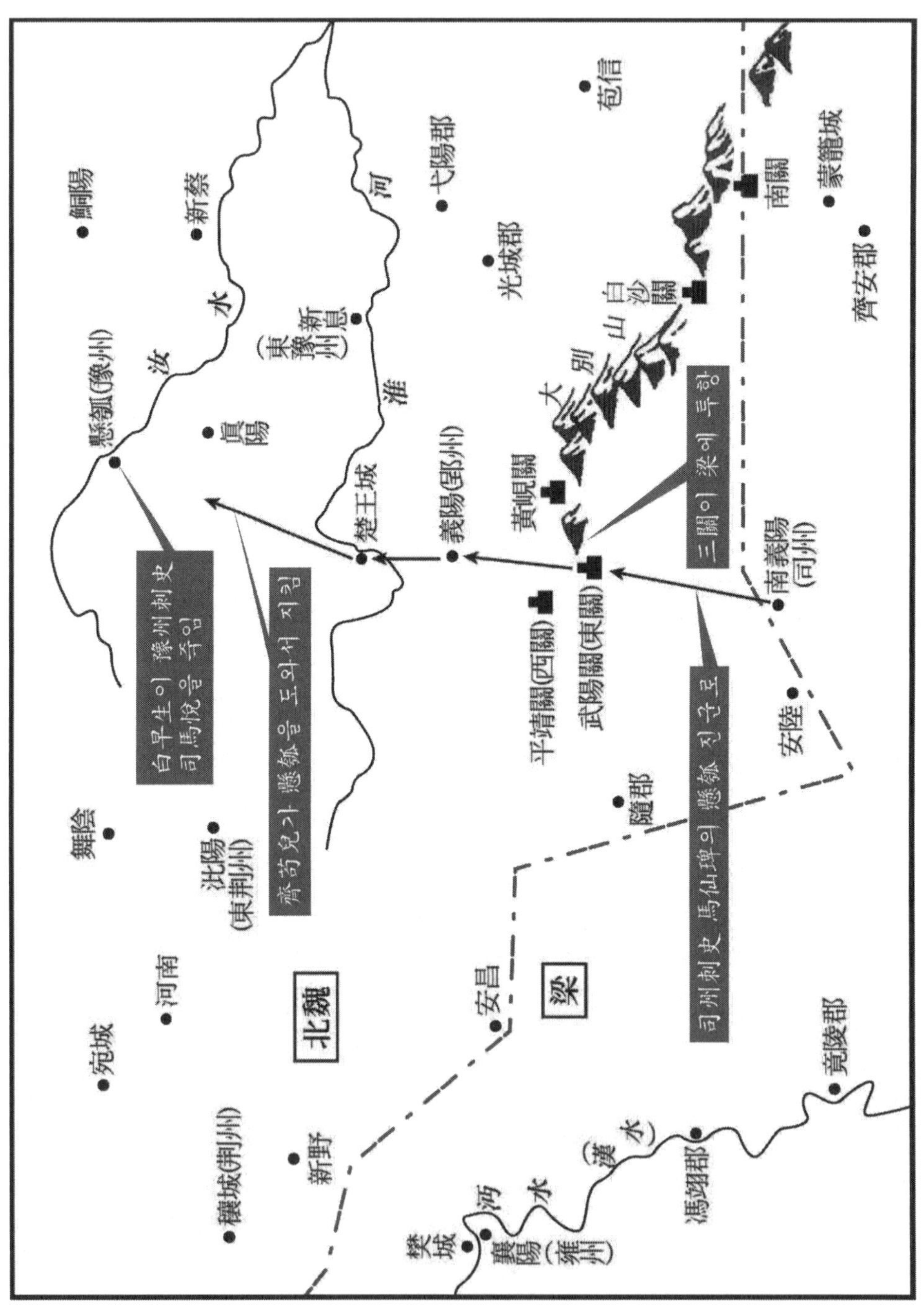

9) 天監 10년(511) 梁나라 州圖(233쪽)

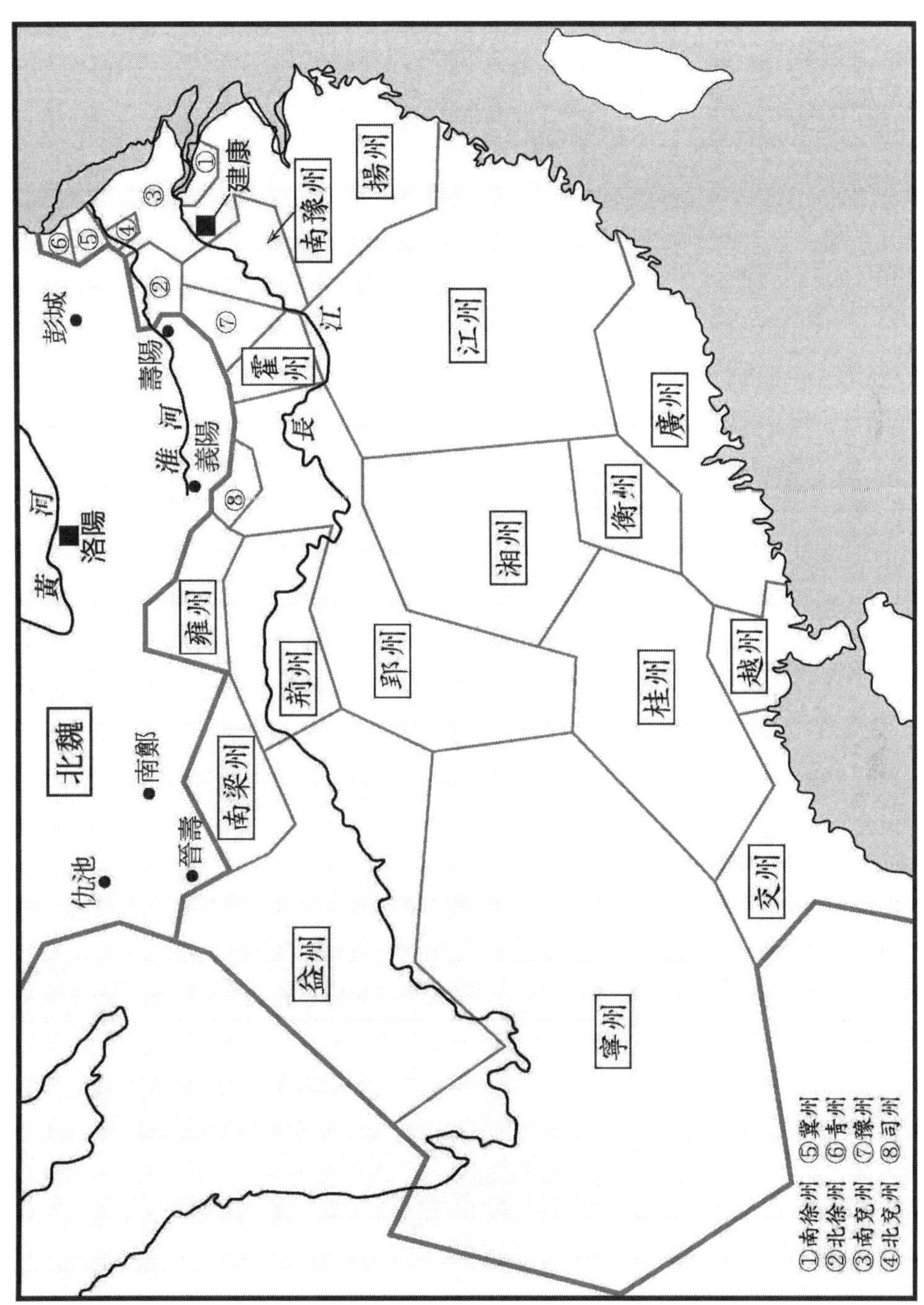

10) 普通 2년(521) 柔然의 분열(318쪽)

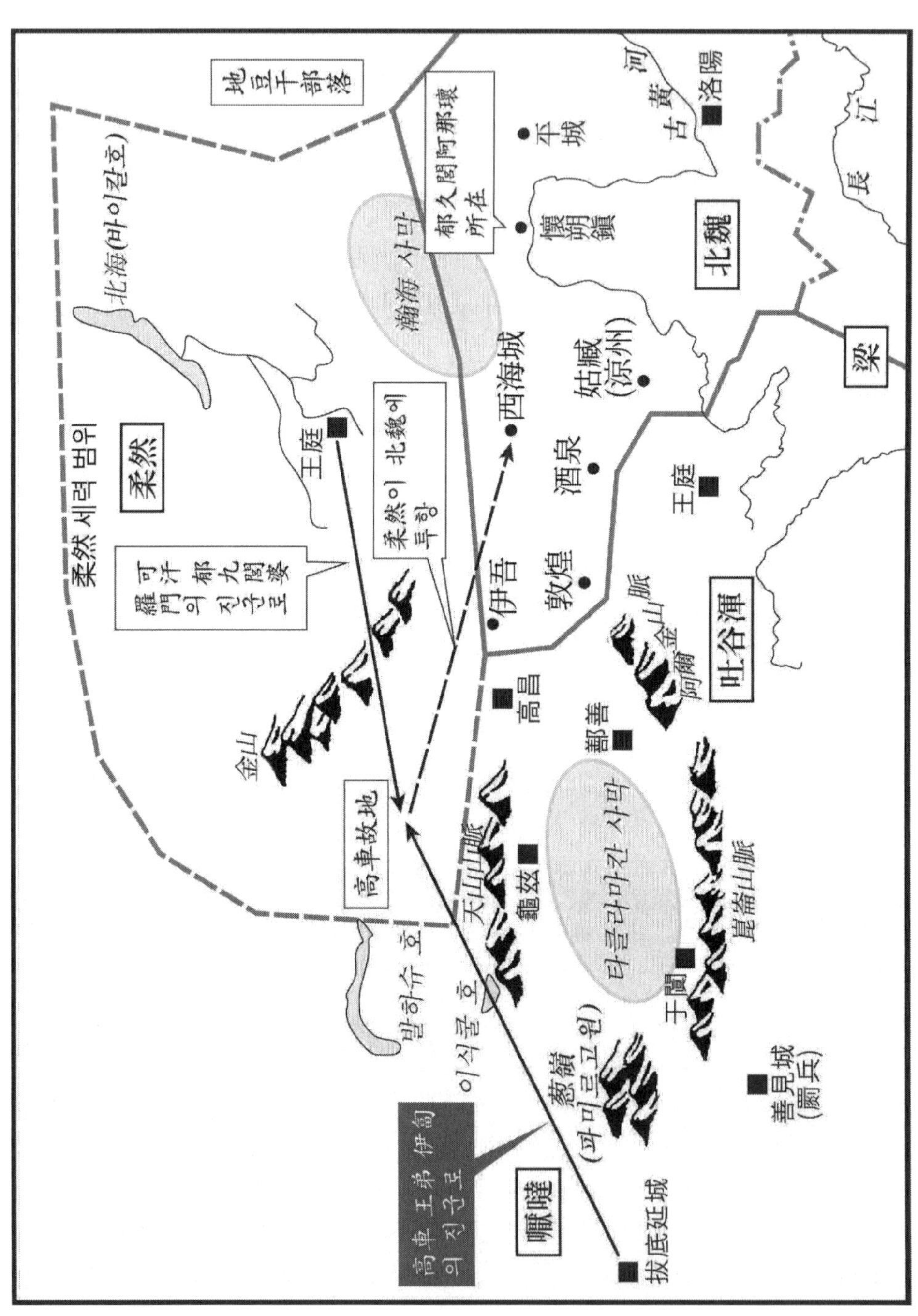

11) 普通 5년(524) 莫折念生의 반란(333쪽)

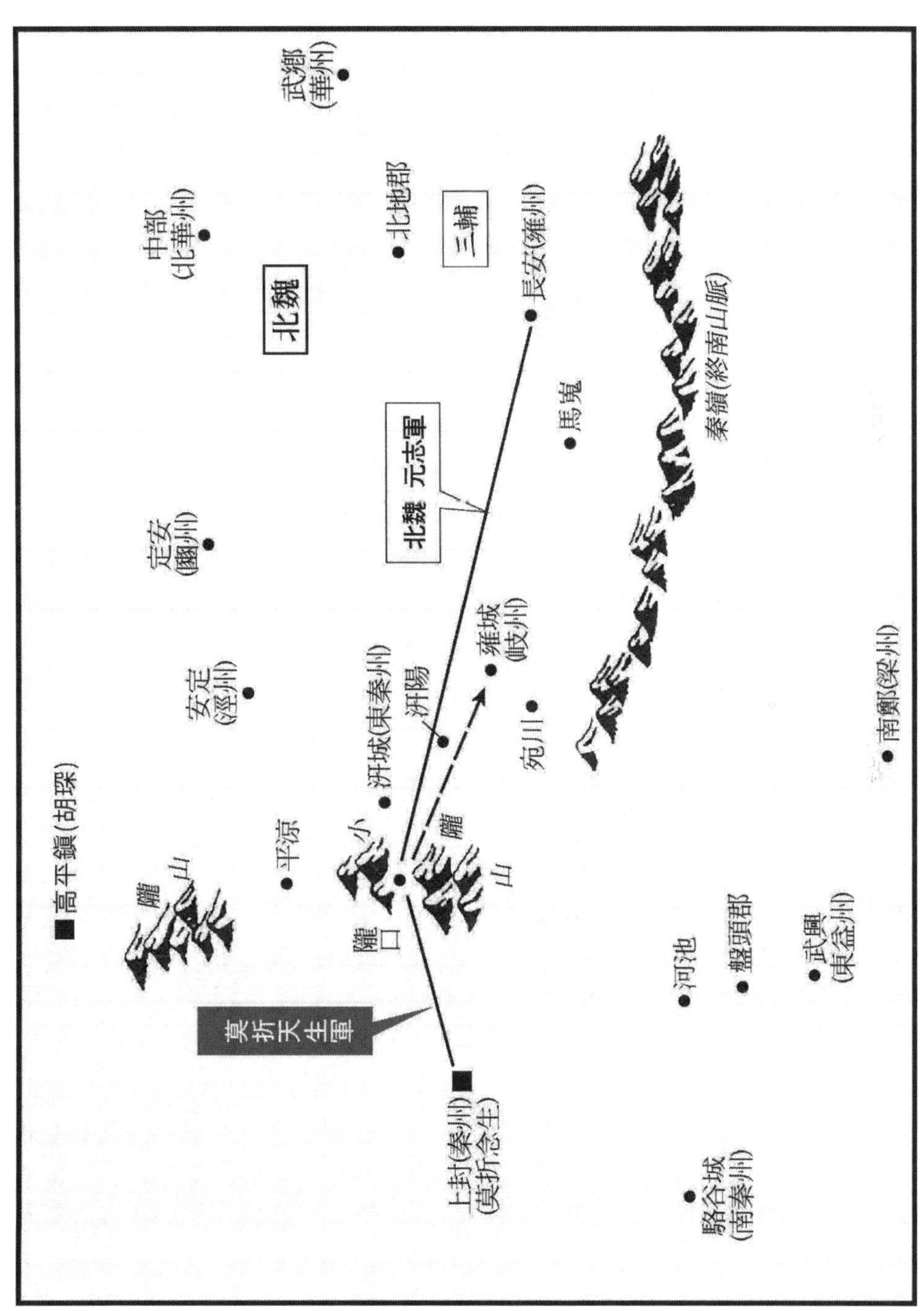

12) 北魏의 영역 확장

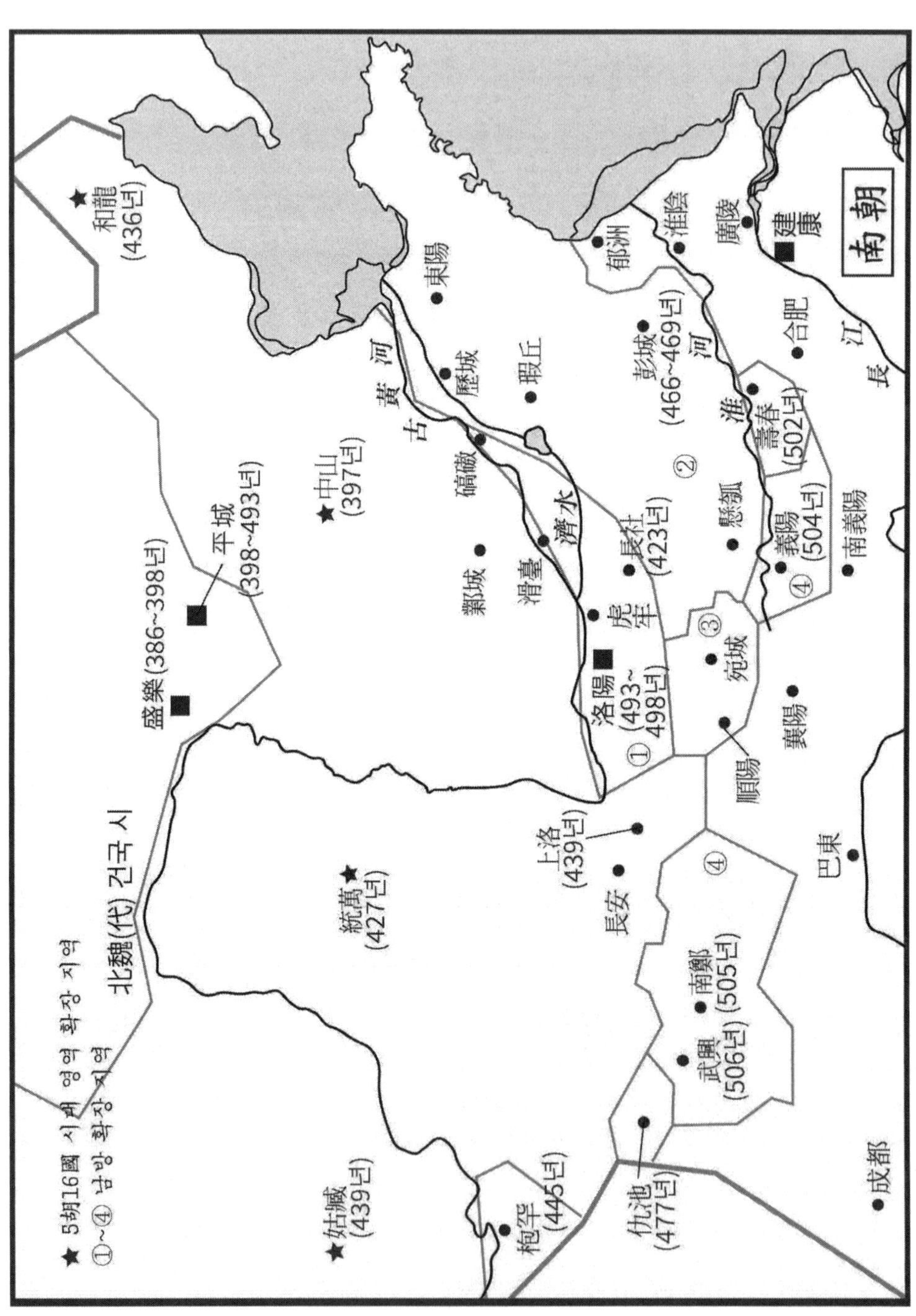

★ 5胡16國 시대 영역 확장 지역
①~④ 남방 확장 지역
北魏(代) 건국 시
和龍 (436년)
盛樂(386~398년)
平城 (398~493년)
中山 (397년)
統萬 (427년)
姑臧 (439년)
枹罕 (445년)
仇池 (477년)
武興 (506년)
南鄭 (505년)
長安
上洛 (439년)
洛陽 (493~498년)
虎牢
長社 (423년)
滑臺
鄴城
碻磝
歷城
東陽
瑕丘
古 濟水
黃河
彭城 (466~469년)
淮河
郁洲
淮陰
廣陵
建康
南朝
合肥
長江
壽春 (502년)
懸瓠
義陽 (504년)
南義陽
宛城
順陽
襄陽
巴東
成都

3. 齊나라 世系表

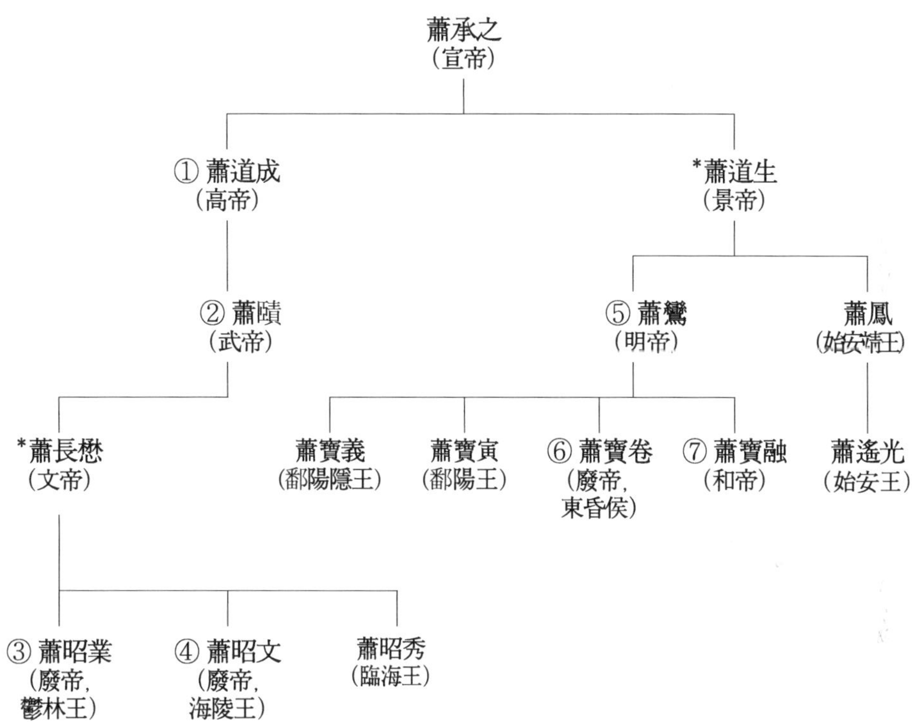

○ 帝位 順序　— 親屬 關係　* 追尊

4. 北魏 世系表

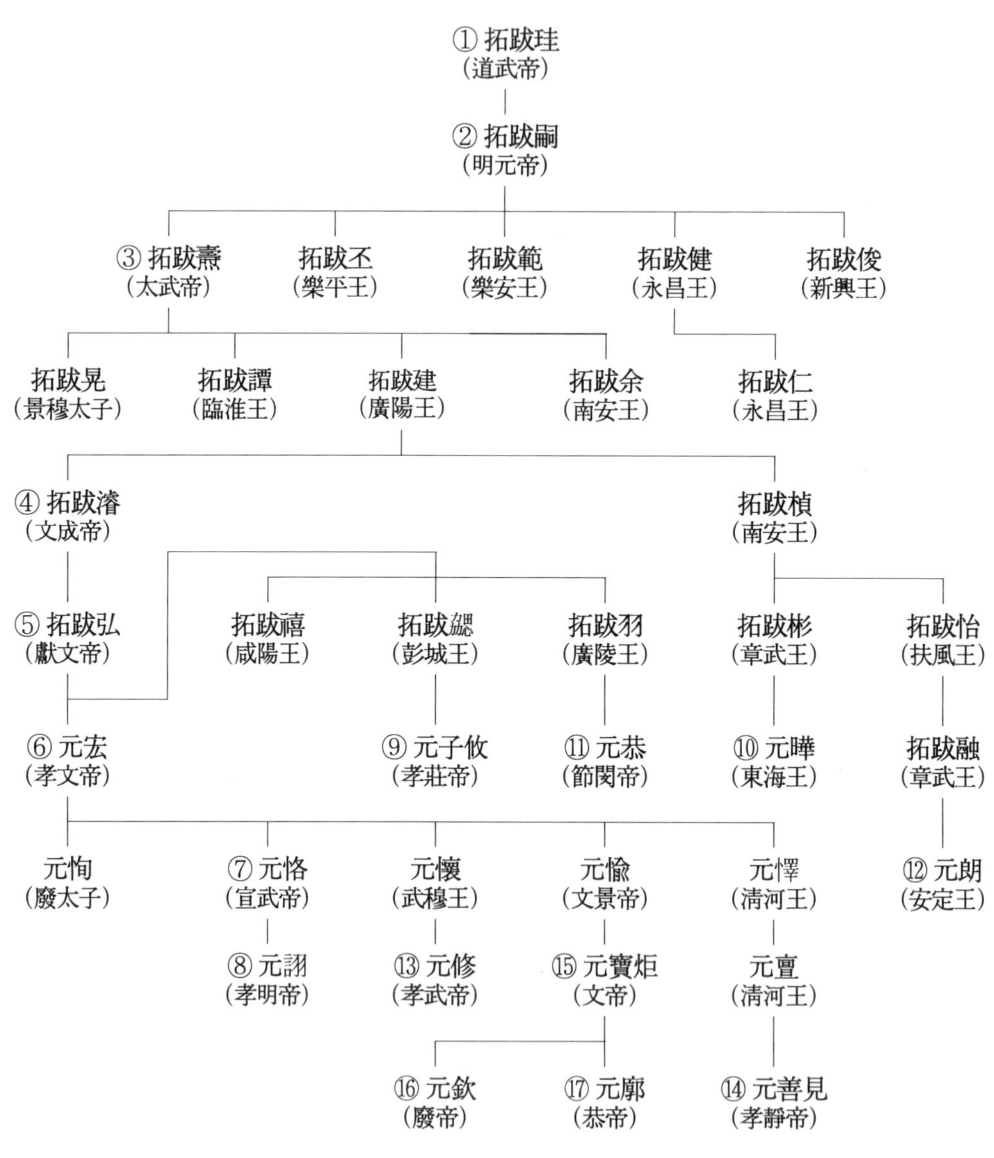

○ 帝位 順序　— 親屬 關係

5. 梁나라 世系表

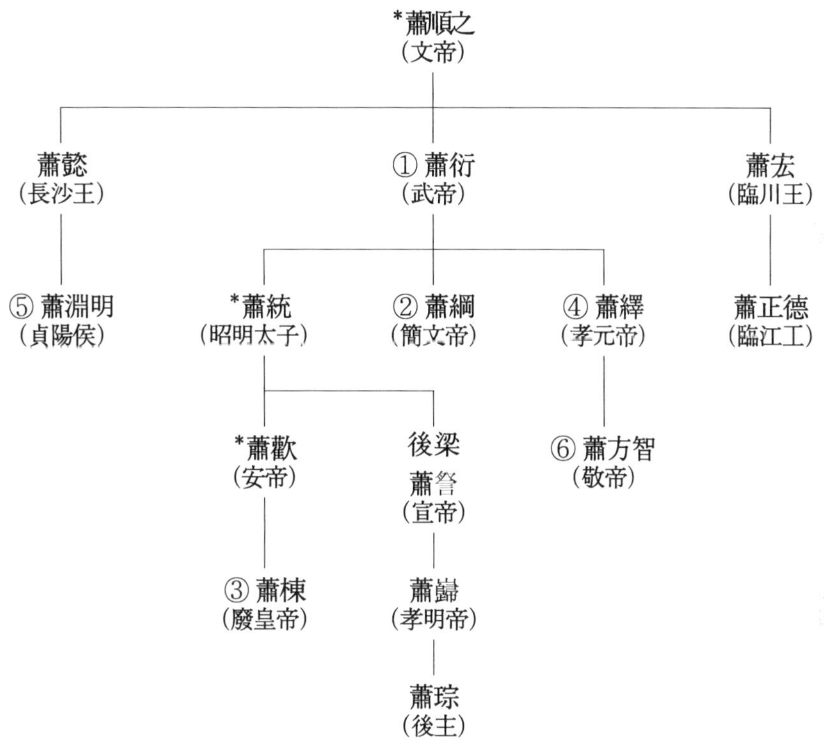

○ 帝位 順序　—親屬 關係　* 追尊

6. 思政殿訓義 資治通鑑綱目 19 圖版目錄

7. 思政殿訓義 資治通鑑綱目 總目次

總目次

※ 總目次는 QR코드를 통해 스마트 기기로만 이용 가능

8. 思政殿訓義 資治通鑑綱目 解題

解題

※ 解題는 QR코드를 통해 스마트 기기로만 이용 가능

責任飜譯者 略歷

李忠九

京畿 果川 出生
龍田 金喆熙, 秀松 梁大淵 先生 師事
中央大學校 教育學科 國語國文學 副專攻
成均館大學校 大學院 國語國文學 碩士, 博士
民族文化推進會 國譯硏修院
檀國大學校 韓中關係硏究所 硏究員(現)
傳統文化硏究會 講師(現)

論文 및 譯書
〈經書諺解 硏究〉〈說文解字에 나타난 漢字字源 硏究〉 등
譯書 ≪東山先生奏議≫ ≪선비 安瀳 日誌≫ ≪小學集註≫ ≪註解千字文≫ 등
共譯 ≪國譯 治平要覽≫ ≪增補四禮便覽 譯註本≫ ≪譯註 國語≫ ≪譯註 貞觀政要集論≫ ≪爾雅注疏≫ 등

共同飜譯者 略歷

金奎璇

秉山 安秉杓, 松潭 李栢淳, 龍田 金喆熙 先生 師事
韓國外國語大學校 中國語科 學士, 碩士, 博士
鮮文大學校 教養學部 教授(現)

論文 및 譯書
〈王士禎의 文學批評 연구〉 등
譯書 ≪歷代詩話≫ ≪秋史派의 글씨≫ 등
共譯 ≪譯註 貞觀政要集論≫ ≪日省錄≫ ≪穀庵集≫ ≪秋史 金正喜 硏究≫ 등

黃鳳德

全州大學校 漢文教育科 卒業
成均館大學校 大學院 漢文學科 碩士, 博士

論文 및 譯書
〈李德懋 ≪士小節≫ 硏究〉
共譯 ≪譯註 貞觀政要集論≫ ≪國譯 通鑑節要增損校註Ⅰ≫ ≪文苑叢寶≫ ≪千字文字解說≫ 등

李承容

嶺南大學校 漢文教育科 卒業
成均館大學校 大學院 漢文學科 碩士, 博士
韓國古典飜譯院 專門課程 修了
檀國大學校 東洋學硏究院 古典飜譯硏究室 先任硏究員(現)

論文 및 譯書
〈조선후기 江華學派 漢詩硏究 - 全州李氏 德泉君派 八臣을 중심으로〉
共譯 ≪譯註 貞觀政要集論≫ ≪國譯 通鑑節要增損校註Ⅰ≫ ≪自著實紀≫ ≪樂全堂集≫ ≪寒溪日記≫ ≪晝永編≫ 등

譯註 思政殿訓義 資治通鑑綱目 19　정가 33,000원

2019년 11월 30일 초판 발행
2020년 04월 30일 초판 2쇄

編　著 朱熹
責任飜譯 李忠九
共同飜譯 金奎璇 黃鳳德 李承容
常任原文校閱 吳圭根
潤文校訂 吳圭根 南賢熙 金裕鳳 李孝宰
編　輯 東洋古典飜譯編輯委員會
發行人 李啓晃
發行處 社團法人 傳統文化硏究會

등록 : 1989. 7. 3. 제1-936호
서울시 종로구 삼일대로 428 낙원빌딩 411호
전화 : (02)762-8401　전송 : (02)747-0083
전자우편 : juntong@juntong.or.kr
홈페이지 : juntong.or.kr
사이버書堂 : cyberseodang.or.kr
온라인서점 : book.cyberseodang.or.kr

인쇄처 : 한국법령정보주식회사(02-462-3860)
총　판 : 한국출판협동조합(070-7119-1750)

ISBN 979-11-5794-252-7 94910
979-11-5794-061-5(세트)

※ 이 책은 2019년도 교육부 고전문헌 국역지원사업 지원비에 의해 초판(비매품) 간행.